LARRY ULLMAN

PHP 6 E MYSQL 5 PARA WEB SITES DINÂMICOS

APRENDA PHP E MYSQL
COM RAPIDEZ E EFICIÊNCIA

TRADUÇÃO
CLEBER SILVA

Do original:

Visual Quickpro Guide PHP 6 and MySQL 5 for Dynamic Websites

Edição original em inglês publicada pela Peachpit Press, 1249 EightStreet, Berkeley, CA 94710. Copyright© 2008 de Larry Ulman. Edição em Língua portuguesa: copyright© 2008 da Editora Ciência Moderna Ltda. Todos os direitos reservados.

Nenhuma parte deste livro poderá ser reproduzida, transmitida e gravada, por qualquer meio eletrônico, mecânico, por fotocópia e outros, sem a prévia autorização, por escrito, da Editora.

Editor: Paulo André P. Marques
Supervisão editorial: João Luís Fortes
Tradução: Cleber Silva
Copidesque: Eliana Rinaldi
Capa (baseada no original): Patricia Seabra
Diagramação: Érika Loroza
Finalização: Patricia Seabra

Várias **Marcas Registradas** podem aparecer no decorrer deste livro. Mais do que simplesmente listar esses nomes e informar quem possui seus direitos de exploração, ou ainda imprimir os logotipos das mesmas, o editor declara estar utilizando tais nomes apenas para fins editoriais, em benefício exclusivo do dono da Marca Registrada, sem intenção de infringir as regras de sua utilização.

FICHA CATALOGRÁFICA

Ullman, Larry

PHP 6 e MySQL 5 para Web Sites Dinâmicos

Rio de Janeiro: Editora Ciência Moderna Ltda., 2008.

Informática, Desenvolvimento de Aplicativos

I — Título

ISBN: 978-85-7393-751-0   CDD 001642

Editora Ciência Moderna Ltda.
Rua Alice Figueiredo, 46
CEP: 20950-150, Riachuelo – Rio de Janeiro – Brasil
Tel: (021) 2201-6662
Fax: (021) 2201-6896
E-mail: lcm@lcm.com.br
www.lcm.com.br   **10/08**

Dedicado à faculdade na qual me formei, Northeast Missouri State University. Em especial, gostaria de agradecer: Dra. Monica Barron, Dr. Dennis Leavens, Dr. Ed Tyler e Dr. Cole Woodcox, a quem eu também tenho o prazer de chamar de meu amigo. Eu não seria quem sou como escritor, como aluno, como professor ou como pessoa, se não fosse pela generosa, afetiva e brilhante educação que tive com estes educadores.

AGRADECIMENTOS

Meus sinceros agradecimentos a todos na Peachpit Press, como sempre.

Meus agradecimentos à extraordinária editora Rebecca Gulick, que torna meu trabalho muito mais fácil. E agradeço a Bob Campbell por seu grande trabalho, sugestões úteis e impressionante atenção aos detalhes. Agradecimentos também para Rebecca Plunkett, pela indexação, e Becky Winter, Myrna Vladic, Jerry Ballew e Rick Gordon por diagramar o livro, e para Arpad Ray por sua revisão técnica.

Parabéns às excelentes pessoas que trabalham nos projetos PHP, MySQL, Apache, phpMyAdmin, XAMPP, entre outros grandes projetos. E uma cordial "saudação" aos participantes dos diversos grupos de notícias, listas de distribuição, fóruns de suporte etc., que oferecem assistência e auxiliam aqueles que precisam.

Agradecimentos, como sempre, aos leitores, cujo apoio atribui importância ao meu trabalho. Uma porção extra de agradecimentos àqueles que forneceram as traduções no Capítulo 15, "Exemplo - Grupo de Discussão", e também aos que forneceram recomendações sobre o que gostariam de ver nesta edição.

Agradecimentos a Nicole e Christina por entreterem e cuidarem das crianças para que eu pudesse concluir alguma parte do trabalho.

Finalmente, eu não conseguiria concluir um único livro se não fosse pelo amor e apoio de minha esposa, Jessica. E um agradecimento especial para Zoe e Sam, que me deram razões para, e para não, escrever livros!

SUMÁRIO

INTRODUÇÃO XIII

CAPÍTULO 1 – INTRODUÇÃO AO **PHP** 1

Sintaxe Básica 2
Enviando Dados para o Navegador Web 7
Escrevendo Comentários 13
O Que São Variáveis? 19
Apresentando Cadeias 25
Concatenando Cadeias 29
Apresentando Números 31
Apresentando Constantes 37
Aspas Simples versus Aspas Duplas 40

CAPÍTULO 2 – PROGRAMANDO COM **PHP** 45

Criando um Formulário HTML 46
Manipulando um Formulário HTML 53
Condicionais e Operadores 60
Validando Dados do Formulário 66
Apresentando Matrizes 73
Loops For e While 97

VIII   **PHP 6 e MySQL 5 para Web Sites Dinâmicos**

Capítulo 3 – Criando Web Sites Dinâmicos 103

Incluindo Vários Arquivos 103
Manipulando Formulários HTML, Recapitulado 118
Criando Formulários com Preservação de Dados 125
Criando Suas Próprias Funções 130

Capítulo 4 – Introdução ao MySQL 147

Nomeando Elementos do Banco de Dados 148
Escolhendo Seus Tipos de Colunas 150
Escolhendo Outras Propriedades de Colunas 156
Acessando o MySQL 159

Capítulo 5 – Introdução ao SQL 171

Criando Bancos de Dados e Tabelas 172
Inserindo Registros 177
Selecionando Dados 182
Utilizando Condicionais 186
Utilizando LIKE e NOT LIKE 190
Classificando Resultados de Consultas 192
Limitando Resultados de Consultas 195
Atualizando Dados 198
Excluindo Dados 201
Utilizando Funções 204

Capítulo 6 – SQL e MySQL Avançados 221

Design do Banco de Dados 222
Realizando Junções 248
Agrupando Resultados Selecionados 255
Criando Índices 259
Utilizando Tipos de Tabelas Diferentes 265
Realizando Procuras FULLTEXT 269
Realizando Transações 277

Capítulo 7 – Manipulação e Depuração de Erros 285

Tipos de Erros e Depuração Básica 286
Exibindo Erros PHP 296
Ajustando Relatório de Erros no PHP 299
Criando Manipuladores de Erros Personalizados 303
Técnicas de Depuração PHP 310
Técnicas de Depuração SQL e MySQL 316

SUMÁRIO IX

CAPÍTULO 8 – UTILIZANDO PHP COM MySQL **321**

Modificando o Modelo 322
Conectando-se ao MySQL 325
Executando Consultas Simples 331
Recuperando Resultados de Consultas 343
Garantindo um SQL Seguro 349
Contando Registros Retornados 356
Atualizando Registros com PHP 358

CAPÍTULO 9 – TÉCNICAS COMUNS DE PROGRAMAÇÃO **367**

Enviando Valores para um Script 367
Utilizando Entradas de Formulário Ocultas 372
Editando Registros Existentes 380
Paginando Resultados de Consultas 390
Tornando Exibições Classificáveis 405

CAPÍTULO 10 – DESENVOLVIMENTO DE APLICATIVO WEB **411**

Enviando E-mail 412
Funções de Data e Hora 421
Manipulando Uploads de Arquivos 428
PHP e JavaScript 448
Compreendendo Cabeçalhos HTTP 455

CAPÍTULO 11 – COOKIES E SESSÕES **463**

Criando uma Página de Login 464
Criando as Funções de Login 468
Utilizando Cookies 475
Utilizando Sessões 495
Melhorando a Segurança da Sessão 509

CAPÍTULO 12 – MÉTODOS DE SEGURANÇA **515**

Impedindo Spam 516
Validando Dados pelo Tipo 526
Impedindo Ataques XSS 535
Impedindo Ataques de Injeção SQL 540
Criptografia de Banco de Dados 550

CAPÍTULO 13 – EXPRESSÕES COMUNS COMPATÍVEIS COM PERL ... **561**

Criando um Script de Teste 562
Definindo Padrões Simples 568

X   PHP 6 e MySQL 5 para Web Sites Dinâmicos

Utilizando Quantificadores 573
Utilizando Classes de Caracteres.. 576
Localizando Todas as Correspondências... 581
Utilizando Modificadores... 586
Correspondendo e Substituindo Padrões 588

Capítulo 14 – Criando Sites Universais 595

Conjuntos de Caracteres e Codificação 596
Criando Páginas Web Multilíngües 599
Unicode no PHP... 606
Collation no PHP.. 611
Transliteração no PHP 616
Idiomas e MySQL... 620
Fusos Horários e MySQL 626
Trabalhando com Locales 631

Capítulo 15 – Exemplo — Grupo de Discussão 637

Criando o Banco de Dados 638
Escrevendo os Modelos 653
Criando a Página de Índice 665
Criando a Página do Fórum 667
Criando a Página de Linhas de Discussões 673
Postando Mensagens 681

Capítulo 16 – Exemplo — Registro de Usuário 695

Criando os Modelos.. 696
Escrevendo os Scripts de Configuração 705
Criando a Página Inicial 716
Registro... 719
Ativando uma Conta... 733
Efetuando Login e Logout 737
Gerenciamento de Senha 746

Capítulo 17 – Exemplo — E-Commerce 761

Criando o Banco de Dados 762
O Lado Administrativo 772
Criando o Modelo Público 796
O Catálogo de Produtos 803
O Carrinho de Compras 820
Registrando os Pedidos 833

APÊNDICE A – INSTALAÇÃO 843

ÍNDICE 869

INTRODUÇÃO

Hoje, os usuários da Web esperam páginas interessantes que sejam freqüentemente atualizadas e que forneçam uma utilização personalizada. Para eles, Web sites são como comunidades que acessarão com freqüência. Ao mesmo tempo, os administradores de Web sites desejam sites mais fáceis de atualizar e manter, sabendo que está é a única forma de atender às expectativas dos visitantes. Por estes e outros motivos, o PHP e o MySQL têm se tornado, na realidade, padrões para a criação de Web sites dinâmicos orientados a bancos de dados.

Este livro representa o resultado de muitos anos de minha experiência em desenvolvimento Web aliado à minha experiência de ter escrito diversos livros sobre as tecnologias tratadas neste livro. O foco deste livro está em abordar o que há de mais importante na forma mais eficiente. Você aprenderá como iniciar o desenvolvimento de Web sites dinâmicos e poderá consultar diversos códigos de exemplo como ponto de partida. Tudo o que você precisa ter é vontade de aprender.

Bem, isso e um computador.

O QUE SÃO WEB SITES DINÂMICOS?

Web sites dinâmicos são "criaturas" flexíveis e poderosas, mais precisamente descritas como *aplicativos* do que apenas sites. Web sites dinâmicos:

- Respondem a diferentes parâmetros (por exemplo, a hora do dia ou a versão do navegador Web do visitante).
- Possuem uma "memória", permitindo registro e login de usuário, e-commerce e processos similares.
- Quase sempre possuem formulários HTML para que as pessoas possam realizar procuras, fornecer um feedback, e assim por diante.
- Geralmente possuem interfaces em que os administradores podem gerenciar o conteúdo do site.
- São mais fáceis de manter, fazer upgrade e trabalhar do que os sites estáticos.

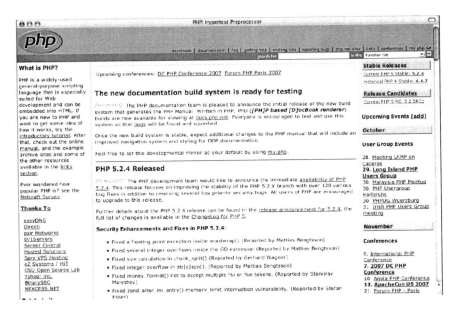

Figura i.1 A home page para o PHP.

Há muitas tecnologias disponíveis para a criação de Web sites dinâmicos. As mais comuns são ASP.NET (Active Server Pages, uma criação Microsoft), JSP (Java Server Pages), ColdFusion, Ruby on Rails e PHP. Os Web sites dinâmicos nem sempre dependem de um banco de dados, mas cada vez mais dependem deles, especialmente quando excelentes aplicativos de banco de dados como o MySQL são disponibilizados por um custo baixo, ou quase nulo.

O QUE É PHP?

Quando foi criado, em 1994, por Rasmus Lerdorf para direcionar os visitantes para o seu currículo on-line, PHP significava, originalmente, "Personal Home Page". Conforme suas utilidades e recursos foram aumentando (e como ele começou a ser utilizado em situações mais profissionais), passou a significar "PHP: Hypertext Preprocessor. "

De acordo com o Web site oficial do PHP, em www.php.net **(Figura i.1),** PHP é uma "linguagem de script de finalidade geral amplamente utilizada, especialmente adequada para o desenvolvimento Web e que pode ser incorporada no HTML." É uma longa definição, porém descritiva, cujo significado eu explicarei.

Partindo do final dessa declaração, dizer que o PHP pode ser incorporado no HTML significa que você pode editar uma página HTML padrão, inserir alguns códigos PHP onde necessitar, e obter um resultado dinâmico. Este atributo torna o PHP bastante acessível para qualquer pessoa que tenha um pouco de experiência com o HTML.

Além disso, o PHP é uma linguagem de script, ou seja, o oposto de uma linguagem de programação: o PHP foi projetado para a escrita de scripts Web, não para aplicativos independentes (embora, com algum trabalho extra, você agora possa criar aplicativos em PHP). Os scripts em PHP são executados apenas após a ocorrência de um evento - por exemplo, quando um usuário envia um formulário ou acessa uma URL.

Devo incluir nesta definição que o PHP é uma tecnologia para *várias plataformas* do lado servidor, sendo ambas as descrições importantes. O lado servidor refere-se ao fato de que tudo o que é realizado pelo PHP ocorre no servidor. Um aplicativo do servidor Web, como o Apache ou o IIS (Internet Information Services) da Microsoft, é necessário e todos os scripts PHP devem ser acessados por meio de uma (http://-algumacoisa). Sua natureza de execução em várias plataformas significa que o PHP é

XVI   **PHP 6 E MySQL 5 para Web Sites Dinâmicos**

executado na maioria dos sistemas operacionais, incluindo Windows, Unix (e suas diversas variantes) e Macintosh. E o mais importante: os scripts PHP escritos em um servidor funcionarão normalmente em um outro servidor com pouca ou nenhuma modificação.

No período em que este livro foi escrito, o PHP estava na versão 5.2.4, com a versão 4.4.7 ainda sendo mantida. O suporte para a versão 4 está sendo eliminado e, portanto, é recomendado que todos utilizem pelo menos a versão 5 do PHP. Na realidade, a edição deste livro tem como foco a versão 6 do PHP, a ser lançada no final de 2007, ou em 2008. Se estiver utilizando a versão 4, você deverá fazer um upgrade. Se isso não estiver em seus planos, então, adquira a segunda edição deste livro. Se estiver utilizando o PHP 5, tanto esta como a segunda edição do livro servirão para você. Nesta edição, deixarei claro quais recursos e funções são específicas do PHP 6.

O Que Há de Novo no PHP 6

Devido à extinção planejada do PHP 4, muitos usuários e empresas de hospedagem Web provavelmente realizarão uma rápida transição do PHP 4 para o PHP 5, e para o PHP 6. Para discutir sobre o que há de novo no PHP 6, iniciarei com as diferenças ainda maiores entre o PHP 4 e o PHP 5.

O PHP 5, como o PHP 4, é uma nova versão desta popular linguagem de programação. As mudanças mais importantes no PHP 5 envolvem a OOP (*object-oriented programming* - programação orientada a objetos). Essas alterações não causam impactos neste livro, pois aqui, não tratamos da mesma (ela é abordada no meu livro *PHP 5 Advanced: Visual QuickPro Guide*).. No que diz respeito a esta edição, a maior mudança no PHP 5 é a inclusão da Improved MySQL Extension, que é utilizada para comunicação com o MySQL. A Improved MySQL Extension oferece muitos benefícios em relação à extensão MySQL mais antiga, e será utilizada de forma exclusiva.

A grande mudança no PHP 6 é o suporte ao Unicode, o que significa que, agora, o PHP pode manipular caracteres em todos os idiomas existentes no mundo. Está é uma grande mudança, e também um dos motivos pelos quais há uma demora para o lançamento do PHP 6. O que isto significa em termos de programação é abordado no Capítulo 14, "Criando Sites Universais". As informações nesse capítulo também são utilizadas no Capítulo 15, "Exemplo - Message Board." Além do suporte

Unicode, o PHP 6 elimina uma série de recursos inúteis que foram deixados no PHP 5, embora a recomendação fosse para não utilizar tais recursos. Os dois maiores recursos removidos foram "Magic Quotes" e "Register Globals".

Por que Utilizar o PHP?

Simplificando, quando o assunto é desenvolvimento de Web sites dinâmicos, o PHP é o melhor, o mais rápido e o mais fácil de aprender do que as outras opções. O que o PHP oferece é um excelente desempenho, uma perfeita integração com quase todos os bancos de dados disponíveis, estabilidade, portabilidade e um conjunto de recursos quase ilimitado, devido à sua capacidade de ampliação. Tudo isso é fornecido sem nenhum custo (o PHP é um software livre) e com uma curva de aprendizado bastante gerenciável. O PHP é um dos melhores casamentos já vistos entre a facilidade com que os programadores iniciantes podem começar a utilizá-lo e a habilidade para que programadores mais avançados façam tudo o que necessitarem.

Finalmente, a prova final: no que se refere à utilização, o PHP tem tido um crescimento exponencial desde o seu início, superando o ASP como a linguagem de script popular mais utilizada atualmente. O PHP é o módulo mais solicitado para Apache (o servidor Web mais utilizado) e, quando este livro chegar nas livrarias, o PHP estará próximo dos 25 milhões de domínios.

Claro, você pode pensar que eu, como autor de um livro sobre PHP (vários, na realidade), tenho uma opinião parcial. Embora não na mesma proporção de utilização do PHP, eu também já desenvolvi sites utilizando JSP (Java Server Pages), RoR (Ruby on Rails) e ASP.NET. Cada um tem seus prós e contras, mas o PHP é a tecnologia à qual eu sempre retorno. Talvez alguém lhe diga que o PHP não tenha um bom desempenho e não seja escalável como outras tecnologias, mas o Yahoo! administra mais de 3,5 bilhões de hits por dia utilizando PHP (sim, *bilhões*). Daí, você pode imaginar como se comporta a segurança no PHP. Mas a segurança não está na linguagem; está em como essa linguagem é utilizada. Relaxe, certo de que uma abordagem completa e atualizada sobre todas questões relevantes sobre segurança será fornecida neste livro!

Como o PHP Funciona

Como já foi dito, o PHP é uma linguagem do lado servidor. Isto significa que o código escrito no PHP reside em um computador host chamado de *servidor*. O servidor envia as páginas Web para os visitantes solicitantes (você, o cliente, com o seu navegador Web).

Quando um visitante acessa um Web site escrito em PHP, o servidor lê o código PHP e, em seguida, faz o seu processamento de acordo com as instruções em script. No exemplo mostrado na **Figura i.2**, o código PHP diz ao servidor para enviar os dados apropriados - código HTML - para o navegador Web, que trata o código recebido como se ele fosse uma página HTML padrão.

Isto difere de um site HTML estático em que, quando um pedido é realizado, o servidor simplesmente envia os dados HTML para o navegador Web e não há qualquer interpretação do lado servidor **(Figura i.3)**. Como nenhuma ação no lado servidor é necessária, você pode executar páginas HTML em seu navegador Web sem utilizar um servidor.

Para o usuário final e o navegador Web não há qualquer diferença perceptível entre home.html e home.php, mas para o modo como o conteúdo dessa página foi criado será significativamente diferente.

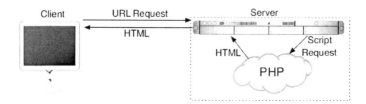

Figura i.2 *Como o PHP se encaixa no modelo cliente/servidor quando um usuário solicita uma página Web.*

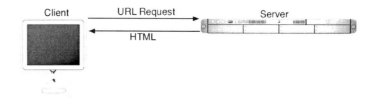

Figura i.3 *O processo cliente/servidor quando é realizado um pedido de uma página HTML estática.*

O Que É MySQL?

MySQL ((www.mysql.com, **Figura i.4**) é o banco de dados de software livre mais popular do mundo. De fato, hoje, o MySQL é um concorrente viável dos grandes e caros, como o Oracle e o SQL Server da Microsoft. Como o PHP, o MySQL oferece excelente desempenho, portabilidade e confiabilidade, com uma curva de aprendizado moderada e pouco ou nenhum custo.

O MySQL é um DBMS (sistema de gerenciamento de banco de dados) para bancos de dados relacionais (portanto, MySQL é um RDBMS). Um banco de dados, nos termos mais simples, é uma coleção de dados inter-relacionados, sejam eles texto, números ou arquivos binários, que são armazenados e mantidos de forma organizada pelo DBMS.

Há muitos tipos de bancos de dados, desde arquivos simples até relacionais e orientados a objetos. Um banco de dados relacional utiliza várias tabelas para armazenar informações em suas partes mais compreensíveis. Enquanto os bancos de dados relacionais podem envolver mais trabalho nos estágios de design e programação, oferecem uma maior confiabilidade e integridade de dados que compensam o esforço extra necessário. Além disso, bancos de dados relacionais permitem mais capacidades de procuras e usuários simultâneos.

Ao incorporar um banco de dados em um aplicativo Web, alguns dos dados gerados pelo PHP podem ser resgatados do MySQL **(Figura i.5).** Além disso, isto leva o conteúdo do site de uma base estática (codificado permanentemente) para uma base flexível, sendo a flexibilidade a chave para um Web site dinâmico.

O MySQL é um aplicativo de código livre, como o PHP, o que significa que ele é livre para utilização ou até mesmo modificação (o próprio código-fonte é disponibilizado para download). Há ocasiões em que você deve pagar por uma licença do MySQL, especialmente se você estiver obtendo lucros com a venda ou a incorporação do produto MySQL. Consulte a política de licenciamento do MySQL para obter informações adicionais.

Figura i.4 A página inicial para o aplicativo de banco de dados MySQL.

O software MySQL consiste de várias partes, incluindo o servidor MySQL *(mysqld,* o qual executa e gerencia os bancos de dados), o cliente MySQL *(mysql,* que fornece uma interface para o servidor), e diversos utilitários para manutenção e outras finalidades. O PHP sempre possui um bom suporte para o MySQL, e isso ocorre ainda mais nas versões mais recentes da linguagem.

O MySQL é conhecido por administrar bancos de dados com cerca de 60.000 tabelas com mais de cinco bilhões de linhas. O MySQL pode trabalhar com tabelas com cerca de oito milhões de terabytes em alguns sistemas operacionais, geralmente 4 GB em bom estado.

O MySQL é utilizado pela NASA e pelo United States Census Bureau, entre muitos outros.

No momento da elaboração deste livro, o MySQL se encontrava na versão 5.0.45, com as versões 5.1 e 6.0 em desenvolvimento. A versão do MySQL que você possui determina quais recursos você pode utilizar; portanto, é importante que você saiba com o que está trabalhando. Para este livro, o MySQL 5.0.45 foi utilizado, embora você seja capaz de realizar tudo o que aqui se encontra se estiver utilizando uma versão do

MySQL superior à 4.1. (Meu livro, *MySQL: Visual QuickStart Guide*, aborda recursos mais recentes e avançados do MySQL 5, mas que não são utilizados neste livro).

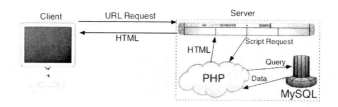

Figura i.5 *Como a maioria dos aplicativos Web dinâmicos neste livro funcionarão, utilizando o PHP e o MySQL.*

Orientação de Pronúncia

Pode parecer óbvio, mas devo esclarecer que MySQL é tecnicamente pronunciado como "My Ess Que Ell," assim como SQL deve ser dito como "Ess Que Ell." Esta é uma dúvida que muitas pessoas têm ao trabalharem pela primeira vez com estas tecnologias. Apesar de não ser uma questão crítica, é sempre melhor pronunciar acrônimos corretamente.

O QUE SERÁ NECESSÁRIO

Para acompanhar os exemplos neste livro, você precisará das seguintes ferramentas:

- Um aplicativo de servidor Web (por exemplo, Apache, Abyss ou IIS).
- PHP.
- MySQL.
- Um navegador Web (Microsoft Internet Explorer, Mozilla Firefox, Apple Safari etc.).
- Um editor de texto, aplicativo WYSIWYG com suporte a PHP (o Dreamweaver da Adobe está qualificado) ou IDE (integrated development environment).
- Um aplicativo FTP, se estiver utilizando um servidor remoto.

Um dos pontos fortes no desenvolvimento de Web sites dinâmicos com PHP e MySQL é que todos os requisitos podem ser atendidos sem nenhum custo, independente do seu sistema operacional! Apache, PHP e MySQL

XXII PHP 6 E MySQL 5 PARA WEB SITES DINÂMICOS

são gratuitos; a maioria dos navegadores Web pode ser obtida sem custos; e muitos editores de texto excelentes estão disponíveis gratuitamente.

O apêndice aborda o processo de instalação nos sistemas operacionais Windows e Mac OS X. Se você possui um computador, você está há alguns downloads de iniciar a criação de Web sites dinâmicos (nesse caso, seu computador representará o cliente e o servidor nas Figuras i.2 e i.5). Por outro lado, você poderá adquirir um serviço de hospedagem Web por alguns reais por mês, o qual fornecerá um ambiente on-line já preparado para PHP e MySQL.

SOBRE ESTE LIVRO

Este livro ensina como desenvolver Web sites dinâmicos com o PHP e o MySQL, abrangendo o conhecimento que a maioria dos desenvolvedores necessita. De acordo com o formato da série Visual QuickPro, as informações são discutidas utilizando uma abordagem passo-a-passo com imagens correspondentes. O foco foi mantido no mundo real e exemplos práticos, evitando cenários como "isto é algo que você poderia fazer, mas que nunca faria". Como um desenvolvedor Web, escrevo sobre as informações que utilizo e evito tópicos irrelevantes para a tarefa em questão. Como escritor, me certifiquei de incluir tópicos e técnicas nas quais os leitores estão interessados.

A estrutura do livro é linear, e a intenção é que você o leia na ordem apresentada. Ele inicia com três capítulos sobre conceitos básicos do PHP (no segundo capítulo, você já terá desenvolvido sua primeira página Web dinâmica). Em seguida, há três capítulos sobre SQL (Structured Query Language, que é utilizado para interagir com todos os bancos de dados) e MySQL. Esses capítulos abordam conceitos básicos do SQL, design de banco de dados e o aplicativo MySQL em específico. Então, haverá um capítulo sobre depuração e gerenciamento de erros, informações que todos precisam. Em seguida, teremos um capítulo apresentando como utilizar o PHP e o MySQL juntos, o que é extremamente fácil fazer.

Os cinco capítulos seguintes abordam mais técnicas de aplicação para ampliar seus conhecimentos. Segurança, em especial, é abordada várias vezes nesses capítulos. O Capítulo 14, "Criando Sites Universais", é completamente novo nesta edição do livro, mostrando como ampliar a abrangência de seus sites. Por fim, incluí três capítulos de exemplo, nos quais o núcleo de diferentes aplicativos Web são desenvolvidos, com instruções.

INTRODUÇÃO   XXIII

Este Livro Serve Para você?

Este livro foi escrito para um grande número de pessoas, desde iniciantes aos que possuem conhecimento intermediário. O livro faz uso do XHTML para compatibilidade futura; portanto, uma boa experiência com XHTML, ou seu antecessor HTML, é necessária. Embora este livro aborde muitos itens, ele não ensina formalmente HTML ou design de páginas Web. Pouco sobre CSS é abordado, mas também não é ensinado.

Segundo, para acompanhar este livro é necessário que você tenha um dos seguintes itens:

◆ A compreensão e a capacidade de aprender com facilidade, ou...

◆ Familiaridade com uma outra linguagem de programação (até mesmo habilidades com JavaScript seriam qualificativas), ou...

◆ Um conhecimento superficial em PHP.

Não se engane: este livro aborda o PHP e o MySQL de A a Z, ensinando tudo o que você precisa para desenvolver Web sites reais, porém, particularmente nos capítulos iniciais, o PHP é abordado de forma rápida. Por este motivo, recomendo alguma experiência em programação ou um espírito curioso e independente no que diz respeito a aprender coisas novas. Se achar que o conteúdo aborda os assuntos muito rapidamente, provavelmente você deve iniciar com a edição mais recente do meu livro *PHP for the World Wide Web: Visual QuickStart Guide*, que aborda os assuntos em um ritmo mais moderado.

Nenhuma experiência com bancos de dados é necessária, pois o SQL e o MySQL são discutidos a partir de um nível mais básico.

O Que Há de Novo Nesta Edição

A duas primeiras edições deste livro são muito populares e tenho recebido um feedback positivo sobre eles (obrigado!). Ao escrever esta nova edição, espero fazer mais do que apenas atualizar o material para as versões mais recentes do PHP e do MySQL, embora isso seja considerar alterações em todo o livro. Outros novos recursos que você encontrará são:

◆ Novos exemplos demonstrando técnicas freqüentemente solicitadas pelos leitores.

◆ Alguns exemplos adicionais avançados em MySQL e SQL.

◆ Um capítulo dedicado a abusos e ataques comuns em Web sites.

XXIV **PHP 6 e MySQL 5 para Web Sites Dinâmicos**

- Um capítulo inteiramente novo sobre o trabalho com vários idiomas e fusos horários.
- Um capítulo de exemplo inteiramente novo sobre a criação de um grupo de discussão (ou fórum).
- Instruções detalhadas e atualizadas de instalação e configuração.
- Remoção de conteúdo desatualizado (ou seja, itens utilizados em versões mais antigas do PHP ou não aplicáveis no PHP 6).

Para aqueles que também possuem a primeira e/ou a segunda edição (obrigado, obrigado, obrigado!), acredito que estes novos recursos também tornarão esta edição um item necessário em sua mesa de trabalho ou estante.

Como Este Livro É Comparado com meus Outros Livros

Este é o meu quarto título sobre PHP e/ou MySQL, após (em ordem):

- PHP for the World Wide Web: Visual QuickStart Guide.
- PHP 5 Advanced for the World Wide Web: Visual QuickPro Guide.
- MySQL: Visual QuickStart Guide.

Espero que este currículo indique um bom nível de qualificação para escrever este livro, mas como você, como um leitor em uma livraria, decide qual livro é o melhor para o seu caso? Claro, você está mais do que convidado a divulgar e comprar o conjunto completo, recebendo minha eterna gratidão, mas...

O livro *PHP for the World Wide Web: Visual QuickStart Guide* é um guia para iniciantes no PHP. Esta atual edição o substitui de alguma forma, principalmente nos três primeiros capítulos, mas utiliza novos exemplos para que não seja redundante. Para iniciantes, o primeiro serve como um acompanhamento para esse outro livro. O livro avançado é produzido a partir dessa primeira edição, pois possui uma quantidade considerável de informações importantes e tem como base muitas das técnicas ensinadas aqui. O livro sobre MySQL tem foco quase que exclusivo no MySQL (mas há dois capítulos que utilizam o PHP).

Com isso em mente, leia a seção "Este livro é para você?" e veja se os requisitos se aplicam. Se você não possui nenhuma experiência em programação e prefere uma orientação sobre PHP de forma mais estimulante, meu primeiro livro seria o mais indicado. Se estiver bastante confortável com o PHP e desejar aprender mais sobre suas capacidades avançadas, opte pelo segundo. Se estiver mais interessado em MySQL e não estiver preocupado em aprender muito sobre PHP, consulte o terceiro.

Assim, se você deseja aprender tudo o que precisa saber para começar a desenvolver Web sites dinâmicos com o PHP e o MySQL hoje, então este é o livro certo para você! Ele faz referências às versões mais recentes de ambas as tecnologias, utiliza técnicas não abordadas anteriormente em outros livros e contém seus próprios exemplos exclusivos.

E qualquer que seja o livro escolhido, certifique-se de que esteja obtendo a edição mais recente ou, salvo isso, a edição que melhor se adapta às versões das tecnologias que você estará utilizando.

WEB SITE COMPLEMENTAR

Desenvolvi um Web site complementar especificamente para este livro, que pode ser acessado em www.DMCinsights.com/phpmysql3/ (**Figura i.6**). Neste Web site você encontrará cada um dos scripts deste livro, um arquivo de texto contendo comandos SQL longos e uma errata com correções que ocorreram durante a publicação. (Se você encontrar problemas com um comando ou um script, e estiver seguindo exatamente o que está no livro, consulte a errata para se certificar de que não haja nenhum erro de impressão antes de se irritar, tentando executá-lo). Neste Web site você também encontrará links úteis, um fórum bastante popular no qual os leitores podem perguntar e responder questões uns aos outros (eu mesmo respondo muitas das questões), e muito mais!

Perguntas, Comentários ou Sugestões?

Se você tiver qualquer dúvida sobre PHP ou MySQL, poderá consultar um dos muitos Web sites, listas de distribuição, grupos de notícias e repositórios de perguntas freqüentes já existentes. Uma rápida pesquisa on-line retornará, virtualmente, recursos ilimitados. Para isso, se precisar de uma resposta imediata, essas fontes ou uma rápida pesquisa na Web certamente atenderão suas necessidades (é quase certo que alguém já tenha encontrado e solucionado o mesmo problema).

Você também pode enviar suas perguntas, comentários e sugestões para mim. Você conseguirá uma resposta mais rápida utilizando o fórum correspondente do livro (eu sempre respondo a essas perguntas primeiro). Se preferir enviar um e-mail, meus endereços de contato estão disponíveis

XXVI   PHP 6 E MySQL 5 PARA WEB SITES DINÂMICOS

no Web site. Eu tento responder cada um dos e-mails que recebo, embora não possa garantir uma resposta rápida.

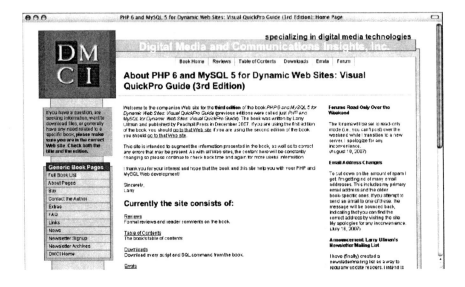

Figura i.6 O Web site complementar para este livro.

CAPÍTULO 1

INTRODUÇÃO AO PHP

Como diz o velho ditado, toda jornada começa com um pequeno passo, e o primeiro passo no desenvolvimento de aplicativos Web dinâmicos com PHP e MySQL é aprender os conceitos básicos da própria linguagem de script.

Embora este livro tenho o seu foco na utilização combinada de MySQL e PHP, você realizará a maior parte de sua caminhada utilizando apenas o PHP. Neste, e no capítulo seguinte, você aprenderá seus conceitos básicos, de sintaxe a variáveis, operadores e estruturas de linguagem (condicionais, loops e o que não fazer). Ao mesmo tempo em que estiver abordando estes conceitos básicos, você também começará a desenvolver um código utilizável que, posteriormente, integrará em aplicativos maiores neste mesmo livro.

Este capítulo de introdução abordará a maior parte dos conceitos básicos da linguagem PHP. Você aprenderá a sintaxe para codificação em PHP, como enviar dados para o navegador Web, e como utilizar dois tipos de variáveis (cadeias e números) mais constantes. Alguns dos exemplos podem parecer sem sentido, mas demonstrarão idéias que você precisará dominar para escrever scripts mais avançados.

2   PHP 6 E MySQL 5 PARA WEB SITES DINÂMICOS

SINTAXE BÁSICA

Como foi dito na introdução do livro, o PHP é uma linguagem de script *incorporada no HTML*. Isto significa que você pode misturar códigos PHP e HTML no mesmo arquivo. Portanto, para iniciar a programação com o PHP, comece com uma página Web simples. O **Script 1.1** fornece um exemplo de um documento transicional XHTML sem conteúdo, o qual será utilizado como base para todas as páginas Web no livro (este livro não aborda formalmente o [X]HTML; consulte um recurso dedicado ao tópico para obter informações adicionais).

Para incluir um código PHP em uma página, coloque-o entre tags PHP:

```
<?php
?>
```

Tudo o que for colocado entre estas tags será tratado pelo servidor Web como PHP (o que significa que o interpretador PHP processará o código). Qualquer texto fora das tags PHP é imediatamente enviado para o navegador Web como HTML normal.

Além de colocar o código PHP entre tags PHP, seus arquivos PHP devem ter uma extensão adequada. A extensão informa ao servidor para tratar o script de forma especial, isto é, como uma página PHP. A maioria dos servidores Web utilizará **. html** ou **.htm** para páginas HTML padrão e, geralmente, .php é o preferido para seus arquivos PHP.

Para criar um script PHP básico:

1. Crie um novo documento em seu editor de texto ou Integrated Development Environment **(Script 1.2)**.

   Geralmente, não faz diferença que aplicativo você utiliza, seja ele Dreamweaver (um IDE aprimorado), BBEdit (um excelente e popular editor de texto simples do Macintosh) ou o vi (um editor Unix de texto simples, sem uma interface gráfica). Entretanto, alguns editores de texto e IDEs tornam mais fácil a digitação e depuração de HTML e PHP (por outro lado, o Notepad no Windows faz algumas coisas que tornam a codificação mais difícil). Se você ainda não possui um aplicativo, procure na Web ou utilize o fórum correspondente do livro (www.DMCInsights.com/phorum/) paraencontrar um.

CAPÍTULO 1 – INTRODUÇÃO AO PHP

```
1   <!DOCTYPE html PUBLIC "-//W3C//DTD XHTML
    1.0 Transitional//EN" "http://www.w3.org/
    TR/xhtml1/DTD/xhtml1-transitional.dtd">
2   <html xmlns="http://www.w3.org/1999/
    xhtml" xml:lang="en" lang="en">
3   <head>
4     <meta http-equiv="content-type" content=
    "text/html; charset=iso-8859-1" />
5     <title>Page Title</title>
6   </head>
7   <body>
8   </body>
9   </html>
```

Script 1.1 Uma página Web transicional XHTML 1.0 básica.

```
1   <!DOCTYPE html PUBLIC "-//W3C//DTD XHTML
    1.0 Transitional//EN" "http://www.w3.org/
    TR/xhtml1/DTD/xhtml1-transitional.dtd">
2   <html xmlns="http://www.w3.org/1999/xhtml"
    xml:lang="en" lang="en">
3   <head>
4     <meta http-equiv="content-type" content=
    "text/html; charset=iso-8859-1" />
5     <title>Basic PHP Page</title>
6   </head>
7   <body>
8   <p>This is standard HTML.</p>
9   <?php
10  ?>
11  </body>
12  </html>
```

Script 1.2 Este primeiro script PHP não realiza tarefa, mas demonstra como um script PHP é escrito. Ele será utilizado como um teste, antes de começar a trabalhar com códigos PHP mais elaborados.

2. Inicie um documento HTML básico.

```
<!DOCTYPE html PUBLIC "-//W3C//
→ DTD XHTML 1.0 Transitional//EN""
→ http://www.w3.org/TR/xhtml1/DTD/
→ xhtml1-transitional.dtd">

<html xmlns="http://www.w3.org/1999/
→ xhtml" xml:lang="en" lang="en ">

<head>

  <meta http-equiv="content-type"
    → content="text/html; charset=
    → iso-8859-1" />

  <title>Basic PHP Page</title>

</head>

<body>

<p>This is standard HTML.</p>

</body>

</html>
```

Embora esta seja a sintaxe que utilizaremos em todo o livro, você pode alterar o código HTML para corresponder ao padrão que pretende utilizar (por exemplo, HTML 4.0 Strict). Novamente, consulte um recurso (X)HTML dedicado se não estiver familiarizado com este código (consulte a primeira dica).

3. Antes de fechar a tag body, insira suas tags PHP.

```
<?php
?>
```

Estas são as tags formais do PHP, também conhecidas como tags no estilo XML. Embora o PHP suporte outros tipos de tags (consulte a segunda dica), recomendo que você utilize o tipo formal, e farei o mesmo ao longo deste livro.

CAPÍTULO 1 – INTRODUÇÃO AO PHP

4. Salve o arquivo como first.php.

   Lembre-se de que se você não salvar o arquivo utilizando uma extensão PHP apropriada; o script não será executado adequadamente.

5. Coloque o arquivo no diretório adequado do seu servidor Web.

   Se estiver executando o PHP em seu próprio computador (possivelmente após as instruções de instalação no Apêndice A, "Instalação"), é necessário apenas mover, copiar ou salvar o arquivo em uma pasta específica em seu computador. Consulte a documentação específica do seu servidor Web para identificar o diretório correto, caso ainda não o desconheça.

   Se estiver executando o PHP em um servidor hospedado (isto é, em um computador remoto), será necessário utilizar um aplicativo FTP para realizar upload do arquivo para o diretório adequado. Sua empresa de hospedagem fornecerá a você acesso e outras informações necessárias.

6. Execute first.php em seu navegador Web (**Figura 1.1**).

   Como os scripts PHP precisam ser analisados pelo servidor, você *deve* acessá-los via URL. Não é possível simplesmente abri-los em seu navegador Web da mesma forma que faria com um arquivo em outros aplicativos.

   Se estiver executando o PHP em seu próprio computador, será necessário acessar algo como http://localhost/first.php, http://127.0.0.1/first.php ou http://localhost/~<user>/first.php (no Mac OS X, utilizando seu nome de usuário real para <user>). Se estiver utilizando um host de Web, será necessário utilizar http://*nome-do-seu-domínio*/first.php (por exemplo, http://www.exemplo.com/first.php).

Figura 1.1 Embora se pareça com qualquer
outra página HTML (simples), isto é, na verdade,
um script PHP e a base para o restante dos exemplos no livro.

PHP 6 E MySQL 5 PARA WEB SITES DINÂMICOS

7. Se você não visualizar resultados como da Figura 1.1, inicie a depuração. Parte do aprendizado de qualquer linguagem de programação é o domínio da depuração. Às vezes pode ser trabalhoso, mas é um processo absolutamente necessário. Com este primeiro exemplo, se você não visualizar uma simples, porém perfeitamente válida, página Web, siga estas etapas:

1. Certifique-se de que você possui uma instalação funcional do PHP (consulte o Apêndice A para obter instruções de teste).

2. Certifique-se de que esteja executando o script por meio de uma URL. O endereço no navegador Web deve iniciar com http://. Se ele iniciar com file://, esse é o problema (**Figura 1.2**).

3. Se você receber um erro de arquivo não localizado (ou semelhante), provavelmente você colocou o arquivo no diretório incorreto ou digitou incorretamente o nome do arquivo (ao salvá-lo ou no seu navegador Web).

Se você executou tudo isso e ainda encontra problemas, consulte o fórum correspondente do livro (www.DMCInsights.com/phorum/list.php?20).

✓ **Dicas**

■ Para encontrar mais informações sobre HTML e XHTML, consulte o excelente livro de Elizabeth Castro intitulado *HTML, XHTML, and CSS, Sixth Edition: Visual QuickStart Guide,* (Peachpit Press, 2006) ou pesquise na Web.

■ Na realidade, há três pares diferentes de tags PHP. Além das tags formais (<?php e ?>), existem as tags curtas (<? e ?>), e o estilo de script (<scriptlanguage="php"> e </script>). Este último é raramente utilizado, e o estilo formal é o recomendado.

■ Como estou executando o PHP em meu próprio computador, às vezes você encontrará URLs como http://127.0.0.1:8000/first.php nas figuras deste livro. O importante é que estou executando esses scripts via http://; não permita que o restante da URL o deixe confuso.

■ Você pode incorporar várias seções do código PHP dentro de um único documento HTML (isto é, você pode alternar entre as duas linguagens). Você encontrará exemplos neste livro.

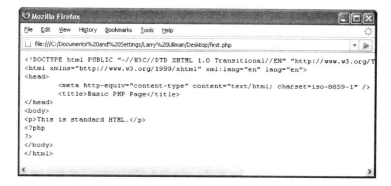

Figura 1.2 Se você visualizar o código PHP (neste caso, as tags) no navegador Web, isto significa que o servidor Web de PHP não está executando o código por algum motivo.

ENVIANDO DADOS PARA O NAVEGADOR WEB

Para criar Web sites dinâmicos com o PHP, você precisa saber como enviar dados para o navegador Web. O PHP possui várias funções integradas para esta finalidade, sendo echo() e print() as mais comuns. Pessoalmente, prefiro echo():

```
echo 'Hello, world!';
echo "What's new?";
```

Você pode utilizar print(), se preferir:

```
print "Hello, world!";
print "What's new?";
```

Como você pôde ver nestes exemplos, é possível utilizar aspas simples ou duplas (mas há uma diferença entre os dois tipos de aspas, que será esclarecida no final do capítulo). A primeira aspa, após o nome da função, indica o início da mensagem a ser impressa. A próxima aspa correspondente (isto é, a próxima aspa do mesmo tipo que a aspa de abertura) indica o final da mensagem a ser impressa.

Além de aprender como enviar dados para o navegador Web, você também deve observar que no PHP todas as instruções (uma linha de código executado, em termos de um leigo) devem terminar com um ponto-e-vírgula. Além disso, o PHP não faz distinção entre maiúsculas e minúsculas em nomes de funções, portanto ECHO(), echo(), eCHo(, e assim por diante, são nomes válidos.

A versão com todos os caracteres em minúsculo é a mais fácil de digitar, claro.

Precisando Realizar um Escape

Conforme você já deve ter descoberto, uma das complicações no envio de dados para a Web envolve a impressão de aspas simples e duplas. Qualquer uma das situações a seguir causará erros:

```
echo "She said, "How are you?"";
echo 'I'm just ducky.';
```

Há duas soluções para este problema. Primeiro, utilize aspas simples ao imprimir aspas duplas e vice-versa:

```
echo 'She said, "How are you?"';
echo "I'm just ducky.";
```

Ou você pode *realizar escape* do caractere problemático precedendo-o com uma barra invertida:

```
echo "She said, \"How are you?\"";
print 'I\'m just ducky.';
```

As aspas com escape serão exibidas como qualquer outro caractere. Compreender como utilizar a barra invertida para realizar escape de um caractere é um conceito importante que será abordado com mais detalhes no final do capítulo.

CAPÍTULO 1 – INTRODUÇÃO AO PHP

Script 1.3 *Utilizando print() ou echo(), o PHP pode enviar dados para o navegador Web (consulte Figura 1.3).*

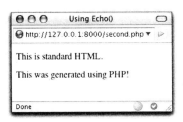

Figura 1.3 *Os resultados ainda não são atraentes, mas esta página foi, em parte, gerada dinamicamente pelo PHP.*

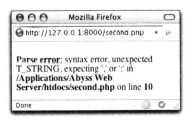

Figura 1.4 *Este talvez seja o primeiro dos muitos erros de análise que você encontrará como um programador em PHP (este erro é causado por uma aspa sem escape).*

Para enviar dados para o navegador Web:

1. Abra o first.php (consulte o Script 1.2) em seu editor de texto ou IDE.

2. Entre as tags PHP (linhas 9 e 10), inclua uma única mensagem **(Script 1.3).**

```
echo 'This was generated using
→  PHP!';
```

Na realidade, não importa a mensagem digitada, a função utilizada (echo() ou print()) ou que tipo de aspas foram utilizadas para essa situação — apenas seja cuidadoso se estiver imprimindo uma aspa simples ou dupla como parte de sua mensagem (consulte o quadro lateral "Precisando Realizar um Escape").

3. Se desejar, alterar o título para melhor descrever esta página (linha 5).

```
<title>Using Echo()</title>
```

Esta alteração afeta apenas a barra de título da janela do navegador.

4. Salve o arquivo como second.php, coloque-o em seu diretório Web e teste-o em seu navegador Web **(Figura 1.3).**

5. Se necessário, realize a depuração do script.

Se você receber um erro de análise em vez da sua mensagem (consulte **Figura 1.4),** verifique se você abriu e fechou suas aspas e realizou escape de quaisquer caracteres problemáticos (consulte o quadro lateral). Além disso, certifique-se de concluir cada instrução com um ponto-e-vírgula.

Se você visualizar uma página inteiramente em branco, provavelmente ocorreu uma das duas razões a seguir:

▲ Há um problema com o seu código HTML. Verifique visualizando o código-fonte de sua página e procurando por problemas no código HTML **(Figura 1.5).**

▲ Ocorreu um erro, mas *display_errors* está desativado em sua configuração PHP, portanto nada é mostrado. Neste caso, consulte a seção no Apêndice A sobre como configurar o PHP para que você possa reativar *display_errors* .

CAPÍTULO 1 – INTRODUÇÃO AO PHP

✓ **Dicas**

- Tecnicamente, echo() e print() são construções da linguagem, não funções. Assim, não se confunda quando chamá-las de "funções" por conveniência. Além disso, incluo os parênteses quando faço referência a funções — digamos, echo(), não apenas echo — para ajudar a distingui-las das variáveis e outras partes do código PHP. Esta é apenas a minha própria convenção.

- Você pode, e geralmente irá, utilizar echo() e print() para enviar código HTML para o navegador Web, como a seguir **(Figura 1.6)**:

    ```
    echo '<p>Hello, <b>world</b>!</p>';
    ```

- Echo() e print() podem ser utilizadas para imprimir texto em várias linhas:

    ```
    echo 'This sentence is
    printed over two lines.';
    ```

O que acontece neste caso é que o retorno de linha (criado pressionando Enter ou Return) se torna parte da mensagem impressa, que não é finalizada até a aspa simples de fechamento. O resultado será a "impressão" do retorno de linha no código-fonte HTML **(Figura 1.7)**. Isso não terá efeito na página gerada **(Figura 1.8)**. Para obter mais detalhes, consulte o quadro lateral "Compreendendo o Espaço em Branco."

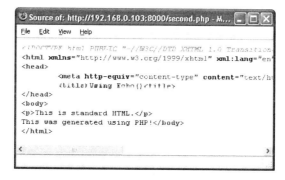

Figura 1.5 Uma causa possível de uma página PHP em branco é um erro HTML simples, como o fechamento da tag de título (está faltando a barra).

Figura 1.6 *O PHP pode enviar o código HTML (como a formatação aqui apresentada) assim como um texto simples (consulte Figura 1.3) para o navegador Web.*

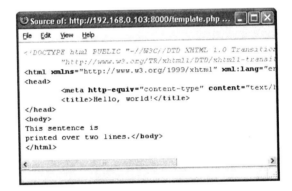

Figura 1.7 *A impressão de texto e código HTML em várias linhas PHP gerará um código-fonte HTML que também se estenderá por várias linhas. Observe que estranhos espaços em branco no código-fonte HTML não afetarão a aparência de uma página (consulte Figura 1.8), mas podem tornar o código-fonte mais fácil de revisar.*

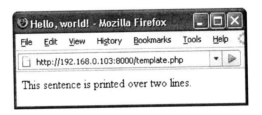

Figura 1.8 *O retorno de linha no código HTML (Figura 1.7) não possui efeito no resultado. A única forma de alterar o espaçamento de uma página Web exibida é utilizar tags HTML (como <br /> e <p></p>).*

Compreendendo o Espaço em Branco

Com o PHP, você envia dados (como tags HTML e texto) para o navegador Web, que processará esses dados como a página Web que o usuário final visualiza. Assim, o que você está fazendo com o PHP é criar o código *HTML* de uma página Web. Com isto em mente, há três áreas do famoso *espaço em branco* (espaços extras, tabulações e linhas em branco): em seus scripts PHP, em seu código HTML e na página Web processada.

Geralmente, o PHP desconsidera os espaços em branco, o que significa que você pode espaçar seu código da forma de desejar para tornar seus scripts mais legíveis. Geralmente, o HTML também desconsidera espaços em branco. Especificamente, o único espaço em branco no HTML que afeta a página processada é um espaço único (vários espaços serão processados como um). Se o seu código HTML possui um texto com várias linhas, isso não significa que ele aparecerá em várias linhas na página processada (consulte Figuras 1.7 e 1.8).

Para alterar o espaçamento em uma página Web processada, utilize as tags HTML
 (quebra de linha, <br> em padrões HTML mais antigos) e <p></p> (parágrafo). Para alterar o espaçamento do código HTML criado com o PHP, você pode

◆ Utilizar echo() ou print() ao longo de diversas linhas.

ou

◆ Imprimir o caractere de nova linha (\n) entre aspas duplas.

ESCREVENDO COMENTÁRIOS

A criação do código PHP executável é apenas uma parte do processo de programação (incontestavelmente, é a parte mais importante). Uma secundária, mas ainda um aspecto crucial para qualquer trabalho em programação, envolve a documentação do seu código.

No HTML, você pode incluir comentários utilizando tags especiais:

```
<!– O comentário é inserido aqui. –>
```

Os comentários HTML podem ser visualizados no código-fonte (**Figura 1.9**), mas não aparecem na página processada.

Os comentários PHP são diferentes, pois não são enviados para o navegador Web, o que significa que eles não estarão visíveis para o usuário final, mesmo na consulta ao código-fonte HTML.

O PHP suporta três tipos de comentários. O primeiro utiliza o símbolo de libra ou número (#):

```
# Este é um comentário.
```

O segundo utiliza duas barras:

```
// Este também é um comentário.
```

Ambos fazem com que o PHP ignore tudo o que vem a seguir até o final da linha (ao pressionar Return ou Enter). Assim, estes dois comentários são apenas para linhas simples. Geralmente, eles também são utilizados para colocar um comentário na mesma linha como algum código PHP:

```
print 'Hello!'; // Dizer hello.
```

Um terceiro estilo permite que os comentários se estendam por várias linhas:

```
/* Este é um comentário mais longo
que se estende por duas linhas. */
```

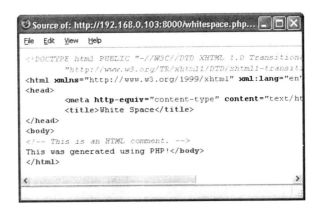

Figura 1.9 Os comentários HTML aparecem no código-fonte do navegador, mas não na página Web processada.

CAPÍTULO 1 – INTRODUÇÃO AO PHP   15

Script 1.4 *Estes comentários básicos demonstram as três sintaxes que você pode utilizar no PHP.*

Para inserir comentários em seus scripts:

1. Crie um novo documento PHP em seu editor de texto ou IDE, iniciando com o código HTML **(Script 1.4)**.

```
<!DOCTYPE html PUBLIC "-//W3C//
→  DTD XHTML 1.0 Transitional//EN"
→  "http://www.w3.org/TR/xhtml1/DTD/
→  xhtml1-transitional.dtd">

<html xmlns="http://www.w3.org/1999/
→  xhtml" xml:lang="en" lang="en">

<head>

  <meta http-equiv="content-type"
  content="text/html; charset=iso
  8859-1" />

  <title>Comments</title>
```

PHP 6 e MySQL 5 para Web Sites Dinâmicos

```
</head>
<body>
```

2. Inclua a tag PHP inicial e escreva seus primeiros comentários.

```
<?php
# Created August 26, 2007
# Created by Larry E. Ullman
# This script does nothing much.
```

Um dos primeiros comentários que cada script deve conter é um bloco introdutório que lista a data de criação, a data de modificação, o criador, as informações de contato do criador, a finalidade do script, e assim por diante. Algumas pessoas sugerem que os comentários no estilo de shell (#) são mais adequados em um script e são, portanto, melhores para este tipo de notação.

3. Envie algum código HTML para o navegador Web.

```
echo '<p>This is a line of text.
→ <br />This is another line of
→ text.</p>';
```

Independentemente do que você fizer, o navegador Web terá algo para ser exibido de forma apropriada. Para variar um pouco, farei com que a instrução echo() imprima algumas tags HTML, incluindo uma quebra de linha (<br />) para incluir algum espaço para a página HTML gerada.

4. Utilize comentários com várias linhas para comentar uma segunda instrução echo().

```
/*

echo 'This line will not be
→ executed.';

*/
```

Ao colocar qualquer bloco de código PHP entre /* e */, você poderá processar esse código inerte sem precisar excluí-lo do seu script. Removendo as tags de comentários, você pode reativar essa seção do código PHP.

CAPÍTULO 1 – INTRODUÇÃO AO PHP   17

5. Inclua um comentário final após uma terceira instrução echo().

   ```
   echo "<p>Now I'm done.</p>"; // Fim
   → do código PHP.
   ```

   Este último (supérfluo) comentário mostra como colocar um comentário no final de uma linha, uma prática comum. Observe que utilizei aspas duplas para cercar a mensagem, pois aspas simples conflitariam com o apóstrofo (consulte o quadro lateral "Precisando Realizar um Escape", localizado neste capítulo).

6. Feche a seção PHP e finalize a página HTML.

   ```
   ?>
   </body>
   </html>
   ```

7. Salve o arquivo como comments.php, coloque-o em seu diretório Web e teste-o em seu navegador Web **(Figura 1.10)**.

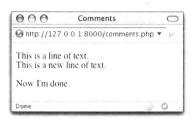

Figura 1.10 *Os comentários PHP no Script 1.4 não aparecem na página Web ou no código-fonte HTML (Figura 1.11).*

8. Se você for curioso, consulte o código-fonte em seu navegador Web para confirmar se os comentários PHP não aparecem lá **(Figura 1.11)**.

✓ **Dicas**

- Você não deve aninhar (colocar um dentro do outro) comentários com várias linhas (/* */). Isso causará problemas.
- Qualquer um dos comentários PHP pode ser utilizado no final de uma linha (como após uma chamada de função):

echo 'Howdy'; /* Say 'Howdy' */

Embora isso seja permitido, é bastante incomum.

- É praticamente impossível inserir comentários desnecessários em seus scripts. Seja sempre cauteloso ao escrever muitos comentários em seu código. Assim, com a intenção de economizar espaço, os scripts neste livro não serão tão documentados conforme sugeri que eles fossem.
- Também é importante que, conforme você altera um script, mantenha os comentários atualizados e precisos. Não há nada mais confuso do que um comentário que informa algo enquanto o código realiza alguma outra coisa.

Figura 1.11 Os comentários PHP do Script 1.4 não aparecem em nenhuma parte no navegador do cliente.

O Que São Variáveis?

Variáveis são contêineres utilizados para, temporariamente, armazenar valores. Estes valores podem ser números, texto ou dados muito mais complexos. O PHP possui oito tipos de variáveis. Essas variáveis incluem quatro tipos escalares (de valor único) — *Booleano* (TRUE ou FALSE), *inteiro, ponto flutuante* (decimais) e *cadeias* (caracteres); dois não-escalares (vários valores) — *matrizes* e *objetos;* mais *recursos* (que você verá ao interagir com bancos de dados) e *NULL* (um tipo especial que não possui valor).

Independentemente de qual tipo você está criando, todas as variáveis no PHP seguem determinadas regras sintáticas:

◆ Um nome de variável — também chamado de *identificador* — deve iniciar com um sinal de dólar ($), por exemplo, $name.

◆ O nome de variável pode conter uma combinação de cadeias, números e sublinhado, por exemplo $my_report1.

◆ O primeiro caractere após o sinal de dólar deve ser uma letra ou um sublinhado (ele não pode ser um número).

◆ Os nomes de variáveis no PHP fazem distinção entre maiúsculas e minúsculas. Esta é uma regra *muito* importante. Isto significa que $name e $Name são variáveis inteiramente diferentes.

Para iniciar o trabalho, vamos fazer uso de diversas variáveis predefinidas cujos valores são automaticamente estabelecidos quando um script PHP é executado. Antes de iniciar com este script, há mais duas coisas que você deve saber. Primeiro, que variáveis podem ter valores designados utilizando o sinal de igual (=), também chamado de *operador de designação*. Segundo, que variáveis podem ser impressas sem aspas:

```
print $some_var;
```

PHP 6 e MySQL 5 para Web Sites Dinâmicos

```
000                    Script
1   <!DOCTYPE html PUBLIC "-//W3C//DTD XHTML
    1.0 Transitional//EN" "http://www.w3.org/
    TR/xhtml1/DTD/xhtml1-transitional.dtd">
2   <html xmlns="http://www.w3.org/1999/xhtml"
    xml:lang="en" lang="en">
3   <head>
4     <meta http-equiv="content-type" content=
      "text/html; charset=iso-8859-1" />
5     <title>Predefined Variables</title>
6   </head>
7   <body>
8   <?php # Script 1.5 - predefined.php
9
10  // Create a shorthand version of the
    variable names:
11  $file = $_SERVER['SCRIPT_FILENAME'];
12  $user = $_SERVER['HTTP_USER_AGENT'];
13  $server = $_SERVER['SERVER_
    SOFTWARE'];
14
15  // Print the name of this script:
16  echo "<p>You are running the file:<br
    /><b>$file</b>.</p>\n";
17
18  // Print the user's information:
19  echo "<p>You are viewing this page using:
    <br /><b>$user</b></p>\n";
20
21  // Print the server's information:
22  echo "<p>This server is running:<br /><b>
    $server</b>.</p>\n";
23
24  ?>
25  </body>
26  </html>
```

Script 1.5 *Este script imprime três
das muitas variáveis predefinidas do PHP.*

Ou as variáveis podem ser impressas entre aspas duplas:

```
print "Hello, $name";
```

Não é possível imprimir variáveis entre aspas simples:

```
print 'Hello, $name'; // Não funcionará!
```

CAPÍTULO 1 – INTRODUÇÃO AO PHP   21

Para utilizar variáveis:

1. Crie um novo documento PHP em seu editor de texto ou IDE, começando com o código HTML inicial **(Script 1.5).**

```
<!DOCTYPE html PUBLIC "-//W3C//

DTD XHTML 1.0 Transitional//EN"

"http://www.w3.org/TR/xhtml1/DTD/

xhtml1-transitional.dtd">

<html xmlns="http://www.w3.org/1999/

xhtml" xml:lang="en" lang="en">

<head>
  <meta http-equiv="content-type"
→   content="text/html; charset=
→   iso-8859-1" />

  <title>Predefined Variables</
→   title>

</head>

<body>
```

2. Inclua sua tag PHP de abertura e seu primeiro comentário.

```
<?php # Script 1.5 - predefined.php
```

De agora em diante, meus scripts não mais conterão comentários como criador, data de criação, e assim por diante, embora você deva continuar a documentar seus scripts de forma detalhada. Entretanto, criarei um comentário listando o número do script e o nome do arquivo para facilitar a referência cruzada (ambos constando no livro, e quando você obtê-los por download a partir do Web site de suporte do livro, www.DMCInsights.com/phpmysql3).

22   **PHP 6 E MYSQL 5 PARA WEB SITES DINÂMICOS**

3. Crie uma versão abreviada da primeira variável a ser utilizada neste script.

```
$file = $_SERVER['SCRIPT_FILENAME'];
```

Este script utilizará três variáveis, cada uma delas proveniente da variável $_SERVER maior e predefinida. $_SERVER se refere a uma grande quantidade de informações relacionadas ao servidor. A primeira variável que o script utiliza é $_SERVER[' SCRIPT_FILENAME']. Esta variável armazena o caminho completo e o nome do script sendo executado (por exemplo, C:\Arquivos de programas\Apache\htdocs\ predefined.php). O valor armazenado em $_SERVER['SCRIPT_ FILENAME'] será designado para a nova variável $file. A criação de novas variáveis com nomes mais curtos e valores designados de $_SERVER tornará mais fácil fazer referências às variáveis quandofor imprimi-las. (Isso também envolve algumas outras questões, que você aprenderá no devido momento.)

4. Crie uma versão abreviada das outras duas variáveis.

```
$user = $_SERVER['HTTP_USER_AGENT'];

$server = $_SERVER['SERVER_
→  SOFTWARE'];
```

$_SERVER['HTTP_USER_AGENT'] representa o navegador Web e o sistema operacional do usuário acessando o script. Este valor é designado para $user.

$_SERVER['SERVER_SOFTWARE'] representa o aplicativo Web no servidor que está executando o PHP (por exemplo, Apache, Abyss, Xitami, IIS). Este é o programa que deve estar instalado (consulte Apêndice A) para executar scripts PHP nesse computador.

5. Imprima o nome do script sendo executado.

```
echo "<p>You are running the file:
→  <br /><b>$file</b>.</p>\n ";
```

A primeira variável a ser impressa é $file. Observe que esta variável deve ser impressa entre aspas duplas e que também faço uso da nova linha em PHP (\n), a qual incluirá uma quebra de linha no código-fonte HTML gerado. Algumas tags básicas do HTML — parágrafo e negrito — são incluídas para atribuir um estilo na página gerada.

6. Imprima as informações do usuário acessando o script.

```
echo "<p>You are viewing this page
➔  using:<br /><b>$user</b></p>\n ";
```

Esta linha imprime a segunda variável, $user. Para repetir o que foi feito na quarta etapa, $user se correlaciona com $_SERVER[' HTTP_ USER_AGENT'] e se refere ao sistema operacional, tipo do navegador e versão do navegador sendo utilizada para acessar a página Web.

7. Imprima as informações do servidor.

```
echo "<p>This server is running:<br
➔   /><b>$server</b>. </p>\n ";
```

8. Finalize os códigos HTML e PHP.

```
?>
</body>
</html>
```

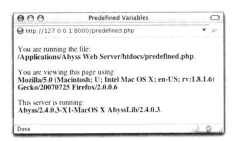

Figura 1.12 O script predefined.php reporta
para o visualizador as informações sobre o script,
o navegador Web utilizado para visualizá-lo e o próprio servidor.

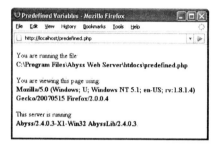

Figura 1.13 Este é o primeiro script verdadeiramente dinâmico do livro, em que as alterações da página Web dependem do servidor executando-o e do navegador Web visualizando-o (compare com a Figura 1.12).

9. Salve seu arquivo como predefined.php, coloque-o em seu diretório Web e teste-o em seu navegador Web **(Figura 1.12)**.

✓ **Dicas**

- Se encontrar problemas com este ou qualquer outro script, consulte o fórum Web correspondente do livro (www.DMCInsights.com/phorum/) para obter assistência.

- Se possível, execute este script utilizando um navegador Web diferente e/ou um outro servidor **(Figura 1.13)**.

- A consideração mais importante na criação de variáveis é a utilização de um esquema de nomenclatura consistente. Neste livro você verá que eu utilizo letras em maiúsculo para os nomes de minhas variáveis, com sublinhados separando palavras ($first_name). Alguns programadores preferem utilizar a primeira letra em maiúsculo: $FirstName.

- O PHP é bastante informal na forma como trata as variáveis, o que significa que você não precisa inicializá-las (definir um valor imediato) para declará-las (definir um tipo específico), e você pode converter uma variável entre os muitos tipos sem problemas.

APRESENTANDO CADEIAS

O primeiro tipo de variável a abordar é o tipo *cadeias*. Uma cadeia é, basicamente, um trecho de caracteres entre aspas: letras, números, espaços, pontuação, e assim por diante. Todos estes são cadeias:

◆ 'Tobias'

◆ "O pequeno príncipe"

◆ '100'

◆ '2 de agosto de 2006'

Para criar uma variável de cadeia, designe um valor de cadeia a um nome de variável válido:

```
$first_name = 'Tobias';
$today = '2 de agosto de 2006';
```

Ao criar cadeias, você pode utilizar aspas simples ou duplas para cercar os caracteres, da mesma forma que faria ao imprimir textos. Você também deve utilizar o mesmo tipo de aspas para o início e o fim da cadeia. Se a mesma aspa aparecer na cadeia, ela deverá sofrer escape:

```
$var = "Defina \"platitude\", por favor.";
```

Para imprimir o valor de uma cadeia, utilize:

```
echo() ou print():
echo $first_name;
```

Para imprimir o valor da cadeia em um contexto, utilize aspas duplas:

```
echo "Hello, $first_name";
```

Você já trabalhou com cadeias uma vez — ao utilizar as variáveis predefinidas na seção anterior. Neste próximo exemplo, você criará e utilizará novas cadeias.

26   PHP 6 E MySQL 5 para Web Sites Dinâmicos

```
● ○ ○                    Script
1   <!DOCTYPE html PUBLIC "-//W3C//DTD XHTML
    1.0 Transitional//EN" "http://www.w3.org/
    TR/xhtml1/DTD/xhtml1-transitional.dtd">
2   <html xmlns="http://www.w3.org/1999/
    xhtml" xml:lang="en" lang="en">
3   <head>
4     <meta http-equiv="content-type" content=
      "text/html; charset=iso-8859-1" />
5     <title>Strings</title>
6   </head>
7   <body>
8   <?php # Script 1.6 - strings.php
9
10  // Create the variables:
11  $first_name = 'Haruki';
12  $last_name = 'Murakami';
13  $book = 'Kafka on the Shore';
14
15  //Print the values:
16  echo "<p>The book <em>$book</em> was
    written by $first_name $last_name.</p>";
17
18  ?>
19  </body>
20  </html>
```

Script 1.6 Variáveis de cadeias são criadas e seus valores enviados para o navegador Web neste script introdutório.

Para utilizar cadeias:

1. Crie um novo documento PHP em seu editor de texto ou IDE, começando com o código HTML inicial e incluindo a tag PHP de abertura **(Script 1.6)**.

```
<!DOCTYPE html PUBLIC "-//W3C//
→  DTD XHTML 1.0 Transitional//EN"
→  "http://www.w3.org/TR/xhtml1/DTD/
→  xhtml1-transitional.dtd">
<html xmlns="http://www.w3.org/1999/
→  xhtml" xml:lang="en" lang="en">
<head>
  <meta http-equiv="content-type"
→  content="text/html; charset=
→  iso-8859-1" /> <title>Strings
  </title>
</head>
<body>
<?php # Script 1.6 - strings.php
```

CAPÍTULO 1 – INTRODUÇÃO AO PHP 27

2. Entre as tags PHP, crie três variáveis.

```
$first_name = 'Haruki';
$last_name = 'Murakami';
$book = 'Kafka on the Shore';
```

Este exemplo simples cria as variáveis $first_name, $last_name e $book que serão impressas em uma mensagem.

3. Inclua uma instrução echo().

```
echo "<p>The book <em>$book</em>
→   was written by $first_name
→   $last_name.</p>";
```

Tudo o que este script faz é imprimir uma declaração de propriedade com base nas três variáveis estabelecidas. Um pequena formatação HTML (a ênfase no título do livro) é aplicada para torná-la mais atrativa. Lembre-se de utilizar aspas duplas para que os valores das variáveis sejam impressos corretamente (mais informações sobre a importância das aspas duplas no final do capítulo).

4. Finalize os códigos HTML e PHP.

```
?>
</body>
</html>
```

5. Salve o arquivo como strings.php, coloque-o em seu diretório Web e teste-o em seu navegador Web **(Figura 1.14)**.

6. Se desejar, altere os valores das três variáveis, salve o arquivo e execute novamente o script **(Figura 1.15)**.

✓ **Dicas**

■ Se você designar um outro valor para uma variável existente (digamos $book), o novo valor substituirá o valor antigo. Por exemplo:

```
$book = 'High Fidelity';
$book = 'The Corrections';
/* $book agora possui o valor de
'The Corrections'. */
```

- O PHP não possui limite para o tamanho de uma cadeia. Teoricamente, é possível que você seja limitado pelos recursos do servidor, mas é improvável que você encontre tal problema.

Figura 1.14 A página Web resultante tem como base a impressão dos valores das três variáveis.

Figura 1.15 A saída do script é alterada ao alterar as suas variáveis.

Script 1.7 A concatenação fornece a capacidade de fácil manipulação de cadeias, como a criação de um nome de autor a partir da combinação do primeiro e do último nomes.

CONCATENANDO CADEIAS

Concatenação é como a inclusão para cadeias, por meio da qual os caracteres são incluídos no final da cadeia. Ela é realizada utilizando o *operador de concatenação,* que é o ponto (.):

```
$city= 'Seattle';
$state = 'Washington';
$address = $city . $state;
```

Agora, a variável $address possui o valor *Seattle Washington,* que está próximo do resultado desejado *(Seattle, Washington).* Para melhorar isto, você poderia escrever

```
$address = $city . ', ' . $state;
```

para que uma vírgula e um espaço sejam incluídos à combinação.

A concatenação funciona com cadeias ou números. Qualquer uma destas instruções gerará o mesmo resultado *(Seattle, Washington 98101):*

```
$address = $city . ', ' . $state .
' 98101';
$address = $city . ', ' . $state .
' ' . 98101;
```

Vamos modificar o strings.php para utilização deste novo operador.

Para utilizar concatenação:

1. Abra o strings.php (consulte o Script 1.6) em seu editor de texto ou IDE.

2. Após estabelecer as variáveis $fi rst_name e $last_name (linhas 11 e 12), inclua esta linha **(Script 1.7):**

    ```
    $author = $first_name . ' ' .
      $last_name;
    ```

    Como uma demonstração da concatenação, uma nova variáve l— $author — será criada como a concatenação de duas cadeias existentes e um espaço entre elas.

3. Altere a instrução echo() para utilizar esta nova variável.

```
echo "<p>The book <em>$book</em> was
→ written by $author.</p>";
```

Como as duas variáveis se tornaram uma única, a instrução echo() deve ser alterada adequadamente.

4. Se desejado, altere o título da página HTML e os valores do primeiro nome, do último nome e das variáveis do livro.

5. Salve o arquivo como concat.php, coloque-o em seu diretório Web e teste-o em seu navegador Web **(Figura 1.16)**.

✓ **Dicas**

- O PHP possui muitas funções úteis, específicas para cadeias, que você verá ao longo deste livro. Por exemplo, para calcular o tamanho de uma cadeia (quantos caracteres ela contém), utilize strlen():

```
$num = strlen('some string');
```

- Você pode fazer com que o PHP converta cadeias entre maiúsculas e minúsculas com: strtolower(), que a torna inteiramente em minúscula; strtoupper(), que a torna inteiramente em maiúscula; ucfirst(), que coloca o primeiro caractere em maiúsculo; e ucwords(), que coloca o primeiro caractere de todas as palavras em maiúsculo.

Figura 1.16 *Neste script revisado, o resultado final da concatenação não é aparente para o usuário (compare com as Figuras 1.14 e 1.15).*

CAPÍTULO 1 – INTRODUÇÃO AO PHP   31

- Se estiver simplesmente concatenando um valor com outro, você poderá utilizar o operador de designação de *concatenação* (.=). O trecho a seguir é equivalente:

```
$title = $title . $subtitle;
$title .= $subtitle;
```

- O exemplo inicial nesta seção poderia ser escrito utilizando

```
$address = "$city, $state";
```

Ou

```
$address = $city;
$address .= ', ';
$address .= $state;
```

APRESENTANDO NÚMEROS

Na apresentação das variáveis, fui explícito ao informar que o PHP possui ambos os tipos de números: inteiro e ponto flutuante (decimal). Com base na minha experiência, entretanto, estes dois tipos podem ser classificados com o título genérico de *números* sem a perda de qualquer distinção de valor (na maioria das situações). Variáveis válidas de tipo numérico no PHP podem ser algo como

- 8
- 3.14
- 10980843985
- -4.2398508
- 4.4e2

Observe que estes valores nunca são colocados entre aspas — caso em que seriam cadeias com valores numéricos — nem incluem vírgulas para indicar milhar (no padrão numérico americano). Além disso, um número é assumido como positivo a menos que ele seja precedido pelo sinal de menos (-).

Juntamente com os operadores aritméticos padrão que você pode utilizar com números **(Tabela 1.1),** há dezenas de funções. Duas funções comuns são round() e number_format().

32 PHP 6 E MySQL 5 PARA WEB SITES DINÂMICOS

A primeira função arredonda um número decimal para o número inteiro mais próximo:

```
$n = 3.14;
$n = round ($n); // 3
```

Ela também pode arredondar para um número especificado de casas decimais:

```
$n = 3.142857;
$n = round ($n, 3); // 3.143
```

A função number_format() transforma um número na versão geralmente mais escrita, agrupado em milhar utilizando vírgulas:

```
$n = 20943;
$n = number_format ($n); // 20,943
```

Esta função também pode definir um número especificado de pontos decimais:

```
$n = 20943;
$n = number_format ($n, 2); // 20,943.00
```

Para praticar com números, vamos escrever um script de demonstração que realiza os cálculos que alguém pode utilizar em um carrinho de compras de e-commerce.

Tabela 1.1 Os operadores matemáticos padrão.

Operadores Aritméticos	
Operador	**Significado**
+	Adição
-	Subtração
*	Multiplicação
/	Divisão
%	Módulo
++	Incremento
- -	Decremento

Para utilizar números:

1. Crie um novo documento PHP em seu editor de texto ou IDE (**Script 1.8**).

```
<!DOCTYPE html PUBLIC "-//W3C//
  DTD XHTML 1.0 Transitional//EN"
  "http://www.w3.org/TR/xhtml1/DTD/
  xhtml1-transitional.dtd">
<html xmlns="http://www.w3.org/1999/
  xhtml" xml:lang="en" lang="en">
<head>
  <meta http-equiv="content-type"
    → content="text/html; charset=
    → iso-8859-1" />
  <title>Numbers</title>
</head>
<body>
<?php # Script 1.8 - numbers.php
```

2. Estabeleça as variáveis de pré-requisito.

```
$quantity = 30;
$price = 119.95;
$taxrate = .05;
```

Este script utilizará três variáveis codificadas onde os cálculos serão realizados. Mais adiante no livro, você verá como estes valores podem ser determinados de forma dinâmica (ou seja, pela interação do usuário com um formulário HTML).

3. Realize os cálculos.

```
$total = $quantity * $price,
$total = $total + ($total * $taxrate);
```

A primeira linha estabelece o total do pedido como o número de widgets comprados multiplicado pelo preço de cada um.

```php
1   <!DOCTYPE html PUBLIC "-//W3C//DTD XHTML
    1.0 Transitional//EN" "http://www.w3.org/
    TR/xhtml1/DTD/xhtml1-transitional.dtd">
2   <html xmlns="http://www.w3.org/1999/xhtml"
    xml:lang="en" lang="en">
3   <head>
4       <meta http-equiv="content-type" content=
        "text/html; charset=iso-8859-1" />
5       <title>Numbers</title>
6   </head>
7   <body>
8   <?php # Script 1.8 - numbers.php
9
10  // Set the variables:
11  $quantity = 30; // Buying 30 widgets.
12  $price = 119.95;
13  $taxrate = .05; // 5% sales tax.
14
15  // Calculate the total:
16  $total = $quantity * $price;
17  $total = $total + ($total * $taxrate); //
    Calculate and add the tax.
18
19  // Format the total:
20  $total = number_format ($total, 2);
21
22  // Print the results:
23  echo '<p>You are purchasing <b>' .
    $quantity . '</b> widget(s) at a cost
    of <b>$' . $price . '</b> each. With
    tax, the total comes to <b>$' . $total .
    '</b>.</p>';
24
25  ?>
26  </body>
27  </html>
```

Script 1.8 O script numbers.php demonstra cálculos matemáticos básicos, como aqueles utilizados em um aplicativo de e-commerce.

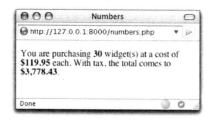

Figura 1.17 Os números com os quais a página PHP (Script 1.8) realiza os cálculos com base nos valores definidos.

CAPÍTULO 1 – INTRODUÇÃO AO PHP   35

Figura 1.18 Para alterar a página Web gerada, altere qualquer uma ou as três variáveis (compare com a Figura 1.17).

Então, a segunda linha inclui a quantidade de imposto no total (calculado multiplicando a taxa de imposto pelo total).

4. Formate o total.

```
$total = number_format ($total, 2);
```

A função number_format() agrupará o total em milhar e o arredondará para duas casas decimais. Isto tornará a exibição mais apropriada para o usuário final.

5. Imprima os resultados.

```
echo '<p>You are purchasing <b>' .
→   $quantity . '</b> widget(s) at a cost
→   of <b>$' . $price . '</b> each. With
→   tax, the total comes to <b>$' .
→   $total . '</b>.</p>';
```

A última etapa no script é imprimir os resultados. Para utilizar uma combinação de HTML, sinais de dólar impressos e variáveis, a instrução echo() utiliza texto entre aspas simples e variáveis concatenadas.

Você também poderia colocar tudo isso em uma cadeia entre aspas duplas (como nos exemplos anteriores), mas quando o PHP encontrar, por exemplo, at a cost of $$price na instrução echo(), o sinal de dólar dobrado causará problemas. Você verá uma solução alternativa no último exemplo deste capítulo.

36 **PHP 6 E MySQL 5 PARA WEB SITES DINÂMICOS**

6. Finalize o código PHP e a página HTML.

```
?>
</body>
</html>
```

7. Salve o arquivo como numbers.php, coloque-o em seu diretório Web e teste-o em seu navegador Web **(Figura 1.17)**.

8. Se desejar, altere as três variáveis iniciais e execute novamente o script **(Figura 1.18)**.

✓ **Dicas**

■ O PHP suporta um máximo para o número inteiro de dois bilhões, aproximadamente, na maioria das plataformas. Com números maiores do que esse, o PHP automaticamente utilizará um tipo de ponto flutuante.

■ Ao trabalhar com aritmética, surge a questão de precedência (a ordem na qual os cálculos complexos são realizados). Enquanto o manual do PHP e outras fontes tendem a listar a hierarquia da precedência, acho a programação mais segura e mais legível agrupando cláusulas em parêntesis para forçar a ordem de execução (consulte a linha 17 do Script 1.8).

■ Os computadores têm um desempenho notoriamente baixo ao trabalharem com decimais. Por exemplo, o número *2.0* pode, na verdade, ser armazenado como *1.99999*. Na maioria das vezes isto não será um problema, mas em casos onde a precisão matemática é essencial, confie em números inteiros, não em decimais. O manual do PHP possui informações sobre este assunto, assim como funções alternativas para melhoria da precisão computacional.

■ Muitos dos operadores matemáticos também possuem um operador de designação correspondente, permitindo criar uma versão resumida para designação de valores. Esta linha,

```
$total = $total + ($total*
$taxrate);
poderia ser
$total += ($total * $taxrate);
```

- Se você definir um valor $price sem utilizar dois decimais (por exemplo, *119.9* ou *34)*, você desejará aplicar number_format() em $price antes de imprimi-lo.

APRESENTANDO CONSTANTES

As constantes, como as variáveis, são utilizadas para armazenar temporariamente um valor, mas, por outro lado, constantes e variáveis são diferentes em vários pontos. Para os iniciantes, para criar uma constante, você deve utilizar a função define() em vez do operador de designação (=):

```
define ('NAME', 'value');
```

Observe que, como de costume, as constantes são denominadas utilizando todos os caracteres em maiúsculo, embora isso não seja necessário. O mais importante é que as constantes não utilizam o sinal de dólar inicial, como as variáveis (pois constantes não são variáveis).

Uma constante pode receber uma designação de um valor escalar, como uma cadeia ou um número. E, diferentemente das variáveis, o valor de uma constante não pode ser alterado.

Para acessar o valor de uma constante, como quando você desejar imprimi-lo, você não pode colocar a constante entre aspas:

```
echo "Hello, USERNAME"; // Não funcionará!
```

Com esse código, o PHP literalmente imprimiria *Hello, USERNAME* e não o valor da constante USERNAME (pois não há uma indicação de que USERNAME é algo diferente de texto literal). Em vez disso, imprima a própria constante:

```
echo 'Hello,';
echo USERNAME;
```

ou utilize o operador de concatenação: `.`

```
echo 'Hello, ' . USERNAME;
```

O PHP é executado com diversas funções predefinidas, muito parecidas com as variáveis utilizadas anteriormente neste capítulo. Elas incluem a função PHP_VERSION (a versão do PHP sendo executado) e PHP_OS (o sistema operacional do servidor).

PHP 6 E MYSQL 5 PARA WEB SITES DINÂMICOS

Para utilizar constantes:

1. Crie um novo documento PHP em seu editor de texto ou IDE (**Script 1.9**).

```
<!DOCTYPE html PUBLIC "-//W3C//DTD
→  XHTML 1.0 Transitional//EN"
→  "http://www.w3.org/TR/xhtml1/
→  DTD/xhtml1-transitional.dtd">

<html xmlns="http://www.w3.org/1999/
→  xhtml" xml:lang="en" lang="en ">

<head>

  <meta http-equiv="content-type"
→    content="text/html; charset=
→    iso-8859-1" />
  <title>Constants</title>

</head>
<body>
<?php # Script 1.9 - constants.php
```

2. Crie uma nova constante de data.

```
define ('TODAY', August 28, 2007');
```

Uma utilização reconhecidamente inútil, mas este exemplo ilustrará nosso objetivo. No Capítulo 8, "Utilizando PHP com MySQL", você verá como utilizar constantes para armazenar as informações de acesso do seu banco de dados.

3. Imprima a data, a versão do PHP e o sistema operacional.

```
echo '<p>Today is ' . TODAY . '.<br
→  />This server is running version
→  <b>' . PHP_VERSION . '</b> of PHP
→  on the <b>' . PHP_OS . '</b>
→  operating system.</p>';
```

Como as constantes não podem ser impressas entre aspas, utilize o operador de concatenação para criar a instrução echo().

CAPÍTULO 1 – INTRODUÇÃO AO PHP

```
1   <!DOCTYPE html PUBLIC "-//W3C//DTD XHTML
    1.0 Transitional//EN" "http://www.w3.org/
    TR/xhtml1/DTD/xhtml1-transitional.dtd">
2   <html xmlns="http://www.w3.org/1999/xhtml"
    xml:lang="en" lang="en">
3   <head>
4       <meta http-equiv="content-type" content=
        "text/html; charset=iso-8859-1" />
5       <title>Constants</title>
6   </head>
7   <body>
8   <?php # Script 1.9 - constants.php
9
10  // Set today's date as a constant:
11  define ('TODAY', 'August 28, 2007');
12
13  // Print a message, using predefined
    constants and the TODAY constant:
14  echo '<p>Today is ' . TODAY . '.<br />This
    server is running version <b>' . PHP_
    VERSION . '</b> of PHP on the <b>' . PHP_
    OS . '</b> operating system.</p>';
15
16  ?>
17  </body>
18  </html>
```

Script 1.9 *As constantes são uma outra ferramenta de armazenamento temporário que você pode utilizar no PHP, diferente das variáveis.*

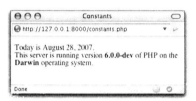

Figura 1.19 *Ao utilizar as constantes do PHP, você pode aprender mais sobre a configuração do PHP.*

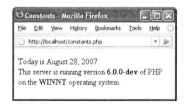

Figura 1.20 *A execução do mesmo script (consulte o Script 1.9) em servidores diferentes armazena resultados diferentes.*

40   **PHP 6 e MySQL 5 para Web Sites Dinâmicos**

4. Finalize o código PHP e a página HTML.

```
?>
</body>
</html>
```

5. Salve o arquivo como constants.php, coloque-o em seu diretório Web e teste-o em seu navegador Web **(Figura 1.19).**

✓ **Dicas**

■ Se possível, execute este script em um outro servidor com PHP ativado **(Figura 1.20).**

■ No Capítulo 11, "Cookies e Sessões", você aprenderá sobre uma outra constante, SID (que significa *ID de sessão).*

Aspas Simples versus Aspas Duplas

No PHP, é importante compreender como as aspas simples se distinguem das aspas duplas. Com echo() e print(), ou ao designar valores para cadeias, você pode utilizar uma ou outra, como nos exemplos que usamos até o momento. Mas existe uma importante diferença entre os dois tipos de aspas e quando você deve utilizar cada um deles. Já demonstrei esta diferença, mas trata-se de um conceito bastante importante e que merece uma discussão maior.

No PHP, valores entre aspas simples serão tratados de forma literal, enquanto aqueles entre aspas duplas serão interpretados. Em outras palavras, colocar variáveis e caracteres especiais **(Tabela 1.2)** entre aspas resultará na impressão de seus valores representados, não em seus valores literais. Por exemplo, assuma que você tenha

```
$var = 'test';
```

CAPÍTULO 1 – INTRODUÇÃO AO PHP 41

O código echo "var is equal to $var"; imprimirá *var is equal to test*, enquanto o código echo 'var is equal to $var'; imprimirá *var is equal to $var*. Utilizando um sinal de dólar com escape, o código echo "\$var is equal to $var"; imprimirá *$var is equal to test*, enquanto que o código echo '\$var is equal to $var'; imprimirá *\$var is equal to $var*.

Conforme ilustrado nestes exemplos,, as aspas duplas substituirão o nome da variável ($var) por seu valor *(test)* e um código de caractere especial (\$) por seu valor representado *($)*. As aspas simples sempre exibirão exatamente o que você digitar, exceto a aspa simples com escape (\') e a barra invertida com escape (\\), que são impressas como uma aspa simples e uma barra invertida simples, respectivamente.

Para ilustrar um outro exemplo de como as duas aspas se diferem, vamos modificar o script numbers.php de forma experimental.

Tabela 1.2 Estes caracteres possuem significados especiais quando utilizados entre aspas duplas.

Seqüências de Escape	
Código	**Significado**
\"	Aspas duplas
\'	Aspas simples
\\	Barra invertida
\n	Nova linha
\r	Retorno de carro
\t	Tabulação
\$	Sinal de dólar

PHP 6 E MySQL 5 PARA WEB SITES DINÂMICOS

```
1   <!DOCTYPE html PUBLIC "-//W3C//DTD XHTML
    1.0 Transitional//EN" "http://www.w3.org/
    TR/xhtml1/DTD/xhtml1-transitional.dtd">
2   <html xmlns="http://www.w3.org/1999/xhtml"
    xml:lang="en" lang="en">
3   <head>
4     <meta http-equiv="content-type" content=
      "text/html; charset=iso-8859-1" />
5     <title>Quotation Marks</title>
6   </head>
7   <body>
8   <?php # Script 1.10 - quotes.php
9
10  // Set the variables:
11  $quantity = 30; // Buying 30 widgets.
12  $price = 119.95;
13  $taxrate = .05; // 5% sales tax.
14
15  // Calculate the total.
16  $total = $quantity * $price;
17  $total = $total + ($total * $taxrate); //
    Calculate and add the tax.
18
19  // Format the total:
20  $total = number_format ($total, 2);
21
22  // Print the results using double quotation
    marks:
23  echo '<h3>Using double quotation
    marks:</h3>';
24  echo "<p>You are purchasing <b>$quantity
    </b> widget(s) at a cost of <b>\$$price</b>
    each. With tax, the total comes to <b>\
    $$total</b>.</p>\n";
25
26  // Print the results using single quotation
    marks:
27  echo '<h3>Using single quotation
    marks:</h3>';
28  echo '<p>You are purchasing <b>$quantity
    </b> widget(s) at a cost of <b>\$$price</b>
    each. With tax, the total comes to
    <b>\$$total</b>.</p>\n';
29
30  ?>
31  </body>
32  </html>
```

Script 1.10 *Este script, o último do capítulo, demonstra
as diferenças entre a utilização de aspas simples e aspas duplas.*

Para utilizar aspas simples e duplas:

1. Abra numbers.php (consulte o Script 1.8) em seu editor de texto ou IDE.

2. Exclua a instrução echo() existente **(Script 1.10).**

CAPÍTULO 1 – INTRODUÇÃO AO PHP

3. Imprima um título e, em seguida, reescreva a instrução echo() original utilizando aspas duplas.

```
echo '<h3>Using double quotation
marks:</h3>';

echo "<p>You are purchasing <b>$
→ quantity</b> widget(s) at a cost
→  of <b>\$$price</b> each. With tax,
→  the total comes to <b>\$$total</
→  b>.</p>\n ";
```

No script original, os resultados foram impressos utilizando aspas simples e concatenação. O mesmo resultado pode ser conseguido utilizando aspas duplas. Ao utilizar aspas duplas, as variáveis podem ser colocadas dentro de uma cadeia.

Entretanto, há um truque: tentar imprimir uma quantidade em dólar como *$12.34* (em que *12.34* é proveniente de uma variável) sugere o código $$var. Isso não funcionará; em vez disso, realize o escape do sinal de dólar inicial, resultando em \$$var, conforme visto por duas vezes neste código. O primeiro sinal de dólar será impresso, e o segundo irá se tornar o início do nome da variável.

4. Repita as instruções echo(), desta vez utilizando aspas simples.

```
echo '<h3>Using single quotation marks:</h3>';

echo '<p>You are purchasing <b>$
→ quantity</b> widget(s) at a cost
→  of <b>\$$price</b> each. With tax,
→  the total comes to <b>\$$total •'
→  </b>.</p>\n ';
```

Esta instrução echo() é utilizada para destacar a diferença entre a utilização de aspas simples e duplas. Ela não funcionará conforme desejado, e a página resultante mostrará exatamente o que acontece.

5. Se desejar, altere o título da página.

6. Salve o arquivo como quotes.php, coloque-o em seu diretório Web e teste-o em seu navegador Web **(Figura 1.21)**.

7. Visualize o código-fonte da página Web para ver como a utilização do caractere de nova linha (\n) em cada tipo de aspas também é diferente. Você deverá observar que, ao colocar o caractere de nova linha entre aspas duplas, uma nova linha é criada no código HTML. Quando colocado entre aspas simples, os caracteres literais \ e n são impressos.

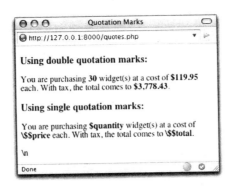

Figura 1.21 *Estes resultados demonstram quando e como você utiliza um ou outro tipo de aspas. Se ainda não estiver clara a diferença entre os tipos, utilize aspas duplas e a probabilidade de ter problemas será menor.*

✓ **Dicas**

■ Como o PHP tentará localizar variáveis entre aspas duplas, a utilização de aspas simples é teoricamente mais rápida. Entretanto, se precisar imprimir o valor de uma variável, você *deve* utilizar aspas duplas.

■ Como um código HTML válido geralmente inclui vários atributos entre aspas duplas, normalmente, é mais fácil utilizar aspas simples ao imprimir HTML com PHP:

```
echo '<table width="80%" border="0"
→  cellspacing="2" cellpadding="3"
→  align="center ">';
```

Se você fosse imprimir este HTML utilizando aspas duplas, seria necessário realizar escape de todas as aspas duplas na cadeia:

```
echo "<table width=\"80%\" border=\
→  \"0\" cellspacing=\"2\" cellpadding
→  =\"3\" align=\"center\">";
```

Capítulo 2

Programando com PHP

Agora que você conhece os conceitos básicos da linguagem de script PHP, é hora de ter como base esses conceitos e iniciar a verdadeira programação. Neste capítulo, você começará a criar scripts mais elaborados enquanto aprende algumas das construções, funções e sintaxe padrões da linguagem.

Você começará criando um formulário HTML, em seguida, aprenderá como utilizar o PHP para manipular os valores enviados. A partir desse ponto, o capítulo abrange condicionais e os operadores restantes (o Capítulo 1, "Introdução ao PHP," apresentou os operadores de designação, concatenação e matemáticos), matrizes (um outro tipo de variável) e uma última construção de linguagem: os loops.

CRIANDO UM FORMULÁRIO HTML

A manipulação de um formulário HTML com o PHP talvez seja o processo mais importante em qualquer Web site dinâmico. Duas etapas são envolvidas: primeiro você cria o próprio formulário HTML e, em seguida, cria o script PHP correspondente que receberá e processará os dados do formulário.

Estaríamos fora do contexto deste livro se abordássemos os formulários HTML em detalhes, mas orientarei você em um exemplo rápido para que ele possa ser utilizado neste capítulo. Se não estiver familiarizado com os conceitos básicos de um formulário HTML e a inclusão de tipos diversos de elementos, consulte um recurso HTML para obter informações adicionais.

Um formulário HTML é criado utilizando as tags form e diversos elementos para obter a entrada. As tags form se parecem com o seguinte:

```
<form action="script.php" method="post">
</form>
```

No PHP, o atributo mais importante da tag form é action, o qual determina para qual página os dados do formulário serão enviados. O segundo atributo—method—possui suas particularidades (consulte o quadro lateral "Escolhendo um Método"), mas post é o valor que você verá com mais freqüência.

As diferentes entradas — sejam elas caixas de texto, botões de rádio, menus de seleção, caixas de opções etc. — são colocadas entre as tags form de abertura e de fechamento. Conforme você verá na próxima seção, os tipos de entradas que o seu formulário executam, fazem pouca diferença para o script PHP que o manipula. Você deve, entretanto, prestar atenção nos nomes que fornece às entradas do seu formulário, pois serão de importância crítica no seu código PHP.

Capítulo 2 – Programando com PHP

Escolhendo um Método

O atributo method de um formulário indica como os dados são enviados para a página de manipulação. As duas opções—get e post—se referem ao método HTTP (Hypertext Transfer Protocol) a ser utilizado. O método get envia os dados para a página de recebimento como uma série de pares *nome/valor* anexados à URL. Por exemplo,

```
http://www.example.com/script.php?
→    name=Homer&gender=M&age=35
```

O benefício da utilização do método get é que a página resultante pode ser incluída como favorita no navegador da Web do usuário (uma vez que se trata de uma URL). Na verdade, você também pode clicar em Voltar no navegador Web para retornar a uma página get , ou recarregá-la sem problemas (sendo que nenhuma destas ações funciona para post). Mas existe um limite na quantidade de dados que podem ser transmitidos por meio de get, e este método é menos seguro (uma vez que os dados são visíveis).

De modo geral, get é utilizado para solicitar informações, como um determinado registro de um banco de dados ou os resultados de uma procura (as procuras quase sempre utilizam get). O método post é utilizado quando uma ação é necessária, como quando um registro de banco de dados é atualizado ou um e-mail deve ser enviado. Por esses motivos, utilizarei nete livro, principalmente, post, com algumas exceções.

PHP 6 E MySQL 5 PARA WEB SITES DINÂMICOS

```html
1   <!DOCTYPE html PUBLIC "-//W3C//DTD XHTML
    1.0 Transitional//EN" "http://www.w3.org/
    TR/xhtml1/DTD/xhtml1-transitional.dtd">

2   <html xmlns="http://www.w3.org/1999/xhtml"
    xml:lang="en" lang="en">

3   <head>

4       <meta http-equiv="content-type" con-
        tent="text/html; charset=iso-8859-1" />

5       <title>Simple HTML Form</title>

6   </head>

7   <body>

8   <!-- Script 2.1 - form.html -->

9

10  <form action="handle_form.php"
    method="post">

11

12      <fieldset><legend>Enter your
        information in the form below:</legend>

13

14      <p><b>Name:</b> <input type="text"
        name="name" size="20" maxlength="40"
        /></p>

15

16      <p><b>Email Address:</b> <input
        type="text" name="email" size="40"
        maxlength="60" /></p>

17

18      <p><b>Gender:</b> <input type="radio"
        name="gender" value="M" /> Male <input
        type="radio" name="gender" value="F" />
        Female</p>

19

20      <p><b>Age:</b></p>

21      <select name="age">

22          <option value="0-29">Under
            30</option>

23          <option value="30-60">Between 30 and
            60</option>

24          <option value="60+">Over 60</option>

25      </select></p>

26

27      <p><b>Comments:</b> <textarea
        name="comments" rows="3"
        cols="40"></textarea></p>

28

29      </fieldset>

30

31      <div align="center"><input type=
        "submit" name="submit" value=
        "Submit My Information" /></div>

32

33  </form>

34

35  </body>

36  </html>
```

Script 2.1 *Este simples formulário HTML será utilizado em diversos exemplos neste capítulo.*

CAPÍTULO 2 – PROGRAMANDO COM PHP   49

Para criar um formulário HTML:

1. Crie um novo documento HTML em seu editor de texto **(Script 2.1)**.

```
<!DOCTYPE html PUBLIC "-//W3C//
  →  DTD XHTML 1.0 Transitional//EN"
  →  "http://www.w3.org/TR/xhtml1/DTD/
  →  xhtml1-transitional.dtd">
<html xmlns="http://www.w3.org/1999/
  →  xhtml" xml:lang="en" lang="en">
<head>
  <meta http-equiv="content-type"
    →  content="text/html; charset=
    →  iso-8859-1" />
  <title>Simple HTML Form</title>
</head>
<body>
<!- Script 2.1 - form.html ->
```

Não há nada significativamente novo aqui. O documento ainda utiliza a mesma sintaxe básica de uma página HTML como no capítulo anterior. Um comentário HTML indica o nome e o número do arquivo.

2. Inclua a tag form inicial.

```
<form action="handle_form.php"
  →  method="post ">
```

Como o atributo action determina para qual script os dados do formulário serão enviados, você deverá fornecer a ele um nome apropriado *(handle_form* para corresponder com este script: form. html) e a extensão . php (uma vez que uma página PHP manipulará estes dados do formulário).

3. Inicie o formulário HTML.

```
<fieldset><legend>Enter your
  →  information in the form
  →  below:</legend>
```

Estou utilizando as tags fieldset and legend do HTML porque gosto da forma com a qual definem a aparência do formulário HTML (elas acrescentam uma caixa ao redor do formulário com um título no topo). Entretanto, isto não é importante para o formulário.

PHP 6 e MySQL 5 para Web Sites Dinâmicos

4. Inclua duas entradas de texto.

```
<p><b>Name:</b> <input type="text"
→  name="name" size="20" maxlength=
→  "40" /></p>

<p><b>Email Address:</b> <input
→  type="text" name="email" size="40"
→  maxlength="60" /></p>
```

Estas são apenas simples entradas de texto, permitindo que o usuário digite seu nome e endereço de e-mail (**Figura 2.1**). Caso já tenha observado, o espaço extra e a barra no final de cada tag de entrada são necessários para obter um XHTML válido. Com o HTML padrão, estas tags concluiriam, por exemplo, com maxlength="40"> ou maxlength="60">.

5. Inclua um par de botões de rádio.

```
<p><b>Gender:</b> <input type=
→  "radio" name="gender" value=
→  "M" /> Male <input type=
→  "radio" name="gender" value=
→  "F" /> Female</p>
```

Os botões de rádio (**Figura 2.2**) possuem o mesmo nome, o que significa que apenas um dos dois pode ser selecionado. Entretanto, possuem valores diferentes.

6. Inclua um menu suspenso.

```
<p><b>Age:</b>

<select name="age ">

  <option value="0-29">Under 30</
  → option>

  <option value="30-60">Between 30
  →  and 60</option>

  <option value="60+">Over 60</
  →  option>

</select></p>
```

CAPÍTULO 2 – PROGRAMANDO COM PHP   51

Figura 2.1 *Duas entradas de texto.*

Figura 2.2 *Se vários botões de rádio possuem o mesmo nome,
apenas um pode ser escolhido pelo usuário.*

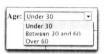

Figura 2.3 *O menu suspenso oferece três opções,
das quais apenas uma pode ser selecionada (neste exemplo).*

Figura 2.4 *O tipo de elemento de formulário
textarea permite que bastante texto seja inserido.*

Figura 2.5 *O formulário completo, que solicita
algumas informações básicas do usuário.*

52 PHP 6 E MYSQL 5 PARA WEB SITES DINÂMICOS

A tag select inicia o menu suspenso e, em seguida, cada tag option criará uma outra linha na lista de opções **(Figura 2.3).**

7. Inclua uma caixa de texto para comentários.

```
<p><b>Comments:</b> <textarea name=
➔  "comments" rows="3" cols="40"></
➔  textarea></p>
```

Textareas são diferentes de entradas text; eles são representados como uma caixa **(Figura 2.4), e** não como uma única linha. Eles permitem que muito mais informações sejam inseridas e são úteis para obter os comentários do usuário.

8. Finalize o formulário.

```
</fieldset>

<div align="center"><input type=
➔  "submit" name="submit" value=
➔  "Submit My Information" /></div>

</form>
```

A primeira tag fecha o fieldset que foi aberto na Etapa 3. Em seguida, um botão submit é criado e centralizado utilizando uma tag div. Finalmente, o formulário é fechado.

9. Finalize a página HTML.

```
</body>
</html>
```

10. Salve o arquivo como form. html, coloque-o em seu diretório Web e visualize-o em seu navegador Web **(Figura 2.5).**

✓ **Dica**

■ Como esta página contém apenas HTML, ela utiliza uma extensão . html. Em vez disso, poderia ser utilizada uma extensão . php sem da nos ao código (pois o código fora das tags PHP é tratado como HTML).

Manipulando um Formulário HTML

Agora que o formulário HTML foi criado, é hora de escrever um script PHP básico para manipulá-lo. Dizer que este script estará *manipulando* o formulário significa que a página PHP fará algo com os dados que ela recebe (que são os dados que o usuário digitou no formulário). Neste capítulo, os scripts simplesmente exibirão os dados de volta no navegador Web. Nos exemplos posteriores, os dados do formulário serão armazenados em um banco de dados MySQL, comparados com valores armazenados anteriormente, enviados em e-mails, e mais.

O que há de mais interessante no PHP — e o que torna fácil de aprender e utilizar — é como ele interage com formulários HTML. Os scripts PHP armazenam as informações recebidas em variáveis especiais. Por exemplo, digamos que você tenha um formulário com uma entrada definida da seguinte forma:

```
<input type="text" name="city " />
```

Qualquer valor que o usuário digitar nesse elemento estará acessível por meio de uma variável PHP chamada $_REQUEST['city']. É muito importante que a ortografia e o uso de letras maiúsculas sejam correspondidos de forma *exata!* O PHP faz distinção entre maiúsculas e minúsculas em nomes de variáveis, portanto, $_REQUEST['city'] funcionará, mas $_Request [' city'] ou $_REQUEST['City'] não terão qualquer valor.

Este próximo exemplo será um script PHP que manipula o formulário HTML já criado (Script 2.1). Este script designará os dados do formulário para novas variáveis (para serem utilizadas como forma abreviada, como no Script 1.5, predefined.php).

Então, o script imprimirá os valores recebidos.

PHP 6 e MySQL 5 para Web Sites Dinâmicos

```
● ○ ○            Script
  1    <!DOCTYPE html PUBLIC "-//W3C//DTD XHTML
       1.0 Transitional//EN" "http://www.w3.org/
       TR/xhtml1/DTD/xhtml1-transitional.dtd">
  2    <html xmlns="http://www.w3.org/1999/xhtml"
       xml:lang="en" lang="en">
  3    <head>
  4      <meta http-equiv="content-type" con-
         tent="text/html; charset=iso-8859-1" />
  5      <title>Form Feedback</title>
  6    </head>
  7    <body>
  8    <?php # Script 2.2 - handle_form.php
  9
 10    // Create a shorthand for the form data:
 11    $name = $_REQUEST['name'];
 12    $email = $_REQUEST['email'];
 13    $comments = $_REQUEST['comments'];
 14    /* Not used:
 15    $_REQUEST['age']
 16    $_REQUEST['gender']
 17    $_REQUEST['submit']
 18    */
 19
 20    // Print the submitted information:
 21    echo "<p>Thank you, <b>$name</b>, for the
       following comments:<br />
 22    <tt>$comments</tt></p>
 23    <p>We will reply to you at
       <i>$email</i>.</p>\n";
 24
 25    ?>
 26    </body>
 27    </html>
```

Script 2.2 *Este script recebe e imprime as informações inseridas em um formulário HTML (Script 2.1).*

Para manipular um formulário HTML:

1. Crie um novo documento PHP em seu editor de texto ou IDE, iniciando com o HTML **(Script 2.2)**.

```
<!DOCTYPE html PUBLIC "-//W3C//
→  DTD XHTML 1.0 Transitional//EN"
→  "http://www.w3.org/TR/xhtml1/DTD/
→  xhtml 1-transitional.dtd">
<html xmlns="http://www.w3.org/1999/
→  xhtml" xml:lang="en" lang="en">
<head>
  <meta http-equiv="content-type"
→  content="text/html; charset=
→  iso-8859-1" />
```

CAPÍTULO 2 – PROGRAMANDO COM PHP

```
<title>Form Feedback</title>
</head>
<body>
```

Tabela 2.1 Os elementos do formulário HTML e suas variáveis PHP correspondentes.

Elementos de Formulário para Variáveis PHP

Nome do Elemento	Nome da Variável
name	$_REQUEST['name']
email	$_REQUEST['email']
comments	$_REQUEST['comments']
age	$_REQUEST['age']
gender	$_REQUEST['gender']
submit	$_REQUEST['submit']

2. Inclua a tag PHP de abertura e crie uma versão abreviada das variáveis dos dados do formulário.

```
<?php # Script 2.2 - handle_form.php
$name = $_REQUEST['name'];
$email = $_REQUEST['email'];
$comments = $_REQUEST[' comments'];
```

Seguindo as regras descritas anteriormente, os dados inseridos na primeira entrada do formulário, a qual é chamada de *name,* estarão acessíveis por meio da variável $_REQUEST['name'] **(Tabela 2.1)**. Os dados inseridos na entrada de formulário email, que possui um valor name de *email,* estarão acessíveis por meio de $_REQUEST['email']. O mesmo se aplica aos dados de comentários. Novamente, aqui, a ortografia e o uso de letras maiúsculas em suas variáveis devem corresponder de forma exata aos valores de name no formulário HTML.

3. Imprima os valores de nome, e-mail e comentários recebidos.

```
echo "<p>Thank you, <b>$name</b>,
➔  for the following comments:<br />

<tt>$comments</tt></p>

<p>We will reply to you at <i>
➔  $email</i>.</p>\n ";
```

PHP 6 e MySQL 5 para Web Sites Dinâmicos

Os valores enviados são impressos utilizando a instrução echo(), aspas duplas e um pouco de formatação HTML.

4. Finalize a página HTML.

```
?>
</body>
</html>
```

5. Salve o arquivo como handle_form.php e coloque-o no mesmo diretório Web como form.html.

6. Teste ambos os documentos em seu navegador Web carregando form.html por meio de uma URL e, em seguida, preenchendo e enviando o formulário **(Figuras 2.6 e 2.7)**.

Como o script PHP deve ser executado por meio de uma URL (consulte Capítulo 1), o formulário também deve ser executado por meio de uma URL. Caso contrário, ao enviar o formulário, você verá o código PHP **(Figura 2.8)**, em vez do resultado adequado (Figura 2.7).

✓ **Dicas**

- $_REQUEST é um tipo de variável especial, conhecido como *superglobal*. Este tipo de variável armazena todos os dados enviados para uma página PHP por meio do método GET ou POST, assim como os dados acessíveis nos cookies. As variáveis superglobais serão abordadas posteriormente neste capítulo.

- Se você tiver qualquer problema com este script, aplique as técnicas de depuração sugeridas no Capítulo 1. Se essas técnicas não resolverem o problema, consulte as técnicas de depuração estendida listadas no Capítulo 7, "Manipulando e Depurando Erros." Se ainda não conseguiu progresso, consulte o fórum de suporte do livro para obter assistência (www.DMCInsights.com/phorum/).

Capítulo 2 – Programando com PHP

Figura 2.6 Para testar o handle_form.php, você deve carregar o formulário por meio de uma URL e, em seguida, preencher e enviá-lo.

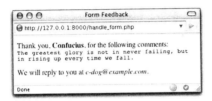

Figura 2.7 Seu script deve exibir resultados como este.

Figura 2.8 Se você visualizar o código PHP após enviar o formulário, você, provavelmente, não acessou o formulário por meio de uma URL.

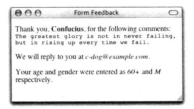

Figura 2.9 *Os valores de* gender *e* age *correspondem aos valores definidos no código HTML do formulário.*

- Se o script PHP mostrar espaços em branco onde o valor da variável deveria ser exibido, isso significa que a variável não possui valor. As duas causas mais prováveis são: ocorreu uma falha ao inserir um valor no formulário; ou você digitou incorretamente o nome ou não há correspondência de letras maiúsculas e minúsculas no nome da variável.

- Se você receber qualquer erro de *Variável não definida: nome_da_variável*, isso quer dizer que as variáveis referidas não possuem valor e o PHP está configurado com o nível mais alto de indicação de erros. A dica anterior fornece sugestões relacionadas aos motivos pelos quais uma variável não teria um valor. O Capítulo 7 aborda em detalhes o relatório de erros.

- Para uma comparação de como o PHP manipula os diferentes tipos de entradas do formulário, exiba os valores $_REQUEST['age'] e $_REQUEST['gender'] **(Figura 2.9).**

Magic Quotes

As versões anteriores do PHP tinham um recurso chamado *Magic Quotes*, que foi removido no PHP 6. O recurso Magic Quotes — quando ativado —realiza automaticamente o escape de aspas simples e duplas encontradas nos dados do formulário enviado (havia três tipos de Magic Quotes, mas este tipo é mais importante aqui). Portanto, a cadeia *I'm going out* seria transformada em *I\'m going out.*

A realização de escape de caracteres potencialmente problemáticos pode ser útil e até mesmo necessária em algumas situações. Mas se o recurso Magic Quotes estiver ativado em sua instalação do PHP (o que significa que você está utilizando uma versão anterior à versão 6 do PHP), você verá estas barras invertidas quando o script PHP exibir os dados do formulário. Você pode anular este efeito utilizando a função stripslashes():

```
$var = stripslashes($var);
```

Esta função removerá quaisquer barras invertidas encontradas em $var. Isto terá o efeito de transformação de uma cadeia enviada com escape de volta ao seu valor original, sem escape.

Para utilizá-lo no handle_form.php (Script 2.2), você escreveria:

```
$name = stripslashes($_REQUEST['name']);
```

Se estiver utilizando o PHP 6 ou posterior, não será mais necessário se preocupar com isso, pois o recurso Magic Quotes foi removido (por várias boas razões).

CONDICIONAIS E OPERADORES

Os três termos primários do PHP para criação de condicionais são if, else e elseif (o qual também pode ser escrito separadamente, else if).

Toda condicional começa com uma cláusula if:

```
if (condição) {
    // Realizar uma ação!
}
```

Um if também pode ter uma cláusula else:

```
if (condição) {
    // Realizar uma ação!
} else {
    // Realizar uma outra ação!
}
```

Uma cláusula elseif permite incluir mais condições:

```
if (condição1) {
    // Realizar uma ação!
} elseif (condição2) {
    // Realizar uma outra ação!
} else {
    // Realizar uma ação diferente!
}
```

Se uma condição for verdadeira, o código entre chaves ({}) será executado. Caso contrário, o PHP continuará com o código. Se houver uma segunda condição (após um elseif), sua veracidade será verificada. O processo continuará — você pode utilizar quantas elseif desejar — até que o PHP encontre um else, que será automaticamente executado nesse ponto, ou até que a condicional terminar sem um else. Por este motivo, é importante que o else sempre apareça em último e seja tratado como a ação padrão, a menos que critérios específicos (as condições) sejam atendidos.

Capítulo 2 – Programando com PHP

Uma condição pode ser verdadeira no PHP por vários motivos. Para iniciar, estas são duas condições verdadeiras:

◆ $var, se $var possui um valor diferente de *0*, uma cadeia vazia, FALSE ou NULL

◆ isset($var), se $var possui qualquer valor diferente de NULL, incluindo *0*, FALSE, ou uma cadeia vazia

◆ TRUE, true, True etc.

No segundo exemplo, uma nova função, isset(), é apresentada. Esta função verifica se uma variável está definida, o que significa que ela possui um valor diferente NULL (lembrando que NULL é um tipo especial no PHP, que representa nenhum valor definido). Também é possível utilizar operadores comparativos e lógicos **(Tabela 2.2)** em conjunto com parêntesis para criar expressões mais complicadas.

Tabela 2.2 Estes operadores são freqüentemente utilizados ao escrever condicionais.

Operadores Comparativos e Lógicos			
Símbolo	**Significado**	**Tipo**	**Exemplo**
== igual a	comparação	$x == $y	
!=	diferente de	comparação	$x != $y
<	menor que	comparação	$x < $y
>	maior que	comparação	$x > $y
<=	menor que ou	comparação	$x <= $y igual a
>=	maior que	comparação	$x >= $y ou igual a
!	não	lógico	!$x
&&	e	lógico	$x && $y
‖	ou	lógico	$x ‖ $y
XOR	e não	lógico	$x XOR $y

PHP 6 e MySQL 5 para Web Sites Dinâmicos

```
001    Script
1    <!DOCTYPE html PUBLIC "-//W3C//DTD XHTML
     1.0 Transitional//EN"
2        "http://www.w3.org/TR/xhtml1/DTD/
         xhtml1-transitional.dtd">
3    <html xmlns="http://www.w3.org/1999/xhtml"
     xml:lang="en" lang="en">
4    <head>
5      <meta http-equiv="content-type" con-
       tent=
       "text/html; charset=iso-8859-1" />
6      <title>Form Feedback</title>
7    </head>
8    <body>
9    <?php # Script 2.3 - handle_form.php #2
10
11   // Create a shorthand for the form data:
12   $name = $_REQUEST['name'];
13   $email = $_REQUEST['email'];
14   $comments = $_REQUEST['comments'];
15
16   // Create the $gender variable:
17   if (isset($_REQUEST['gender'])) {
18     $gender = $_REQUEST['gender'];
19   } else {
20     $gender = NULL;
21   }
22
23   // Print the submitted information:
24   echo "<p>Thank you, <b>$name</b>, for the
     following comments:<br />
25   <tt>$comments</tt></p>
26   <p>We will reply to you at <i>$email</i>.
     </p>\n";
27
28   // Print a message based upon the gender
     value:
29   if ($gender == 'M') {
30     echo '<p><b>Good day, Sir!</b></p>';
31   } elseif ($gender == 'F') {
32     echo '<p><b>Good day, Madam!</b></p>';
33   } else { // No gender selected.
34     echo '<p><b>You forgot to enter your
       gender!</b></p>';
35   }
36
37   ?>
38   </body>
39   </html>
```

Script 2.3 *As condicionais permitem que um script modifique o comportamento de acordo com critérios específicos. Nesta versão refeita do handle_form.php, duas condicionais são utilizadas para validar os botões de rádio de gênero.*

Para utilizar condicionais:

1. Abra handle_form.php (consulte o Script 2.2) em seu editor de texto ou IDE.

2. Antes da instrução echo(), inclua uma condicional que crie uma variável $gender **(Script 2.3).**

```
if (isset($_REQUEST['gender'])) {
  $gender = $_REQUEST['gender'];
} else {
  $gender = NULL;
}
```

Esta é uma forma simples e efetiva de validar uma entrada de formulário (particularmente um botão de rádio, caixa de opção ou seleção). Se o usuário selecionar qualquer um dos botões de rádio de gênero, então $_REQUEST['gender'] terá um valor, o que significa que a condição isset($_ REQUEST['gender']) é verdadeira. Neste caso, a versão abreviada desta variável — $gender — recebe o valor de $_REQUEST['gender'], repetindo a técnica utilizada com $name, $email e $comments. Se o usuário não clicar em um dos botões de rádio, então esta condição não será verdadeira, e $gender receberá o valor de NULL, indicando que ela não possui valor. Observe que NULL não está entre parêntesis.

3. Após a instrução echo(), inclua uma outra condicional que exibe uma mensagem com base no valor de $gender.

```
if ($gender == 'M') {
  echo '<p><b>Good day, Sir!</b>
  →   </p>';
} elseif ($gender == 'F') {
  echo '<p><b>Good day, Madam !</b>
  →   </p>';
} else {
  echo '<p><b>You forgot to enter
  →   your gender!</b></p>';
}
```

Esta condicional if-elseif-else consulta o valor da variável $gender e exibe uma mensagem diferente para cada possibilidade. É muito importante lembrar que o sinal de igual duplo (==) significa igual, enquanto um sinal de igual simples (=) designa um valor. A distinção é importante porque a condição $gender == 'M' pode, ou não, ser verdadeira, mas $gender = 'M' será sempre verdadeira.

Além disso, os valores utilizados aqui — *M* e *F* — devem ser exatamente os mesmos que aqueles no formulário HTML (os valores para cada botão de rádio). A igualdade é uma comparação com distinção entre maiúsculas e minúsculas com cadeias, portanto *m* não será igual a *M*.

4. Salve o arquivo, coloque-o em seu diretório Web e teste-o em seu navegador Web **(Figuras 2.10, 2.11 e 2.12)**.

Figura 2.10 A condicional com base no gênero exibe uma mensagem diferente para cada opção no formulário.

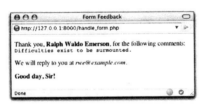

Figura 2.11 O mesmo script gerará saudações diferentes (compare com a Figura 2.10) quando os valores de gênero forem alterados.

Figura 2.12 Se nenhum gênero for selecionado, uma mensagem será exibida, indicando ao usuário sua omissão.

Switch

O PHP possui um outro tipo de condicional chamado switch, melhor utilizado no lugar de uma condicional if-elseif-elselonga. A sintaxe de switch é:

```
switch ($variable) {
    case 'value1':
        // Realizar isto.
        break;
    case 'value2':
        // Em vez disso, realizar isto.
        break;
    default:
        // Então, realizar isto.
        break;
}
```

A condicional switch compara o valor de $variable para os diferentes *casos* . Quando ela encontrar uma correspondência, o código a seguir será executado, até break. Se nenhuma correspondência for encontrada, *default* será executada, assumindo que ela finalize (é opcional). A condicional switch é limitada em sua utilização, pois ela pode verificar apenas a igualdade de um valor de variável em relação a determinados casos; condições mais complexas não podem ser facilmente verificadas.

✓ **Dicas**

■ Embora o PHP não tenha uma regra rígida de formatação, é procedimento padrão e boa prática de programação de formulário deixar claro quando um bloco de código for um subconjunto de uma condicional. A regra é identificar o bloco.

■ Você pode — e freqüentemente irá — aninhar condicionais (colocar uma dentro da outra).

■ A primeira condicional neste script (isset()) é um exemplo perfeito de como utilizar um valor padrão. A suposição (else) é que $gender tenha um valor NULL até que pelo menos uma condição seja atendida: que $_REQUEST['gender'] seja definida.

66 PHP 6 e MySQL 5 para Web Sites Dinâmicos

- As chaves utilizadas para indicar o início e o fim de uma condicional não são necessárias se estiver executando apenas uma instrução. Entretanto, eu recomendaria a você que quase sempre as utilizassem, como uma questão de organização.

Validando Dados do Formulário

Um conceito crítico relacionado à manipulação de formulários HTML é a validação dos dados do formulário. Em termos de gerenciamento de erros e segurança, você nunca deve confiar nos dados sendo inseridos em um formulário HTML. Estejam os dados incorretos de froma proposital, maliciosa, ou apenas inapropriados, depende de você — o arquiteto Web — testá-los.

A validação dos dados do formulário necessita da utilização de condicionais e qualquer quantidade de funções, operadores e expressões. Uma função padrão a ser utilizada é a isset(), que testa se a variável possui um valor (incluindo 0, FALSE, ou uma cadeia vazia, mas não NULL). Você viu um exemplo disso no script anterior.

Um dos problemas com a função isset() é que uma cadeia vazia é testada como TRUE, o que significa que isset() não é uma forma efetiva de validar entradas de texto e caixas de texto a partir de um formulário HTML. Para verificar se um usuário digitou algo nos elementos textuais, você pode utilizar a função empty(). Ela verifica se uma variável possui um valor *vazio*: uma cadeia vazia, 0, NULL, ou FALSE.

O primeiro objetivo da validação de formulário é verificar se *algo foi* digitado ou selecionado nos elementos do formulário. O segundo objetivo é garantir que os dados enviados sejam do tipo certo (numérico, cadeia etc.), no formato correto (como um endereço de e-mail), ou um valor aceitável específico (como $gender sendo igual a *M* ou *F*). Como a manipulação de formulários envolve principalmente a utilização de PHP, a validação de dados do formulário é um ponto que será novamente abordado nos próximos capítulos. Mas, primeiro, vamos criar um novo handle_form.php para garantir que as variáveis tenham valores antes que sejam referidas (haverá alterações suficientes nesta versão para que torne a simples atualização do Script 2.3 um procedimento inviável).

Capítulo 2 – Programando com PHP

Para validar seus formulários:

1. Crie um novo script PHP em seu editor de texto ou IDE **(Script 2.4)**.

```
<!DOCTYPE html PUBLIC "-//W3C//DTD
→  XHTML 1.0 Transitional//EN" "http:
→  //www.w3.org/TR/xhtml1/DTD/
→  xhtml1-transitional.dtd">
<html xmlns="http://www.w3.org/1999/
→  xhtml" xml:lang="en" lang="en ">

<head>
  <meta http-equiv="content-type"
→  content="text/html; charset=
→  iso-8859-1" />
  <title>Form Feedback</title>
</head>
<body>
<?php # Script 2.4 - handle_
→  form.php #3
```

2. Dentro do head HTML, inclua algum código CSS (Cascading Style Sheets).

```
<style type="text/css" title="text/
→  css" media="all ">
.error {
  font-weight: bold;
  color: #C00
}
</style>
```

O CSS é a forma preferida para manipular problemas de formatação e layout em uma página HTML. Você encontrará um pouco sobre CSS em trechos diversos neste livro; se não estiver familiarizado com o assunto, consulte uma referência específica sobre CSS.

```
1   <!DOCTYPE html PUBLIC "-//W3C//DTD XHTML 1.0 Transitional//EN" "http://www.w3.org/TR/xhtml1/DTD/
    xhtml1-transitional.dtd">
2   <html xmlns="http://www.w3.org/1999/xhtml" xml:lang="en" lang="en">
3   <head>
4       <meta http-equiv="content-type" content="text/html; charset=iso-8859-1" />
5       <title>Form Feedback</title>
6       <style type="text/css" title="text/css" media="all">
7       .error {
8           font-weight: bold;
9           color: #C00
10      }
11      </style>
12  </head>
13  <body>
14  <?php # Script 2.4 - handle_form.php #3
15
16  // Validate the name:
17  if (!empty($_REQUEST['name'])) {
18      $name = $_REQUEST['name'];
19  } else {
20      $name = NULL;
21      echo '<p class="error">You forgot to enter your name!</p>';
22  }
23
24  // Validate the email:
25  if (!empty($_REQUEST['email'])) {
26      $email = $_REQUEST['email'];
27  } else {
28      $email = NULL;
29      echo '<p class="error">You forgot to enter your email address!</p>';
30  }
31
32  // Validate the comments:
33  if (!empty($_REQUEST['comments'])) {
34      $comments = $_REQUEST['comments'];
35  } else {
36      $comments = NULL;
37      echo '<p class="error">You forgot to enter your comments!</p>';
38  }
39
40  // Validate the gender:
41  if (isset($_REQUEST['gender'])) {
42
43      $gender = $_REQUEST['gender'];
44
45      if ($gender == 'M') {
46          echo '<p><b>Good day, Sir!</b></p>';
47      } elseif ($gender == 'F') {
48          echo '<p><b>Good day, Madam!</b></p>';
49      } else { // Unacceptable value.
50          $gender = NULL;
51          echo '<p class="error">Gender should be either "M" or "F"!</p>';
52      }
53
54  } else { // $_REQUEST['gender'] is not set.
55      $gender = NULL;
56      echo '<p class="error">You forgot to select your gender!</p>';
57  }
58
59  // If everything is OK, print the message:
60  if ($name && $email && $gender && $comments) {
61
62      echo "<p>Thank you, <b>$name</b>, for the following comments:<br />
63      <tt>$comments</tt></p>
64      <p>We will reply to you at <b>$email</b>.</p>\n";
65
66  } else { // Missing form value.
67      echo '<p class="error">Please go back and fill out the form again.</p>';
68  }
69
70  ?>
71  </body>
72  </html>
```

Script 2.4 *Validando dados de formulário HTML antes de utilizá-los é essencial para segurança na Web e para obter resultados profissionais. Aqui, as condicionais verificam se cada elemento referido do formulário possui um valor.*

CAPÍTULO 2 – PROGRAMANDO COM PHP   69

Neste script, estou definindo uma classe CSS chamada *error*. Qualquer elemento HTML que tenha este nome de classe será formatado em vermelho e negrito (que estará mais aparente no navegador Web do que neste livro em preto-e-branco).

3. Verifique se o nome foi digitado.

```
if (!empty($_REQUEST['name'])) {
  $name = $_REQUEST[' name'];
} else {
  $name = NULL;
  echo '<p class="error">You forgot
  →  to enter your name!</p>';
}
```

Uma forma simples de verificar se uma entrada de texto do formulário foi preenchida é utilizar a função empty(). Se $_REQUEST['name'] tiver um valor diferente de uma cadeia vazia, *0,* NULL ou FALSE, assuma que o nome tenha sido digitado e uma variável abreviada foi designada para esse valor. Se $_REQUEST['name'] estiver vazia, a variável $name será configurada como NULL e uma mensagem de erro é exibida. Esta mensagem de erro utiliza a classe CSS.

4. Repita o mesmo processo para o endereço de e-mail e comentários.

```
if (!empty($_REQUEST['email'])) {
  $email = $_REQUEST[' email'];
} else {
  $email = NULL;
  echo '<p class="error">You forgot
to enter your email address!</⌐⌐',
}
if (!empty($_REQUEST['comments'])) {
  $comments = $_REQUEST[' comments'];
} clse {
  $comments = NULL;
  echo '<p class="error">You forgot
  →  to enter your comments!</p>';
}
```

Ambas as variáveis recebem o mesmo tratamento que $_REQUEST['name'] na Etapa 3.

5. Comece validando a variável de gênero.

```
if (isset($_REQUEST['gender'])) {
  $gender = $_REQUEST[' gender'];
```

A validação do gênero é um processo de duas etapas. Primeiro, verifique se ela possui um valor ou não, utilizando isset(). Isto inicia a condicional if-else principal, a qual, sob outras circunstâncias, se comporta como aquelas para nome, endereço de e-mail e comentários.

6. Verifique $gender em relação a valores específicos.

```
if ($gender == 'M') {
  echo '<p><b>Good day, Sir!</b>
→  </p>';
} elseif ($gender == 'F') {
  echo '<p><b>Good day, Madam !</b>
→  </p>'; }
else {
  $gender = NULL;
  echo '<p class="error">Gender
→  should be either "M" or "F "!
→  </p>';
}
```

Dentro da cláusula if de gênero há uma condicional if-elseif-else aninhada que testa o valor da variável com o que é aceitável. Esta é a segunda parte da validação de gênero em duas etapas.

As condições são as mesmas do último script. Se o gênero não for igual a *M* ou *F,* ocorreu um problema e uma mensagem de erro será exibida. A variável $gender também é configurada como NULL em tais casos, pois ela possui um valor inaceitável.

Se $gender não possui um valor válido, uma mensagem específica sobre gênero é exibida.

7. Complete a principal condicional if-else de gênero.

```
} else {
  $gender = NULL;
  echo '<p class="error">You forgot
→  to select your gender!</p>';
}
```

CAPÍTULO 2 – PROGRAMANDO COM PHP

71

Esta cláusula else é aplicada se $_REQUEST ['gender'] não estiver configurada. As condicionais completas aninhadas (consulte as linhas 41–57 do Script 2.4) verificam com êxito todas as possibilidades:

▲ $_REQUEST['gender'] não está configurada

▲ $_REQUEST['gender'] possui um valor de *M*

▲ $_REQUEST['gender'] possui um valor de *F*

▲ $_REQUEST['gender'] possui algum outro valor

Você pode estar pensando como este último caso pode ser possível, considerando que os valores são estabelecidos no formulário HTML. Se um usuário malicioso criar seu próprio formulário que é enviado para o seu script handle_form.php (o que é muito fácil de fazer), ele poderá atribuir à $_REQUEST['gender'] qualquer valor que desejar.

8. Exiba a mensagem se todos os testes foram aprovados.

```
if ($name && $email && $gender &&
➜  $comments) {
  echo "<p>Thank you, <b>$name</b>,
➜ for the following comments:
➜  <br />
<tt>$comments</tt></p>
<p>We will reply to you at <i>$
➜  email</i>.</p>\n ";
} else { // Valor ausente no formulário.
  echo '<p class="error">Please go
➜  back and fill out the form
➜  again.</p>';
}
```

Esta condição principal é verdadeira se toda variável listada possuir um valor verdadeiro. Cada variável terá um valor se ela tiver sido aprovada no teste, mas terá um valor de NULL se não. Se toda variável possuir um valor, o formulário foi concluído, portanto a mensagem *Thank you* será exibida. Se qualquer uma das variáveis for NULL, a segunda mensagem será exibida **(Figuras 2.13 e 2.14).**

9. Feche a seção PHP e complete o código HTML.

   ```
   ?>
   </body>
   </html>
   ```

10. Salve o arquivo como handle_form. php, coloque-o no mesmo diretório Web como form. html e teste-o em seu navegador Web (Figuras 2.13 e 2.14).

    Preencha o formulário com diferentes níveis de preenchimento para testar o novo script **(Figura 2.15)**.

Figura 2.13 *Agora, o script verifica se todos os elementos do formulário foram preenchidos (exceto a idade) e reporta aqueles que não foram.*

Figura 2.14 *Mesmo se um ou dois campos foram ignorados, a mensagem* Thank you *não será exibida...*

Capítulo 2 – Programando com PHP

Figura 2.15 ...mas se tudo foi inserido corretamente, o script se comportará conforme anteriormente (embora, agora, a mensagem específica do gênero apareça na parte superior dos resultados).

✓ **Dicas**
- Para testar se um valor enviado é um número, utilize a função is_numeric().
- No Capítulo 13, "Expressões Comuns Compatíveis com Perl", você saberá como validar dados do formulário utilizando expressões comuns.
- A variável $age ainda não é utilizada ou validada para economizar espaço no livro. Para validá-la, repita a rotina de validação $gender, mas fazendo referência à $_REQUEST['age']. Para testar o valor específico de $age, utilize if-elseif-elseif-else, comparando com as opções correspondentes da lista suspensa *(0-29, 30-60, 60+)*.
- É considerado um bom recurso permitir que o usuário saiba quais campos são obrigatórios ao preencher o formulário e, quando aplicável, informar também o formato do campo (como uma data ou um número de telefone).

APRESENTANDO MATRIZES

O último tipo de variável abordado neste livro é a matriz. Diferentemente de cadeias e números (que são variáveis escalares, o que significa que podem armazenar apenas um único valor por vez), uma *matriz* pode conter várias partes separadas de informações. Uma matriz é, portanto, como uma lista de valores, com cada valor sendo uma cadeia ou número, ou até mesmo uma outra matriz.

As matrizes são estruturadas como uma série de pares *chave/valor*, em que um par é um item ou *elemento* dessa matriz. Para cada item na lista há uma *chave* (ou *índice*) associada a ele **(Tabela 2.3)**.

PHP 6 e MySQL 5 para Web Sites Dinâmicos

O PHP suporta dois tipos de matrizes: *indexadas,* que utilizam números como as chaves (como na Tabela 2.3), e *associativas*, que utilizam cadeias como chaves **(Tabela 2.4).** Como na maioria das linguagens de programação, com matrizes indexadas, suas matrizes iniciarão com o primeiro índice em 0, a menos que você especifique as chaves explicitamente.

Uma matriz segue as mesmas regras de nomenclatura de qualquer outra variável. Portanto, de imediato, você talvez não seja capaz de dizer que $var é uma matriz em vez de uma cadeia ou número. A importante diferença sintática surge ao acessar elementos individuais da matriz.

Para fazer referência a um valor específico em uma matriz, inicie com o nome da variável de matriz, seguido pela chave entre colchetes:

```
echo $artists[2]; // Wilco
echo $states['MD']; // Maryland
```

Você pode ver que as chaves da matriz são utilizadas como outros valores em PHP: números (por exemplo, *2)* nunca são colocados entre aspas, enquanto as cadeias *(MD)* sempre devem estar entre aspas.

Tabela 2.3 A matriz $artists utiliza números para suas chaves.

Exemplo de Matriz 1: $artists	
Chave	**Valor**
0	Death Cab for Cutie
1	Postal Service
2	Wilco
3	Damien Rice
4	White Stripes

Tabela 2.4 A matriz $states utiliza cadeias (especificamente a abreviação do estado) para suas chaves.

Exemplo de Matriz 2: $states	
Chave	**Valor**
MD	Maryland
PA	Pennsylvania
IL	Illinois
MO	Missouri
IA	Iowa

Figura 2.16 *A tentativa de exibição de uma matriz, apenas fazendo referência ao nome da matriz, resulta na exibição da palavra* Array.

Matrizes Superglobais

O PHP inclui diversas matrizes predefinidas, chamadas de *variáveis* superglobais. São elas: $_GET, $_POST, $_REQUEST, $_SERVER, $_ENV, $_SESSION e $_COOKIE.

A variável $_GET é onde o PHP armazena todos os valores enviados para um script PHP por meio do método get (possivelmente, mas não necessariamente, a partir de um formulário HTML). A variável $_POST armazena todos os dados enviados para um script PHP a partir de um formulário HTML que utiliza o método post. Ambas — juntamente com $_COOKIE — são subconjuntos de $_REQUEST, que você tem utilizado.

$_SERVER, que foi utilizada no Capítulo 1, armazena informações sobre o servidor PHP no qual está executando, como a $_ENV. $_SESSION e $_COOKIE, que serão abordadas no Capítulo 11, "Cookies e Sessões."

Uma forma de boa segurança e programação é ser preciso ao fazer referência a uma variável. Isso significa que, embora você possa utilizar $_REQUEST para acessar dados de formulário enviados por meio do método post, $_POST será mais preciso.

Como as matrizes utilizam uma sintaxe diferente de outras variáveis, exibi-las pode ser um pouco mais trabalhoso. Primeiro, como uma matriz pode conter vários valores, você não pode simplesmente exibi-las **(Figura 2.16):**

```
echo "My list of states: $states";
```

PHP 6 e MySQL 5 para Web Sites Dinâmicos

Entretanto, a exibição de um valor de elemento individual é simples se ele utilizar chaves indexadas (numéricas):

```
echo "The first artist is $artists[0].";
```

Mas se a matriz utiliza cadeias como chaves, as aspas utilizadas na chave vão confundir a sintaxe. O código a seguir provocará um erro de análise:

```
echo "IL is $states['IL']."; // RUIM!
```

Para corrigir esse erro, agrupe o nome da matriz e a chave entre chaves () quando uma matriz utiliza cadeias como chaves:

```
echo "IL is {$states['IL']}.";
```

Se as matrizes já lhe parecem familiares, é porque você já trabalhou com duas: $_SERVER (no Capítulo 1) e $_REQUEST (neste capítulo). Para familiarizá-lo com uma outra matriz e como exibir diretamente os valores de matrizes, uma versão básica final da página handle_form.php será criada utilizando a matriz $_POST mais específica (consulte o quadro lateral em "Matrizes Superglobais").

Para utilizar matrizes:

1. Crie um novo script PHP em seu editor de texto **(Script 2.5)**.

```
<!DOCTYPE html PUBLIC "-//W3C//DTD
→  XHTML 1.0 Transitional//EN"
→  "http://www.w3.org/TR/xhtml1/
→  DTD/xhtml1-transitional.dtd">
<html xmlns="http://www.w3.org/1999/
→  xhtml" xml:lang="en" lang="en ">
<head>
  <meta http-equiv="content-type"
→  content="text/html; charset=
→  iso-8859-1" />
  <title>Form Feedback</title>
  <style type="text/css" title=
→  "text/css" media="all ">
  .error {
    font-weight: bold;
    color: #C00
  }
```

CAPÍTULO 2 – PROGRAMANDO COM PHP

```
</style>
</head>
<body>
<?php # Script 2.5 - handle_
  form.php #4
```

Como no handle_form.php anterior (Script 2.4), este script define uma classe CSS.

2. Realize uma validação básica de formulário.

```
if (!empty($_POST['name']) &&
  !empty($_POST['comments']) &&
  !empty($_POST['email']) ) {
```

Na versão anterior deste script, os valores são acessados fazendo referência à matriz $_REQUEST. Mas como estas variáveis são provenientes de um formulário que utiliza o método post (consulte o Script 2.1), $_POST seria uma referência mais exata e, portanto, mais segura (consulte o quadro lateral).

Script 2.5 As variáveis superglobais, como $_POST, são apenas um tipo de matriz que você utilizará no PHP.

Esta condicional verifica se estas três entradas de texto não são vazias. Utilizando o operador *and* (&&), a condicional inteira será verdadeira apenas se cada uma das três condicionais forem verdadeiras.

3. Exiba a mensagem.

```
echo "<p>Thank you, <b>{$_POST
→  ['name']}</b>, for the following
→  comments:<br />
<tt>{$_POST['comments']}</tt></p>
<p>We will reply to you at <i>{$_
→  POST['email']}</i>.</p>\n ";
```

Após compreender o *conceito* de uma matriz, você ainda precisa dominar a sintaxe envolvida na sintaxe de exibição. Ao exibir um elemento de matriz que utiliza uma cadeia para sua chave, utilize chaves () (como em {$_POST[' name']}) para evitar erros de análise.

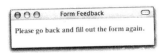

Figura 2.17 *Se alguma das três entradas de formulário estiver vazia, esta mensagem de erro genérica será exibida.*

Figura 2.18 *O fato do script agora utilizar a matriz $_POST não possui qualquer efeito no resultado visível.*

4. Complete a condicional iniciada na Etapa 2.

```
} else {
  echo '<p class="error">Please go
  → back and fill out the form
  → again.</p>';
}
```

Se alguma das três subcondicionais na Etapa 2 não for verdadeira (ou seja, se alguma das variáveis possuir um valor vazio), então esta cláusula else é aplicada e uma mensagem de erro é exibida (**Figura 2.17**).

5. Finalize os códigos PHP e HTML.

```
?>
</body>
</html>
```

6. Salve o arquivo, coloque-o no mesmo diretório Web como form. html e teste-o em seu navegador Web (**Figura 2.18**).

✓ **Dicas**

■ Como o PHP não é rigoroso com suas estruturas de variáveis, uma matriz pode até mesmo utilizar uma combinação de números de cadeias como suas chaves. A única regra importante é que cada chave de uma matriz deve ser exclusiva.

■ Se você achar confusa a sintaxe de acesso direto a matrizes superglobais (por exemplo, $_POST ['name']), você pode utilizar a técnica abreviada na parte superior de seus scripts, conforme visto anteriormente:

```
$name = $_POST['name'];
```

Portanto, neste script, você precisaria alterar a condicional e a instrução echo() para referência à variável $name e outras.

Criando matrizes

O exemplo anterior utiliza uma matriz gerada pelo PHP, mas freqüentemente você desejará criar sua própria matriz. Há duas formas primárias para definir sua matriz. Primeiro, você pode incluir um elemento por vez, para construir uma matriz:

```
$band[] = 'Jemaine';
$band[] = 'Bret';
$band[] = 'Murray';
```

Agora, $band [0] possui um valor de *Jemaine;* $band [1], *Bret* e $band [2], *Murray* (pois as matrizes são indexadas iniciando em 0).

Como alternativa, você pode especificar uma chave ao incluir um elemento. Mas é importante compreender que, se você especificar uma chave e um valor já existir, indexado com essa mesma chave, o novo valor substituirá o valor existente.

```
$band['fan'] = 'Mel';
$band['fan'] = 'Dave'; // Novo valor
$array[2] = 'apple';
$array[2] = 'orange'; // Novo valor
```

Em vez de incluir um elemento por vez, você pode utilizar a função array() para construir uma matriz inteira, em uma etapa:

```
$states = array ('IA' => 'Iowa', 'MD' =>
➔ 'Maryland');
```

Esta função pode ser utilizada independentemente de você configurar explicitamente a chave:

```
$artists = array ('Clem Snide', 'Shins' ,
➔ 'Eels');
```

Ou, se você configurar o primeiro valor de chave numérica, os valores incluídos serão conseqüentemente assumidos como chaves de forma incremental:

```
$days = array (1 => 'Sun', 'Mon', 'Tue');
echo $days[3]; // Tue
```

CAPÍTULO 2 – PROGRAMANDO COM PHP   81

Figura 2.19 Estes menus suspensos serão criados utilizando matrizes e o loop foreach.

A função array() também é utilizada para inicializar uma matriz, antes de fazer referência a ela:

```
$tv = array();
$tv[] = 'Flight of the Conchords';
```

A inicialização de uma matriz (ou qualquer variável) no PHP não é obrigatória, mas torna o código mais compreensível e pode ajudar a evitar erros.

Finalmente, se você desejar criar uma matriz de números seqüenciais, você pode utilizar a função range():

```
$ten = range (1, 10);
```

Acessando matrizes

Você já acompanhou como acessar elementos individuais da matriz utilizando suas chaves (por exemplo, $_POST['email']). Isso funciona quando você sabe exatamente quais são as chaves ou se você deseja fazer referência a apenas um único elemento. Para acessar cada um dos elementos da matriz, utilize o loop foreach:

```
foreach ($array as $value) {
  // Realizar uma ação com $value.
}
```

PHP 6 e MySQL 5 para Web Sites Dinâmicos

O loop foreach será repetido em cada elemento em $array, designando cada valor de elemento para a variável $value. Para acessar chaves e valores, utilize

```
foreach ($array as $key => $value) {
   echo "The value at $key is $value.";
}
```

(Você pode utilizar qualquer nome de variável válido no lugar de $key e $value, como $k e $v, se desejar).

Utilizando matrizes, mostrarei como é fácil criar um conjunto de menus suspensos no formulário para seleção de uma data (**Figura 2.19**).

Para criar e acessar matrizes:

1. Crie um novo documento PHP em seu editor de texto ou IDE (**Script 2.6**).

    ```
    <!DOCTYPE html PUBLIC "-//W3C//
    →  DTD XHTML 1.0 Transitional//EN"
    →  "http://www.w3.org/TR/xhtml1/DTD/
    →  xhtml1-transitional.dtd">
    <html xmlns="http://www.w3.org/1999/
    →  xhtml" xml:lang="en" lang="en">
    <head>
      <meta http-equiv="content-type"
    →   content="text/html; charset=
    →   iso-8859-1" /> <title>Calendar
      </title>
    </head>
    <body>
    <form action="calendar.php"
    method="post ">
    <?php # Script 2.6 - calendar.php
    ```

    Você deve aobservar, aqui, que, embora a página não contenha um formulário HTML completo, as tags do formulário ainda serão necessárias para criar os menus suspensos.

Capítulo 2 – Programando com PHP

```
⊖ ○ ⊝              ≙ Script
1    <!DOCTYPE html PUBLIC "-//W3C//DTD
     XHTML 1.0 Transitional//EN"
     "http://www.w3.org/TR/xhtml1/DTD/
     xhtml1-transitional.dtd">
2    <html xmlns="http://www.w3.org/1999/xhtml"
     xml:lang="en" lang="en">
3    <head>
4      <meta http-equiv="content-type"
       content="text/html; charset=
       iso-8859-1" />
5      <title>Calendar</title>
6    </head>
7    <body>
8    <form action="calendar.php" method="post">
9    <?php # Script 2.6 - calendar.php
10
11   // This script makes three pull-down
     menus
12   // for an HTML form: months, days, years.
13
14   // Make the months array:
15   $months = array (1 => 'January',
     'February', 'March', 'April', 'May',
     'June', 'July', 'August', 'September',
     'October', 'November', 'December');
16
17   // Make the days and years arrays:
18   $days = range (1, 31);
19   $years = range (2008, 2018);
20
21   // Make the months pull-down menu:
22   echo '<select name="month">';
28   // Make the days pull-down menu:
29   echo '<select name="day">';
30   foreach ($days as $value) {
31     echo "<option value=\"$value\">$value
       </option>\n";
32   }
33   echo '</select>';
34
35   // Make the years pull-down menu:
36   echo '<select name="year">';
37   foreach ($years as $value) {
38     echo "<option value=\"$value\">$value
       </option>\n";
39   }
40   echo '</select>';
41
42   ?>
43   </form>
44   </body>
45   </html>
```

Script 2.6 *As matrizes são utilizadas para criar dinamicamente três menus suspensos (consulte Figura 2.19).*

84 **PHP 6 E MySQL 5 PARA WEB SITES DINÂMICOS**

2. Crie uma matriz para os meses.

```
$months = array (1 => 'January',
→  'February', 'March', 'April',
→  'May', 'June', 'July', 'August',
→  'September', 'October',
→  'November', 'December');
```

Esta primeira matriz utilizará números para as chaves, de 1 a 12. Como o valor da primeira chave é especificado, os valores seguintes serão indexados de forma incremental (em outras palavras, o código 1 => cria uma matriz indexada de 1 a 12, em vez de 0 a 11).

3. Crie as matrizes para os dias do mês e os anos.

```
$days = range (1, 31);
$years = range (2008, 2018);
```

Utilizando a função range(), você pode facilmente criar uma matriz de números.

4. Gere o menu suspenso de meses.

```
echo '<select name="month ">';
foreach ($months as $key => $value) {
  echo "<option value=\"$key\">
  →  $value</option>\n ";
}
echo '</select>';
```

O loop foreach pode gerar rapidamente todo o código HTML para o menu suspenso de meses. Cada execução do loop criará uma linha de código como <option value="1">January</option> **(Figura 2.20)**.

5. Gere os menus suspensos de dias e anos.

```
echo '<select name="day">';
foreach ($days as $value) {
  echo "<option value=\"$value\">
  →  $value</option>\n ";
}
echo '</select>';
echo '<select name="year">';
foreach ($years as $value) {
```

```
    echo "<option value=\"$value\">
→    $value</option>\n ";
}
echo '</select>';
```

Diferentemente do exemplo de meses, os menus de dias e anos utilizarão um mesmo elemento para o valor e o rótulo da opção (um número, Figura 2.20).

6. Feche o PHP, a tag do formulário e a página HTML.

```
?>
</form>
</body>
</html>
```

7. Salve o arquivo como calendar. php, coloque-o em seu diretório Web e teste-o em seu navegador Web.

Figura 2.20 A maior parte do código-fonte HTML foi gerada por apenas algumas linhas de PHP.

PHP 6 E MYSQL 5 PARA WEB SITES DINÂMICOS

✓ **Dicas**

■ Para determinar o número de elementos em uma matriz, utilize a função count().

```
$num = count($array);
```

■ A função range() também pode criar uma matriz de letras seqüenciais:

```
$alphabet = range ('a', 'z');
```

■ Uma chave de matriz pode ser composta de cadeias com várias palavras, tais como *primeiro nome* ou *número do telefone*.

■ A função is_array() confirma se uma variável é do tipo de matriz.

■ Se você receber uma mensagem de erro *Argumento inválido fornecido para foreach()*, significa que você está tentando utilizar um loop foreach em uma variável que não é uma matriz.

Script 2.7 *A matriz multidimensional é criada utilizando outras matrizes para seus valores. Dois loops foreach, um aninhado dentro do outro, podem acessar todos os elementos da matriz.*

Matrizes multidimensionais

Na introdução sobre matrizes, mencionei que os valores de uma matriz poderiam ser qualquer combinação de números, cadeias e até mesmo outras matrizes. Esta última opção — uma matriz consistindo de outras matrizes — cria uma *matriz multidimensional.*

As matrizes multidimensionais são muito mais comuns do que você imagina, mas extremamente fáceis de trabalhar. Como exemplo, inicie uma matriz de números primos:

```
$primes = array(2, 3, 5, 7, ...);
```

Em seguida, crie uma matriz de números esfênicos (não se preocupe: eu também não tinha a mínima idéia do que era um número esfênico; eu precisei pesquisar):

```
$sphenic = array(30, 42, 66, 70, ...);
```

Estas duas matrizes poderiam ser combinadas em uma matriz multidimensional, como a seguir:

```
$numbers = array ('Primes' => $primes,
→   'Sphenic' => $sphenic);
```

Agora, $numbers é uma matriz multidimensional. Para acessar a submatriz de números primos, consulte $numbers ['Primes']. Para acessar o número primo 5, utilize $numbers['Primes'] [2] (ele é o terceiro elemento na matriz, mas a matriz inicia a indexação em 0). Para exibir um destes valores, coloque toda a construção entre chaves ():

```
echo "The first prime number is
→   {$numbers['Prime'][0]}.";
```

Claro, você também pode acessar matrizes multidimensionais utilizando o loop foreach, aninhando um dentro do outro, se necessário. Este próximo exemplo fará exatamente isso.

88 PHP 6 e MySQL 5 para Web Sites Dinâmicos

Para utilizar matrizes multidimensionais:

1. Crie um novo documento PHP em seu editor de texto **(Script 2.7)**.

```
<!DOCTYPE html PUBLIC "-//W3C//DTD
→ XHTML 1.0 Transitional//EN" "http:
→ //www.w3.org/TR/xhtml1/DTD/
→ xhtml1-transitional.dtd">

<html xmlns="http://www.w3.org/
→ 1999/xhtml" xml:lang="en"
→ lang="en ">

<head>
  <meta http-equiv="content-type"
  → content="text/html; charset=
  → iso-8859-1" />
  <title>Multidimensional Arrays
  → </title>
</head>
<body>
<p>Some North American States,
→ Provinces, and Territories:</p>
<?php # Script 2.7 - multi.php
```

Esta página PHP exibirá alguns dos Estados, províncias e territórios encontrados nos três países da América do Norte (México, os Estados Unidos e Canadá, **Figura 2.21)**.

2. Crie uma matriz dos Estados mexicanos.

```
$mexico = array(
'YU' => 'Yucatan',
'BC' => 'Baja California',
'OA' => 'Oaxaca'
);
```

Esta é uma matriz associativa, utilizando a abreviação postal do Estado como sua chave. O nome completo do Estado é o valor do elemento. Esta é, obviamente, uma lista incompleta, utilizada apenas para demonstrar o conceito.

Como o PHP geralmente considera espaços em branco, a criação da matriz pode ser escrita em várias linhas, o que torna mais fácil sua leitura.

CAPÍTULO 2 – PROGRAMANDO COM PHP

3. Crie a segunda e a terceira matrizes.

```
$us = array (
'MD' => 'Maryland',
'IL' => 'Illinois',
'PA' => 'Pennsylvania',
'IA' => 'Iowa'
);
$canada = array(
'QC' => 'Quebec',
'AB' => 'Alberta',
'NT' => 'Northwest Territories',
'YT' => 'Yukon',
'PE' => 'Prince Edward Island'
);
```

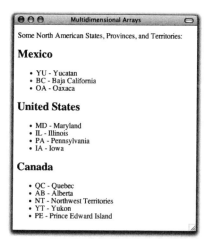

Figura 2.21 O resultado final da execução desta página PHP (Script 2.7), em que cada país é exibido, seguido por uma lista abreviada de seus Estados, províncias e territórios.

4. Combine todas as matrizes em uma.

```
$n_america = array(
'Mexico' => $mexico,
'United States' => $us,
'Canada' => $canada
);
```

PHP 6 e MySQL 5 para Web Sites Dinâmicos

Não é necessário criar três matrizes e, em seguida, designá-las para uma quarta matriz para criar a matriz multidimensional desejada. Mas acho que é mais fácil ler e compreender esta forma (a definição de uma matriz multidimensional em uma etapa gera alguns códigos desorganizados).

Agora, a matriz $n_america contém três elementos. A chave para cada elemento é uma cadeia, que é o nome do país. O valor para cada elemento é a lista de Estados, províncias e territórios encontrados dentro do mesmo.

5. Inicie o loop foreach primário.

```
foreach ($n_america as $country =>
→  $list) {

  echo "<h2>$country</h2><ul>";
```

Após a sintaxe descrita anteriormente, este loop acessará cada um dos elementos de $n_america. Isso significa que este loop será executado três vezes. Dentro de cada repetição do loop, a variável $country armazenará a chave da matriz $n_america *(Mexico, Canada* ou *United States)*. Além disso, dentro de cada repetição do loop, a variável $listarmazenará o valor do elemento (o equivalente de $mexico, $us e $canada).

Para exibir os resultados, o loop começa pelo nome do país entre as tags H2. Como os Estados devem ser exibidos como uma lista HTML, a tag da lista inicial não ordenada (<ul>) também é exibida.

6. Crie um segundo loop foreach.

```
foreach ($list as $k => $v) {
  echo "<li>$k - $v</li>\n ";
}
```

Este loop será executado por meio de cada submatriz (primeiro $mexico, depois $us e, em seguida, $canada). Com cada repetição deste loop, $k armazenará a abreviação e $v o nome completo. Ambas são exibidas entre as tags de lista HTML. O caractere de nova linha também é utilizado para formatar melhor o código-fonte HTML.

CAPÍTULO 2 – PROGRAMANDO COM PHP

7. Finalize o loop foreach externo.

```
echo '</ul>';
} // Fim do FOREACH principal.
```

Após a execução do loop foreach interno, o loop foreach externo deve fechar a lista não ordenada, iniciada na Etapa 5.

8. Finalize os códigos PHP e HTML.

```
?>
</body>
</html>
```

9. Salve o arquivo como multi.php, coloque-o em seu diretório Web e teste-o em seu navegador Web (Figura 2.21).

10. Se desejar, consulte o código-fonte HTML para visualizar o que o PHP criou.

✓ **Dicas**

■ As matrizes multidimensionais também podem ser provenientes de um formulário HTML. Por exemplo, se um formulário possuir uma série de caixas de opções com o nome *interests[]*—

```
<input type="checkbox" name=
→  "interests[]" value="Music"
→  /> Music
<input type="checkbox" name=
→  "interests[]" value="Movies"
→  /> Movies
<input type="checkbox" name=
→  "interests[]" value="Books"
→  /> Books
```

— a variável $_POST na página PHP de recebimento será multidimensional. $_POST['interests'] será uma matriz, com $_POST['interests'][0] armazenando o valor da *primeira caixa selecionada (por exemplo, Movies)*, $_POST['interests'] [1] armazenando a segunda *(Books)*, etc. Observe que apenas as caixas selecionadas serão transmitidas para a página PHP.

PHP 6 e MySQL 5 para Web Sites Dinâmicos

■ Você também pode obter uma matriz multidimensional se um menu de seleção do formulário HTML permitir várias seleções:

```
<select name="interests[]" multiple=
→  "multiple">
 <option value="Music">Music
→  </option>
 <option value="Movies">Movies
→  </option>
 <option value="Books">Books
→  </option>
 <option value="Napping">Napping
→  </option>
</select>
```

Novamente, apenas os valores selecionados serão transmitidos para a página PHP.

Matrizes e Cadeias

Como matrizes e cadeias são freqüentemente utilizadas, o PHP possui duas funções para conversão entre elas.

```
$array = explode (separator, → $string);
$string = implode (glue, $array);
```

O item principal para utilizar e compreender estas duas funções são os relacionamentos *separator* e *glue*. Ao transformar uma matriz em uma cadeia, configure o relacionamento glue — os caracteres ou código que serão inseridos entre os valores da matriz na cadeia gerada. Reciprocamente, ao transformar uma cadeia em uma matriz, você especifica o separador, que é o token que marca o que deve se tornar elemento separado da matriz. Por exemplo, inicie uma cadeia:

```
$s1 = 'Mon-Tue-Wed-Thu-Fri';
$days_array = explode (' -', $s1);
```

Agora, a variável $days_array é uma matriz de cinco elementos, com *Mon* indexado em 0, *Tue* indexado em 1 etc.

```
$s2 = implode (', ', $days_array);
```

Agora, a variável $string2 é uma lista de dias separada por vírgulas: *Mon, Tue, Wed, Thu, Fri.*

Classificando matrizes

Uma das muitas vantagens que as matrizes têm sobre os outros tipos de variáveis é a capacidade de classificação. O PHP possui diversas funções que você pode utilizar para classificação de matrizes, todas com sintaxe simples:

```
$names = array ('Moe', 'Larry',
➔  'Curly');
sort($names);
```

As funções de classificação são três. Primeiro, você pode classificar uma matriz por valor, descartando as chaves originais, utilizando sort(). É importante compreender que as chaves da matriz serão reconfiguradas após o processo de classificação, portanto, se o relacionamento chave/valor for importante, você *não deve* utilizar esta função.

Segundo, você pode classificar uma matriz pelo valor enquanto mantém as chaves, utilizando asort(). Terceiro, você pode classificar uma matriz pela chave, utilizando ksort(). Cada um destes tipos pode classificar em ordem reversa se você alterá-los para rsort(), arsort() e krsort(), respectivamente.

Para demonstrar o efeito da classificação das matrizes, criarei uma matriz de títulos e classificações de filmes (o quanto gosto deles em uma escala de 1 a 10) e, em seguida, exibirei esta lista de formas diferentes.

Para classificar matrizes:

1. Crie um novo documento PHP em seu editor de texto ou IDE (**Script 2.8**).

```
<!DOCTYPE html PUBLIC "-//W3C//DTD
➔  XHTML 1.0 Transitional//EN" "http:
➔  //www.w3.org/TR/xhtml1/DTD/
➔  xhtml1-transitional.dtd">
<html xmlns="http://www.w3.
➔  org/1999/xhtml" xml:lang="en"
➔  lang="en ">
<head>
  <meta http-equiv="content-type"
➔  content="text/html; charset=
➔  iso-8859-1" />
```

PHP 6 e MySQL 5 para Web Sites Dinâmicos

```
<title>Sorting Arrays</title>
</head>
<body>
```

2. Crie uma tabela HTML.

```
<table border="0" cellspacing="3"
→  cellpadding="3" align="center ">
  <tr>
    <td><h2>Rating</h2></td>
    <td><h2>Title</h2></td>
  </tr>
```

Para tornar a lista ordenada mais legível, ela será exibida dentro de uma tabela HTML. A tabela é iniciada aqui.

```
1   <!DOCTYPE html PUBLIC "-//W3C//DTD XHTML
    1.0 Transitional//EN" "http://www.w3.org/
    TR/xhtml1/DTD/xhtml1-transitional.dtd">
2   <html xmlns="http://www.w3.org/1999/xhtml"
    xml:lang="en" lang="en">
3   <head>
4     <meta http-equiv="content-type"
      content="text/html; charset=
      iso-8859-1" />
5     <title>Sorting Arrays</title>
6   </head>
7   <body>
8   <table border="0" cellspacing="3"
    cellpadding="3" align="center">
9     <tr>
10      <td><h2>Rating</h2></td>
11      <td><h2>Title</h2></td>
12    </tr>
13  <?php # Script 2.8 - sorting.php
14
15  // Create the array:
16  $movies = array (
17    10 => 'Casablanca',
18    9 => 'To Kill a Mockingbird',
19    2 => 'The English Patient',
20    8 => 'Stranger Than Fiction',
21    5 => 'Story of the Weeping Camel',
22    7 => 'Donnie Darko'
23  );
24
25  // Display the movies in their original
    order:
26  echo '<tr><td colspan="2"><b>In their
    original order:</b></td></tr>';
```

```
27  foreach ($movies as $key => $value) {
28    echo '<tr><td>$key</td>
29    <td>$value</td></tr>\n';
30  }
31
32  // Display the movies sorted by title:
33  asort($movies);
34  echo '<tr><td colspan="2"><b>Sorted by
    title:</b></td></tr>';
35  foreach ($movies as $key => $value) {
36    echo '<tr><td>$key</td>
37    <td>$value</td></tr>\n';
38  }
39
40  // Display the movies sorted by rating:
41  krsort($movies);
42  echo '<tr><td colspan="2"><b>Sorted by
    rating:</b></td></tr>';
43  foreach ($movies as $key => $value) {
44    echo '<tr><td>$key</td>
45    <td>$value</td></tr>\n';
46  }
47
48  ?>
49  </table>
50  </body>
51  </html>
```

Script 2.8 *Uma matriz é definida e, em seguida, classificada de duas formas diferentes: primeiro pelo valor, e depois pela chave (em ordem reversa).*

Capítulo 2 – Programando com PHP

3. Inclua a tag PHP de abertura e crie uma nova matriz

```
<?php
$movies = array(
10 => 'Casablanca',
9 => 'To Kill a Mockingbird',
2 => 'The English Patient',
8 => 'Stranger Than Fiction',
5 => 'Story of the Weeping Camel',
7 => 'Donnie Darko'
);
```

Esta matriz utiliza títulos de filmes como os valores e suas respectivas classificações como chaves. Sua estrutura fornecerá diversas possibilidades para classificação de toda a lista. Altere as listagens e classificações de filmes conforme achar adequado (apenas não critique o meu gosto em filmes).

4. Exiba a matriz na forma em que se encontra.

```
echo '<tr><td colspan="2"><b>In
➜   their original order:</b></td>
➜   </tr>';
foreach ($movies as $key => $value)
➜   {
  echo "<tr><td>$key</td>
  <td>$value</td></tr>\n ";
}
```

Neste ponto do script, a matriz está na mesma ordem em que foi definida. Para verificar, exiba a matriz. Uma descrição é mostrada em ambas as colunas da tabela. Então, dentro do loop foreach, a chave é exibida na primeira coluna e o valor na segunda. Uma nova linha aparece para melhorar a capacidade de leitura do código-fonte HTML.

5. Classifique a matriz alfabeticamente (pelo título) e exiba novamente a matriz.

```
asort($movies);
echo '<tr><td colspan="2"><b>Sorted
➜   by title:</b></td></tr>';
foreach ($movies as $key => $value)
➜   {
```

```
echo "<tr><td>$key</td>
<td>$value</td></tr>\n ";
}
```

A função asort() classifica uma matriz pelo valor mantendo o relacionamento chave/valor. O restante do código é uma repetição da Etapa 4.

6. Classifique a matriz numericamente (por classificação descendente) e exiba novamente a matriz.

```
krsort($movies);
echo '<tr><td colspan="2"><b>Sorted
→  by rating:</b></td></tr>';
foreach ($movies as $key => $value)
→  {
  echo "<tr><td>$key</td>
  <td>$value</td></tr>\n ";
}
```

A função ksort() classificará uma matriz pela chave, mas em ordem ascendente. Como os filmes como a classificação mais alta devem ser listados primeiro, a ordem deve ser preservada, utilizando krsort(). Esta função, como asort(), mantém os relacionamentos chave/valor.

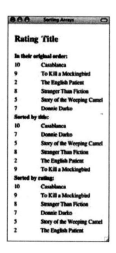

Figura 2.22 *Esta página demonstra as diferentes formas nas quais a matriz pode ser classificada.*

CAPÍTULO 2 – PROGRAMANDO COM PHP   97

7. Finalize o código PHP, a tabela e o código HTML.

```
?>
</table>
</body>
</html>
```

8. Salve o arquivo como sorting.php, coloque-o em seu diretório Web e teste-o em seu navegador Web **(Figura 2.22).**

✓ **Dicas**

■ Se desejar utilizar classificações decimais para os filmes, os números de classificação devem estar entre aspas ou o PHP eliminaria os pontos decimais (as chaves numéricas são sempre inteiras).

■ Para randomizar a ordem de uma matriz, utilize shuffle().

■ A função natsort() do PHP pode ser utilizada para classificar matrizes em uma ordem mais natural (principalmente manipulando melhor os números em cadeias).

■ As matrizes multidimensionais podem ser classificadas no PHP com um pouco de trabalho. Consulte o manual do PHP para obter informações adicionais na função usort()ou consulte meu livro chamado *PHP 5 Advanced: Visual QuickPro Guide.*

■ Por padrão, o PHP classificará matrizes como se elas estivessem em inglês. Se precisar classificar uma matriz em um outro idioma, utilize a função setlocale() do PHP para alterar a configuração do idioma. O Capítulo 14, "Criando Sites Universais", aborda a utilização de outros idiomas.

LOOPS FOR E WHILE

A última construção da linguagem a ser abordada neste capítulo são os loops. Você já utilizou um, foreach, para acessar cada um dos elementos de uma matriz. Os próximos dois tipos de loops que você utilizará são for e while.

O loop while é semelhante ao seguinte:

```
while (condição) {
   // Realizar uma ação.
}
```

98   PHP 6 E MySQL 5 PARA WEB SITES DINÂMICOS

Contanto que a parte de *condição* do loop seja verdadeira, o loop será executado. Assim que ela se torna falsa, o loop será finalizado **(Figura 2.23)**. Se a condição nunca for verdadeira, o loop nunca será executado. O loop while será utilizado com mais freqüência para recuperar resultados de um banco de dados, conforme você verá no Capítulo 8, "Utilizando PHP com MySQL."

O loop for possui uma sintaxe mais complicada:

```
for (expressão inicial; condição;
   fechando expressão) {
      // Realizar uma ação.
}
```

Na primeira execução do loop, a expressão inicial é executada. Em seguida, a condição é verificada e, se verdadeira, o conteúdo do loop será executado. Após a execução, a expressão de fechamento é executada e a condição será novamente verificada. Este processo continuará até que a condição seja falsa **(Figura 2.24)**. Como exemplo,

```
for ($i = 1; $i <= 10; $i++) {
   echo $i;
}
```

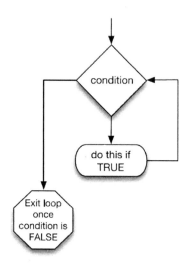

Figura 2.23 *Uma representação de fluxograma de como o PHP trata um loop while.*

CAPÍTULO 2 – PROGRAMANDO COM PHP

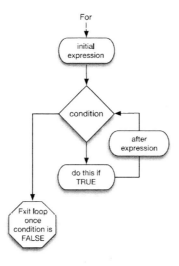

Figura 2.24 Uma representação em fluxograma de como o PHP trata o loop for mais complexo.

```
1   <!DOCTYPE html PUBLIC "-//W3C//DTD XHTML
    1.0 Transitional//EN"
2       "http://www.w3.org/TR/xhtml1/
    DTD/xhtml1-transitional.dtd">
3   <html xmlns="http://www.w3.org/1999/xhtml"
    xml:lang="en" lang="en">
4   <head>
5       <meta http-equiv="content-type"
    content="text/html; charset=
    iso-8859-1" />
6       <title>Calendar</title>
7   </head>
8   <body>
9   <form action="calendar.php" method="post">
10  <?php # Script 2.9 - calendar.php #2
11
12  // This script makes three pull-down menus
13  // for an HTML form: months, days, years.
14
15  // Make the months array:
16  $months = array (1 => 'January',
    'February', 'March', 'April', 'May',
    'June', 'July', 'August', 'September',
    'October', 'November', 'December');
17
18  // Make the months pull-down menu:
19  echo '<select name="month">';
20  foreach ($months as $key => $value) {
21      echo "<option value=\"$key\">$value</
    option>\n";
22  }
23  echo '</select>';
24
25  // Make the days pull-down menu:
26  echo '<select name="day">';

27  for ($day = 1; $day <= 31; $day++) {
28      echo "<option value=\"$day\">$day</
    option>\n";
29  }
30  echo '</select>';
31
32  // Make the years pull-down menu:
33  echo '<select name="year">';
34  for ($year = 2008; $year <= 2018;
    $year++) {
35      echo "<option value=\"$year\">$year</
    option>\n";
36  }
37  echo '</select>';
38
39  ?>
40  </form>
41  </body>
42  </html>
```

Script 2.9 Geralmente, os loops são utilizados em conjunto com (ou no lugar de) uma matriz. Aqui, dois loops for substituem as matrizes e os loops foreach utilizados anteriormente no script.

100   PHP 6 e MySQL 5 para Web Sites Dinâmicos

Na primeira vez em que este loop é executado, a variável $i é configurada com o valor de *1*. Em seguida, a condição é verificada *(1 é menor ou igual a 10?).* Sendo verdadeira, *1* é exibido (echo $i). Em seguida, $i é incrementado para *2* ($i++), a condição é verificada, e assim por diante. O resultado deste script será a exibição dos números de 1 a 10.

A funcionalidade de ambos os loops é semelhante o suficiente para que for e while possam ser freqüentemente utilizados de forma alternada. Além disso, a experiência revelará que o loop for é uma opção melhor para realizar uma ação *um determinado número de vezes,* enquanto while é utilizado quando uma condição for verdadeira por um *indeterminado número de vezes.*

Neste último exemplo do capítulo, o script de calendário criado anteriormente será reescrito utilizando loops for no lugar de dois dos loops foreach.

Para utilizar loops:

1. Abra calendar.php (consulte o Script 2.6) em seu editor de texto ou IDE.

2. Exclua a criação das matrizes $days e $years (linhas 18–19).

    Utilizando loops, o mesmo resultado dos dois menus suspensos podem ser conseguido sem o código extra e o tempo de processamento da memória envolvidos em uma matriz. Portanto, estas duas matrizes serão excluídas, mantendo a matriz $months.

3. Reescreva o loop $days foreach como um loop for(**Script 2.9**).

    ```
    for ($day = 1; $day <= 31; $day++) {
      echo "<option value=\"$day\">$day
      →  </option>\n ";
    }
    ```

    Este loop for padrão começa inicializando a variável $day como *1*. O loop continuará até que $day seja maior que 31, e a cada repetição, $day será incrementada em 1. O próprio conteúdo do loop (que é executado 31 vezes) é uma instrução echo().

4. Reescreva o loop $years foreach como um loop for.

    ```
    for ($year = 2008; $year <= 2018;
    →  $year++) {
      echo "<option value=\"$year\">$year
      →  </option>\n ";
    }
    ```

A estrutura deste loop é fundamentalmente a mesma que o loop for anterior, mas a variável $year é inicialmente configurada como *2008* em vez de *1*. Contanto que $year seja menor ou igual a 2018, o loop será executado. Dentro do loop, a instrução echo() é executada.

5. Salve o arquivo, coloque-o em seu diretório Web e teste-o em seu navegador Web (Figura 2.25).

✓ **Dicas**

- O PHP também possui um loop do...while com uma sintaxe um pouco diferente (consulte o manual). Este loop sempre será executado pelo menos uma vez.

- Ao utilizar loops, acompanhe seus parâmetros e condições para evitar um loop infinito, que ocorre quando a condição de um loop nunca será falsa.

Figura 2.25 O formulário de calendário é muito parecido com sua versão anterior (consulte a Figura 2.19), mas foi criado com duas matrizes a menos (compare o Script 2.9 com o Script 2.6).

CAPÍTULO 3

CRIANDO WEB SITES DINÂMICOS

Com o domínio dos conceitos básicos do PHP, é hora de começar a construir Web sites verdadeiramente dinâmicos. Os Web sites dinâmicos, ao contrário dos Web sites estáticos sobre os quais a Web foi inicialmente criada, são mais fáceis de manter, são mais sensíveis aos usuários e podem alterar o conteúdo em resposta a diferentes situações. Este capítulo apresenta três novas idéias, todas geralmente utilizadas para criar aplicativos Web mais sofisticados (Capítulo 10, "Desenvolvimento de Aplicativo Web", abrange alguns outros tópicos juntamente com o abordado aqui).

O primeiro assunto envolve a utilização de arquivos externos. Este é um conceito importante, uma vez que que sites mais complexos freqüentemente demandam a separação dos códigos HTML e PHP. Em seguida, o capítulo retorna ao assunto sobre manipulação de formulários HTML. Você aprenderá algumas novas variações neste processo padrão. Finalmente, você aprenderá como definir e utilizar suas novas funções.

INCLUINDO VÁRIOS ARQUIVOS

Até este ponto, todos os scripts no livro consistem em um único arquivo que contém todo o código HTML e PHP necessários. Porém, conforme

104   PHP 6 e MySQL 5 para Web Sites Dinâmicos

você desenvolver mais Web sites complexos, verá que esta metodologia possui muitas limitações. O PHP pode prontamente fazer uso de arquivos externos, uma capacidade que permite dividir seus scripts e Web sites em partes distintas. Freqüentemente, você utilizará arquivos externos para extrair seu código HTML do seu código PHP ou para separar os processos comumente utilizados.

O PHP possui quatro funções para utilização de arquivos externos: include(), include_once(), require() e require_once(). Para utilizá-las, seu script PHP teria uma linha como include_once('filename.php'); require('/path/to/filename.html');

A utilização de qualquer uma destas funções tem como resultado final a obtenção de todo o conteúdo do arquivo incluído, soltando no script-pai (o script que chama a função) nessa junção. Uma importante consideração sobre os arquivos incluídos é que o PHP tratará o código incluído como HTML (ou seja, enviando-o diretamente para o navegador), a menos que o arquivo contenha o código entre as tags PHP.

Em termos de funcionalidade, também não importa qual extensão o arquivo incluído utiliza, seja ela .php ou .html. Entretanto, fornecer ao arquivo um nome simbólico, ajuda a transmitir sua finalidade (por exemplo, um arquivo incluído do HTML pode utilizar .inc.html). Observe também que você pode utilizar caminhos absolutos ou relativos para o arquivo incluído (consulte o quadro lateral para obter mais informações).

Caminhos Absolutos versus Relativos

Ao fazer referência a qualquer item externo, seja ele um arquivo incluído no PHP, um documento CSS no HTML ou uma imagem, você tem a opção de utilizar um caminho absoluto ou um caminho relativo. Um caminho absoluto informa onde um arquivo está iniciando a partir do diretórioraiz do computador. Tais caminhos estão sempre corretos, não importa o local do arquivo (pai) referido. Por exemplo, um script PHP pode incluir um arquivo utilizando

```
include ('C:/php/includes/file.php');
include(' /usr/xyz/includes/file.php')
;
```

Assumindo que file. php existe no local denominado, a inclusão funcionará (eliminando quaisquer problemas de permissões). O segundo

Capítulo 3 – Criando Web Sites Dinâmicos

exemplo, no caso de não estar familiarizado com a sintaxe, seria um caminho absoluto do Unix (e Mac OS X). Caminhos absolutos sempre iniciam com algo como C:/ ou /.

Um caminho relativo utiliza o arquivo (pai) de referência como o ponto inicial. Para mover uma pasta acima, utilize dois pontos juntos. Para mover para dentro de uma pasta, utilize seu nome seguido por uma barra. Portanto, assumindo que o script atual esteja na pasta www/ex1 e você deseja incluir algo em www/ex2, o código seria:

```
include('../ex2/file.php');
```

Um caminho relativo permanecerá correto, mesmo se movido para um outro servidor, enquanto os arquivos mantiverem seu relacionamento atual.

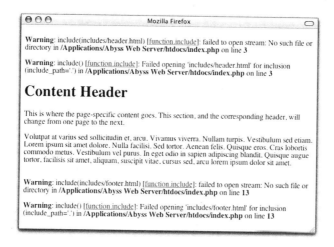

Figura 3.1 Duas chamadas include() com falha geram estas quatro mensagens de erro (assumindo que o PHP esteja configurado para exibição de erros), mas o restante da página continua a ser executado.

Figura 3.2 A falha de uma chamada de função require() exibirá um erro e finalizará a execução do script. Se o PHP não estiver configurado para exibição de erros, então o script finalizará sem antes exibir o problema (ou seja, haverá uma página em branco).

As funções include() e require() são exatamente as mesmas se estiverem trabalhando de forma adequada, mas se comportam de forma diferente quando falham. Se uma função include() não funcionar (se ela não puder incluir o arquivo por algum motivo), um aviso será exibido no navegador Web **(Figura 3.1)**, mas o script continuará a execução. Se require() falhar, um erro será exibido e o script será travado **(Figura 3.2)**.

Ambas as funções possuem uma versão *_once(), que garante que o arquivo em questão seja incluído apenas uma vez, independentemente de quantas vezes um script possa (provavelmente de forma acidental) tentar incluí-lo.

```
require_once('filename.php');
include_once('filename.php');
```

Neste próximo exemplo, os arquivos incluídos separarão a formatação HTML primária de qualquer código PHP. Então, o restante dos exemplos, neste capítulo, poderão ter a mesma aparência — como se todos fossem parte do mesmo Web site — sem a necessidade de reescrever o HTML. Esta técnica cria um sistema de modelo, uma forma fácil de criar grandes aplicativos consistentes e gerenciáveis. O foco nestes exemplos está no próprio código PHP; você também deve consultar o quadro lateral no capítulo, em "Estrutura de Site", para que você compreenda o esquema organizacional no servidor. Se tiver alguma dúvida sobre o CSS (Cascading Style Sheets) ou o (X)HTML utilizado no exemplo, consulte um recurso dedicado a esses tópicos.

Para incluir vários arquivos:

1. Crie uma página HTML no seu editor de texto ou WYSIWYG (**Script 3.1** e **Figura 3.3**).

   Para começar a criar um modelo para um Web site, crie o layout como uma página HTML padrão, independente de qualquer código PHP. Para o exemplo deste capítulo, estou utilizando uma versão um pouco modificada do modelo "Plain and Simple" criado por Christopher Robinson (www.edg3.co.uk), e utilizado com sua gentil permissão.

2. Marque onde será incluído qualquer conteúdo específico da página.

   Quase todos os Web sites possuem vários elementos em comum em cada página — cabeçalho, navegação, propaganda, rodapé etc. — e uma ou mais seções específicas da página. Na página HTML (Script 3.1), coloque a seção do layout que será alterada de uma página para outra entre comentários HTML para indicar seu status.

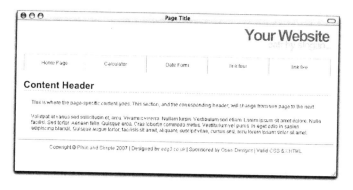

Figura 3.3 O design HTML e CSS conforme aparece no navegador Web (sem utilizar qualquer código PHP).

PHP 6 E MySQL 5 PARA WEB SITES DINÂMICOS

```html
1   <!DOCTYPE html PUBLIC "-//W3C//DTD XHTML 1.0 Strict//EN" "http://www.w3.org/TR/xhtml1/DTD/
    xhtml1-strict.dtd">

2   <html xmlns="http://www.w3.org/1999/xhtml">

3   <head>

4       <title>Page Title</title>

5       <link rel="stylesheet" href="includes/style.css" type="text/css" media="screen" />

6       <meta http-equiv="content-type" content="text/html; charset=utf-8" />

7   </head>

8   <body>

9       <div id="header">

10          <h1>Your Website</h1>

11          <h2>catchy slogan...</h2>

12      </div>

13      <div id="navigation">

14          <ul>

15          <li><a href="index.php">Home Page</a></li>

16          <li><a href="calculator.php">Calculator</a></li>

17          <li><a href="dateform.php">Date Form</a></li>

18          <li><a href="#">link four</a></li>

19          <li><a href="#">link five</a></li>

20          </ul>

21      </div>

22      <div id="content"><!-- Start of the page-specific content. -->

23          <h1>Content Header</h1>

24

25          <p>This is where the page-specific content goes. This section, and the corresponding
             header, will change from one page to the next.</p>

26

27          <p>Volutpat at varius sed sollicitudin et, arcu. Vivamus viverra. Nullam turpis. Vestibulum
             sed etiam. Lorem ipsum sit amet dolore. Nulla facilisi. Sed tortor. Aenean felis.
             Quisque eros. Cras lobortis commodo metus. Vestibulum vel purus. In eget odio in sapien
             adipiscing blandit. Quisque augue tortor, facilisis sit amet, aliquam, suscipit vitae,
             cursus sed, arcu lorem ipsum dolor sit amet.</p>

28

29      <!-- End of the page-specific content. --></div>

30

31      <div id="footer">

32          <p>Copyright &copy; <a href="#">Plain and Simple</a> 2007 | Designed by <a href="http://
             www.edg3.co.uk/">edg3.co.uk</a> | Sponsored by <a href="http://www.opendesigns.org/">Open
             Designs</a> | Valid <a href="http://jigsaw.w3.org/css-validator/">CSS</a> &amp; <a
             href="http://validator.w3.org/">XHTML</a></p>

33      </div>

34  </body>

35  </html>
```

Script 3.1 *O modelo HTML para as páginas Web deste capítulo. Faça o download do arquivo style.css utilizado a partir do Web site de suporte (www.DMCInsights.com/phpmysql3/) do livro.*

Capítulo 3 – Criando Web Sites Dinâmicos

3. Copie tudo a partir da primeira linha do código HTML do layout até a última linha antes do conteúdo específico da página e cole em um novo documento **(Script 3.2)**.

```
<!DOCTYPE html PUBLIC "-//W3C//DTD
→  XHTML 1.0 Strict//EN" "http://
→  www.w3.org/TR/xhtml1/DTD/
→  xhtml1-strict.dtd">
<html xmlns="http://www.w3.org/
→  1999/xhtml">
<head>
  <title>Page Title</title>
  <link rel="stylesheet" href=
  →  "includes/style.css" type="text/
  →  css" media="screen" />
  <meta http-equiv="content-type"
→  content="text/html; charset=utf-8"
/>
</head>
<body>
  <div id="header ">
    <h1>Your Website</h1>
    <h2>catchy slogan...</h2>
  </div>
  <div id="navigation">
    <ul>
      <li><a href="index.php">Home
      →  Page</a></li>
      <li><a href="calculator.php">
      →  Calculator</a></li>
      <li><a href="dateform.php">
      →  Date Form</a></li>
      <li><a href="#">link four</a>
      →  </li>
      <li><a href="#">link
five</a></li>
    </ul>
  </div>
  <div id="content"><!- Start of the
  →  page-specific content. ->
<!- Script 3.2 - header.html ->
```

PHP 6 e MySQL 5 para Web Sites Dinâmicos

```
1   <!DOCTYPE html PUBLIC "-//W3C//DTD XHTML
    1.0 Strict//EN" "http://www.w3.org/TR/
    xhtml1/DTD/xhtml1-strict.dtd">

2   <html xmlns="http://www.w3.org/1999/
    xhtml">

3   <head>

4       <title><?php echo $page_title; ?>
        </title>

5       <link rel="stylesheet" href="includes/
        style.css" type="text/css" media=
        "screen" />

6       <meta http-equiv="content-type"
        content="text/html; charset=utf-8" />

7   </head>

8   <body>

9       <div id="header">

10          <h1>Your Website</h1>

11          <h2>catchy slogan...</h2>

12      </div>

13      <div id="navigation">

14          <ul>

15              <li><a href="index.php">Home Page
                </a></li>

16              <li><a href="calculator.php">
                Calculator</a></li>

17              <li><a href="dateform.php">Date
                Form</a></li>

18              <li><a href="#">link four</a></li>

19              <li><a href="#">link five</a></li>

20          </ul>

21      </div>

22      <div id="content"><!-- Start of the
        page-specific content. -->

23  <!-- Script 3.2 - header.html -->
```

Script 3.2 *O código HTML inicial para cada página Web é armazenado em um arquivo de cabeçalho.*

CAPÍTULO 3 – CRIANDO WEB SITES DINÂMICOS 111

```
000                    Script
1    <!-- Script 3.3 - footer.html -->
2      <!-- End of the page-specific
       >content. --></div>
3
4    <div id="footer">
5      <p>Copyright &copy; <a href="#">Plain
       and Simple</a> 2007 | Designed by
       <a href="http://www.edg3.co.uk/
       ">edg3.co.uk</a> | Sponsored by <a
       href="http://www.opendesigns.org/
       ">Open Designs</a> | Valid <a
       href="http://jigsaw.w3.org/
       css-validator/">CSS</a> &amp; <a
       href="http://validator.w3.org/">
       XHTML</a></p>
6      </div>
7    </body>
8    </html>
```

Script 3.3 *O código HTML de conclusão para cada página Web é armazenado neste arquivo de rodapé.*

Este primeiro arquivo conterá as tags HTML iniciais (desde DOCTYPE, passando pelo título e seguindo até o início do corpo da página). Ele também tem o código que forma o nome e o slogan do Web site, além da barra horizontal de links na parte superior (consulte a Figura 3.3). Finalmente, como o conteúdo de cada página fica entre tags DIV cujo o valor de id é *content*, este arquivo também inclui esse código.

4. Altere a linha de título da página para

```
<title><?php echo $page_title; ?>
➔  </title>
```

O título da página (que aparece na parte superior do navegador Web; consulte a Figura 3.3) deve ser passível de alteração em cada uma das páginas. Para que isso seja possível, este valor terá como base uma variável PHP, que, será exibida. Em breve você verá o resultado.

5. Salve o arquivo como header.html.

Conforme informado anteriormente, os arquivos incluídos podem utilizar praticamente qualquer extensão para o nome do arquivo. Portanto, este arquivo é chamado header.html, indicando que ele é o arquivo de cabeçalho do modelo e que ele contém (principalmente) código HTML.

112   PHP 6 E MySQL 5 PARA WEB SITES DINÂMICOS

6. Copie tudo no modelo original a partir do final do conteúdo específico da página até o final da página e cole em um novo arquivo **(Script 3.3)**.

```
<!– Script 3.3 - footer.html –>
 <!-- End of the page-specific
 →  content. –></div>
 <div id="footer ">
    <p>Copyright &copy; <a href=
    →  "#">Plain and Simple</a> 2007
    →  | Designed by <a href="http://
    →  www.edg3.co.uk/">edg3.co.uk
    →  </a> | Sponsored by <a href=
    →  "http://www.opendesigns.org/">
    →  Open Designs</a> | Valid <a
    →  href="http://jigsaw.w3.org/
    →  css-validator/">CSS</a> &amp;
    →  <a href="http://validator.
    →  w3.org/">XHTML</a></p>
  </div>
 </body>
 </html>
```

O arquivo de rodapé inicia fechando o conteúdo DIV aberto no arquivo de cabeçalho (consulte a Etapa 3). Em seguida, o rodapé é incluído, e que será o mesmo para cada página no site, e o documento HTML estará concluído.

7. Salve o arquivo como footer.html.

8. Crie um novo documento PHP em seu editor de texto ou IDE **(Script 3.4)**.

```
<?php # Script 3.4 - index.php
```

Como este script utilizará os arquivos incluídos para a maioria do código HTML, ele pode começar e terminar com as tags PHP.

9. Configure a variável $page_title e inclua o cabeçalho HTML.

```
$page_title = 'Welcome to this
→  Site!';

include ('includes/header.html ');
```

CAPÍTULO 3 – CRIANDO WEB SITES DINÂMICOS   113

A variável $page_title armazenará o valor que aparece na parte superior da janela do navegador (e, portanto, também é o valor padrão quando uma pessoa inclui a página como favorita).

```
 ⊖ ⊘ ⊖                    Script
1    <?php # Script 3.4 - index.php
2    $page_title = 'Welcome to this Site!';
3    include ('includes/header.html');
4    ?>
5
6    <h1>Content Header</h1>
7
8       <p>This is where the page-specific
        content goes. This section, and the
        corresponding header, will change
        from one page to the next.</p>
9
10      <p>Volutpat at varius sed sollicitudin
        et, arcu. Vivamus viverra. Nullam
        turpis. Vestibulum sed etiam. Lorem
        ipsum sit amet dolore. Nulla
        facilisi. Sed tortor. Aenean felis.
        Quisque eros. Cras lobortis commodo
        metus. Vestibulum vel purus. In eget
        odio in sapien adipiscing blandit.
        Quisque augue tortor, facilisis sit
        amet, aliquam, suscipit vitae, cursus
        sed, arcu lorem ipsum dolor sit
        amet.</p>
11
12   <?php
13   include ('includes/footer.html');
14   ?>
```

Script 3.4 *Este script gera uma página Web completa incluindo um modelo armazenado em dois arquivos externos.*

Esta variável é exibida em header.html (consulte o Script 3.2). Ao definir a variável antes de incluir o arquivo de cabeçalho, o arquivo de cabeçalho terá acesso a essa variável. Lembre-se de que esta linha include() tem o efeito de eliminar o conteúdo do arquivo incluído nessa página, nesse espaço.

A chamada da função include() utiliza um caminho relativo para header.html (consulte o quadro lateral "Caminhos Absolutos versus Relativos"). A sintaxe informa que na pasta one este arquivo se encontra há uma pasta chamada includes, que contém um arquivo chamado header.html.

10. Feche as tags PHP e inclua o conteúdo específico da página.

```
?>
<h1>Content Header</h1>

<p>This is where the page-specific
→  content goes. This section, and
→  the corresponding header, will
→  change from one page to the
→  next.</p>

<p>Volutpat at varius sed
→  sollicitudin et, arcu. Vivamus
→  viverra. Nullam turpis.
→  Vestibulum sed etiam. Lorem
→  ipsum sit amet dolore. Nulla
→  facilisi. Sed tortor. Aenean
→  felis. Quisque eros. Cras
→  lobortis commodo metus.
→  Vestibulum vel purus. In eget
→  odio in sapien adipiscing
→  blandit. Quisque augue tortor,
→  facilisis sit amet, aliquam,
→  suscipit vitae, cursus sed, arcu
→  lorem ipsum dolor sit amet.</p>
```

Para a maioria das páginas, o PHP gerará este conteúdo, em vez de um texto estático. Esta informação poderia ser enviada para o navegador utilizando echo(), mas como não há um conteúdo dinâmico, é mais fácil e mais eficiente fechar as tags PHP temporariamente.

11. Crie uma seção PHP final e inclua o arquivo de rodapé.

```
<?php
include ('includes/footer.html');
?>
```

12. Salve o arquivo como index.php e coloque-o em seu diretório Web.

13. Crie um diretório includes na mesma pasta em que se encontra o arquivo index.php. Em seguida, coloque header.html, footer.html e style.css (transferidos por download de www.DMCInsights.com/phpmysql3/), no diretório includes.

Nota: para economizar espaço, o arquivo CSS deste exemplo (que controla o layout) não está incluído no livro. Você pode fazer o download do arquivo pelo Web site de suporte do livro (consulte a página Extras) ou continuar sem ele (o modelo funcionará da mesma forma, apenas não terá uma aparência tão agradável).

14. Teste o sistema do modelo abrindo a página index.php em seu navegador Web **(Figura 3.4)**.

    A página index.php é o resultado final do sistema do modelo. Não é necessário acessar qualquer dos arquivos incluídos diretamente, pois o index.php tratará da incorporação de seus conteúdos. Como esta é uma página PHP, ainda será necessário acessá-la por meio de uma URL.

15. Se desejado, visualize o código-fonte HTML da página **(Figura 3.5)**.

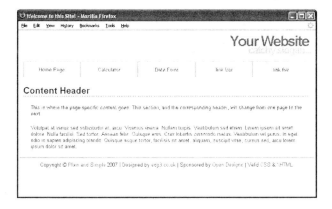

Figura 3.4 Agora, o mesmo layout (consulte a Figura 3.3) foi criado utilizando arquivos externos no PHP.

Figura 3.5 *O código-fonte HTML gerado da página Web deve ser réplica do código no modelo original (consulte o Script 3.1).*

✓ **Dicas**

- No arquivo de configuração php.ini, é possível ajustar a configuração de include_path, que indica onde está o código PHP e que não é permitido recuperar arquivos incluídos.

- Conforme você verá no Capítulo 8, "Utilizando PHP com MySQL", qualquer arquivo incluído que contenha informações importantes (como o acesso ao banco de dados) deve ser armazenado fora do diretório de documentos Web para que ele não possa ser visualizado em um navegador Web.

- Como require() tem um impacto maior em um script quando falha, ela é recomendada para inclusões críticas (como aquelas que se conectam a um banco de dados). A função include() é utilizada para inclusões menos importantes. As versões de *_once() fornecem uma boa verificação de redundância em aplicativos complexos, mas podem ser desnecessárias em sites simples.

- Devido à forma como o CSS trabalha, se você não utilizar o arquivo CSS ou se o navegador não ler o CSS, o resultado gerado ainda será funcional, apenas não estará esteticamente apresentável (consulte a **Figura 3.6**).

CAPÍTULO 3 – CRIANDO WEB SITES DINÂMICOS

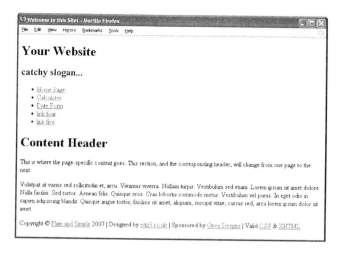

Figura 3.6 Esta é a mesma página HTML sem utilizar o arquivo CSS correspondente (compare com a Figura 3.4).

Estrutura de Site

Ao começar a utilizar vários arquivos em seus aplicativos Web, a estrutura geral do site se torna mais importante. Ao definir o layout do seu site, há três pontos a serem considerados:

◆ Facilidade de manutenção

◆ Segurança

◆ Facilidade de navegação do usuário

A utilização de arquivos externos para conter os procedimentos padrões (ou seja, código PHP), CSS, JavaScript e o design HTML tornará mais fácil a manutenção do seu site, porque o código editado geralmente é colocado em um local central. Freqüentemente criarei um diretório includes ou templates para armazenar estes arquivos, separados dos scripts principais (aqueles que são acessados diretamente no navegador Web).

Recomendo a utilização da extensão de arquivo .inc ou .html para documentos em que a segurança não é uma preocupação (tais como os modelos HTML) e .php para arquivos que contêm dados mais importantes (tais como informações de acesso ao banco de dados). Você também pode utilizar tanto .inc como .html ou .php para que um arquivo seja claramente indicado como uma inclusão de um determinado tipo: db.inc.php ou header.inc.html.

Finalmente, tente estruturar seus sites para que eles sejam de fácil navegação para seus usuários, seja clicando em links ou digitando uma URL. Tente evitar a criação de muitas pastas aninhadas ou a utilização de nomes de diretórios difíceis de digitar, e também nomes de arquivos contendo letras maiúsculas e minúsculas.

MANIPULANDO FORMULÁRIOS HTML, RECAPITULADO

Uma boa parte do Capítulo 2, "Programando com PHP," envolve a manipulação de formulários HTML com o PHP. Todos aqueles exemplos utilizam dois arquivos separados: um que exibe o formulário, e um outro que o recebe. Mesmo não havendo nada de errado com este método, há vantagens em colocar todo o processo em um script.

Para ter uma página exibindo e manipulando um formulário, uma condicional deve verificar qual ação (exibir ou manipular) deve ser tomada:

```
if (/* formulário foi enviado */) {
    // Manipular.
} else {
    // Exibir.
}
```

Para determinar se o formulário foi enviado, verifique se uma variável $_POST está definida (assumindo que o formulário utilize o método POST, claro). Por exemplo, crie uma entrada de formulário oculta com um nome de *submitted* e qualquer valor:

```
<input type="hidden" name="submitted"
→  value="1 " />
```

Então, o teste de condição para o envio do formulário seria **(Figura 3.7)**

```
if (isset($_POST['submitted'])) {
    // Manipular.
} else {
    // Exibir.
}
```

Se desejar que uma página manipule um formulário e, em seguida, o exiba novamente (por exemplo, para incluir um registro em um banco de dados e fornecer a opção de incluir um outro registro), elimine a cláusula else:

```
if (isset($_POST['submitted'])) {
   // Manipular.
}
// Exibir o formulário.
```

Utilizando esse código, um script manipulará um formulário se ele for enviado e o exibirá sempre que a página for carregada.

Para demonstrar esta importante técnica (de ter a mesma página exibindo e manipulando um formulário), vamos criar uma simples calculadora.

Figura 3.7 As interações entre o usuário e este script PHP no servidor envolvem dois pedidos deste script por parte do usuário. O primeiro é um pedido padrão (um pedido GET); onde o formulário não foi enviado, $_POST está, portanto, vazio e, assim, o script exibe o formulário. Quando o formulário é enviado, o mesmo script é pedido novamente (um pedido POST desta vez), $_POST[' submitted'] possui um valor e, portanto, o formulário é manipulado.

PHP 6 E MySQL 5 para Web Sites Dinâmicos

```
1    <?php # Script 3.5 - calculator.php
2
3    $page_title = 'Widget Cost Calculator';
4    include ('includes/header.html');
5
6    // Check for form submission:
7    if (isset($_POST['submitted'])) {
8
9        // Minimal form validation:
10       if ( is_numeric($_POST['quantity']) &&
             is_numeric($_POST['price']) &&
             is_numeric($_POST['tax']) ) {
11
12           // Calculate the results:
13           $total = ($_POST['quantity'] *
                 $_POST['price']);
14           $taxrate = ($_POST['tax'] / 100); //
                 Turn 5% into .05.
15           $total += ($total * $taxrate); // Add
                 the tax.
16
17           // Print the results:
18           echo '<h1>Total Cost</h1>
19           <p>The total cost of purchasing ' .
                 $_POST['quantity'] . ' widget(s) at $' .
                 number_format ($_POST['price'], 2) . '
                 each, including a tax rate of ' .
                 $_POST['tax'] . '%, is $' .
                 number_format ($total, 2) . '.</p>';
20
21       } else { // Invalid submitted values.
22           echo '<h1>Error!</h1>
23           <p class="error">Please enter a valid
                 quantity, price, and tax.</p>';
24       }
25
26   } // End of main isset() IF.
```

```
27
28   // Leave the PHP section and create the
         HTML form:
29   ?>
30   <h1>Widget Cost Calculator</h1>
31   <form action="calculator.php" method=
         "post">
32       <p>Quantity: <input type="text" name=
             "quantity" size="5" maxlength="5" /></p>
33       <p>Price: <input type="text" name=
             "price" size="5" maxlength="10" /></p>
34       <p>Tax (%): <input type="text" name=
             "tax" size="5" maxlength="5" /></p>
35       <p><input type="submit" name="submit"
             value="Calculate!" /></p>
36       <input type="hidden" name="submitted"
             value="1" />
37   </form>
38   <?php // Include the footer:
39   include ('includes/footer.html');
40   ?>
```

Script 3.5 *O script calculator.php exibe um formulário simples e manipula os seus dados, realizando alguns cálculos e reportando os resultados.*

Para manipular formulários HTML:

1. Crie um novo documento PHP em seu editor de texto ou IDE **(Script 3.5).**

```php
<?php # Script 3.5 - calculator.php
$page_title = 'Widget Cost
Calculator';
include ('includes/header.html ');
```

Este, e todos os exemplos restantes no capítulo, utilizarão o mesmo sistema de modelo do index.php (Script 3.4). A sintaxe inicial de cada página será, portanto, a mesma, mas os títulos das páginas serão diferentes.

CAPÍTULO 3 – CRIANDO WEB SITES DINÂMICOS   121

2. Escreva a condicional para manipulação do formulário.

```
if (isset($_POST[' submitted'])) {
```

Conforme já sugerido, verificar se um elemento do formulário está definido, , como $_POST['submitted'], pode testar se o formulário foi enviado. Esta variável será correlacionada a uma entrada oculta no formulário.

3. Valide o formulário.

```
if ( is_numeric($_POST['quantity'])
→   && is_numeric($_POST['price']) &&
→   is_numeric($_POST['tax']) ) {
```

A validação aqui é bastante simples: ela meramente verifica se as três variáveis enviadas são todas do tipo numérico. Certamente, você pode melhorar esse processo, verificando se a quantidade é um número inteiro e se todos os valores são positivos (na realidade, o Capítulo 12, "Métodos de Segurança", possui uma variação desse script que faz exatamente isso).

Se a validação aprovar todos os testes, os cálculos serão realizados; caso contrário, será solicitado que o usuário tente novamente.

4. Realize os cálculos.

```
$total = ($_POST['quantity']*
→   $_POST['price']);
$taxrate = ($_POST['tax'] / 100);
$total += ($total * $taxrate);
```

A primeira linha calcula o total antes do imposto como a quantidade vezes o preço. A segunda linha altera o valor do imposto de uma porcentagem (digamos, 5%) para um valor decimal (,05), o qual será necessário no cálculo subseqüente. A terceira linha inclui no total a quantidade de imposto, que é calculada multiplicando o total pela taxa do imposto. O operador de designação de adição (+=) torna o código um pouco mais curto. Como alternativa, você poderia escrever

```
$total = $total + ($total*
→   $taxrate);
```

PHP 6 e MySQL 5 para Web Sites Dinâmicos

5. Imprima os resultados.

```
echo '<h1>Total Cost</h1>

<p>The total cost of purchasing ' .
    $_POST['quantity'] . ' widget(s)
    at $' . number_format ($_POST
    ['price'], 2) . ' each, including
    a tax rate of ' . $_POST['tax'] .
    '%, is $' . number_format ($total,
    2) . '.</p>';
```

Todos os valores são exibidos formatando o preço e o total com a função number_format(). A utilização do operador de concatenação (o ponto) permite que os valores numéricos formatados sejam anexados à mensagem exibida.

6. Complete as condicionais e feche a tag PHP.

```
} else {
  echo '<h1>Error!</h1>
  <p class="error">Please enter
    a valid quantity, price, and
    tax.</p>';
  }
}
?>
```

A cláusula else completa a condicional de validação (Etapa 3) exibindo um erro se os três valores enviados não forem numéricos. A chave de fechamento final fecha a condicional isset($_POST['submitted']).

Finalmente, a seção PHP é fechada para que o formulário possa ser criado sem utilizar echo() (consulte a Etapa 7).

7. Exiba o formulário HTML.

```
<h1>Widget Cost Calculator</h1>
<form action="calculator.php"
  method="post ">
  <p>Quantity: <input type="text"
    name="quantity" size="5"
    maxlength= ' "5" /></p>
```

CAPÍTULO 3 – CRIANDO WEB SITES DINÂMICOS

```
<p>Price: <input type="text" name=
→  "price" size="5" maxlength="10"
→  /></p>
<p>Tax (%): <input type="text "
→  name="tax" size="5" maxlength="5"
→  /></p>
<p><input type="submit" name=
→  "submit" value="Calculate!"
→  /></p>
<input type="hidden" name=
→  "submitted" value="1 " />
</form>
```

O formulário é bastante óbvio, contendo apenas dois novos truques. Primeiro, o atributo action utiliza o nome deste script para que o formulário seja enviado de volta a esta página, em vez de uma outra. Segundo, há uma entrada hidden chamada *submitted* com um valor de *1*. Esta é a variável de sinalização cuja existência será verificada para determinar se deve, ou não, manipular o formulário (consulte a condicional principal na Etapa 2 ou na linha 7). Como esta é apenas uma variável de sinalização, ela pode receber qualquer valor (normalmente utilizarei *1* ou *TRUE)*.

8. Inclua o arquivo de rodapé.

```
<?php
include ('includes/footer.html');
?>
```

9. Salve o arquivo como calculator.php, coloque-o em seu diretório Web e teste-o em seu navegador Web **(Figuras 3.8, 3.9 e 3.10).**

✓ **Dicas**

■ Um outro método comum para verificar se um formulário foi enviado é ver se a variável do botão de envio — neste exemplo, $_POST['submit'] — está definida. A única desvantagem desse método é que ele não funcionará em alguns navegadores se o usuário enviar o formulário pressionando Return ou Enter.

■ Se você utilizar uma imagem para o seu botão de envio também desejará utilizar uma entrada oculta para testar o envio do formulário.

- Também é possível enviar um formulário de volta para ele mesmo sem utilizar um valor para o atributo action:

```
<form action="" method="post">
```

Desta forma, o formulário sempre será enviado de volta para esta mesma página, mesmo se depois você alterar o nome do script.

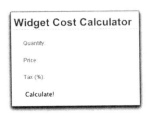

Figura 3.8 O formulário HTML em sua primeira visualização no navegador Web. A folha de estilo CSS fornece às entradas e ao botão de envio uma aparência mais sutil (no Firefox, pelo menos). Para economizar espaço, capturei apenas o formulário, e não o cabeçalho e o rodapé da página.

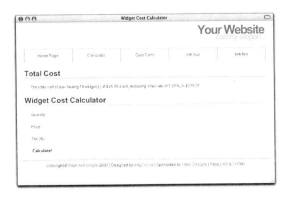

Figura 3.9 A página realiza os cálculos, reporta os resultados e, em seguida, exibe novamente o formulário.

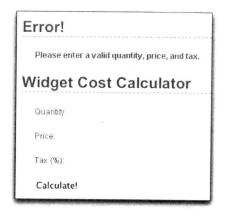

Figura 3.10 Se algum dos valores enviados não for numérico, uma mensagem de erro será exibida.

CRIANDO FORMULÁRIOS
COM PRESERVAÇÃO DE DADOS

Um *stickyform* é um formulário HTML padrão que lembra como ele foi preenchido. Este é um recurso particularmente indicado para usuários finais, especialmente se você estiver exigindo que eles enviem novamente um formulário após preenchê-lo incorretamente na primeira vez, como na Figura 3.10. (Alguns navegadores Web também lembrarão os valores inseridos nos formulários; esta é uma questão separada, porém de potencial comum, da utilização do PHP para a realização desta tarefa).

Para predefinir o que é digitado em uma caixa de texto, utilize seu atributo value:

```
<input type="text" name="city" size="20"
→   value="Innsbruck " />
```

Para que o PHP predefina esse valor, exiba a variável apropriada (isso assume que a variável referida existe):

```
<input type="text" name="city" size="20"
→   value="<?php echo $city; ?>" />
```

126 PHP 6 e MySQL 5 para Web Sites Dinâmicos

(Este também é um bom exemplo do benefício da natureza de HTML incorporado do PHP: você pode colocar o código PHP em qualquer lugar, até mesmo dentro de elementos de formulário).

Para predefinir o status dos botões de rádio ou caixas de opções (ou seja, para pré-selecioná-los), inclua o código checked="checked" em suas tags de entrada.Utilizando o PHP, você pode escrever:

```
<input type="radio" name="gender" value=
   → "F" <?php if ($gender == 'F')) {
   echo 'checked="checked "';
}?>/>
```

Para predefinir o valor de uma textarea, coloque o valor entre as tags textarea:

```
<textarea name="comments" rows="10"
→  cols="50"><?php echo $comments;
→  ?></textarea>
```

Observe aqui que a tag textarea não possui um atributo value como a entrada standard text padrão.

Para pré-selecionar um menu suspenso, inclua selected="selected" na opção apropriada. Isso é bastante fácil se você também utiliza o PHP para gerar o menu:

```
echo '<select name="year ">';
for ($y = 2008; $y <= 2018; $y++) {
   echo "<option value=\"$y\"";
   if ($year == $y) {
      echo ' selected="selected "';
   }
   echo ">$y</option>\n ";
}
echo '</select>';
```

Com esta nova informação em mente, vamos reescrever o calculator.php para que ele preserve os dados.

CAPÍTULO 3 – CRIANDO WEB SITES DINÂMICOS   127

Para criar um formulário com preservação de dados:

1. Abra o calculator.php (consulte o Script 3.5) em seu editor de texto ou IDE.

2. Altere a entrada de quantidade para o seguinte **(Script 3.6)**

```
<p>Quantity: <input type="text"
→ name="quantity" size="5 "
→  maxlength="5" value="<?php if
→ (isset($_POST['quantity'])) echo
→ $_POST['quantity']; ?>" /></p>
```

Λ primeira alteração é incluir o atributo value na entrada. Em seguida, exibir o valor da variável de quantidade enviada ($_POST['quantity']). Como a primeira vez em que a página é carregada $_POST['quantity'] não possui nenhum valor, uma condicional garante que a variável seja definida antes de tentar exibi-la. O resultado final da definição do valor da entrada é o código PHP

```
<?php
if (isset($_POST['quantity'])) {
  echo $_POST[' quantity'];
}
?>
```

Isso pode ser reduzido para a forma mínima utilizada no script (você pode omitir as chaves se tiver apenas uma instrução dentro de um bloco condicional, embora raramente eu recomende isso).

3. Repita o processo para o preço e o imposto.

```
<p>Price: <input type="text" name=
→ "price" size="5" maxlength="10"
→ value="<?php if (isset($_POST
→ ['price'])) echo $_POST['price'];
→ ?>" /></p>
```

128 PHP 6 e MySQL 5 para Web Sites Dinâmicos

```
1   <?php # Script 3.6 - calculator.php #2
2
3   $page_title = 'Widget Cost Calculator';
4   include ('includes/header.html');
5
6   // Check for form submission:
7   if (isset($_POST['submitted'])) {
8
9       // Minimal form validation:
10      if ( is_numeric($_POST['quantity']) &&
        is_numeric($_POST['price']) &&
        is_numeric($_POST['tax']) ) {
11
12          // Calculate the results:
13          $total = ($_POST['quantity'] *
            $_POST['price']);
14          $taxrate = ($_POST['tax'] / 100); //
            Turn 5% into .05
15          $total += ($total * $taxrate); // Add
            the tax.
16
17          // Print the results:
18          echo '<h1>Total Cost</h1>
19          <p>The total cost of purchasing ' .
            $_POST['quantity'] . ' widget(s) at $' .
            number_format ($_POST['price'], 2) . '
            each, including a tax rate of ' .
            $_POST['tax'] . '%, is $' .
            number_format ($total, 2) . '.</p>';
20
21      } else { // Invalid submitted values.
22          echo '<h1>Error!</h1>
23          <p class="error">Please enter a valid
            quantity, price, and tax.';
24      }
25
26  } // End of main isset() IF.
27
28  // Leave the PHP section and create the
    HTML form:
29  ?>
30  <h1>Widget Cost Calculator</h1>
31  <form action="calculator.php"
    method="post">
32      <p>Quantity: <input type="text" name=
        "quantity" size="5" maxlength="5"
        value="<?php if (isset($_POST['quantity']
        )) echo $_POST['quantity']; ?>" /></p>
33      <p>Price: <input type="text" name="price"
        size="5" maxlength="10" value="<?php if
        (isset($_POST['price'])) echo $_POST
        ['price']; ?>" /></p>
34      <p>Tax (%): <input type="text" name="tax"
        size="5" maxlength="5" value="<?php if
        (isset($_POST['tax'])) echo $_POST
        ['tax']; ?>" /></p>
35      <p><input type="submit" name="submit"
        value="Calculate!" /></p>
36      <input type="hidden" name="submitted"
        value="TRUE" />
37  </form>
38  <?php // Include the footer:
39  include ('includes/footer.html');
40  ?>
```

Script 3.6 *Agora, o formulário da calculadora traz de volta os valores digitados anteriormente (criando um* formulário *com preservação de dados).*

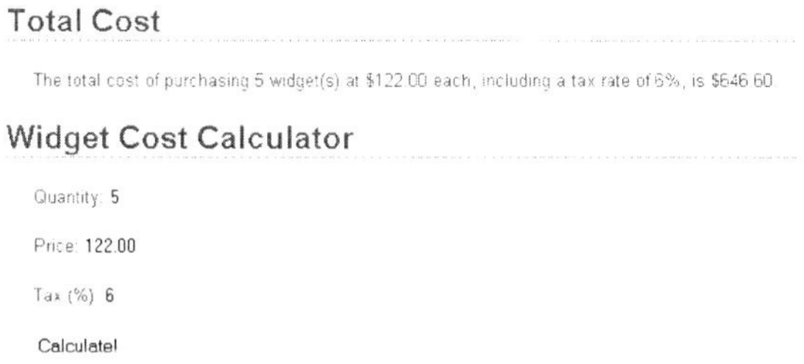

CAPÍTULO 3 – CRIANDO WEB SITES DINÂMICOS 129

Total Cost

The total cost of purchasing 5 widget(s) at $122.00 each, including a tax rate of 6%, is $646.60

Widget Cost Calculator

Quantity: 5

Price: 122.00

Tax (%) 6

Calculate!

Figura 3.11 Agora, o formulário traz de volta os valores enviados anteriormente...

```
<p>Tax (%): <input type="text "
→ name="tax" size="5" maxlength="5"
→ value="<?php if (isset($_POST
→ ['tax'])) echo $_POST['tax' ]; ?>"
→ /></p>
```

4. Salve o arquivo como calculator.php, coloque-o em seu diretório Web e teste-o em seu navegador Web **(Figuras 3.11 e 3.12).**

✓ **Dicas**

■ Como existem alguns código PHP neste exemplo, dentro dos atributos value do formulário HTML, mensagens de erro podem não ser óbvias. Se ocorrer problemas, consulte o código-fonte HTML da página para ver se os erros PHP são exibidos dentro dos atributos value.

■ Você deve sempre colocar os atributos HTML entre aspas duplas, particularmente o atributo value de uma entrada de formulário. Se isso não for feito, valores com mais de uma palavra, como *Elliott Smith*,aparecerão apenas como *Elliott* no navegador Web.

■ Devido a uma limitação do HTML, não é possível predefinir o valor de um tipo de entrada de senha.

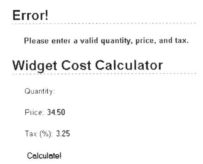

Figura 3.12 ...mesmo se o formulário tenha sido, ou não, completamente preenchido.

CRIANDO SUAS PRÓPRIAS FUNÇÕES

O PHP possui várias funções integradas, tratando de quase todas as necessidades que você possa ter. Entretanto, o mais importante é que o PHP oferece a capacidade de definir e utilizar suas próprias funções para qualquer que seja a finalidade. A sintaxe para criar sua própria função é

```
function nome_da_função () {
    // Código da função.
}
```

O nome de sua função pode ser qualquer combinação de letras, números e sublinhados, mas deve iniciar com uma letra ou um sublinhado. Também não é possível utilizar um nome de função existente para sua função *(print, echo, isset,* e assim por diante). Uma definição de função perfeitamente válida é

```
function do_nothing() {
    // Fazer nada.
}
```

No PHP, conforme mencionado no primeiro capítulo, os nomes de funções não têm distinção entre maiúsculas e minúsculas (diferentemente dos nomes de variáveis), portanto você pode chamar essa função utilizando do_Nothing() ou DO_NOTHING() ou Do_Nothing() etc. (mas não donothing() ou DoNothing()).

CAPÍTULO 3 – CRIANDO WEB SITES DINÂMICOS   131

O código dentro da função pode fazer praticamente qualquer coisa, desde gerar HTML até realizar cálculos. Este capítulo possui alguns exemplos e você verá alguns outros em todo o restante do livro.

```php
<?php # Script 3.7 - dateform.php

$page_title = 'Calendar Form';
include ('includes/header.html');

// This function makes three pull-down menus
// for selecting a month, day, and year.
function make_calendar_pulldowns() {

    // Make the months array:
    $months = array (1 => 'January',
    'February', 'March', 'April', 'May',
    'June', 'July', 'August', 'September',
    'October', 'November', 'December');

    // Make the months pull-down menu:
    echo '<select name="month">';
    foreach ($months as $key => $value) {
        echo "<option value=\"$key\">$value</option>\n";
    }
    echo '</select>';

    // Make the days pull-down menu:
    echo '<select name="day">';
    for ($day = 1; $day <= 31; $day++) {
        echo "<option value=\"$day\">$day</option>\n";
    }
    echo '</select>';

    // Make the years pull-down menu:
    echo '<select name="year">';
    for ($year = 2008; $year <= 2018; $year++) {
        echo "<option value=\"$year\">$year</option>\n";
    }
    echo '</select>';

} // End of the function definition.

// Create the form tags
echo '<h1>Select a Date:</h1>';
<form action="dateform.php" method="post">';

// Call the function.
make_calendar_pulldowns();

echo '</form>';

include ('includes/footer.html');
?>
```

Script 3.7 *Esta função definida pelo usuário cria uma série de menus suspensos (consulte a Figura 3.13).*

Para criar sua própria função:

1. Crie um novo documento PHP em seu editor de texto ou IDE (**Script 3.7**).

```
<?php # Script 3.7 - dateform.php
$page_title = 'Calendar Form' ;
include ('includes/header.html ');
```

Esta página utilizará o mesmo modelo HTML que as duas anteriores.

2. Inicie a definição de uma nova função.

```
function make_calendar_pulldowns() {
```

A função a ser escrita gerará os menus suspensos do formulário necessários para a seleção de um mês, um dia e um ano, como em calendar.php (consulte o Script 2.9). O nome da função informa claramente sua finalidade.

Embora não seja necessário, é convencional colocar uma definição de função próxima à parte superior de um script ou em um arquivo separado.

3. Gere os menus suspensos.

```
$months = array (1 => 'January',
→  'February', 'March', 'April',
→  'May', 'June', 'July', 'August',
→  'September', 'October', 'November' ,
→  'December');
echo '<select name="month ">';
foreach ($months as $key => $value) {
  echo "<option value=\"$key\">$value
  →  </option>\n ";
}
echo '</select>';
echo '<select name="day ">';
for ($day = 1; $day <= 31; $day++) {
  echo "<option value=\"$day\">$day
  →  </option>\n ";
}
echo '</select>';
echo '<select name="year ">';
for ($year = 2008; $year <= 2018;
→  $year++) {
```

CAPÍTULO 3 – CRIANDO WEB SITES DINÂMICOS 133

```
echo "<option value=\"$year\">$year
→  </option>\n ";
}
echo '</select>';
```

Este código está exatamente como se encontrava no script original, porém, agora, ele é colocado dentro de uma definição de função.

4. Feche a definição de função.

```
} // Fim da definição de função.
```

É útil colocar um comentário no final de uma definição de função para que você saiba onde uma definição começa e termina.

5. Crie o formulário e chame a função.

```
echo '<h1>Select a Date:</h1>
<form action="dateform.php"
→  method="post ">';
make_calendar_pulldowns();
echo '</form>';
```

Este código criará uma tag de cabeçalho mais as tags para o formulário. A chamada da função make_calendar_pulldowns() terá como resultado final a criação do código para os três menus suspensos.

6. Finalize o script PHP incluindo o rodapé HTML.

```
include ('includes/footer.html');
?>
```

7. Salve o arquivo como dateform.php, coloque-o em seu diretório Web (na mesma pasta que index.php) e teste-o em seu navegador Web **(Figura 3.13)**.

✓ **Dicas**

■ Se alguma vez receber um erro de *chamada para função nome_da_função não definida*, significa que você está chamando uma função que não foi definida. Isto pode acontecer se você digitar incorretamente o nome da função (ao definir ou chamá-la) ou se você falhar ao incluir o arquivo no qual a função está definida.

- Como uma função definida pelo usuário ocupa memória, você deve ser prudente sobre quando utilizá-la. Como regra geral, as funções são melhor utilizadas para partes do código que podem ser executadas em vários lugares em um script ou Web site.

Figura 3.13 Estes menus suspensos são gerados por uma função definida pelo usuário.

Criando uma função que assume argumentos

Da mesma forma que as funções integradas do PHP, as que você escreve podem assumir *argumentos* (também chamados *de parâmetros*). Por exemplo, a função isset() assume como um argumento o nome de uma variável a ser testada. A função strlen() assume como um argumento a cadeia cujo comprimento em caracteres será determinado.

Uma função pode assumir qualquer quantidade de argumentos, mas a ordem na qual você os lista é essencial. Para permitir argumentos, inclua variáveis em uma definição da função:

```
function print_hello ($first, $last) {
    // Código da função.
}
```

Os nomes de variáveis utilizados para os seus argumentos são irrelevantes para o restante do script (mais sobre esse assunto no quadro lateral "Escopo de Variável", neste capítulo), mas tente utilizar nomes significativos válidos.

Assim que a função é definida, você pode chamá-la como qualquer outra função no PHP, enviando valores ou variáveis literais a ela:

```
print_hello ('Jimmy', 'Stewart');
$surname = 'Stewart';
print_hello ('Jimmy', $surname);
```

Como em qualquer função no PHP, a falha ao enviar o número certo de argumentos resulta em um erro **(Figura 3.14)**.

Para demonstrar este conceito, vamos reescrever o processo da calculadora como uma função.

Figura 3.14 Falha ao enviar para uma função o número adequado (e algumas vezes o tipo) de argumentos gera um erro.

Para definir funções que assumem argumentos:

1. Abra o calculator.php (Script 3.6) em seu editor de texto ou IDE.
2. Após incluir o arquivo de cabeçalho, defina a função calculate_total() **(Script 3.8)**.

```
function calculate_total ($qty,
→  $cost, $tax) {
  $total = ($qty * $cost);
  $taxrate = ($tax / 100);
  $total += ($total * $taxrate);
  echo '<p>The total cost of
→   purchasing ' . $qty . ' widget(s)
→   at $' . number_format ($cost, 2)
→   .' each, including a tax rate of
→   ' . $tax . '%, is $' . number_
→   format ($total, 2) . '.</p>';
}
```

Esta função realiza os mesmos cálculos conforme realizados anteriormente e exibe o resultado. Ela assume três argumentos: a quantidade sendo solicitada, o preço e o imposto. Observe que as variáveis utilizadas como argumentos não são $_POST['quantity'], $_POST['price'] e $_POST[' tax'].

PHP 6 e MySQL 5 para Web Sites Dinâmicos

As variáveis de argumento da função são específicas para esta função e possuem seus próprios nomes. Observe também que os cálculos e o resultado exibidoutilizam essas variáveis específicas da função, não aquelas em $_POST (que serão enviadas para esta função quando ela for chamada).

3. Altere o conteúdo da condicional de validação (onde os cálculos foram realizados anteriormente) para o seguinte

```
echo '<h1>Total Cost</h1>';
calculate_total ($_POST['quantity'],
→    $_POST['price'], $_POST['tax']);
```

```
27
28      // Call the function:
29      calculate_total ($_POST['quantity'],
        $_POST['price'], $_POST['tax']);
30
31      } else { // Invalid submitted values.
32          echo '<h1>Error!</h1>
33          <p class="error">Please enter a valid
            quantity, price, and tax.</p>';
34      }
35
36      } // End of main isset() IF.
37
38      // Leave the PHP section and create the
        HTML form:
39      ?>
40      <h1>Widget Cost Calculator</h1>
41      <form action="calculator.php" method=
        "post">
42          <p>Quantity: <input type="text" name=
            "quantity" size="5" maxlength="5" value=
            "<?php if (isset($_POST['quantity']))
            echo $_POST['quantity']; ?>" /></p>
43          <p>Price: <input type="text" name=
            "price" size="5" maxlength="10" value=
            "<?php if (isset($_POST['price'])) echo
            $_POST['price']; ?>" /></p>
44          <p>Tax (%): <input type="text" name=
            "tax" size="5" maxlength="5" value=
            "<?php if (isset($_POST['tax'])) echo
            $_POST['tax']; ?>" /></p>
45          <p><input type="submit" name="submit"
            value="Calculate!" /></p>
46          <input type="hidden" name="submitted"
            value="TRUE" />
47      </form>
48      <?php // Include the footer:
49      include ('includes/footer.html');
50      ?>
```

Script 3.8 *Agora, o script calculator.php utiliza uma função para realizar seus cálculos. Diferentemente da função make_calendar_pulldowns() definida pelo usuário, esta assume argumentos.*

CAPÍTULO 3 – CRIANDO WEB SITES DINÂMICOS   137

Novamente, esta é apenas uma pequena redefinição na forma em que o script trabalhava anteriormente. Assumindo que todos os valores enviados sejam numéricos, um título é exibido (isto não é realizado dentro da função) e a função é chamada (o que calculará e exibirá o total).

Ao chamar a função, três argumentos são transmitidos a ela, e cada um deles é uma variável $_POST. O valor de $_POST['quantity'] será designado para a variável $qty da função; o valor de $_POST['price'] será designado para a variável $cost da função; e o valor de $_POST['tax'] será designado para a variável $tax da função.

4. Salve o arquivo como calculator.php, coloque-o em seu diretório Web e teste-o em seu navegador Web **(Figura 3.15)**.

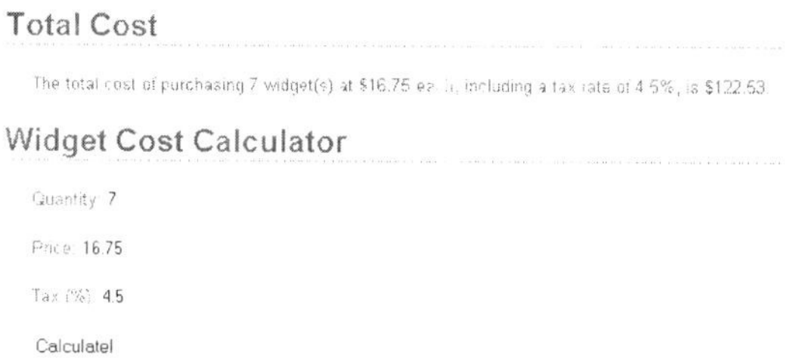

Total Cost

The total cost of purchasing 7 widget(s) at $16.75 ea., including a tax rate of 4.5%, is $122.53.

Widget Cost Calculator

Quantity: 7

Price: 16.75

Tax (%): 4.5

Calculate!

Figura 3.15 Embora a função definida pelo usuário seja utilizada para realizar os cálculos (consulte o Script 3.8), o resultado final não é diferente para o usuário (consulte a Figura 3.11).

Definindo valores de argumentos padrão

Uma outra variante na definição de suas próprias funções é predefinir um valor do argumento. Para isso, designe ao argumento um valor na definição da função:

```
function greet ($name, $msg = 'Hello') {
   echo "$msg, $name!";
}
```

O resultado final da definição de um valor de argumento padrão será o argumento específico tornar-se opcional ao chamar a função. Se ele receber um valor, este será utilizado; caso contrário, o valor padrão será utilizado.

Você pode definir valores padrão para quantos argumentos desejar, contanto que eles venham em último lugar na definição da função. Em outras palavras, os argumentos requeridos devem sempre ser listados primeiro.

Com a função de exemplo recém-definida, qualquer um dos seguintes funcionará:

```
greet ($surname, $message);
greet ('Zoe');
greet ('Sam', 'Good evening');
```

Entretanto, apenas greet() não funcionará. Além disso, não há como transmitir um valora $greeting sem também fazê-lo para $name (os valores de argumentos devem ser transmitidos em ordem, e você não pode ignorar um argumento requerido).

Para definir os valores de argumentos padrão:

1. Abra o calculator.php (consulte o Script 3.8) em seu editor de texto ou IDE.

2. Altere a linha da definição da função (linha 9) para que apenas a quantidade e o custo sejam necessários **(Script 3.9).**

   ```
   function calculate_total ($qty,
   →   $cost, $tax = 5) {
   ```

CAPÍTULO 3 – CRIANDO WEB SITES DINÂMICOS

```
1   <?php # Script 3.9 - calculator.php #4
2
3   $page_title = 'Widget Cost Calculator';
4   include ('includes/header.html');
5
6   /* This function calculates a total
7   and then prints the results.
8   The $tax argument is optional (it has a
    default value). */
9   function calculate_total ($qty, $cost, $tax
    = 5) {
10
11  $total = ($qty * $cost);
12  $taxrate = ($tax / 100); // Turn 5% into
    .05
13  $total += ($total * $taxrate); // Add
    the tax.
14
15  // Print the results:
16  echo '<p>The total cost of purchasing '
    . $qty . ' widget(s) at $' . number_
    format ($cost, 2) . ' each, including a
    tax rate of ' . $tax . '%, is $' .
    number_format ($total, 2) . '.</p>';
17
18  } // End of function.
19
20  // Check for form submission:
21  if (isset($_POST['submitted'])) {
22
23  // Minimal form validation:
24  if ( is_numeric($_POST['quantity']) &&
    is_numeric($_POST['price']) ) {
25
26  // Print the heading:
```

```
27  echo '<h1>Total Cost</h1>';
28
29  // Call the function, with or without tax:
30  if (is_numeric($_POST['tax'])) {
31    calculate_total ($_POST['quantity'], $_POST['price'], $_POST['tax']);
32  } else {
33    calculate_total ($_POST['quantity'], $_POST['price']);
34  }
35
36  } else { // Invalid submitted values.
37    echo '<h1>Error!</h1>
38    <p class="error">Please enter a valid quantity and price.</p>';
39  }
40
41  } // End of main isset() IF.
42
43  // Leave the PHP section and create the HTML form:
44  ?>
45  <h1>Widget Cost Calculator</h1>
46  <form action="calculator.php" method="post">
47    <p>Quantity: <input type="text" name="quantity" size="5" maxlength="5" value="<?php if
    (isset($_POST['quantity'])) echo $_POST['quantity']; ?>" /></p>
48    <p>Price: <input type="text" name="price" size="5" maxlength="10" value="<?php if
    (isset($_POST['price'])) echo $_POST['price']; ?>" /></p>
49    <p>Tax (%): <input type="text" name="tax" size="5" maxlength="5" value="<?php if
    (isset($_POST['tax'])) echo $_POST['tax']; ?>" /> (optional)</p>
50    <p><input type="submit" name="submit" value="Calculate!" /></p>
51    <input type="hidden" name="submitted" value="TRUE" />
52  </form>
53  <?php // Include the footer:
54  include ('includes/footer.html');
55  ?>
```

Script 3.9 Agora, a função calculate_total() assume um imposto definido, a menos que um imposto específico seja definido quando a função for chamada.

O valor da variável $tax agora está codificado na definição da função, tornando-o opcional.

3. Altere a validação do formulário para o seguinte

```
if (is_numeric($_POST['quantity'])
&& is_numeric($_POST[' price'])) {
```

Como o valor do imposto será opcional, apenas as outras duas variáveis são requeridas e precisam ser validadas.

4. Altere a linha da chamada da função para

```
if (is_numeric($_POST['tax']))
   { calculate_total ($_POST
   → ['quantity'], $_POST
   → ['price'], $_POST['tax']);
```

PHP 6 E MySQL 5 para Web Sites Dinâmicos

```
} else {
  calculate_total ($_POST
  → ['quantity'], $_POST['price']);
}
```

Se o valor do imposto também foi enviado (e for numérico), a função será chamada como antes, fornecendo o imposto enviado pelo usuário. Caso contrário, a função será chamada fornecendo apenas os dois argumentos, caso em que o valor padrão será utilizado para o imposto.

5. Altere a mensagem de erro para reportar apenas sobre a quantidade e o preço.

```
echo '<h1>Error!</h1>
<p class="error">Please enter a valid
→  quantity and price.</p>';
```

Como agora o imposto será opcional, a mensagem de erro será alterada de acordo com a situação.

6. Se desejar, marque o valor do imposto no formulário como opcional.

```
<p>Tax (%): <input type="text"
name="tax" size="5" maxlength="5"
value="<?php if (isset($_POST
['tax' ])) echo $_POST['tax']; ?>"
/> (optional)</p>
```

Uma expressão entre parêntesis é incluída na entrada do imposto, indicando para o usuário que este valor é opcional.

7. Salve o arquivo, coloque-o em seu diretório Web e teste-o em seu navegador Web **(Figuras 3.16 e 3.17).**

✓ **Dicas**

■ Para transmitir uma função sem valor para um argumento, utilize uma cadeia vazia (''), NULL ou FALSE.

■ No manual do PHP, colchetes ([]) são utilizados para indicar os parâmetros opcionais de uma função **(Figura 3.18).**

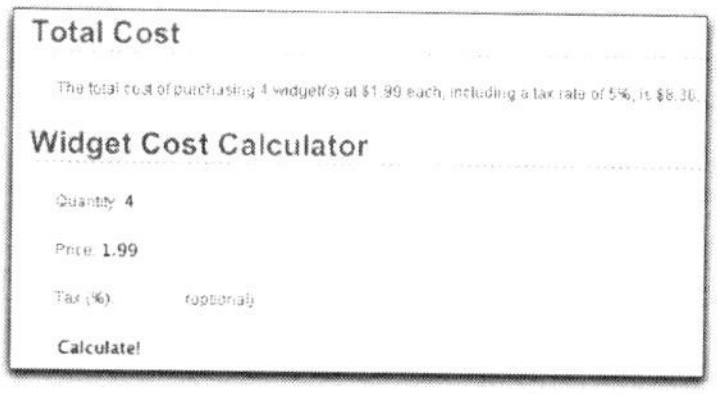

Figura 3.16 Se nenhum valor de imposto for inserido, o valor padrão de 5% será utilizado no cálculo.

Figura 3.17 Se o usuário digitar um valor de imposto, ele será utilizado no lugar do valor padrão.

Retornando valores a partir de uma função

O atributo final de uma função definida pelo usuário a ser abordado é o de retorno de valores. Algumas funções, mas não todas, fazem isso. Por exemplo, print() retornará um *1* ou um *0* indicando seu êxito, enquanto que echo() não retornará indicação. Como um outro exemplo, a função strlen() retorna um número referente ao número de caracteres em um cadeia.

Para que uma função retorne um valor, utilize a instrução return.

```
function find_sign ($month, $day) {
  // Código da função.
  return $sign;
}
```

Uma função pode retornar um valor (digamos, uma cadeia ou um número) ou uma variável cujo valor foi criado pela função. Ao chamar uma função que retorna um valor, você pode designar o resultado da função a uma variável:

```
$my_sign = find_sign ('October', 23);
```

PHP 6 e MySQL 5 para Web Sites Dinâmicos

ou utilizá-lo como um argumento ao chamar uma outra função:

```
print find_sign ('October', 23);
```

Vamos atualizar a função calculate_total() uma última vez, para que ela retorne o total calculado em vez de exibi-lo.

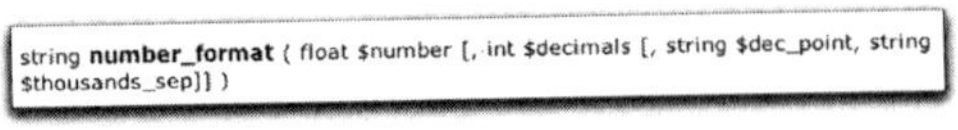

```
string number_format ( float $number [, int $decimals [, string $dec_point, string $thousands_sep]] )
```

Figura 3.18 *A descrição da função number_format() no manual do PHP mostra que apenas o primeiro argumento é necessário.*

Para que a função retorne um valor:

1. Abra o calculator.php (consulte o Script 3.9) em seu editor de texto ou IDE.

2. Remova a instrução echo() da definição da função e substitua por uma instrução return **(Script 3.10)**

```
return number_format($total, 2);
```

Esta versão da função não exibirá os resultados. Em vez disso, ela retornará apenas o total calculado, formatado com duas casas decimais.

3. Altere as linhas de chamada da função para

```
if (is_numeric($_POST['tax'])) {
  $sum = calculate_total ($_POST
  → ['quantity'], $_POST['price'],
  → $_POST['tax']);
} else {
  $sum = calculate_total ($_POST
  → ['quantity'], $_POST['price']);
}
```

Como agora a função retorna os resultados do cálculo em vez de exibi-los, a chamada da função precisa ser designada a uma variável para que o total possa ser exibido posteriormente no script.

CAPÍTULO 3 – CRIANDO WEB SITES DINÂMICOS

143

```
1   <?php # Script 3.10 - calculator.php #5
2
3   $page_title = 'Widget Cost Calculator';
4   include ('includes/header.html');
5
6   /* This function calculates a total
7   and then returns the results.
8   The $tax argument is optional (it has a
    default value). */
9   function calculate_total ($qty, $cost,
    $tax = 5) {
10
11      $total = ($qty * $cost);
12      $taxrate = ($tax / 100); // Turn 5% into
        .05
13      $total += ($total * $taxrate); // Add
        the tax
14
15      return number_format($total, 2);
16
17   } // End of function.
18
19   // Check for form submission:
20   if (isset($_POST['submitted'])) {
21
22      // Minimal form validation:
23      if ( is_numeric($_POST['quantity']) &&
        is_numeric($_POST['price']) ) {
24
25          // Print the heading:
26          echo '<h1>Total Cost</h1>';
27
28          // Call the function, with or without
            tax:
29          if (is_numeric($_POST['tax'])) {
30              $sum = calculate_total ($_POST['quantity'], $_POST['price'], $_POST['tax']);
31          } else {
32              $sum = calculate_total ($_POST['quantity'], $_POST['price']);
33          }
34
35          // Print the results:
36          echo '<p>The total cost of purchasing ' . $_POST['quantity'] . ' widget(s) at $' . number_
            format ($_POST['price'], 2) . ' each, with tax, is $' . $sum . '.</p>';
37
38      } else { // Invalid submitted values.
39          echo '<h1>Error!</h1>
40          <p class="error">Please enter a valid quantity and price.</p>';
41      }
42
43   } // End of main isset() IF.
44
45   // Leave the PHP section and create the HTML form
46   ?>
47   <h1>Widget Cost Calculator</h1>
48   <form action="calculator.php" method="post">
49      <p>Quantity: <input type="text" name="quantity" size="5" maxlength="5" value="<?php if
        (isset($_POST['quantity'])) echo $_POST['quantity']; ?>" /></p>
50      <p>Price: <input type="text" name="price" size="5" maxlength="10" value="<?php if
        (isset($_POST['price'])) echo $_POST['price']; ?>" /></p>
51      <p>Tax (%): <input type="text" name="tax" size="5" maxlength="5" value="<?php if
        (isset($_POST['tax'])) echo $_POST['tax']; ?>" /> (optional)</p>
52      <p><input type="submit" name="submit" value="Calculate!" /></p>
53      <input type="hidden" name="submitted" value="TRUE" />
54   </form>
55   <?php // Include the footer:
56   include ('includes/footer.html');
57   ?>
```

Script 3.10 *Agora, a função calculate_total()*
realiza os cálculos e retorna o resultado calculado.

4. Inclua uma nova instrução echo() que exiba os resultados.

```
echo '<p>The total cost of
→ purchasing ' . $_POST['quantity']
→ . ' widget(s) at $' . number_
→ format ($_POST['price'], 2). '
→ each, with tax, is $' . $sum .
→ '.</p>';
```

Como a função retorna apenas um valor, uma nova instrução echo() deve ser incluída no código principal. Esta instrução utiliza a quantidade e o preço do formulário (ambos localizados em $_POST) e o total retornado pela função (designado para $sum). Entretanto, ela não reporta o imposto utilizado (consulte a dica final).

144   PHP 6 E MySQL 5 para Web Sites Dinâmicos

5. Salve o arquivo, coloque-o em seu diretório Web e teste-o em seu navegador Web **(Figura 3.19).**

✓ **Dicas**

■ Embora este último exemplo possa parecer mais complexo (com a função realizando um cálculo e o código principal exibindo os resultados), ele demonstra melhor o estilo de programação. Teoricamente, funções devem realizar tarefas universais óbvias (como um cálculo) e e devem ser independentes dos fatores específicos da página, como a formatação HTML.

■ A instrução return finaliza a execução do código nesse ponto; portanto, qualquer código dentro de uma função, após uma instrução return executada, jamais será executado.

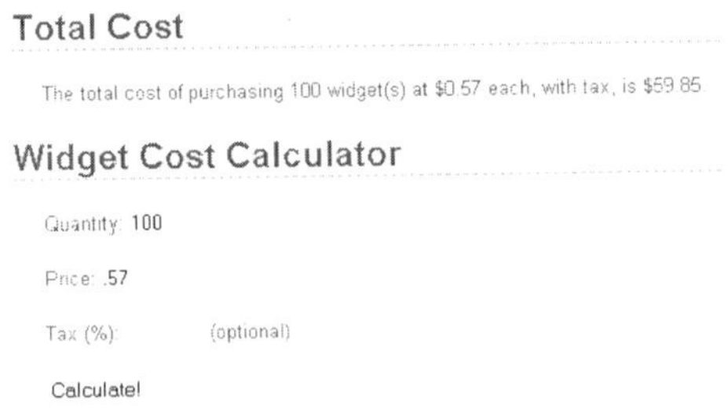

Total Cost

The total cost of purchasing 100 widget(s) at $0.57 each, with tax, is $59.85.

Widget Cost Calculator

Quantity: 100

Price: .57

Tax (%):   (optional)

Calculate!

Figura 3.19 *Agora, a função definida pelo usuário da calculadora retorna os resultados em vez de exibi-los, mas esta alteração tem pouco impacto no que o usuário visualiza.*

■ Uma função pode ter várias instruções return (por exemplo, em uma instrução ou condicional switch) mas apenas umaserá chamada. Por exemplo, funções geralmente fazem algo como o seguinte:

```
function some_function () {
    if (/* condição */) {
        return TRUE;
    } else {
        return FALSE;
    }
}
```

CAPÍTULO 3 – CRIANDO WEB SITES DINÂMICOS 145

- Para que uma função retorne vários valores, utilize a função array()para retornar uma matriz. Ao alterar a linha de retorno no Script 3.10 para

```
return array ($total, $tax);
```

a função poderá retornar o total do cálculo e o imposto utilizado (que poderá ser o valor padrão ou um valor fornecido pelo usuário).

- Ao chamar uma função que retorna uma matriz, utilize a função list() para designar os elementos da matriz a variáveis individuais:

```
list ($sum, $taxrate) = calculate_
→ total ($_POST['quantity'],
→   $_POST['price'], $_POST['tax']);
```

Escopo de Variável

Cada variável no PHP possui um *escopo*, ou seja, um domínio no qual a variável (e, portanto, seu valor) pode ser acessada. Para os iniciantes, as variáveis possuem o escopo da página na qual elas residem. Portanto, se você definir $var, o restante da página pode acessar $var, mas outras páginas geralmente não podem (a menos que você utilize variáveis especiais).

Como os arquivos incluídos atuam como se fossem parte do script original (de inclusão), as variáveis definidas antes de uma linha include() estão disponíveis para o arquivo incluído (conforme visto anteriormente com $page_title e header.html). Além disso, as variáveis definidas dentro do arquivo incluído estão disponíveis para o script pai (de inclusão) *após* a linha include().

As funções definidas pelo usuário possuem seu próprio escopo: as variáveis definidas dentro de uma função não estão disponíveis fora dela, e as variáveis definidas fora de uma função não estão disponíveis dentro dela. Por este motivo, uma variável dentro de uma função pode ter o mesmo nome que uma variável fora dela, e mesmo assim ser uma variável inteiramente diferente, com um valor diferente. Este é um conceito confuso para muitos programadores iniciantes.

Para alterar o escopo da variável dentro de uma função, você pode utilizar a instrução global.

```
function function_name() {
  global $var;
}
$var = 20;
function_name(); // Chamada da função.
```

Neste exemplo, a $var dentro da função agora é a mesma que a $var fora dela. Isso significa que a função $var já possui um valor de *20,* e se esse valor for alterado dentro da função, o valor da $var externa também será alterado.

Uma outra opção para evitar o escopo de variável é fazer uso de variáveis superglobais: $_GET, $_POST, $_REQUEST etc. Estas variáveis são automaticamente acessíveis dentro de suas funções (por isso elas são *super*globais). Também é possível incluir elementos na matriz $GLOBALS para torná-los disponíveis dentro de uma função.

Após toda essa explicação, é quase sempre melhor não utilizar variáveis globais dentro de uma função. As funções devem ser designadas para que recebam todo valor que precisam como argumentos e retornem qualquer valor (ou quaisquer valores) que precise ser retornado. Utilizar variáveis globais dentro de uma função as torna mais dependentes do contexto e, conseqüentemente, menos úteis.

CAPÍTULO 4

INTRODUÇÃO AO MYSQL

Como este livro aborda como integrar diversas tecnologias (principalmente PHP, SQL e MySQL), uma sólida compreensão de cada uma delas é importante antes de começar a escrever scripts PHP que utilizam SQL para interagir com MySQL. Este capítulo é uma exceção aos seus predecessores, pois deixa temporariamente o PHP de lado e se aprofunda no MySQL.

O MySQL é o aplicativo de banco de dados de software livre mais popular do mundo (de acordo com o Web site do MySQL, www.mysql.com) e é freqüentemente utilizado com o PHP. O software MySQL possui o servidor de banco de dados (que armazena os dados reais), diferentes aplicativos clientes (para interação com o servidor de banco de dados) e diversos utilitários. Neste capítulo, você verá como definir uma tabela simples utilizando os tipos de dados permitidos do MySQL e outras propriedades. Em seguida, você aprenderá como interagir com o servidor MySQL utilizando dois aplicativos clientes diferentes. Todas estas informações serão a base para o SQL ensinado nos próximos dois capítulos.

Este capítulo assume que você possui acesso a um servidor MySQL em execução. Se estiver trabalhando em seu próprio computador, consulte o Apêndice A, "Instalação", para obter instruções sobre a instalação,

148 PHP 6 E MySQL 5 PARA WEB SITES DINÂMICOS

inicialização e criação de usuários do MySQL (todas estas atividades já devem ter sido realizadas para concluir este capítulo). Se estiver utilizando um servidor hospedado, seu host Web deve fornecer o acesso ao banco de dados.

NOMEANDO ELEMENTOS DO BANCO DE DADOS

Antes de iniciar o trabalho com os bancos de dados, você deve identificar suas necessidades. A finalidade do aplicativo (ou Web site, neste caso) indica como o banco de dados deve ser projetado. Com isso em mente, os exemplos neste e no próximo capítulo utilizarão um banco de dados que armazena algumas informações de registros de usuários.

Ao criar bancos de dados e tabelas, você deve utilizar nomes (formalmente chamados de *identificadores)* que sejam claros, significativos e fáceis de digitar. Além disso, os identificadores

- ◆ Devem conter apenas letras, números e o caractere sublinhado (sem espaços)
- ◆ Não devem ser o mesmo do que uma palavra-chave existente (como um termo SQL ou um nome de função)
- ◆ Devem ser tratados com distinção entre maiúsculas e minúsculas
- ◆ Não podem ter mais do que 64 caracteres (aproximadamente)
- ◆ Devem ser exclusivos dentro de seu domínio

Esta última regra significa que uma tabela não pode ter duas colunas com o mesmo nome e um banco de dados não pode ter duas tabelas com o mesmo nome. Você pode, entretanto, utilizar o mesmo nome de coluna em duas tabelas diferentes no mesmo banco de dados (na realidade, você fará isso com freqüência). Para as três primeiras regras, utilizo a palavra *devem*, pois essas são uma boa política, mais do que necessariamente requisitos. Exceções podem ser aplicadas a essas regras, mas a sintaxe para isso pode ser complicada. Seguir essas sugestões é uma limitação razoável e ajudará a evitar complicações.

Para nomear elementos de um banco de dados:

1. Determine o nome do banco de dados.

   Esta é a etapa mais fácil e, talvez, a menos importante. Apenas certifique-se de que o nome do banco de dados seja exclusivo nesse servidor MySQL. Se estiver utilizando um servidor hospedado, seu host Web provavelmente fornecerá um nome de banco de dados que pode ou não incluir o nome de sua conta ou domínio.

Capítulo 4 – Introdução ao MySQL

Para este primeiro exemplo, o banco de dados será chamado de *sitename*, pois as informações e técnicas podem se aplicadas em qualquer site genérico.

2. Determine os nomes de tabelas.

Os nomes de tabelas apenas precisam ser exclusivos dentro deste banco de dados, o que não deve ser um problema. Para este exemplo, que armazena informações de registro do usuário, a única tabela será chamada de *users*.

3. Determine os nomes de colunas para cada tabela.

A tabela *users* terá colunas para armazenar um ID de usuário, um primeiro nome, um último nome, um endereço de e-mail, uma senha e a data de registro. A **Tabela 4.1** mostra estas colunas, com dados simples, utilizando identificadores apropriados. Como o MySQL possui uma função chamada *password*, alterei o nome dessa coluna para apenas *pass*. Isso não é exatamente necessário, mas é uma boa idéia.

Tabela 4.1 A tabela *users* terá estas seis colunas para armazenar registros como os dados de amostra apresentados aqui.

Tabela users	
Nome da Coluna	**Exemplo**
user_id	834
first_name	Larry
last_name	David
email	ld@example.com
pass	emily07
registration_date	2007-12-31 19:21:03

✓ **Dicas**

■ O Capítulo 6, "SQL e MySQL Avançados", aborda o design de bancos de dados em mais detalhes, utilizando um exemplo mais complexo.

■ Para ser mais preciso, o tamanho limite para os nomes de bancos de dados, tabelas e colunas é de 64 *bytes*, e não caracteres. Enquanto a maioria dos caracteres em muitos idiomas necessita de um byte para cada caractere, é possível utilizar um caractere com múltiplos bytes em um identificador. Mas 64 bytes ainda é bastante espaço, portanto, provavelmente não será um problema para você.

■ Para que um identificador no MySQL sofra distinção entre maiúsculas e minúsculas depende de muitos fatores. No Windows e, geralment,e no Mac OS X, nomes de bancos de dados e tabelas não sofrem distinção entre maiúsculas e minúsculas. No Unix e em algumas configurações do Mac OS X, os nomes sofrem distinção entre maiúsculas e minúsculas. Nomes de colunas nunca sofrem distinção entre maiúsculas e minúsculas. É melhor, em minha opinião, sempre utilizar todas as letras em minúsculo e trabalhar como se a distinção entre maiúsculas e minúsculas estivesse sendo aplicada.

Escolhendo Seus Tipos de Colunas

Assim que identificar todas as tabelas e colunas que o banco de dados precisará, você deve determinar o tipo de dado de cada coluna. Ao criar uma tabela, o MySQL necessita que você informe explicitamente que tipo de informação cada coluna irá conter. Há três tipos primários para quase todo aplicativo de banco de dados:

◆ Texto (também conhecido como *cadeias)*

◆ Números

◆ Datas e Horas

Dentro de cada um deles há variantes — algumas são específicas do MySQL — que você pode utilizar. Escolher corretamente seus tipos de colunas não apenas indica quais informações podem ser armazenadas e como devem ser armazenadas, mas também afeta o desempenho do banco de dados. A **Tabela 4.2** lista a maioria dos tipos disponíveis para MySQL, quanto espaço podem ocupar e uma breve descrições de cada tipo.

CAPÍTULO 4 – INTRODUÇÃO AO MYSQL   151

Tabela 4.2 Os tipos de dados comuns do MySQL que você pode utilizar para definição de colunas. Nota: Alguns destes limites podem ser diferentes em outras versões do MySQL, e o conjunto de caracteres também pode impactar o tamanho dos tipos de textos.

Tipos de Dados MySQL

Tipo	Tamanho	Descrição
CHAR[Comprimento]	*Comprimento* bytes	Um campo com tamanho fixo de 0 a 255 caracteres de comprimento
VARCHAR[Comprimento]	Comprimento da cadeia + 1 ou 2 bytes	Um campo com tamanho variável de 0 a 65.535 caracteres de comprimento
TINYTEXT	Comprimento da cadeia + 1 byte	Uma cadeia com um tamanho máximo de 255 caracteres
TEXT	Comprimento da cadeia + 2 bytes	Uma cadeia com um tamanho máximo de 65.535 caracteres
MEDIUMTEXT	Comprimento da cadeia + 3 bytes	Uma cadeia com um tamanho máximo de 16.777.215 caracteres
LONGTEXT	Comprimento da cadeia + 4 bytes	Uma cadeia com um tamanho máximo de 4.294.967.295 caracteres
TINYINT[Comprimento]	1 byte	Intervalo de -128 a 127 ou de 0 a 255 sem sinal
SMALLINT[Comprimento]	2 bytes	Intervalo de -32.768 a 32.767 ou de 0 a 65.535 sem sinal
MEDIUMINT[Comprimento]	3 bytes	Intervalo de $-8.388.608$ a $8.388.607$ ou de 0 a 16.777.215 sem sinal
INT[Comprimento]	4 bytes	Intervalo de $-2.147.483.648$ a $2.147.483.647$ ou de 0 a 4.294.967.295 sem sinal
BIGINT[Comprimento]	8 bytes	Intervalo de $-9.223.372.036.854.775.808$ a $9.223.372.036.854.775.807$ ou de 0 a 18.446.744.073.709.551.615 sem sinal
FLOAT[Comprimento, Decimais]	4 bytes	Um número pequeno com um ponto decimal flutuante
DOUBLE[Comprimento, Decimais]	8 bytes	Um número grande com um ponto de cimal flutuante
DECIMAL[Comprimento, Decimais]	Comprimento + 1 ou 2 bytes	Um DOUBLE armazenado como uma cadeia, permitindo um ponto decimal fixo
DATE	3 bytes	No formato de AAAA-MM-DD
DATETIME	8 bytes	No formato de AAAA-MM-DD HH:MM:SS
TIMESTAMP	4 bytes	No formato de AAAAMMDDHHMMSS; intervalo aceitável termina no ano 2037
TIME	3 bytes	No formato de HH:MM:SS
ENUM	1 ou 2 bytes	Abreviação de *enumeration*, o que significa que cada coluna pode ter um dos diversos valores possíveis

152 PHP 6 E MySQL 5 para Web Sites Dinâmicos

Tabela 4.2 Os tipos de dados comuns do MySQL que você pode utilizar para definição de colunas. Nota: Alguns destes limites podem ser diferentes em outras versões do MySQL, e o conjunto de caracteres também pode impactar o tamanho dos tipos de textos. (continuação)

Tipos de Dados MySQL

Tipo	Tamanho	Descrição
SET	1, 2, 3, 4 ou 8 bytes	Como ENUM, exceto pelo fato de que cada coluna pode ter mais de um dos diversos valores possíveis

Muitos dos tipos podem assumir um atributo *Length* opcional, limitando o tamanho. (Os colchetes [ ] indicam um parâmetro opcional a ser colocado entre parêntesis). Por questões de desempenho, você deve colocar algumas restrições sobre quantos dados podem ser armazenados em qualquer coluna. Mas compreenda que tentar inserir uma cadeia com cinco caracteres de comprimento em uma coluna CHAR(2) resultará no truncamento dos três caracteres finais (apenas os dois primeiros caracteres seriam armazenados; o restante seria perdido para sempre). Isso ocorre com qualquer campo no qual o tamanho esteja definido (CHAR, VARCHAR, INT etc.).

Portanto, o comprimento deve sempre corresponder ao valor máximo possível (como um número) ou a cadeia mais longa possível (como texto) que pode ser armazenada.

Os diversos tipos de datas possuem todos os tipos de comportamentos exclusivos, os quais estão documentados no manual do MySQL. Inicialmente, você utilizará os campos DATE e TIME sem modificação; portanto, não é necessário se preocupar demais com suas complexidades.

Há também dois tipos especiais — ENUM e SET — que permitem definir uma série de valores aceitáveis para essa coluna. Uma coluna ENUM pode ter apenas um valor de vários milhares possíveis, enquanto SET permite vários até 64 valores possíveis. Estas colunas estão disponíveis no MySQL, mas não estão presentes em todo aplicativo de banco de dados.

CAPÍTULO 4 – INTRODUÇÃO AO MySQL   153

Para selecionar os tipos de coluna:

1. Identifique se a coluna deve ser do tipo texto, número ou data/hora **(Tabela 4.3)**.

   Geralmente, esta é uma etapa fácil e óbvia, mas você deseja ser o mais específico possível. Por exemplo, a data *2006-08-02* (formato MySQL) poderia ser armazenado como uma cadeia — *August 2, 2006.* Mas, se utilizar o formato de data adequado, você terá um banco de dados mais útil (e, conforme você verá, há funções que podem transformar *2006-08-02* em *August 2, 2006).*

2. Escolha o subtipo mais apropriado para cada coluna **(Tabela 4.4)**. Para este exemplo, a coluna *user_id* é definida como MEDIUMINT, permitindo aproximadamente 17 milhões de valores (como um *número* sem sinal - não negativo). A coluna *registration_date* será DATETIME. Ela pode armazenar a data e a hora específica em que um usuário foi registrado. Ao decidir entre os tipos de datas, considere se você desejará acessar apenas a data, a hora, ou possivelmente ambos. Se estiver incerto, evite a opção que armazena muita informação.Os outros campos serão VARCHAR, em sua maioria, pois seus comprimentos serão diferentes de registro para registro. A única exceção é a coluna de senha, que terá um comprimento fixo CHAR (você verá por que ao inserir registros no próximo capítulo). Consulte o quadro lateral "CHAR versus VARCHAR" para obter informações adicionais sobre estes dois tipos.

Tabela 4.3 A tabela *users* com tipos de dados genéricos designados.

Tabela users	
Nome da Coluna	**Tipo**
user_id	number
first_name	text
last_name	text
email	text
pass	text
registration_date	date/time

154 PHP 6 E MySQL 5 PARA WEB SITES DINÂMICOS

Tabela 4.4 A tabela *users* com mais tipos de dados específicos.

Tabela users

Nome da Coluna	Tipo
user_id	MEDIUMINT
first_name	VARCHAR
last_name	VARCHAR
email	VARCHAR
pass	CHAR
registration_date	DATETIME

Tabela 4.5 A tabela *users* com atributos de comprimento definidos.

Tabela users

Nome da Coluna	Tipo
user_id	MEDIUMINT
first_name	VARCHAR(20)
last_name	VARCHAR(40)
email	VARCHAR(60)
pass	CHAR(40)
registration_date	DATETIME

CHAR versus VARCHAR

Ambos os tipos armazenam cadeias e podem ser definidos com um comprimento máximo. Uma das principais diferenças entre os dois é que qualquer coisa armazenada como CHAR será sempre armazenada como uma cadeia no comprimento da coluna (utilizando espaços para preenchê-lo; estes espaços serão removidos ao recuperar o valor armazenado a partir do banco de dados). Por outro lado, as cadeias armazenadas em uma coluna VARCHAR necessitarão apenas do espaço da própria cadeia. Portanto, a palavra *cat* em uma coluna VARCHAR(10) necessita de quatro bytes de espaço (o comprimento da cadeia mais um), mas em uma coluna CHAR(10)essa mesma palavras necessitará de 10 bytes de espaço. Assim, de um modo geral, as colunas VARCHAR tendem a ocupar menos espaço do que as colunas CHAR.

Entretanto, os bancos de dados são geralmente mais rápidos ao trabalhar com colunas de tamanho fixo, que é um argumento a favor de CHAR. E

CAPÍTULO 4 – INTRODUÇÃO AO MySQL 155

essa mesma palavra de três letras —*cat*—em uma coluna CHAR(3)utiliza apenas três bytes, mas em uma coluna VARCHAR(10) necessita de quatro. Portanto, como decidir qual utilizar?

Se um campo de cadeia *sempre* será de um comprimento definido (por exemplo, uma abreviação de Estado), utilize CHAR; caso contrário, utilize VARCHAR. Entretanto, você pode ter observado que em alguns casos o MySQL define uma coluna como o tipo um (como CHAR), mesmo que você o tenha criado como o outro tipo (VARCHAR). Isso é perfeitamente normal e é a forma do MySQL de melhorar o desempenho.

3. Defina o comprimento máximo para colunas de texto (**Tabela 4.5**).

O tamanho de qualquer campo deve ser restrito ao menor valor possível, com base na maior entrada possível. Por exemplo, se uma coluna estiver armazenando uma abreviação de Estado, ela seria definida como CHAR(2). Às vezes, pode ser necessário supor algo como: não consigo pensar em um primeiro nome maior do que 10 caracteres, mas apenas por segurança permitirei até 20 caracteres.

✓ **Dicas**

■ O atributo de comprimento para tipos numéricos não afeta o intervalo dos valores que podem ser armazenados na coluna. Colunas definidas como TINYINT(1) ou TINYINT(20) podem armazenar exatamente os mesmos valores. Ao contrário, para os números inteiros, o comprimento indica a largura de exibição; para decimais, o comprimento é o número total de dígitos que podem ser armazenados.

■ Muitos dos tipos de dados possuem nomes sinônimos: INT e INTEGER, DEC e DECIMAL etc.

■ O tipo de campo TIMESTAMP é automaticamente definido como data e hora atuais quando ocorre INSERT ou UPDATE, mesmo se nenhum valor for especificado para esse campo em específico. Se uma tabela possuir várias colunas TIMESTAMP, apenas a primeira será atualizada quando um INSERT ou UPDATE for realizado.

- O MySQL também possui diversas variantes nos tipos de textos que permitem o armazenamento de dados binários. Estes tipos são BINARY, VARBINARY, TINYBLOB, MEDIUMBLOB e LONGBLOB.Tais tipos são utilizados para o armazenamento de arquivos ou dados criptografados.

ESCOLHENDO OUTRAS PROPRIEDADES DE COLUNAS

Além de decidir quais tipos e tamanhos de dados você deve utilizar para suas colunas, você deve considerar algumas outras propriedades.

Primeiro, cada coluna, independente do tipo, pode ser definida como NOT NULL. O valor NULL, nos bancos de dados e na programação, é equivalente a dizer que o campo não possui qualquer valor. Teoricamente, em um banco de dados adequadamente projetado, toda coluna de toda linha, em toda tabela, deveria ter um valor, mas nem sempre é assim. Para forçar um campo a ter um determinado valor, inclua a descrição NOT NULL no seu tipo de coluna. Por exemplo, uma quantidade de dólares necessária pode ser descrita como

```
cost DECIMAL(5,2) NOT NULL
```

Ao criar uma tabela, você também pode especificar um valor padrão para qualquer coluna, independentemente do tipo. Nos casos em que uma maioria dos registros tem o mesmo valor para uma coluna, predefinir um padrão evitará a necessidade de especificar um valor ao inserir novas linhas (a menos que o valor da linha para essa coluna seja diferente do padrão).

```
gender ENUM('M', 'F') default 'F'
```

Com a coluna *gender*, se nenhum valor for especificado ao incluir um registro, o padrão será utilizado.

Se uma coluna não possui um valor padrão e um valor não for especificado para um novo registro, esse campo receberá um valor NULL. Entretanto, se nenhum valor for especificado e a coluna for definida como NOT NULL, ocorrerá um erro.

Os tipos de números podem ser marcados como UNSIGNED, o que limita os dados armazenados em números positivos e zero. Efetivamente, isso também duplica o intervalo de números positivos que podem ser

CAPÍTULO 4 – INTRODUÇÃO AO MySQL   157

armazenados (pois nenhum número negativo será mantido; consulte a Tabela 4.2). Também é possível sinalizar os tipos de números como ZEROFILL, o que significa que qualquer espaço extra será preenchido com zeros (ZEROFILLs também são automaticamente UNSIGNED).

Finalmente, ao projetar um banco de dados, você precisará considerar a criação de índices, incluindo chaves e utilizando a propriedade AUTO_INCREMENT. O Capítulo 6 aborda estes conceitos em maiores detalhes, mas, enquanto isso, consulte o quadro lateral "Índices, Chaves e AUTO_INCREMENT" para aprender como eles afetam a tabela *users*.

Para concluir a definição de suas colunas:

1. Identifique sua chave primária.

   A chave primária é utopicamente arbitrária e essencialmente importante. Quase sempre um valor numérico, a chave primária é uma forma exclusiva de fazer referência a um registro específico. Por exemplo, seu número de telefone não possui um valor inerente, mas é exclusivo para você (seu telefone residencial ou móvel).

   Na tabela *users*, *user_id* será a chave primária: um número arbitrário utilizado para fazer referência a uma linha de dados. Novamente, o Capítulo 6 abordará o conceito de chaves primárias em mais detalhes.

2. Identifique quais colunas não podem ter um valor NULL.

   Neste exemplo, todo campo é necessário (não pode ser NULL). Se você armazenou endereços de pessoas, ao contrário, você pode ter *address_line1* e *address_line2*, com a última sendo opcional (ela poderia ter um valor NULL). Em geral, as tabelas que possuem muitos valores NULL sugerem um design inferior (mais sobre isso no ... adivinhe? ... Capítulo 6).

3. Torne UNSIGNED qualquer tipo numérico se ele nunca for armazenar números negativos. A coluna *user_id*, que será um número, deve ser UNSIGNED para que ela seja sempre positiva. Outros exemplos de números UNSIGNED seriam o preço de itens em um exemplo e-commerce, o número de uma extensão de telefone de uma empresa ou um código postal.

PHP 6 e MySQL 5 para Web Sites Dinâmicos

Tabela 4.6 A descrição final da tabela *users*. A coluna *user_id* também será definida como uma chave primária incrementada automaticamente.

Tabela users	
Nome da Coluna	**Tipo**
user_id	MEDIUMINT UNSIGNED NOT NULL
first_name	VARCHAR(20) NOT NULL
last_name	VARCHAR(40) NOT NULL
email	VARCHAR(60) NOT NULL
pass	CHAR(40) NOT NULL
registration_date	DATETIME NOT NULL

4. Estabeleça o valor padrão para qualquer coluna.

   Aqui, nenhuma das colunas indica logicamente um valor padrão.

5. Confirme as definições da coluna final **(Tabela 4.6)**.

   Antes de criar as tabelas, você deve consultar novamente o tipo e o intervalo dos dados que você armazenará para se certificar de que seu banco de dados abrange tudo de forma efetiva.

✓ **Dica**

■ As colunas de texto também podem ter conjuntos de caracteres e collations definidos. Isso fará mais sentido assim que você começar a trabalhar com vários idiomas (consulte o Capítulo 14, "Criando Sites Universais").

Índices, Chaves e AUTO_INCREMENT

Dois conceitos intimamente relacionados ao projeto do banco de dados são os índices e as chaves. Um *índice,* em um banco de dados, é uma forma de solicitar que o banco de dados acompanhe os valores de uma determinada coluna ou combinação de colunas (vagamente declarado). O resultado final é um melhor desempenho ao recuperar registros, mas um desempenho um pouco prejudicado ao inserir ou atualizar os mesmos.

Uma *chave* em uma tabela de banco de dados é essencial para o processo de normalização utilizado para o projeto de bancos de dados mais complicados (consulte o Capítulo 6). Há dois tipos de chaves: *primária* e *externa*. Cada tabela deve ter uma chave primária, e a chave primária em uma tabela é geralmente vinculada como uma chave externa em uma outra tabela.

A chave primária de uma tabela é uma forma artificial de fazer referência a um registro e deve estar em conformidade com três regras:

1. Ela deve sempre ter um valor.

2. Esse valor nunca deve ser alterado.

3. Esse valor deve ser exclusivo para cada registro na tabela.

Na tabela *users*, a coluna *user_id* será designada como uma PRIMARY KEY, que é uma descrição da coluna e uma diretiva para o MySQL indexá-la. Como a coluna *user_id* é um número (algo que as chaves primárias quase sempre serão), também inclui a descrição AUTO_INCREMENT na coluna, que indica ao MySQL a utilização do próximo número mais alto como o valor de *user_id* para cada registro incluído. Você verá o que isso significa na prática ao começar a inserir registros.

ACESSANDO O MYSQL

Para criar tabelas, incluir registros e solicitar informações de um banco de dados, é necessário algum tipo de *cliente* para comunicação com o servidor MySQL. Mais adiante no livro, os scripts PHP atuarão com esta função, mas será necessário que sejam capazes de utilizar uma outra interface. Embora haja vários aplicativos clientes disponíveis, darei foco a dois deles: o *mysql client* (ou *mysql monitor*, como ele também é chamado) e o phpMyAdmin com base na Web. Uma terceira opção, o MySQL Query Browser, não é abordado neste livro, mas você poderá encontrá-lo no Web site do MySQL (www.mysql.com), caso não esteja satisfeito com estas duas opções.

Utilizando o mysql Client

Geralmente, o mysql client é instalado com o restante do software do MySQL. Embora o mysql client não tenha uma interface gráfica atraente, ele é uma ferramenta padrão, confiável, fácil de usar e que se comporta de forma consistente em muitos sistemas operacionais diferentes.

O mysql client é acessado a partir de uma interface de linha de comandos, seja ele o aplicativo terminal no Linux ou no Mac OS X (**Figura 4.1**), ou a partir de um prompt DOS no Windows (**Figura 4.2**). Se não estiver familiarizado com o uso da linha de comandos, você poderá achar esta interface um pouco complicada, mas logo ela se torna fácil de utilizar.

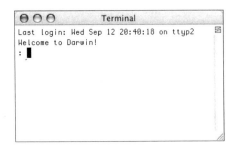

Figura 4.1 Uma janela Terminal no Mac OS X.

Para iniciar um aplicativo a partir da linha de comandos, digite o nome do aplicativo e pressione Return ou Enter:

```
mysql
```

Ao chamar este aplicativo, você pode incluir argumentos para determinar a forma como ele é executado. Os argumentos mais comuns são nome de usuário, senha e nome do host (nome do computador ou URL) ao qual deseja se conectar. Você pode estabelecer três argumentos, como a seguir:

```
mysql -u nome_de_usuário -p -h nome_do_host
```

A opção -p fará com que o cliente solicite uma senha. Se preferir, também é possível especificar a senha nesta linha — digitando-a diretamente após –p — , mas ela estará visível, o que não é seguro. O argumento -h nome_do_host é opcional, e você pode ignorá-lo, a menos que não consiga se conectar ao servidor MySQL sem ele.

No mysql client, toda instrução (comando SQL) precisa ser finalizada por um ponto-e-vírgula. Estes pontos-e-vírgulas são uma indicação para o cliente que a consulta está finalizada e deve ser executada. Os pontos-e-vírgulas não são parte do SQL (esta é uma confusão comum). O que isso também significa é que você pode continuar a mesma instrução SQL em

CAPÍTULO 4 – INTRODUÇÃO AO MYSQL   161

diversas linhas no mysql client, o que a torna mais fácil de ler e editar, caso seja necessário.

Figura 4.2 *Um prompt ou console DOS do Windows (embora o padrão seja o texto em branco sobre um plano de fundo em preto).*

Como uma rápida demonstração de acesso e utilização do mysql client, as próximas etapas mostrarão como iniciar o mysql client, selecionar um banco de dados para utilização e sair do cliente. Antes de seguir estas etapas,

◆ O servidor MySQL deve estar em execução.

◆ Você deve ter um nome de usuário e senha com acesso adequado.

Ambas as idéias são explicadas no Apêndice A.

Como uma observação adicional, nas etapas a seguir, e em todo o restante do livro, continuarei fornecendo imagens utilizando o mysql client no Windows e no Mac OS X. Apesar da aparência diferente, as etapas e os resultados serão idênticos. Portando, em resumo, não se preocupe se uma imagem mostrar o prompt do DOS e a outra mostrar um Terminal.

Para utilizar o mysql client:

1. Acesse seu sistema a partir de uma interface da linha de comandos.

   Nos sistemas Unix e Mac OS X, esta é apenas uma questão de chamar o Terminal ou um aplicativo similar.

   Se estiver utilizando o Windows e seguiu as instruções no Apêndice A, você pode escolher Iniciar > Programas > MySQL > MySQL Server *X.X* > Cliente da Linha de Comandos do MySQL (**Figura 4.3**). Daí, você pode ignorar a Etapa 3. Se você não possui uma opção de Cliente de Linha de Comandos do MySQL disponível, será necessário clicar em Executar no menu Iniciar, digitar cmd na janela e pressionar Enter para abrir um prompt do DOS (em seguida, siga as instruções na próxima etapa).

Figura 4.3 *O instalador Windows do MySQL cria um link no seu menu Iniciar para que você possa facilmente acessar o mysql client.*

2. Chame o mysql client utilizando o comando apropriado **(Figura 4.4)**.

   /path/to/mysql/bin/mysql -u *nome_do_usuário* -p

   A parte */path/to/mysql* desta etapa será indicada pelo sistema operacional em execução e onde o MySQL foi instalado. Portanto, esta parte pode ser

   ²% /usr/local/mysql/bin/mysql - u
   → *nome_do_usuário* -p (no Mac OS X e no Unix)

   ou

   ²% C:\mysql\bin\mysql -u *nome_do_usuário* -p
   (no Windows)

   A premissa básica é que você está executando o mysql client, conectando como *nome_de_usuário* e definindo que a senha seja solicitada. Os valores de nome de usuário e senha utilizados já devem estar estabelecidos como um usuário válido (consulte o Apêndice A).

3. Digite a senha no prompt e pressione Return/Enter.

A senha aqui utilizada deve ser para o usuário especificado na etapa anterior. Se você utilizou o link do Cliente da Linha de Comandos do MySQL no Windows (Figura 4.3), o usuário será *root*, portanto, você deve utilizar essa senha (provavelmente criada durante a instalação e configuração; consulte o Apêndice A).

Se você utilizou a combinação nome de usuário/senha adequada (ou seja, alguém com acesso válido), você deverá ser recebido conforme mostrado na **Figura 4.5**. Se o acesso for negado, provavelmente você não está utilizando os valores corretos (consulte o Apêndice A para obter instruções sobre a criação de usuários).

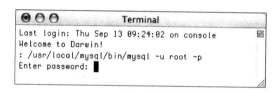

Figura 4.4 Acesse o mysql client inserindo o caminho completo para o utilitário, juntamente com os argumentos apropriados.

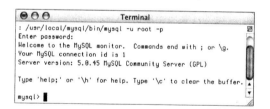

Figura 4.5 Se efetuar o login com êxito, você verá uma mensagem de boas-vindas como esta.

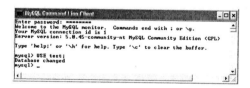

Figura 4.6 Após acessar o mysql client, execute um comando USE para escolher o banco de dados com o qual deseja trabalhar.

Figura 4.7 *Digite exit ou quit para finalizar sua sessão e deixar o mysql client.*

4. Selecione o banco de dados que deseja utilizar **(Figura 4.6)**.

   USE test;

   O comando USE seleciona o banco de dados a ser utilizado para cada comando subseqüente. O banco de dados *test* é um que o MySQL instala por padrão. Assumindo que ele já existe no seu servidor, todos os usuários devem ser capazes de acessá-lo.

5. Saia do mysql **(Figura 4.7)**.

   quit

   Você também pode utilizar o comando exit para deixar o cliente. Esta etapa — diferentemente da maioria dos outros comandos que você digita no mysql client — não requer um ponto-e-vírgula no final.

   Se você utilizou o Cliente da Linha de Comandos do MySQL, isto também fechará a janela do prompt DOS.

✓ **Dicas**

■ Se você já sabe qual banco de dados deseja utilizar, pode simplificar o processo iniciando o mysql com

   /path/to/mysql/bin/mysql -u nome_do_usuário
   → -p nome_do_banco_de_dados

■ Para ver o que mais você pode fazer com o mysql client, digite

   /path/to/mysql/bin/mysql --help

CAPÍTULO 4 – INTRODUÇÃO AO MYSQL   165

- O mysql client, na maioria dos sistemas, permite utilizar as setas para cima e para baixo para voltar aos comandos inseridos anteriormente. Se cometer um erro ao digitar uma consulta, você pode pressionar a seta para cima para localizá-la e corrigir o erro.

- Se estiver em uma instrução longa e cometer um erro, cancele a operação atual digitando c e pressionando Return ou Enter. Se o mysql identificar que uma aspa simples ou dupla de fechamento estiver ausente (conforme indicado pelos prompts '> e ">), primeiro, você precisará digitar a aspa apropriada.

Utilizando o phpMyAdmin

O phpMyAdmin (www.phpmyadmin.net) é um dos melhores e mais populares aplicativos escritos em PHP. Sua única finalidade é fornecer uma interface para um servidor MySQL. Ele é um pouco mais fácil e mais natural de utilizar do que o mysql client, mas requer uma instalação do PHP e deve ser acessado por meio de um navegador Web. Se estiver executando o MySQL em seu próprio computador, você poderá achar que utilizar o mysql client faz mais sentido, pois a instalação e a configuração do phpMyAdmin geram um trabalho extra desnecessário (embora os instaladores do PHP e do MySQL possam fazer isso por você). Se estiver utilizando um servidor hospedado, seu host Web garante, virtualmente, o fornecimento do phpMyAdmin como a principal forma de trabalho com o MySQL, e o mysql client talvez não seja uma opção.

Utilizar o phpMyAdmin não é difícil, mas as próximas etapas são executadas por meio de conceitos básicos para que você saiba o que fazer nos próximos capítulos.

Para utilizar o phpMyAdmin:

1. Acesse o phpMyAdmin por meio do seu navegador Web (**Figura 4.8**).

   A URL utilizada dependerá da sua situação. Se estiver executando em seu próprio computador, ela poderá ser http://localhost/ phpMyAdmin/. Se estiver executando em um site hospedado, seu host Web fornecerá a URL apropriada. Em qualquer situação, o phpMyAdmin estará disponível por meio do painel de controle do site (caso exista um).

Observe que o phpMyAdmin funcionará apenas se ele tiver sido configurado de forma apropriada para conexão ao MySQL com uma combinação nome de usuário/senha/nome do host válida. Se você receber uma mensagem como a mensagem na **Figura 4.9** provavelmente não está utilizando os valores corretos (consulte o Apêndice A para obter instruções sobre a criação de usuários).

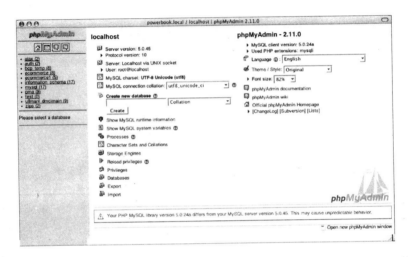

Figura 4.8 A primeira página do phpMyAdmin (quando conectado como um usuário MySQL que pode acessar vários bancos de dados).

2. Se possível e necessário, utilize o menu à esquerda para selecionar um banco de dados a ser utilizado (**Figura 4.10**).

Aqui, as opções disponíveis dependem de qual usuário MySQL o phpMyAdmin está utilizando para conexão. Esse usuário pode ter acesso a um banco de dados, vários bancos de dados ou todos os bancos de dados. Em um site hospedado no qual você possui apenas um banco de dados, ele provavelmente já estará selecionado para você (**Figura 4.11**). Em seu próprio computador, como o phpMyAdmin realizando conexão como o usuário root do MySQL, você verá um menu suspenso (Figura 4.10) ou uma lista simples de bancos de dados disponíveis (Figura 4.8).

CAPÍTULO 4 – INTRODUÇÃO AO MySQL   167

Figura 4.9 Todos os aplicativos clientes necessitam de uma combinação nome de usuário/senha/nome do host apropriada para interagir com o servidor MySQL.

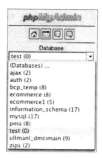

Figura 4.10 Utilize a lista de bancos de dados no lado esquerdo da janela para escolher com que banco de dados deseja trabalhar. Isso é o equivalente à execução de uma consulta USE nome_do_banco_de_dados no mysql client (consulte a Figura 4.6).

Figura 4.11 Se o phpMyAdmin tiver apenas acesso a um banco de dados, provavelmente ele já estará selecionado ao carregar a página.

PHP 6 e MySQL 5 para Web Sites Dinâmicos

3. Utilize a guia SQL (**Figura 4.12**) ou a janela de consulta do SQL (**Figura 4.13**) para digitar os comandos SQL.

Os próximos dois capítulos e, ocasionalmente, outro capítulo mais adiante no livro, fornecerão comandos SQL que devem ser executados para criar, ocupar ou alterar tabelas. Estes comandos podem ser os seguintes

```
INSERT INTO nome_da_tabela (col1, col2)
→ VALUES (x, y)
```

Estes comandos podem ser executados utilizando o mysql client, o phpMyAdmin ou qualquer outra interface. Para executá-los no phpMyAdmin, apenas digite-os em um dos prompts SQL e clique em *Go*.

✓ Dicas

- Há muito mais que ser feito com o phpMyAdmin, mas uma abordagem completa necessitaria de um capítulo específico (e mais longo que este). As informações apresentadas aqui serão suficientes para acompanhar qualquer um dos exemplos no livro, caso não deseje utilizar o mysql client.

- O phpMyAdmin pode ser configurado para utilizar um banco de dados especial que registrará seu histórico de consultas, permitirá o registro de suas consultas preferidas e muito mais.

- Uma das melhores razões para utilizar o phpMyAdmin é a transferência de um banco de dados de um computador para outro. Utilize a guia Export no phpMyAdmin conectado ao computador de origem para criar um arquivo de dados. Em seguida, no computador de destino, utilize a guia Import no phpMyAdmin (conectado a esse servidor MySQL) para concluir a transferência.

Capítulo 4 – Introdução ao MySQL

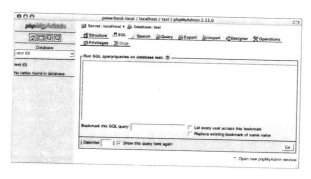

Figura 4.12 A guia SQL, na parte principal da janela, pode ser utilizada para executar qualquer comando SQL.

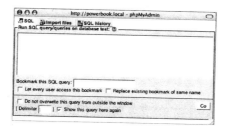

Figura 4.13 A janela SQL também pode ser utilizada para executar comandos. Ela é exibida após clicar no ícone SQL na parte superior do lado esquerdo do navegador (consulte o segundo ícone, a partir da esquerda, na Figura 4.10).

Capítulo 5

Introdução ao SQL

O capítulo anterior fornece uma introdução rápida ao MySQL. O foco está em dois tópicos: utilização de regras e tipos de dados do MySQL para definir um banco de dados, e como interagir com o servidor MySQL. Este capítulo discute a *língua franca* dos bancos de dados: SQL.

SQL, abreviação de Structured Query Language, é um grupo de palavras especiais utilizadas exclusivamente para interação com bancos de dados. Os principais bancos de dados utilizam SQL, e o MySQL não é exceção. Há várias versões do SQL e o MySQL possui suas próprias variações nos padrões SQL, mas o SQL ainda é surpreendentemente fácil de aprender e utilizar. De fato, o mais difícil no SQL é utilizá-lo em seu potencial máximo!

Neste capítulo você aprenderá tudo o que você precisa sobre o SQL para criar tabelas, ocupá-las e executar outras consultas básicas. Todos os exemplos utilizarão a tabela *users* discutida no capítulo anterior. Além disso, assim como o anterior, este capítulo assume que você possui acesso a um servidor MySQL em execução e que sabe como utilizar um aplicativo cliente para interagir com ele.

172   **PHP 6 e MySQL 5 para Web Sites Dinâmicos**

Criando Bancos de Dados e Tabelas

A primeira utilização lógica do SQL será criar um banco de dados. A sintaxe para criação de um novo banco de dados é apenas

```
CREATE DATABASE nome_do_banco_de_dados
```

Tudo muito simples (como disse, é fácil aprender o SQL)!

O termo CREATE também é utilizado para criar tabelas:

```
CREATE TABLE nome_da_tabela (
nome_da_coluna1 descrição,
nome_da_coluna2 descrição
...)
```

Como você pode ver nesta sintaxe, após nomear a tabela, você define cada coluna entre parêntesis. Cada par coluna/descrição deve ser separado do próximo por uma vírgula. Caso você opte por criar índices agora, você pode incluí-los no final da instrução de criação, mas você também pode fazê-lo posteriormente. (Os índices são discutidos mais formalmente no Capítulo 6, "SQL e MySQL Avançados", mas o Capítulo 4, "Introdução ao MySQL", apresentou este tópico).

O SQL não faz distinção entre maiúsculas e minúsculas; entretanto, recomendo ter como hábito colocar em maiúsculo as palavras-chave do SQL, como na sintaxe do exemplo anterior e nas etapas a seguir. Isso ajuda a contrastar os termos do SQL dos nomes de bancos de dados, tabelas e colunas.

Para criar bancos de dados e tabelas:

1. Acesse o MySQL utilizando o cliente de sua preferência.

    O Capítulo 4 mostra como utilizar duas das interfaces mais comuns — o mysql client e o phpMyAdmin — para comunicação com um servidor MySQL. Utilizando as etapas no capítulo anterior, agora você deve conseguir conexão ao MySQL.

    No restante deste capítulo, a maioria dos exemplos SQL será apresentada utilizando o mysql client, mas os exemplos funcionarão da mesma forma que no phpMyAdmin ou em qualquer outra ferramenta cliente.

2. Crie e selecione o novo banco de dados (Figura 5.1).

```
CREATE DATABASE nome_do_site;
USE nome_do_site;
```

A primeira linha cria o banco de dados (assumindo que você esteja conectado ao MySQL como um usuário com permissão para criar novos bancos de dados). A segunda linha diz ao MySQL que você deseja trabalhar neste banco de dados de agora em diante. Lembre-se de que no mysql client, você deve finalizar todo comando SQL com um ponto-e-vírgula, embora estes pontos-e-vírgulas não sejam, tecnicamente, parte do próprio SQL. Se estiver executando várias consultas de uma vez no phpMyAdmin, elas também devem ser separadas por pontos-e-vírgulas **(Figura 5.2).** Se estiver executando apenas uma consulta no phpMyAdmin, nenhum ponto-e-vírgula será necessário.

Se você estiver utilizando o MySQL de uma empresa de hospedagem, provavelmente criarão o banco de dados para você. Nesse caso, apenas conecte-se ao MySQL e selecione o banco de dados.

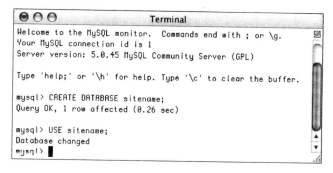

Figura 5.1 Um novo banco de dados, chamado sitename, é criado no MySQL. Em seguida, ele é selecionado para consultas futuras.

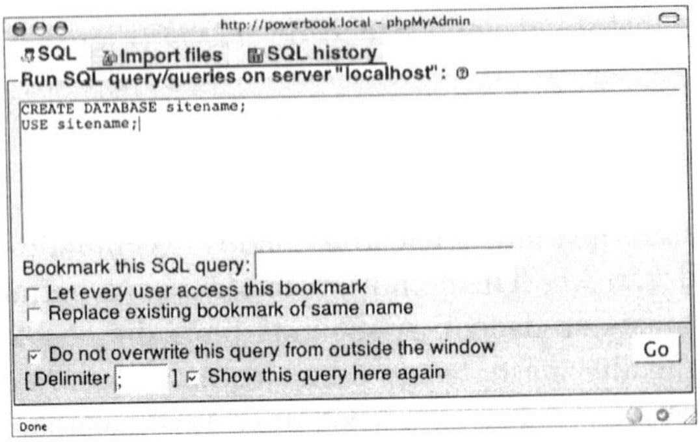

Figura 5.2 Os mesmos comandos para criação e seleção de um banco de dados podem ser executados na janela SQL do phpMyAdmin.

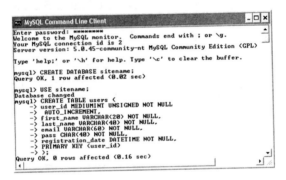

Figura 5.3 Este comando CREATE do SQL criará a tabela users.

3. Crie a tabela *users* (**Figura 5.3**).

```
CREATE TABLE users(
user_id MEDIUMINT UNSIGNED NOT NULL AUTO_INCREMENT,
first_name VARCHAR(20) NOT NULL,
last_name VARCHAR(40) NOT NULL,
email VARCHAR(60) NOT NULL,
pass CHAR(40) NOT NULL,
registration_date DATETIME NOT NULL,
PRIMARY KEY (user_id)
);
```

O design da tabela *users* foi desenvolvido no Capítulo 4. Lá, os nomes, tipos e atributos de cada coluna na tabela foram determina-

CAPÍTULO 5 – INTRODUÇÃO AO SQL   175

dos com base em alguns critérios (consulte esse capítulo para obter informações adicionais). Aqui, essa informação é colocada na sintaxe de CREATE TABLE para criar a tabela no banco de dados.

Como o mysql client não executará uma consulta até que ele encontre um ponto-e-vírgula, você pode inserir instruções por várias linhas, como na Figura 5.3 (pressionando Return ou Enter no final de cada linha). Geralmente, isso torna mais fácil a leitura e a depuração. No phpMyAdmin, também é possível executar consultas por várias linhas, embora elas não sejam executadas até que você clique em Go.

4. Confirme a existência da tabela (**Figura 5.4**).

```
SHOW TABLES;
SHOW COLUMNS FROM users;
```

O comando SHOW mostra as tabelas existentes em um banco de dados ou os nomes e tipos de colunas em uma tabela.

Além disso, você pode observar na Figura 5.4 que o valor padrão para *user_id* é NULL, embora esta coluna tenha sido definida como NOT NULL. Na verdade, esse procedimento está correto e associ-ado ao *user_id,* sendo uma chave primária incrementada automati-camente. Freqüentemente, o MySQL realizará pequenas alterações na definição de uma coluna para obter um melhor desempenho e outros.

No phpMyAdmin, as tabelas de um banco de dados são listadas no lado esquerdo da janela do navegador, abaixo do nome do banco de dados (**Figura 5.5**). Clique no nome de uma tabela para visualizar suas colunas (**Figura 5.6**).

✓ **Dicas**

■ O restante deste capítulo assume que você esteja utilizando o mysql client ou uma ferramenta equivalente e já tenha selecionado o banco de dados *sitename* com USE.

■ A ordem na qual você lista as colunas ao criar uma tabela não tem qualquer impacto funcional, mas existem sugestões de estilos sobre como ordená-las. Geralmente, listo primeiro a coluna de chaves primárias, seguida por quaisquer colunas de chaves externas (mais informações sobre este assunto no próximo capítulo), seguidas pelo restante das colunas, finalizando com quaisquer colunas de datas.

- Ao criar uma tabela, você possui a opção de especificar seu tipo. O MySQL suporta muitos tipos de tabelas, cada um com suas vantagens e desvantagens. Se você não especificar um tipo de tabela, o MySQL criará automaticamente a tabela utilizando o tipo padrão para essa instalação do MySQL. O Capítulo 6 discute este assunto com mais detalhes.
- Ao criar tabelas e colunas de texto, você possui a opção de especificar sua collation e seu conjunto de caracteres. Ambos entram em ação ao utilizar vários idiomas ou idiomas não nativos no servidor MySQL. O Capítulo 14, "Criando Sites Universais", aborda estes assuntos.
- DESCRIBE *nome_da_tabela* é a mesma instrução que SHOW COLUMNS FROM *nome_da_tabela*.

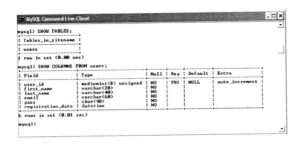

Figura 5.4 Confirme a existência de uma tabela e as colunas nela contidas utilizando o comando SHOW.

Figura 5.5 O phpMyAdmin mostra que o banco de dados sitename contém uma tabela chamada users

CAPÍTULO 5 – INTRODUÇÃO AO SQL

Field	Type	Collation	Attributes	Null	Default	Extra
user_id	mediumint(8)		UNSIGNED	No		auto_increment
first_name	varchar(20)	latin1_swedish_ci		No		
last_name	varchar(40)	latin1_swedish_ci		No		
email	varchar(60)	latin1_swedish_ci		No		
pass	char(40)	latin1_swedish_ci		No		
registration_date	datetime			No		

Figura 5.6 *O phpMyAdmin mostra a definição de uma tabela nesta tela (acessada clicando no nome da tabela na coluna à esquerda).*

Aspas em Consultas

Em todo comando SQL:

◆ Valores numéricos não devem estar entre aspas.

◆ Valores de cadeias (para os tipos de colunas CHAR, VARCHAR e TEXT) devem sempre estar entre aspas.

◆ Os valores de data e hora devem sempre estar entre aspas.

◆ Funções não podem ser colocadas entre aspas.

◆ A palavra NULL não deve estar entre aspas.

Colocar um valor numérico entre aspas sem necessidade não causará problemas (embora você ainda não deva fazê-lo), mas a utilização incorreta das aspas em outras situações quase sempre atrapalhará as coisas. Além disso, faz diferença se você utilizar aspas simples ou duplas, contanto que utilize as aspas em pares de forma consistente (uma aspa de abertura com uma aspa de fechamento correspondente).

E, como no PHP, se precisar utilizar uma aspa em um valor, utilize o outro tipo de aspa para cercá-la ou faça o escape da aspa antecedendo-a com uma barra invertida:

```
INSERT INTO nome_da_tabela (last_name)
→ VALUES ('O\'Toole')
```

INSERINDO REGISTROS

Após a criação de um banco de dados e sua(s) tabela(s), você pode começar a ocupá-las utilizando o comando INSERT. Há duas formas nas quais uma consulta INSERT pode ser escrita. Com o primeiro método, você indica as colunas a serem ocupadas:

178 PHP 6 e MySQL 5 para Web Sites Dinâmicos

```
INSERT INTO nome_da_tabela (coluna1, coluna2
→ ...) VALUES (valor1, valor2 ...)
INSERT INTO nome_da_tabela (coluna4, coluna8)
→ VALUES (valorX, valorY)
```

Utilizando esta estrutura, você pode incluir linhas de registros ocupando apenas as colunas que importam. O resultado será que qualquer coluna que não receber um valor será tratada como NULL (ou um valor padrão recebido, se houver um definido). Observe que, se uma coluna não pode ter um valor NULL (ela foi definida como NOT NULL)e não possui um valor padrão, não especificar um valor causará um erro.

O segundo formato para inserção de registros não é especificar colunas, mas incluir valores em cada uma delas:

```
INSERT INTO nome_da_tabela VALUES (valor1,
→ NULL, valor2, valor3, ...)
```

Se você utilizar este segundo método, você deve especificar um valor, mesmo se ele for NULL, para cada coluna. Se houver seis colunas na tabela, você deve listar seis valores. Não corresponder o número de valores com o número de colunas causará um erro. Por esta e outras razões, geralmente, o primeiro formato de inserção de registros é o preferível.

O MySQL também permite inserir várias linhas de uma vez, separando cada registro por uma vírgula.

```
INSERT INTO nome_da_tabela (coluna1, coluna4)
→ VALUES (valorA, valorB),
(valorC, valorD),
(valorE, valorF)
```

Essa atitude é permitida no MySQL, mas não é aceitável no padrão do SQL e, portanto, não é suportado por todos os aplicativos de bancos de dados.

Observe que em todos esses exemplos, placeholders são utilizados para os nomes de tabelas, nomes de colunas e valores. Além disso, os exemplos rejeitam aspas. Em consultas reais, você deve seguir determinadas regras para evitar erros (consulte o quadro lateral "Aspas em Consultas").

CAPÍTULO 5 – INTRODUÇÃO AO SQL   179

Para inserir dados em uma tabela:

1. Insira uma linha de dados na tabela *users*, nomeando as colunas a serem ocupadas **(Figura 5.7)**.

```
INSERT INTO users
(first_name, last_name, email, pass,
→ registration_date)
VALUES ('Larry', 'Ullman',
→ 'email@example.com',
→ SHA1('mypass'), NOW());
```

Novamente, esta sintaxe (na qual as colunas específicas são nomeadas) é mais simples, mas nem sempre a mais conveniente. Para as colunas de primeiro nome, último nome e e-mail, cadeias simples são utilizadas para os valores (e as cadeias sempre devem estar entre aspas).

Para as colunas de senha e data de registro, duas funções estão sendo utilizadas para gerar os valores (consulte o quadro lateral "Duas Funções MySQL"). A função SHA1() fará a criptografia da senha *(mypass,* neste exemplo). A função NOW() definirá *registration_date* como este momento.

Ao utilizar qualquer função em uma instrução SQL, você não deve colocá-la entre aspas. Também não deve haver qualquer espaço entre o nome da função e os parêntesis em seguida (portanto NOW(), não NOW ()).

2. Insira uma linha de dados na tabela *users*, sem nomear as colunas **(Figura 5.8)**.

```
INSERT INTO users VALUES
(NULL, 'Zoe', 'Isabella',
→ 'email2@example.com',
→ SHA1('mojito'), NOW()),
```

Neste segundo exemplo sintático, cada uma das colunas deve receber um valor. A coluna *user_id* recebe um valor NULL, o que fará com que o MySQL utilize o próximo número lógico, de acordo com sua descrição AUTO_INCREMENT. Em outras palavras, o primeiro registro receberá um *user_id* de 1, o segundo, 2, e assim por diante.

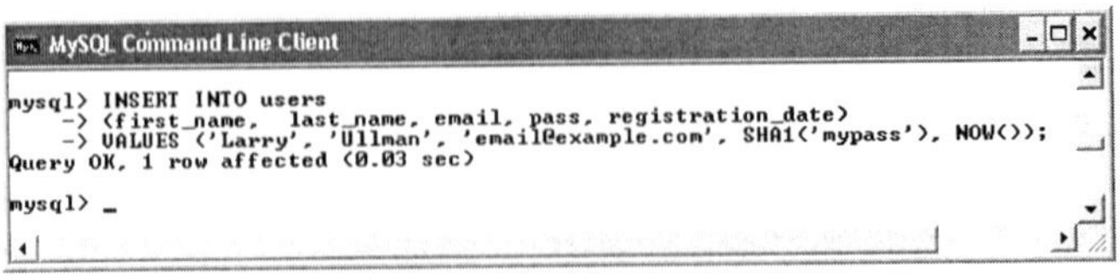

PHP 6 e MySQL 5 para Web Sites Dinâmicos

Figura 5.7 *Esta consulta insere um único registro na tabela users.*
A mensagem 1 row affected *indica o êxito da inserção.*

Figura 5.8 *Um outro registro é inserido na tabela,*
desta vez fornecendo um valor para cada coluna na tabela.

3. Insira vários valores na tabela *users* (**Figura 5.9**).

   ```
   INSERT INTO users (first_name,
   → last_name, email, pass,
   → registration_date) VALUES
   ('John', 'Lennon',
   → 'john@beatles.com',
   → SHA1('Happin3ss'), NOW()),
   ('Paul', 'McCartney',
   → 'paul@beatles.com',
   → SHA1('letITbe'), NOW()),
   ('George', 'Harrison',
   → 'george@beatles.com',
   → SHA1('something '), NOW()),
   ('Ringo', 'Starr',
   → 'ringo@beatles.com',
   → SHA1('thisboy'), NOW());
   ```

   Como o MySQL permite inserir vários valores de uma vez, você pode tirar proveito disso e preencher a tabela com registros.

CAPÍTULO 5 – INTRODUÇÃO AO SQL 181

```
mysql> INSERT INTO users (first_name, last_name, email, pass, registration_date) VALUES
    -> ('John', 'Lennon', 'john@beatles.com', SHA1('Happin3ss'), NOW()),
    -> ('Paul', 'McCartney', 'paul@beatles.com', SHA1('letITbe'), NOW()),
    -> ('George', 'Harrison', 'george@beatles.com ', SHA1('something'), NOW()),
    -> ('Ringo', 'Starr', 'ringo@beatles.com', SHA1('thisboy'), NOW());
Query OK, 4 rows affected (0.00 sec)
Records: 4  Duplicates: 0  Warnings: 0

mysql>
```

Figura 5.9 *Esta consulta — que o MySQL permite, mas outros bancos de dados não — insere vários registros de uma vez na tabela.*

Duas Funções MySQL

Embora as funções sejam discutidas com mais detalhes neste capítulo, duas delas, especificamente, precisam ser apresentadas neste momento: SHA1() e NOW().

A função SHA1() é uma forma de criptografar dados. Esta função cria uma cadeia criptografada que sempre possui 40 caracteres (que é o motivo da coluna *pass* da tabela *users* ser definida como CHAR(40)). SHA1() é uma técnica de criptografia unidirecional, o que significa que ela não pode ser revertida. Ela é útil para o armazenamento de dados importantes que não precisam ser visualizados novamente em um formulário não criptografado, mas não é, obviamente, uma boa opção para dados importantes que devem ser protegidos, mas que podem ser, posteriormente, visualizados (como, por exemplo, números de cartão de crédito). A função SHA1() está disponível a partir do MySQL 5.0.2; se estiver utilizando uma versão anterior, poderá utilizar a função MD5(). Esta função realiza a mesma tarefa, utilizando um algoritmo diferente, e retorna uma cadeia com 32 caracteres de comprimento (se estiver utilizando MD5(), sua coluna *pass* poderá ser definida como CHAR(32)).

A função NOW() é útil para as colunas de data, hora e timestamp, pois ela insere a data e a hora atuais (no servidor) nesse campo.

4. Continue nas Etapas 1 e 2 até que tenha ocupado completamente a tabela *users*. No restante deste capítulo, realizarei consultas com base nos registros que inseri no meu banco de dados. Caso seu banco de dados não tenha os mesmos registros que o meu, altere os detalhes de forma adequada. A idéia básica por trás das consultas a seguir ainda deve ser aplicada independentemente dos dados, uma vez que o banco de dados *sitename* possui uma estrutura de coluna e tabela definida.

PHP 6 E MySQL 5 para Web Sites Dinâmicos

✓ **Dicas**

■ Na página de downloads do Web site de suporte do livro (www.DMCInsights.com/phpmysql3/), você pode fazer download de todos os comandos SQL citados. Utilizando alguns destes comandos, você pode ocupar sua tabela *users* exatamente como a minha.

■ O termo INTO nas instruções INSERT é opcional nas versões atuais do MySQL.

■ A guia INSERT do phpMyAdmin permite inserir registros utilizando um formulário HTML **(Figura 5.10).**

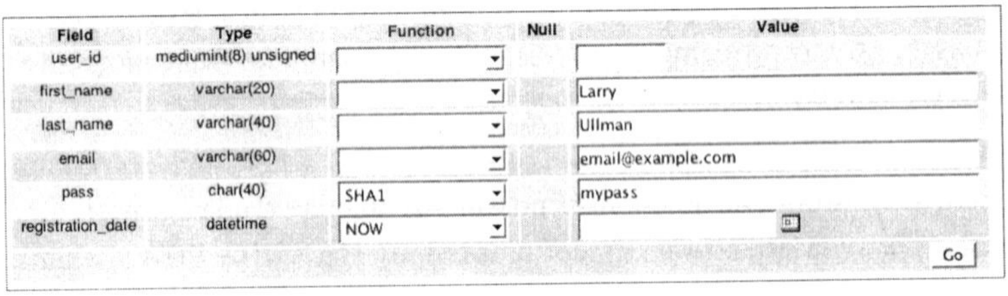

Field	Type	Function	Null	Value
user_id	mediumint(8) unsigned	▾		
first_name	varchar(20)	▾		Larry
last_name	varchar(40)	▾		Ullman
email	varchar(60)	▾		email@example.com
pass	char(40)	SHA1 ▾		mypass
registration_date	datetime	NOW ▾		

Go

Figura 5.10 O formulário INSERT do phpMyAdmin mostra as colunas de uma tabela e fornece caixas de texto para inserção de valores. O menu suspenso lista funções que podem ser utilizadas, como SHA1() para a senha ou NOW() para a data do registro.

Selecionando Dados

Agora que o banco de dados possui alguns registros, você pode recuperar as informações armazenadas com o mais utilizado de todos os termos SQL, o SELECT. Uma consulta SELECT retorna linhas de registros utilizando a sintaxe

```
SELECT quais_colunas FROM qual_tabela
```

A consulta SELECT mais simples é

```
SELECT * FROM nome_da_tabela
```

O asterisco significa que você deseja visualizar todas as colunas. A alternativa seria especificar as colunas a serem retornadas, sendo cada uma delas separada da próxima por uma vírgula:

```
SELECT coluna1, coluna3 FROM nome_da_tabela
```

CAPÍTULO 5 – INTRODUÇÃO AO SQL   183

Há alguns benefícios quando se é claro sobre quais colunas são selecionadas. O primeiro é o desempenho: não há razão para buscar colunas que você não utilizará. A segunda é a ordem: você pode retornar colunas em uma ordem diferente do layout na tabela. Terceira – e você verá isso mais adiante – a nomeação de colunas permite manipular os valores nas mesmas utilizando funções.

Para selecionar dados de uma tabela:

1. Recupere todos os dados da tabela *users* (**Figura 5.11**).

```
SELECT * FROM users;
```

Este comando SQL bastante básico recuperará todas as colunas de todas as linhas armazenadas nessa tabela.

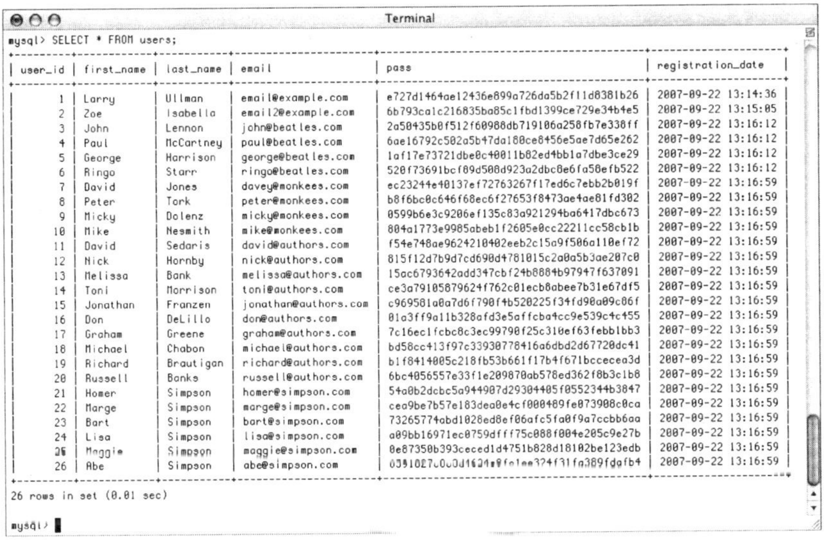

Figura 5.11 A consulta SELECT * FROM nome_da_tabela *retorna todas as colunas de todos os registros armazenados na tabela.*

2. Recupere o primeiro e o último nomes da tabela *users* **(Figura 5.12)**.

    SELECT first_name, last_name FROM users;

Em vez de mostrar os dados de todas as colunas na tabela *users*, você pode utilizar a instrução SELECT para limitar os resultados para apenas os campos que precisar.

✓ **Dicas**

- No phpMyAdmin, a guia Browse executa uma consulta SELECT simples.
- Na verdade, você pode utilizar SELECT sem nomear tabelas ou colunas. Por exemplo,

    SELECT NOW(); **(Figura 5.13)**.

- A ordem na qual as colunas são listadas em sua instrução SELECT indica a ordem na qual os valores são apresentados (compare a Figura 5.12 com a **Figura 5.14)**.
- Com as consultas SELECT, você pode até mesmo recuperar a mesma coluna várias vezes; um recurso que permite que você manipule os dados da coluna de muitas formas diferentes.

Figura 5.12 Apenas duas das colunas de cada registro na tabela são retornadas por esta consulta.

CAPÍTULO 5 – INTRODUÇÃO AO SQL

Figura 5.13 Muitas consultas podem ser executadas sem especificar um banco de dados ou tabela. Esta consulta seleciona o resultado da chamada da função NOW(), a qual retorna a data e a hora atuais (de acordo com o MySQL).

Figura 5.14 Se uma consulta SELECT especificar as colunas a serem retornadas, elas serão exibidas nessa ordem.

Tabela 5.1 Estes operadores MySQL são freqüentemente utilizados com expressões WHERE, mas não exclusivamente.

Operadores MySQL	
Operador	**Significado**
=	Igual
<	Menor que
>	Maior que
<=	Menor ou igual a
>=	Maior ou igual a
!= (também <>)	Diferente

186 **PHP 6 E MySQL 5 PARA WEB SITES DINÂMICOS**

Tabela 5.1 Estes operadores MySQL são freqüentemente utilizados com expressões WHERE, mas não exclusivamente. (continuação)

Operadores MySQL	
Operador	**Significado**
IS NOT NULL	Possui um valor
IS NULL	Não possui um valor
BETWEEN	Dentro de um intervalo
NOT BETWEEN	Fora de um intervalo
IN	Encontrado em uma lista de valores
OR (também ||)	Onde uma das condicionais é verdadeira
AND (também &&)	Onde ambas as condicionais são verdadeiras
NOT (também !)	Onde a condição não é verdadeira

UTILIZANDO CONDICIONAIS

A consulta SELECT, na forma como foi utilizada até agora, sempre recuperará todos os registros de uma tabela. Mas, constantemente, você desejará limitar quais linhas serão retornadas, com base em determinados critérios. Isto pode ser realizado incluindo condicionais nas consultas SELECT. Estas condicionais utilizam o termo WHERE do SQL e são escritas de forma semelhante à escrita de uma condicional no PHP.

```
SELECT quais_colunas FROM qual_tabela
→ WHERE condição(ões)
```

A **Tabela 5.1** lista os operadores mais comuns que você utilizaria em uma condicional. Por exemplo, uma simples verificação de igualdade:

```
SELECT name FROM people WHERE
birth_date = '2008-01-26'
```

Os operadores podem ser utilizados juntos, com parêntesis, para criar expressões mais complexas:

```
SELECT * FROM items WHERE
(price BETWEEN 10.00 AND 20.00) AND
(quantity > 0)
SELECT * FROM cities WHERE
(zip_code = 90210) OR (zip_code = 90211)
```

Para demonstrar a utilização de condicionais, vamos executar mais algumas consultas SELECT no banco de dados *sitename*. Os exemplos a seguir serão apenas alguns dentre as possibilidades quase ilimitadas. Ao longo deste capítulo e de todo o livro, você verá como as condicionais são utilizadas em todos os tipos de consultas.

Para utilizar condicionais:

1. Selecione todos os usuários cujo último nome é *Simpson* (**Figura 5.15**).

```
SELECT * FROM users
WHERE last_name = 'Simpson';
```

Esta consulta simples retorna todas as colunas de todas as linhas cujo valor de *last_name* é *Simpson.*

2. Selecione apenas os primeiros nomes dos usuários cujo último nome é *Simpson* (**Figura 5.16**).

```
SELECT first_name FROM users
WHERE last_name = 'Simpson';
```

Aqui, apenas uma coluna *(first_name)* está sendo retornada para cada linha. Embora possa parecer estranho, você não precisa selecionar uma coluna na qual está desempenhando uma expressão WHERE. A razão é que as colunas listadas após SELECT indicam apenas que colunas retornar, e as colunas listadas em uma expressão WHERE indicam quais linhas retornar.

3. Selecione todas as colunas de todos os registros na tabela *users* que não possuem um endereço de e-mail (**Figura 5.17**).

```
SELECT * FROM users
WHERE email IS NULL;
```

A condicional IS NULL é o mesmo que dizer *não possui um valor.* Tenha em mente que uma cadeia vazia é diferente de NULL e, portanto, não atenderia a esta condição. Tal caso, entretanto, atenderia a SELECT * FROM users WHERE email='';

Figura 5.15 Todos os Simpsons registrados.

Figura 5.16 Apenas os primeiros nomes de todos os Simpsons registrados.

Figura 5.17 Nenhum registro retornado por esta consulta porque a coluna de e-mails não pode ter um valor NULL. Portanto, esta consulta funcionou; ela apenas não teve qualquer registro correspondente.

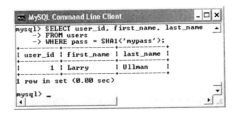

Figura 5.18 As condicionais podem utilizar funções, tal como SHA1().

CAPÍTULO 5 – INTRODUÇÃO AO SQL

Figura 5.19 Esta consulta utiliza duas condições e o operador OR.

4. Selecione o ID de usuário, o primeiro e o último nomes de todos os registros nos quais a senha é *mypass* **(Figura 5.18)**.

   ```
   SELECT user_id, first_name, last_name
   FROM users
   WHERE pass = SHA1('mypass');
   ```

   Como as senhas armazenadas foram criptografadas com a função SHA1(), você poderá correspondê-la utilizando essa mesma função de criptografia em uma condicional. SHA1() faz distinção entre maiúsculas e minúsculas, portanto, esta consulta funcionará apenas se as senhas (armazenadas versus consultadas) forem correspondidas de forma exata.

5. Selecione os nomes de usuários cujo ID de usuário é menor que 10 ou maior que 20 **(Figura 5.19)**.

   ```
   SELECT first_name, last_name
   FROM users WHERE
   (user_id < 10) OR (user_id > 20);
   ```

   Esta mesma consulta também poderia ser escrita da seguinte forma

   ```
   SELECT first_name, last_name FROM
   users WHERE user_id
   NOT BETWEEN 10 and 20;
   ```

ou

```
SELECT first_name, last_name FROM
users WHERE user_id NOT IN
(10, 11, 12, 13, 14, 15, 16, 17, 18,
→ 19, 20);
```

✓ **Dica**
- Você pode realizar cálculos matemáticos em suas consultas utilizando os caracteres de adição (+), subtração (-), multiplicação (*) e divisão (/).

Utilizando LIKE e NOT LIKE

A utilização de números, datas e NULLs em condicionais é um processo direto, mas as cadeias podem ser mais complicadas. Você pode verificar a igualdade de cadeias com uma consulta

```
SELECT * FROM users
WHERE last_name = 'Simpson'
```

Entretanto, a comparação de cadeias de uma maneira mais liberal necessita de operadores e caracteres extras. Se, por exemplo, você desejar corresponder o último nome de uma pessoa que poderia ser *Smith*, *Smiths* ou *Smithson*, você precisaria de uma condicional mais flexível. É quando os termos LIKE e NOT LIKE são utilizados. Estes termos são utilizados – principalmente com cadeias – em conjunto com dois caracteres curingas: o sublinhado (_), que corresponde a um único caractere, e o sinal de porcentagem (%), que corresponde a zero ou mais caracteres. No exemplo de último nome, a consulta seria

```
SELECT * FROM users
WHERE last_name LIKE 'Smith%'
```

Esta consulta retornará todas as linhas cujo valor de *last_name* iniciar com *Smith*. Como, por padrão, trata-se de uma procura sem distinção entre maiúsculas e minúsculas, ela também se aplicaria a nomes que começam com *smith*.

Para utilizar LIKE:

1. Selecione todos os registros cujo último nome comece com *Bank* **(Figura 5.20).**

```
SELECT * FROM users
WHERE last_name LIKE 'Bank%';
```

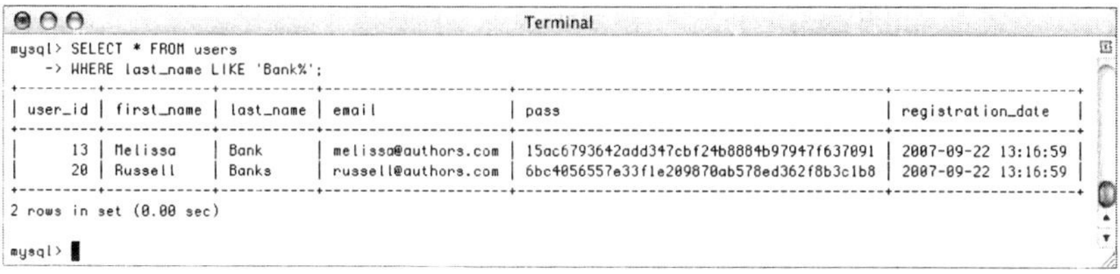

Figura 5.20 *O termo LIKE do SQL proporciona flexibilidade às condicionais. Esta consulta corresponde a qualquer registro em que o valor de último nome comece com* Bank.

Figura 5.21 *Uma condicional NOT LIKE retorna registros com base no que um valor não contém.*

2. Selecione o nome de cada registro cujo endereço de e-mail não estiver no formato *alguma_coisa@authors.com* **(Figura 5.21).**

```
SELECT first_name, last_name
FROM users WHERE
email NOT LIKE '%@authors.com';
```

192 PHP 6 E MySQL 5 para Web Sites Dinâmicos

Para dominar a presença de valores em uma cadeia, utilize NOT LIKE com o curinga.

✓ **Dicas**

- Geralmente, as consultas com uma condicional LIKE são mais lentas porque não podem tirar proveito de índices; portanto, utilize este formato apenas se realmente precisar.

- Os caracteres curingas podem ser utilizados na frente e/ou atrás de uma cadeia em suas consultas.

```
SELECT * FROM users
WHERE user_name LIKE '_smith%'
```

- Embora LIKE e NOT LIKE sejam normalmente utilizados com cadeias, eles também podem ser aplicados para colunas numéricas.

- Para utilizar o sublinhado ou o sinal de porcentagem literal em uma consulta LIKE ou NOT LIKE, será necessário fazer o seu escape (precedendo o caractere com uma barra invertida) para que ele não seja confundido com um curinga.

- O sublinhado pode ser utilizado em combinação com ele mesmo; por exemplo, LIKE '__' encontraria qualquer combinação de duas letras.

- No próximo capítulo você aprenderá sobre procuras FULLTEXT, que podem ser mais eficientes que as procuras LIKE.

Classificando Resultados de Consultas

Por padrão, os resultados de uma consulta SELECT serão retornados em uma ordem sem sentido. Para classificá-los de forma significativa, utilize uma cláusula ORDER BY.

```
SELECT * FROM nome_da_tabela ORDER BY coluna
SELECT * FROM orders ORDER BY total
```

A ordem padrão ao utilizar ORDER BY é a ascendente (abreviada como ASC), o que significa que números são ordenados do mais baixo para o mais alto, datas são ordenadas da mais antiga até a mais recente, e textos são ordenados alfabeticamente. Você pode reverter este processo especificando uma ordem descendente (abreviada como DESC).

```
SELECT * FROM nome_da_tabela
ORDER BY coluna DESC
```

Você também pode ordenar os valores retornados por várias colunas:

```
SELECT * FROM nome_da_tabela
ORDER BY coluna1, coluna2
```

Você pode, e freqüentemente irá, utilizar ORDER BY com WHERE ou outras cláusulas. Quando o fizer, coloque ORDER BY após as condições:

```
SELECT * FROM nome_da_tabela WHERE condições
ORDER BY coluna
```

Para classificar os dados:

1. Selecione todos os usuários em ordem alfabética pelo último nome **(Figura 5.22)**.

   ```
   SELECT first_name, last_name FROM
   users ORDER BY last_name;
   ```

   Se você comparar estes resultados com os da Figura 5.12, verá os benefícios da utilização de ORDER BY.

Figura 5.22 Os registros em ordem alfabética pelo último nome.

Figura 5.23 Os registros em ordem alfabética, primeiro pelo último e, em seguida, pelo primeiro nome.

2. Exiba todos os usuários em ordem alfabética pelo último nome e, em seguida, pelo primeiro **(Figura 5.23)**.

```
SELECT first_name, last_name FROM
users ORDER BY last_name ASC,
first_name ASC;
```

Nesta consulta, como efeito, as linhas seriam retornadas, primeiro ordenadas por *last_name* e, em seguida, por *first_name* dentro de *last_name*. O efeito é mais evidente entre os Simpsons.

3. Mostre todos os usuários não-Simpson pela data de registro **(Figura 5.24)**.

```
SELECT * FROM users
WHERE last_name != 'Simpson'
ORDER BY registration_date DESC;
```

Você pode utilizar ORDER BY em qualquer tipo de coluna, incluindo números e datas. A cláusula também pode ser utilizada em uma consulta com uma condicional, colocando ORDER BY após WHERE.

✓ **Dicas**

- Como o MySQL trabalha naturalmente com qualquer quantidade de idiomas, ORDER BY terá como base a collation sendo utilizada (consulte o Capítulo 14).
- Se a coluna escolhida para classificação contiver valores NULL, eles aparecerão primeiro, seja em ordem ascendente ou em ordem descendente.

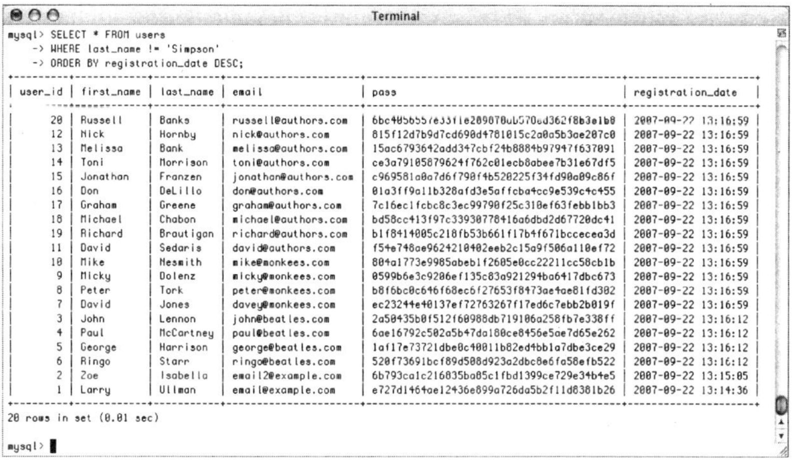

```
mysql> SELECT * FROM users
    -> WHERE last_name != 'Simpson'
    -> ORDER BY registration_date DESC;
+---------+------------+-----------+-----------------------+------------------------------------------+---------------------+
| user_id | first_name | last_name | email                 | pass                                     | registration_date   |
+---------+------------+-----------+-----------------------+------------------------------------------+---------------------+
|      20 | Russell    | Banks     | russell@authors.com   | 6bc4056557e33f1e209070ab570ad362f8b3e1b8 | 2007-09-22 13:16:59 |
|      12 | Nick       | Hornby    | nick@authors.com      | 815f12d7b9d7cd690d4781015c2a0a5b3ae207c0 | 2007-09-22 13:16:59 |
|      13 | Melissa    | Bank      | melissa@authors.com   | 15ac6793642add347cbf24b8884b97947f637091 | 2007-09-22 13:16:59 |
|      14 | Toni       | Morrison  | toni@authors.com      | ce3a79105879624f762c01ecb8abee7b31e67df5 | 2007-09-22 13:16:59 |
|      15 | Jonathan   | Franzen   | jonathan@authors.com  | c969581a0a7d6f790f4b520225f34fd90a09c86f | 2007-09-22 13:16:59 |
|      16 | Don        | DeLillo   | don@authors.com       | 01a3ff9a11b328afd3e5affcba4cc9e539c4c455 | 2007-09-22 13:16:59 |
|      17 | Graham     | Greene    | graham@authors.com    | 7c16ec1fcbc8c3ec99790f25c310ef63febb1bb3 | 2007-09-22 13:16:59 |
|      18 | Michael    | Chabon    | michael@authors.com   | bd58cc413f97c33930778416a6dbd2d67720dc41 | 2007-09-22 13:16:59 |
|      19 | Richard    | Brautigan | richard@authors.com   | b1f8414005c218fb53b661f17b4f671bccecea3d | 2007-09-22 13:16:59 |
|      11 | David      | Sedaris   | david@authors.com     | f54e748ae9624210402eeb2c15a9f506a110ef72 | 2007-09-22 13:16:59 |
|      10 | Mike       | Nesmith   | mike@monkees.com      | 804a1773e9985abeb1f2605e0cc22211cc58cb1b | 2007-09-22 13:16:59 |
|       9 | Micky      | Dolenz    | micky@monkees.com     | 0599b6e3c9206ef135c83a921294ba6417dbc673 | 2007-09-22 13:16:59 |
|       8 | Peter      | Tork      | peter@monkees.com     | b8f6bc0c646f68ec6f27653f8473ae4ae81fd302 | 2007-09-22 13:16:59 |
|       7 | David      | Jones     | davey@monkees.com     | ec23244e40137ef72763267f17ed6c7ebb2b019f | 2007-09-22 13:16:59 |
|       3 | John       | Lennon    | john@beatles.com      | 2a50435b0f512f60988db719106a258fb7e338ff | 2007-09-22 13:16:12 |
|       4 | Paul       | McCartney | paul@beatles.com      | 6ae16792c502a5b47da180ce8456e5ae7d65e262 | 2007-09-22 13:16:12 |
|       5 | George     | Harrison  | george@beatles.com    | 1af17e73721dbe0c40011b82ed4bb1a7dbe3ce29 | 2007-09-22 13:16:12 |
|       6 | Ringo      | Starr     | ringo@beatles.com     | 520f73691bcf89d508d923a2dbc8e6fa58efb522 | 2007-09-22 13:16:12 |
|       2 | Zoe        | Isabella  | email2@example.com    | 6b793ca1c216835ba85c1fbd1399ce729e34b4e5 | 2007-09-22 13:15:05 |
|       1 | Larry      | Ullman    | email@example.com     | e727d1464ae12436e899a726da5b2f11d8381b26 | 2007-09-22 13:14:36 |
+---------+------------+-----------+-----------------------+------------------------------------------+---------------------+
20 rows in set (0.01 sec)

mysql>
```

Figura 5.24 *Todos os usuários não chamados* Simpson, *exibidos pela data de registro, com o mais recente listado primeiro.*

LIMITANDO RESULTADOS DE CONSULTAS

Uma outra cláusula SQL que pode ser incluída na maioria das consultas é LIMIT. Em uma consulta SELECT, WHERE indica quais registros retornar, e ORDER BY decide como esses registros são classificados, mas LIMIT informa quantos registros retornar. Ela é utilizada da seguinte forma:

```
SELECT * FROM nome_da_tabela LIMIT x
```

Em tais consultas, apenas os *x* registros iniciais do resultado da consulta serão retornados. Para retornar apenas três registros de correspondência, utilize:

```
SELECT * FROM nome_da_tabela LIMIT 3
```

Utilizando este formato

SELECT * FROM nome_da_tabela LIMIT x, y

você pode ter *y* registros retornados, iniciando em *x*. Para ter os registros de 11 a 20 retornados, você escreveria

SELECT * FROM nome_da_tabela LIMIT 10, 10

Como as matrizes no PHP, os conjuntos de resultados iniciam em 0 quando utilizam LIMITs, portanto, 10 é o 11º registro.

Você pode utilizar LIMIT com as cláusulas WHERE e/ou ORDER BY, sempre colocando LIMIT por último.

SELECT quais_colunas FROM nome_da_tabela WHERE
condições ORDER BY coluna LIMIT x

Para limitar a quantidade de dados retornados:

1. Selecione os últimos cinco usuários registrados **(Figura 5.25)**.

```
SELECT first_name, last_name
FROM users ORDER BY registration_date DESC LIMIT 5;
```

Para retornar dados mais recentes, classifique-os pela data, em ordem descendente. Então, para visualizar os cinco mais recentes, inclua LIMIT 5 na consulta.

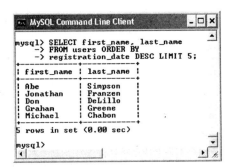

Figura 5.25 *Utilizando a cláusula LIMIT, uma consulta pode retornar um número específico de registros.*

CAPÍTULO 5 – INTRODUÇÃO AO SQL

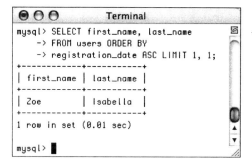

Figura 5.26 Graças à cláusula LIMIT, uma consulta pode retornar até registros do meio de um grupo, utilizando o formato LIMIT x, y.

2. Selecione a segunda pessoa a ser registrada **(Figura 5.26)**.

```
SELECT first_name, last_name
FROM users ORDER BY
registration_date ASC LIMIT 1, 1;
```

Isto pode parecer estranho, mas é apenas uma boa aplicação das informações aprendidas até então. Primeiro, ordene todos os registros por *registration_date* em ascendente, assim as primeiras pessoas registradas serão retornadas primeiro. Em seguida, limite os resultados retornados para iniciar em um (que é a segunda linha) e para retornar apenas um registro.

✓ **Dicas**

- A cláusula LIMIT *x, y* é freqüentemente utilizada ao paginar resultados da consulta (mostrando-os em blocos ao longo de várias páginas). Você verá isto no Capítulo 9, "Técnicas Comuns de Programação."

- Uma cláusula LIMIT não melhora a velocidade de execução de uma consulta, pois o MySQL ainda precisa montar todo o resultado e, em seguida, truncar a lista. Mas uma cláusula LIMIT minimizará a quantidade de dados a serem manipulados ao utilizar o mysql client ou seus scripts PHP.

- O termo LIMIT não é parte do padrão SQL e, portanto, (infelizmente) não está disponível em todos os bancos de dados.

198   **PHP 6 E MySQL 5 PARA WEB SITES DINÂMICOS**

- A cláusula LIMIT pode ser utilizada com a maioria dos tipos de consultas, não apenas SELECTs.

ATUALIZANDO DADOS

Assim que as tabelas contiverem alguns dados, você sentirá uma real necessidade de editar os registros existentes. Isto pode ser necessário se as informações foram inseridas incorretamente ou se os dados forem alterados (tais como um último nome ou endereço de e-mail). A sintaxe para atualização de registros é a seguinte

```
UPDATE nome_da_tabela SET coluna=valor
```

Você pode alterar várias colunas de uma vez, separando-as com vírgulas.

```
UPDATE nome_da_tabela SET
coluna1=valorA, coluna5=valorB...
```

Você quase sempre desejará utilizar uma cláusula WHERE para especificar quais linhas devem ser atualizadas; caso contrário, a alteração seria aplicada em todos os registros.

```
UPDATE nome_da_tabela SET coluna2=valor
WHERE coluna5=valor
```

As atualizações, juntamente com as exclusões, são uma das razões mais importantes para a utilização de uma chave primária. Este valor — que nunca deve ser alterado — pode ser um ponto de referência nas cláusulas WHERE, mesmo se todos os outros campos precisarem ser alterados.

Para atualizar um registro:

1. Localize a chave primária para o registro a ser atualizado **(Figura 5.27).**

   ```
   SELECT user_id FROM users
   WHERE first_name = 'Michael'
   AND last_name='Chabon';
   ```

Neste exemplo, alterarei o e-mail do registro do autor. Para isso, preciso, primeiro, localizar a chave primária do registro, o que esta consulta pode realizar.

2. Atualize o registro (**Figura 5.28**).

```
UPDATE users
SET email='mike@authors.com'
WHERE user_id = 18;
```

Para alterar o endereço de e-mail, utilizo uma consulta UPDATE, com a chave primária *(user_id)* para especificar para qual registro a atualização deve ser aplicada. O MySQL informará o êxito da consulta e quantas linhas foram afetadas.

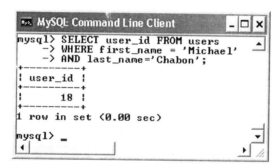

Figura 5.27 Antes de atualizar um registro, determine qual chave primária deve ser utilizada na cláusula WHERE de UPDATE.

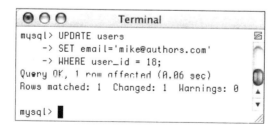

Figura 5.28 Esta consulta alterou o valor de uma coluna em apenas uma linha.

PHP 6 E MySQL 5 PARA WEB SITES DINÂMICOS

3. Confirme se a alteração foi realizada **(Figura 5.29)**.

```
SELECT * FROM users
WHERE user_id=18;
```

Embora o MySQL já tenha indicado que a atualização foi bem-sucedida (consulte a Figura 5.28), não fará mal algum selecionar mais uma vez o registro para confirmar se as alterações ocorreram de forma adequada.

✓ **Dicas**

- Certifique-se de utilizar uma condicional WHERE sempre que utilizar UPDATE, a menos que queira que as alterações afetem todas as linhas.

- Se você executar uma consulta de atualização que não atualiza qualquer valor (tal como UPDATE users SET first_name='mike' WHERE first_name=' mike'), você não verá erro, mas nenhuma linha será afetada. Versões mais recentes do MySQL mostrariam que X linhas corresponderam à consulta, mas que nenhuma linha foi alterada.

- Para se proteger contra uma alteração acidental de muitas linhas, aplique uma cláusula LIMIT em consultas UPDATE:

```
UPDATE users SET
email='mike@authors.com'
WHERE user_id = 18 LIMIT 1
```

- Você nunca deve realizar uma consulta UPDATE em uma coluna de chave primária, pois este valor nunca deve ser alterado. A alteração do valor de uma chave primária poderia causar sérios problemas.

- Para atualizar um registro no phpMyAdmin, você pode executar uma consulta UPDATE utilizando a janela ou guia SQL. Como alternativa, execute uma consulta SELECT para localizar o registro que deseja atualizar e, em seguida, clique no lápis próximo ao registro **(Figura 5.30)**. Será exibido um formulário semelhante à Figura 5.10, no qual você pode editar os valores atuais do registro.

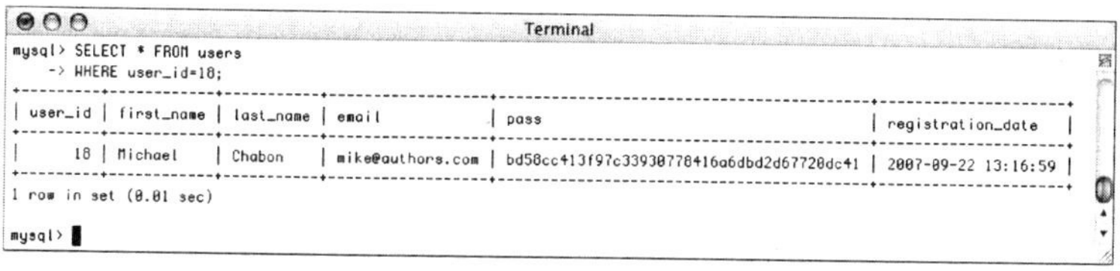

```
000                          Terminal
mysql> SELECT * FROM users
    -> WHERE user_id=18;
+---------+------------+-----------+----------------+------------------------------------------+---------------------+
| user_id | first_name | last_name | email          | pass                                     | registration_date   |
+---------+------------+-----------+----------------+------------------------------------------+---------------------+
|      18 | Michael    | Chabon    | mike@authors.com| bd58cc413f97c33930778416a6dbd2d67728dc41 | 2007-09-22 13:16:59 |
+---------+------------+-----------+----------------+------------------------------------------+---------------------+
1 row in set (0.01 sec)

mysql>
```

Figura 5.29 Como etapa final, você pode confirmar
a atualização selecionando novamente o registro.

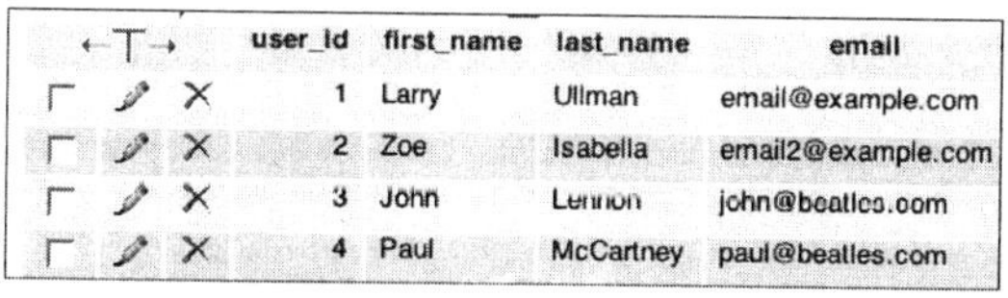

←⊤→		user_id	first_name	last_name	email
☐ 🖉 ✕		1	Larry	Ullman	email@example.com
☐ 🖉 ✕		2	Zoe	Isabella	email2@example.com
☐ 🖉 ✕		3	John	Lennon	john@beatles.oom
☐ 🖉 ✕		4	Paul	McCartney	paul@beatles.com

Figura 5.30 Uma visualização parcial da listagem de registros no phpMyAdmin.
Clique no lápis para editar um registro; clique no X para excluí-lo.

EXCLUINDO DADOS

Além da atualização de registros existentes, uma outra etapa que pode
ser necessária é a remoção completa de um registro do banco de dados.
Para fazê-lo, você deve utilizar o comando DELETE.

```
DELETE FROM nome_da_tabela
```

Esse comando, conforme escrito acima, excluirá todos os registros em
uma tabela, tornando-a novamente vazia. Após excluir um registro, não há
como recuperá-lo.

Na maioria dos casos você desejará excluir linhas individuais, mas não
todas elas. Para isso, utilize uma cláusula WHERE

```
DELETE FROM nome_da_tabela WHERE condição
```

Para excluir um registro:

1. Localize a chave primária do registro a ser excluído (**Figura 5.31**).

    ```
    SELECT user_id FROM users
    WHERE first_name='Peter'
    AND last_name='Tork';
    ```

Como no exemplo de UPDATE, primeiro, eu preciso determinar que chave primária utilizar para a exclusão.

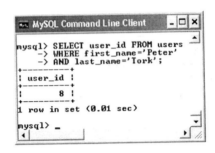

Figura 5.31 *A coluna* user_id *será utilizada para fazer referência a este registro em uma consulta DELETE.*

Figura 5.32 *Para pré-visualizar o efeito de uma consulta DELETE, primeiro execute uma consulta SELECT sintaticamente semelhante.*

2. Pré-visualize o que ocorrerá quando a exclusão for realizada **(Figura 5.32)**.

```
SELECT * FROM users
WHERE user_id = 8;
```

Um bom truque para se proteger contra exclusões por engano é primeiro executar a consulta utilizando SELECT *, em vez de DELETE. O(s) resultado(s) desta consulta representará(ão) qual(is) linha(s) será(ão) afetada(s) pela exclusão.

3. Exclua o registro **(Figura 5.33)**.

```
DELETE FROM users
WHERE user_id = 8 LIMIT 1;
```

CAPÍTULO 5 – INTRODUÇÃO AO SQL   203

Como na atualização, o MySQL informará a execução bem-sucedida da consulta e quantas linhas foram afetadas. Agora, não há como recuperar os registros excluídos, a menos que você tenha realizado o backup do banco de dados antes da exclusão.

Embora a consulta SELECT (Etapa 2 e Figura 5.32) tenha retornado apenas uma linha, apenas como um cuidado extra, uma cláusula LIMIT 1 é incluída na consulta DELETE.

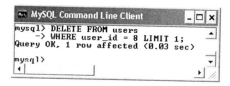

Figura 5.33 Excluindo um registro da tabela.

4. Confirme se a alteração foi realizada **(Figura 5.34)**.

   SELECT user_id, first_name, last_name
   FROM users ORDER BY user_id ASC;

   Você também deve confirmar a alteração executando a consulta na Etapa 1.

✓ **Dicas**

- A forma preferível para esvaziar uma tabela é utilizar TRUNCATE:

   TRUNCATE TABLE nome_da_tabela

- Para excluir todos os dados em uma tabela, assim como a própria tabela, utilize DROP TABLE:

   DROP TABLE nome_da_tabela

- Para excluir um banco de dados inteiro, incluindo todas suas tabelas e seus dados, utilize

   DROP DATABASE nome_do_banco_de_dados

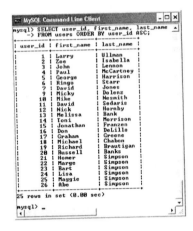

Figura 5.34 *O registro cujo* user_id *era 8 não faz mais parte desta tabela.*

UTILIZANDO FUNÇÕES

Para concluir este capítulo, você aprenderá algumas funções que podem ser utilizadas em suas consultas MySQL. Você já viu duas — NOW() e SHA1() —, mas elas são apenas a ponta do iceberg. A maioria das funções que você verá aqui sé utilizada com as consultas SELECT para formatar e alterar os dados retornados, mas você pode utilizar funções MySQL com outros tipos de consultas também.

Para aplicar uma função em valores de uma coluna, a consulta seria semelhante ao seguinte

```
SELECT FUNCTION(coluna) FROM nome_da_tabela
```

Para aplicar uma função aos valores de uma coluna enquanto também seleciona outras, você pode escrever uma consulta como as seguintes:

- ```
  SELECT *, FUNCTION(coluna) FROM
  → nome_da_tabela
  ```
- ```
  SELECT coluna1, FUNCTION(coluna2),
  → coluna3 FROM nome_da_tabela
  ```

Antes de discutir as funções reais, anote mais algumas informações. Primeiro, as funções são freqüentemente aplicadas em dados armazenados (ou seja, colunas), mas também podem ser aplicadas em valores literais.

CAPÍTULO 5 – INTRODUÇÃO AO SQL   205

Qualquer uma destas aplicações da função UPPER() (que coloca uma cadeia em maiúsculo) é válida:

```
SELECT UPPER(first_name) FROM users
SELECT UPPER('this string')
```

Segundo, como os próprios nomes de funções não possuem distinção entre maiúsculas e minúsculas, continuarei a escrevê-los com todos os caracteres em maiúsculo, para ajudar a distingui-los dos nomes de tabelas e colunas (da mesma forma que escrevo os termos SQL em maiúsculo). Terceiro, uma regra importante a ser adotada com as funções é que não pode haver espaços entre o nome da função e o parêntesis de abertura no MySQL, embora os espaços dentro dos parêntesis sejam aceitáveis. E, finalmente, ao utilizar funções para formatar dados retornados, provavelmente você desejará utilizar *aliases*, um conceito discutido no quadro lateral.

Aliases

Aliases são apenas renomeações simbólicas de um elemento em uma consulta. Geralmente aplicados em tabelas, colunas ou chamadas de funções, os aliases fornecem um atalho para uma referência. Os aliases são criados utilizando o termo AS:

```
SELECT registration_date AS reg
FROM users
```

Os aliases são cadeias com distinção entre maiúsculas e minúsculas compostas de números, letras e o sublinhado, mas geralmente mantidos com um comprimento bastante curto. Conforme você acompanhará nos exemplos a seguir, os aliases são freqüentemente refletidos nos títulos dos resultados retornados. Para a amostra anterior, os resultados retornados da consulta conterão uma coluna de dados chamada *reg*.

Se você definiu um alias em uma tabela ou uma coluna, toda a consulta deve utilizar consistentemente esse mesmo alias, em vez do nome original. Por exemplo,

```
SELECT first_name AS name FROM users
→ WHERE name='Sam'
```

Este exemplo difere do SQL padrão, que não suporta a utilização de aliases em condicionais WHERE.

Funções de texto

O primeiro grupo de funções a ser demonstrado é o das funções destinadas à manipulação de texto. As funções mais comuns nesta categoria são listadas na **Tabela 5.2.**

CONCAT() talvez seja a mais útil das funções de texto e merece atenção especial. A função CONCAT() realiza a concatenação, para a qual o PHP utiliza o ponto (consulte o Capítulo 1, "Introdução ao PHP"). A sintaxe para concatenação necessita que sejam colocados entre parêntesis os diversos valores que deseja, de forma agrupada, em ordem e separados por vírgulas:

```
SELECT CONCAT(t1, t2) FROM nome_da_tabela
```

Enquanto você pode — e normalmente irá — aplicar CONCAT() em colunas, você também pode incorporar cadeias, inseridas entre aspas. Por exemplo, para formatar o nome de uma pessoa como *Primeiro<SPACE>Último*, você utilizaria

```
SELECT CONCAT(first_name, ' ', last_name)
FROM users
```

Como a concatenação geralmente retorna valores em um novo formato, este é um excelente momento para utilizar um alias (consulte o quadro lateral):

```
SELECT CONCAT(first_name, ' ', last_name)
AS Name FROM users
```

Tabela 5.2 Algumas das funções do MySQL para o trabalho com texto. Como a maioria das funções, estas podem ser aplicadas em colunas ou valores literais (ambos representados por $t, t1, t2$ etc).

Funções de Texto		
Função	**Uso**	**Retorna**
CONCAT()	CONCAT(t1,t2, ...)	Uma nova cadeia no formato $t1t2$.
CONCAT_WS()	CONCAT(S, t1, t2, ...)	Uma nova cadeia no formato $t1St2S...$
LENGTH()	LENGTH(t)	O número de caracteres em t.
LEFT()	LEFT(t,y)	Os y caracteres mais à esquerda de t.

CAPÍTULO 5 – INTRODUÇÃO AO SQL   207

Tabela 5.2 Algumas das funções do MySQL para o trabalho com texto. Como a maioria das funções, estas podem ser aplicadas em colunas ou valores literais (ambos representados por $t, t1, t2$ etc). (continuação)

Funções de Texto

Função	Uso	Retorna
RIGHT()	RIGHT(t, x)	Os x caracteres mais à direita de t.
TRIM()	TRIM(t)	t com espaços em excesso no início e no fim removidos.
UPPER()	UPPER(t)	t em maiúsculo.
LOWER()	LOWER(t)	t com todos os caracteres em minúsculo.
SUBSTRING()	SUBSTRING(t, x, y)	y caracteres de t iniciando com x (indexados a partir de 0).

Para formatar texto:

1. Concatene os nomes *sem* utilizar um alias **(Figura 5.35).**

```
SELECT CONCAT(last_name,',',
→ first_name) FROM users;
```

Esta consulta demonstrará duas coisas. Primeiro, os últimos nomes dos usuários, uma vírgula e um espaço, mas seus primeiros nomes são concatenados para formar uma cadeia (no formato *Último, Primeiro)*. Segundo, conforme mostrado na figura, se você não utilizar um alias, o título da coluna dos dados retornados será a chamada da função. No mysql client ou no phpMyAdmin, esse retorno não é visualmente agradável; ao utilizar o PHP para conexão ao MySQL, isso provavelmente será um problema.

2. Concatene os nomes enquanto utiliza um alias **(Figura 5.36).**

```
SELECT CONCAT(last_name,',',
→ first_name)
AS Name FROM users ORDER BY Name;
```

Para utilizar um alias, inclua AS *nome_do_alias* após o item a ser renomeado. O alias será o novo título dos dados retornados. Para tornar a consulta um pouco mais interessante, o mesmo alias também é utilizado na cláusula ORDER BY.

Figura 5.35 *Esta simples concatenação retorna o nome completo de todos os usuários registrados. Observe que o título da coluna é a utilização da função CONCAT().*

Figura 5.36 *Utilizando um alias, os dados retornados estão sob o título da coluna* Name *(compare com a Figura 5.35).*

CAPÍTULO 5 – INTRODUÇÃO AO SQL   209

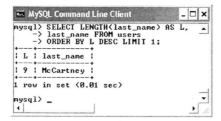

Figura 5.37 *Utilizando a função LENGTH(), um alias, uma cláusula ORDER BY e uma cláusula LIMIT, esta consulta retorna o comprimento e o valor do nome mais longo armazenado.*

3. Localize o último nome mais longo **(Figura 5.37)**.

   ```
   SELECT LENGTH(last_name) AS L,
   last_name FROM users
   ORDER BY L DESC LIMIT 1;
   ```

   Para determinar se o último nome dentre os usuários registrados é o mais longo (possui o maior número de caracteres), utilize a função LENGTH(). Para localizar o nome, selecione o valor do último nome e o comprimento calculado, que recebe um alias de *L*. Então, para localizar o nome mais longo, ordene todos os resultados por *L*, em ordem descendente, mas retorne apenas o primeiro registro.

✓ **Dicas**

- Uma consulta como essa, na Etapa 3, (também na Figura 5.37) pode ser útil para ajustar os comprimentos de suas colunas assim que o banco de dados possuir alguns registros.
- O MySQL possui duas funções para a realização de procuras de expressões comuns no texto: REGEXP() e NOT REGEXP(). O Capítulo 13, "Expressões Comuns Compatíveis com Perl", apresenta as expressões comuns utilizando o PHP.
- CONCAT() possui uma função resultante chamada CONCAT_WS(), que significa *"with separator" (com separador)*. A sintaxe é CONCAT_WS(*separador, t1, t2, ...*). O separador será inserido entre cada uma das colunas ou valores listados. Por exemplo, para

210   **PHP 6 e MySQL 5 para Web Sites Dinâmicos**

formatar o nome completo de uma pessoa como *Primeiro<SPACE>Meio<SPACE> Último,* você escreveria

```
SELECT CONCAT_WS(' ', first, middle,
→ last) AS Name FROM nome_da_tabela
```

CONCAT_WS() possui uma vantagem sobre CONCAT(): ela ignora colunas com valores NULL. Portanto, essa consulta pode retornar *Joe Banks* de um registro, mas *Jane Sojourner Adams* de um outro.

Funções numéricas

Além dos operadores matemáticos padrões que o MySQL utiliza (para adição, subtração, multiplicação e divisão), há uma grande quantidade de funções para formatação e realização de cálculos com valores numéricos. A **Tabela 5.3** lista algumas destas funções mais comuns, e algumas, inclusive, serão demonstradas em breve.

Particularmente, desejo destacar três destas funções: FORMAT(), ROUND() e RAND().

A primeira — que não é tecnicamente específica para números — transforma qualquer número em um layout formatado de forma mais convencional. Por exemplo, se você armazenou o custo de um carro como *20198.20,* FORMAT(car_cost, 2) transformaria esse número no formato mais comum *20,198.20.*

ROUND() assumirá um valor, provavelmente a partir de uma coluna, e arredondará esse valor para um número específico de casas decimais. Se nenhuma casa decimal for indicada, ela arredondará o número para o inteiro mais próximo. Se forem indicadas mais casas decimais do que existem no número original, os espaços restantes serão preenchidos com zeros (à direita do ponto decimal).

A função RAND(), como você pode deduzir, é utilizada para retornar números aleatórios **(Figura 5.38).**

```
SELECT RAND()
```

Um benefício adicional da função RAND() é que ela pode ser utilizada com suas consultas para retornar os resultados em uma ordem aleatória.

```
SELECT * FROM nome_da_tabela ORDER BY RAND()
```

CAPÍTULO 5 – INTRODUÇÃO AO SQL

Tabela 5.3 Algumas das funções do MySQL para o trabalho com números. Como a maioria das funções, estas podem ser aplicadas em colunas ou valores literais (ambos representados por *n, n1, n2* etc.).

Funções Numéricas

Função	Uso	Retorna
ABS()	ABS(n)	O valor absoluto de *n*.
CEILING()	CEILING(n)	O próximo inteiro mais alto com base no valor de *n*.
FLOOR()	FLOOR(n)	O valor inteiro de *n*.
FORMAT()	FORMAT(n1,n2)	*n1* formatado como um número com *n2* casas decimais e vírgulas inseridas a cada três espaços.
MOD()	MOD(n1, n2)	O resto da divisão de *n1* por *n2*.
POW()	POW(n1, n2)	*n1* elevado à potência de *n2*.
RAND()	RAND()	Um número aleatório entre 0 e 1.0.
ROUND()	ROUND(n1,n2)	*n1* arredondado para *n2* casas decimais.
SQRT()	SQRT(n)	A raiz quadrada de *n*.

Figura 5.38 A função RAND() retorna um número aleatório entre 0 e 1.0.

Figura 5.39 Utilizando um exemplo arbitrário, esta consulta mostra como funciona a função FORMAT().

Figura 5.40 Execuções subseqüentes da mesma consulta retorna resultados aleatórios diferentes.

Para utilizar funções numéricas:

1. Exiba um número, formatando a quantidade como dólares **(Figura 5.39)**.

```
SELECT CONCAT('$', FORMAT(5639.6, 2))
AS cost;
```

Utilizando a função FORMAT(), conforme descrito acima, com CONCAT() você pode transformar qualquer número em um formato de moeda para que possa exibi-lo em uma página Web.

2. Recupere um endereço de e-mail aleatório da tabela **(Figura 5.40)**.

```
SELECT email FROM users
ORDER BY RAND() LIMIT 1;
```

O que acontece com esta consulta é: todos os endereços de e-mail são selecionados, a ordem na qual se encontram é misturada (ORDER BY RAND()), e, em seguida, o primeiro endereço de e-mail é retornado. A execução desta mesma consulta várias vezes gerará resultados aleatórios diferentes. Observe que você não especifica uma coluna na qual a função RAND() é aplicada.

CAPÍTULO 5 – INTRODUÇÃO AO SQL   213

✓ **Dicas**

■ Além das funções matemáticas aqui listadas, há diversas funções trigonométricas, exponenciais e outros tipos de funções numéricas disponíveis.

■ A função MOD() é o mesmo que utilizar o sinal de porcentagem:

```
SELECT MOD(9,2)
SELECT 9%2
```

Ela retorna o resto de uma divisão (*1*, nestes exemplos).

Funções de data e hora

Os tipos de colunas de data e hora no MySQL são particularmente flexíveis e úteis. Mas como muitos usuários de bancos de dados não estão familiarizados com todas as funções de data e hora disponíveis, estas opções são pouco utilizadas. Mesmo se quiser realizar cálculos com base em uma data ou apenas retornar o nome do mês a partir de um valor, o MySQL possui uma função para essa finalidade. A **Tabela 5.4** lista a maioria destas funções. Consulte o manual do MySQL para obter uma lista completa.

O MySQL suporta dois tipos de dados que armazenam data e hora (DATETIME e TIMESTAMP), um tipo que armazena apenas a data (DATE), um que armazena apenas a hora (TIME), e um que armazena apenas um o (YEAR). Além de permitir diferentes tipos de valores, cada tipo de dado também possui seus próprios comportamentos (novamente, recomendo a leitura das páginas do manual do MySQL sobre este assunto para obter todos os detalhes). Mas o MySQL é bastante flexível no que diz respeito às funções que podem ser utilizadas com cada um dos tipos. Você pode aplicar uma função de data em qualquer valor que contenha uma data (ou seja, DATETIME, TIMESTAMP e DATE), e você pode aplicar uma função de hora em qualquer valor que contenha a hora (ou seja, DATETIME, TIMESTAMP e TIME). O MySQL utilizará a parte do valor que ele precisa e ignorará o restante. O que você não pode fazer, entretanto, é aplicar uma função de data em um valor TIME ou uma função de hora em um valor DATE ou YEAR.

Tabela 5.4 Algumas das funções do MySQL para o trabalho com datas e horas. Como a maioria das funções, estas podem ser aplicadas em colunas ou valores literais (ambos representados por *dt*, abreviação de *datetime*).

Funções de Data e Hora		
Função	**Uso**	**Retorna**
HOUR()	HOUR(dt)	O valor da hora de *dt*.
MINUTE()	MINUTE(dt)	O valor do minuto de *dt*.
SECOND()	SECOND(dt)	O valor do segundo de *dt*.
DAYNAME()	DAYNAME(dt)	O nome do dia para *dt*.
DAYOFMONTH()	DAYOFMONTH(dt)	O valor do dia numérico de *dt*.
MONTHNAME()	MONTHNAME(dt)	O nome do mês de *dt*.
MONTH()	MONTH(dt)	O valor do mês numérico de *dt*.
YEAR()	YEAR(column)	O valor do ano de *dt*.
CURDATE()	CURDATE()	A data atual.
CURTIME()	CURTIME()	A hora atual.
NOW()	NOW()	A data e a hora atuais.
UNIX_TIMESTAMP()	UNIX_TIMESTAMP(*dt*)	O número de segundos desde a Unix Epoch até o momento atual ou até a data especificada.

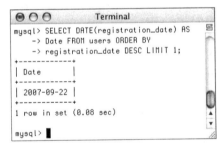

Figura 5.41 As funções de data podem ser utilizadas para extrair informações dos valores armazenados.

CAPÍTULO 5 – INTRODUÇÃO AO SQL   215

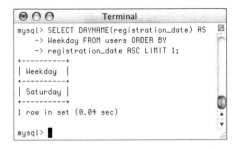

Figura 5.42 *Esta consulta retorna o nome do dia que uma determinada data representa.*

Figura 5.43 *Esta consulta, não executada em uma tabela específica, retorna a data e a hora atuais no servidor MySQL.*

Para utilizar as funções de data e hora:

1. Exiba a data na qual o último usuário foi registrado **(Figura 5.41)**.

   ```
   SELECT DATE(registration_date) AS
   Date FROM users ORDER BY
   registration_date DESC LIMIT 1;
   ```

   A função DATE() retorna a parte de data de um valor. Para ver a data na qual a última pessoa foi registrada, uma cláusula ORDER BY lista os usuários, iniciando com o registrado mais recentemente, e este resultado é limitado a apenas um registro.

2. Exiba o dia da semana no qual o primeiro usuário foi registrado **(Figura 5.42)**.

   ```
   SELECT DAYNAME(registration_date) AS
   Weekday FROM users ORDER BY
   registration_date ASC LIMIT 1;
   ```

PHP 6 E MySQL 5 PARA WEB SITES DINÂMICOS

Esta consulta é semelhante à consulta na Etapa 1, mas os resultados são retornados em ordem ascendente e a função DAYNAME() é aplicada na coluna *registration_date*. Esta função retorna *Sunday, Monday, Tuesday*, etc., para uma determinada data.

3. Mostre a data e a hora atuais, de acordo com o MySQL **(Figura 5.43)**.

```
SELECT CURDATE(), CURTIME();
```

Para mostrar a data e a hora que o MySQL imagina, você pode selecionar as funções CURDATE() e CURTIME(), que retornam estes valores. Este é um outro exemplo de uma consulta que pode ser executada sem referência a um nome de tabela específico.

4. Mostre o último dia do mês atual **(Figura 5.44)**.

```
SELECT LAST_DAY(CURDATE()),
MONTHNAME(CURDATE());
```

Conforme mostrado na última consulta, CURDATE() retorna a data atual no servidor. Este valor pode ser utilizado como um argumento para a função LAST_DAY(), que retorna a última data no mês para uma data específica. A função MONTHNAME() retorna o nome do mês atual.

✓ **Dicas**

■ A data e a hora retornadas pelas funções de data e hora do MySQL correspondem àquelas no servidor, não no cliente acessando o banco de dados.

■ Não mencionadas nesta seção ou na Tabela 5.4 são as funções ADDDATE(), SUBDATE(), ADDTIME() e SUBTIME(). Cada uma delas pode ser utilizada para realizar cálculos com valores de data e hora. Estas funções podem ser muito úteis (por exemplo, para localizar todos os usuários registrados na semana passada), mas a sintaxe é complicada. Como sempre, consulte o manual do MySQL para obter informações adicionais.

■ A partir do MySQL 5.0.2, o servidor também impede que datas inválidas (por exemplo, 31 de fevereiro de 2009) sejam inseridas em uma coluna de data ou de data/hora.

CAPÍTULO 5 – INTRODUÇÃO AO SQL

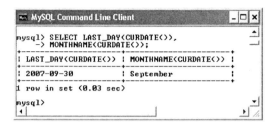

Figura 5.44 Uma entre as muitas coisas que o MySQL pode fazer com os tipos de data e hora, é determinar a última data em um mês ou o valor do nome de uma determinada data.

Tabela 5.5 Utilize estes parâmetros com as funções DATE_FORMAT() e TIME_FORMAT().

*_FORMAT() Parâmetros

Termo	Uso	Exemplo
%e	Dia do mês	1-31
%d	Dia do mês, dois dígitos	01-31
%D	Dia com sufixo	1st-31st
%W	Nome do dia da semana	Sunday-Saturday
%a	Abreviado	Sun-Sat Nome do dia da semana
%c	Número do mês	1-12
%m	Número do mês, dois dígitos	01-12
%M	Nome do mês	January-December
%b	Nome do mês, abreviado	Jan-Dec
%Y	Ano	2002
%y	Ano	02
%l	Hora (L minúsculo)	1-12
%h	Hora, dois dígitos	01-12
%k	Hora, formato de 24 horas	0-23
%H	Hora, formato de 24 horas, dois dígitos	00-23
%i	Minutos	00-59
%S	Segundos	00-59
%r	Hora	8:17:02 PM
%T	Hora, formato de 24 horas	20:17:02
%p	AM ou PM	AM ou PM

218   **PHP 6 E MySQL 5 PARA WEB SITES DINÂMICOS**

Formatando a data e a hora

Há duas funções adicionais de data e hora que você poderá utilizar mais do que todas as outras: DATE_FORMAT() e TIME_FORMAT(). Existe uma sobreposição entre elas e quando você deve utilizar uma ou a outra. DATE_FORMAT() pode ser utilizada para formatar a data e a hora se um valor contiver ambas (por exemplo, *AAAA-MM-DD HH:MM:SS*). Comparativamente, TIME_FORMAT() pode formatar apenas o valor de hora e deve ser utilizada se apenas o valor de hora estiver sendo armazenado (por exemplo, *HH:MM:SS*). A sintaxe é

```
SELECT DATE_FORMAT(data_e_hora, formatação)
```

A *formatação* depende de combinações de códigos-chave e do sinal de porcentagem para indicar quais valores deseja retornar.

A Tabela 5.5 lista os parâmetros de formatação de data e hora disponíveis. Você pode utilizá-los em qualquer combinação, juntamente com caracteres literais, tais como caracteres de pontuação, para retornar a data e a hora em um formato mais apresentável.

Assumindo que uma coluna chamada *the_date* tenha a data e a hora *1996-04-20 11:07:45* armazenada, as tarefas e os resultados comuns de formatação seriam

◆ Hora (11:07:45 AM)

```
TIME_FORMAT(the_date, '%r')
```

◆ Hora sem segundos (11:07 AM)

```
TIME_FORMAT(the_date, '%l:%i %p')
```

◆ Data (April 20th, 1996)

```
DATE_FORMAT(the_date, '%M %D, %Y')
```

Para formatar a data e a hora:

1. Retorne a data e a hora atuais no formato *Mês DD, AAAA - HH:MM* (**Figura 5.45**).

```
SELECT DATE_FORMAT(NOW(),'%M %e, %Y
→ - %l:%i');
```

Utilizando a função NOW(), que retorna a data e a hora atuais, você pode praticar a formatação para ver quais resultados serão retornados.

2. Exiba a hora atual, utilizando a notação de 24 horas **(Figura 5.46)**.

```
SELECT TIME_FORMAT(CURTIME(),'%T');
```

3. Selecione o endereço de e-mail e a data dos últimos cinco usuários registrados, ordenados pela data registrada, formatand-o-a como *Dia da semana (abreviado) Mês (abreviado) Dia Ano*, **(Figura 5.47)**.

```
SELECT email,
→ DATE_FORMAT(registration_date,
→ '%a %b %e %Y')
AS Date FROM users
ORDER BY registration_date DESC
LIMIT 5;
```

Este é apenas mais um exemplo de como você pode utilizar estas funções de formatação para alterar a saída de uma consulta SQL.

✓ **Dicas**

- Em seus aplicativos Web, você deve quase sempre utilizar funções MySQL para formatar quaisquer datas provenientes do banco de dados.
- A única forma de acessar a data ou a hora no cliente (a máquina do usuário) é utilizando JavaScript. Isso não pode ser realizado com PHP ou MySQL.

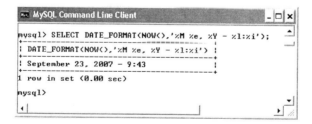

Figura 5.45 A data e a hora atuais, formatadas.

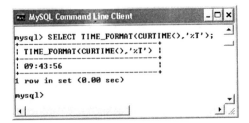

Figura 5.46 *A hora atual, em um formato de 24 horas.*

```
mysql> SELECT email, DATE_FORMAT(registration_date, '%a %b %e %Y')
    -> AS Date FROM users
    -> ORDER BY registration_date DESC
    -> LIMIT 5;
+---------------------+------------------+
| email               | Date             |
+---------------------+------------------+
| abe@simpson.com     | Sat Sep 22 2007  |
| don@authors.com     | Sat Sep 22 2007  |
| graham@authors.com  | Sat Sep 22 2007  |
| mike@authors.com    | Sat Sep 22 2007  |
| richard@authors.com | Sat Sep 22 2007  |
+---------------------+------------------+
5 rows in set (1.15 sec)

mysql>
```

Figura 5.47 *A função DATE_FORMAT() é utilizada para pré-formatar a data de registro ao selecionar os registros na tabela* users.

Capítulo 6

SQL e MySQL Avançados

Este capítulo continua a partir do ponto em que o capítulo anterior parou, discutindo tópicos mais avançados sobre SQL e MySQL. Embora você certamente consiga progresso com os conceitos básicos de ambas as tecnologias, são estas idéias mais complexas que tornam possível a criação de aplicativos sofisticados.

O capítulo inicia com a discussão sobre o design de banco de dados em maiores detalhes, utilizando um grupo de discussão como exemplo. Bancos de dados mais elaborados, como um fórum, necessitam de consultas SQL chamadas *junções* para que um determinado assunto tenha uma seqüência. Então, o capítulo apresenta uma categoria de funções que são especificamente utilizadas ao agrupar resultados de consultas.

Em seguida, os assuntos partem para conceitos avançados de MySQL: índices, alteração da estrutura de tabelas existentes e tipos de tabelas. O capítulo é finalizado com mais dois recursos MySQL: a realização de procuras e transações de textos completos.

PHP 6 e MySQL 5 para Web Sites Dinâmicos

Design do Banco de Dados

Sempre que estiver trabalhando com um sistema de gerenciamento de banco de dados relacional como o MySQL, a primeira etapa na criação e utilização de um banco de dados é estabelecer a sua estrutura (também chamada de *esquema* do banco de dados). O design do banco de dados, também conhecido como *modelagem de dados*, é essencial para o gerenciamento bem-sucedido das informações, a longo prazo. Utilizando um processo chamado *normalização*, você cuidadosamente elimina redundâncias e outros problemas que podem prejudicar a integridade do seu banco de dados.

As técnicas que você aprenderá nas próximas páginas ajudarão a garantir a viabilidade, utilidade e confiabilidade dos seus bancos de dados. O exemplo específico a ser discutido — um fórum no qual os usuários podem postar mensagens — será mais explicitamente utilizado no Capítulo 15, "Exemplo — Grupo de Discussão", mas os princípios da normalização se aplicam a qualquer banco de dados que você venha a criar. (O exemplo *sitename* criado nos dois capítulos anteriores foi adequadamente normalizado, embora isso nunca tenha sido discutido).

Normalização

A normalização foi desenvolvida por um pesquisador da IBM chamado E.F. Codd no início dos anos 70 (ele também inventou o banco de dados relacional). Um banco de dados relacional é uma coleção de dados, organizados em uma forma particular, e o Dr. Codd criou uma série de regras chamadas *formulários normais* que ajudam a definir essa organização. Neste capítulo abordarei os primeiros três dos formulários normais, que são suficientes para a maioria dos designs de bancos de dados.

Antes de iniciar a normalização de seu banco de dados, você deve definir a função do aplicativo sendo desenvolvido. Independentemente de significar uma discussão a fundo com um cliente ou você mesmo, determinar a função e compreender como as informações serão acessadas indicam a forma de modelagem dos dados. Assim, este processo necessitará de papel e caneta em vez do próprio software MySQL (embora o design do banco de dados seja aplicável a qualquer banco de dados relacional, não apenas ao MySQL).

Neste exemplo, desejo criar um grupo de discussão no qual os usuários possam postar mensagens e outros usuários possam respondê-las. Imagi-

Capítulo 6 – SQL e MySQL Avançados 223

no que os usuários precisarão realizar um registro, em seguida efetuar login com uma combinação nome de usuário/senha, para que possam postar mensagens. Também espero que possam existir vários fóruns para diferentes assuntos. Listei uma linha de dados de amostra na **Tabela 6.1**. O banco de dados será chamado de *forum*.

✓ **Dicas**

■ Uma das melhores formas para determinar quais informações devem ser armazenadas em um banco de dados é imaginar quais serão as perguntas contidas no banco de dados e quais dados serão incluídos nas respostas.

■ A normalização pode ser difícil de ser compreendida se você se prender a detalhes. Cada um dos formulários normais é definido de forma oculta; mesmo quando apresentado com termos mais claros, ele ainda pode ser confuso. Minha recomendação é focar no aspecto geral ao trabalhar com formulários normais. Assim que você realizar o processo de normalização e visualizar o resultado final, todo o processo será melhor compreendido.

Tabela 6.1 Dados representativos para o tipo de informação a ser armazenada no banco de dados.

Dados do Fórum de Amostra

Item	Exemplo
username	troutster
password	mypass
actual name	Larry Ullman
user email	email@example.com
forum	MySQL
message subject	Question about normalization
message body	I have a question about…
message date	February 2, 2008 12:20 AM

Chaves

Resumidamente mencionadas no Capítulo 4, "Introdução ao MySQL", as chaves são integrais aos bancos de dados normalizados. Há dois tipos de chaves: *primária* e *externa*. Uma chave primária é um identificador

224 **PHP 6 E MySQL 5 PARA WEB SITES DINÂMICOS**

exclusivo que está em conformidade com determinadas regras. As chaves primárias devem

◆ Ter sempre um valor (elas não podem ser NULL)
◆ Ter um valor que permaneça o mesmo (nunca mude)
◆ Ter um valor exclusivo para cada registro em uma tabela

O melhor exemplo de uma chave primária no mundo real é o número de seguridade social americano: cada indivíduo possui um número exclusivo, e esse número nunca muda. Como o número de seguridade social é uma construção artificial utilizada para identificar pessoas, freqüentemente você considerará a criação de uma chave primária arbitrária para cada tabela como sendo uma boa prática no design.

O segundo tipo de chave é uma chave externa. Chaves externas são a representação na Tabela B da chave primária da Tabela A. Se você possui um banco de dados *cinema* com uma tabela *movies* e uma tabela *directors*, a chave primária *directors* seria vinculada como uma chave externa em *movies*. Você verá como isso funciona durante o processo de normalização.

Tabela 6.2 Uma chave primária é incluída na tabela como uma forma fácil de referência a registros.

Dados do Fórum de Amostra	
Item	**Exemplo**
message ID	325
username	troutster
password	mypass
actual name	Larry Ullman
user email	email@example.com
forum	MySQL
message subject	Question about normalization.
message body	I have a question about...
message date	February 2, 2008 12:20 AM

Neste momento, o banco de dados *forum* é apenas uma simples tabela (Tabela 6.1), mas antes de iniciar o processo de normalização, identifique pelo menos uma chave primária (as chaves externas aparecerão em etapas posteriores).

Para designar uma chave primária:

1. Procure por campos que atendam os três requisitos para uma chave primária.

   Neste exemplo (Tabela 6.1), nenhuma coluna realmente atende aos critérios para uma chave primária. O nome de usuário e o endereço de e-mail serão exclusivos para cada usuário do fórum, mas não serão exclusivos para cada registro no banco de dados (pois o mesmo usuário pode postar várias mensagens). O mesmo assunto também poderá ser utilizado várias vezes. O corpo da mensagem provavelmente será exclusivo para cada mensagem, mas poderá ser alterado (se editado), violando uma das regras de chaves primárias.

2. Se não houver uma chave primária lógica, invente uma **(Tabela 6.2).**

   Freqüentemente você precisará criar uma chave primária, porque nenhuma boa solução foi apresentada. Neste exemplo, um *ID de mensagem* é criado. Quando você cria uma chave primária que não possui outro significado ou finalidade, ela é chamada de chave primária *substituta*.

✓ **Dicas**

- Como de costume, denominei minhas chaves primárias utilizando pelo menos parte do nome da tabela (por exemplo, *message)* e a palavra *id.* Alguns desenvolvedores de bancos de dados gostam de incluir também a abreviação *pk* ao nome.

- O MySQL permite apenas uma chave primária por tabela, embora você possa ter uma chave primária com base em várias colunas (isso significa que a combinação dessas colunas deve ser exclusiva e nunca deve ser alterada).

- O ideal seria que sua chave primária sempre fosse um número inteiro, o que resultaria em um melhor desempenho do MySQL.

Relacionamentos

Os relacionamentos de bancos de dados indicam como os dados em uma tabela se relacionam com os dados em uma outra tabela. Há três tipos de relacionamentos entre duas tabelas: *um-para-um, um-para-muitos* ou *muitos-para-muitos.* (Duas tabelas em um banco de dados também podem não estar relacionadas).

Um relacionamento é um-para-um se apenas um item exclusivo na Tabela A se aplicar a apenas um item exclusivo na Tabela B. Por exemplo, cada cidadão americano possui apenas um número de seguridade social, e cada número de seguridade social se aplica a apenas um cidadão americano; nenhum cidadão pode ter dois números de seguridade social, e nenhum número de seguridade social pode pertencer a dois cidadãos.

Um relacionamento é um-para-muitos se um item na Tabela A puder ser aplicado a vários itens na Tabela B. Os termos *feminino* e *masculino* se aplicarão a muitas pessoas, mas cada pessoa pode ser um ou outro (em teoria). Um relacionamento um-para-muitos é o mais comum entre tabelas nos bancos de dados normalizados.

Finalmente, um relacionamento é muitos-para-muitos se vários itens na Tabela A podem ser aplicados a vários itens na Tabela B. Um disco pode conter músicas de vários artistas, e os artistas podem gravar vários discos. *Você deve evitar relacionamentos muitos-para-muitos,* pois eles podem causar problemas de redundância e integridade de dados. Em vez de ter relacionamentos muitos-para-muitos, os bancos de dados projetados adequadamente utilizam *tabelas intermediárias* que quebram um relacionamento muitos-para-muitos em dois relacionamentos um-para-muitos.

Os relacionamentos e as chaves trabalharão juntos, pois uma chave em uma tabela normalmente se relacionará a uma chave em outra tabela, conforme mencionado anteriormente.

✓ Dicas

- A modelagem de banco de dados utiliza determinadas convenções para representar a estrutura do banco de dados, que seguirei por meio de uma série de imagens neste capítulo. Os símbolos para os três tipos de relacionamentos são mostrados na **Figura 6.1.**

- O processo do design do banco de dados resulta em um *ERD* (entity-relationship diagram – diagrama de relacionamento de entidades) ou *ERM* (entity-relationship model – modelo de relacionamento de entidades). Essa representação gráfica de um banco de dados utiliza caixas para tabelas, círculos ovais para colunas e os símbolos da Figura 6.1 para representar os relacionamentos.

- Há muitos programas disponíveis para ajudar a criar um esquema de banco de dados, incluindo MySQL Workbench (www.mysql.com), que é um release alfa no momento da elaboração deste livro.
- O termo "relacional" no RDBMS descende das tabelas, que são tecnicamente chamadas de *relações*.

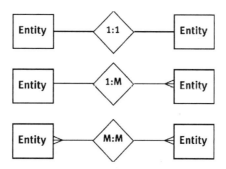

Figura 6.1 Estes símbolos, ou variações deless, são comumente utilizados para representar relacionamentos nos esquemas de modelagem do banco de dados.

Primeira Forma Normal

Conforme já vimos, a normalização de um banco de dados é o processo de ajuste da estrutura do banco de dados de acordo com diversas regras, chamadas de *formas*. Seu banco de dados deve aderir exatamente a cada uma das regras, e as formas devem ser acompanhadas em seqüência.

Toda tabela em um banco de dados deve ter as duas qualidades a seguir para estar na Primeira Forma Normal (1FN):

◆ Cada coluna deve conter apenas um valor (às vezes, isto é descrito como sendo *atômico* ou *indivisível*).

◆ Nenhuma tabela possui grupos repetidos de dados relacionados.

228 PHP 6 E MySQL 5 PARA WEB SITES DINÂMICOS

Tabela 6.3 A coluna *nome real* foi quebrada em duas para armazenar dados de forma mais atômica.

Banco de Dados do Fórum, Atômico	
Item	**Exemplo**
message ID	325
username	troutster
password	mypass
first name	Larry
last name	Ullman
user email	email@example.com
forum	MySQL
message subject	Question about normalization.
message body	I have a question about…
message date	February 2, 2008 12:20 AM

A tabela contendo um campo para o endereço completo de uma pessoa (rua, cidade, estado, código postal, país) *não* seria compatível com 1FN, pois ela possui vários valores em uma coluna, violando a primeira propriedade acima. Para a segunda, uma tabela *movies* que tinha colunas como *actor1, actor2, actor3,* e assim por diante, falharia na conformidade com a 1FN devido a colunas repetidas, em que todas listam o mesmo tipo exato de informação.

Iniciarei o processo de normalização verificando a estrutura existente (Tabela 6.2) para conformidade com a 1FN. Todas as colunas que não forem atômicas serão quebradas em várias colunas. Se uma tabela possuir colunas semelhantes repetidas, elas serão colocadas em sua própria tabela separada.

Para que um banco de dados esteja em conformidade com a 1FN:

1. Identifique qualquer campo que contenha várias partes de informações.

   Consultando a Tabela 6.2, um campo não está em conformidade com a 1FN: *nome real.* O registro de exemplo continha o primeiro e o último nomes nesta coluna.

   O campo *data da mensagem* contém um dia, um mês e um ano, além das horas, mas a subdivisão não é garantida após esse nível de especificidade. E, conforme mostrado no final do capítulo anterior, o MySQL pode manipular datas e horas utilizando o tipo DATETIME.

Outros exemplos de problemas seriam se a tabela utilizasse apenas uma coluna para vários números de telefone (móvel, residencial, comercial) ou armazenasse vários interesses de uma pessoa (culinária, dança, esportes etc.) em uma única coluna.

2. Divida quaisquer campos encontrados na Etapa 1 em campos diferentes **(Tabela 6.3).**

Para corrigir este problema, criarei os campos *primeiro nome* e *último nome* separados, cada um contendo apenas um valor.

3. Coloque quaisquer grupos de colunas repetidas em sua própria tabela.

Até o momento, o banco de dados do fórum não possui este problema, portanto, para demonstrar o que seria uma violação, considere a **Tabela 6.4.** As colunas repetidas (os diversos campos de atores) apresentam dois problemas. Em primeiro lugar, não há como evitar o fato de que cada filme será limitado a um determinado número de atores quando armazenado desta forma. Mesmo se você incluir colunas de *ator 1* até *ator 100*, ainda haverá esse limite (de uma centena). Em segundo lugar, qualquer registro que não possua o número máximo de atores terá valores NULL nessas colunas extras. Normalmente, você deve evitar colunas com valores NULL em seu esquema de banco de dados. Uma outra preocupação é que as colunas de ator e diretor não são atômicas.

Para corrigir os problemas na tabela *movies*, uma segunda tabela precisa ser criada **(Tabela 6.5).** Esta tabela utiliza uma linha para cada ator em um filme, o que resolve os problemas mencionados no último parágrafo. Os nomes dos atores também são divididos para serem atômicos. Observe também que uma coluna de chave primária deve ser incluída na nova tabela. A noção de que cada tabela possui uma chave primária está implícita na Primeira Forma Normal.

4. Verifique mais uma vez se todas as novas colunas e tabelas criadas nas Etapas 2 e 3 passam no teste da 1FN.

230 **PHP 6 E MySQL 5 PARA WEB SITES DINÂMICOS**

✓ **Dicas**

- A maneira mais simples de imaginar a 1FN é que esta regra analisa uma tabela horizontalmente. Inspecione todas as colunas em uma única linha para garantir especificidade e evitar repetição de dados semelhantes.

- Diversos recursos descreverão as formas normais de maneiras um pouco diferentes, provavelmente com termos muito mais técnicos. O mais importante é o espírito — e o resultado final — do processo de normalização, não os termos técnicos das regras.

Tabela 6.4 Esta tabela *movies* viola a regra 1FN por duas razões. Primeira, ela possui colunas repetidas de dados semelhantes (*actor 1* etc.). Segunda, as colunas de atores e diretores não são atômicas.

Tabela Movies

Coluna	Valor
movie ID	976
movie title	Casablanca
year released	1943
director	Michael Curtiz
actor 1	Humphrey Bogart
actor 2	Ingrid Bergman
actor 3	Peter Lorre

Tabela 6.5 Para que a tabela *movies* (Tabela 6.4) esteja em conformidade com a 1FN, a associação de atores com um filme seria realizada nesta tabela.

Tabela Movies-Actors

ID	Filme	Primeirno Nome do Ator	Último Nome do Ator
1	Casablanca	Humphrey	Bogart
2	Casablanca	Ingrid	Bergman
3	Casablanca	Peter	Lorre
4	The Maltese Falcon	Humphrey	Bogart
5	The Maltese Falcon	Peter	Lorre

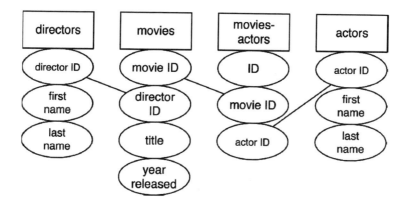

Figura 6.2 Para que o banco de dados cinema esteja em conformidade com a 2FN (com as informações sendo representadas), quatro tabelas são necessárias. Os diretores são representados na tabela movies por meio da chave director ID; os filmes são representados na tabela movies-actors por meio da chave movie ID; e os atores são representados na tabela movies-actors por meio da chave actor ID.

Segunda Forma Normal

Para que um banco de dados se encontre na Segunda Forma Normal (2FN), primeiro, ele deve estar em conformidade com a 1FN (você deve normalizar em seqüência). Em seguida, cada coluna na tabela que não seja uma chave (ou seja, uma chave externa) deve ser dependente da chave primária. Normalmente, você pode identificar uma coluna que viola esta regra quando ela possui valores não-chave que são os mesmos em várias linhas. Tais valores devem ser armazenados em suas próprias tabelas e relacionados à tabela original por meio de uma chave.

De volta ao exemplo *cinema*, uma tabela *movies* (Tabela 6.4) teria o diretor Martin Scorsese listado mais de vinte vezes, o que viola a regra 2FN, pois as colunas que armazenam os nomes dos diretores não seriam chaves e não seriam dependentes da chave primária (movie ID). A correção é criar uma tabela *directors* separada, que armazena as informações dos diretores e designa a cada um uma chave primária. Para religar o diretor aos filmes, a chave primária do diretor também seria uma chave primária na tabela *movies*.

Consultando a Tabela 6.5 (em atores e filmes), o nome do filme e os nomes do atores também violam a regra 2FN (eles não são as chaves e não

PHP 6 E MySQL 5 PARA WEB SITES DINÂMICOS

são dependentes da chave primária da tabela). Ao final, o banco de dados cinema, nesta forma mínima, necessita de quatro tabelas (**Figura 6.2**). Cada nome de diretor, nome de filme e nome de ator será armazenado apenas uma vez, e qualquer coluna não-chave em uma tabela será dependente da chave primária da tabela. De fato, a normalização poderia ser resumida como o processo de criação de tabelas até que redundâncias em potencial tenham sido eliminadas.

Para que um banco de dados esteja em conformidade com a 2FN:

1. Identifique quaisquer colunas não-chave que não sejam dependentes da chave primária da tabela. Consultando a Tabela 6.3, os valores de nome de usuário, primeiro nome, último nome, e-mail e fórum são todos não-chave (ID de mensagem, atualmente, é a única coluna-chave), e nenhum é dependente de ID de mensagem. Por outro lado, assunto, corpo e data da mensagem também são não-chaves, mas dependem do ID de mensagem.

2. Crie novas tabelas adequadamente (**Figura 6.3**). A modificação mais lógica para o banco de dados do fórum é criar três tabelas: *users, forums* e *messages*.

   Em uma representação visual do banco de dados, crie uma caixa para cada tabela, com o nome de cada uma como um cabeçalho e todas as suas colunas (também chamadas de *atributos)* abaixo.

3. Designe ou crie novas chaves primárias (**Figura 6.4**).

   Utilizando as técnicas descritas anteriormente, certifique-se de que cada nova tabela tenha uma chave primária. Aqui, incluí um campo *user ID* na tabela *users* e um campo *forum ID* na tabela *forums*. Estas são duas chaves primárias substitutas. Como o campo *username* na tabela *users* e o campo *name* na tabela *forums* devem ser exclusivos para cada registro e devem sempre ter um valor, você poderá fazer com que eles atuem como as chaves primárias de suas tabelas. Entretanto, isto significaria que esses valores nunca poderiam ser alterados (de acordo com as regras das chaves primárias) e o banco de dados ficará um pouco mais lento, utilizando chaves com base em textos em vez de chaves numéricas.

CAPÍTULO 6 – SQL E MySQL Avançados

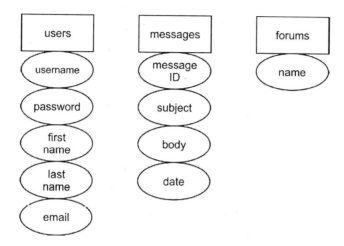

Figura 6.3 Para que o banco de dados forum esteja em conformidade 2FN, são necessárias três tabelas.

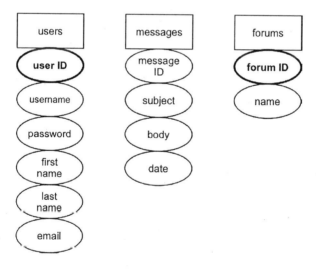

Figura 6.4 Cada tabela necessita de sua própria chave primária.

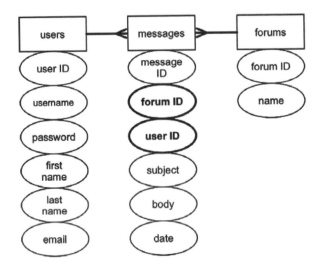

Figura 6.5 *Para relacionar as três tabelas, duas chaves externas são incluídas na tabela* messages, *com cada chave representando uma das outras duas tabelas.*

✓ **Dicas**

- Uma outra maneira de testar a 2FN é consultar os relacionamentos entre as tabelas. O ideal é criar situação de um-para-muitos. As tabelas que possuem um relacionamento muitos-para-muitos podem necessitar de uma reestruturação.

- Consultando novamente a Figura 6.2, a tabela *moviesactors* é uma *tabela intermediária* que transforma o relacionamento muitos-para-muitos entre filmes e atores em dois relacionamentos um-para-muitos. Freqüentemente, você poderá dizer que uma tabela está atuando como intermediária quando todas as suas colunas forem chaves. De fato, nesta tabela, nenhuma coluna *ID* seria necessária, pois a chave primária poderia ser a combinação de *movie ID* e *actor ID*.

- Um banco de dados normalizado adequadamente nunca deve ter linhas duplicadas na mesma tabela (duas ou mais linhas nas quais os valores correspondem em cada coluna que não seja chave primária).

- Para simplificar o entendimento do processo de normalização, lembre-se de que 1FN é uma questão de inspecionar uma tabela

CAPÍTULO 6 – SQL E MySQL Avançados   235

horizontalmente, e 2FN é uma análise vertical (procurando por valores repetidos em várias linhas).

4. Crie as chaves externas necessárias e indique os relacionamentos **(Figura 6.5)**. A etapa final para conseguir a conformidade 2FN é incorporar chaves externas para vincular as tabelas associadas. Lembre-se de que uma chave primária em uma tabela provavelmente será uma chave externa em outra tabela.Com este exemplo, a coluna *user ID* da tabela *users* faz um link com a coluna *user ID* na tabela *messages*. Portanto, *users* possui um relacionamento um-para-muitos com *messages* (pois cada usuário pode postar várias mensagens, mas cada mensagem pode ser postada apenas por um usuário).

Além disso, as duas colunas *forum ID* estão vinculadas, criando um relacionamento um-para-muitos entre *messages* e *forums* (cada mensagem pode estar apenas em um fórum, mas cada fórum pode ter várias mensagens).

Não há qualquer relacionamento entre as tabelas *users* e *forums*.

Terceira Forma Normal

Um banco de dados está na Terceira Forma Normal (3FN) se ele estiver na 2FN e todas as colunas não-chave forem mutuamente independentes. Se você seguiu o processo de normalização adequadamente até este ponto, talvez não tenha problemas com a 3FN. Você deve saber que haverá uma violação da 3FN se a alteração do valor em uma coluna necessitar da alteração do valor em uma outra coluna. No exemplo *forum* (consulte a Figura 6.5), não há problema com 3FN, mas explicarei uma situação hipotética na qual esta regra seria envolvida.

Assuma, como um exemplo comum, uma única tabela que armazena as informações dos clientes de uma empresa: primeiro nome, último nome, número de telefone, endereço, cidade, estado, código postal e assim por diante. Tal tabela não estaria em conformidade com a 3FN porque muitas das colunas seriam interdependentes: o endereço seria dependente da cidade; a cidade seria dependente do estado; e o código postal também seria um problema. Estes valores estão subordinados uns aos outros,e não à pessoa a cujo registro está subordinado. Para normalizar este banco de dados, seria necessário criar uma tabela para os estados, uma outra para as

PHP 6 e MySQL 5 para Web Sites Dinâmicos

cidades (com uma chave externa com link para a tabela de estados) e uma outra para os códigos postais. Todas estas tabelas teriam um link com a tabela de clientes.

Se você acha tudo isso um exagero, você está correto. Para ser franco, este nível mais alto de normalização é raramente necessário. Você deve se empenhar para normalizar seus bancos de dados, mas que às vezes você fará concessões para manter as coisas mais simples (consulte o quadro lateral "Ignorando a Normalização"). As necessidades de seu aplicativo e as particularidades do seu banco de dados ajudam a indicar até onde você deve ir com o processo de normalização.

Como eu disse, o exemplo do banco de dados *forum* é bom na forma como foi apresentado, mas descreverei as etapas da 3FN da mesma forma, mostrando como corrigir o exemplo com clientes que mencionei anteriormente.

Para que um banco de dados esteja em conformidade com a 3FN:

1. Identifique quaisquer campos em quaisquer tabelas que sejam interdependentes.

   Conforme já foi dito, você procura por colunas que dependem mais umas das outras (como cidade e estado) do que do registro como um todo. No banco de dados *forum*, isto não é um problema. Consultando a tabela *messages*, cada *subject* será específico a um *message ID*, cada *body* será específico a esse *message ID*, e assim por diante.

2. Crie novas tabelas adequadamente.

   Se você encontrar qualquer coluna problemática na Etapa 1, como cidade e estado em um exemplo com clientes, crie tabelas *cities* e *states* separadas.

3. Designe ou crie novas chaves primárias. Cada uma das tabelas deve ter uma chave primária, portanto, inclua as colunas *city ID* e *state ID* nas novas tabelas.

4. Crie as chaves externas necessárias para o link de quaisquer relacionamentos **(Figura 6.6)**. Finalmente, inclua uma coluna *state ID* na tabela *cities* e uma coluna *city ID* na tabela *clients*, fazendo o link do registro de cada cliente com a cidade e o estado no qual vivem.

Capítulo 6 – SQL e MySQL Avançados

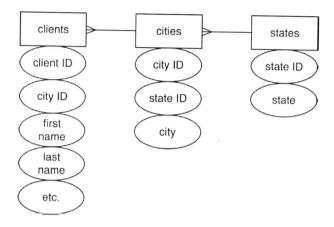

Figura 6.6 *Trabalhando com uma versão mínima de um banco de dados* clients *hipotético, duas novas tabelas são criadas para o armazenamento dos valores de cidade e estado.*

Ignorando a Normalização

Cretificando-se de que um banco de dados esteja na 3FN ajudará a garantir confiabilidade e viabilidade, e você não normalizará completamente todos os bancos de dados com os quais trabalha. Entretanto, antes de eliminar os métodos adequados, compreenda que agir desta forma provocará, a longo prazo, conseqüências devastadoras.

As duas principais razões para desconsiderar a normalização são conveniência e desempenho. Menos tabelas são mais fáceis de manipular e compreender do que mais tabelas. Além disso, devido à sua natureza mais complexa, o banco de dados normalizado provavelmente será mais lento para atualização, recuperação de dados e modificação. A normalização, em resumo, é uma negociação entre integridade/escalabilidade e simplicidade/velocidade de dados. Por outro lado, há formas de melhorar o desempenho do seu banco de dados, mas há poucas para corrigir dados corrompidos que podem ser resultado de um projeto inadequado.

Prática e experiência ensinarão qual a melhor forma de modelar seu banco de dados, mas prefira cometer erros respeitando as formas normais, até mesmo porque você ainda está aprendendo o conceito.

238   **PHP 6 E MySQL 5 PARA WEB SITES DINÂMICOS**

✓ **Dicas**

■ Como regra geral, eu provavelmente não normalizaria o exemplo com clientes nesta extensão. Se eu não normalizasse os campos de cidade e estado na tabela *Clients*, o maior problema que poderia acontecer seria se uma cidade mudasse seu nome e isso precisasse ser alterado nos registros de todos os usuários que ali vivem. Mas esta — cidades mudando seus nomes — não é uma ocorrência comum.

■ Apesar de existirem estas regras definidas para normalização de um banco de dados, duas pessoas diferentes poderiam normalizar o mesmo exemplo de formas um pouco diferentes. O design do banco de dados permite preferências e interpretações pessoais. O importante é que um banco de dados não possua uma violação FN clara e óbvia. Qualquer uma delas provavelmente levará a problemas mais adiante.

Criando o banco de dados

Há três etapas finais no projeto do banco de dados:

1. Verifique novamente se todas as informações necessárias estão sendo armazenadas.

2. Identifique os tipos de colunas.

3. Nomeie todos os elementos do banco de dados.

A Tabela 6.6 mostra o design final do banco de dados. Uma coluna foi incluída nas colunas mostradas na Figura 6.5. Como uma mensagem pode ser uma resposta de uma outra mensagem, será necessário algum método de indicação desse relaciolamento. A solução é incluir uma coluna *parent_id* em *messages*. Se uma mensagem for uma resposta, seu valor *parent_id* será o *message_id* da mensagem original (portanto, *message_id* está atuando como uma chave externa nesta mesma tabela). Se uma mensagem tiver um *parent_id* igual a 0, então ela será um novo encadeamento, não uma resposta.

Se você realizar alguma alteração nas tabelas, será necessário, mais uma vez, passar pelas formas normais para garantir que o banco de dados ainda esteja normalizado.

A escolha dos tipos de colunas e nomeação de tabelas e colunas já foi abordada no Capítulo 4.

Capítulo 6 – SQL e MySQL Avançados 239

Assim que o esquema estiver completamente desenvolvido, ele poderá ser criado no MySQL, utilizando os comandos mostrados no Capítulo 5, "Introdução ao SQL."

Para criar o banco de dados:

1. Acesse o MySQL utilizando o cliente que preferir.

   Assim como o capítulo anterior, este também utilizará o cliente mysql para todos os exemplos. Utilize o phpMyAdmin ou outras ferramentas como a interface para o MySQL.

2. Crie o banco de dados *forum* (**Figura 6.7**).

```
CREATE DATABASE forum;
USE forum;
```

Dependendo da sua configuração, talvez não seja permitido criar seus próprios bancos de dados. Se não for possível, utilize o banco de dados fornecido e inclua as tabelas a seguir.

Tabela 6.6 O plano final para o banco de dados *forum*. Observe que cada coluna de números inteiros é UNSIGNED, as três colunas como chaves primárias também são designadas como AUTO_INCREMENT e todas as colunas estão configuradas como NOT NULL.

O Banco de Dados fórum com Tipos

Nome da Coluna	Tabela	Tipo da Coluna
forum_id	forums	TINYINT
name	forums	VARCHAR(60)
message_id	messages	INT
forum_id	messages	TINYINT
parent_id	messages	INT
user_id	messages	MEDIUMINT
subject	messages	VARCHAR(100)
body	messages	LONGTEXT
date_entered	messages	TIMESTAMP
user_id	users	MEDIUMINT
username	users	VARCHAR(30)
pass	users	CHAR(40)
first_name	users	VARCHAR(20)
last_name	users	VARCHAR(40)
email	users	VARCHAR(80)

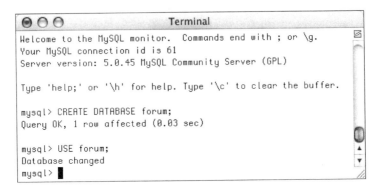

Figura 6.7 As primeiras etapas são criar e selecionar o banco de dados.

3. Crie a tabela *forums* (**Figura 6.8**).

   ```
   CREATE TABLE forums(
   forum_id TINYINT UNSIGNED NOT NULL
   → AUTO_INCREMENT,
   name VARCHAR(60) NOT NULL,
   PRIMARY KEY (forum_id)
   );
   ```

   Não importa a ordem na qual você cria suas tabelas, mas eu criarei primeiro a tabela *forums*. Lembre-se de que você pode inserir suas consultas SQL em várias linhas, para maior conveniência.

   Esta tabela contém apenas duas colunas (que ocorrerão com freqüência em um banco de dados normalizado). Como não espero que haja muitos fóruns, a chave primária é um tipo bastante pequeno (TINYINT). Se você desejasse incluir descrições de cada fórum, uma coluna VARCHAR(255) poderia ser incluída nesta tabela.

CAPÍTULO 6 – SQL E MYSQL AVANÇADOS

4. Crie a tabela *messages* (**Figura 6.9**).

   ```
   CREATE TABLE messages(
   message_id INT UNSIGNED
   NOT NULL AUTO_INCREMENT,
   forum_id TINYINT UNSIGNED NOT NULL,
   parent_id INT UNSIGNED NOT NULL,
   user_id MEDIUMINT UNSIGNED NOT NULL,
   subject VARCHAR(100) NOT NULL,
   body LONGTEXT NOT NULL,
   date_entered TIMESTAMP NOT NULL,
   PRIMARY KEY (message_id)
   );
   ```

A chave primária para esta tabela precisa ser grande, pois ela pode ter uma grande quantidade de registros. As três colunas de chaves externas — *forum_id, parent_id* e *user_id* — terão o mesmo tamanho e tipo que suas chaves primárias correspondentes. O assunto é limitado a 100 caracteres e o corpo de cada mensagem pode conter bastante texto. O campo *date_entered* é um tipo TIMESTAMP. Ele armazenará a data e a hora em que o registro foi incluído, e será automaticamente atualizado com a data e a hora atuais quando o registro for inserido (este é o comportamento de TIMESTAMP).

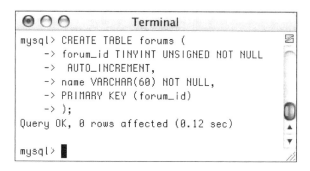

Figura 6.8 Criando a primeira tabela.

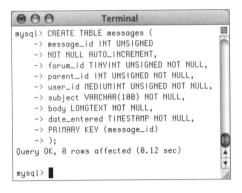

Figura 6.9 Criando a segunda tabela.

5. Crie a tabela *users* (**Figura 6.10**).

```
CREATE TABLE users(
user_id MEDIUMINT UNSIGNED NOT NULL
>AUTO_INCREMENT,
username VARCHAR(30) NOT NULL,
pass CHAR(40) NOT NULL,
first_name VARCHAR(20) NOT NULL,
last_name VARCHAR(40) NOT NULL,
email VARCHAR(80) NOT NULL,
PRIMARY KEY (user_id)
);
```

Aqui, a maioria das colunas imita as colunas na tabela *users* do banco de dados *sitename*, criado nos dois capítulos anteriores. A coluna *pass* é definida como CHAR(40), pois a função SHA1() será utilizada e ela sempre retorna uma cadeia de 40 caracteres de tamanho (consulte o Capítulo 5).

Capítulo 6 – SQL e MySQL Avançados

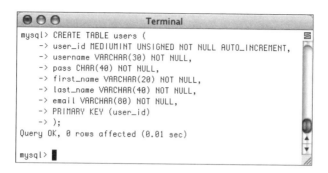

Figura 6.10 *A terceira e última tabela do banco de dados.*

6. Se desejado, confirme a estrutura do banco de dados. (Figura 6.11).

```
SHOW TABLES;
SHOW COLUMNS FROM forums;
SHOW COLUMNS FROM messages;
SHOW COLUMNS FROM users;
```

Esta etapa é opcional, porque o MySQL reporta o êxito de cada consulta assim que ela é inserida. Mas é sempre bom recordar a estrutura de um banco de dados.

✓ **Dica**

■ Quando você possui uma chave primária–link de chave externa (como *forum_id* em *forums* para *forum_id* em *messages*), ambas as colunas devem ser do mesmo tipo (neste caso, TINYINT UNSIGNED NOT NULL).

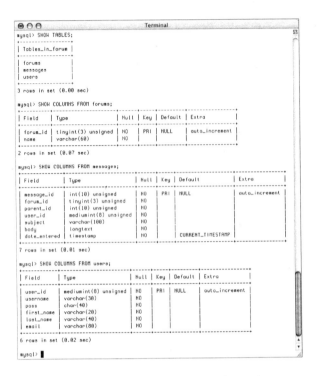

Figura 6.11 Verifique a estrutura de qualquer banco de dados ou tabela utilizando SHOW.

Preenchendo o banco de dados

No Capítulo 15, uma interface com base na Web para o grupo de discussão será escrita em PHP. Essa interface será a forma padrão para preencher o banco de dados (ou seja, registrar usuários e postar mensagens). Mas ainda há muito o que aprender para chegar a esse ponto, portanto, o banco de dados deve ser preenchido utilizando um aplicativo cliente do MySQL. Você pode seguir estas etapas ou fazer download dos comandos SQL a partir do Web site correspondente do livro (www.DMCInsights.com/phpmysql3/, clique em *Downloads*).

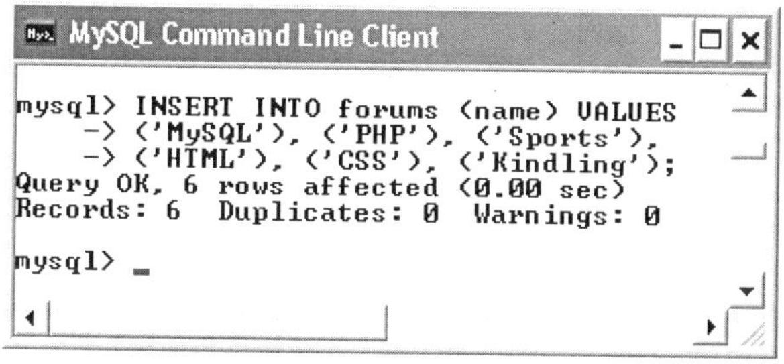

CAPÍTULO 6 – SQL E MYSQL AVANÇADOS   245

Figura 6.12 Incluindo registros na tabela forums.

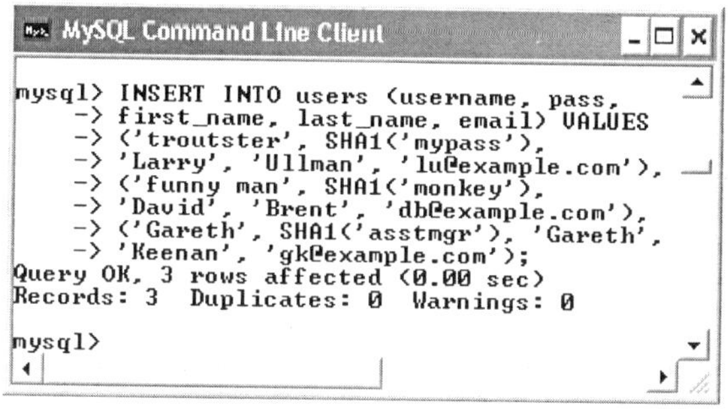

Figura 6.13 Incluindo registros na tabela users.

Para preencher o banco de dados:

1. Inclua alguns registros novos na tabela *forums* (**Figura 6.12**).

```
INSERT INTO forums (name) VALUES
('MySQL'), ('PHP'), ('Sports'),
('HTML'), ('CSS'), ('Kindling');
```

Como a tabela *messages* depende dos valores recuperados das tabelas *forums* e *users*, essas duas tabelas precisam ser preenchidas primeiro. Com este comando INSERT, apenas a coluna *name* deve receber um valor (a coluna *forum_id* da tabela receberá um número inteiro incrementado automaticamente pelo MySQL).

2. Inclua alguns registros na tabela *users* (**Figura 6.13**).

```
INSERT INTO users (username, pass,
first_name, last_name, email) VALUES
```

PHP 6 E MYSQL 5 PARA WEB SITES DINÂMICOS

```
('troutster', SHA1('mypass'),
'Larry', 'Ullman', 'lu@example.com'),
('funny man', SHA1('monkey'),
'David' , 'Brent' , ' db@example. com'),
('Gareth', SHA1('asstmgr'), 'Gareth',
'Keenan', 'gk@example.com');
```

Se tiver alguma questão sobre a sintaxe de INSERT ou sobre a utilização da função SHA1(), consulte o Capítulo 5.

3. Inclua novos registros na tabela *messages* (Figura 6.14).

```
SELECT * FROM forums;
SELECT user_id, username FROM users;
INSERT INTO messages (forum_id,
→ parent_id, user_id, subject, body)
→ VALUES
(1, 0, 1, 'Question about
→ normalization.', 'I\'m confused
→ about normalization. For the second
→ normal form (2NF), I read...'),
(1, 0, 2, 'Database Design', 'I\'m
→ creating a new database and am
→ having problems with the structure.
→ How many tables should I have?...'),
(1, 2, 1, 'Database Design', 'The
→ number of tables your database
→ includes...'),
(1, 3, 2, 'Database Design', 'Okay,
→ thanks!'),
(2, 0, 3, 'PHP Errors', 'I\'m using
→ the scripts from Chapter 3 and I
→ can\'t get the first calculator
→ example to work. When I submit the
→ form...');
```

Como dois dos campos na tabela *messages (forum_id* e *user_id)* estão relacionados a valores em outras tabelas, você precisa saber esses valores antes de inserir novos registros. Por exemplo, quando o usuário *troutocity* cria uma nova mensagem no fórum *MySQL*, ele terá um campo *forum_id* com o valor 1 e um campo *user_id* com o valor 1.

Essa situação é dificultada pela coluna *parent_id*, que deve armazenar o *message_id* para o qual a nova mensagem é uma resposta.

CAPÍTULO 6 – SQL E MySQL AVANÇADOS

A segunda mensagem incluída no banco de dados terá um *message_id* com o valor 2, portanto, as respostas para essa mensagem precisam de um *parent_id* com valor 2.

Com seus scripts PHP — assim que você criar uma interface para este banco de dados, este processo será muito mais fácil, mas primeiro é importante compreender a teoria no SQL.

Você também deve observar que não precisa inserir um valor para o campo date_entered. O MySQL inserirá automaticamente a data e a hora atuais para esta coluna TIMESTAMP.

4. Repita as Etapas de 1 a 3 para preencher o banco de dados.

   O restante dos exemplos neste capítulo utilizarão o banco de dados preenchido. Provavelmente você desejará fazer download dos comandos SQL a partir do Web site correspondente do livro, embora você possa preencher as tabelas com seus próprios exemplos e, em seguida, apenas alterar as consultas no restante do capítulo de forma adequada.

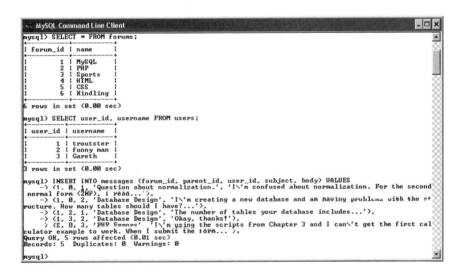

Figura 6.14 Os bancos de dados normalizados freqüentemente necessitarão que você saiba os valores de uma tabela para inserir registros em uma outra. O preenchimento da tabela messages *necessita que você saiba os valores de chaves externas de* users *e* forums.

248   **PHP 6 E MySQL 5 PARA WEB SITES DINÂMICOS**

REALIZANDO JUNÇÕES

Como os bancos de dados relacionais são estruturados de forma mais complexa, às vezes eles necessitam de instruções de consultas especiais para recuperar as informações que você mais precisa. Por exemplo, se você desejasse saber quais mensagens estão no fórum *kindling*, primeiro seria necessário encontrar o *forum_id* de *kindling* e, em seguida, utilizar esse número para recuperar todos os registros da tabela *messages* que possuem esse *forum_id*. Esta simples tarefa (e, em um fórum, freqüentemente necessária) necessitaria de duas consultas separadas. Utilizando uma *junção*, você pode realizar tudo de uma só vez.

Uma junção é uma consulta SQL que utiliza duas ou mais tabelas e gera uma tabela virtual de resultados. Os dois tipos principais de junções são *internas* e *externas* (há subtipos dentro de ambos).

Uma junção interna retorna todos os registros das tabelas denominadas sempre que uma correspondência for realizada. Por exemplo, para encontrar todas as mensagens no fórum *kindling*, a junção interna seria escrita como **(Figura 6.15)**

```
SELECT * FROM messages INNER JOIN forums
ON messages.forum_id = forums.forum_id
WHERE forums.name = 'kindling'
```

Esta junção está selecionando todas as colunas de ambas as tabelas em duas condições. Primeiro, a coluna *forums.name* deve ter um valor de *kindling* (isto retornará o *forum_id* com valor 6). Segundo, o valor *forum_id* na tabela *forums* deve corresponder ao valor de *forum_id* na tabela *messages*. Devido à comparação de igualdade sendo realizada entre ambas as tabelas (messages.forum_id = forums.forum_id), esse processo é conhecido como *junção equivalente*.

Junções internas também podem ser escritas sem a utilização formal do termo INNER JOIN:

```
SELECT * FROM messages, forums WHERE
messages.forum_id = forums.forum_id
AND forums.name = 'kindling'
```

Ao selecionar a partir de várias tabelas, você deve utilizar a sintaxe de ponto *(tabela.coluna)* se as tabelas denominadas na consulta possuem colunas com o mesmo nome. Normalmente, é o que acontece quando

CAPÍTULO 6 – SQL E MySQL AVANÇADOS   249

trabalhamos com bancos de dados relacionais, pois uma chave primária de uma tabela terá o mesmo nome que uma chave externa em uma outra tabela. Se você não for explícito ao fazer referência de suas colunas, você receberá um erro **(Figura 6.16)**.

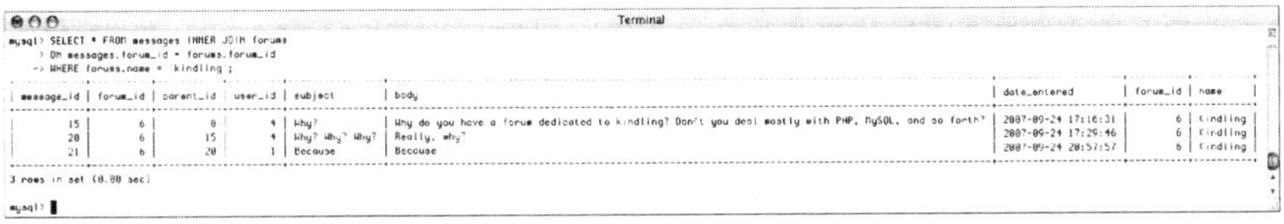

Figura 6.15 *Esta junção retorna todas as colunas de ambas as tabelas em que os valores de* forum_id *representam o fórum* kindling*(6).*

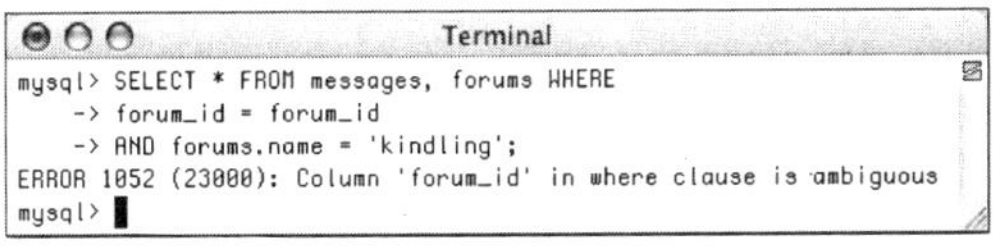

Figura 6.16 *A referência de forma genérica a um nome de coluna presente em várias tabelas causará um erro de ambigüidade. Nesta consulta, a referência a apenas* name *em vez de* forums.name *seria válida, mas ainda é melhor ser preciso.*

A junção *externa* difere de uma junção interna, pois uma junção externa pode retornar registros não correspondidos por uma condicional. Há três subtipos de junção externa: *esquerda, direita* e *completa*. Um exemplo de uma junção esquerda é

```
SELECT * FROM forums LEFT JOIN messages
→ ON forums.forum_id = messages.forum_id
```

A consideração mais importante sobre as junções esquerdas é que a tabela recebe o nome primeiro. Neste exemplo, todos os registros da tabela *forums* serão retornados juntamente com todas as informações da tabela *messages*, caso ocorra uma correspondência. Se nenhum registro da tabela *messages* corresponder com uma linha da tabela *forums*, então os valores NULL serão retornados **(Figura 6.17)**.

Nas junções internas e externas, se a coluna em ambas as tabelas sendo utilizadas na comparação de igualdade possuem o mesmo nome, você pode simplificar sua consulta com USING:

250 PHP 6 E MySQL 5 PARA WEB SITES DINÂMICOS

```
SELECT * FROM messages INNER JOIN forums
USING (forum_id)
WHERE forums.name = 'kindling'
SELECT * FROM forums LEFT JOIN messages
→ USING (forum_id)
```

Antes de abordar alguns exemplos, duas últimas notas. Primeiro, devido à complexa sintaxe das junções, o conceito SQL de um alias — apresentado no Capítulo 5 — será útil ao escrever as junções. Segundo, como as junções freqüentemente retornam muitas informações, geralmente é melhor especificar exatamente quais colunas você deseja que sejam retornadas, em vez de selecionar todas elas (a Figura 6.17, em sua forma não resumida, poderia até mesmo não caber na tela do meu monitor de 22 polegadas!).

```
mysql> SELECT * FROM forums LEFT JOIN messages ON forums.forum_id = messages.forum_id;
+----------+-------------+------------+----------+-----------+---------+-------------------------------------+
| forum_id | name        | message_id | forum_id | parent_id | user_id | subject                             |
+----------+-------------+------------+----------+-----------+---------+-------------------------------------+
|        1 | MySQL       |          1 |        1 |         0 |       1 | Question about normalization.       |
|        1 | MySQL       |          2 |        1 |         0 |       2 | Database Design                     |
|        1 | MySQL       |          3 |        1 |         2 |       2 | Database Design                     |
|        1 | MySQL       |          4 |        1 |         0 |       3 | Database Design                     |
|        2 | PHP         |          5 |        2 |         0 |       3 | PHP Errors                          |
|        2 | PHP         |          6 |        2 |         5 |       1 | PHP Errors                          |
|        2 | PHP         |          7 |        2 |         6 |       3 | PHP Errors                          |
|        2 | PHP         |          8 |        2 |         7 |       1 | PHP Errors                          |
|        2 | PHP         |         16 |        2 |         0 |       3 | Dynamic HTML using PHP              |
|        2 | PHP         |         17 |        2 |        16 |       1 | Dynamic HTML using PHP              |
|        2 | PHP         |         18 |        2 |        17 |       3 | Dynamic HTML using PHP, still not clear |
|        2 | PHP         |         19 |        2 |        18 |       2 | Dynamic HTML using PHP, clearer?    |
|        3 | Sports      |          9 |        3 |         0 |       2 | Rex Grossman                        |
|        3 | Sports      |         10 |        3 |         9 |       1 | Rex Grossman                        |
|        4 | HTML        |         13 |        4 |         0 |       3 | HTML vs. XHTML                      |
|        4 | HTML        |         14 |        4 |        13 |       1 | HTML vs. XHTML                      |
|        5 | CSS         |         11 |        5 |         0 |       3 | CSS Resources                       |
|        5 | CSS         |         12 |        5 |        11 |       1 | CSS Resources                       |
|        6 | Kindling    |         15 |        6 |         0 |       4 | Why?                                |
|        6 | Kindling    |         20 |        6 |        15 |       4 | Why? Why? Why?                      |
|        6 | Kindling    |         21 |        6 |        20 |       1 | Because                             |
|        7 | Modern Dance|       NULL |     NULL |      NULL |    NULL | NULL                                |
+----------+-------------+------------+----------+-----------+---------+-------------------------------------+
22 rows in set (0.00 sec)
```

Figura 6.17 *Uma junção externa retorna mais registros que uma junção interna porque todos os registros da primeira tabela serão retornados. Esta junção retorna os nomes de todos os fóruns, mesmo se não houver mensagens (como* Modern Dance *na parte inferior). Além disso, para tornar o resultado legível, recortei esta imagem omitindo as colunas* body *e* date_entered *do resultado.*

Capítulo 6 – SQL e MySQL Avançados

Para utilizar junções:

1. Recupere o nome do fórum e o assunto da mensagem de cada registro na tabela *messages* (**Figura 6.18**).

   SELECT f.name, m.subject FROM forums
   AS f INNER JOIN messages AS m
   USING (forum_id) ORDER BY f.name;

Esta consulta, que contém uma junção interna, efetivamente substituirá o valor de *forum_id* na tabela *messages* pelo valor de *name* correspondente da tabela *forums* para cada registro na tabela *messages*. O resultado final é que a consulta exibe a versão textual do nome do fórum de cada assunto de mensagem.

Observe que você ainda pode utilizar as cláusulas ORDER BY em junções.

Figura 6.18 Uma junção interna básica que retorna apenas duas colunas de valores.

2. Recupere o valor inserido de assunto e data para cada mensagem postada pelo usuário *funny man* (**Figura 6.19**).

```
SELECT m.subject,
→ DATE_FORMAT(m.date_entered, '%M %D,
→ %Y') AS Date FROM users
AS u INNER JOIN messages AS m
USING (user_id)
WHERE u.username = 'funny man';
```

Esta junção também utiliza duas tabelas, *users* e *messages*. A coluna de vínculo para as duas tabelas é *user_id*, portanto, isso é colocado na cláusula USING. A condicional WHERE identifica o usuário de destino, e a função DATE_FORMAT() ajudará a formatar o valor de *date_entered*.

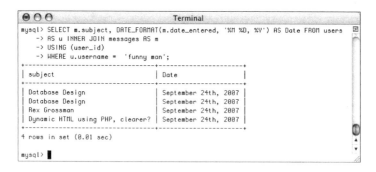

Figura 6.19 *Uma versão um pouco mais complicada de uma junção interna, utilizando as tabelas* users *e* messages.

3. Recupere o ID de mensagem, o assunto e o nome do fórum de cada mensagem postada pelo usuário *troutster* (**Figura 6.20**).

```
SELECT m.message_id, m.subject,
f.name FROM users AS u INNER JOIN
messages AS m USING (user_id)
INNER JOIN forums AS f
USING (forum_id)
WHERE u.username = 'troutster';
```

Esta junção é semelhante à junção na Etapa 2, porém, incorporando uma terceira tabela. Tome nota de como uma junção interna de três tabelas é escrita e como os aliases são utilizados para abreviação ao fazer referência às três tabelas e suas colunas.

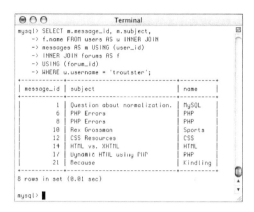

Figura 6.20 Uma junção interna em todas as três tabelas.

4. Recupere o nome de usuário, o assunto da mensagem e o nome do fórum de cada usuário **(Figura 6.21)**.

   SELECT u.username, m.subject,
   f.name FROM users AS u LEFT JOIN
   messages AS m USING (user_id)
   LEFT JOIN forums AS f
   USING (forum_id);

   Se você fosse executar uma junção interna semelhante a esta, um usuário que ainda não tivesse postado uma mensagem não seria listado **(Figura 6.22)**. Portanto, é necessário que uma junção externa seja abrangente a todos os usuários. Observe que a tabela completamente incluída (aqui, *users*), deve ser a primeira tabela listada em uma junção esquerda.

Figura 6.21 Esta junção esquerda retorna todos os usuários, todos os assuntos de mensagens postadas e todos os nomes de fóruns. Se um usuário não tiver postado uma mensagem (como finchy na parte inferior), os valores de assunto e nome do fórum serão NULL.

✓ **Dicas**

- Você pode fazer a junção de uma tabela com ela mesma (uma *auto-junção*)!

- Junções podem ser criadas utilizando condicionais envolvendo quaisquer colunas, não apenas as chaves primárias e externas, embora isso seja o mais comum.

- Você pode realizar junções com vários bancos de dados utilizando a sintaxe *database.table.column*, contanto que todos os bancos de dados estejam no mesmo servidor (não é possível fazê-lo em uma rede) e que você esteja conectado como um usuário com permissão para acessar todos os bancos de dados envolvidos.

- As junções que não incluem uma cláusula WHERE (por exemplo, SELECT * FROM urls, url_associations) são chamadas de junções *completas* e retornarão todos os registros de ambas as tabelas. Esta construção pode ter resultados complexos com tabelas maiores.

- Em uma coluna com referência em uma junção, um valor NULL nunca será retornado, pois NULL não corresponde a qualquer outro valor, incluindo NULL.

Capítulo 6 – SQL e MySQL Avançados

Figura 6.22 *Esta junção interna não retornará um usuário que ainda não tenha postado mensagens (consulte* finchy *na parte inferior da Figura 6.21).*

AGRUPANDO RESULTADOS SELECIONADOS

No capítulo anterior, duas cláusulas diferentes — ORDER BY e LIMIT — foram apresentadas como formas de afetar os resultados retornados. A primeira indica a ordem na qual as linhas selecionadas são retornadas; a segunda indica quais das linhas selecionadas são realmente retornadas. Esta próxima cláusula, GROUP BY, é diferente, pois trabalha agrupando os dados retornados em blocos semelhantes de informações. Por exemplo, para agrupar todas as mensagens por fórum, você utilizaria

```
SELECT * FROM messages GROUP BY forum_id
```

Os dados retornados são alterados porque agora você agregou as informações em vez de ter retornado apenas os registros específicos de uma lista de itens. Portanto, onde você possa ter várias mensagens em cada fórum, a cláusula GROUP BY retornará todas essas mensagens como uma linha. Esse exemplo em específico não é exatamente útil, mas demonstra o conceito.

Freqüentemente, você utilizará uma das diversas funções de agregação com ou sem uma cláusula GROUP BY. A **Tabela 6.7** lista estas funções.

256   **PHP 6 e MySQL 5 para Web Sites Dinâmicos**

Você pode aplicar combinações das condições WHERE, ORDER BY e LIMIT em uma cláusula GROUP BY, geralmente estruturando sua consulta da seguinte forma:

```
SELECT what_columns FROM table
WHERE condition GROUP BY column
ORDER BY column LIMIT x, y
```

Para agrupar os dados:

1. Conte o número de usuários registrados **(Figura 6.23).**

   ```
   SELECT COUNT(user_id) FROM users;
   ```

   COUNT() é, talvez, a função de agrupamento mais popular. Com ela, você pode rapidamente contar registros, como o número de registros na tabela *users* apresentada aqui. Observe que nem todas as consultas utilizando as funções de agregação necessariamente possuem cláusulas GROUP BY.

Tabela 6.7 Funções de agrupamento do MySQL.

Funções de Agrupamento	
Função	**Retorna**
AVG()	A média dos valores na coluna.
COUNT()	O número de valores em uma coluna.
GROUP_CONCAT()	A concatenação dos valores de uma coluna.
MAX()	O maior valor em uma coluna.
MIN()	O menor valor em uma coluna.
SUM()	A soma de todos os valores em uma coluna.

CAPÍTULO 6 – SQL E MySQL AVANÇADOS

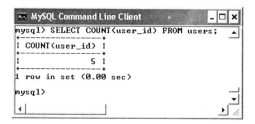

Figura 6.23 Esta consulta de agrupamento conta o número de valores de user_id na tabela users.

2. Conte o número de vezes que cada usuário postou uma mensagem **(Figura 6.24).**

```
SELECT username,
COUNT(message_id) AS Number
FROM users LEFT JOIN messages AS m
USING (user_id) GROUP BY (m.user_id);
```

Esta é uma extensão da consulta na Etapa 1, mas em vez de contar usuários, ela conta o número de mensagens associadas a cada um deles. Uma junção permite que a consulta selecione informações de ambas as tabelas. Uma junção interna é utilizada para que os usuários que ainda não postaram mensagens também sejam representados.

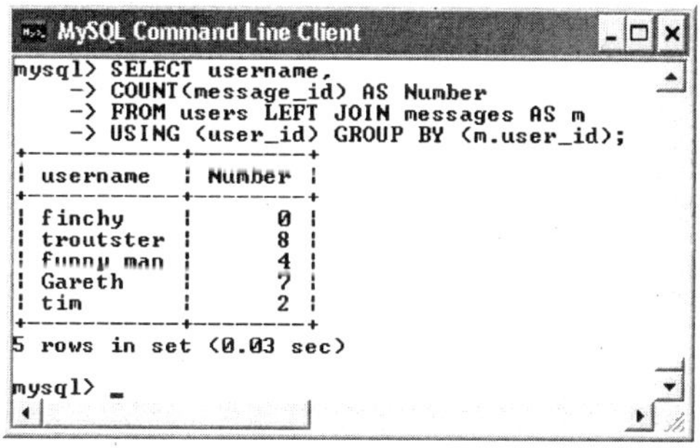

Figura 6.24 Esta consulta GROUP BY conta o número de vezes que cada usuário postou uma mensagem.

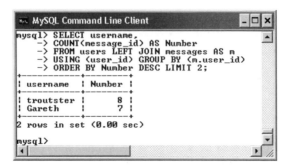

Figura 6.25 Uma cláusula ORDER BY é incluída para classificar os usuários que postam mensagens com mais freqüência pela quantidade de listagens. Uma cláusula LIMIT reduz o resultado para dois.

3. Encontre os dois usuários que mais postaram mensagens (**Figura 6.25**).

   SELECT username,
   COUNT(message_id) AS Number
   FROM users LEFT JOIN messages AS m
   USING (user_id) GROUP BY (m.user_id)
   ORDER BY Number DESC LIMIT 2;

   Com o agrupamento, você pode ordenar os resultados como em qualquer outra consulta. Designar o valor de COUNT(*) como o alias *Number* facilita este processo.

✓ **Dicas**
- NULL é um valor peculiar, e é interessante saber que GROUP BY agrupará valores NULL, pois eles possuem o mesmo não-valor.
- É necessário tomar cuidado sobre como aplicar a função COUNT(), pois ela conta apenas valores não-NULL. Certifique-se de utilizá-la em todas as colunas (*) ou em colunas que não conterão valores NULL (como a chave primária). Dessa forma, se a consulta na Etapa 2 e Figura 6.24 aplicasse COUNT() para todas as colunas (*) em vez de apenas *message_id*, os usuários que não postaram mensagens mostrariam incorretamente um COUNT(*) de 1, pois toda a consulta retorna uma linha para esse usuário.

CAPÍTULO 6 – SQL E MySQL AVANÇADOS   259

- A cláusula GROUP BY e as funções listadas aqui levam algum tempo para serem compreendidas, e o MySQL reportará um erro sempre que sua sintaxe não for aplicável. Dentro do mysql client, experimente determinar o teor exato de qualquer consulta que queira executar a partir de um script PHP.

- Uma cláusula relacionada é HAVING, que é como uma condição WHERE aplicada a um grupo.

CRIANDO ÍNDICES

Os índices são um sistema especial que os bancos de dados utilizam para melhorar o desempenho de consultas SELECT. Os índices podem ser colocados em uma ou mais colunas, de qualquer tipo de dados, dizendo ao MySQL, efetivamente, para dar atenção especial a esses valores.

O MySQL permite um mínimo de 16 índices para cada tabela, e cada índice pode incorporar até 15 colunas. Embora um índice de várias colunas não pareça óbvio, ele será útil para procuras freqüentemente realizadas nas mesmas combinações de colunas (por exemplo, primeiro e último nome, cidade e estado etc.).

Embora os índices sejam uma parte integral de qualquer tabela, nem tudo precisa ser indexado. Enquanto um índice melhora a velocidade de leitura em bancos de dados, ele diminui a velocidade de consultas que alteram dados em um banco (pois as alterações precisam ser gravadas no índice).

Os índices são melhores utilizados em colunas

◆ Que são freqüentemente utilizadas na parte WHERE de uma consulta

◆ Que são freqüentemente utilizadas em uma parte ORDER BY de uma consulta

◆ Que são freqüentemente utilizadas como o ponto de foco de uma junção

◆ Que possuem muitos valores diferentes (colunas com vários valores repetitivos não devem ser indexadas)

O MySQL possui quatro tipos de índices: INDEX (o padrão), UNIQUE (que necessita que cada linha tenha um valor exclusivo para essa coluna),FULLTEXT (para realização de procuras FULLTEXT, discutido mais adiante neste capítulo) e PRIMARY KEY (que é apenas um índice

UNIQUE especial que você já tem utilizado). Observe que uma coluna deve ter apenas um único índice, portanto, escolha o tipo de índice que seja mais apropriado.

Com isso em mente, vamos modificar as tabelas do banco de dados *forum* incluindo índices. A **Tabela 6.8** lista os índices a serem aplicados em cada coluna. A inclusão de índices em tabelas existentes necessita a utilização do comando ALTER, conforme descrito no quadro lateral.

Tabela 6.8 Os índices a serem utilizados no banco de dados *forum*. Nem todas as colunas serão indexadas, e há dois índices criados em um par de colunas: *user.pass* mais *user.username* e *messages.body* mais *messages. subject*.

O Banco de Dados forum com Índices		
Nome da Coluna	Tabela	INDEX TYPE
forum_id	forums	PRIMARY
name	forums	UNIQUE
message_id	messages	PRIMARY
forum_id	messages	INDEX
parent_id	messages	INDEX
user_id	messages	INDEX
body/subject	messages	FULLTEXT
date_entered	messages	INDEX
user_id	users	PRIMARY
username	users	UNIQUE
pass/username	users	INDEX
email	users	UNIQUE

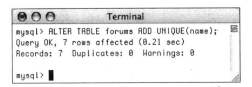

Figura 6.26 Um índice exclusivo é colocado na coluna name. Isso aumentará a eficiência de determinadas consultas e evitará entradas redundantes.

CAPÍTULO 6 – SQL e MySQL Avançados

Para incluir um índice em uma tabela existente:

1. Inclua um índice na coluna *name* na tabela *forums* (**Figura 6.26**).

```
ALTER TABLE forums ADD UNIQUE(name);
```

A tabela *forums* já possui um índice de chave primária no *forum_id*. Como *name* também pode ser um campo freqüentemente requisitado e como seu valor deve ser exclusivo para cada linha, inclua um índice UNIQUE na tabela.

Alterando Tabelas

O termo ALTER do SQL é utilizado principalmente para modificar a estrutura de uma tabela existente. Geralmente, isso significa incluir, excluir ou alterar as colunas na tabela, mas também inclui a aplicação de índices. Uma instrução ALTER pode ser utilizada até mesmo para renomeação da tabela como um todo. Embora um design adequado de banco de dados deva fornecer a estrutura necessária, no mundo real, realizar alterações é algo comum. A sintaxe básica de ALTER é

ALTER TABLE *nome_da_tabela CLÁUSULA*

Há muitas cláusulas possíveis; a **Tabela 6.9** lista as cláusulas mais comuns. Como sempre, o manual do MySQL aborda o tópico com maiores detalhes.

Tabela 6.9 Variantes comuns no comando ALTER (em que *t* representa o nome da tabela, *c* o nome de uma coluna, e *i* o nome de um índice). Consulte o manual do MySQL para obter as especificações completas.

Cláusulas de ALTER TABLE		
Cláusula	**Uso**	**Significado**
ADD COLUMN	ALTER TABLE *t* ADD COLUMN *c TIPO*	Inclui uma nova coluna no final da tabela.
CHANGE COLUMN	ALTER TABLE *t* CHANGE COLUMN *c c TIPO*	Permite alterar o tipo de dados e as propriedades de uma coluna.
DROP COLUMN	ALTER TABLE *t* DROP COLUMN *c*	Remove uma coluna de uma tabela, incluindo todos os seus dados.
ADD INDEX	ALTER TABLE *t* ADD INDEX i *(c)*	Inclui um novo índice em *c*.
DROP INDEX	ALTER TABLE *t* DROP INDEX *i*	Remove um índice existente.
RENAME AS	ALTER TABLE *t* RENAME AS *novo_t*	Altera o nome de uma tabela.

2. Inclua índices na tabela *messages* (**Figura 6.27**).

```
ALTER TABLE messages
ADD INDEX(forum_id),
ADD INDEX(parent_id),
ADD INDEX(user_id),
ADD FULLTEXT(body, subject),
ADD INDEX(date_entered);
```

Esta tabela contém a maioria dos índices, pois é a mais importante e possui três chaves externas *(forum_id, parent_id* e *user_id)*, e todas devem ser indexadas. As colunas *body* e *subject* possuem um índice FULLTEXT, que será utilizado em procuras FULLTEXT mais adiante, neste capítulo. A coluna *date_entered* é indexada, pois será utilizada em cláusulas ORDER BY (para classificar mensagens por data).

Se você receber uma mensagem de erro informando que o tipo de tabela não suporta índices FULLTEXT (**Figura 6.28**), omita a linha desse índice em sua consulta e, em seguida, consulte a próxima seção do capítulo para saber como alterar o tipo de uma tabela.

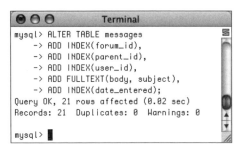

Figura 6.27 *Vários índices são incluídos na tabela* messages. *O MySQL reportará o êxito da alteração e quantas linhas foram afetadas (todas as linhas na tabela).*

CAPÍTULO 6 – SQL E MySQL AVANÇADOS   263

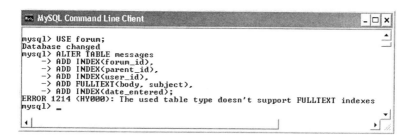

Figura 6.28 Índices FULLTEXT não podem ser utilizados com todos os tipos de tabelas. Se você receber esta mensagem de erro, consulte "Utilizando Tipos de Tabelas Diferentes", neste capítulo, para solucionar o problema.

3. Inclua índices na tabela *users* (**Figura 6.29**).

    ALTER TABLE users
    ADD UNIQUE(username),
    ADD INDEX(pass, username),
    ADD UNIQUE(email);

A tabela *users* possui dois índices UNIQUE e um índice de várias colunas. Índices UNIQUE são importantes porque você não deseja que duas pessoas tentem se registrar com o mesmo nome de usuário (que, entre outras coisas, tornaria impossível efetuar login), e nem deseja que o mesmo usuário se registre várias vezes com o mesmo endereço de e-mail.

O índice na combinação de colunas de senha e nome de usuário aumentarão a eficiência das consultas de login, quando a combinação dessas duas colunas serão utilizadas em uma condicional WHERE.

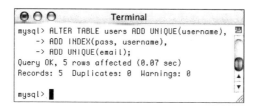

Figura 6.29 Os índices de requisito são incluídos na terceira tabela e na tabela final.

4. Visualize a estrutura atual de cada tabela (**Figura 6.30**).

   ```
   DESCRIBE forums;
   DESCRIBE messages;
   DESCRIBE users;
   ```

   O termo DESCRIBE do SQL apresentará informações sobre os nomes e a ordem das colunas de uma tabela, os tipos de colunas e os tipos de índices (em *Key*). Ele também indica se um campo pode ser NULL, qual o valor padrão foi configurado (se houver) entre outras coisas.

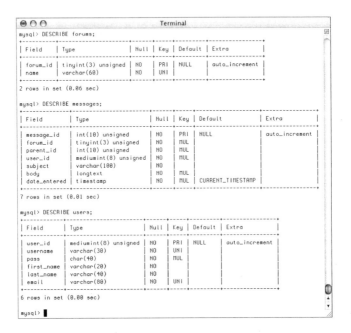

Figura 6.30 Para visualizar os detalhes da estrutura, de uma tabela, utilize DESCRIBE. A coluna Key indica os índices.

✓ **Dicas**

■ Uma mensagem de erro será apresentada e o índice não será criado se você tentar incluir um índice UNIQUE em uma coluna que possui valores duplicados.

Capítulo 6 – SQL e MySQL Avançados 265

- Os índices podem ser nomeados quando são criados:

```
ALTER TABLE nome_da_tabela
ADD INDEX nome_do_índice (nome_da_coluna)
```

Se nenhum nome for fornecido, o índice assumirá o nome da coluna na qual ele for aplicado.

- A palavra COLUMN, na maioria das instruções ALTER, é opcional.
- Suponha que você defina um índice em várias colunas, como a seguir:

```
ALTER TABLE nome_da_tabela
ADD INDEX (col1, col2, col3)
```

Efetivamente, isso criará um índice para procuras em *col1*, em *col1* e *col2* juntas, ou em todas as três colunas. Não é fornecido um índice para procurar apenas *col2* ou *col3* ou essas duas juntas.

Utilizando Tipos de Tabelas Diferentes

O aplicativo de banco de dados MySQL suporta diversos tipos diferentes de tabelas (um tipo de tabela também é chamado de *mecanismo de armazenamento*). Cada tipo de tabela suporta recursos diferentes, possui seus próprios limites (em termos da quantidade de dados que ele pode armazenar), e pode até mesmo obter um melhor ou pior desempenho sob determinadas situações. Além disso, a forma como você interage com qualquer tipo de tabela — em termos de execução de consultas — é, geralmente, consistente em todos eles.

O tipo de tabela mais importante é *MyISAM*, um tipo de tabela padrão em todos os sistemas operacionais, exceto no Windows. As tabelas MyISAM são excelentes para a maioria dos aplicativos, manipulando SELECTs e INSERTs de forma bastante rápida. O mecanismo de armazenamento MyISAM não pode manipular transações, que é a sua principal desvantagem.

Após o MyISAM, o próximo mecanismo de armazenamento mais comum é o *InnoDB*, que também é o tipo de tabela padrão para instalações Windows do MySQL. As tabelas InnoDB podem ser utilizadas para transações e realizar UPDATEs de forma adequada. Mas, geralmente, o mecanismo de armazenamento nnoDB é mais lento do que o MyISAM e

266 PHP 6 E MySQL 5 para Web Sites Dinâmicos

requer mais espaço em disco no servidor. Além disso, uma tabela InnoDB não suporta índices FULLTEXT (que é o motivo, se estiver executando no Windows, de você talvez receber a mensagem de erro na Figura 6.28).

Para especificar o mecanismo de armazenamento ao definir uma tabela, inclua uma cláusula no final da instrução de criação:

```
CREATE TABLE nome_da_tabela (
nome_da_coluna_1 COLUMNTYPE,
nome_da_coluna_1 COLUMNTYPE...
) ENGINE = INNODB
```

Se você não especificar um mecanismo de armazenamento ao criar tabelas, o MySQL utilizará o tipo padrão para esse servidor MySQL.

Para alterar o tipo de uma tabela existente — o que é perfeitamente aceitável — utilize um comando ALTER:

```
ALTER TABLE nome_da_tabela ENGINE = MYISAM
```

Como o próximo exemplo neste capítulo necessitará de uma tabela MyISAM, vamos executar as etapas necessárias para garantir que a tabela *messages* tenha o tipo correto. As primeiras etapas mostrarão como identificar o mecanismo de armazenamento que está sendo utilizado (pois talvez não seja necessário alterar o tipo da tabela *messages*).

Para alterar o tipo de uma tabela:

1. Visualize as informações da tabela atual **(Figura 6.31).**

   ```
   SHOW TABLE STATUS;
   ```

   O comando SHOW TABLE STATUS retorna todos os tipos de informações úteis sobre as tabelas de um banco de dados. O resultado retornado é muito legível, pois será uma ampla tabela exibida ao longo de várias linhas. O que você deseja é o seguinte: o primeiro item em cada linha sendo o nome da tabela, e o segundo, o seu mecanismo, ou o seu tipo. Provavelmente, o mecanismo será o *MyISAM* (Figura 6.31) ou o *InnoDB* **(Figura 6.32).**

2. Se necessário, altere a tabela *messages* para MyISAM **(Figura 6.33).**

   ```
   ALTER TABLE messages ENGINE=MYISAM;
   ```

Capítulo 6 – SQL e MySQL Avançados

Se os resultados na Etapa 1 (Figuras 6.31 e 6.32) indicarem o mecanismo como sendo algo diferente de MyISAM, será necessário alterá-lo para MyISAM utilizando este comando (sem distinção entre maiúsculas e minúsculas). Para mim, utilizando a instalação e a configuração padrão do MySQL, não foi necessária a alteração do tipo da tabela no Mac OS X, mas foi necessária no Windows.

```
mysql> SHOW TABLE STATUS;
+----------+---------+---------+------------+------+----------------+
| Name     | Engine  | Version | Row_format | Rows | Avg_row_length |
+----------+---------+---------+------------+------+----------------+
| forums   | MyISAM  |      10 | Dynamic    |    7 |             20 |
| messages | MyISAM  |      10 | Dynamic    |   21 |             93 |
| users    | MyISAM  |      10 | Dynamic    |    5 |             84 |
+----------+---------+---------+------------+------+----------------+
3 rows in set (0.01 sec)

mysql>
```

Figura 6.31 *Antes de alterar o tipo de uma tabela, visualize seu tipo atual com o comando SHOW TABLE STATUS. Esta é uma versão recortada dos resultados utilizando o MySQL no Mac OS X.*

```
MySQL Command Line Client                                                _□x
mysql> SHOW TABLE STATUS;
+---------+---------+---------+------------+------+----------------+-------------+----------------+--------
| Name    | Engine  | Version | Row_format | Rows | Avg_row_length | Data_length | Max_data_length | Collat
Index_length | Data_free | Auto_increment | Create_time        | Update_time | Check_time | Collat
ion      | Checksum | Create_options | Comment            |
+---------+---------+---------+------------+------+----------------+-------------+----------------+--------
| forums  | InnoDB  |      10 | Compact    |    7 |           2340 |       16384 |               0 |
    16384 |     0 |                | InnoDB free: 3072 kB | 8 | 2007-09-24 10:02:56 | NULL |        | utf8_g
eneral_ci |    NULL |                |                    |
| messages| InnoDB  |      10 | Compact    |   21 |            780 |       16384 |               0 |
       0 |     0 |                | InnoDB free: 3072 kB | 22 | 2007-09-24 10:02:56 | NULL |       | utf8_g
eneral_ci |    NULL |                |                    |
| users   | InnoDB  |      10 | Compact    |    5 |           3276 |       16384 |               0 |
   49152 |     0 |                | InnoDB free: 3072 kB | 6 | 2007-09-24 10:02:56 | NULL |        | utf8_g
eneral_ci |    NULL |                |                    |
+---------+---------+---------+------------+------+----------------+-------------+----------------+--------
3 rows in set (0.00 sec)
mysql>
```

Figura 6.32 *A consulta SHOW TABLE STATUS (utilizando o MySQL no Windows) mostra que todas as três tabelas são, na realidade, InnoDB, não MyISAM.*

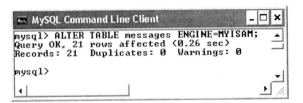

Figura 6.33 *Alteração bem-sucedida do tipo de uma tabela (ou mecanismo de armazenamento) utilizando um comando ALTER.*

3. Se desejar, confirme a alteração do mecanismo executando novamente o comando SHOW TABLE STATUS.

✓ **Dicas**

- Para tornar mais fácil a visualização de qualquer resultado de consulta no mysql client, você pode incluir o parâmetro \G **(Figura 6.34):**

```
SHOW TABLE STATUS \G
```

Este sinalizador informa que a tabela de resultados deve ser exibida verticalmente, em vez de horizontalmente. Observe que agora não é necessário utilizar um ponto-e-vírgula de término, pois o parâmetro \G finaliza o comando.

- O mesmo banco de dados pode ter tabelas de diferentes tipos. Isto pode ocorrer com seu banco de dados *forum* (dependendo do seu tipo de tabela padrão). Você também poderá observar esse resultado com um banco de dados de e-commerce que utiliza o MyISAM para clientes e produtos, mas utiliza o InnoDB para os pedidos (para permitir transações).

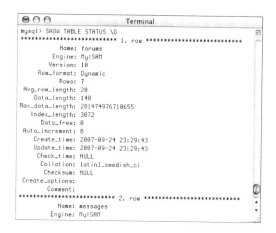

Figura 6.34 *Para obter uma versão mais legível dos resultados de uma consulta, inclua a opção \G no mysql client.*

REALIZANDO PROCURAS FULLTEXT

No Capítulo 5, a palavra-chave LIKE foi apresentada como uma forma de realizar correspondências de cadeias um tanto simples, como a seguir

```
SELECT * FROM users
WHERE last_name LIKE 'Smith%'
```

Este tipo de condicional é suficientemente efetivo, mas bastante limitado. Por exemplo, ele não permitirá a realização de procuras, como no Google, utilizando várias palavras. Para essas situações, serão necessárias procuras FULLTEXT.

As procuras FULLTEXT necessitam de um índice FULLTEXT, que necessita de uma tabela MyISAM. Os próximos exemplos utilizarão a tabela *messages* no banco de dados *forum*. Se a sua tabela *messages* não for do tipo MyISAM e/ou não possuir um índice FULLTEXT nas colunas *body* e *subject,* siga as etapas nas páginas anteriores para realizar essa alteração, antes de continuar.

✓ **Dicas**
- A inserção de registros em tabelas com índices FULLTEXT pode ser muito mais lenta devido ao índice complexo que é requerido.

PHP 6 e MySQL 5 para Web Sites Dinâmicos

- Você pode incluir índices FULLTEXT em várias colunas, se todas forem utilizadas em procuras.

- As procuras FULLTEXT podem ser utilizadas de forma bem-sucedida em um mecanismo de procura simples. Mas um índice FULLTEXT pode ser aplicado apenas em uma única tabela por vez. Portanto, Web sites mais elaborados, com conteúdo armazenado em várias tabelas, teriam o benefício da utilização de mecanismos de procura mais formais.

Realizando Procuras FULLTEXT Básicas

Assim que estabelecer um índice FULLTEXT em uma ou mais colunas, você poderá iniciar consultas, utilizando MATCH ... AGAINST em uma condicional WHERE:

```
SELECT * FROM nome_da_tabela WHERE MATCH
(colunas) AGAINST (termos)
```

O MySQL retornará as linhas correspondentes na ordem de uma relevância calculada matematicamente, como um mecanismo de procura. Ao fazê-lo, determinadas regras se aplicam:

- Cadeias são divididas em suas palavras-chave individuais.
- Palavras-chave com menos de quatro caracteres são ignoradas.
- Palavras muito populares, chamadas de *stopwords*, são ignoradas.
- Se mais de cinqüenta por cento dos registros corresponderem às palavras-chave, nenhum registro será retornado.

Este último fato é problemático para muitos usuários, pois eles iniciam com procuras FULLTEXT e se perguntam por que nenhum resultado foi retornado. Quando você possui uma tabela preenchida de forma esparsa, não haverá registros suficientes para o MySQL retornar resultados *relevantes*.

Para realizar procuras FULLTEXT:

1. Preencha completamente a tabela *messages*, com foco na inclusão de corpos de texto extensos. Novamente, os comandos INSERT do SQL podem ser obtidos por download a partir do Web site correspondente deste livro.

CAPÍTULO 6 – SQL E MySQL AVANÇADOS   271

2. Execute uma simples procura FULLTEXT com a palavra *database* (**Figura 6.35**).

```
SELECT subject, body FROM messages
WHERE MATCH (body, subject)
AGAINST('database');
```

Este é um exemplo bastante simples que retornará alguns resultados, contanto que pelo menos um, e menos que cinqüenta por cento, dos registros na tabela *messages* tenham a palavra "database" no corpo ou no assunto das mensagens. Observe que as colunas referidas em MATCH devem ser as mesmas daquelas nas quais o índice FULLTEXT foi criado. Neste caso, você poderia utilizar body, subject ou subject, body, mas não poderia utilizar apenas body ou apenas subject (**Figura 6.36**).

Figura 6.35 *Uma procura FULLTEXT básica*

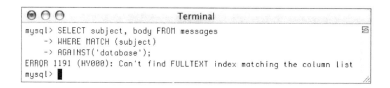

Figura 6.36 *Uma consulta FULLTEXT pode ser executada apenas na mesma coluna ou na combinação de colunas em que o índice FULLTEXT foi criado. Com esta consulta, embora a combinação de* body *e* subject *tenha um índice FULLTEXT, a tentativa de executar a correspondência com apenas* subject *falhará.*

3. Execute a mesma procura FULLTEXT mostrando a relevância **(Figura 6.37).**

```
SELECT subject, body, MATCH (body,
subject) AGAINST('database') AS R
FROM messages WHERE MATCH (body,
→ subject) AGAINST('database');
```

Se você utilizar a mesma expressão MATCH...AGAINST como um valor selecionado, a relevância atual será retornada.

4. Execute uma procura FULLTEXT utilizando várias palavras-chave **(Figura 6.38).**

```
SELECT subject, body FROM messages
WHERE MATCH (body, subject)
AGAINST('html xhtml');
```

Com esta consulta, uma correspondência será criada se o assunto ou o corpo contiver uma ou outra palavra. Qualquer registro que contiver ambas as palavras terá uma classificação mais alta.

✓ **Dicas**

■ Lembre-se de que se uma procura FULLTEXT não retornar qualquer registro, isso significa que nenhuma correspondência foi criada ou que mais da metade dos registros foram correspondidos.

■ Para simplificar, todas as consultas nesta seção são instruções SELECT simples. Certamente, você pode utilizar procuras FULLTEXT dentro de junções ou consultas mais complexas.

■ O MySQL é fornecido com várias centenas de stopwords já definidas. Essas stopwords são parte do código-fonte do aplicativo.

■ O comprimento mínimo da palavra-chave — quatro caracteres, por padrão — é uma definição de configuração que você pode alterar no MySQL.

■ Por padrão, as procuras FULLTEXT não fazem distinção entre maiúsculas e minúsculas.

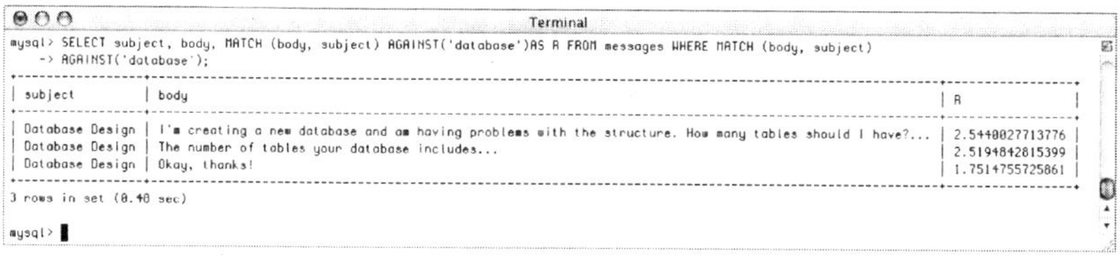

CAPÍTULO 6 – SQL E MySQL Avançados 273

Figura 6.37 A relevância de uma procura FULLTEXT também pode ser selecionada. Neste caso, você verá que os dois registros com a palavra "database" no assunto e no corpo possuem relevância mais alta do que o registro que contém a palavra apenas no assunto.

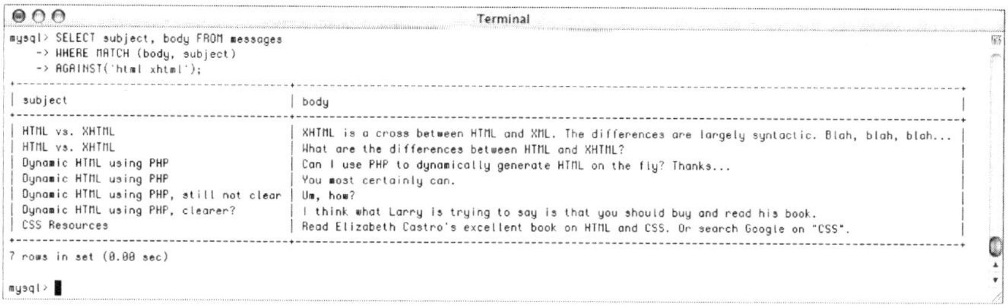

Figura 6.38 Utilizando a procura FULLTEXT, você pode facilmente localizar mensagens que contêm várias palavras-chave.

Realizando Procuras FULLTEXT Booleanas

A procura FULLTEXT básica é satisfatória, mas uma procura FULLTEXT mais sofisticada pode ser realizada utilizando seu modo booleano. Para isso, inclua a frase IN BOOLEAN MODE na cláusula AGAINST:

```
SELECT * FROM nome_da_tabela WHERE
MATCH(colunas) AGAINST('termo' IN BOOLEAN
MODE)
```

O modo booleano possui alguns operadores (**Tabela 6.10**) para determinar como cada palavra-chave é tratada:

```
SELECT * FROM nome_da_tabela WHERE
MATCH(colunas) AGAINST('+database
-mysql' IN BOOLEAN MODE)
```

PHP 6 e MySQL 5 para Web Sites Dinâmicos

Nesse exemplo, uma correspondência será criada se a palavra *database* for encontrada e *mysql* não estiver presente. Como alternativa, o sinal de til (~) é utilizado como uma forma mais moderada do sinal de menos, o que significa que a palavra-chave pode estar presente em uma correspondência, mas tais correspondências devem ser consideradas menos relevantes.

Tabela 6.10 Utilize estes operadores para ajustar suas procuras **FULLTEXT**.

Operadores de Modos Booleanos	
Operador	**Significado**
+	Deve estar presente em todas as correspondências
	Não deve estar presente em qualquer correspondência
~	Baixa uma classificação se presente
*	Curinga
<	Diminui a importância de uma palavra
>	Aumenta a importância de uma palavra
""	Deve corresponder a frase exata
()	Criar subexpressões

O caractere curinga (*) corresponde às variações de uma palavra, portanto cata* corresponde com *catalog, catalina*, e assim por diante. Dois operadores informam explicitamente que as palavras-chave são mais (>) ou menos (<) importantes. Finalmente, você pode utilizar aspas duplas para procurar por frases exatas e parêntesis para criar subexpressões.

A consulta a seguir procuraria por registros com a frase *Web develop* com a palavra *html* sendo requerida e a palavra *JavaScript* sendo reduzida em uma relevância de correspondência:

```
SELECT * FROM nome_da_tabela WHERE
MATCH(colunas) AGAINST('>"Web develop"
+html ~JavaScript' IN BOOLEAN MODE)
```

Ao utilizar o modo booleano, há várias diferenças em como as procuras FULLTEXT funcionam:

◆ Se uma palavra não for precedida por um operador, a palavra é opcional, mas uma correspondência terá uma classificação mais alta se ela estiver presente.

CAPÍTULO 6 – SQL E MYSQL AVANÇADOS   275

◆ Os resultados serão retornados mesmo se mais de cinqüenta por cento dos registros corresponderem à procura.

◆ Os resultados não são ordenados automaticamente pela relevância.

Devido a este último fato, você também desejará ordenar os registros retornados pela relevância, conforme demonstrado na próxima seqüência de etapas. Uma regra importante, que é a mesma para procuras booleanas, é que o comprimento mínimo da palavra (quatro caracteres, por padrão) ainda é aplicado. Portanto, tentar exigir uma palavra mais curta utilizando um sinal de mais (+php) não funcionará.

Para realizar procuras booleanas FULLTEXT:

1. Execute uma procura FULLTEXT simples que localize *HTML, XHTML* ou *(X)HTML* (**Figura 6.39**).

```
SELECT subject, body FROM
messages WHERE MATCH(body, subject)
AGAINST('*HTML' IN BOOLEAN MODE)\G
```

O termo HTML pode aparecer nas mensagens em vários formatos, incluindo *HTML, XHTML* ou *(X)HTML*. Esta consulta no modo booleano localizará todos eles, graças ao caractere curinga (*).

Para tornar mais fácil a visualização dos resultados, estou utilizando o truque \G mencionado anteriormente, que solicita ao mysql client o retorno dos resultados de modo vertical, não horizontal.

2. Encontre correspondências envolvendo bancos de dados, com uma ênfase em formas normais (**Figura 6.40**).

```
SELECT subject, body FROM messages
WHERE MATCH (body, subject)
AGAINST('>"normal form"* +database*'
IN BOOLEAN MODE)\G
```

Primeiro, esta consulta localiza todos os registros que possuem *database, databases* etc., e *normal form, normalforms* etc. O termo database* é requerido (conforme indicado pelo sinal de mais), mas a ênfase é fornecida para a cláusula de forma normal (que é precedida pelo sinal de maior que).

PHP 6 e MySQL 5 para Web Sites Dinâmicos

```
mysql> SELECT subject, body FROM
    -> messages WHERE MATCH(body, subject)
    -> AGAINST('*HTML' IN BOOLEAN MODE)\G
*********************** 1. row ***********************
subject: CSS Resources
   body: Read Elizabeth Castro's excellent book on (X)HTML and CSS. Or search Google on "CSS".
*********************** 2. row ***********************
subject: HTML vs. XHTML
   body: What are the differences between HTML and XHTML?
*********************** 3. row ***********************
subject: HTML vs. XHTML
   body: XHTML is a cross between HTML and XML. The differences are largely syntactic. Blah, blah, b
lah...
*********************** 4. row ***********************
subject: Dynamic HTML using PHP
   body: Can I use PHP to dynamically generate HTML on the fly? Thanks...
*********************** 5. row ***********************
subject: Dynamic HTML using PHP
   body: You most certainly can.
*********************** 6. row ***********************
subject: Dynamic HTML using PHP, still not clear
   body: Um, how?
*********************** 7. row ***********************
subject: Dynamic HTML using PHP, clearer?
   body: I think what Larry is trying to say is that you should buy and read his book.
7 rows in set (0.00 sec)

mysql>
```

Figura 6.39 *Uma procura FULLTEXT no modo booleano simples.*

```
mysql> SELECT subject, body FROM messages
    -> WHERE MATCH (body, subject)
    -> AGAINST('>"normal form"* +database*'
    -> IN BOOLEAN MODE)\G
*********************** 1. row ***********************
subject: Database Design
   body: I'm creating a new database and am having problems with the structure. How many tables shou
ld I have?...
*********************** 2. row ***********************
subject: Database Design
   body: The number of tables your database includes...
*********************** 3. row ***********************
subject: Database Design
   body: Okay, thanks!
3 rows in set (0.00 sec)

mysql>
```

Figura 6.40 *Esta procura busca por variações de duas palavras-chave diferentes, classificando a palavra-chave mais alta e, em seguida, a outra palavra-chave.*

Otimização do Banco de Dados

O desempenho do seu banco de dados depende principalmente de sua estrutura e de seus índices. Ao criar bancos de dados, tente

◆ Escolher o melhor mecanismo de armazenamento

◆ Utilizar o menor tipo de dados possível para cada coluna

◆ Definir colunas como NOT NULL sempre que possível

◆ Utilizar números inteiros como chaves primárias

◆ Definir índices de forma prudente, selecionando o tipo correto e aplicando-os em uma ou mais colunas corretas

◆ Limitar índices a um determinado número de caracteres, se aplicável

Juntamente com estas dicas, há duas técnicas simples para otimização de bancos de dados. Uma forma de melhorar o desempenho do MySQL é executar um comando OPTIMIZE nestas tabelas. Esta consulta livrará uma tabela de qualquer processamento desnecessário, aumentando a velocidade de quaisquer interações com ela.

```
OPTIMIZE TABLE nome_da_tabela
```

A execução deste comando é particularmente benéfica após a alteração de uma tabela por meio de um comando ALTER.

Para aumentar a eficiência de uma consulta, ele ajuda a compreender exatamente como o MySQL executará essa consulta. Isso pode ser realizado utilizando a palavra-chave EXPLAIN do SQL. A explicação de consultas é um tópico bastante avançado; portanto, consulte o manual do MySQL ou procure por mais informações na Web.

✓ **Dicas**

■ O MySQL 5.1.7 possui um outro modo de procura FULLTEXT: linguagem natural. Este será o modo padrão se nenhum outro modo (como o booleano) for especificado.

■ O modificador WITH QUERY EXPANSION pode aumentar o número de resultados retornados. Tais consultas realizam duas procuras e retornam um conjunto de resultados. Ele realiza uma segunda procura com base em termos encontrados nos resultados mais relevantes da procura inicial. Embora uma procura WITH QUERY EXPANSION possa localizar resultados que não teriam sido retornados, ela também retorna resultados que não são rele- vantes aos termos da procura original.

Realizando Transações

Uma *transação de banco de dados* é uma seqüência de consultas executadas durante uma única sessão. Por exemplo, você pode inserir um registro em uma tabela, inserir um outro registro em uma outra tabela, e talvez executar uma atualização. Sem a utilização de transações, cada consulta individual é executada imediatamente e não pode ser desfeita. Com transações, você pode definir pontos de início e parada e, em seguida, aceitar ou rejeitar todas as consultas conforme necessário (por exemplo, se uma consulta falhar, todas as consultas poderão ser desfeitas).

Geralmente, as interações comerciais necessitam de transações, até mesmo algo básico como a transferência de $100 de uma conta bancária para a sua. O que parece ser um processo simples é, na verdade, um processo com várias etapas:

- ◆ Confirmar se tenho $100 em minha conta.
- ◆ Subtrair $100 de minha conta.
- ◆ Somar $100 ao saldo de sua conta.
- ◆ Verificar se a soma funcionou.

Se alguma destas etapas falhar, desejarei desfazer todas. Por exemplo, se o dinheiro não pudesse ser depositado em sua conta, ele seria retornado para a minha até que toda a transação pudesse ser realizada.

Para realizar transações com o MySQL, você deve utilizar o tipo de tabela (ou mecanismo de armazenamento) InnoDB. Para iniciar uma nova transação no mysql client, digite

```
START TRANSACTION;
```

Assim que sua transação for iniciada, você poderá executar suas consultas. Assim que concluir, você pode digitar COMMIT para aceitar todas as consultas ou ROLLBACK para desfazê-las.

Após consolidar ou reverter as consultas, a transação será considerada como concluída, e o MySQL retornará para um modo de *autoconsolidação*. Isto significa que quaisquer consultas executadas entram imediatamente em operação. Para iniciar uma outra transação, apenas digite START TRANSACTION.

É importante saber que determinados tipos de consultas não podem ser revertidos. Especificamente aquelas que criam, alteram, truncam (esvaziam) ou excluem tabelas, ou aquelas que criam ou excluem bancos de dados, não podem ser desfeitas. Além disso, a utilização de tal consulta tem o efeito de consolidação e finalização da transação atual.

Finalmente, você deve compreender que as transações são específicas para cada conexão. Portanto, um usuário conectado por meio do mysql client possui uma transação diferente de um outro usuário do mysql client, que são diferentes de um script PHP conectado.

Capítulo 6 – SQL e MySQL Avançados 279

Com isso em mente, apresentarei aqui uma utilização bastante simples das transações no mysql client. No Capítulo 17, "Exemplo — E-Commerce", as transações serão executadas por meio de um script PHP.

Para realizar as transações:

1. Conecte-se ao mysql client e selecione o banco de dados *test*. Como isto é apenas uma demonstração, utilizarei o banco de dados *test* multiuso.

2. Crie uma nova tabela *accounts* **(Figura 6.41).**

```
CREATE TABLE accounts(
id INT UNSIGNED NOT NULL
→ AUTO_INCREMENT,
name VARCHAR(40) NOT NULL,
balance DECIMAL(10,2) NOT NULL
→ DEFAULT 0.0,
PRIMARY KEY (id)
) ENGINE=InnoDB;
```

Obviamente, isto não é um design completo de tabela ou banco de dados. Para os iniciantes, a normalização necessitaria que o nome do usuário fosse separado em várias colunas, se não estivesse inteiramente armazenado em uma tabela separada. Mas, para finalidades de demonstração, isso atenderá nossas necessidades.

O aspecto mais importante da definição da tabela é seu mecanismo – InnoDB, o qual permite as transações.

3. Preencha a tabela.

```
INSERT INTO accounts (name, balance)
VALUES ('Sarah Vowell', 5460.23),
('David Sedaris', 909325.24),
('Kojo Nnamdi', 892.00);
```

Você pode utilizar quaisquer nomes e valores que desejar. O importante a ser observado é que o MySQL consolidará automaticamente esta consulta, pois nenhuma transação ainda foi iniciada.

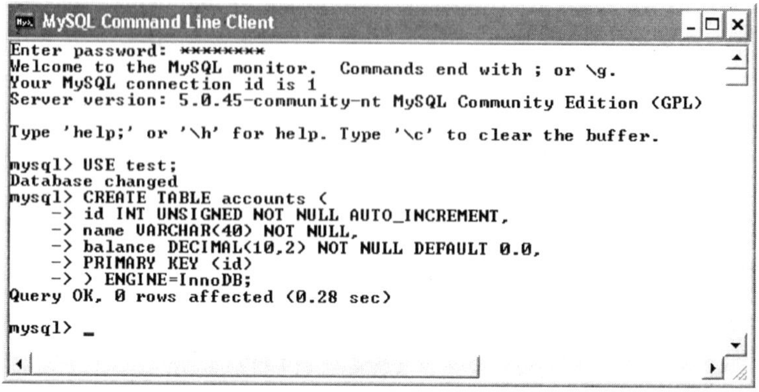

280 PHP 6 E MYSQL 5 PARA WEB SITES DINÂMICOS

```
MySQL Command Line Client                         - □ ×
Enter password: ********
Welcome to the MySQL monitor.  Commands end with ; or \g.
Your MySQL connection id is 1
Server version: 5.0.45-community-nt MySQL Community Edition (GPL)

Type 'help;' or '\h' for help. Type '\c' to clear the buffer.

mysql> USE test;
Database changed
mysql> CREATE TABLE accounts (
    -> id INT UNSIGNED NOT NULL AUTO_INCREMENT,
    -> name VARCHAR(40) NOT NULL,
    -> balance DECIMAL(10,2) NOT NULL DEFAULT 0.0,
    -> PRIMARY KEY (id)
    -> ) ENGINE=InnoDB;
Query OK, 0 rows affected (0.28 sec)

mysql> _
```

Figura 6.41 *Uma nova tabela é criada no banco de dados* test *para finalidades de demonstração de transações.*

4. Inicie uma transação e mostre o conteúdo atual da tabela (**Figura 6.42**).

```
START TRANSACTION;
SELECT * FROM accounts;
```

5. Subtraia $100 da conta de David Sedaris (ou da conta de qualquer usuário).

```
UPDATE accounts
SET balance = (balance-100)
WHERE id=2;
```

Utilizando uma consulta UPDATE, um pequeno cálculo e uma condicional WHERE, posso subtrair $100 de um saldo. Embora o MySQL indique que uma linha foi afetada, o efeito não é permanente até que a transação seja consolidada.

6. Adicione $100 na conta de Sarah Vowell.

```
UPDATE accounts
SET balance = (balance+100)
WHERE id=1;
```

Isto é o oposto da Etapa 5, como se $100 estivesse sendo transferido de uma pessoa para a outra.

Capítulo 6 – SQL e MySQL Avançados

7. Confirme os resultados **(Figura 6.43)**.

```
SELECT * FROM accounts;
```

Como você pode ver na figura, o saldo um tem $100 a mais e o outro tem $100 a menos em relação aos seus valores originais (Figura 6.42).

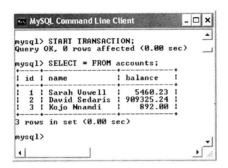

Figura 6.42 Uma transação é iniciada e os registros da tabela existente são mostrados.

Figura 6.43 Duas consultas UPDATE são executadas e os resultados são visualizados.

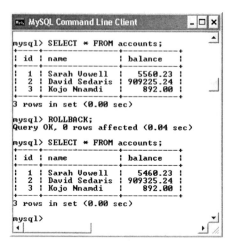

Figura 6.44 Como utilizei o comando ROLLBACK, os efeitos em potencial das consultas UPDATE foram ignorados.

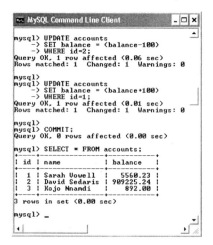

Figura 6.45 A chamada do comando COMMIT tornam permanentes os efeitos da transação.

CAPÍTULO 6 – SQL E MySQL AVANÇADOS   283

8. Reverta a transação.

```
ROLLBACK;
```

Para demonstrar como as transações podem ser desfeitas, realizarei a reversão dos efeitos destas consultas. O comando ROLLBACK retorna o banco de dados para o estado em que estava antes de iniciar a transação. O comando também finaliza a transação, retornando o MySQL para o seu modo de autoconsolidação.

9. Confirme os resultados **(Figura 6.44)**.

```
SELECT * FROM accounts;
```

A consulta deve revelar o conteúdo da tabela como se ele fosse original.

10. Repita as Etapas de 4 a 6. Para visualizar o que ocorre quando a transação é consolidada, as duas consultas UPDATE serão novamente executadas. Certifique-se de iniciar primeiro a transação, ou as consultas entrarão em efeito automaticamente!

11. Consolide a transação e confirme os resultados **(Figura 6.45)**.

```
COMMIT;
SELECT * FROM accounts;
```

Assim que digitar COMMIT, toda a transação será permanente, o que significa que quaisquer alterações, agora, estão consolidadas. COMMIT também finaliza a transação, retornando o MySQL para o modo de autoconsolidação.

✓ **Dicas**

■ Um dos melhores recursos das transações é que elas oferecem proteção caso ocorra um evento aleatório, tal como o travamento de um servidor. Uma transação é executada como um todo, ou todas as alterações são ignoradas.

■ Para alterar a natureza de autoconsolidação do MySQL, digite

```
SET AUTOCOMMIT=0;
```

PHP 6 e MySQL 5 para Web Sites Dinâmicos

Então, não será necessário digitar START TRANSACTION e nenhuma consulta será permanente até que você digite COMMIT (ou utilize uma consulta ALTER, CREATE etc.).

- Você pode criar *pontos de salvamento* em transações:

```
SAVEPOINT nome_do_ponto_de_salvamento;
```

Então, é possível reverter para esse ponto:

```
ROLLBACK TO SAVEPOINT nome_do_ponto_de_salvamento;
```

CAPÍTULO 7

MANIPULAÇÃO
E DEPURAÇÃO DE ERROS

Se estiver trabalhando com este livro de forma seqüencial (o que seria melhor), o próximo assunto a ser abordado é como utilizar o PHP e o MySQL juntos. Entretanto, esse processo certamente gerará erros, que podem ser difíceis de depurar. Portanto, antes de partir para novos conceitos, as próximas páginas abordarão o maior problema do programador: os erros. À medida em que ficar mais experiente, você cometerá menos erros e selecionará seus próprios métodos de depuração, mas existem inúmeras ferramentas e técnicas que o iniciante pode utilizar para ajudar a facilitar o processo de aprendizado.

Este capítulo aborda três assuntos principais. Um tem foco no aprendizado de diversos tipos de erros que podem ocorrer ao desenvolver Web sites dinâmicos e as suas prováveis causas. Segundo, uma variedade de técnicas de depuração é ensinada no padrão passo-a-passo. Finalmente, você verá diferentes técnicas para manipulação dos erros que ocorrem na forma mais fácil possível.

Antes de continuar a leitura, uma observação sobre os erros: eles ocorrem para o nosso bem. Até mesmo o autor deste livro encontra mais erros do que necessário em suas tarefas de desenvolvimento Web (mas fique tranqüilo e certo de que os códigos apresentados neste livro não

286   PHP 6 e MySQL 5 para Web Sites Dinâmicos

devem conter erros). Pensar que você alcançará um nível de profissionalismo em que erros nunca ocorrem é perda de tempo, mas existem técnicas para minimizá-los, e saber como identificar, manipular e corrigir rapidamente os erros é uma habilidade que você deve possuir. Portanto, tente não se frustrar quando cometer erros; em vez disso, contente-se sabendo que você está se tornado um depurador ainda melhor!

Tipos de Erros e Depuração Básica

Ao desenvolver aplicativos Web com PHP e MySQL, você encontrará erros em potencial em uma das quatro ou mais tecnologias. Você poderá ter dificuldades com o HTML, problemas com o PHP, erros no SQL ou cometer erros no MySQL. Para que consiga eliminá-los, primeiro você deve encontrar a falha que gera esses erros.

Os problemas em HTML geralmente são os menos prejudiciais e os mais fáceis de detectar. Geralmente, você identifica que há um problema quando o seu layout está todo bagunçado. Algumas etapas para identificação e correção destes problemas, assim como dicas gerais de depuração, são abordadas na próxima seção.

Os erros PHP são aqueles que você verá com mais freqüência, pois esta linguagem estará na essência de seus aplicativos. Os erros PHP podem ser classificados em três áreas gerais:

◆ Sintáticos

◆ Tempo de execução

◆ Lógicos

Erros sintáticos são os mais comuns e os mais fáceis de corrigir. Você os encontrará se simplesmente omitir um ponto-e-vírgula. Tais erros param a execução do script, e se *display_errors* estiver em sua configuração do PHP, ele mostrará um erro, incluindo em linha o PHP imagina ele se encontre **(Figura 7.1)**. Se *display_errors* estiver desativado, você verá uma página em branco. (Você aprenderá mais sobre *display_errors* adiante, neste capítulo).

Erros de tempo de execução incluem tudo aquilo que não pára a execução de um script PHP (como fazem os erros de análise), mas que impedem o script de fazer aquilo que deveria. Os exemplos possuem a chamada de uma função utilizando um número ou tipos incorretos de parâmetros. Com estes erros, o PHP geralmente exibe uma mensagem

CAPÍTULO 7 – MANIPULAÇÃO E DEPURAÇÃO DE ERROS

(Figura 7.2) indicando o problema exato (novamente, assumindo que *display_errors* esteja ativado).

Figura 7.1 Erros de análise — que você provavelmente já deve ter visto — são o tipo de erro mais comum no PHP, particularmente para programadores iniciantes.

Figura 7.2 A utilização incorreta de uma função (chamá-la com parâmetros inadequados) criará erros durante a execução do script.

A categoria final de erro —o lógico — é, na verdade, a pior, pois o PHP não reportará, nesessariamente, a você. Estes são erros plenos: problemas que não são óbvios e que não param a execução de um script. Os truques para a solução de todos estes erros no PHP serão demonstrados nas próximas páginas.

Geralmente, os erros SQL são uma questão de sintaxe e serão reportados ao tentar executar a consulta no MySQL. Eu já fiz isso várias vezes **(Figura 7.3):**

```
DELETE * FROM nome_da_tabela
```

A sintaxe está incorreta, uma confusão com SELECT (SELECT * FROM *nome_da_tabela*). A sintaxe correta é

```
DELETE FROM nome_da_tabela
```

288   **PHP 6 E MySQL 5 PARA WEB SITES DINÂMICOS**

Novamente, o MySQL levantará uma bandeira vermelha quando houver erros de SQL, portanto, eles não são difíceis de detectar e corrigir. Com os Web sites dinâmicos, o detalhe é que você nem sempre possui consultas estáticas, mas, em vez disso, consultas geradas dinamicamente pelo PHP. Nestes casos, se houver um problema de sintaxe, o erro provavelmente está em seu código PHP.

Além de reportar os erros de SQL, o MySQL tem seus próprios erros a considerar. A incapacidade de acesso ao banco de dados é um erro comum e que precisar ser resolvido **(Figura 7.4).** Você também verá erros ao utilizar incorretamente uma função do MySQL ou fazer referência de forma ambígua a uma coluna em uma junção. Novamente, o MySQL reportará qualquer erro como este com detalhes específicos. Tenha em mente que, quando uma consulta não retorna os registros, ou não possui o resultado esperado, isso não é um erro MySQL ou SQL, mas um erro lógico. Até o final deste capítulo você verá como solucionar problemas com o SQL e o MySQL.

Mas, como você precisar andar antes que possa correr, a próxima seção abordará os conceitos básicos de depuração de Web sites dinâmicos, iniciando com as verificações básicas que devem ser realizadas e como corrigir problemas no HTML.

Etapas de Depuração Básica

Esta primeira seqüência de etapas pode parecer óbvia, mas no momento da depuração, a ausência de uma destas etapas pode levar a uma depuração improdutiva e extremamente frustrante. E, enquanto abordamos este detalhe, devo mencionar que a melhor parte do aconselhamento da depuração geral é esta:

Quando você se frustrar com o resultado, afaste-se do computador!

Eu tenho resolvido quase todos os problemas mais difíceis que encontrei fazendo uma pausa, arejando a mente e voltando ao código com olhos mais atentos. Os leitores no fórum de suporte do livro (www.DMCInsights.com/phorum/) geralmente também percebem que isso é verdade. Tentar resolver os problemas mais rapidamente quando estiver frustrado com o resultado tende tornar as coisas piores.

CAPÍTULO 7 – MANIPULAÇÃO E DEPURAÇÃO DE ERROS   289

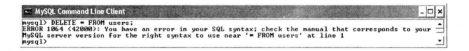

Figura 7.3 O MySQL reportará quaisquer erros encontrados na sintaxe de um comando SQL.

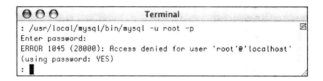

Figura 7.4 Uma incapacidade de conexão a um servidor MySQL ou a um banco de dados específico é um erro comum no MySQL.

Para Iniciar a Depuração de Qualquer Problema:

◆ Certifique-se de que esteja executando a página correta.

É absolutamente comum tentar corrigir um problema e, não importa o que você faça, ele nunca desaparece. O motivo: você tem editado uma página diferente da que imaginava.

◆ Certifique-se de que você salvou suas últimas alterações.

Um documento não salvo continuará com os mesmos problemas que tinha antes de ser editado (pois as edições ainda não foram consolidadas).

◆ Certifique-se de executar todas as páginas PHP por meio da URL.

Como o PHP funciona por meio de um servidor Web (Apache, IIS etc.), a execução de qualquer código PHP necessita que você acesse a página por meio de uma URL (http://www.example.com/page.php ou http://localhost/page.php). Se você efetuar um clique duplo em uma página PHP para abri-la em um navegador (ou utilizar a opção Arquivo > Abrir do navegador), você visualizará o código PHP, não o resultado executado. Isto também ocorre se você carregar uma página HTML sem a utilização de uma URL (que trabalhará sozinha) mas, em seguida, enviar o formulário para uma página PHP **(Figura 7.5)**.

◆ Saiba quais versões do PHP e do MySQL você está executando.

Alguns problemas são específicos para uma determinada versão do PHP ou do MySQL. Por exemplo, algumas funções são incluídas em versões posteriores do PHP, e o MySQL incluiu novos recursos significativos nas versões 4, 4.1 e 5. Execute um script phpinfo() (**Figura 7.6,** consulte o Apêndice A, "Instalação", para obter um exemplo de script) e abra uma sessão do mysql client (**Figura 7.7**) para determinar essas informações. Freqüentemente, o phpMyAdmin reportará também as versões envolvidas (mas não confunda a versão do phpMyAdmin, que provavelmente será 2.*alguma coisa* ,com as versões do PHP ou do MySQL).

Considero as versões sendo utilizadas como uma parte importante e fundamental das informações que, normalmente, não recomendarei a pessoas que procuram por ajuda até que forneçam estas informações!

```
                              handle_form.php
<!DOCTYPE html PUBLIC "-//W3C//DTD XHTML 1.0 Transitional//EN" "http://www.w3.org/TR/
xhtml1/DTD/xhtml1-transitional.dtd">
<html xmlns="http://www.w3.org/1999/xhtml" xml:lang="en" lang="en">
<head>
    <meta http-equiv="content-type" content="text/html; charset=iso-8859-1" />
    <title>Form Feedback</title>
    <style type="text/css" title="text/css" media="all">
    .error {
        font-weight: bold;
        color: #C00
    }
    </style>
</head>
<body>
<?php # Script 2.5 - handle_form.php #4

// Print the submitted information:
if ( !empty($_POST['name']) && !empty($_POST['comments']) && !empty($_POST['email']) ) {
    echo "<p>Thank you, <b>{$_POST['name']}</b>, for the following comments:<br />
<tt>{$_POST['comments']}</tt></p>
<p>We will reply to you at <i>{$_POST['email']}</i>.</p>\n";
} else { // Missing form value.
    echo '<p class="error">Please go back and fill out the form again.</p>';
}
?>
</body>
</html>
```

Figura 7.5 *O código PHP será executado apenas por meio de uma URL.*
Isto significa que os formulários enviados para uma página PHP
também devem ser carregados por meio de http://.

CAPÍTULO 7 – MANIPULAÇÃO E DEPURAÇÃO DE ERROS   291

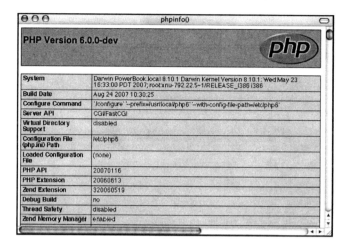

Figura 7.6 *Um script phpinfo() é uma de suas melhores ferramentas para depuração, informando a versão PHP e como ele está configurado.*

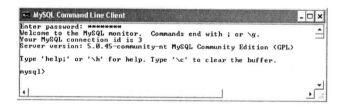

Figura 7.7 *Ao conectar a um servidor MySQL, ele deve permitir que você saiba o número da versão.*

Erros do Livro

Se você seguiu um exemplo neste livro e algo não está funcionando corretamente, o que você deve fazer?

1. Verifique novamente seu código ou etapas comparando com o código e as etapas no livro.

2. Utilize o índice na parte traseira do livro para ver se faço referência a um script ou função em uma página anterior (você pode ter esquecido uma regra ou dica de uso importante).

3. Visualize o manual PHP para obter uma função específica e ver se ela está disponível em sua versão do PHP, verificando como a função é utilizada.

PHP 6 E MySQL 5 PARA WEB SITES DINÂMICOS

4. Consulte a página de errata do livro (por meio do Web site de suporte, www.DMCInsights.com/phpmysql3/) para ver se existe um erro no código e se ele foi reportado. Entretanto, não reporte ainda seu problema específico!

5. Verifique três vezes seu código e utilize todas as técnicas de depuração descritas neste capítulo.

6. Consulte o fórum de suporte do livro para ver se outros já tiveram este problema e se uma solução já foi determinada.

7. Se nada funcionar, utilize o fórum de suporte do livro para solicitar assistência. Ao fazê-lo, certifique-se de incluir todas as informações pertinentes (versão do PHP, versão do MySQL, as etapas de depuração realizadas e quais foram os resultados etc.).

◆ Saiba qual o servidor da Web você está executando.Alguns problemas e recursos são exclusivos para o seu aplicativo servidor da Web — Apache, IIS ou Abyss. Você deve saber qual aplicativo servidor está utilizando, e qual versão, a partir do momento em que instalar o aplicativo.

◆ Tente executar as páginas em um navegador Web diferente.

Todo desenvolvedor Web deve ter e utilizar pelo menos dois navegadores. Se você testar suas páginas em navegadores diferentes, você verá se o problema está relacionado com o seu script ou um navegador específico.

◆ Se possível, tente executar a página utilizando um servidor Web diferente.

Algumas vezes, os erros PHP e MySQL ocorrem a partir de configurações e versões específicas em um servidor. Se algo funcionar em um servidor mas não em um outro, então você saberá que o script não está propriamente com falha. A partir daí, é uma questão da utilização de scripts phpinfo() para ver quais configurações de servidor podem estar diferentes.

CAPÍTULO 7 – MANIPULAÇÃO E DEPURAÇÃO DE ERROS   293

✓ **Dicas**

■ Se uma simples pausa é algo que você deve fazer quando fica frustrado, veja o que *não deve* fazer: enviar um ou vários e-mails em pânico e arrogantes para um escritor, para um grupo de notícias ou lista de distribuição de e-mails, ou para qualquer pessoa. Ao solicitar a ajuda de pessoas estranhas, paciência e cortesia conquistam resultados melhores e mais rápidos.

■ Por isso, não recomendo a tentativa aleatória de soluções. Tenho visto muitas pessoas complicarem ainda mais as coisas penando com as soluções, sem compreensão total do que as alterações tentadas devem ou não fazer.

■ Há uma outra área diferente dos erros que você poderia classificar como erros de *uso*: o que ocorre de errado quando o usuário do site não faz o que você achava que ele faria. Estes erros não são fáceis de localizar, porque é difícil para o programador utilizar um aplicativo de forma diferente daquela que ele pretendia. Como regra de ouro, escreva seu código para que ele não seja quebrado, mesmo se o usuário não fizer nada certo!

Depurando HTML

A depuração de HTML é relativamente fácil. O código-fonte é bastante acessível, a maioria dos problemas é exposta, e as tentativas de correção no HTML geralmente não tornam as coisas piores (conforme pode acontecer com o PHP). Além disso, há algumas etapas básicas que você deve seguir para localizar e corrigir um problema no HTML.

Para Depurar um Erro no HTML:

◆ Consulte o código-fonte.

Se tiver um problema com o HTML, você quase sempre precisará verificar o código-fonte da página para localizá-lo. A forma como você visualiza o código-fonte depende do navegador sendo utilizado, mas geralmente é uma questão da utilização de algo como Visualizar > Código-fonte da Página.

◆ Utilize uma ferramenta de validação **(Figura 7.8)**.

Ferramentas de validação, como a ferramenta em http:// validator.w3.org, são excelentes para localizar tags incompatíveis, tabelas quebradas e outros problemas.

294   **PHP 6 e MySQL 5 para Web Sites Dinâmicos**

◆ Inclua bordas em suas tabelas.

Geralmente, os layouts ficam confusos porque as tabelas estão incompletas. Para confirmar, inclua uma borda atrativa em sua tabela para tornar mais evidente a localização das diferentes colunas e linhas.

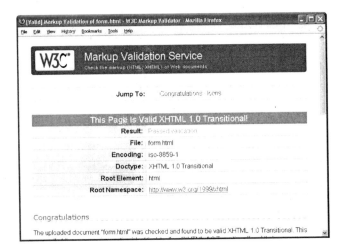

Figura 7.8 As ferramentas de validação, como a ferramenta fornecida pelo W3C (World Wide Web Consortium), são boas para a localização dos problemas e para confirmação da compatibilidade do HTML com os padrões.

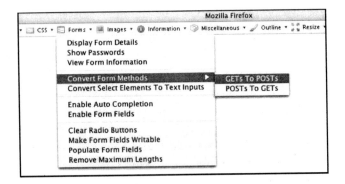

Figura 7.9 O widget Web Developer do Firefox fornece acesso rápido a várias ferramentas úteis.

CAPÍTULO 7 – MANIPULAÇÃO E DEPURAÇÃO DE ERROS

✓ **Dica**

■ A primeira etapa para correção de qualquer tipo de problema é compreender o que o está causando. Lembre-se do papel que cada tecnologia — HTML, PHP, SQL e MySQL — desempenha na depuração. Se sua página possui um problema na aparência, esse é um problema de HTML. Se seu código HTML for gerado dinamicamente pelo PHP, ainda será um problema com o código HTML, mas você precisará trabalhar com o código PHP para corrigi-lo.

◆ Utilize o Firefox ou o Opera.

Não estou tentando iniciar uma discussão sobre qual é o melhor navegador Web, e como o Internet Explorer é o navegador mais utilizado, eventualmente você precisará utilizá-lo como teste, porém, eu acho o Firefox (disponível gratuitamente em www.mozilla.com) e o Opera (disponível gratuitamente em www.opera.com) os melhores navegadores Web para os desenvolvedores Web. Eles oferecem confiabilidade e recursos de depuração não disponíveis em outros navegadores. Se desejar utilizar o IE ou o Safari para sua navegação diária, esta é uma opção sua, mas ao desenvolver em Web, inicie com o Firefox ou o Opera.

◆ Utilize os widgets de complemento do Firefox **(Figura 7.9)**. Além de ser um excelente navegador Web, esse navegador possui vários recursos que o desenvolvedor em Web irá adorar. Além disso, você pode expandir a funcionalidade do Firefox instalando qualquer um dos widgets gratuitos que se encontram disponíveis. Especificamente, o widget Web Developer fornece acesso rápido a excelentes ferramentas, tais como a exibição das bordas de uma tabela, revelação do CSS, validação da uma página e muito mais. Freqüentemente, utilizo estes complementos: DOM Inspector, Firebug e HTML Validator, entre outros.

◆ Teste a página em um outro navegador.

Geralmente, o código PHP não depende do navegador, o que significa que você obterá resultados consistentes independentemente do cliente. Não é o mesmo com o HTML. Às vezes, um determinado navegador possui uma peculiaridade que afeta a página carregada. Abrir a mesma página em um outro navegador é a forma mais fácil de saber se este é um problema no HTML ou uma peculiaridade do navegador.

Exibindo Erros PHP

O PHP fornece mensagens de erro úteis e descritivas quando ocorre algo errado. Infelizmente, o PHP não mostra estes erros ao executar utilizando sua configuração padrão. Esta política faz sentido para servidores ativos, em que você não deseja que os usuários finais recebam mensagens de erro específicas do PHP, mas também torna tudo muito mais confuso para o desenvolvedor iniciante em PHP. Para visualizar os erros do PHP, você deve ativar a diretiva *display_ errors*, em um script individual ou para a configuração PHP como um todo.

Para ativar *display_errors* em um script, utilize a função ini_set(). De acordo com seus argumentos, esta função assume um nome de diretiva e que configuração ela deve ter:

```
ini_set('display_errors', 1);
```

A inclusão desta linha em um script ativará *display_errors* para esse mesmo script. A única desvantagem é que se seu script tiver um erro de sintaxe que o impede de ser executado, então você ainda visualizará uma página em branco. Para que o PHP exiba os erros para todo o servidor, você precisará editar sua configuração, conforme discutido na seção "Configurando o PHP" do Apêndice A.

Para Ativar Display_Errors:

1. Crie um novo documento PHP em seu editor de texto ou IDE (**Script 7.1).**

```
<!DOCTYPE html PUBLIC "-//W3C//DTD
→ XHTML 1.0 Transitional//EN"
"http://www.w3.org/TR/xhtml1/DTD/
→ xhtml1-transitional.dtd">
<html xmlns="http://www.w3.org/1999/
→ xhtml" xml:lang="en" lang="en">
<head>
```

Capítulo 7 – Manipulação e Depuração de Erros

```
000                    Script
1   <!DOCTYPE html PUBLIC "-//W3C//DTD XHTML
    1.0 Transitional//EN"
2       "http://www.w3.org/TR/xhtml1/DTD/
        xhtml1-transitional.dtd">
3   <html xmlns="http://www.w3.org/1999/xhtml"
    xml:lang="en" lang="en">
4   <head>
5       <meta http-equiv="content-type"
        content="text/html; charset=
        iso-8859-1" />
6       <title>Display Errors</title>
7   </head>
8   <body>
9   <h2>Testing Display Errors</h2>
10  <?php # Script 7.1 - display_errors.php
11
12  // Show errors:
13  ini_set('display_errors', 1);
14
15  // Create errors:
16  foreach ($var as $v) {}
17  $result = 1/0;
18
19  ?>
20  </body>
21  </html>
```

Script 7.1 *A função ini_set() pode ser utilizada para informar a um script PHP que revele quaisquer erros venham a ocorrer.*

```
<meta http-equiv="content-type"
➔ content="text/html; charset=
➔ iso-8859-1" />
<title>Display Errors</title>
</head>
<body>
<?php # Script 7.1 - display_
➔ errors.php
```

2. Após as tags PHP iniciais, inclua

```
ini_set('display_errors', 1);
```

A partir deste ponto, neste script, qualquer erro que ocorrer será exibido.

3. Gere alguns erros.

```
foreach ($var as $v) {}
$result = 1/0;
```

Para testar a configuração de *display_errors*, o script precisa ter um erro. Esta primeira linha nem mesmo tenta fazer alguma coisa, mas é certo que ela causará um erro. Na verdade, há dois problemas aqui: primeiro, há uma referência para uma variável ($var) que não existe; segundo, uma não-matriz ($var) está sendo utilizada como uma matriz no loop foreach.

A segunda linha é uma divisão clássica por zero, o que não é permitido nas linguagens de programação ou na matemática.

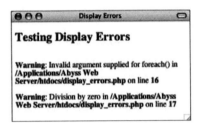

Figura 7.10 *Com* display_errors *ativado (para este script), a página reporta os erros quando eles ocorrem.*

4. Finalize a página.

   ```
   ?>
   </body>
   </html>
   ```

5. Salve o arquivo como display_errors.php, coloque-o em seu diretório Web e teste-o em seu navegador Web **(Figura 7.10)**.

6. Se desejar, altere a primeira linha do código PHP para

   ```
   ini_set('display_errors', 0);
   ```

   e, em seguida, salve e teste novamente o script **(Figura 7.11)**.

✓ **Dicas**

- Há limites de acordo com que configurações PHP a função ini_set() pode ser utilizada para ajustes. Consulte o manual do PHP para obter especificações sobre o que pode, e não pode, ser alterado utilizando essa função.

- Como lembrete, a alteração da configuração de *display_ errors* em um script funciona apenas enquanto este estiver em execução (ou seja, ele não pode ter qualquer erro de análise). Para que *sempre* possa receber todos os erros que ocorrem, você precisará ativar *display_errors* no arquivo de configuração do PHP (novamente, consulte o apêndice).

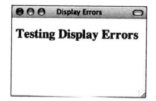

Figura 7.11 Com display_errors *desativado (para esta página), os mesmos erros (Script 7.1 e Figura 7.10) não são mais reportados.* **Infelizmente, eles ainda existem.**

Ajustando Relatório de Erros no PHP

Assim que você configura o PHP para exibição dos erros, você pode desejar ajustar o nível de relatório de erros. A instalação do PHP como um todo, ou scripts individuais, pode ser configurada para reportar ou ignorar diferentes tipos de erros. A **Tabela 7.1** lista a maioria dos níveis, mas, geralmente, eles podem ser um desses três:

- *Notificações*, que não param a execução de um script e talvez não sejam necessariamente um problema.
- *Avisos*, que indicam um problema, mas não param a execução de um script.
- *Erros*, que param a execução de um script (incluindo o erro comum de análise, o qual impede que os scripts sejam executados).

Como de costume, você desejará que o PHP reporte a ocorrência de qualquer tipo de erro enquanto estiver desenvolvendo um site, mas que reporte erros não específicos assim que o site estiver no ar. Para finalidades de segurança e estética, geralmente é imprudente permitir que um usuário público veja mensagens de erro detalhadas do PHP. Freqüentemente, as mensagens de erro — particularmente as relacionadas ao banco de dados — revelarão determinados aspectos privados do seu aplicativo Web que seria melhor não mostrar. Enquanto você espera que tudo isso funcione bem durante os estágios de desenvolvimento, talvez esse não seja o caso.

PHP 6 e MySQL 5 para Web Sites Dinâmicos

Tabela 7.1 Configurações de relatório de erros do PHP a serem utilizadas com a função **error_reporting()** ou no arquivo **php.ini**. Observe que o valor numérico da constante **E_ALL** era diferente nas versões anteriores do PHP e não incluía a constante **E_STRICT** (ela é incluída no PHP 6).

Níveis de Relatório de Erros		
Número	**Constante**	**Relatório Ativado**
1	E_ERROR	Erros fatais do tempo de execução (que param a execução do script)
2	E_WARNING	Avisos do tempo de execução (erros não-fatais)
4	E_PARSE	Erros de análise
8	E_NOTICE	Notificações (coisas que podem ou não ser um problema)
256	E_USER_ERROR	Mensagens de erro geradas pelo usuário com a função trigger_error()
512	E_USER_WARNING	Avisos gerados pelo usuário com a função trigger_error()
1024	E_USER_NOTICE	Notificações geradas pelo usuário, pela função trigger_error()
2048	E_STRICT	Recomendações para compatibilidade e interoperabilidade
8191	E_ALL	Todos os erros, avisos e recomendações

Omitindo Erros com @

Erros individuais podem ser omitidos no PHP utilizando o operador @. Por exemplo, se você não desejar que o PHP reporte um erro se ele não conseguir incluir um arquivo, o código seria

```
@include ('config.inc.php');
```

Ou se você não deseja receber um erro de "divisão por zero":

```
$x = 8;
$y = 0;
$num = @($x/$y);
```

O símbolo @ funcionará apenas em expressões, como chamadas de funções ou operações matemáticas. Você não pode utilizar @ antes de condicionais, loops, definições de funções, e assim por diante.

CAPÍTULO 7 – MANIPULAÇÃO E DEPURAÇÃO DE ERROS 301

Como de costume, recomendo que @ seja utilizado em funções cujas execuções, caso falhem, não afetarão a funcionalidade do script como um todo. Ou você pode omitir erros do PHP ao manipulá-los de forma mais oportuna (um tópico discutido posteriormente neste capítulo).

```
1    <!DOCTYPE html PUBLIC "-//W3C//DTD XHTML
     1.0 Transitional//EN"
2        "http://www.w3.org/TR/xhtml1/DTD/
         xhtml1-transitional.dtd">
3    <html xmlns="http://www.w3.org/1999/xhtml"
     xml:lang="en" lang="en">
4    <head>
5        <meta http-equiv="content-type" content-
         "text/html; charset=iso-8859-1" />
6        <title>Report Errors</title>
7    </head>
8    <body>
9    <h2>Testing Error Reporting</h2>
10   <?php # Script 7.2 - report_errors.php
11
12   // Show errors:
13   ini_set('display_errors', 1);
14
15   // Adjust error reporting:
16   error_reporting(E_ALL);
17
18   // Create errors:
19   foreach ($var as $v) {}
20   $result = 1/0;
21
22   ?>
23   </body>
24   </html>
```

Script 7.2 *Este script demonstrará como
o relatório de erros pode ser manipulado no PHP.*

Você pode, de forma universal, ajustar o nível de relatório de erros seguindo as instruções no Apêndice A. Ou você pode ajustar este comportamento em cada um dos scripts utilizando a função error_reporting(). Esta função é utilizada para estabelecer quais os tipos de erros que o PHP pode reportar em uma página específica. A função assume um número ou uma constante, utilizando os valores na Tabela 7.1 (o manual do PHP lista alguns outros valores, relacionados à essência do próprio PHP).

```
error_reporting(0); // Não mostrar erros.
```

302 **PHP 6 e MySQL 5 para Web Sites Dinâmicos**

Uma configuração de 0 desativa inteiramente o relatório de erros (os erros ainda ocorrerão; você apenas não verá mais as mensagens). Por outro lado, error_reporting (E_ALL) informará ao PHP para que ele reporte cada erro que ocorrer. Os números podem ser incluídos para customizar o nível de relatório de erros, ou você poderá utilizar os operadores bitwise —| (or), ~ (not), & (and) — com as constantes. Com a configuração a seguir, qualquer erro de não-notificação será mostrado:

```
error_reporting (E_ALL & ~E_NOTICE);
```

Para Ajustar o Relatório de Erros:

1. Abra display_errors.php (Script 7.1) em seu editor de texto ou IDE. Para experimentar os níveis de relatório de erros, utilize display_errors. php como um exemplo.

2. Após ajustar a configuração *display_errors*, inclua (**Script 7.2**)

```
error_reporting (E_ALL);
```

   Para finalidades de desenvolvimento, configure o PHP para que ele informe a ocorrência de qualquer erro, notificação, aviso e recomendação. Esta linha realizará esta tarefa. Em resumo, o PHP o informará sobre qualquer qualquer problema. Como o E_ALL é uma constante, não está entre aspas.

3. Salve o arquivo como report_errors.php, coloque-o em seu diretório Web e execute-o em seu navegador Web (**Figura 7.12**). Também alterei o título da página e o cabeçalho, mas ambos são irrelevantes para a idéia principal deste exercício.

4. Altere o nível do relatório de erros e teste-o novamente (**Figuras 7.13 e 7.14**).

✓ **Dicas**

■ Como freqüentemente você desejará ajustar *display_errors* e *error_reporting* de cada página em um Web site, você pode optar por colocar essas linhas de código em um arquivo PHP separado, que poderá, então, ser incluído por outros scripts PHP.

■ Caso você esteja curioso, os scripts neste livro foram todos escritos com o relatório de erros do PHP no nível mais alto (com a intenção de identificar todos os problemas possíveis).

CAPÍTULO 7 – MANIPULAÇÃO E DEPURAÇÃO DE ERROS   303

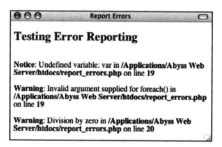

Figura 7.12 No nível mais alto de relatório de erros, o PHP possui dois avisos e uma notificação para esta página (Script 7.2).

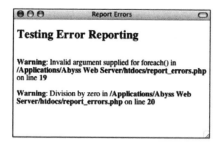

Figura 7.13 A mesma página (Script 7.2) após desativar o relatório de notificações.

Fiqura 7.14 Mais uma vez a mesma página (Script 7.2) com o relatório de erros desativado (configurado como 0). O resultado é o mesmo que utilizar display_errors *desativado. É claro que os erros ainda ocorrerão; eles apenas não estão sendo reportados.*

CRIANDO MANIPULADORES DE ERROS PERSONALIZADOS

Uma outra opção para o gerenciamento de erros com seus sites é alterar a forma como o PHP manipula os erros. Por padrão, se *display_errors* estiver ativado e um erro for identificado (que entra no nível do relatório

304   PHP 6 E MYSQL 5 PARA WEB SITES DINÂMICOS

de erros), o PHP o exibirá de forma bastante simples, sem algumas tags
HTML mínimas **(Figura 7.15).**

Você pode alterar a forma como os erros são manipulados criando sua
própria função, que será chamada quando ocorrerem os erros. Por exemplo,

```
function report_errors (argumentos) {
   // Fazer qualquer coisa aqui.
}
set_error_handler ('report_errors');
```

A função set_error_handler() é utilizada para nomear a função a ser
chamada quando ocorrer um erro. A função de manipulação (*report_
errors*, neste caso), desta vez, receberá diversos valores que podem ser
utilizados de qualquer maneira possível.

Esta função pode ser escrita para assumir até cinco argumentos. Na
ordem, estes argumentos são: um número de erro (correspondente à
Tabela 7.1), uma mensagem de erro textual, o nome do arquivo no qual o
erro foi encontrado, o número da linha específica na qual ele ocorreu, e as
variáveis que existiam no momento em que ocorreu. A definição de uma
função que aceite todos estes argumentos pode ser semelhante ao seguinte

```
function report_errors ($num, $msg,
$file, $line, $vars) {...
```

Para fazer uso deste conceito, o arquivo report_ errors.php (Script 7.2)
será reescrito uma última vez.

```
<br />
<b>Notice</b>:  Undefined variable: var in <b>/Applications/Abyss Web Server/htdocs/report_errors.php</b> on line <b>19</b><br />
<br />
<b>Warning</b>:  Invalid argument supplied for foreach() in <b>/Applications/Abyss Web Server/htdocs/report_errors.php</b> on line <b>19</b><br />
<br />
<b>Warning</b>:  Division by zero in <b>/Applications/Abyss Web Server/htdocs/report_errors.php</b> on line <b>20</b><br />
```

Figura 7.15 O código-fonte HTML dos erros mostrados na Figura 7.12.

Para Criar seu Próprio Manipulador de Erros:

1. Abra o arquivo report_errors.php (Script 7.2) em seu editor de texto
   ou IDE.

2. Remova as linhas ini_set() e error_ reporting() **(Script 7.3).**

CAPÍTULO 7 – MANIPULAÇÃO E DEPURAÇÃO DE ERROS   305

Ao estabelecer sua própria função de manipulação de erros, os níveis de relatório de erros não têm mais significado, portanto, essa linha pode ser removida. O ajuste da configuração *display_errors* também é insignificante, pois a função de manipulação de erros controlará se eles serão exibidos ou não.

3. Antes de o script criar os erros, inclua

```
define ('LIVE', FALSE);
```

Esta constante será um sinalizador utilizado para indicar se o site está atualmente disponível para acesso. Esta é uma distinção importante, pois a forma como você manipula os erros e o que você revela no navegador devem ser duas coisas extremamente diferentes quando está desenvolvendo um site e quando um site está disponível para acesso.

Esta constante está sendo configurada fora da função por duas razões. Primeiro, eu quero tratar a função como uma caixa preta que faz o que eu considero necessário sem precisar abri-la e fazer remendos. Segundo, em muitos sites, poderá haver outras configurações (como as informações de conectividade do banco de dados) que também estão disponíveis para acesso, ao contrário das informações específicas do desenvolvimento. Portanto, as condicionais também poderiam fazer referência a esta constante para ajustar essas configurações.

4. Inicie a definição da função de manipulação de erros.

```
function my_error_handler ($e_number,
→ $e_message, $e_file, $e_line,
→ $e_vars) {
```

A função my_error_handler() é configurada para receber os cinco argumentos completos que um manipulador de erros personalizado pode suportar.

PHP 6 E MySQL 5 PARA WEB SITES DINÂMICOS

```
1   <!DOCTYPE html PUBLIC "-//W3C//DTD XHTML
    1.0 Transitional//EN"

2       "http://www.w3.org/TR/xhtml1/DTD/
        xhtml1-transitional.dtd">

3   <html xmlns="http://www.w3.org/1999/xhtml"
    xml:lang="en" lang="en">

4   <head>

5     <meta http-equiv="content-type" content=
      "text/html; charset=iso-8859-1" />

6     <title>Handling Errors</title>

7   </head>

8   <body>

9   <h2>Testing Error Handling</h2>

10  <?php # Script 7.3 - handle_errors.php

11

12  // Flag variable for site status:

13  define('LIVE', FALSE);

14

15  // Create the error handler:

16  function my_error_handler ($e_number,
    $e_message, $e_file, $e_line, $e_vars) {

17

18    // Build the error message:

19    $message = "An error occurred in script
      '$e_file' on line $e_line: $e_message\
      n";

20

21    // Append $e_vars to $message:

22    $message .= print_r ($e_vars, 1);

23

24    if (!LIVE) { // Development (print the
      error).

25      echo '<pre>' . $message . "\n";

26      debug_print_backtrace();

27      echo '</pre><br />';

28    } else { // Don't show the error.

29      echo '<div class="error">A system
        error occurred. We apologize for
        the inconvenience.</div><br />';

30    }

31

32  } // End of my_error_handler() definition.

33

34  // Use my error handler:

35  set_error_handler ('my_error_handler');

36

37  // Create errors:

38  foreach ($var as $w) {}

39  $result = 1/0;

40

41  ?>

42  </body>

43  </html>
```

Script 7.3 *Ao definir sua própria função de manipulação de erros, você pode personalizar como eles são tratados em seus scripts PHP.*

CAPÍTULO 7 – MANIPULAÇÃO E DEPURAÇÃO DE ERROS   307

5. Criar a mensagem de erro utilizando os valores recebidos.

```
$message = "An error occurred in
➜   script '$e_file' on line $e_line:
➜ $e_message\n";
```

A mensagem de erro começará com a referência do nome do arquivo e o número em que ele ocorreu. Além disso, haverá a mensagem de erro em si. Todos estes valores são transmitidos para a função quando ela é chamada (quando ocorre um erro).

6. Inclua quaisquer variáveis existentes na mensagem de erro.

```
$message .= print_r ($e_vars, 1);
```

A variável $e_vars receberá todas as variáveis que existem, e seus valores, quando ocorrer o erro. Como esta variável pode conter informações úteis de depuração, ela é incluída na mensagem.

Normalmente, a função print_r() é utilizada para exibir a estrutura e o valor de uma variável; isto é especialmente útil com matrizes. Se você chamar a função com um segundo argumento (*1* ou TRUE), o resultado será retornado, em vez de exibido. Portanto, esta linha inclui todas as informações da variável em $message.

7. Exiba uma mensagem que irá variar, dependendo se o site estiver ou não disponível para acesso.

```
if (!LIVE) {
  echo '<pre>' . $message . "\n";
  debug_print_backtrace();
  echo '</pre><br />';
} else {
  echo '<div class="error">A
  ➜ system error occurred. Wc
  ➜ apologize for the
  ➜ inconvenience.</div><br />';
}
```

Se o site não estiver disponível (se LIVE for false), que seria o caso se o site estivesse sendo desenvolvido, uma mensagem de erro detalhada deverá ser exibida **(Figura 7.16)**. Para facilidade de visualização, a mensagem de erro é exibida entre as tags PRE do HTML (que não são válidas no XHMTL, mas são bastante úteis

PHP 6 e MySQL 5 para Web Sites Dinâmicos

aqui). Além disso, uma função de depuração, debug_print_backtrace(), também é chamada. Esta função retorna uma boa quantidade de informações sobre quais funções foram chamadas, quais arquivos foram incluídos, e assim por diante.

Se o site estiver disponível para acesso, um simples reconhecimento de culpa será exibido, permitindo que o usuário saiba que ocorreu um erro, mas não especifica qual o problema **(Figura 7.17)**. Nesta situação, você também poderia utilizar a função error_ log() (consulte o quadro lateral) para que a mensagem de erro detalhada fosse enviada por e-mail ou gravada em um log.

8. Finalize a função e informe ao PHP para que ele a utilize.

```
}
set_error_handler('my_error_handler'
→ );
```

Esta segunda linha é importante, pois informa ao PHP que ele utilize o manipulador de erros personalizado em vez do manipulador padrão do PHP.

9. Salve o arquivo como handle_errors.php, coloque-o em seu diretório Web e teste-o em seu navegador Web (Figura 7.16).

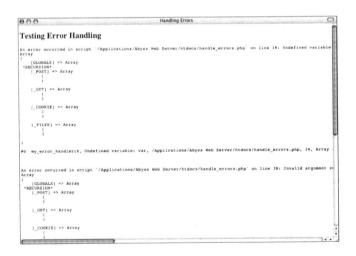

Figura 7.16 *Durante a fase de desenvolvimento, as mensagens de erros detalhadas são exibidas no navegador Web. (Em um script mais próximo do mundo real, com mais códigos, as mensagens seriam mais úteis).*

CAPÍTULO 7 – MANIPULAÇÃO E DEPURAÇÃO DE ERROS   309

10. Altere o valor de LIVE para *TRUE*, salve e teste novamente o script (Figura 7.17). Para visualizar como o manipulador de erros se comporta com um site disponível para acesso, apenas altere este valor de LIVE.

Figura 7.17 *Assim que um site se torna disponível para acesso, os erros são exibidos de forma mais amigável (e menos reveladora) aos usuários. Aqui, uma mensagem é exibida para cada um dos três erros no script.*

Registrando Erros PHP em Logs

No Script 7.3, os erros são manipulados simplesmente exibindo-os em detalhes, ou não. Uma outra opção é registrar os erros em log: criar de alguma forma uma nota permanente dos erros. Para esta finalidade, a função error_log() instrui o PHP sobre como arquivar um erro. A sintaxe é

```
error_log (mensagem, tipo,
→ destino,
cabeçalhos extras);
```

O valor de *mensagem* deve ser o texto do erro registrado em log (ou seja, $message no Script 7.3). O *tipo* indica como o erro é registrado no log. As opções são os números de 0 a 3: utilize o método de registro em log padrão do computador (0), envie-o em um e-mail (1), envie para um depurador remoto (2) ou grave-o em um arquivo de texto (3).

O parâmetro *destino* pode ser o nome de um arquivo (para o log de tipo 3) ou um endereço de e-mail (para o log de tipo 1). O argumento *cabeçalhos extras* é utilizado apenas ao enviar e-mails (log de tipo 1). O destino e os cabeçalhos extras são opcionais.

310 **PHP 6 E MySQL 5 PARA WEB SITES DINÂMICOS**

✓ **Dicas**

■ Se sua página PHP utilizar formatação HTML especial — como tags CSS para afetar o layout e o tratamento de fontes — ,inclua esta informação em sua função de relatório de erros. Obviamente, em um site disponível para acesso você provavelmente precisará fazer algo além de se desculpar pela inconveniência (especialmente se o erro afetar de forma significativa a funcionalidade da página). Além disso, este exemplo demonstra como você pode facilmente ajustar a manipulação de erros para adequar à situação.

■ Se não desejar que a função de manipulação de erros reporte cada notificação, erro ou aviso, você poderá selecionar o valor do número de erro (o primeiro argumento enviado para a função). Por exemplo, para ignorar notificações quando o site está disponível para acesso, você alteraria a condicional principal para

```
if (!LIVE) {
  echo '<pre>' . $message . "\n";
  debug_print_backtrace();
  echo '</pre><br />';
} elseif ($e_number != E_NOTICE) {
  echo '<div class="error">A
→ system error occurred. We
→ apologize for the
→ inconvenience.</div><br />';
}
```

■ Você pode chamar sua função de manipulação de erros utilizando trigger_error().

TÉCNICAS DE DEPURAÇÃO PHP

Na depuração, o melhor você que aprenderá de sua experiências são as causas de determinados tipos de erros. A compreensão de causas comuns diminuirá o tempo gasto com a correção de erros. Para acelerar o processo de aprendizagem, a **Tabela 7.2** lista as prováveis razões para os erros mais comuns do PHP.

O primeiro, e mais comum, tipo de erro que você encontrará é sintático e impedirá a execução de seus scripts. Um erro como este resultará em mensagens como a da **Figura 7.18**, que todo desenvolvedor em PHP já viu muitas vezes. Para evitar que você o cometa ao programar, certifique-se de:

◆ Finalizar toda instrução (mas não construções da linguagem, tais como loops e condicionais) com um ponto-e-vírgula.

◆ Abrie e fechar aspas, parêntesis, chaves e colchetes (todo caractere de abertura deve ser fechado).

◆ Ser consistente com suas aspas (aspas simples podem ser fechadas apenas com aspas simples e aspas duplas com aspas duplas).

◆ Fazer escape, utilizando a barra invertida, de todas as aspas simples e duplas dentro de cadeias, conforme apropriado.

Algo que você também deve compreender sobre os erros sintáticos é que, só porque a mensagem de erro PHP informa que o mesmo está ocorrendo na linha 12, não significa que o erro se encontra realmente ali. No mínimo, não é incomum existir uma diferença entre o que o PHP acha ser a linha 12 e o que o seu editor de texto indica como sendo a linha 12. Portanto, como a indicação do PHP é útil no rastreio de um problema, trate o número da linha referido mais como um ponto de partida do que como um ponto exato.

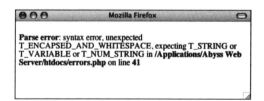

Figura 7.18 O erro de análise impede a execução de um script devido a uma sintaxe PHP inválida. Este erro foi causado pela falha em colocar $array['key'] entre chaves ao imprimir seu valor.

312 PHP 6 e MySQL 5 para Web Sites Dinâmicos

Tabela 7.2 Estes são alguns dos erros mais comuns que você encontrará no PHP, juntamente com suas causas mais prováveis.

Erros Comuns do PHP

Erro	Provável Causa
Página em Branco	Problema no código HTML, ou erro no código PHP e *display_errors* ou *error_reporting* está desativado.
Erro de análise	Ponto-e-vírgula ausente; chaves, parêntesis ou aspas de abertura e fechamento inconsistentes; ou utilização de uma aspa sem escape em uma cadeia.
Valor de variável vazio	O caractere $ inicial foi esquecido, nome da variável digitado incorretamente ou com letras maiúsculas e minúsculas não correspondentes, ou escopo de variável inapropriado (com funções).
Variável indefinida	Referência feita a uma variável antes que ela recebesse um valor ou um valor de variável vazio (consulte essas causas em potencial).
Chamada para função não definida	Nome da função digitado incorretamente, o PHP não está configurado para utilização dessa função (como uma função MySQL), ou o documento que contém a definição da função não foi incluído.
Não é possível redeclarar função	Existem duas definições de sua própria função; verifique nos arquivos incluídos.
Cabeçalhos já enviados	Há espaço em branco no script antes das tags PHP, os dados já foram impressos, ou um arquivo foi incluído.

Se o PHP reportar um erro na última linha do seu documento, provavelmente um parêntesis, uma chave ou uma aspa não possui correspondente, e que não foi identificado até aquele momento.

No segundo tipo de erro você encontrará resultados da utilização incorreta de uma função. Este erro ocorre, por exemplo, quando uma função é chamada sem os argumentos adequados. Este erro é descoberto pelo PHP ao tentar executar o código. Nos próximos capítulos você provavelmente encontrará esses erros ao utilizar a função header(), cookies ou sessões.

Para corrigi-los, você precisará realizar uma pequena tarefa de investigação para identificar quais são os erros e onde foram cometidos. Entretanto, para os iniciantes, sempre leia e confie inteiramente na mensagem de erro que o PHP oferece. Embora o número da linha referida nem sempre esteja correto, um erro PHP é bastante descritivo, normalmente útil, e quase sempre 100 por cento correto.

Para Depurar seus Scripts:

◆ Ative *display_errors*.

Utilize as etapas anteriores para ativar *display_errors* para um script ou, se possível, em todo o servidor, enquanto desenvolve seus aplicativos.

◆ Utilize comentários.

Da mesma forma que você pode utilizar comentários para documentar seus scripts, também é possível utilizá-los para evitar que linhas problemáticas sejam executadas. Se o PHP estiver indicando um erro na linha 12, colocar essa linha como comentário deve evitar a sua ocorrência. Caso contrário, você saberá que o erro está em outro lugar. Apenas tome cuidado para não gerar mais erros ao colocar apenas uma parte de um bloco de código como comentário de forma imprópria: a sintaxe de seus scripts deve ser mantida.

◆ Utilize as funções print() e echo().

Em scripts mais complicados, geralmente utilizo instruções echo() para que me informe sobre o que está acontecendo durante a execução do script **(Figura 7.19)**. Quando um script possui muitas etapas, talvez não seja fácil saber se o problema está ocorrendo na etapa 2 ou na 5. Com a utilização de uma instrução echo(), você poderá limitar a causa do problema a um ponto específico.

Figura 7.19 *Uma depuração mais complexa pode ser realizada com a exibição de notificações sobre o que o script está fazendo.*

◆ Verifique se aspas estão sendo utilizadas para a exibição de variáveis.

Não é incomum os programadores utilizarem erroneamente aspas simples e ficarem imaginando o motivo de suas variáveis não serem exibidas adequadamente. Lembre-se de que aspas simples tratam o texto de forma literal e que você deve utilizar aspas duplas para exibir os valores das variáveis.

◆ Acompanhar variáveis **(Figura 7.20)**.

É extremamente comum um script não funcionar porque você fez referência à variável errada ou à variável correta utilizando o nome errado, ou porque a variável não possui o valor que você esperava. Para verificar estas possibilidades, utilize as instruções print() ou echo() para exibir os valores das variáveis em pontos importantes em seus scripts. Esta é simplesmente uma questão de

```
echo "<p>\$var = $var</p>\n";
```

O primeiro sinal de dólar sofre escape para que o nome da variável seja exibido. A segunda referência da variável exibirá seu valor.

◆ Exibir valores da matriz.

Para os tipos de variáveis mais complicados (matrizes e objetos), as funções print_r() e var_dump() exibirão seus valores sem a necessidade de loops. Ambas as funções realizam a mesma tarefa, embora var_dump() seja mais detalhada em seu relatório do que print_r().

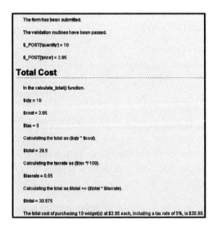

Figura 7.20 *A exibição de nomes e valores das variáveis é a forma mais fácil de acompanhá-las durante a execução de um script.*

Capítulo 7 – Manipulação e Depuração de Erros 315

Utilizando die() e exit()

Duas funções que são freqüentemente utilizadas com gerenciamento de erros são die() e exit(), (tecnicamente, elas são construções de linguagem, não funções, mas quem se importa?). Quando uma função die() ou exit() é chamada em seu script, ele é finalizado por inteiro. Ambas são úteis para parar um script caso algo importante — como estabelecer uma conexão com o banco de dados — falhe. Você também pode transmitir com die() e exit() uma cadeia que será exibida no navegador.

Será comum você encontrar die() ou exit() utilizada em uma condicional OR. Por exemplo:

```
include('config.inc.php') OR die
→ ('Could not open the file. ');
```

Com uma linha como essa, se o PHP não pôde incluir o arquivo de configuração, a instrução die() será executada e a mensagem "Could not open the file" será exibida. Você verá essas variações ao longo deste livro e no manual do PHP, pois trata-se de uma forma rápida (mas potencialmente excessiva) de manipular erros sem a utilização de um manipulador de erros personalizado.

✓ Dicas

- Muitos editores de texto possuem utilitários para verificar se as ocorrências de parêntesis, chaves e aspas de abertura possuem seus correspondentes de fechamento.

- Se não puder localizar o erro de análise em um script complexo, inicie a utilização de comentários /* */ para processar todo o código PHP de forma inativa. Em seguida, continue removendo o comentário de cada seção por vez (movendo os caracteres de abertura e fechamento de comentário) e executando novamente o script até que você deduza quais linhas estão causando o erro. Entretanto, tome cuidado com a forma com que coloca as estruturas de controle como comentário, pois as chaves devem continuar sendo correspondidas para evitar erros de análise. Por exemplo:

```
if (condição) {
  /* Iniciar comentário.
  Código inativo.
```

PHP 6 e MySQL 5 para Web Sites Dinâmicos

```
Finalizar comentário. */
}
```

■ Para tornar os resultados de print_r() mais legíveis no navegador Web, coloque-os entre tags <pre> (pré-formatadas) HTML. A linha abaixo é minha ferramenta de depuração favorita:

```
echo '<pre>' . print_r ($var, 1) .
➔ '</pre>';
```

Técnicas de Depuração SQL e MySQL

Os erros SQL mais comuns são causados pelos seguintes problemas:

◆ Utilização de aspas ou parêntesis sem correspondentes

◆ Apóstrofos sem escape em valores de colunas

◆ Digitação incorreta de nome de coluna, nome de tabela ou função

◆ Referência ambígua a uma coluna em uma junção

◆ Colocação das cláusulas de uma consulta (WHERE, GROUP BY, ORDER BY, LIMIT) na ordem errada

Além disso, ao utilizar o MySQL você também pode enfrentar o seguinte:

◆ Resultados de consultas imprevisíveis ou inapropriados

◆ Incapacidade de acessar o banco de dados

Como você executará as consultas para os seus Web sites dinâmicos a partir do PHP, precisará de uma metodologia para depuração de erros SQL e MySQL nesse contexto (o PHP não reportará um problema com o seu SQL).

Depurando Problemas SQL

Para identificar se você está enfrentando um problema com o MySQL (ou SQL), em vez de um problema com o PHP, será necessário um sistema para localização e correção do problema. Felizmente, as etapas que devem ser realizadas para depuração de problemas MySQL e SQL são fáceis de serem definidas e devem ser seguidas sem questionar. Caso tenha algum erro MySQL ou SQL a ser depurado, siga esta seqüência de etapas.

Para enfatizar, esta próxima seqüência de etapas é provavelmente a técnica de depuração mais útil neste capítulo e em todo o livro. Você

CAPÍTULO 7 – MANIPULAÇÃO E DEPURAÇÃO DE ERROS   317

provavelmente precisará seguir estas etapas em qualquer aplicativo Web em PHP-MySQL quando não estiver obtendo os resultados esperados.

Para Depurar suas Consultas SQL:

1. Exiba quaisquer consultas aplicáveis em seu script PHP **(Figura 7.21)**.

    Conforme você verá no próximo capítulo, as consultas SQL serão freqüentemente designadas a uma variável, particularmente quando utilizar o PHP para escrevê-las dinamicamente. Utilizando o código echo $query (ou qualquer outro nome da variável de consulta) em seus scripts PHP, você pode enviar para o navegador a consulta exata que está sendo executada. Às vezes, esta etapa sozinha o ajudará a visualizar qual é o real problema.

Figura 7.21 Saber exatamente qual a consulta que um script PHP está tentando executar é a primeira e mais útil etapa para solucionar problemas com SQL e MySQL.

2. Execute a consulta no mysql client ou em outra ferramenta **(Figura 7.22)**.

    O método mais simples de depuração de um problema com SQL ou MySQL é executar a consulta utilizada em seus scripts PHP por meio de um aplicativo independente: o mysql client, o phpMyAdmin ou o like. Dessa forma, você obterá o mesmo resultado que o script PHP original recebe, mas sem excessos e problemas.

    Se o aplicativo independente retornar o resultado esperado, mas você ainda não estiver obtendo o comportamento apropriado em seu script PHP, então você saberá que o problema está dentro do próprio script, e não no seu banco de dados SQL ou MySQL.

3. Se o problema ainda não estiver evidente, reescreva a consulta em sua forma mais básica e, em seguida, vá incluindo de volta as dimensões até descobrir qual cláusula está causando o problema.

PHP 6 e MySQL 5 para Web Sites Dinâmicos

Às vezes é difícil depurar uma consulta porque há muitas coisas acontecendo. Da mesma forma que comentar a maior parte de um script PHP, reduzir uma consulta até sua estrutura mínima e reconstruí-la lentamente pode ser a forma mais fácil de depurar comandos SQL complexos.

✓ **Dicas**

■ Um outro problema comum no MySQL é tentar executar consultas ou conectar utilizando o mysql client quando o servidor MySQL nem mesmo está em execução. Certifique-se de que o MySQL está disponível para consultas!

■ Como alternativa para exibição da consulta no navegador, você poderá exibi-la como um comentário HTML (visível apenas no código HTML), utilizando

```
echo "<!- $query ->";
```

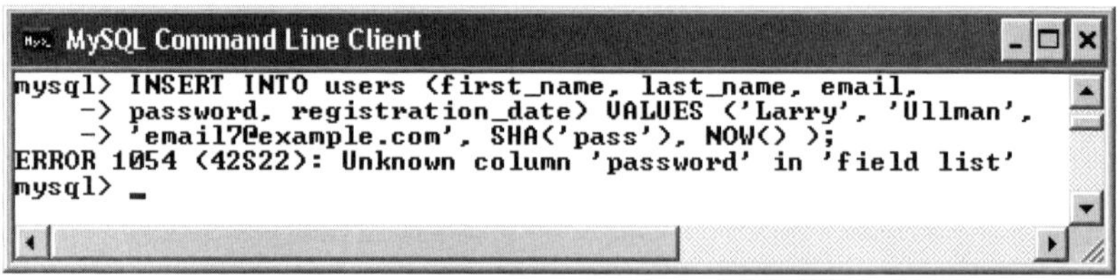

```
MySQL Command Line Client
mysql> INSERT INTO users (first_name, last_name, email,
    -> password, registration_date) VALUES ('Larry', 'Ullman',
    -> 'email7@example.com', SHA('pass'), NOW() );
ERROR 1054 (42S22): Unknown column 'password' in 'field list'
mysql> _
```

Figura 7.22 Para compreender qual resultado um script PHP está recebendo, execute a mesma consulta em uma interface separada. Neste caso, o problema é a referência à coluna password, quando, na verdade, a coluna da tabela é chamada apenas de pass.

Depurando Problemas de Acesso

As mensagens de erro de acesso negado são o problema mais comum que os desenvolvedores iniciantes encontram ao utilizar o PHP para interação com o MySQL. Entre as soluções comuns encontramos:

◆ Recarregue o MySQL após alterar os privilégios para que as alterações entrem em efeito. Utilize a ferramenta mysqladmin ou execute FLUSH PRIVILEGES no mysql client.Você deve efetuar login com um usuário que tenha as permissões apropriadas para fazê-lo (consulte o Apêndice A para obter mais informações).

Capítulo 7 – Manipulação e Depuração de Erros   319

◆ Verifique novamente a senha utilizada. A mensagem de erro *Acesso negado ao usuário: 'user@localhost' (Utilizando a senha: YES)* freqüentemente indica que a senha está errada ou foi digitada incorretamente. (Esta nem sempre é a causa, mas é o primeiro item a ser verificado).

◆ A mensagem de erro *Não é possível conexão com...* (número de erro 2002) indica que o MySQL não está em execução, ou não está em execução no soquete ou na porta TCP/IP utilizada pelo cliente.

✓ **Dicas**

■ O MySQL mantém seus próprios logs de erros, que são bastante úteis na solução de problemas no MySQL (como o problema em que o MySQL nem mesmo é iniciado). O log de erros do MySQL estará localizado no diretório de dados com o nome de *hostname*.err.

■ O manual do MySQL é bastante detalhado, contendo exemplos SQL, referências de funções e os significados dos códigos de erros. Faça do manual o seu amigo e consulte-o quando surgirem erros considerados confusos.

Capítulo 8

Utilizando PHP com MySQL

Agora que você já possui alguma experiência com PHP, SQL e MySQL, é hora de unir todas essas tecnologias. A forte integração do PHP com o MySQL é apenas um dos motivos pelos quais os programadores têm adotado o PHP; é impressionante a facilidade com a qual você consegue utilizar os dois juntos.

Este capítulo utilizará o banco de dados *sitename* existente — criado no Capítulo 5, "Introdução ao SQL" — para construir uma interface PHP para interação com a tabela *users*. Os ensinamentos e os exemplos utilizados aqui serão a base para todos os seus aplicativos Web em PHP-MySQL, pois os princípios envolvidos são os mesmos para qualquer interação PHP-MySQL.

Antes de iniciar este capítulo, você deve estar familiarizado com tudo o que foi abordado nos primeiros seis capítulos e, além disso, compreender as técnicas de depuração e manipulação de erros abordadas no Capítulo 7 tornará o processo de aprendizagem menos frustrante, caso encontre obstáculos. Finalmente, lembre-se de que será necessário um servidor Web preparado para PHP e acesso a um servidor MySQL em execução para testar os exemplos a seguir.

Modificando o Modelo

Como todas as páginas neste capítulo, e no próximo, serão parte do mesmo aplicativo Web, valerá a pena utilizar um sistema de modelos comum. Em vez de criar um novo modelo do zero, o layout do Capítulo 3, "Criando Web Sites Dinâmicos", será novamente utilizado, com apenas uma pequena modificação nos links de navegação do arquivo do cabeçalho.

Para criar o arquivo de cabeçalho:

1. Abra header.html (Script 3.2) em seu editor de texto.
2. Altere a lista de links para o seguinte **(Script 8.1)**

```
<li><a href="index.php">Home
➔ Page</a></li>
<li><a
➔ href="register.php">Register</a></li>
<li><a href="view_users.php">View
➔ Users</a></li>
<li><a href="password.php">Change
➔ Password</a></li>
<li><a href="#">link five</a></li>
```

Todos os exemplos neste capítulo envolverão as páginas de registro, visualização de usuários e alteração de senhas. O formulário de data e os links de calculadora do Capítulo 3 podem ser excluídos.

3. Salve o arquivo como header.html.
4. Coloque o novo arquivo de cabeçalho no seu diretório Web, dentro da pasta includes, juntamente com footer.html (Script 3.3) e style.css (disponíveis para download no Web site de suporte do livro, www.DMCInsights.com/phpmysql3/).

Capítulo 8 – Utilizando PHP Com MySQL

Script 8.1 *O arquivo de cabeçalho do site, utilizado para o modelo das páginas, modificado com os novos links de navegação.*

5. Teste o novo arquivo de cabeçalho executando index.php em seu navegador Web **(Figura 8.1)**.

✓ **Dicas**

- Para visualizar a estrutura deste site, consulte o quadro lateral "Organizando Seus Documentos" na próxima seção.
- Lembre-se de que você pode utilizar qualquer extensão para os seus arquivos de modelo, incluindo .inc ou .php.
- Para relembrar o processo de criação de modelos ou as especificações deste layout, consulte as primeiras páginas do Capítulo 3.

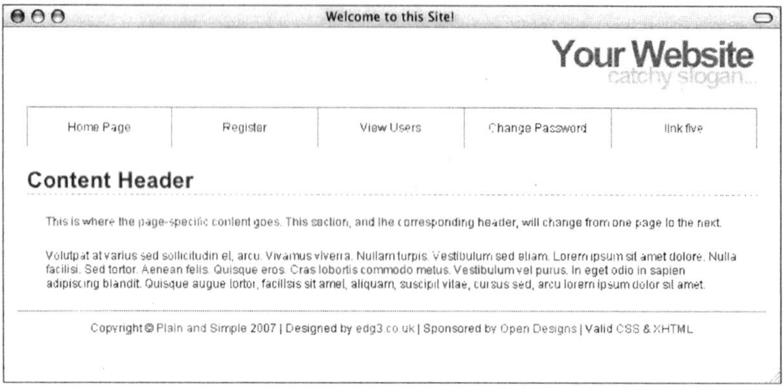

PHP 6 E MySQL 5 PARA WEB SITES DINÂMICOS

Figura 8.1 A home page gerada dinamicamente
com novos links de navegação.

AVISO: LEIA ISTO!

O PHP e o MySQL já passaram por muitas alterações ao longo da última década. Destas, a mais importante para este capítulo, e uma das mais importantes para o restante do livro, envolve quais funções PHP você utiliza para comunicação com o MySQL. Durante anos, os desenvolvedores PHP utilizaram as funções padrão do MySQL (chamadas com a extensão *mysql*). A partir do PHP 5 e do MySQL 4.1, você pode utilizar funções Improved MySQL mais atuais (chamadas com a extensão *mysqli*). Estas funções fornecem um melhor desempenho e tiram proveito de recursos adicionais (entre outros benefícios).

Como este livro assume que você está utilizando pelo menos o PHP 6 e o MySQL 5, todos os exemplos utilizarão apenas as funções Improved MySQL. *Se o seu servidor não suportar esta extensão, você não conseguirá executar estes exemplos na forma em que estão escritos!* A maioria dos exemplos no restante do livro também não funcionará.

Se o servidor ou o computador local sendo utilizado não suportar as funções Improved MySQL, você possui três opções: fazer upgrade do PHP e do MySQL, consultar a segunda edição deste livro (que ensina e, principalmente, utiliza as funções mais antigas), ou aprender como utilizar as funções mais antigas e modificar todos os exemplos de forma adequada. Para questões ou problemas, consulte o fórum do livro (www.DMCInsights.com/phorum/).

Conectando-se ao MySQL

A primeira etapa para interação com o MySQL — conectando com o servidor — necessita da função mysqli_connect() nomeada apropriadamente:

```
$dbc = mysqli_connect (nome_do_host,
→ nome_do_usuário, senha, nome_do_bd);
```

Os primeiros três argumentos enviados para a função (host, nome do usuário e senha) têm como base a configuração de usuários e privilégios no MySQL (consulte o Apêndice A, "Instalação", para obter mais informações). Geralmente (mas nem sempre), o valor para host será *localhost*.

O quarto elemento é o nome do banco de dados a ser utilizado. Isso é o equivalente a dizer USE *nome_do_banco_de_dados* no mysql client.

Se a conexão foi realizada, a variável $dbc, abreviação para *database connection*, se tornará um ponto de referência para todas as interações subseqüentes do banco de dados. A maioria das funções PHP para o trabalho com o MySQL assumirá esta variável como o primeiro argumento.

Antes de aplicar esta teoria na prática, há mais uma função a ser aprendida. Se ocorrer um problema de conexão, você poderá chamar a função mysqli_connect_error(), que retornará a mensagem de erro de conexão. Ela não leva qualquer argumento, portanto, seria chamada utilizando apenas mysqli_connect_error();

Para iniciar a utilização do PHP com o MySQL, vamos criar um script especial que realiza a conexão. Outros scripts PHP que necessitam de uma conexão MySQL podem, então, incluir este arquivo.

Para realizar a conexão e selecionar um banco de dados:

1. Crie um novo documento PHP em seu editor de texto ou IDE (**Script 8.2).**

```
<?php # Script 8.2 -
→ mysqli_connect.php
```

Este arquivo será incluído por outros scripts PHP, portanto, ele não precisa conter um HTML.

PHP 6 E MySQL 5 PARA WEB SITES DINÂMICOS

```
● ● ●                    Script
1    <?php # Script 8.2 - mysqli_connect.php

2

3    // This file contains the database access
     information.

4    // This file also establishes a connection
     to MySQL

5    // and selects the database.

6

7    // Set the database access information as
     constants:

8    DEFINE ('DB_USER', 'username');

9    DEFINE ('DB_PASSWORD', 'password');

10   DEFINE ('DB_HOST', 'localhost');

11   DEFINE ('DB_NAME', 'sitename');

12

13   // Make the connection:

14   $dbc = @mysqli_connect (DB_HOST, DB_USER,
     DB_PASSWORD, DB_NAME) OR die ('Could not
     connect to MySQL: ' .
     mysqli_connect_error() );

15

16   ?>
```

***Script 8.2** O script mysqli_connect.php será utilizado por todos os outros scripts neste capítulo. Ele estabelece uma conexão com o MySQL e seleciona o banco de dados.*

2. Configure o host, o nome de usuário, a senha e o nome do banco de dados do MySQL como constantes.

```
DEFINE ('DB_USER', 'username');
DEFINE ('DB_PASSWORD', 'password');
DEFINE ('DB_HOST', 'localhost');
DEFINE ('DB_NAME', 'sitename');
```

Eu prefiro estabelecer estes valores como constantes por razões de segurança (desta forma, eles não podem ser alterados), mas isso não é necessário. Em geral, a configuração destes valores como algum tipo de variável ou constante faz sentido para que você possa separar os parâmetros de configuração das funções que os utilizam, mas, uma vez mais, isso não é obrigatório.

Ao escrever seu script, altere estes valores para valores que funcionarão em sua configuração. Se você recebeu um nome de usuário, uma senha e um banco de dados MySQL (como para um site hospedado), utilize essa informação aqui. Ou, se possível, siga as etapas no Apêndice A para criar um usuário com acesso ao banco

CAPÍTULO 8 – UTILIZANDO PHP COM MYSQL   327

de dados *sitename* e insira esses valores aqui. Independentemente do que você fizer, não utilize estes valores a menos que tenha certeza de que funcionarão em seu servidor.

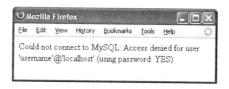

Figura 8.2 *Se houver problemas de conexão com o MySQL, uma mensagem informativa será exibida e o script será parado.*

3. Conecte-se ao MySQL.

   $dbc = @mysqli_connect (DB_HOST,
   → DB_USER, DB_PASSWORD, DB_NAME) OR
   → die ('Could not connect to MySQL: ' .
   → mysqli_connect_error());

   A função mysqli_connect(), se realizar uma conexão com êxito ao MySQL, retornará um link de recurso que corresponde à conexão aberta. Este link será designado à variável $dbc, para que outras funções possam utilizar esta conexão.

   A chamada de função é precedida pelo operador de omissão de erro (@). Isso evita que o erro PHP seja exibido no navegador Web. Isto é preferível, pois o erro será tratado pela cláusula OR die(). Se a função mysqli_connect() não conseguir retornar um link de recurso válido, então a parte OR die() da instrução será executada (pois a primeira parte de OR será falsa, portanto, a segunda deve ser verdadeira). Conforme discutido no capítulo anterior, a função die() determina a execução do script. A função também pode assumir como argumento uma cadeia que será exibida no navegador Web. Neste caso, a cadeia será uma combinação de *Could not connect to MySQL:* e o erro específico do MySQL **(Figura 8.2).** Utilizar este breve sistema de gerenciamento de erros torna a depuração muito mais fácil ao desenvolver seus sites.

PHP 6 e MySQL 5 para Web Sites Dinâmicos

4. Salve o arquivo como mysqli_connect.php.

   Como este arquivo contém informações — os dados de acesso ao banco de dados — que precisam ser mantidas em privacidade, ele utilizará uma extensão .php. Com uma extensão .php, mesmo se usuários mal-intencionados executassem este script em seus navegadores Web, eles não veriam o real conteúdo da página.

5. Coloque o arquivo fora do diretório de documentos Web **(Figura 8.3).**

   Como o arquivo contém informações sigilosas de acesso ao MySQL, ele deve ser armazenado de forma segura. Se puder, coloque-o no diretório logo acima ou, caso contrário, fora do diretório Web. Desta forma, o arquivo não estará acessível a partir de um navegador Web. Consulte o quadro lateral "Organizando Seus Documentos" para obter mais informações.

6. Coloque, temporariamente, uma cópia do script no diretório Web e execute-a em seu navegador **(Figura 8.4).**

   Para testar o script, você desejará colocar uma cópia no servidor para que ela esteja acessível a partir do navegador Web (o que significa que ela deve estar no diretório Web). Se o script funcionar de forma apropriada, o resultado deve ser uma página em branco (consulte a Figura 8.4). Se você vir uma mensagem *Acesso negado...* ou semelhante (consulte a Figura 8.2), significa que a combinação de nome de usuário, senha e host não possui permissão de acesso ao banco de dados.

7. Remova a cópia temporária do diretório Web.

Organizando Seus Documentos

Apresentei o conceito da estrutura de site no Capítulo 3 ao desenvolver o primeiro aplicativo Web. Agora que as páginas começarão a utilizar um script de conexão com o banco de dados, esse tópico é mais importante.

Caso as informações de conexão com o banco de dados (nome de usuário, senha, host e banco de dados) caiam em mãos erradas, elas podem ser utilizadas para roubar suas informações ou provocar a destruição do banco de dados como um todo. Portanto, você não pode manter um script como o mysqli_connect.php seguro o bastante.

Capítulo 8 – Utilizando PHP Com MySQL

A melhor recomendação para proteção de um arquivo é armazená-lo fora do diretório de documentos Web. Se, por exemplo, a pasta *htdocs* na Figura 8.3 for a raiz do diretório Web (em outras palavras, a URL www.example.com leva até lá), então, não armazenar mysqli_connect.php em qualquer lugar dentro do diretório *html*, significa que ele nunca estará acessível por meio do navegador Web. Quando concedido, o código-fonte dos scripts PHP não é visualizável a partir do navegador Web (apenas os dados enviados para o navegador pelo scripts podem ser visualizados), mas você nunca pode ser tão cuidadoso. Se você não estiver autorizado a colocar documentos fora do diretório Web, colocar o arquivo mysqli_connect.php no diretório Web é menos seguro, mas não é o fim do mundo.

Em segundo lugar, eu recomendaria a utilização de uma extensão .php para seus scripts de conexão. Um servidor adequadamente configurado e em funcionamento executará, em vez de exibir, o código em tal arquivo. Por outro lado, se você utilizar apenas .inc como sua extensão, o conteúdo dessa página será exibido no navegador Web se acessado diretamente.

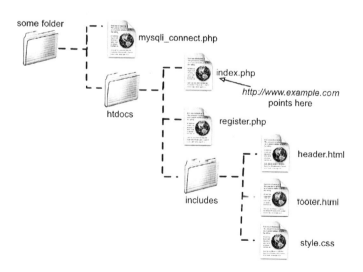

Figura 8.3 *Uma representação visual de documentos Web de um servidor, em que mysqli_connect.php não é armazenado no diretório principal* (htdocs).

Figura 8.4 *Se o script de conexão do MySQL funcionar de forma adequada, o resultado final será uma página em branco (nenhum código HTML será gerado pelo script).*

Figura 8.5 *Uma outra razão pela qual o PHP talvez não consiga estabelecer conexão com o MySQL (além da utilização de informações inválidas de nome de usuário/senha/nome do host/banco de dados) seria o MySQL não estar em execução no momento.*

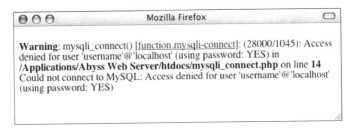

Figura 8.6 *Se você não utilizar o operador de omissão de erro (@), você verá o erro do PHP e o erro OR die() personalizado.*

✓ **Dicas**

- Os mesmos valores utilizados no Capítulo 5 para efetuar login no mysql client devem funcionar em seus scripts PHP.

- Se você receber um erro informando que mysqli_connect() é uma função não definida, significa que o PHP não foi compilado com o suporte para Improved MySQL Extension. Consulte o apêndice para obter informações sobre a instalação.

Capítulo 8 – Utilizando PHP Com MySQL

- Se você vir uma mensagem de erro *Não é possível conexão...* ao executar o script (consulte a **Figura 8.5**), provavelmente, o MySQL não está em execução.

- Caso esteja curioso, a **Figura 8.6** mostra o que aconteceria se você não utilizasse @ antes de mysqli_connect() e o erro ocorrido.

- Se você não precisar selecionar o banco de dados ao estabelecer uma conexão com o MySQL, omita esse argumento na função mysqli_connect():

```
$dbc = mysqli_connect (nome_do_host,
➔ nome_do_usuário, senha);
```

Então, quando apropriado, você pode selecionar o banco de dados utilizando

```
mysqli_select_db($dbc, nome_do_bd);
```

Executando Consultas Simples

Assim que estabelecer uma conexão com êxito e selecionar um banco de dados, você poderá iniciar a realização de consultas. Estas consultas podem ser tão básicas quanto inserções, atualizações e exclusões ou tão complexas quanto junções retornando várias linhas. Em qualquer um dos casos, a função PHP para execução de uma consulta é mysqli_query():

```
result = mysqli_query(dbc, query);
```

A função assume a conexão com o banco de dados como seu primeiro argumento e a própria consulta como o segundo argumento. Normalmente, eu designo a consulta a uma outra variável chamada $query ou apenas $q. Portanto, a execução de uma consulta pode ser semelhante ao seguinte:

```
$r = mysqli_query($dbc, $q);
```

Para consultas simples como INSERT, UPDATE, DELETE etc. (que não retornam registros), a variável $r — abreviação de *result* — será TRUE ou FALSE, se a consulta tiver sido executada com êxito. Tenha em mente que "executada com êxito" significa que ela foi executada sem erros; não significa que, necessariamente, obteve o resultado desejado; para isso, você precisa realizar testes.

Para consultas complexas que retornam registros (SELECT, SHOW, DESCRIBE e EXPLAIN), $r será um link de recurso para os resultados da consulta, caso ela funcione, ou será FALSE, se não funcionar. Assim, você pode utilizar esta linha de código em uma condicional para testar se a consulta foi executada com êxito:

```
$r = mysqli_query ($dbc, $q); if ($r) { // Funcionou!
```

Se a consulta não foi executada com êxito, deve ter ocorrido algum tipo de erro do MySQL. Para descobrir qual foi esse erro, chame a função mysqli_error():

```
echo mysqli_error($dbc);
```

Uma etapa final, embora seja opcional, em seu script seria fechar a conexão existente com o MySQL assim que concluir:

```
mysqli_close($dbc);
```

Esta função não é necessária, pois o PHP fechará automaticamente a conexão ao final de um script, mas sua incorporação promove uma boa forma de programação.

Para demonstrar este processo, vamos criar um script de registro. Ele mostrará o formulário quando acessado pela primeira vez **(Figura 8.7)**, tratará do envio do formulário e, após validar todos os dados, inserirá as informações do registro na tabela *users* do banco de dados *sitename*.

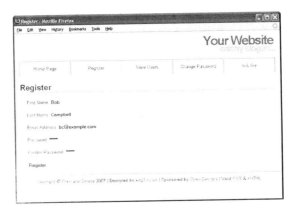

Figura 8.7 O formulário de registro.

Capítulo 8 – Utilizando PHP Com MySQL

333

```php
1   <?php # Script 8.3 - register.php
2
3   $page_title = 'Register';
4   include ('includes/header.html');
5
6   // Check if the form has been submitted:
7   if (isset($_POST['submitted'])) {
8
9       $errors = array(); // Initialize an
        error array.
10
11      // Check for a first name:
12      if (empty($_POST['first_name'])) {
13          $errors[] = 'You forgot to enter your
            first name.';
14      } else {
15          $fn = trim($_POST['first_name']);
16      }
17
18      // Check for a last name:
19      if (empty($_POST['last_name'])) {
20          $errors[] = 'You forgot to enter your
            last name.';
21      } else {
22          $ln = trim($_POST['last_name']);
23      }
24
25      // Check for an email address:
26      if (empty($_POST['email'])) {
27          $errors[] = 'You forgot to enter your
            email address.';
28      } else {
29          $e = trim($_POST['email']);
30      }
31
32      // Check for a password and match
        against the confirmed password:
33      if (!empty($_POST['pass1'])) {
34          if ($_POST['pass1'] !=
            $_POST['pass2']) {
```

```php
35          $errors[] = 'Your password did not
            match the confirmed password.';
36      } else {
37          $p = trim($_POST['pass1']);
38      }
39  } else {
40      $errors[] = 'You forgot to enter your
        password.';
41  }
42
43  if (empty($errors)) { // If everything's
    OK.
44
45      // Register the user in the
        database...
46
47      require_once
        ('../mysqli_connect.php'); // Connect
        to the db.
48
49      // Make the query:
50      $q = "INSERT INTO users (first_name,
        last_name, email, pass,
        registration_date) VALUES ('$fn',
        '$ln', '$e', SHA1('$p'), NOW() )";
51      $r = @mysqli_query ($dbc, $q); // Run
        the query.
52      if ($r) { // If it ran OK.
53
54          // Print a message:
55          echo '<h1>Thank you!</h1>
56          <p>You are now registered. In Chapter
            11 you will actually be able to log
            in!</p><p><br /></p>';
57
58      } else { // If it did not run OK.
59
60          // Public message:
61          echo '<h1>System Error</h1>
62          <p class="error">You could not be
            registered due to a system error.
            We apologize for any
            inconvenience.</p>';
63
```

PHP 6 E MySQL 5 PARA WEB SITES DINÂMICOS

334

```
64        // Debugging message:
65        echo '<p>' . mysqli_error($dbc) .
          '<br /><br />Query: ' . $q .
          '</p>';
66
67        } // End of if ($r) IF.
68
69        mysqli_close($dbc); // Close the
          database connection.
70
71        // Include the footer and quit the
          script:
72        include ('includes/footer.html');
73        exit();
74
75    } else { // Report the errors.
76
77        echo '<h1>Error!</h1>
78        <p class="error">The following
          error(s) occurred:<br />';
79        foreach ($errors as $msg) { // Print
          each error.
80          echo " - $msg<br />\n";
81        }
82        echo '</p><p>Please try
          again.</p><p><br /></p>';
83
84    } // End of if (empty($errors)) IF.
85
86    } // End of the main Submit conditional.
87    ?>
88    <h1>Register</h1>
89    <form action="register.php" method="post">
90      <p>First Name: <input type="text"
        name="first_name" size="15"
        maxlength="20" value="<?php if
        (isset($_POST['first_name'])) echo
        $_POST['first_name']; ?>" /></p>
91      <p>Last Name: <input type="text"
        name="last_name" size="15"
        maxlength="40" value="<?php if
        (isset($_POST['last_name'])) echo
        $_POST['last_name']; ?>" /></p>
```

```
92      <p>Email Address: <input type="text"
        name="email" size="20" maxlength="80"
        value="<?php if (isset($_POST['email']))
        echo $_POST['email']; ?>" /></p>
93      <p>Password: <input type="password"
        name="pass1" size="10" maxlength="20"
        /></p>
94      <p>Confirm Password: <input
        type="password" name="pass2" size="10"
        maxlength="20" /></p>
95      <p><input type="submit" name="submit"
        value="Register" /></p>
96      <input type="hidden" name="submitted"
        value="TRUE" />
97    </form>
98    <?php
99    include ('includes/footer.html');
100   ?>
```

Script 8.3 *O script de registro inclui um registro no banco de dados executando uma consulta INSERT.*

Para executar consultas simples:

1. Crie um novo script PHP em seu editor de texto ou IDE **(Script 8.3)**.

```
<?php # Script 8.3 - register.php
$page_title = 'Register';
include ('includes/header.html');
```

Os conceitos básicos deste script — utilização de arquivos incluídos, possuir a mesma página exibindo e manipulando um formulário e a criação de um formulário que preserva seus dados — foram apresentados no Capítulo 3. Consulte esse capítulo se estiver confuso sobre qualquer um destes conceitos.

2. Crie a condicional de envio e inicialize a matriz $errors.

```
if (isset($_POST['submitted'])) {
$errors = array();
```

Este script exibirá e manipulará o formulário HTML. Esta condicional verificará a presença de um elemento de formulário oculto para determinar se o formulário será processado. A variável $errors será utilizada para armazenar todas as mensagens de erro (uma para cada entrada de formulário preenchida de forma incorreta).

3. Valide o primeiro nome.

```
if (empty($_POST['first_name'])) {
  $errors[] = 'You forgot to enter
  → your first name.';
} else {
  $fn =
  → trim($_POST['first_name']);
}
```

Conforme discutido no Capítulo 3, a função empty() fornece uma forma mínima de garantir que um campo de texto foi preenchido. Se o campo de primeiro nome não foi preenchido, uma mensagem de erro será incluída na matriz $errors. Caso contrário, $fn será configurada com o valor enviado, após remover qualquer espaço insignificante. Com a utilização desta nova variáve l— que é, obviamente, a abreviação de *first_name* — fica sintaticamente mais fácil escrever a consulta.

PHP 6 E MySQL 5 PARA WEB SITES DINÂMICOS

4. Valide o último nome e o endereço de e-mail.

```
if (empty($_POST['last_name'])) {
  $errors[] = 'You forgot to enter
  → your last name.';
} else {
  $ln = trim($_POST['last_name']);
}
if (empty($_POST['email'])) {
  $errors[] = 'You forgot to enter
  → your email address.';
} else {
  $e = trim($_POST['email']);
}
```

Estas linhas são sintaticamente as mesmas que as que validam o campo de primeiro nome. Em ambos os casos, uma nova variável será criada, assumindo que a validação mínima foi aprovada.

5. Valide a senha.

```
if (!empty($_POST['pass1'])) {
  if ($_POST['pass1'] !=
  → $_POST['pass2']) {
    $errors[] = 'Your password
    →   did not match the
    →   confirmed password.';
  } else {
    $p = trim($_POST['pass1']);
  }
} else {
  $errors[] = 'You forgot to enter
  → your password.';
}
```

Para validar a senha, o script precisa verificar o valor da entrada *pass1* e, em seguida, confirmar se o valor de *pass1* corresponde ao valor de *pass2* (ou seja, se a senha e a senha de confirmação são as mesmas).

6. Verifique se tudo está correto para registrar o usuário.

```
if (empty($errors)) {
```

Capítulo 8 – Utilizando PHP Com MySQL   337

Se os dados enviados passarem por todas as condições, a matriz $errors não terá qualquer valor (ela estará vazia) e, assim, esta condição será TRUE e será seguro incluir o registro no banco de dados. Se a matriz $errors não estiver vazia, então as mensagens de erro apropriadas devem ser exibidas (consulte a Etapa 10) e o usuário terá uma nova oportunidade para efetuar o registro.

7. Inclua o usuário no banco de dados.

```
require_once
→ ('../mysqli_connect.php');
$q = "INSERT INTO users (first_name,
→ last_name, email, pass,
→ registration_date) VALUES ('$fn',
→ '$ln', '$e', SHA1('$p'), NOW() )";
$r = @mysqli_query ($dbc, $q);
```

A primeira linha de código inserirá o conteúdo do arquivo mysqli_connect.php neste script, criando uma conexão com o MySQL e selecionando o banco de dados. Pode ser necessário alterar a referência do local do arquivo, pois ele está em seu servidor (conforme escrito, esta linha assume que mysqli_connect.php está na pasta-pai da pasta atual).

A consulta é semelhante àquelas demonstradas no Capítulo 5. A função SHA1() é utilizada para criptografar a senha, e NOW() é utilizada para definir a data de registro como o momento atual.

Após designar uma variável para a consulta, ela é executada por meio da função mysqli_query(), que envia o comando SQL para o banco de dados MySQL. Como no script mysqli_connect.php, a chamada de mysqli_query() é precedida por @ para omitir qualquer erro inconveniente. Se ocorrer um problema, o erro será manipulado de forma mais direta na próxima etapa.

8. Reporte o êxito do registro.

```
if ($r) {
  echo '<h1>Thank you!</h1>
  <p>You are now registered. No
  → Capítulo 11, você será
  → capaz de efetuar login!</p><p><br
  → /></p>';
} else {
```

```
echo '<h1>System Error</h1>
<p class="error">You could not be
→ registered due to a system
→ error. We apologize for any
→ inconvenience.</p>';
echo '<p>' . mysqli_error($dbc) .
→ '<br /><br />Query: ' . $q .
→ '</p>';
}
```

A variável $r, que recebe o valor retornado pela função mysqli_query(), pode ser utilizada em uma condicional para indicar a operação bem-sucedida da consulta.

Se $r for TRUE, então uma mensagem *Thank you!* será exibida (**Figura 8.8**). Se $r for FALSE, as mensagens de erro serão exibidas. Para finalidades de depuração, as mensagens de erro incluirão o erro emitido pelo MySQL (graças à função mysqli_error()) e a consulta que foi executada (**Figura 8.9**).

Estas informações são essenciais para a depuração do problema.

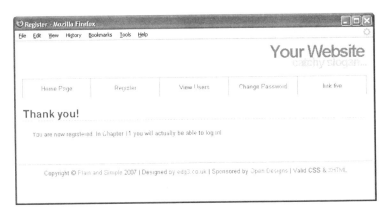

Figura 8.8 Se o usuário não pôde ser registrado no banco de dados, esta mensagem será exibida.

CAPÍTULO 8 – UTILIZANDO PHP COM MYSQL   339

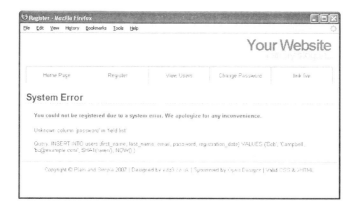

Figura 8.9 *Qualquer erro do MySQL causado pela consulta será exibido, juntamente com a consulta que estava sendo executada.*

9. Feche a conexão com o banco de dados e conclua o modelo HTML.

```
mysqli_close();
include ('includes/footer.html');
exit();
```

O fechamento da conexão não é necessário, mas é uma boa prática. Em seguida, o rodapé é incluído e o script finalizado (graças à função exit()). Se essas duas linhas não estivessem aqui, então o formulário de registro seria exibido novamente (o que não é necessário após um registro bem-sucedido).

10. Exiba todas as mensagens de erro e feche a condicional de envio.

Figura 8.10 *Cada erro de validação do formulário é reportado para o usuário para que ele tente novamente realizar o registro.*

PHP 6 e MySQL 5 para Web Sites Dinâmicos

```
}else {
  echo '<h1>Error!</h1>
  <p class="error">The
→ following >>error(s)
→ occurred:<br />';
  foreach ($errors as $msg) {
    echo " - $msg<br />\n";
  }
  echo '</p><p>Please try
→ >again.</p><p><br
  /></p>';
}
}
```

A cláusula else é chamada se houver algum erro. Nesse caso, todos os erros são exibidos utilizando um loop foreach **(Figura 8.10).**

A chave de fechamento final finaliza a condicional de envio principal. A condicional principal é um simples IF, e não um if-else, para que o formulário possa preservar os dados (novamente, consulte o Capítulo 3).

11. Feche a seção PHP e inicie o formulário HTML.

```
?>
<h1>Register</h1>
<form action="register.php"
→ method="post">
  <p>First Name: <input
→ type="text" name="first_name"
→ size="15" maxlength="20"
→ value="<?php if •'?(isset($_POST['first_name']))
→ echo $_POST['first_name']; ?>"
→ /></p>
  <p>Last Name: <input type="text"
→ name="last_name" size="15"
→ maxlength="40" value="<?php if
→ (isset($_POST['last_name']))
→ echo $_POST['last_name']; ?>"
→ /></p>
```

O formulário é bastante simples, com uma entrada de texto para cada campo na tabela *users* (exceto para a coluna *user_id*, que será automaticamente preenchida). Cada entrada é preservada utilizando o código

Capítulo 8 – Utilizando PHP Com MySQL 341

```
value="<?php if
→ (isset($_POST['first_name']))
echo
→ $_POST['first_name']; ?>"
```

Além disso, recomendo que você utilize o mesmo nome para suas entradas de formulários conforme a coluna correspondente no banco de dados na qual esse valor será armazenado. Você também deve definir o comprimento máximo da entrada no formulário igual ao comprimento máximo da coluna no banco de dados. Essas práticas ajudam a minimizar os erros.

12. Finalize o formulário HTML.

```
<p>Email Address: <input
→ type="text" name="email"
→ size="20" maxlength="80"
→ value="<?php if
→ (isset($_POST['email'])) echo
→ $_POST['email']; ?>" /> </p>
<p>Password: <input
→ type="password" name="pass1"
→ size="10" maxlength="20" /></p>
<p>Confirm Password: <input
→ type="password" name="pass2"
→ size="10" maxlength="20" /></p>
<p><input type="submit"
→ name="submit" value="Register"
→ /></p>
<input type="hidden"
→ name="submitted" value="TRUE"
/>
</form>
```

Esta listagem de código é muito parecida com a listagem na Etapa 11. Um botão de envio e uma entrada oculta também estão no formulário. O truque da entrada oculta é discutido no (adivinhe...) Capítulo 3.

Como adendo, não preciso seguir minha recomendação sobre maxlength (da Etapa 11) com as entradas de senhas, pois elas serão criptografadas com SHA1(), que sempre cria uma cadeia com 40 caracteres de comprimento. E, como há duas delas, ambas não podem utilizar o mesmo nome conforme a coluna no banco de dados.

342   PHP 6 e MySQL 5 para Web Sites Dinâmicos

13. Finalize o modelo.

```
<?php
include ('includes/footer.html');
?>
```

14. Salve o arquivo como register.php, coloque-o em seu diretório Web e teste-o em seu navegador.

Observe que, se você utilizar um apóstrofo em um dos valores do formulário, provavelmente ele quebrará a consulta **(Figura 8.11)**. A seção "Garantindo um SQL Seguro", mais adiante neste capítulo, mostrará como se proteger disso.

✓ **Dicas**

■ Após executar o script, sempre é possível certificar se ele funcionou utilizando o mysql client ou o phpMyAdmin para visualizar os valores na tabela *users*.

■ Você não deve finalizar suas consultas com um ponto-e-vírgula no PHP, conforme fazia ao utilizar o mysql client. Ao trabalhar com o MySQL, este é um erro comum, embora inofensivo. Ao trabalhar com outros aplicativos de banco de dados (Oracle, por exemplo), essa prática tornará suas consultas inutilizáveis.

■ Como lembrete, a função mysqli_query() retorna TRUE se a consulta pôde ser executada no banco de dados sem erros. Isso não significa, necessariamente, que o resultado da consulta seja o que você esperava. Os scripts mais adiante demonstrarão como medir mais precisamente o sucesso de uma consulta.

■ Você não é obrigado a criar uma variável $q como eu geralmente faço (você poderá inserir diretamente o texto de sua consulta em mysqli_query()).

Entretanto, conforme a construção de suas consultas se torna mais complexa, a utilização de uma variável será a única opção.

■ Praticamente qualquer consulta que você executar no mysql client também pode ser executada utilizando mysqli_query().

■ Um outro benefício da Improved MySQL Extension sobre a extensão padrão é que a função mysqli_multi_query() permite executar várias consultas de uma só vez. Essa sintaxe, particularmente se as consultas retornam resultados, é um pouco mais complicada, portanto, consulte o manual do PHP se essa precisar.

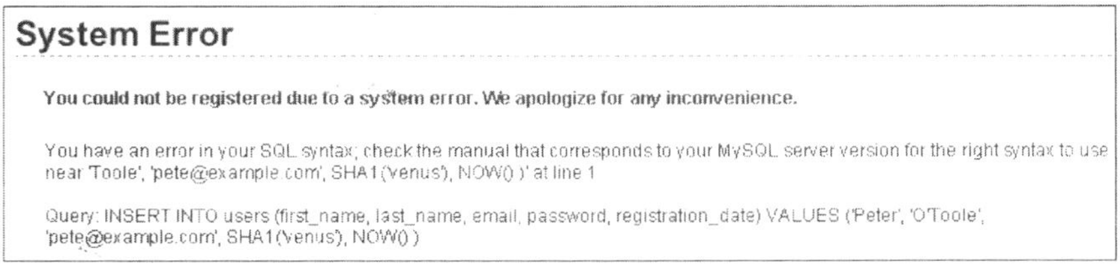

System Error

You could not be registered due to a system error. We apologize for any inconvenience.

You have an error in your SQL syntax; check the manual that corresponds to your MySQL server version for the right syntax to use near 'Toole', 'pete@example.com', SHA1('venus'), NOW())' at line 1

Query: INSERT INTO users (first_name, last_name, email, password, registration_date) VALUES ('Peter', 'O'Toole', 'pete@example.com', SHA1('venus'), NOW())

Figura 8.11 *Os apóstrofos nos valores de formulários (como o último nome aqui) conflitarão com os apóstrofos utilizados para delinear valores na consulta.*

RECUPERANDO RESULTADOS DE CONSULTAS

A seção anterior deste capítulo demonstra como executar consultas simples em um banco de dados MySQL. Uma *consulta simples*, conforme a denominei, poderia ser definida como uma consulta que inicia com INSERT, UPDATE, DELETE ou ALTER. O que todas estas quatro cláusulas têm em comum é que elas não retornam dado, mas apenas uma indicação de êxito. Por outro lado, uma consulta SELECT gera informações (ou seja, ela retornará linhas de registros) que devem ser manipuladas por outras funções PHP.

A principal ferramenta para manipulação dos resultados de uma consulta SELECT é a função mysqli_fetch_array(), que utiliza a variável de resultado de consulta (que tenho chamado de $r) e retorna uma linha de dados por vez, em um formato de matriz. Você desejará utilizar esta função dentro de um loop que continuará a acessar toda linha retornada enquanto houver mais a ser lido. A construção básica para leitura de cada registro de uma consulta é

```
while ($row = mysqli_fetch_array($r)) {
   // Fazer alguma coisa com $row.
}
```

344   PHP 6 E MYSQL 5 PARA WEB SITES DINÂMICOS

Tabela 8.1 A inclusão de uma destas constantes como um parâmetro opcional na função mysqli_fetch_array() indica como você pode acessar os valores retornados. A configuração padrão da função é MYSQLI_BOTH.

Constantes de mysqli_fetch_array()	
Constante	**Exemplo**
MYSQLI_ASSOC'	$row['column']
MYSQLI_NUM	$row[0]
MYSQLI_BOTH	$row[0] ou $row['column']

Você quase sempre desejará utilizar um loop while para buscar os resultados em uma consulta SELECT.

A função mysqli_fetch_array() assume um segundo parâmetro opcional especificando qual tipo de matriz é retornado: associativo, indexado ou ambos. Uma matriz associativa permite fazer referência a valores de colunas por nome, enquanto uma matriz indexada necessita que você utilize apenas números (iniciando em 0 para a primeira coluna retornada). Cada parâmetro é definido por uma constante listada na **Tabela 8.1.** A configuração MYSQLI_NUM é um pouco mais rápida (e utiliza menos memória) do que as outras opções. Por outro lado, MYSQLI_ASSOC é mais explícito ($row['column'] em vez de $row[3]) e pode continuar a funcionar mesmo se a consulta for alterada.

Uma etapa opcional que você pode executar ao utilizar mysqli_fetch_array() seria a liberação dos recursos de resultados de consultas assim que terminar de utilizá-los:

```
mysqli_free_result ($r);
```

Esta linha elimina a sobrecarga (memória) gerada pela variável $r. Esta é uma etapa opcional, pois o PHP liberará automaticamente os recursos ao término de um script, mas — como na utilização de mysqli_close() — ela promove uma boa prática de programação.

Para demonstrar como manipular resultados retornados por uma consulta, vamos criar um script para visualização de todos os usuários atualmente registrados.

CAPÍTULO 8 – UTILIZANDO PHP COM MYSQL

Para recuperar resultados de consultas:

1. Crie um novo documento PHP em seu editor de texto ou IDE **(Script 8.4).**

```
<?php # Script 8.4 - view_users.php
$page_title = 'View the Current Users';
include ('includes/header.html');
echo '<h1>Registered Users</h1>';
```

2. Efetue uma conexão com o banco de dados e realize uma consulta.

```
require_once
→ ('../mysqli_connect.php');
$q = "SELECT CONCAT(last_name,',',
→ first_name) AS name,
→ DATE_FORMAT(registration_date, '%M
→ %d, %Y') AS dr FROM users ORDER BY
→ registration_date ASC";
$r = @mysqli_query ($dbc, $q);
```

Aqui, consulta retornará duas colunas **(Figura 8.12):** os nomes de usuários (formatados como *Último Nome, Primeiro Nome)* e a data em que foram registrados (formatada como *Mês DD, AAAA).* Como ambas as colunas são formatadas utilizando funções MySQL, os aliases são fornecidos aos resultados retornados *(name* e *dr).* Consulte o Capítulo 5 se estiver confuso com qualquer sintaxe.

3. Exiba os resultados da consulta.

```
if ($r) {
  echo '<table align="center"
  → cellspacing="3"
  cellpadding="3"
  → width="75%">
  <tr><td
    → align="left"><b>Name</b></td>< td
    → align="left"><b>Date
    → Registered</b></td></tr>
';
```

PHP 6 E MySQL 5 PARA WEB SITES DINÂMICOS

```
1   <?php # Script 8.4 - view_users.php
2   // This script retrieves all the records
    from the users table.
3
4   $page_title = 'View the Current Users';
5   include ('includes/header.html');
6
7   // Page header:
8   echo '<h1>Registered Users</h1>';
9
10  require_once ('../mysqli_connect.php'); //
    Connect to the db.
11
12  // Make the query:
13  $q = "SELECT CONCAT(last_name, ', ',
    first_name) AS name,
    DATE_FORMAT(registration_date, '%M %d,
    %Y') AS dr FROM users ORDER BY
    registration_date ASC";
14  $r = @mysqli_query ($dbc, $q); // Run the
    query.
15
16  if ($r) { // If it ran OK, display the
    records.
17
18  // Table header.
19  echo '<table align="center"
    cellspacing="3" cellpadding="3"
    width="75%">
20  <tr><td align="left"><b>Name</b></td><td
    align="left"><b>Date
    Registered</b></td></tr>
21  ';
22
23  // Fetch and print all the records:
24  while ($row = mysqli_fetch_array($r,
    MYSQLI_ASSOC)) {

25      echo '<tr><td align="left">' .
        $row['name'] . '</td><td align="left">'
        . $row['dr'] . '</td></tr>
26      ';
27  }
28
29  echo '</table>'; // Close the table.
30
31  mysqli_free_result ($r); // Free up the
    resources.
32
33  } else { // If it did not run OK.
34
35  // Public message:
36  echo '<p class="error">The current users
    could not be retrieved. We apologize for
    any inconvenience.</p>';
37
38  // Debugging message:
39  echo '<p>' . mysqli_error($dbc) . '<br
    /><br />Query: ' . $q . '</p>';
40
41  } // End of if ($r) IF.
42
43  mysqli_close($dbc); // Close the database
    connection.
44
45  include ('includes/footer.html');
46  ?>
```

Script 8.4 O script view_users.php executa uma consulta estática no banco de dados e exibe todas as linhas retornadas.

```
while ($row =
→ mysqli_fetch_array($r,
→ MYSQLI_ASSOC)) {
  echo '<tr><td align="left">' .
  →  $row['name'] . '</td><td
  →  align="left">' . $row['dr'] .
  →  '</td></tr>
';
}
echo '</table>';
```

Para exibir os resultados, crie uma tabela e uma linha de cabeçalho em HTML. Em seguida, crie um loop entre os resultados utilizando mysqli_fetch_array() e exiba cada linha capturada. Finalmente, feche a tabela. Observe que, dentro do loop while, o código faz referência a cada valor retornado utilizando o alias adequado:

CAPÍTULO 8 – UTILIZANDO PHP COM MYSQL

$row['name'] e $row['dr']. O script não poderia fazer referência a $row['first_name'] ou a $row['date_registered'] porque nenhum nome de campo foi retornado (consulte a Figura 8.12).

```
mysql> SELECT CONCAT(last_name, ', ', first_name) AS
name, DATE_FORMAT(registration_date, '%M %d, %Y') AS
dr FROM users ORDER BY registration_date ASC;
+---------------------+---------------------+
| name                | dr                  |
+---------------------+---------------------+
| Ullman, Larry       | September 22, 2007  |
| Isabella, Zoe       | September 22, 2007  |
| Starr, Ringo        | September 22, 2007  |
| Harrison, George    | September 22, 2007  |
| McCartney, Paul     | September 22, 2007  |
| Lennon, John        | September 22, 2007  |
| Brautigan, Richard  | September 22, 2007  |
| Banks, Russell      | September 22, 2007  |
| Simpson, Homer      | September 22, 2007  |
| Simpson, Marge      | September 22, 2007  |
| Simpson, Bart       | September 22, 2007  |
| Simpson, Lisa       | September 22, 2007  |
| Simpson, Maggie     | September 22, 2007  |
| Simpson, Abe        | September 22, 2007  |
| Chabon, Michael     | September 22, 2007  |
| Greene, Graham      | September 22, 2007  |
| DeLillo, Don        | September 22, 2007  |
| Jones, David        | September 22, 2007  |
| Dolenz, Micky       | September 22, 2007  |
| Nesmith, Mike       | September 22, 2007  |
| Sedaris, David      | September 22, 2007  |
| Hornby, Nick        | September 22, 2007  |
| Bank, Melissa       | September 22, 2007  |
| Morrison, Toni      | September 22, 2007  |
| Franzen, Jonathan   | September 22, 2007  |
| Campbell, Bob       | September 30, 2007  |
+---------------------+---------------------+
26 rows in set (0.00 sec)

mysql>
```

Figura 8.12 *Os resultados da consulta conforme executada no mysql client.*

4. Libere os recursos de consultas.

```
mysqli_free_result ($r);
```

Novamente, apesar de opcional, esta é uma boa etapa a ser executada.

5. Finalize a condicional principal.

```
} else {
  echo '<p class="error">The
  → current users could not be
```

348 PHP 6 e MySQL 5 para Web Sites Dinâmicos

```
→ retrieved. We apologize for any
→ inconvenience.</p>';
echo '<p>' . mysqli_error($dbc)
.
→ '<br /><br />Query: ' . $q .
→ '</p>';
}
```

Como no exemplo de register.php, aqui, há dois tipos de mensagens de erro. O primeiro é uma mensagem genérica, o tipo que você mostraria em um site disponível para acesso. O segundo é muito mais detalhado, exibindo o erro MySQL e a consulta, ambos sendo essenciais para finalidades de depuração.

6. Feche a conexão com o banco de dados e finalize a página.

```
mysqli_close($dbc);
include ('includes/footer.html');
?>
```

7. Salve o arquivo como view_users.php, coloque-o em seu diretório Web e teste-o em seu navegador **(Figura 8.13)**.

✓ **Dicas**

■ A função mysqli_fetch_row()é equivalente a mysqli_fetch_array ($r, MYSQLI_NUM);

■ A função mysqli_fetch_assoc() é equivalente a mysqli_fetch_array ($r, MYSQLI_ASSOC).

■ Como com qualquer matriz associativa, quando você resgata registros de um banco de dados, você deve fazer referência às colunas exatamente como estão definidas no banco de dados. Isto significa que há distinção entre maiúsculas e minúsculas nas chaves.

■ Se você estiver em uma situação em que precisa executar uma segunda consulta dentro do loop while, certifique-se de utilizar nomes de variáveis diferentes para essa consulta. Por exemplo, a consulta interna utilizaria $r2 e $row2 em vez de $r e $row. Se você não fizer isso, encontrará erros lógicos.

■ Freqüentemente, vejo desenvolvedores iniciantes em PHP confundirem o processo de busca de resultados de consultas. Lembre-se de que você deve executar a consulta utilizando mysqli_query() e, em seguida, utilizar mysqli_fetch_array() para resgatar uma única linha de informações. Se você tiver várias linhas a serem resgatadas, utilize um loop while.

Registered Users

Name	Date Registered
Ullman, Larry	September 22, 2007
Isabella, Zoe	September 22, 2007
Starr, Ringo	September 22, 2007
Harrison, George	September 22, 2007
McCartney, Paul	September 22, 2007
Lennon, John	September 22, 2007
Brautigan, Richard	September 22, 2007
Banks, Russell	September 22, 2007
Simpson, Homer	September 22, 2007
Simpson, Marge	September 22, 2007
Simpson, Bart	September 22, 2007
Simpson, Lisa	September 22, 2007
Simpson, Maggie	September 22, 2007
Simpson, Abe	September 22, 2007
Chabon, Michael	September 22, 2007
Greene, Graham	September 22, 2007
DeLillo, Don	September 22, 2007
Jones, David	September 22, 2007
Dolenz, Micky	September 22, 2007
Nesmith, Mike	September 22, 2007
Sedaris, David	September 22, 2007
Hornby, Nick	September 22, 2007
Bank, Melissa	September 22, 2007
Morrison, Toni	September 22, 2007
Franzen, Jonathan	September 22, 2007
Campbell, Bob	September 30, 2007

Figura 8.13 Todos os registros de usuários são resgatados do banco de dados e exibidos no navegador Web.

GARANTINDO UM SQL SEGURO

A segurança do banco de dados em relação ao PHP é resumida em três amplas questões:

1. Proteger as informaçoes de acesso do MySQL
2. Não revelar muito sobre o banco de dados
3. Tomar cuidado ao executar consultas, particularmente aquelas que envolvem dados enviados pelo usuário

Você pode atingir o primeiro objetivo protegendo o script de conexão com o MySQL fora do diretório Web, para que ele nunca esteja disponível para visualização por meio de um navegador (consulte a Figura 8.3). Isto foi abordado em detalhes anteriormente, neste capítulo. O segundo objetivo é alcançado não permitindo que o usuário receba mensagens de erro do PHP ou suas consultas (nestes scripts, essas informações são

350 PHP 6 E MySQL 5 PARA WEB SITES DINÂMICOS

exibidas para finalidades de depuração; você nunca desejaria fazê-lo em um site disponível para acesso).

Para o terceiro objetivo, há várias etapas que você pode e deve executar, todas com base na premissa de nunca confiar nos dados fornecidos pelos usuários. Primeiro, confirme se algum valor foi enviado, ou se ele é do tipo apropriado (número, cadeia etc.). Segundo, utilize expressões comuns para ter certeza se os dados enviados correspondem ao que você esperava (este tópico é abordado no Capítulo 13, "Expressões Comuns Compatíveis com Perl"). Terceiro, você pode realizar typecast de alguns valores para garantir que eles sejam números (abordado no Capítulo 12, "Métodos de Segurança"). Uma quarta recomendação é executar os dados enviados pelo usuário por meio da função mysqli_real_escape_string(). Esta função elimina os dados fazendo o escape do que poderiam ser caracteres problemáticos. Ela é utilizada da seguinte forma:

```
$clean = mysqli_real_escape_string($dbc,
➔ data);
```

Por finalidades segurança, a função mysqli_real_escape_string() deve ser utilizada em cada entrada de texto em um formulário. Para demonstrar, vamos recriar o register.php (Script 8.3).

Para utilizar mysqli_real_escape_string():

1. Abra o register.php (Script 8.3) em seu editor de texto ou IDE.

2. Mova a inclusão do arquivo mysqli_connect.php (linha 46 no Script 8.3) logo após a condicional principal **(Script 8.5).**

   Como a função mysqli_real_escape_string() necessita de uma conexão com o banco de dados, o script mysqli_connect.php deve ser requerido anteriormente no script.

CAPÍTULO 8 – UTILIZANDO PHP COM MYSQL

351

```php
1   <?php # Script 8.5 - register.php #2
2
3   $page_title = 'Register';
4   include ('includes/header.html');
5
6   // Check if the form has been submitted:
7   if (isset($_POST['submitted'])) {
8
9       require_once ('../mysqli_connect.php');
        // Connect to the db.
10
11      $errors = array(); // Initialize an
        error array.
12
13      // Check for a first name:
14      if (empty($_POST['first_name'])) {
15          $errors[] = 'You forgot to enter your
            first name.';
16      } else {
17          $fn = mysqli_real_escape_string($dbc,
            trim($_POST['first_name']));
18      }
19
20      // Check for a last name:
21      if (empty($_POST['last_name'])) {
22          $errors[] = 'You forgot to enter your
            last name.';
23      } else {
24          $ln = mysqli_real_escape_string($dbc,
            trim($_POST['last_name']));
25      }
26
27      // Check for an email address:
28      if (empty($_POST['email'])) {
29          $errors[] = 'You forgot to enter your
            email address.';
30      } else {
31          $e = mysqli_real_escape_string($dbc,
            trim($_POST['email']));
```

```php
32      }
33
34      // Check for a password and match
        against the confirmed password:
35      if (!empty($_POST['pass1'])) {
36          if ($_POST['pass1'] !=
            $_POST['pass2']) {
37              $errors[] = 'Your password did not
                match the confirmed password.';
38          } else {
39              $p = mysqli_real_escape_string($dbc,
                trim($_POST['pass1']));
40          }
41      } else {
42          $errors[] = 'You forgot to enter your
            password.';
43      }
44
45      if (empty($errors)) { // If everything's
        OK.
46
47          // Register the user in the
            database...
48
49          // Make the query:
50          $q = "INSERT INTO users (first_name,
            last_name, email, pass,
            registration_date) VALUES ('$fn',
            '$ln', '$e', SHA1('$p'), NOW() )";
51          $r = @mysqli_query ($dbc, $q); // Run
            the query.
52          if ($r) { // If it ran OK.
53
54              // Print a message:
55              echo '<h1>Thank you!</h1>
56              <p>You are now registered. In Chapter
                11 you will actually be able to log
                in!</p><p><br /></p>';
57
58          } else { // If it did not run OK.
59
60              // Public message:
```

PHP 6 E MySQL 5 PARA WEB SITES DINÂMICOS

```
61    echo '<h1>System Error</h1>';
62    <p class="error">You could not be
      registered due to a system error.
      We apologize for any
      inconvenience.</p>';
63
64    // Debugging message:
65    echo '<p>' . mysqli_error($dbc) .
      '<br /><br />Query: ' . $q .
      '</p>';
66
67    } // End of if ($r) IF.
68
69    mysqli_close($dbc); // Close the
      database connection.
70
71    // Include the footer and quit the
      script:
72    include ('includes/footer.html');
73    exit();
74
75    } else { // Report the errors.
76
77    echo '<h1>Error!</h1>';
78    <p class="error">The following
      error(s) occurred:<br />';
79    foreach ($errors as $msg) { // Print
      each error.
80      echo " - $msg<br />\n";
81    }
82    echo '</p><p>Please try
      again.</p><p><br /></p>';
83
84    } // End of if (empty($errors)) IF.
85
86    mysqli_close($dbc); // Close the
      database connection.
87
88    } // End of the main Submit conditional.
89    ?>
```

```
90    <h1>Register</h1>
91    <form action="register.php" method="post">
92      <p>First Name: <input type="text"
        name="first_name" size="15"
        maxlength="20" value="<?php if
        (isset($_POST['first_name'])) echo
        $_POST['first_name']; ?>" /></p>
93      <p>Last Name: <input type="text"
        name="last_name" size="15"
        maxlength="40" value="<?php if
        (isset($_POST['last_name'])) echo
        $_POST['last_name']; ?>" /></p>
94      <p>Email Address: <input type="text"
        name="email" size="20" maxlength="80"
        value="<?php if (isset($_POST['email']))
        echo $_POST['email']; ?>" /> </p>
95      <p>Password: <input type="password"
        name="pass1" size="10" maxlength="20"
        /></p>
96      <p>Confirm Password: <input
        type="password" name="pass2" size="10"
        maxlength="20" /></p>
97      <p><input type="submit" name="submit"
        value="Register" /></p>
98      <input type="hidden" name="submitted"
        value="TRUE" />
99    </form>
100   <?php
101   include ('includes/footer.html');
102   ?>
```

Script 8.5 *Agora, o script register.php utiliza a função
mysqli_real_escape_string() para eliminar os dados enviados.*

3. Altere as rotinas de validação para utilizar a função mysqli_real_escape_string(), substituindo cada ocorrência de $var = trim($_POST['var']) com $var = mysqli_real_escape_string($dbc, trim($_POST['var'])).

```
$fn = mysqli_real_escape_string($dbc,
→ trim($_POST['first_name']));
$ln = mysqli_real_escape_string($dbc,
→ trim($_POST['last_name']));
$e = mysqli_real_escape_string($dbc,
→ trim($_POST['email']));
$p = mysqli_real_escape_string($dbc,
→ trim($_POST['pass1']));
```

Em vez de apenas designar o valor enviado a cada variável ($f n, $l n etc.), os valores serão executados primeiro pela função mysqli_real_escape_string(). A função trim() ainda é utilizada para eliminar quaisquer espaços desnecessários.

4. Inclua uma segunda chamada de mysqli_close() antes do final da condicional principal.

```
mysqli_close($dbc);
```

Para ser consistente, como a conexão do banco de dados é aberta como a primeira etapa da condicional principal, ela deve ser fechada como a última etapa desta mesma condicional. Entretanto, ela ainda precisa ser fechada antes de incluir o rodapé e finalizar o script (linhas 72 e 73).

5. Salve o arquivo como register.php, coloque-o em seu diretório Web e teste-o em seu navegador (**Figuras 8.14** e **8.15**).

Figura 8.14 *Os valores que possuem apóstrofos, como o último nome de uma pessoa, não quebrará mais a consulta INSERT , graças à função mysqli_real_escape_string().*

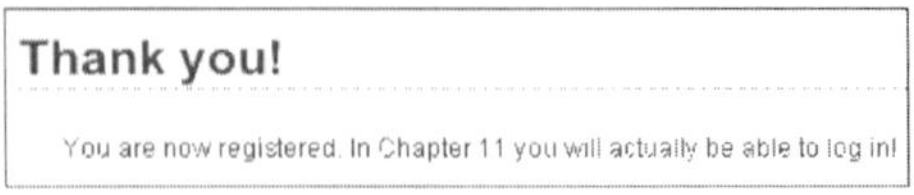

354 PHP 6 E MySQL 5 para Web Sites Dinâmicos

Figura 8.15 *Agora, o processo de registro manipulará caracteres problemáticos e será mais seguro.*

✓ **Dicas**

- A função mysqli _real _escape_string() faz escape de uma cadeia de acordo com a linguagem que está sendo utilizada, o que é uma maior vantagem em relação a soluções alternativas.

- Se você encontrar resultados como aqueles na **Figura 8.16,** significa que a função mysqli_real_escape_string() não pode acessar o banco de dados (pois ele não possui uma conexão,como $dbc).

- Se o recurso Magic Quotes estiver ativado em seu servidor (o que significa que você está utilizando uma versão do PHP anterior à 6), você precisará remover quaisquer barras incluídas pelo Magic Quotes, antes de utilizar a função mysqli_real_escape_string().O código (complexo como ele é) pareceria com o seguinte:

```
$fn = mysqli_real_escape_string
→ ($dbc, trim (stripslashes
→ ($_POST['first_name'])));
```

Se você não utilizar stripslashes() e o Magic Quotes estiver ativado, os valores do formulário sofrem um duplo escape.

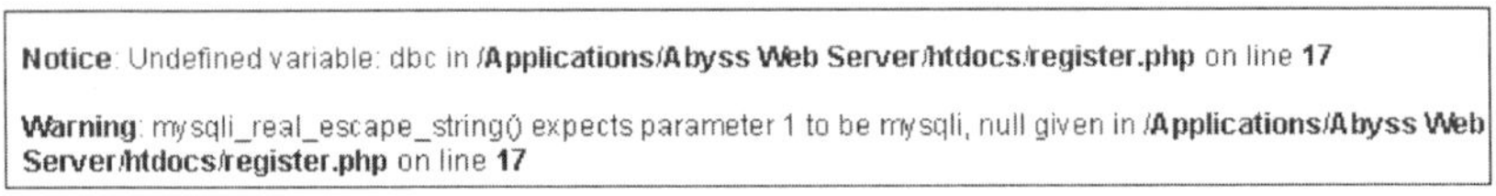

Notice: Undefined variable: dbc in /Applications/Abyss Web Server/htdocs/register.php on line **17**

Warning: mysqli_real_escape_string() expects parameter 1 to be mysqli, null given in /Applications/Abyss Web Server/htdocs/register.php on line **17**

Figura 8.16 *Como a função mysqli_real_escape_string() necessita de uma conexão com o banco de dados, utilizá-la sem essa conexão (por exemplo, antes de incluir o script de conexão) pode ocasionar outros erros.*

Modificando o register.php

A função mysqli_num_rows() poderia ser aplicada no register.php para impedir que alguém seja registrado com o mesmo endereço de e-mail várias vezes. Embora o índice UNIQUE nessa coluna no banco de dados impeça que isso aconteça, tais tentativas gerarão um erro no MySQL. Para impedi-loutilizando o PHP, execute uma consulta SELECT para confirmar se o endereço de e-mail ainda não está registrado. Essa consulta seria

```
SELECT user_id FROM users WHERE email='$e'
```

Você executaria a consulta (utilizando a função mysqli_query()) e, em seguida, chamaria mysqli_num_rows(). Se mysqli_num_rows() retornar 0, você saberá que o endereço de e-mail ainda não foi registrado e é seguro executar INSERT.

Script 8.6 *Agora, o script view_users.php exibirá o número total de usuários registrados, graças à função mysqli_num_rows().*

356   **PHP 6 e MySQL 5 para Web Sites Dinâmicos**

Contando Registros Retornados

A próxima função lógica a ser abordada é mysqli_num_rows(). Esta função retorna o número de linhas resgatadas por uma consulta SELECT.Ela assume um argumento, a variável de resultado da consulta:

```
$num = mysqli_num_rows($r);
```

Embora seja simples no propósito, esta função é bastante útil. Ela é necessária se você deseja paginar seus resultados de consultas (um exemplo pode ser encontrado no próximo capítulo). Também é uma boa idéia utilizar esta função antes de tentar buscar em quaisquer resultados utilizando um loop while (pois não há necessidade de buscar em resultados se não houver algum, e tentar fazê-lo pode causar erros). Nesta próxima seqüência de etapas, vamos modificar view_users.php para listar o número total de usuários registrados. Para obter um outro exemplo de como você pode utilizar mysqli_num_rows(), consulte o quadro lateral.

Para modificar view_users.php:

1. Abra o view_users.php (consulte o Script 8.4) em seu editor de texto ou IDE.

2. Antes da condicional if ($r), inclua esta linha **(Script 8.6)**

   ```
   $num = mysqli_num_rows ($r);
   ```

   Esta linha designará o número de linhas retornadas pela consulta para a variável $num.

3. Altere a condicional $r original para

   ```
   if ($num > 0) {
   ```

   A condicional, conforme foi escrita anteriormente, tinha como base a execução bem-sucedida ou malsucedida da consulta, e não se algum registro foi retornado. Agora, ela será mais precisa.

4. Antes de criar a tabela HTML, exiba o número de usuários registrados.

   ```
   echo "<p>There are currently $num
   → registered users.</p>\n";
   ```

CAPÍTULO 8 – UTILIZANDO PHP COM MYSQL 357

5. Altere a parte else da condicional principal para

```
echo '<p class="error">There are
→ currently no registered users.</p>';
```

A condicional original tinha como base o funcionamento ou não da consulta. Espera-se que você tenha realizado uma depuração bem-sucedida da consulta para que ela esteja funcionando e as mensagens de erro originais não sejam mais necessárias. Agora, a mensagem de erro apenas indica se nenhum registro foi retornado.

6. Salve o arquivo como view_users.php, coloque-o em seu diretório Web e teste-o em seu navegador **(Figura 8.17)**.

Figura 8.17 *Agora, o número de usuários registrados é exibido na parte superior da página.*

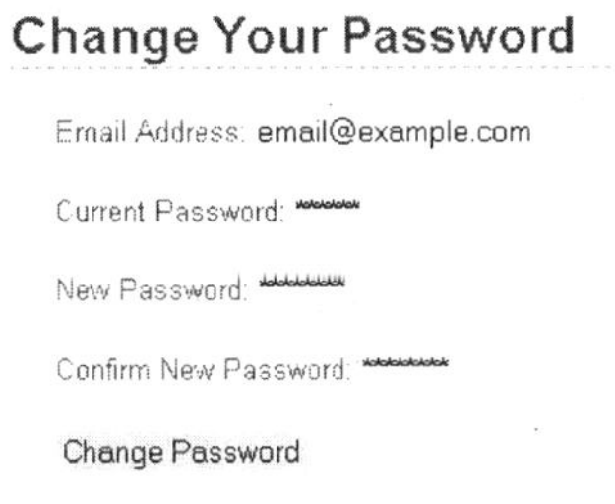

Figura 8.18 *O formulário para alteração da senha de um usuário.*

358 PHP 6 e MySQL 5 para Web Sites Dinâmicos

ATUALIZANDO REGISTROS COM PHP

A última técnica neste capítulo mostra como atualizar registros do banco de dados por meio de um script PHP. Para fazê-lo é necessária uma consulta UPDATE, e sua execução bem-sucedida pode ser verificada com a função mysqli_affected_rows() do PHP.

Enquanto a função mysqli_num_rows() retorna o número de linhas geradas por uma consulta SELECT, a função mysqli_affected_rows() retorna o número de linhas afetadas por uma consulta INSERT, UPDATE ou DELETE. Ela é utilizada da seguinte forma:

```
$num = mysqli_affected_rows($dbc);
```

Diferentemente da função mysqli_num_rows(), o argumento que a função assume é a conexão com o banco de dados ($dbc), e não os resultados da consulta anterior ($r).

O exemplo a seguir será um script que permite que os usuários registrados alterem suas senhas. Ele demonstra duas idéias importantes:

◆ Verificação do nome de usuário e da senha enviados com os valores registrados (também a chave para um sistema de login)

◆ Atualização de registros do banco de dados utilizando a chave primária como uma referência

Assim como no exemplo de registro, este script PHP exibirá o formulário **(Figure 8.18)** e o manipulará.

Para atualizar os registros com PHP:

1. Crie um novo script PHP em seu editor de texto ou IDE **(Script 8.7).**

```
<?php # Script 8.7 - password.php
$page_title = 'Change Your Password';
include ('includes/header.html');
```

2. Inicie a condicional principal.

```
if (isset($_POST['submitted'])) {
```

Como esta página exibe e manipula o formulário, ela utilizará a condicional padrão.

CAPÍTULO 8 – UTILIZANDO PHP COM MYSQL 359

3. Inclua a conexão com o banco de dados e crie uma matriz para armazenamento de erros.

```
require_once ('../mysqli_connect.php'); $errors =
array();
```

A parte inicial deste script reflete o formulário de registro.

```
1    <?php # Script 8.7 - password.php
2    // This page lets a user change their
     password.
3
4    $page_title = 'Change Your Password';
5    include ('includes/header.html');
6
7    // Check if the form has been submitted:
8    if (isset($_POST['submitted'])) {
9
10       require_once ('../mysqli_connect.php');
         // Connect to the db.
11
12       $errors = array(); // Initialize an
         error array.
13
14       // Check for an email address:
15       if (empty($_POST['email'])) {
16          $errors[] = 'You forgot to enter your
            email address.';
17       } else {
18          = mysqli_real_escape_string($dbc,
            trim($_POST['email']));
19       }
20
21       // Check for the current password:
22       if (empty($_POST['pass'])) {
23          $errors[] = 'You forgot to enter your
            current password.';
24       } else {
25          $p = mysqli_real_escape_string($dbc,
            trim($_POST['pass']));
26       }
27
28       // Check for a new password and match
29       // against the confirmed password:
```

```
30       if (!empty($_POST['pass1'])) {
31          if ($_POST['pass1'] !=
            $_POST['pass2']) {
32             $errors[] = 'Your new password did
               not match the confirmed password.';
33          } else {
34             $np =
               mysqli_real_escape_string($dbc,
               trim($_POST['pass1']));
35          }
36       } else {
37          $errors[] = 'You forgot to enter your
            new password.';
38       }
39
40       if (empty($errors)) { // If everything's
         OK.
41
42          // Check that they've entered the
            right email address/password
            combination:
43          $q = "SELECT user_id FROM users WHERE
            (email='$e' AND pass=SHA1('$p') )";
44          $r = @mysqli_query($dbc, $q);
45          $num = @mysqli_num_rows($r);
46          if ($num == 1) { // Match was made.
47
48             // Get the user_id:
49             $row = mysqli_fetch_array($r,
               MYSQLI_NUM);
50
51             // Make the UPDATE query:
52             $q = "UPDATE users SET
               pass=SHA1('$np') WHERE
               user_id=$row[0]";
53             $r = @mysqli_query($dbc, $q);
54
55             if (mysqli_affected_rows($dbc) ==
               1) { // If it ran OK.
56
```

```
57    // Print a message.
58    echo '<h1>Thank you!</h1>
59    <p>Your password has been
      updated. In Chapter 11 you
      will actually be able to log
      in!</p><p><br /></p>';
60
61    } else { // If it did not run OK.
62
63        // Public message:
64        echo '<h1>System Error</h1>
65        <p class="error">Your
          password could not be
          changed due to a system
          error. We apologize for any
          inconvenience.</p>';
66
67        // Debugging message:
68        echo '<p>' .
          mysqli_error($dbc) . '<br
          /><br />Query: ' . $q .
          '</p>';
69
70    }
71
72    // Include the footer and quit the
      script (to not show the form).
73    include ('includes/footer.html');
74    exit();
75
76    } else { // Invalid email
      address/password combination.
77        echo '<h1>Error!</h1>
78        <p class="error">The email address
          and password do not match those on
          file.</p>';
79    }
80
81    } else { // Report the errors.
82
83        echo '<h1>Error!</h1>
84        <p class="error">The following
          error(s) occurred:<br />';
85        foreach ($errors as $msg) { // Print
          each error.
86            echo " - $msg<br />\n";
87        }
88        echo '</p><p>Please try
          again.</p><p><br /></p>';
89
90    } // End of if (empty($errors)) IF.
91
92    mysqli_close($dbc); // Close the
      database connection.
93
94    } // End of the main Submit conditional.
95    ?>
96    <h1>Change Your Password</h1>
97    <form action="password.php" method="post">
98        <p>Email Address: <input type="text"
          name="email" size="20" maxlength="80"
          value="<?php if (isset($_POST['email']))
          echo $_POST['email']; ?>" /> </p>
99        <p>Current Password: <input
          type="password" name="pass" size="10"
          maxlength="20" /> </p>
100       <p>New Password: <input type="password"
          name="pass1" size="10" maxlength="20"
          /></p>
101       <p>Confirm New Password: <input
          type="password" name="pass2" size="10"
          maxlength="20" /></p>
102       <p><input type="submit" name="submit"
          value="Change Password" /></p>
103       <input type="hidden" name="submitted"
          value="TRUE" />
104   </form>
105   <?php
106   include ('includes/footer.html');
107   ?>
```

Script 8.7 *O script password.php executa uma consulta UPDATE no banco de dados e utiliza a função mysqli_affected_rows() para confirmar a alteração.*

CAPÍTULO 8 – UTILIZANDO PHP COM MYSQL — 361

4. Valide os campos de endereço de e-mail e senha atual.

```
if (empty($_POST['email'])) {
  $errors[] = 'You forgot to enter
→ your email address.';
} else {
  $e =
→  mysqli_real_escape_string($dbc
  ,
→  trim($_POST['email']));
}
if (empty($_POST['pass'])) {
  $errors[] = 'You forgot to enter
→ your current password.';
} else {
  $p =
→ mysqli_real_escape_string($dbc
  ,
→ trim($_POST['pass']));
}
```

O formulário (Figura 8.18) possui quatro entradas: o endereço de e-mail, a senha atual e duas entradas para a nova senha. O processo para validação de cada uma dessas entradas é o mesmo que no register.php. Qualquer dado que passe no teste de validação será ajustado e executado por meio da função mysqli_real_escape_string(), para que seja seguro utilizá-lo em uma consulta.

5. Valide a nova senha.

```
if (!empty($_POST['pass1'])) {
  if ($_POST['pass1'] !=
→ $ POST['pass2']) {
    $errors[] = 'Your new password
    → did not match the confirmed
    → password.';
  } else {
    $np =
    → mysqli_real_escape_string($
    → dbc, trim($_POST['pass1']));
  }
} else {
  $errors[] = 'You forgot to enter
  → your new password.';
}
```

Este código também é exatamente como aquele no script de registro, exceto pelo fato de que uma nova senha válida é designada para uma variável chamada $np (pois $p representa a senha atual).

6. Se todos os testes forem aprovados, resgate o ID do usuário.

```
if (empty($errors)) {
   $q = "SELECT user_id FROM users
→  WHERE (email='$e' AND
→  pass=SHA1('$p') )";
   $r = @mysqli_query($dbc, $q);
   $num = @mysqli_num_rows($r);
   if ($num == 1) {
      $row = mysqli_fetch_array($r,
→     MYSQLI_NUM);
```

Esta primeira consulta retornará apenas o campo user_id para o registro que corresponde ao endereço de e-mail e senha enviados (**Figura 8.19**). Para comparar a senha enviada com a armazenada, criptografe-a com a função SHA1(). Se o usuário estiver registrado e tiver inserido corretamente o endereço de e-mail e a senha, exatamente uma linha será selecionada (pois o valor de e-mail deve ser exclusivo em todas as linhas). Finalmente, este registro será designado como uma matriz (de um elemento) para a variável $row.

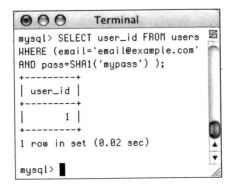

Figura 8.19 O resultado ao executar a consulta SELECT a partir do script (a primeira das duas consultas que ele possui) no mysql client.

CAPÍTULO 8 – UTILIZANDO PHP COM MYSQL

Se esta parte do script não funcionar, aplique os métodos de depuração padrão: remova os operadores de omissão de erros (@) para que você possa ver que erros ocorrem (se for o caso); utilize a função mysqli_error() para reportar qualquer erro do MySQL; exiba e, em seguida, execute a consulta utilizando uma outra interface (como na Figura 8.19).

7. Atualize o banco de dados.

```
$q = "UPDATE users SET
→   pass=SHA1('$np') WHERE
→   user_id=$row[0]";
$r = @mysqli_query($dbc, $q);
```

Esta consulta alterará a senha — utilizando o novo valor enviado — onde a coluna user_id é igual ao número resgatado da consulta anterior.

8. Verifique os resultados da consulta.

```
if (mysqli_affected_rows($dbc) == 1) {
  echo '<h1>Thank you!</h1>
  <p>Your password has been
→ updated. In Chapter 11 you will
→ actually be able to log
→ in!</p><p><br /></p>';
} else {
  echo '<h1>System Error</h1>
  <p class="error">Your password
→ could not be changed due to a
→ system error. We apologize for
→ any inconvenience.</p>';
  echo '<p>' . mysqli_error($dbc)
  .
→ '<br /><br />Query: ' . $q .
→ '</p>';
}
```

Esta parte do script, mais uma vez, funciona de forma semelhante ao register.php. Neste caso, se mysqli_affected_rows() retornar o número *1,* o registro foi atualizado, e uma mensagem de êxito será exibida. Caso contrário, uma mensagem pública, uma mensagem genérica e uma mensagem de depuração mais proveitosa serão exibidas.

364 PHP 6 e MySQL 5 para Web Sites Dinâmicos

9. Inclua o rodapé e finalize o script.

```
include ('includes/footer.html'); exit();
```

Neste ponto do script, a consulta UPDATE foi executada. Ela funcionou ou não (devido a um erro do sistema). Em ambos os casos, não há necessidade de mostrar novamente o formulário, portanto, o rodapé é incluído (para concluir a página) e o script é finalizado, utilizando a função exit().

10. Conclua a condicional if ($num = = 1).

```
} else {
  echo '<h1>Error!</h1>
  <p class="error">The email
→ address and password do not
→ match those on file.</p>';
}
```

Se mysqli_num_rows() não retornar um valor de *1*, então o endereço de e-mail e a senha enviados não correspondem àqueles no arquivo e este erro é exibido. Neste caso, o formulário será exibido novamente para que o usuário possa digitar as informações corretas.

11. Exiba qualquer mensagem de erro de validação.

```
} else {
  echo '<h1>Error!</h1>
  <p class="error">The following
→ error(s) occurred:<br />';
  foreach ($errors as $msg) {
    echo " - $msg<br />\n";
  }
  echo '</p><p>Please try
→ again.</p><p><br /></p>';
}
```

Esta cláusula else é aplicada se a matriz $errors não estiver vazia (o que significa que os dados do formulário não passaram em todos os testes de validação). Como na página de registro, os erros serão exibidos.

CAPÍTULO 8 – UTILIZANDO PHP COM MYSQL   365

12. Feche a conexão com o banco de dados e conclua o código PHP.

```
mysqli_close($dbc);
}
?>
```

13. Exiba o formulário.

```
<h1>Change Your Password</h1>
<form action="password.php"
→ method="post">
 <p>Email Address:<input
→ type="text" name="email"
→ size-"20" maxlength-"80"
→ value="<?php if
→ (isset($_POST['email'])) echo
→ $_POST['email']; ?>" /> </p>
 <p>Current Password: <input
→ type="password" name="pass"
→ size="10" maxlength="20" /></p>
 <p>New Password: <input
→ type="password" name="pass1"
→ size="10" maxlength="20" /></p>
 <p>Confirm New Password: <input
→ type="password" name="pass2"
→ size="10" maxlength="20" /></p>
 <p><input type="submit"
→ name="submit" value="Change
→ Password" /></p>
 <input type="hidden"
→name="submitted" value="TRUE"
→ />
</form>
```

O formulário assume três entradas diferentes da senha — a senha atual, a nova senha e a confirmação da nova senha — e uma entrada de texto para o endereço de e-mail. A entrada de endereço de e-mail é preservada (as entradas de senha não podem ser preservadas).

14. Inclua o arquivo de rodapé.

```
<?php
include ('includes/footer.html');
?>
```

366 **PHP 6 e MySQL 5 para Web Sites Dinâmicos**

15. Salve o arquivo como password.php, coloque-o no seu diretório Web e teste-o em seu navegador **(Figuras 8.20 e 8.21).**

✓ **Dicas**

- Se você excluir todos os registros de uma tabela utilizando o comando TRUNCATE *nome_da_tabela,* mysqli_affected_rows() retornará *0,* mesmo se a consulta for bem-sucedida e todas as linhas forem removidas. Esta é uma atitude estranha.

- Se uma consulta UPDATE for executada, mas não alterar o valor de qualquer coluna (por exemplo, uma senha é substituída pela mesma senha), mysqli_affected_rows()retornará *0.*

- A condicional mysqli_affected_rows() utilizada aqui também poderia (e talvez deveria) ser aplicada ao script register.php para confirmar se um registro foi incluído. Essa seria uma condição mais precisa a ser verificada do que if ($r).

Thank you!

Your password has been updated. In Chapter 11 you will actually be able to log in!

Figura 8.20 A senha foi alterada no banco de dados.

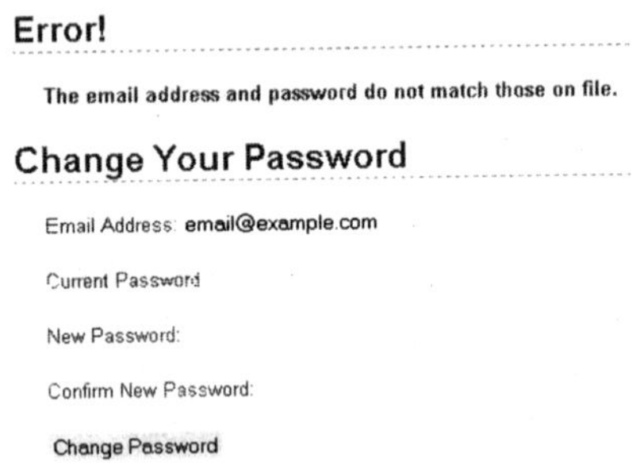

Error!

The email address and password do not match those on file.

Change Your Password

Email Address: email@example.com

Current Password

New Password:

Confirm New Password:

Change Password

Figura 8.21 Se o endereço de e-mail e a senha inseridos não correspondem àqueles no arquivo, a senha não será atualizada.

CAPÍTULO 9

TÉCNICAS COMUNS DE PROGRAMAÇÃO

Agora que você conhece um pouco sobre a interação do PHP e MySQL, é hora de passar para um nível acima. Este capítulo é semelhante ao Capítulo 3, "Criando Web Sites Dinâmicos", pois aborda diversos tópicos independentes. Mas o que todos estes tópicos têm em comum é que eles demonstram técnicas comuns de programação do PHP e MySQL. Aqui, você não aprenderá nossas funções; em vez disso, você verá como utilizar o conhecimento que já possui para criar funcionalidades Web padrão.

Os próprios exemplos ampliarão a aplicação na Web iniciada no capítulo anterior, incluindo recursos novos e populares. Você verá vários truques para o gerenciamento de informações no banco de dados, em particular a edição e exclusão de registros utilizando o PHP. Ao mesmo tempo, serão apresentadas algumas novas formas de transmissão de dados para suas páginas PHP. As seções finais do capítulo incluirão recursos na página view_users.php.

ENVIANDO VALORES PARA UM SCRIPT

Nos exemplos até então descritos, todos os dados recebidos no script PHP eram provenientes do que o usuário digitava em um formulário. Há,

368 **PHP 6 e MySQL 5 para Web Sites Dinâmicos**

entretanto, duas formas diferentes em que você pode transmitir variáveis e valores para um script PHP, e é bom conhecer ambas.

O primeiro método é utilizar o tipo de entrada oculta do HTML:

```
<input type="hidden" name="do"
value="this" />
```

Contanto que este código esteja em qualquer lugar entre as tags form, a variável $_POST['do'] terá um valor *deste* no script PHP de manipulação (assumindo que o formulário utiliza o método POST). Você já vem utilizando esta técnica no livro com uma entrada oculta chamada *submitted*, para testar quando um formulário deve ser manipulado.

O segundo método para envio de valores para um script PHP é anexá-lo na URL:

```
www.example.com/page.php?do=this
```

Esta técnica emula o método GET de um formulário HTML. Com este exemplo específico, page.php recebe uma variável chamada $_GET['do'] com um valor de *this*.

Para demonstrar este truque do método GET, uma nova versão do script view_users.php, criado inicialmente no capítulo anterior, será escrita. Esta versão fornecerá links para páginas que permitirão a edição ou exclusão do registro de um usuário existente. Os links transmitirão o ID do usuário para as páginas de manipulação, que também serão escritos neste capítulo.

Para enviar manualmente valores para um script PHP:

1. Abra o view_users.php (Script 8.6) em seu editor de texto ou IDE.

CAPÍTULO 9 – TÉCNICAS COMUNS DE PROGRAMAÇÃO

```
1    <?php # Script 9.1 - view_users.php #3
2
3    // This script retrieves all the records
     from the users table.
4    // This new version links to edit and
     delete pages.
5
6    $page_title = 'View the Current Users';
7    include ('includes/header.html');
8
9    echo '<h1>Registered Users</h1>';
10
11   require_once ('../mysqli_connect.php');
12
13   // Make the query:
14   $q = "SELECT last_name, first_name,
     DATE_FORMAT(registration_date, '%M %d,
     %Y') AS dr, user_id FROM users ORDER BY
     registration_date ASC";
15   $r = @mysqli_query ($dbc, $q);
16
17   // Count the number of returned rows:
18   $num = mysqli_num_rows($r);
19
20   if ($num > 0) { // If it ran OK, display
     the records.
21
22       // Print how many users there are:
23       echo "<p>There are currently $num
         registered users.</p>\n";
24
25       // Table header.
26       echo '<table align="center" cellspacing=
         "3" cellpadding="3" width="75%">
27       <tr>
28       <td align="left"><b>Edit</b></td>
29       <td align="left"><b>Delete</b></td>
```

```
30       <td align="left"><b>Last Name</b></td>
31       <td align="left"><b>First Name</b></td>
32       <td align="left"><b>Date Registered</b>
         </td>
33       </tr>
34   ';
35
36   // Fetch and print all the records.
37   while ($row = mysqli_fetch_array($r,
     MYSQLI_ASSOC)) {
38       echo '<tr>
39       <td align="left"><a href="edit_user.
         php?id=' . $row['user_id'] . '">Edit
         </a></td>
40       <td align="left"><a href="delete_user.
         php?id=' . $row['user_id'] . '">Delete
         </a></td>
41       <td align="left">' . $row['last_name']
         . '</td>
42       <td align="left">' . $row['first_
         name'] . '</td>
43       <td align="left">' . $row['dr'] .
         '</td>
44       </tr>
45   ';
46   }
47
48   echo '</table>';
49   mysqli_free_result ($r);
50
51   } else { // If no records were returned.
52       echo '<p class="error">There are
         currently no registered users.</p>';
53   }
54
55   mysqli_close($dbc);
56
57   include ('includes/footer.html');
58   ?>
```

Script 9.1 O script view_users.php, iniciado no Capítulo 8, "Utilizando o PHP com MySQL", agora modificado para que apresente os links Edit e Delete, transmitindo o ID do usuário em cada URL.

2. Altere a consulta SQL para **(Script 9.1).**

```
$q = "SELECT last_name, first_name,
→ DATE_FORMAT(registration_date, '%M
→ %d, %Y') AS dr, user_id FROM users
→ ORDER BY registration_date ASC";
```

A consulta foi alterada em alguns pontos. Primeiro, o primeiro e o último nomes são selecionados separadamente, não concatenados. Segundo, *user_id* agora também está sendo selecionado, pois o valor será necessário na criação dos links.

370 PHP 6 E MySQL 5 PARA WEB SITES DINÂMICOS

3. Inclua mais três colunas na tabela principal.

```
echo '<table align="center"
→ cellspacing="3" cellpadding="3"
→ width="75%">.
<tr>
  <td align="left"><b>Edit</b>
  → </td>
  <td align="left"><b>Delete</b>
  → </td>
  <td align="left"><b>Last Name
  → </b></td>
  <td align="left"><b>First Name
  → </b></td>
  <td align="left"><b>Date
  → Registered</b></td>
</tr>'
;
```

Na versão anterior do script, havia apenas duas colunas: uma para o nome e outra para a data de registro do usuário. A coluna de nome foi separada em duas partes e duas novas colunas foram incluídas: uma para o link *Edit* e outra para o link *Delete*.

4. Altere a instrução echo dentro do loop while para corresponder à nova estrutura da tabela.

```
echo '<tr>
  <td align="left"><a href=
  → "edit_user.php?id=' . $row
  → ['user_id'] . '">Edit</a></td>
  <td align="left"><a href=
  → "delete_user.php?id=' .
  → $row['user_id'] . '">Delete
  → </a></td>
  <td align="left">' . $row
  → ['last_name'] . '</td>
  <td align="left">' . $row
  → ['first_name'] . '</td>
  <td align="left">' . $row['dr']
  → . '</td>
</tr>'
;
```

CAPÍTULO 9 – TÉCNICAS COMUNS DE PROGRAMAÇÃO 371

Para cada registro retornado do banco de dados, esta linha exibirá uma outra com cinco colunas. As últimas três colunas são óbvias e fáceis de criar: apenas faça referência ao nome da coluna retornada.

Para as primeiras duas colunas, que fornecem links para editar e excluir o usuário, a sintaxe é um pouco mais complicada. O resultado final desejado é o código HTML como <a href="edit_user.php?id=$X">Edit</a>, em que X é o ID do usuário. Sabendo disso, tudo o que o código PHP precisa fazer é exibir $row['user_id'] para X, sendo cuidadoso com as aspas para evitar erros de análise.

Como os atributos HTML utilizam muitas aspas duplas e esta instrução echo() necessita que diversas variáveis sejam exibidas, acho mais fácil utilizar aspas simples para HTML e concatenar as variáveis com o texto exibido.

5. Salve o arquivo como view_users.php, coloque-o em seu diretório Web e execute-o em seu navegador **(Figura 9.1)**.

Registered Users

There are currently 27 registered users.

Edit	Delete	Last Name	First Name	Date Registered
Edit	Delete	Ullman	Larry	September 22, 2007
Edit	Delete	Isabella	Zoe	September 22, 2007
Edit	Delete	Starr	Ringo	September 22, 2007
Edit	Delete	Harrison	George	September 22, 2007
Edit	Delete	McCartney	Paul	September 22, 2007
Edit	Delete	Lennon	John	September 22, 2007
Edit	Delete	Chabon	Michael	September 22, 2007
Edit	Delete	Brautigan	Richard	September 22, 2007
Edit	Delete	Banks	Russell	September 22, 2007
Edit	Delete	Simpson	Homer	September 22, 2007

Figura 9.1 A versão revisada da página view_users.php, com novas colunas e links.

6. Se desejar, consulte o código-fonte HTML da página para ver cada link que foi gerado dinamicamente **(Figura 9.2)**.

372   PHP 6 e MySQL 5 para Web Sites Dinâmicos

✓ **Dicas**

■ Para anexar várias variáveis em uma URL, utilize esta sintaxe: página.php?nome1=valor1&nome2=valor2&nome3=valor3. É simplesmente uma questão de utilizar o "e" comercial (símbolo &), mais um outro par *nome=valor*.

■ Um truque para incluir variáveis em URLs é que as cadeias devem ser codificadas para garantir que o valor seja manipulado de forma apropriada. Por exemplo, o espaço na cadeia *Elliott Smith* seria problemático. A solução, então, é utilizar a função urlencode():

```
$url = 'page.php?name=' . urlencode
→ ('Elliott Smith');
```

Isso é necessário apenas quando estiver incluindo valores programaticamente em uma URL. Quando um formulário utiliza o método GET, ele automaticamente codifica os dados.

```
<tr>
    <td align="left"><a href="edit_user.php?id=2">Edit</a></td>
    <td align="left"><a href="delete_user.php?id=2">Delete</a></td>
    <td align="left">Isabella</td>
    <td align="left">Zoe</td>
    <td align="left">September 22, 2007</td>
</tr>
<tr>
    <td align="left"><a href="edit_user.php?id=6">Edit</a></td>
    <td align="left"><a href="delete_user.php?id=6">Delete</a></td>
    <td align="left">Starr</td>
    <td align="left">Ringo</td>
    <td align="left">September 22, 2007</td>
</tr>
<tr>
    <td align="left"><a href="edit_user.php?id=5">Edit</a></td>
    <td align="left"><a href="delete_user.php?id=5">Delete</a></td>
    <td align="left">Harrison</td>
    <td align="left">George</td>
    <td align="left">September 22, 2007</td>
</tr>
```

Figura 9.2 Parte do código-fonte HTML da página (consulte a Figura 9.1) mostra como o ID do usuário é incluído em cada URL do link.

Utilizando Entradas de Formulário Ocultas

No exemplo anterior, uma nova versão do script view_users.php foi escrita. Agora, este exemplo inclui links para as páginas edit_user.php e delete_user.php, transmitindo a cada uma delas um ID de usuário por meio

CAPÍTULO 9 – TÉCNICAS COMUNS DE PROGRAMAÇÃO

da URL. Neste exemplo, delete_user.php assumirá o ID de usuário transmitido e permitirá que o administrador exclua esse usuário. Embora fosse possível fazer com que esta página simplesmente executasse uma consulta DELETE assim que a mesma fosse acessada, por questões de segurança (e para evitar uma exclusão acidental), torna-se necessária mais de uma etapa:

1. A página deve verificar se ela recebeu um ID de usuário numérico.

2. Uma mensagem confirmará se este usuário deve ser excluído.

3. O ID de usuário será armazenado em uma entrada oculta de formulário.

4. Ao enviar este formulário, o usuário será efetivamente excluído.

Para utilizar entradas ocultas do formulário:

1. Crie um novo documento PHP em seu editor de texto ou IDE (**Script 9.2**).

```
<?php # Script 9.2 - delete_user.php
```

2. Inclua o cabeçalho da página.

```
$page_title = 'Delete a User';
include ('includes/header.html');
echo '<h1>Delete a User</h1>';
```

Este documento utilizará o mesmo sistema de modelo que as outras páginas no aplicativo.

Script 9.2

```
1   <?php # Script 9.2 - delete_user.php
2
3   // This page is for deleting a user
    record.
4   // This page is accessed through view_
    users.php.
5
6   $page_title = 'Delete a User';
7   include ('includes/header.html');
8   echo '<h1>Delete a User</h1>';
9
10  // Check for a valid user ID, through GET
    or POST:
11  if ( (isset($_GET['id'])) && (is_numeric
    ($_GET['id'])) ) { // From view_users.php
12      $id = $_GET['id'];
13  } elseif ( (isset($_POST['id'])) &&
    (is_numeric($_POST['id'])) ) { // Form
    submission.
14      $id = $_POST['id'];
15  } else { // No valid ID, kill the script.
16      echo '<p class="error">This page has
        been accessed in error.</p>';
17      include ('includes/footer.html');
18      exit();
19  }
20
21  require_once ('../mysqli_connect.php');
22
23  // Check if the form has been submitted:
24  if (isset($_POST['submitted'])) {
25
26      if ($_POST['sure'] == 'Yes') { // Delete
        the record.
27
28          // Make the query:
```

```
29      $q = "DELETE FROM users WHERE
        user_id=$id LIMIT 1";
30      $r = @mysqli_query ($dbc, $q);
31      if (mysqli_affected_rows($dbc) == 1) {
        // If it ran OK.
32
33          // Print a message:
34          echo '<p>The user has been
            deleted.</p>';
35
36      } else { // If the query did not run OK.
37          echo '<p class="error">The user could
            not be deleted due to a system error.
            </p>'; // Public message.
38          echo '<p>' . mysqli_error($dbc) . '<br
            />Query: ' . $q . '</p>'; // Debugging
            message.
39      }
40
41      } else { // No confirmation of deletion.
42          echo '<p>The user has NOT been
            deleted.</p>';
43      }
44
45  } else { // Show the form.
46
47      // Retrieve the user's information:
48      $q = "SELECT CONCAT(last_name, ', ',
        first_name) FROM users WHERE
        user_id=$id";
49      $r = @mysqli_query ($dbc, $q);
50
51      if (mysqli_num_rows($r) == 1) { // Valid
        user ID, show the form.
52
53          // Get the user's information:
54          $row = mysqli_fetch_array ($r,
            MYSQLI_NUM);
55
```

```
56          // Create the form:
57          echo '<form action="delete_user.php"
            method="post">
58      <h3>Name: ' . $row[0] . '</h3>
59      <p>Are you sure you want to delete this
        user?<br />
60      <input type="radio" name="sure"
        value="Yes" /> Yes
61      <input type="radio" name="sure" value=
        "No" checked="checked" /> No</p>
62      <p><input type="submit" name="submit"
        value="Submit" /></p>
63      <input type="hidden" name="submitted"
        value="TRUE" />
64      <input type="hidden" name="id" value="'
        . $id . '" />
65      </form>';
66
67      } else { // Not a valid user ID.
68          echo '<p class="error">This page has
            been accessed in error.</p>';
69      }
70
71  } // End of the main submission
    conditional.
72
73  mysqli_close($dbc);
74
75  include ('includes/footer.html');
76  ?>
```

Script 9.2 *Este script espera que um ID de usuário seja transmitido por meio da URL. Ele, então, apresenta um formulário de confirmação e exclui o usuário na aceitação.*

3. Verifique a validade do valor de ID do usuário.

```
if ( (isset($_GET['id'])) && (is_
→ numeric($_GET['id'])) ) {
 $id = $_GET['id'];
} elseif ( (isset($_POST['id'])) &&
→ (is_numeric($_POST['id'])) ) {
 $id = $_POST['id'];
} else {
 echo '<p class="error">This page
→ has been accessed in error.
→ </p>';
 include ('includes/footer.
```

CAPÍTULO 9 – TÉCNICAS COMUNS DE PROGRAMAÇÃO   375

```
→ html');
  exit();
}
```

Este script depende da existência de um ID de usuário válido, que será utilizado em uma cláusula WHERE da consulta DELETE. A primeira vez em que esta página for acessada, o ID de usuário deve ser transmitido na URL (a URL da página finalizará com delete_user.php?id=*X*), após clicar no link *Delete* na página view_users.php. A primeira condição if verifica a existência desse valor e se ele é numérico.

Conforme você verá, o script armazenará o valor de ID do usuário em uma entrada oculta do formulário. Quando o formulário é enviado (de volta para esta mesma página), a página receberá o ID por meio de $_POST. A segunda condição faz a verificação e, novamente, se o valor do ID é numérico.

Edit a User

This page has been accessed in error.

Figura 9.3 Se a página não receber um valor de ID numérico, este erro será mostrado.

Se nenhuma destas condições for TRUE, então a página não poderá prosseguir, portanto, uma mensagem de erro será exibida e a execução do script será finalizada **(Figura 9.3)**.

4. Inclua o script de conexão do MySQL.

```
require_once ('../mysqli_connect.
→ php');
```

Ambos os processos deste script — mostrando e manipulando o formulário — necessitam de uma conexão com o banco de dados, portanto, esta linha está fora da condicional de envio principal (Etapa 5).

5. Inicie a condicional de envio principal.

```
if (isset($_POST['submitted'])) {
```

376   **PHP 6 e MySQL 5 para Web Sites Dinâmicos**

6. Exclua o usuário, se apropriado.

```
if ($_POST['sure'] == 'Yes') {
 $q = "DELETE FROM users WHERE
 → user_id=$id LIMIT 1";
 $r = @mysqli_query ($dbc, $q);
```

O formulário (**Figura 9.4**) solicitará que o usuário clique em um botão de rádio para confirmar a exclusão. Esta pequena etapa evita acidentes. Assim, o processo de manipulação primeiro verifica se o botão de rádio correto foi selecionado. Caso tenha sido, uma consulta DELETE básica será definida, utilizando o ID do usuário na cláusula WHERE. Uma cláusula LIMIT é incluída na consulta como uma precaução extra.

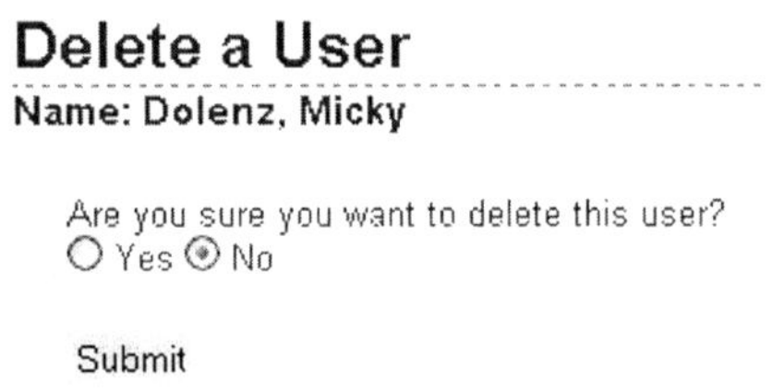

Delete a User
Name: Dolenz, Micky

Are you sure you want to delete this user?
○ Yes ◉ No

Submit

Figura 9.4 *A página confirma a exclusão do usuário utilizando este formulário simples.*

7. Verifique se a exclusão funcionou e responda de forma apropriada.

```
if (mysqli_affected_rows($dbc) == 1)
→ {
  echo '<p>The user has been
  → deleted.</p>';
} else {
  echo '<p class="error">The user
  → could not be deleted due to a
  → system error.</p>';
  echo '<p>' . mysqli_error($dbc)
  →. '<br />Query: ' . $q .
  →'</p>';
}
```

CAPÍTULO 9 – TÉCNICAS COMUNS DE PROGRAMAÇÃO   377

A função mysqli_affected_rows() verifica se exatamente uma linha foi afetada pela consulta DELETE. Caso tenha sido, uma mensagem afirmativa será exibida **(Figura 9.5)**. Caso contrário, uma mensagem de erro será exibida.Tenha em mente que é possível que nenhuma linha seja afetada sem a ocorrência de um erro do MySQL.

Por exemplo, se a consulta tentar excluir o registro em que o ID de usuário é igual a *42000* (e se esse registro não existir), nenhuma linha será excluída, mas não ocorrerá qualquer erro do MySQL. Além disso, devido às verificações realizadas quando o formulário foi carregado pela primeira vez, seria necessária uma boa quantidade de codificação por parte do usuário para chegar até aquele ponto.

8. Complete a condicional $_POST['sure'].

```
}else {
  echo '<p>The user has NOT been
deleted.</p>';
}
```

Se o usuário não selecionou explicitamente a caixa *Yes*, ele não será excluído e esta mensagem será exibida **(Figura 9.6).**

9. Inicie a cláusula else da condicional de envio principal.

```
} else {
```

A página manipulará ou exibirá o formulário. A maior parte do código antes disso entra em efeito se o formulário foi enviado (se a variável$_POST['submitted'] estiver definida). O código, daqui em diante, entra em efeito se o formulário ainda não foi enviado, caso em que o formulário deve ser exibido.

Delete a User

The user has been deleted.

Figura 9.5 *Se você selecionar* Yes *no formulário (consulte a Figura 9.4) e clicar em Submit, este deve ser o resultado.*

Delete a User

The user has NOT been deleted.

Figura 9.6 Se você não selecionar Yes no formulário, nenhuma alteração será realizada no banco de dados.

10. Resgate as informações do usuário sendo excluído.

```
$q = "SELECT CONCAT(last_name,', ',
→ first_name) FROM users WHERE
→ user_id=$id";
$r = @mysqli_query ($dbc, $q);
if (mysqli_num_rows($r) == 1) {
```

Para confirmar se o script recebeu um ID de usuário válido e para declarar exatamente quem está sendo excluído (consulte a Figura 9.4), o nome do usuário a ser excluído é resgatado do banco de dados **(Figura 9.7)**.

A condicional — verificando se uma única linha foi retornada — garante que um ID de usuário válido foi fornecido.

11. Exiba o formulário.

```
$row = mysqli_fetch_array($r,
→ MYSQLI_NUM);
echo '<form action="delete_user.php"
→ method="post">
<h3>Name: ' . $row[0] . '</h3>
<p>Are you sure you want to delete
→ this user?<br />
<input type="radio" name="sure"
→ value="Yes" /> Yes
<input type="radio" name="sure"
→ value="No" checked="checked" />
→ No</p>
<p><input type="submit" name=
→ "submit" value="Submit" /></p>
<input type="hidden" name=
→ "submitted" value="TRUE" />
<input type="hidden" name="id"
→ value="' . $id . '" />
</form>';',
```

CAPÍTULO 9 – TÉCNICAS COMUNS DE PROGRAMAÇÃO   379

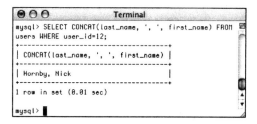

Figura 9.7 Executando a mesma consulta SELECT no mysql client.

Primeiro, o registro do banco de dados retornado pela consulta SELECT é resgatado utilizando a função mysqli_fetch array(). Em seguida, o formulário é exibido, mostrando o valor de nome resgatado do banco de dados na parte superior. Uma etapa importante, aqui, é que o ID de usuário ($id) está armazenado como uma entrada oculta de formulário para que o processo de manipulação também possa acessar este valor **(Figura 9.8)**.

12. Complete a condicional mysqli_num_rows().

```
} else {
  echo '<p class="error">This
→ page has been accessed in
→ error.</p>';
}
```

Se nenhum registro foi retornado pela consulta SELECT (devido ao envio de um ID de usuário inválido), esta mensagem será exibida.

Se você receber esta mensagem ao testar este script, mas não compreender o motivo, aplique as etapas de depuração padrão descritas no fim do Capítulo 7, "Manipulação e Depuração de Erros".

13. Finalize a página PHP.

```
}
mysqli_close($dbc);
include ('includes/footer.html');
?>
```

A chave de fechamento conclui a condicional de envio principal. Em seguida, a conexão MySQL é fechada e o rodapé é incluído.

380   **PHP 6 e MySQL 5 para Web Sites Dinâmicos**

14. Salve o arquivo como delete_user.php e coloque-o em seu diretório Web (ele deve estar no mesmo diretório que o arquivo view_users.php).

15. Execute a página pela primeira vez clicando em um link *Delete* na página view_users.php.

✓ **Dicas**

■ Uma outra forma de escrever este script seria fazer com que o formulário utilizasse o método GET. Então, a condicional de validação (linhas 10 a 19) teria apenas que validar $_GET['id'], pois o ID seria transmitido na URL se a página estivesse sendo acessada pela primeira vez ou se o formulário tivesse sido enviado.

■ Os elementos ocultos do formulário não são exibidos no navegador Web, mas ainda estão presentes no código-fonte HTML (Figura 9.8). Por este motivo, você nunca deve armazenar ali, algo que deva ser mantido realmente seguro.

■ A utilização de entradas ocultadas de formulário e a anexação de valores em uma URL são apenas duas formas de tornar os dados disponíveis para outras páginas PHP. Mais dois métodos — cookies e sessões — são abordados em sua totalidade no Capítulo 11, "Cookies e Sessões".

```
<h1>Delete a User</h1><form action="delete_user.php" method="post">
    <h3>Name: Hornby, Nick</h3>
    <p>Are you sure you want to delete this user?<br />
    <input type="radio" name="sure" value="Yes" /> Yes
    <input type="radio" name="sure" value="No" checked="checked" /> No</p>
    <p><input type="submit" name="submit" value="Submit" /></p>
    <input type="hidden" name="submitted" value="TRUE" />
    <input type="hidden" name="id" value="12" />
```

Figura 9.8 O ID de usuário é armazenado como uma entrada oculta para que ele esteja disponível quando o formulário for enviado.

Editando Registros Existentes

Uma prática comum com Web sites orientados a bancos de dados é ter um sistema para que você possa facilmente editar registros existentes. Este conceito parece assustador para muitos programadores iniciantes, mas o processo é surpreendentemente simples. Para o exemplo a seguir —

editando registros de usuários — o processo combina habilidades que o livro já abordou:

- Criação de formulários com preservação de dados
- Utilização de entradas ocultas
- Validação de dados do registro
- Execução de consultas simples

Este próximo exemplo é, em geral, bastante semelhante ao delete_user.php e também estará acessível a partir de um link no script view_users.php (quando alguém clicar em *Edit*). Um formulário será exibido com as informações atuais do usuário, permitindo que esses valores sejam alterados **(Figura 9.9)**. Ao enviar o formulário, se os dados forem aprovados em todas as rotinas de validação, uma consulta UPDATE será executada para atualizar o banco de dados.

Figura 9.9 *O formulário para edição do registro de um usuário.*

Para editar um registro de banco de dados existente:

1. Crie um novo documento PHP em seu editor de texto ou IDE **(Script 9.3)**.

   ```
   <?php # Script 9.3 - edit_user.php
   $page_title = 'Edit a User';
   include ('includes/header.html');
   echo '<h1>Edit a User</h1>';
   ```

2. Verifique a existência de um valor de ID de usuário válido.

   ```
   if ( (isset($_GET['id'])) &&
   → (is_numeric($_GET['id'])) ) {
     $id = $_GET['id'];
   } elseif ( (isset($_POST['id'])) &&
   ```

382 PHP 6 e MySQL 5 para Web Sites Dinâmicos

```
→ (is_numeric($_POST['id'])) ) {
$id = $_POST['id'];
} else {
echo '<p class="error">This
→ page has been accessed in
→ error.</p>';
include ('includes/
    → footer.html');
exit();
}
```

Esta rotina de validação é exatamente a mesma encontrada no delete_user.php, confirmando se um ID de usuário numérico foi recebido, se a página foi acessada pela primeira vez a partir do view_users.php (a primeira condição) ou no envio do formulário (a segunda condição).

```
1    <?php # Script 9.3 - edit_user.php
2
3    // This page is for editing a user record.
4    // This page is accessed through
     view_users.php.
5
6    $page_title = 'Edit a User';
7    include ('includes/header.html');
8
9    echo '<h1>Edit a User</h1>';
10
11   // Check for a valid user ID, through GET
     or POST:
12   if ( (isset($_GET['id'])) && (is_numeric
     ($_GET['id'])) ) { // From view_users.php
13       $id = $_GET['id'];
14   } elseif ( (isset($_POST['id'])) &&
     (is_numeric($_POST['id'])) ) { // Form
     submission.
15       $id = $_POST['id'];
16   } else { // No valid ID, kill the script.
17       echo '<p class="error">This page has
         been accessed in error.</p>';
18       include ('includes/footer.html');
19       exit();
20   }
21
22   require_once ('../mysqli_connect.php');
23
24   // Check if the form has been submitted:
25   if (isset($_POST['submitted'])) {
26
27       $errors = array();
28
29       // Check for a first name:
30       if (empty($_POST['first_name'])) {
31           $errors[] = 'You forgot to enter
             your first name.';
```

```
32   } else {
33       $fn = mysqli_real_escape_string($dbc,
         trim($_POST['first_name']));
34   }
35
36   // Check for a last name:
37   if (empty($_POST['last_name'])) {
38       $errors[] = 'You forgot to enter your
         last name.';
39   } else {
40       $ln = mysqli_real_escape_string($dbc,
         trim($_POST['last_name']));
41   }
42
43   // Check for an email address:
44   if (empty($_POST['email'])) {
45       $errors[] = 'You forgot to enter your
         email address.';
46   } else {
47       $e = mysqli_real_escape_string($dbc,
         trim($_POST['email']));
48   }
49
50   if (empty($errors)) { // If everything's
     OK.
51
52       // Test for unique email address:
53       $q = "SELECT user_id FROM users WHERE
         email='$e' AND user_id != $id";
54       $r = @mysqli_query($dbc, $q);
55       if (mysqli_num_rows($r) == 0) {
56
57           // Make the query:
58           $q = "UPDATE users SET first_name=
             '$fn', last_name='$ln', email='$e'
             WHERE user_id=$id LIMIT 1";
59           $r = @mysqli_query ($dbc, $q);
60           if (mysqli_affected_rows($dbc) == 1)
             { // If it ran OK.
61
```

CAPÍTULO 9 – TÉCNICAS COMUNS DE PROGRAMAÇÃO   383

```
62   // Print a message:

63   echo '<p>The user has been edited.
     </p>';

64

65   } else { // If it did not run OK.

66   echo '<p class="error">The user could
     not be edited due to a system error.
     We apologize for any inconvenience.
     </p>'; // Public message.

67   echo '<p>' . mysqli_error($dbc) . '<br
     />Query: ' . $q . '</p>'; // Debugging
     message.

68   }

69

70   } else { // Already registered.

71   echo '<p class="error">The email
     address has already been registered.
     </p>';

72   }

73

74   } else { // Report the errors.

75

76   echo '<p class="error">The following
     error(s) occurred:<br />';

77   foreach ($errors as $msg) { // Print
     each error.

78   echo " - $msg<br />\n";

79   }

80   echo '</p><p>Please try again.</p>';

81

82   } // End of if (empty($errors)) IF.

83

84   } // End of submit conditional.

85

86   // Always show the form...

87

88   // Retrieve the user's information:

89   $q = "SELECT first_name, last_name, email
     FROM users WHERE user_id=$id";
```

```
90   $r = @mysqli_query ($dbc, $q);

91

92   if (mysqli_num_rows($r) == 1) { // Valid
     user ID, show the form.

93

94   // Get the user's information:

95   $row = mysqli_fetch_array ($r,
     MYSQLI_NUM);

96

97   // Create the form:

98   echo '<form action="edit_user.php"
     method="post">

99   <p>First Name: <input type="text"
     name="first_name" size="15" maxlength="15"
     value="' . $row[0] . '" /></p>

100  <p>Last Name: <input type="text"
     name="last_name" size="15" maxlength="30"
     value="' . $row[1] . '" /></p>

101  <p>Email Address: <input type="text"
     name="email" size="20" maxlength="40"
     value="' . $row[2] . '" /> </p>

102  <p><input type="submit" name="submit"
     value="Submit" /></p>

103  <input type="hidden" name="submitted"
     value="TRUE" />

104  <input type="hidden" name="id" value="' .
     $id . '" />

105  </form>';

106

107  } else { // Not a valid user ID.

108  echo '<p class="error">This page has
     been accessed in error.</p>';

109  }

110

111  mysqli_close($dbc);

112

113  include ('includes/footer.html');

114  ?>
```

Script 9.3 *A página edit_user.php primeiro exibe
as informações atuais do usuário em um formulário. No envio
do formulário, o registro será atualizado no banco de dados*

384   PHP 6 e MySQL 5 para Web Sites Dinâmicos

3. Inclua o script de conexão do MySQL e inicie a condicional de envio principal.

```
require_once ('../mysqli_connect.php');
if (isset($_POST['submitted'])) {
    $errors = array();
```

Como os exemplos de registro já utilizados, este script utiliza uma matriz para erros de rastreio.

4. Valide o primeiro nome.

```
if (empty($_POST['first_name'])) {
  $errors[] = 'You forgot to
  → enter your first name.';
} else {
  $fn = mysqli_real_escape_
  → string($dbc, trim($_POST
  → ['first_name']));
}
```

O formulário (Figura 9.9) é como uma página de registro, mas sem os campos de senha. Os dados do formulário podem, entretanto, ser validados utilizando os mesmos métodos utilizados nos scripts de registro. Como nos exemplos de registro, os dados validados são ajustados e, então, executados por meio da função mysqli_real_escape_string(), por segurança.

5. Valide o último nome e o endereço de e-mail.

```
if (empty($_POST['last_name'])) {
  $errors[] = 'You forgot to
  |  → enter your last name.';
} else {
  $ln = mysqli _real _escape_
  → string($dbc, trim($_POST
  → ['last_name']));
}
if (empty($_POST['email'])) {
  $errors[] = 'You forgot to
  → enter your email address.';
} else {
  $e = mysqli_real_escape_
  → string($dbc, trim($_POST
  → ['email']));
}
```

CAPÍTULO 9 – TÉCNICAS COMUNS DE PROGRAMAÇÃO   385

6. Se não houver erro, verifique se o endereço de e-mail enviado ainda não está em uso.

```
if (empty($errors)) {
  $q = "SELECT user_id FROM users
  → WHERE email='$e' AND user_id
  → != $id";
  $r = @mysqli_query($dbc, $q);
  if (mysqli_num_rows($r) == 0) {
```

A integridade do banco de dados e do aplicativo como um todo depende, parcialmente, da existência de valores exclusivos de endereços de e-mails na tabela *users*. Esse requisito garante que o sistema de login, que utiliza uma combinação de endereço de e-mail e senha (a ser desenvolvido no Capítulo 11), funcione. Como o formulário permite a alteração do endereço de e-mail do usuário (consulte a Figura 9.9), etapas especiais devem ser executadas para garantir a exclusividade. Para compreender esta consulta, considere duas possibilidades....

Na primeira, o endereço de e-mail do usuário está sendo alterado. Neste caso, você precisa apenas executar uma consulta, certificando-se de que esse endereço de e-mail ainda não está registrado (ou seja, SELECT user_id FROM users WHERE email='$e').

Na segunda possibilidade, o endereço de e-mail do usuário permanecerá o mesmo. Neste caso, não há problemas se o endereço de e-mail já estiver em uso, pois ele já está em uso *para este usuário*.

Para criar uma consulta que funcione com ambas as possibilidades, não verifique se o endereço de e-mail está sendo utilizado, mas se ele está sendo utilizado por *outro alguém,* portanto:

```
SELECT user_id FROM users WHERE
email='$e' AND user_id != $id
```

7. Atualize o banco de dados.

```
$q = "UPDATE users SET first_name=
→ '$fn', last_name='$ln', email='$e'
→ WHERE user_id=$id LIMIT 1";
$r = @mysqli_query ($dbc, $q);
```

PHP 6 e MySQL 5 para Web Sites Dinâmicos

A consulta UPDATE é semelhante aos exemplos que você talvez tenha visto no Capítulo 5, "Introdução ao SQL." A consulta atualiza todos os três campos — primeiro nome, último nome e endereço de e-mail — utilizando os valores enviados pelo formulário. Este sistema funciona porque o formulário está predefinido com os valores existentes. Assim, se você editar o primeiro nome no formulário, mas nada além disso, o valor de primeiro nome no banco de dados será atualizado utilizando este novo valor, mas os valores de último nome e endereço de e-mail são "atualizados" utilizando seus valores atuais. Este sistema é muito mais fácil do que tentar determinar quais valores do formulário foram alterados e atualizar apenas esses valores no banco de dados.

8. Reporte os resultados da atualização.

```
if (mysqli_affected_rows($dbc) == 1)
→ {
  echo '<p>The user has been
edited.</p>';
} else {
  echo '<p class="error">The user
  → could not be edited due to a
  → system error. We apologize for
  → any inconvenience.</p>';
  echo '<p>' . mysqli_error($dbc)
  → . '<br />Query: ' . $q .
  → '</p>';
}
```

A função mysqli_affected_rows() retornará o número de linhas no banco de dados afetado pela consulta mais recente. Se algum dos três valores do formulário foi alterado, então esta função deve retornar o valor *1*. Esta condicional faz esse teste e exibe uma mensagem indicando êxito ou falha.

Tenha em mente que a função mysqli_affected_rows() retornará o valor *0* se um comando UPDATE for executado com êxito, mas não afetar qualquer registro. Portanto, se você enviar este formulário sem alterar os seus valores, será exibido um erro do sistema, que pode estar tecnicamente incorreto. Assim que este script estiver efetivamente funcionando, você poderá alterar a mensagem de erro para indicar que nenhuma alteração foi realizada se mysqli_affected_rows() retornar 0.

CAPÍTULO 9 – TÉCNICAS COMUNS DE PROGRAMAÇÃO

9. Complete a condicional de e-mail.

```
} else {
 echo '<p class="error">The email
 → address has already been
 → registered.</p>';
}
```

Este else completa a condicional que verificou se um endereço de e-mail já estava sendo utilizado por um outro usuário. Caso sim, essa mensagem será exibida.

10. Complete as condicionais $errors e de envio.

```
} else { // Reportar os erros.
  echo '<p class=
  → "error">The following
  → error(s) occurred:<br
  → />';
  foreach ($errors as
  →$msg) {
    echo " - $msg<br
    → />\n";
  }
  echo '</p><p>Please try
  → again.</p>';
} // Fim do if (empty($errors))
 →IF.
} // Fim da condicional de envio.
```

O primeiro else é utilizado para reportar qualquer erro no formulário (em outras palavras, uma ausência de um primeir ou último nomes ou endereço de e-mail). A chave de fechamento final conclui a condicional de envio principal.

Neste exemplo, o formulário será exibido sempre que a página for acessada. Portanto, após enviar o formulário, o banco de dados será atualizado, e o formulário será novamente mostrado, agora exibindo as informações mais recentes.

11. Resgate as informações do usuário sendo editadas.

```
$q = "SELECT first_name, last_name,
→  email FROM users WHERE user_
→ id=$id";
```

PHP 6 E MySQL 5 PARA WEB SITES DINÂMICOS

```
$r = @mysqli_query ($dbc, $q);
if (mysqli_num_rows($r) == 1) {
```

Para preencher previamente os elementos do formulário, as informações atuais do usuário devem ser resgatadas do banco de dados. Esta consulta é semelhante àquela em delete_user.php. A condicional — verificando se uma única linha foi retornada — garante que um ID de usuário válido foi fornecido.

12. Exiba o formulário.

```
$row = mysqli_fetch_array($r,
➜ mysqli_NUM);
echo '<form action="edit_user.php"
➜ method="post">
<p>First Name: <input type="text"
➜ name="first_name" size="15"
➜ maxlength="15" value="' . $row[0]
➜ . '" /></p>
<p>Last Name: <input type="text"
➜ name="last_name" size="15"
➜ maxlength="30" value="' . $row[1]
➜ . '" /></p>
<p>Email Address:<input type="text"
➜ name="email" size="20" maxlength=
➜ "40" value="' . $row[2] . '" />
➜ </p>
<p><input type="submit" name=
➜ "submit" value="Submit" /></p>
<input type="hidden" name=
➜ "submitted" value="TRUE" />
<input type="hidden" name="id"
➜ value="' . $id . '" />
</form>';
```

O formulário possui três entradas de texto, cada uma delas com preservação de dados utilizando aqueles resgatados do banco de dados. Novamente, o ID de usuário ($id) é armazenado como uma entrada oculta de formulário para que o processo de manipulação também possa acessar este valor.

13. Complete a condicional mysqli_num_rows().

```
} else {
  echo '<p class="error">This
→ page has been accessed in
→ error.</p>';
}
```

Se nenhum registro foi retornado do banco de dados, devido ao envio de um ID de usuário inválido, esta mensagem será exibida.

14. Finalize a página PHP.

```
mysqli_close($dbc);
include ('includes/footer.html');
?>
```

15. Salve o arquivo como edit_user.php e coloque-o em seu diretório Web (na mesma pasta que o view_users.php).

16. Execute a página clicando primeiro em um link *Edit* na página view_users.php **(Figuras 9.10 e 9.11)**.

✓ **Dicas**

■ Na forma como está escrito, o formulário com preservação de dados sempre mostra os valores resgatados do banco de dados. Isto significa que, se ocorrer um erro, os valores do banco de dados serão utilizados, não os valores que o usuário digitou (se esses forem diferentes). Para alterar este comportamento, o formulário com preservação de dados precisaria verificar a presença das variáveis $_POST, utilizando-as caso existam, ou utilizando os valores do banco de dados caso não existam.

Figura 9.10 *Os novos valores são exibidos no formulário após a atualização bem-sucedida do banco de dados (compare com os valores do formulário na Figura 9.9).*

Figura 9.11 *Se você tentar alterar um endereço de e-mail de um registro existente, ou se você omitir uma entrada, erros serão reportados.*

- Esta página de edição não inclui a funcionalidade para alteração da senha. Esse conceito já foi demonstrado no password.php (Script 8.7). Se você desejar incorporar essa funcionalidade aqui, tenha em mente que você não pode exibir a senha atual, pois ela é criptografada. Em vez disso, apenas apresente duas caixas para alteração da senha (a nova entrada de senha e uma confirmação). Se estes valores forem enviados, atualize a senha também no banco de dados. Se estas entradas forem deixadas em branco, não atualize a senha no banco de dados.

PAGINANDO RESULTADOS DE CONSULTAS

A *paginação* é um conceito com o qual você está familiarizado, mesmo se não conhecer o termo. Quando você utiliza um mecanismo de procura como o Google, ele exibe os resultados como uma série de páginas e não como uma longa lista. O script view_users.php poderia tirar proveito deste mesmo recurso.

CAPÍTULO 9 – TÉCNICAS COMUNS DE PROGRAMAÇÃO

A paginação de resultados de consultas faz amplo uso da cláusula LIMIT do SQL apresentada no Capítulo 5. A cláusula LIMIT restringe qual subconjunto dos registros correspondidos são realmente retornados. Para paginar os resultados retornados de uma consulta, cada página executará a mesma consulta, utilizando parâmetros diferentes da cláusula LIMIT. Portanto, a primeira página solicitará os primeiros X registros; a segunda página, o segundo grupo de X registros; e assim por diante. Para que isso funcione, um indicador de quais registros a página deve exibir precisa ser transmitido de uma página para outra na URL, como os IDs de usuários transmitidos da página view_users.php.

Uma outra e mais cosmética técnica será demonstrada aqui: exibindo cada linha da tabela — cada registro retornado — utilizando uma cor de plano de fundo alternativa (**Figura 9.12**). Este efeito será conseguido com facilidade, utilizando o operador ternário (consulte o quadro lateral "O Operador Ternário").

Há muitas informações novas e boas aqui, portanto, tenha cuidado ao seguir as etapas e certifique-se de que seus script correspondam exatamente a uma determinada etapa. Para facilitar, vamos escrever esta versão desde o início, em vez de tentar modificar o Script 9.1.

Figura 9.12 Alternar as cores das linhas da tabela torna esta lista de usuários mais legível (a cada duas linhas há um fundo em cinza claro).

Para paginar view_users.php:

1. Inicie um novo documento PHP em seu editor de texto ou IDE (**Script 9.4**).

```
<?php # Script 9.4 - #4
$page_title = 'View the Current
→ Users';
include ('includes/header.html');
echo '<h1>Registered Users</h1>';
require_once ('../mysqli_
→ connect.php');
```

2. Defina o número de registros a ser exibido por página.

```
$display = 10;
```

Ao estabelecer este valor como uma variável, você tornará mais fácil, no futuro, a alteração do número de registros exibidos em cada página. Além disso, este valor será utilizado várias vezes neste script; assim, ele é melhor representado como uma única variável.

3. Verifique se o número de páginas necessárias foi determinado.

```
if (isset($_GET['p']) && is_numeric
→ ($_GET['p'])) {
  $pages = $_GET['p'];
} else {
```

Para que este script exiba os usuários em diversas páginas, será necessário determinar o total de páginas de resultados. A primeira vez em que o script é executado, este número deve ser calculado. Para cada chamada subseqüente, o número total de páginas será transmitido para o script na URL, portanto, ele estará disponível em $_GET['p']. Se esta variável estiver definida e for numérica, seu valor será designado para a variável $pages. Caso contrário, o número de páginas precisará ser calculado.

CAPÍTULO 9 – TÉCNICAS COMUNS DE PROGRAMAÇÃO

393

```php
1    <?php # Script 9.4 - #4
2
3    // This script retrieves all the records
     from the users table.
4    // This version paginates the query
     results.
5
6    $page_title = 'View the Current Users';
7    include ('includes/header.html');
8    echo '<h1>Registered Users</h1>';
9
10   require_once ('../mysqli_connect.php');
11
12   // Number of records to show per page:
13   $display = 10;
14
15   // Determine how many pages there are...
16   if (isset($_GET['p']) && is_numeric($_GET
     ['p'])) { // Already been determined.
17
18       $pages = $_GET['p'];
19
20   } else { // Need to determine.
21
22       // Count the number of records:
23       $q = "SELECT COUNT(user_id) FROM users";
24       $r = @mysqli_query ($dbc, $q);
25       $row = @mysqli_fetch_array ($r,
         MYSQLI_NUM);
26       $records = $row[0];
27
28       // Calculate the number of pages...
29       if ($records > $display) { // More than
         1 page.
30           $pages = ceil ($records/$display);
31       } else {
```

```php
32           $pages = 1;
33       }
34
35   } // End of p IF.
36
37   // Determine where in the database to
     start returning results...
38   if (isset($_GET['s']) && is_numeric
     ($_GET['s'])) {
39       $start = $_GET['s'];
40   } else {
41       $start = 0;
42   }
43
44   // Make the query:
45   $q = "SELECT last_name, first_name, DATE_
     FORMAT(registration_date, '%M %d, %Y')
     AS dr, user_id FROM users ORDER BY
     registration_date ASC LIMIT $start,
     $display";
46   $r = @mysqli_query ($dbc, $q);
47
48   // Table header:
49   echo '<table align="center" cellspacing=
     "0" cellpadding="5" width="75%">
50   <tr>
51       <td align="left"><b>Edit</b></td>
52       <td align="left"><b>Delete</b></td>
53       <td align="left"><b>Last Name</b></td>
54       <td align="left"><b>First Name</b></td>
55       <td align="left"><b>Date
     Registered</b></td>
56   </tr>
57   ';
58
59   // Fetch and print all the records....
60
61   $bg = '#eeeeee'; // Set the initial
     background color.
```

PHP 6 E MySQL 5 PARA WEB SITES DINÂMICOS

```
62

63    while ($row = mysqli_fetch_array($r,
      MYSQLI_ASSOC)) {

64

65    $bg = ($bg=='#eeeeee' ? '#ffffff' :
      '#eeeeee'); // Switch the background
      color.

66

67    echo '<tr bgcolor="' . $bg . '">

68    <td align="left"><a
      href="edit_user.php?id=' .
      $row['user_id'] . '">Edit</a></td>

69    <td align="left"><a href="delete_user.
      php?id=' . $row['user_id'] . '">Delete
      </a></td>

70    <td align="left">' . $row['last_name'] .
      '</td>

71    <td align="left">' . $row['first_name']
      . '</td>

72    <td align="left">' . $row['dr'] . '</td>

73    </tr>

74    ';

75

76    } // End of WHILE loop.

77

78    echo '</table>';

79    mysqli_free_result ($r);

80    mysqli_close($dbc);

81

82    // Make the links to other pages, if
      necessary.

83    if ($pages > 1) {

84

85      // Add some spacing and start a
        paragraph:

86      echo '<br /><p>';

87

88      // Determine what page the script is on:

89      $current_page = ($start/$display) + 1;

90
```

```
91      // If it's not the first page, make a
        Previous button:

92      if ($current_page != 1) {

93        echo '<a href="view_users.php?s=' .
          ($start - $display) . '&p=' . $pages .
          '">Previous</a> ';

94      }

95

96      // Make all the numbered pages:

97      for ($i = 1; $i <= $pages; $i++) {

98        if ($i != $current_page) {

99          echo '<a href="view_users.php?s=' .
            (($display * ($i - 1))) . '&p=' .
            $pages . '">' . $i . '</a> ';

100     } else {

101       echo $i . ' ';

102     }

103     } // End of FOR loop.

104

105     // If it's not the last page, make a
        Next button:

106     if ($current_page != $pages) {

107       echo '<a href="view_users.php?s=' .
          ($start + $display) . '&p=' . $pages .
          '">Next</a>';

108     }

109

110     echo '</p>'; // Close the paragraph.

111

112   } // End of links section.

113

114   include ('includes/footer.html');

115   ?>
```

Script 9.4 *Esta nova versão do view_users.php incorpora a paginação
para que os usuários sejam listados em várias páginas no navegador Web.*

CAPÍTULO 9 – TÉCNICAS COMUNS DE PROGRAMAÇÃO   395

4. Contar o número de registros no banco de dados.

```
$q = "SELECT COUNT(user_id) FROM
→ users";
$r = @mysqli_query ($dbc, $q);
$row = @mysqli_fetch_array ($r,
→ MYSQLI_NUM);
$records = $row[0];
```

Utilizando a função COUNT(), apresentada no Capítulo 6, "SQL e MySQL Avançados", você poderá facilmente ver o número de registros na tabela *users*. Esta consulta retornará uma única linha, com uma única coluna: o número de registros **(Figura 9.13)**.

5. Matematicamente, calcule quantas páginas são necessárias.

```
if ($records > $display) {
   $pages = ceil ($records/
   → $display);
} else {
   $pages = 1;
}
} // Fim do IF np.
```

O número de páginas necessárias para exibir todos os registros tem como base o número total de registros a serem mostrados e o número de registros a serem exibidos por página (conforme designado para a variável $display). Se houver mais linhas do que registros a serem exibidos por página, page, várias páginas serão necessárias. Para calcular exatamente a sua quantidade, obtenha o próximo número inteiro mais alto da divisão dos dois (a função ceil() retorna o próximo número inteiro mais alto). Por exemplo, se houver 25 registros retornados e 10 estiverem sendo exibidos por página, então, três páginas serão necessárias (a primeira página exibirá 10, a segunda página 10 e a terceira página 5). Se $records não for maior que $display, apenas uma página será necessária.

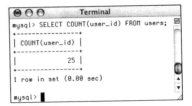

Figura 9.13 *O resultado da execução da consulta de contagem no mysql client.*

6. Determine o ponto inicial no banco de dados.

```
if (isset($_GET['s']) && is_numeric
➔ ($_GET['s'])) {
  $start = $_GET['s'];
} else {
  $start = 0;
}
```

O segundo parâmetro que o script receberá — em visualizações subseqüentes da página — será o registro inicial. Isto corresponde ao primeiro número em uma cláusula LIMIT *x, y*. Na chamada inicial do script, os primeiros dez registros devem ser resgatados (pois $display possui um valor de *10*). A segunda página deve mostrar os registros de 10 a 20; a terceira, de 20 a 30; e assim por diante.

A primeira vez em que esta página for acessada, a variável $_GET['s'] não estará definida e, assim, $start deverá ser *0* (o primeiro registro em uma cláusula LIMIT é indexado em 0). As páginas subseqüentes receberão a variável $_GET['s'] da URL, e ela será designada para $start.

7. Escreva a consulta com uma cláusula LIMIT.

```
$q = "SELECT last_name, first_name,
➔ DATE_FORMAT(registration_date, '%M
➔ %d, %Y') AS dr, user_id FROM users
➔ ORDER BY registration_date ASC
➔ LIMIT $start, $display";
$r = @mysqli_query ($dbc, $q);
```

Capítulo 9 – Técnicas Comuns de Programação 397

A cláusula LIMIT indica em qual registro iniciar o resgate ($start) e quantos retornar ($display) a partir desse ponto. Na primeira vez em que a página for executada, a consulta será SELECT last_name, first_name ... LIMIT 0, 10. Clicar na próxima página resultará em SELECT last_name, first_name ... LIMIT 10, 10.

8. Crie o cabeçalho da tabela HTML.

```
echo '<table align="center"
→ cellspacing="0" cellpadding="5"
→ width="75%">
<tr>
  <td align="left"><b>Edit
  → </b></td>
  <td align="left"><b>Delete
  → </b></td>
  <td align="left"><b>Last Name
  → </b></td>
  <td align="left"><b>First Name
  → </b></td>
  <td align="left"><b>Date
  → Registered</b></td>
</tr>'
;
```

Para simplificar um pouco este script, estou assumindo que há registros a serem exibidos. Para ser mais formal, este script, antes da criação da tabela, chamaria a função mysqli_num_rows() e teria uma condicional que confirmaria se alguns registros foram retornados.

9. Inicialize a variável da cor de fundo.

```
$bg = '#eeeeee';
```

Para fazer com que cada linha tenha sua própria cor de fundo, uma variável será utilizada para armazenar essa cor. Para iniciar, a variável $bg recebe o valor de *#eeeeee*, um cinza claro. Esta cor será alternada com branco (*#ffffff*).

10. Inicie o loop while que resgata cada registro.

```
while ($row = mysqli_fetch_array($r,
→ MYSQLI_ASSOC)) {
  $bg = ($bg=='#eeeeee' ?
  → '#ffffff' : '#eeeeee');
```

PHP 6 e MySQL 5 para Web Sites Dinâmicos

A cor de fundo utilizada para cada linha na tabela é designada para a variável $bg. Como desejo que esta cor seja alternada, utilizo esta linha de código para designar a outra cor para $bg. Se for igual a *#eeeeee*, então ela receberá o valor de *#ffffff*, e vice-versa (consulte o quadro lateral para obter a sintaxe e a explicação sobre o operador ternário). Para a primeira linha, $bg é igual a *#eeeeee* e, portanto, receberá a cor *#ffffff*, gerando um fundo branco. Para a segunda linha, $bg não é igual a *#eeeeee*, portanto, ela receberá esse valor, gerando um fundo cinza.

11. Exiba os registros em linhas da tabela.

```
echo '<tr bgcolor="' . $bg . '">
<td align="left"><a href="edit_
→ user.php?id=' . $row['user_id']
→ '">Edit</a></td>
<td align="left"><a href="delete_
→ user.php?id=' . $row['user_id']
→ '">Delete</a></td>
<td align="left">' . $row['last_
→ name'] . '</td>
<td align="left">' . $row['first_
→ name'] . '</td>
<td align="left">' . $row['dr'] .
→ '</td>
</tr>
';
```

Este código difere apenas em um aspecto em relação ao código na versão anterior deste script. A tag TR inicial agora inclui o atributo bgcolor, cujo valor será a variável $bg (ou seja, *#eeeeee* e *#ffffff*, alternando).

12. Complete o loop while e a tabela, libere os recursos do resultado da consulta e feche a conexão com o banco de dados.

```
}
echo '</table>';
mysqli_free_result ($r);
mysqli_close($dbc);
```

13. Inicie uma seção para exibição dos links para outras páginas, se necessário.

```
if ($pages > 1) {
  echo '<br /><p>';
  $current_page = ($start/
→ $display) + 1;
  if ($current_page != 1) {
    echo '<a href="view_users.
→ php?s=' . ($start -
→ $display) . '&p=' .
→ $pages . '">Previous
→ </a> ';
}
```

Se o script necessitar de várias páginas para exibir todos os registros, ele precisará dos links apropriados na parte inferior da página **(Figura 9.14)**. Para criar estes links, primeiro determine a página atual. Isso pode ser calculado como o número inicial dividido pelo número de exibição mais um. Por exemplo, na segunda instância deste script, $start será *10* (porque na primeira instância, $start é *0);* assim, a página atual será *2* (10/10 + 1 = 2).

Se a página atual não for a primeira, ela também precisará de um link *Previous* para o conjunto de resultados anterior **(Figura 9.15).** Isto não é estritamente necessário, mas é recomendado.

Cada link será formado pelo nome do script, mais o ponto inicial e o número de páginas. O ponto inicial para a página anterior será o ponto inicial atual menos o número sendo exibido. Estes valores devem ser transmitidos em cada link, ou a paginação falhará.

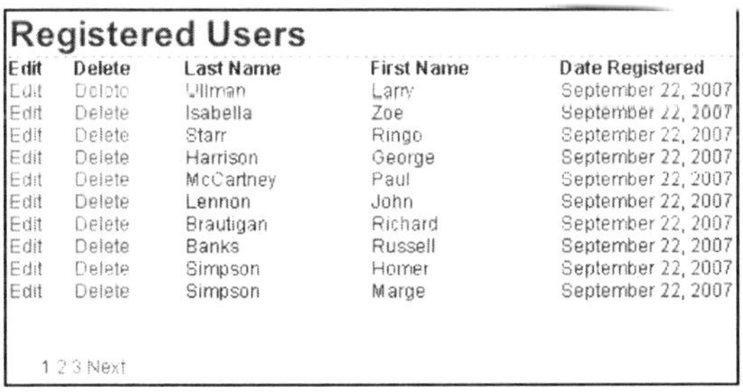

Registered Users

Edit	Delete	Last Name	First Name	Date Registered
Edit	Delete	Ullman	Larry	September 22, 2007
Edit	Delete	Isabella	Zoe	September 22, 2007
Edit	Delete	Starr	Ringo	September 22, 2007
Edit	Delete	Harrison	George	September 22, 2007
Edit	Delete	McCartney	Paul	September 22, 2007
Edit	Delete	Lennon	John	September 22, 2007
Edit	Delete	Brautigan	Richard	September 22, 2007
Edit	Delete	Banks	Russell	September 22, 2007
Edit	Delete	Simpson	Homer	September 22, 2007
Edit	Delete	Simpson	Marge	September 22, 2007

1 2 3 Next

Figura 9.14 *Após todos os registros retornados,
os links são gerados para as outras páginas de resultados.*

PHP 6 E MySQL 5 PARA WEB SITES DINÂMICOS

```
Registered Users
Edit   Delete    Last Name      First Name      Date Registered
Edit   Delete    Simpson        Bart            September 22, 2007
Edit   Delete    Van Houten     Lisa            September 22, 2007
Edit   Delete    Simpson        Maggie          September 22, 2007
Edit   Delete    Simpson        Abe             September 22, 2007
Edit   Delete    Chabon         Michael         September 22, 2007
Edit   Delete    Greene         Graham          September 22, 2007
Edit   Delete    Nesmith        Mike            September 22, 2007
Edit   Delete    Sedaris        David           September 22, 2007
Edit   Delete    Hornby         Nick            September 22, 2007
Edit   Delete    Bank           Melissa         September 22, 2007


Previous 1 2 3 Next
```

Figura 9.15 *O* link Previous *aparecerá apenas se a página atual não for a primeira.*

O Operador Ternário

Este exemplo utiliza um operador não apresentado anteriormente, chamado de operador *ternário*. Sua estrutura é

```
(condição) ? valorT : valorF
```

A condição entre parêntesis será avaliada; se ela for TRUE, o primeiro valor será retornado *(valorT)*. Se a condição for FALSE, o segundo valor *(valorF)* será retornado.

Como o operador ternário retorna um valor, toda a estrutura é freqüentemente utilizada para designar um valor a uma variável, ou como um argumento para uma função. Por exemplo, a linha

```
echo (isset($var)) ? 'SET' : 'NOT SET';
```

exibirá *SET* ou *NOT SET*, dependendo do status da variável $var.

Nesta versão do script view_users.php, o operador ternário atribui um valor diferente ao valor atual de uma variável. A própria variável será utilizada para indicar a cor de fundo de cada registro na tabela. Há, certamente, outras formas de definir este valor, mas o operador ternário é o mais preciso.

Capítulo 9 – Técnicas Comuns de Programação

14. Crie os links numéricos.

```
for ($i = 1; $i <= $pages; $i++) {
  if ($i != $current_page) {
    echo '<a href="view_users.
  → php?s=' . (($display*
  → ($i - 1))) . '&p=' .
  → $pages . '"> ' . $i .
  → '</a>';
  } else {
    echo $i.'';
  }
}
```

O grupo de links será criado por um loop de um até o número total de páginas. Cada página terá um link, exceto a página atual.

15. Crie um link *Next*.

```
if ($current_page != $pages) {
  echo '<a href="view_users.
  → php?s=' . ($start + $display)
  → . '&p=' . $pages . '">Next
  → </a>';
}
```

Finalmente, um link *Next* será exibido, assumindo que esta não é a página final **(Figura 9.16)**.

16. Finalize a página.

```
  echo '</p>';
}
include ('includes/footer.html');
?>
```

17. Salve o arquivo como view_users.php, coloque-o em seu diretório Web e teste-o em seu navegador.

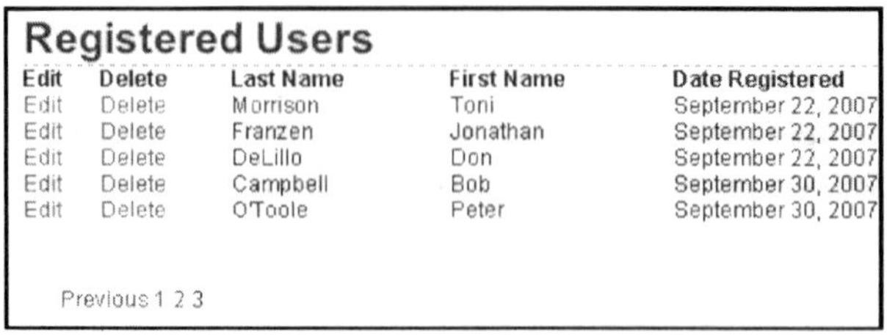

402 PHP 6 E MySQL 5 PARA WEB SITES DINÂMICOS

Registered Users

Edit	Delete	Last Name	First Name	Date Registered
Edit	Delete	Morrison	Toni	September 22, 2007
Edit	Delete	Franzen	Jonathan	September 22, 2007
Edit	Delete	DeLillo	Don	September 22, 2007
Edit	Delete	Campbell	Bob	September 30, 2007
Edit	Delete	O'Toole	Peter	September 30, 2007

Previous 1 2 3

Figura 9.16 *A página final de resultados não exibirá um link* Next.

✓ **Dicas**

■ Este exemplo pagina uma consulta simples, mas se você deseja paginar uma consulta mais complexa, como os resultados de uma procura, não é muito mais complicado. A principal diferença é que quaisquer que sejam os termos utilizados na consulta, eles devem ser transmitidos nos links, de página para página. Se a consulta principal não for *exatamente a mesma* nas visualizações de páginas, a paginação falhará.

■ Se você executar este exemplo e a paginação não corresponder ao número de resultados que devem ser retornados (por exemplo, a consulta de contagem indica que há 150 registros, mas a paginação apenas cria três páginas com 10 registros em cada), provavelmente isso ocorre porque a consulta principal e a consulta COUNT( ) são muito diferentes. Estas duas consultas nunca serão as mesmas, mas elas devem realizar a mesma junção (se aplicável) e devem ter as mesmas cláusulas WHERE e/ou GROUP BY, precisamente.

■ Nenhuma manipulação de erros foi incluída neste script, pois sei que as consultas funcionam conforme escritas. Se encontrar problemas, lembre-se de suas etapas de depuração MySQL/SQL: exibir a consulta, executá-la utilizando o mysql client ou o phpMyAdmin para confirmar os resultados e chamar a função mysqli_error(, conforme necessário.

Capítulo 9 – Técnicas Comuns de Programação 403

```php
1   <?php # Script 9.5 - #5
2
3   // This script retrieves all the records
    from the users table.
4   // This new version allows the results to
    be sorted in different ways.
5
6   $page_title = 'View the Current Users';
7   include ('includes/header.html');
8   echo '<h1>Registered Users</h1>';
9
10  require_once ('../mysqli_connect.php');
11
12  // Number of records to show per page:
13  $display = 10;
14
15  // Determine how many pages there are...
16  if (isset($_GET['p']) &&
    is_numeric($_GET['p'])) { // Already been
    determined.
17    $pages = $_GET['p'];
18  } else { // Need to determine.
19    // Count the number of records:
20    $q = "SELECT COUNT(user_id) FROM users";
21    $r = @mysqli_query ($dbc, $q);
22    $row = @mysqli_fetch_array ($r,
      MYSQLI_NUM);
23    $records = $row[0];
24    // Calculate the number of pages...
25    if ($records > $display) { // More than
      1 page.
26      $pages = ceil ($records/$display);
27    } else {
28      $pages = 1;
29    }
30  } // End of p IF.
31
```

```php
32  // Determine where in the database to
    start returning results...
33  if (isset($_GET['s']) && is_numeric
    ($_GET['s'])) {
34    $start = $_GET['s'];
35  } else {
36    $start = 0;
37  }
38
39  // Determine the sort...
40  // Default is by registration date.
41  $sort = (isset($_GET['sort'])) ? $_GET
    ['sort'] : 'rd';
42
43  // Determine the sorting order:
44  switch ($sort) {
45    case 'ln':
46      $order_by = 'last_name ASC';
47      break;
48    case 'fn':
49      $order_by = 'first_name ASC';
50      break;
51    case 'rd':
52      $order_by = 'registration_date ASC';
53      break;
54    default:
55      $order_by = 'registration_date ASC';
56      $sort = 'rd';
57      break;
58  }
59
60  // Make the query:
61  $q = "SELECT last_name, first_name, DATE_
    FORMAT(registration_date, '%M %d, %Y') AS
    dr, user_id FROM users ORDER BY $order_by
    LIMIT $start, $display";
62  $r = @mysqli_query ($dbc, $q); // Run the
    query.
63
```

PHP 6 e MySQL 5 para Web Sites Dinâmicos

```
64   // Table header:

65   echo '<table align="center" cellspacing=
     "0" cellpadding="5" width="75%">

66   <tr>

67     <td align="left"><b>Edit</b></td>

68     <td align="left"><b>Delete</b></td>

69     <td align="left"><b><a href="view_users.
       php?sort=ln">Last Name</a></b></td>

70     <td align="left"><b><a href="view_users.
       php?sort=fn">First Name</a></b></td>

71     <td align="left"><b><a href="view_users.
       php?sort=rd">Date Registered</a></b>
       </td>

72   </tr>

73   ';

74

75   // Fetch and print all the records....

76   $bg = '#eeeeee';

77   while ($row = mysqli_fetch_array($r,
     MYSQLI_ASSOC)) {

78     $bg = ($bg=='#eeeeee' ? '#ffffff' :
       '#eeeeee');

79     echo '<tr bgcolor="' . $bg . '">

80     <td align="left"><a href="edit_user.
       php?id=' . $row['user_id'] . '">Edit</a>
       </td>

81     <td align="left"><a href="delete_user.
       php?id=' . $row['user_id'] . '">Delete
       </a></td>

82     <td align="left">' . $row['last_name'] .
       '</td>

83     <td align="left">' . $row['first_name']
       . '</td>

84     <td align="left">' . $row['dr'] . '</td>

85     </tr>

86     ';

87   } // End of WHILE loop.

88

89   echo '</table>';

90   mysqli_free_result ($r);

91   mysqli_close($dbc);

92
```

```
93   // Make the links to other pages, if
     necessary.

94   if ($pages > 1) {

95

96     echo '<br /><p>';

97     $current_page = ($start/$display) + 1;

98

99     // If it's not the first page, make a
       Previous button:

100    if ($current_page != 1) {

101      echo '<a href="view_users.php?s=' .
         ($start - $display) . '&p=' . $pages .
         '&sort=' . $sort . '">Previous</a> ';

102    }

103

104    // Make all the numbered pages:

105    for ($i = 1; $i <= $pages; $i++) {

106      if ($i != $current_page) {

107        echo '<a href="view_users.php?s=' .
           (($display * ($i - 1))) . '&p=' .
           $pages . '&sort=' . $sort . '">' . $i
           . '</a> ';

108      } else {

109        echo $i . ' ';

110      }

111    } // End of FOR loop.

112

113    // If it's not the last page, make a
       Next button:

114    if ($current_page != $pages) {

115      echo '<a href="view_users.php?s=' .
         ($start + $display) . '&p=' . $pages .
         '&sort=' . $sort . '">Next</a>';

116    }

117

118    echo '</p>'; // Close the paragraph.

119

120  } // End of links section.

121

122  include ('includes/footer.html');

123  ?>
```

Script 9.5 *Esta versão mais recente do script view_users.php cria links fora dos títulos de colunas das tabelas.*

CAPÍTULO 9 – TÉCNICAS COMUNS DE PROGRAMAÇÃO 405

TORNANDO EXIBIÇÕES CLASSIFICÁVEIS

Para concluir este capítulo, há um recurso final que poderia ser incluído no view_users.php.

Em seu estado atual, a lista de usuários é exibida ordenada pelas datas em que estes foram registrados. Também seria interessante poder visualizá-los de forma ordenada pelo nome.

Em uma perspectiva MySQL, é fácil realizar esta tarefa: apenas altere a cláusula ORDER BY. Portanto, é preciso apenas incluir alguma funcionalidade no PHP que alterará a cláusula ORDER BY. A forma lógica para fazê-lo é criar links dos títulos de colunas para que, ao clicá-los, a ordem de exibição seja alterada. Você já pode até imaginar que isto envolve a utilização do método GET para transmitir um parâmetro de volta para esta página indicando a ordem de classificação preferida.

Para criar links ordenáveis:

1. Abra view_users.php (Script 9.4) em seu editor de texto ou IDE.
2. Após determinar o ponto inicial, defina uma variável $sort **(Script 9.5)**.

```
$sort = (isset($_GET['sort'])) ?
➔ $_GET['sort'] : 'rd';
```

A variável $sort será utilizada para determinar como os resultados das consultas devem ser ordenados. Esta linha utiliza o operador ternário (consulte o quadro lateral apresentado anteriormente, neste capítulo) para designar um valor para $sort. Se $_GET['sort'] estiver configurada, o que seria o caso após o usuário clicar em qualquer link, então $sort deverá receber esse valor. Se $_GET['sort'] não estiver definida, então $sort receberá um valor padrão de *rd* (abreviação de *registration date*).

3. Determine como os resultados devem ser ordenados.

```
switch ($sort) {
  case 'ln':
    $order_by = 'last_name ASC';
    break;
  case 'fn':
    $order_by = 'first_name
    ➔ ASC';
    break;
```

PHP 6 e MySQL 5 para Web Sites Dinâmicos

```
case 'rd':
  $order_by = 'registration_
  → date ASC';
  break;
default:
  $order_by = 'registration_
  → date ASC';
  $sort = 'rd';
  break;
}
```

A comutação compara $sort com diversos valores esperados. Se, por exemplo, ela for igual a *ln*, então os resultados devem ser ordenados pelo último nome, na ordem ascendente. A variável $order_by será utilizada na consulta SQL.

Se $sort tiver um valor de *fn*, então os resultados devem estar em ordem ascendente pelo primeiro nome. Se o valor for *rd*, então os resultados estarão em ordem ascendente por data de registro. Este também é o caso padrão. Ter aqui este caso padrão evita que um usuário mal-intencionado altere o valor de $_GET['sort'] para algo que poderia interromper a consulta.

4. Modifique a consulta para utilizar a nova variável $order_by.

```
$q = "SELECT last_name, first_name,
→ DATE_FORMAT(registration_date, '%M
→ %d, %Y') AS dr, user_id FROM users
→ ORDER BY $order_by LIMIT $start,
→ $display";
```

Neste ponto, a variável $order_by possui um valor indicando como os resultados retornados devem ser ordenados (por exemplo, *registration_date ASC)*, portanto, ele pode ser facilmente incluído na consulta. Lembre-se de que a cláusula ORDER BY vem antes da cláusula LIMIT. Se a consulta resultante não for executada de forma adequada para você, exiba-a e inspecione sua sintaxe.

5. Modifique a instrução echo() do cabeçalho da tabela para criar links a partir dos títulos de colunas.

```
echo '<table align="center"
cellspacing="0" cellpadding="5"
width="75%">
```

Capítulo 9 – Técnicas Comuns de Programação 407

```
<tr>
 <td align="left"><b>Edit
→ </b></td>
 <td align="left"><b>Delete
→ </b></td>
 <td align="left"><b><a href=
→ "view_users.php?sort=ln">
→ Last Name</a></b></td>
 <td align="left"><b><a href=
→ "view_users.php?sort=fn">
→ First Name</a></b></td>
 <td align="left"><b><a href=
→ "view_users.php?sort=rd">Date
→ Registered</a></b></td>
<tr>
';
```

Registered Users

Edit	Delete	Last Name	First Name	Date Registered
Edit	Delete	Simpson	Abe	September 22, 2007
Edit	Delete	Simpson	Bart	September 22, 2007
Edit	Delete	Campbell	Bob	September 30, 2007
Edit	Delete	Sedaris	David	September 22, 2007
Edit	Delete	DeLillo	Don	September 22, 2007
Edit	Delete	Harrison	George	September 22, 2007
Edit	Delete	Greene	Graham	September 22, 2007
Edit	Delete	Simpson	Homer	September 22, 2007
Edit	Delete	Lennon	John	September 22, 2007
Edit	Delete	Franzen	Jonathan	September 22, 2007

1 2 3 Next

Figura 9.17 *A primeira vez que visualizar a página, os resultados serão mostrados em ordem ascendente pela data de registro. Após clicar na coluna de primeiro nome, os resultados serão mostrados em ordem ascendente pelo primeiro nome (conforme visto aqui).*

408   **PHP 6 E MYSQL 5 PARA WEB SITES DINÂMICOS**

Registered Users

Edit	Delete	Last Name	First Name	Date Registered
Edit	Delete	Bank	Melissa	September 22, 2007
Edit	Delete	Banks	Russell	September 22, 2007
Edit	Delete	Brautigan	Richard	September 22, 2007
Edit	Delete	Campbell	Bob	September 30, 2007
Edit	Delete	Chabon	Michael	September 22, 2007
Edit	Delete	DeLillo	Don	September 22, 2007
Edit	Delete	Franzen	Jonathan	September 22, 2007
Edit	Delete	Greene	Graham	September 22, 2007
Edit	Delete	Harrison	George	September 22, 2007
Edit	Delete	Hornby	Nick	September 22, 2007

1 2 3 Next

Figura 9.18 Clicar na coluna Last Name *exibe os resultados ordenados de forma ascendente pelo último nome.*

✓ **Dica**

■ Um conceito de segurança bastante importante também foi demonstrado neste exemplo. Em vez de utilizar o valor de $_GET['sort'] diretamente na consulta, ele é comparado com os valores assumidos em uma switch. Se, por algum motivo, $_GET['sort'] possui um valor diferente do esperado, a consulta utilizará uma ordem de classificação padrão. A sugestão é: não faça suposições sobre os dados recebidos, e não utilize dados não validados em uma consulta SQL.

Para tornar os links de títulos de colunas clicáveis, coloque-os entre as tags <a>. O valor do atributo href para cada link corresponde aos valores aceitáveis para $_GET['sort'] (consulte a switch na Etapa 3).

6. Modifique a instrução echo() que cria o link *Previous* para que o valor de classificação também seja transmitido.

```
echo '<a href="view_users.php?s=' .
→  ($start - $display) . '&p=' .
→  $pages . '&sort=' . $sort .
→
'">Previous</a> ';
```

CAPÍTULO 9 – TÉCNICAS COMUNS DE PROGRAMAÇÃO 409

Inclua um outro par *nome=valor* no link *Previous* para que a ordem de classificação também seja enviada para cada página de resultados. Se você não incluí-lo, então a paginação falhará, pois a cláusula ORDER BY será diferente de uma página para outra.

7. Repita a Etapa 6 para as páginas numeradas e o link *Next*.

```
echo '<a href="view_users.php?s=' .
→   (($display * ($i - 1))) . '&p=' .
→   $pages . '&sort=' . $sort.'">'.
→   $i . '</a>';
echo '<a href="view_users.php?s=' .
→   ($start + $display) . '&p=' .
→   $pages . '&sort=' . $sort .
→   '">Next</a>' ;
```

8. Salve o arquivo como view_users.php, coloque-o em seu diretório Web e execute-o em seu navegador (**Figuras 9.17** e **9.18**).

CAPÍTULO 10

DESENVOLVIMENTO DE APLICATIVO WEB

Os dois capítulos anteriores tiveram como foco a utilização do PHP e do MySQL juntos (que é o ponto principal deste livro). Mas ainda há muito material com foco em PHP para ser abordado. Com uma breve pausa na utilização do PHP com o MySQL, este capítulo aborda algumas das técnicas que são freqüentemente utilizadas em aplicativos Web mais complexos.

O primeiro tópico abordado neste capítulo é o envio de e-mail utilizando o PHP. Trata-se de algo bastante comum e surpreendentemente simples (assumindo que o servidor esteja configurado de forma apropriada). Em seguida, o capítulo trata de algumas funções de data e hora presentes no PHP. O terceiro assunto demonstra como manipular uploads de arquivos em um formulário HTML. Nesta ordem, isso leva a uma discussão sobre a utilização do PHP e do JavaScript juntos, e como utilizar a função header() para manipular o navegador Web.

412   **PHP 6 E MySQL 5 PARA WEB SITES DINÂMICOS**

ENVIANDO E-MAIL

Uma das coisas de que mais gosto no PHP é a facilidade no envio de um e-mail. Em um servidor adequadamente configurado, o processo é tão simples quanto a utilização da função mail():

```
mail (to, subject, body, [headers]);
```

O valor *to* deve ser um endereço de e-mail ou uma série de endereços, separados por vírgulas. Qualquer destes valores é permitido:

- email@example.com
- email1@example.com, email2@example.com
- Nome Real <email@example.com>
- Nome Real <email@example.com>,
  Este Nome <email2@example.com>

O valor *subject* criará a linha de assunto do e-mail, e *body* é onde você coloca o conteúdo do e-mail. Para tornar as coisas mais legíveis, as variáveis freqüentemente recebem valores e, então, são utilizadas na chamada da função mail():

```
$to = 'email@example.com';
$subject = 'This is the subject';
$body = 'This is the body.
It goes over multiple lines.';
mail ($to, $subject, $body);
```

Conforme visto na designação para a variável $body, você pode criar uma mensagem de e-mail que segue por várias linhas com o texto exatamente da forma apresentada entre as aspas. Para fazê-lo, você também pode utilizar o caractere de nova linha (\n) entre aspas duplas:

```
$body = "This is the body.\nIt goes over
→ multiple lines.";
```

Tudo isso é bastante direto, e há apenas alguns cuidados. Primeiro, a linha de assunto não pode conter o caractere de nova linha (\n). Segundo, cada linha do corpo da mensagem não deve ter mais do que 70 caracteres. Você pode conseguir isso utilizando a função wordwrap(). Ela inserirá

CAPÍTULO 10 – DESENVOLVIMENTO DE APLICATIVO WEB

uma nova linha em uma cadeia a cada *X* caracteres. Para agrupar o texto em 70 caracteres, utilize

```
$body = wordwrap($body, 70);
```

A função mail() assume um quarto parâmetro opcional para cabeçalhos adicionais. Esta é a função na qual você poderá definir From, Reply -To, Cc, Bcc e configurações semelhantes. Por exemplo,

```
mail ($to, $subject, $body, 'From:
→ reader@example.com');
```

Para utilizar vários cabeçalhos de diferentes tipos em seu e-mail, separe cada um deles com \r\n:

```
$headers = "From: John@example.com\r\n";
$headers .= "Cc: Jane@example.com,
→ Joe@example.com\r\n";
mail ($to, $subject, $body, $headers);
```

Embora este quarto argumento seja opcional, é sempre recomendado que você inclua um valor From (embora isso também possa ser definido no arquivo de configuração do PHP).

Como demonstração, vamos criar uma página que exiba um formulário de contato **(Figura 10.1)** e, em seguida, trate do seu envio, da validação dos dados e do envio dos dados em um e-mail. Este exemplo também possuirá uma boa variação na técnica de formulário com preservação de dados utilizada neste livro.

Figura 10.1 *Um formulário de contato padrão (mas não muito atrativo).*

414   PHP 6 E MySQL 5 para Web Sites Dinâmicos

```
1    <!DOCTYPE html PUBLIC "-//W3C//DTD XHTML
     1.0 Transitional//EN"
2        "http://www.w3.org/TR/xhtml1/DTD/
         xhtml1-transitional.dtd">
3    <html xmlns="http://www.w3.org/1999/xhtml"
     xml:lang="en" lang="en">
4    <head>
5        <meta http-equiv="content-type"
         content="text/html; charset=iso-8859-1"
         />
6        <title>Contact Me</title>
7    </head>
8    <body>
9    <h1>Contact Me</h1>
10   <?php # Script 10.1 - email.php
11
12   // Check for form submission:
13   if (isset($_POST['submitted'])) {
14
15       // Minimal form validation:
16       if (!empty($_POST['name']) &&
           !empty($_POST['email']) &&
           !empty($_POST['comments']) ) {
17
18           // Create the body:
19           $body = "Name:
             {$_POST['name']}\n\nComments:
             {$_POST['comments']}";
20
21           // Make it no longer than 70
             characters long:
22           $body = wordwrap($body, 70);
23
24           // Send the email:
25           mail('your_email@example.com',
             'Contact Form Submission', $body,
             "From: {$_POST['email']}");
26
27           // Print a message:
28           echo '<p><em>Thank you for
             contacting me. I will reply some
             day.</em></p>';
29
30           // Clear $_POST (so that the form's
             not sticky):
31           $_POST = array();
32
33       } else {
34           echo '<p style="font-weight: bold;
             color: #C00">Please fill out the
             form completely.</p>';
35       }
36
37   } // End of main isset() IF.
38
39   // Create the HTML form:
40   ?>
41   <p>Please fill out this form to contact
     me.</p>
42   <form action="email.php" method="post">
43       <p>Name: <input type="text" name="name"
         size="30" maxlength="60" value="<?php if
         (isset($_POST['name'])) echo
         $_POST['name']; ?>" /></p>
44       <p>Email Address: <input type="text"
         name="email" size="30" maxlength="80"
         value="<?php if (isset($_POST['email']))
         echo $_POST['email']; ?>" /></p>
45       <p>Comments: <textarea name="comments"
         rows="5" cols="30"><?php if
         (isset($_POST['comments'])) echo
         $_POST['comments']; ?></textarea></p>
46       <p><input type="submit" name="submit"
         value="Send!" /></p>
47       <input type="hidden" name="submitted"
         value="TRUE" />
48   </form>
49   </body>
50   </html>
```

Script 10.1 Esta página exibe um formulário de contato que, durante o envio, enviará um e-mail com os dados do formulário para um endereço de e-mail.

Observe duas coisas antes de executar este script: primeiro, para que este exemplo funcione, o computador no qual o PHP está sendo executado deve ter um servidor de e-mail em funcionamento. Se estiver utilizando um site hospedado, isso não deverá ser um problema; em seu próprio computador, você provavelmente precisará realizar algumas etapas preparatórias (consulte o quadro lateral). Segundo, este exemplo, enquanto funcional, poderá ser manipulado por pessoas mal-intencionadas, permitindo que elas enviem spam por meio de seu formulário de contato (não apenas para

Capítulo 10 – Desenvolvimento de Aplicativo Web   415

você, mas para qualquer pessoa). As etapas para impedir tais ataques são fornecidas no Capítulo 12, "Métodos de Segurança". Consultar e testar este exemplo é algo recomendado; utilizá-lo como sua solução de formulário de contato a longo prazo não é uma boa idéia.

Para enviar e-mail:

1. Inicie um novo script PHP em seu editor de texto ou IDE **(Script 10.1).**

```
<!DOCTYPE html PUBLIC "-//W3C//DTD
→ XHTML 1.0 Transitional//EN"
"http://www.w3.org/TR/xhtml1/DTD/xhtm
→ l1-transitional.dtd">
<html
→ xmlns="http://www.w3.org/1999/xhtml"
→ xml:lang="en" lang="en">
<head>
  <meta http-equiv="content-type"
  → content="text/html;
  → charset=iso-8859-1" />
  <title>Contact Me</title>
</head>
<body>
<h1>Contact Me</h1>
<?php # Script 10.1 - email.php
```

Nenhum dos exemplos neste capítulo utilizará um modelo, como os exemplos nos capítulos anteriores, pois ele inicia com o HTML padrão.

2. Crie a condicional para verificar se o formulário foi enviado e valide os dados do formulário.

```
if (isset($_POST['submitted'])) {
  if (!empty($_POST['name']) &&
  → !empty($_POST['cmail']) &&
  → !empty($_POST['comments'])) ) {
```

O formulário contém três entradas de texto (tecnicamente, uma delas é uma área de texto). A função empty() confirmará se algo foi digitado em cada uma delas. No Capítulo 13, você aprenderá como utilizar expressões comuns para confirmar se o endereço de e-mail fornecido possui um formato válido.

416   **PHP 6 e MySQL 5 para Web Sites Dinâmicos**

3. Crie o corpo do e-mail.

```
$body = "Name:
→ {$_POST['name']}\n\nComments:
→ {$_POST['comments']}";
$body = wordwrap($body, 70);
```

O corpo do e-mail iniciará com o prompt *Name:*, seguido pelo nome digitado no formulário. Em seguida, o mesmo tratamento é dado aos comentários. Então, a função wordwrap() formata todo o corpo para que cada linha tenha até 70 caracteres de comprimento.

4. Envie o e-mail e exiba uma mensagem no navegador Web.

```
mail('your_email@example.com',
→ 'Contact Form Submission', $body,
→ "From: {$_POST['email']}");
echo '<p><em>Thank you for contacting
→ me. I will reply some day.</em></p>';
```

Assumindo que o servidor esteja adequadamente configurado, esta linha de código enviará o e-mail. Será necessário alterar o valor de *to* para o seu real endereço de e-mail. O valor de From será o endereço de e-mail obtido no formulário. O assunto será uma cadeia literal.

Não há como confirmar se o e-mail foi enviado ou recebido de forma bem-sucedida, mas uma mensagem genérica é exibida.

5. Limpe a matriz $_POST.

```
$_POST = array();
```

Neste exemplo, o formulário sempre será mostrado, mesmo após um envio bem-sucedido. O formulário preservará os dados caso o usuário omita alguma informação **(Figura 10.2)**. Entretanto, se o e-mail foi enviado, não há necessidade de mostrar novamente os valores no formulário. Para evitar isso, a matriz $_POST pode ter seus valores eliminados utilizando a função array().

6. Finalize as condicionais.

```
} else {
  echo '<p style="font-weight:
```

CAPÍTULO 10 – DESENVOLVIMENTO DE APLICATIVO WEB   417

```
→ bold; color: #C00">Please
→ fill out the form
→ completely.</p>';
 }
} // Fim do IF isset() principal.
?>
```

A mensagem de erro contém formatação CSS seqüencial, para que ela seja exibida em vermelho e negrito.

7. Inicie o formulário.

```
<p>Please fill out this form to
→ contact me.</p>
<form action="email.php"
→method="post">
  <p>Name:<input type="text"
→ name="name" size="30"
→ maxlength="60" value="<?php if
→ (isset($_POST['name'])) echo
→ $_POST['name']; ?>" /></p>
  <p>Email Address:<input
→ type="text" name="email"
→ size="30" maxlength="80"
→ value="<?php if
→ (isset($_POST['email'])) echo
→ $_POST['email']; ?>" /> </p>
```

O formulário será enviado de volta para esta mesma página utilizando o método POST. A duas primeiras entradas são do tipo texto; ambas preservam os dados verificando se a variável $_POST correspondente possui um valor. Se sim, este será exibido como o valor atual para essa entrada.

Figura 10.2 *O formulário de contato lembrará ao usuário os valores fornecidos caso ele não seja completamente preenchido.*

Figura 10.3 *Preenchimento e envio bem-sucedidos do formulário.*

8. Finalize o formulário.

```
<p>Comments:<textarea
→ name="comments" rows="5"
→ cols="30"><?php if
→ (isset($_POST['comments']))
→ echo $_POST['comments'];
→ ?></textarea></p>
<p><input type="submit"
→ name="submit" value="Send!"
→ /></p>
<input type="hidden"
→ name="submitted" value="TRUE" />
</form>
```

A entrada de comentários é uma área de texto que não utiliza um atributo value. Em vez disso, para que preserve os dados, o valor é exibido entre as tags de área de texto de abertura e fechamento.

9. Finalize a página HTML.

```
</body>
</html>
```

10. Salve o arquivo como email.php, coloque-o em seu diretório Web e teste-o em seu navegador **(Figura 10.3)**.

11. Consulte sua caixa postal para verificar se recebeu a mensagem **(Figura 10.4)**. Se você não receber o e-mail, será necessário realizar uma depuração. Com este exemplo, você deverá confirmar com o administrador do seu host (se estiver utilizando um site hospedado) ou por si próprio (se estiver executando o PHP em seu servidor), se há um servidor de correio eletrônico instalado e em funcionamento. Você também deverá testá-lo utilizando diferentes endereços de e-mail (com os valores de *to* e *from*). Além disso, você deverá verificar se o seu filtro de spam não está retendo a mensagem.

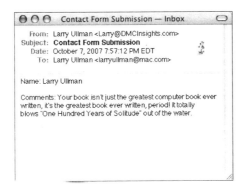

Figura 10.4 O e-mail resultante (a partir dos dados na Figura 10.1).

420 PHP 6 E MySQL 5 para Web Sites Dinâmicos

Dependência da Função mail() do PHP

A função mail() do PHP não envia o e-mail em si. Na realidade, ela solicita ao servidor de correio em execução no computador para que realize esta tarefa. Isso significa que o computador no qual o PHP está em execução deve ter um servidor de e-mail ativado para o funcionamento desta função.

Se você tiver um computador executando uma variante do Unix, ou se estiver trabalhando com seu Web site por meio de uma hospedagem profissional, isso não deverá ser um problema. Mas se estiver executando o PHP em seu próprio computador desktop ou laptop, provavelmente precisará realizar alguns ajustes.

Se estiver executando o Windows e tiver um ISP (provedor de serviços da Internet) que forneça um servidor SMTP (tal como *smtp.comcast.net)*, esta informação poderá ser definida no arquivo php.ini (consulte o Apêndice A, "Instalação", para saber como editar este arquivo). Infelizmente, isso funcionará apenas se o seu ISP não exigir de autenticação — um nome de usuário e uma senha — para utilizar o servidor SMTP. Caso contrário, será necessário instalar um servidor SMTP em seu computador. Há diversos disponíveis, e eles não são tão difíceis de instalar e utilizar: procure na Internet por *servidor smtp windows gratuito* e encontrará algumas opções. Há, também, outras discussões sobre este assunto no fórum deste livro

(www.DMCInsights.com/phorum/).

Se estiver executando o Mac OS X, será necessário ativar o servidor SMTP integrado (sendmail ou postfix, dependendo da versão específica do Mac OS X em execução). Você poderá encontrar instruções on-line sobre como fazê-lo (procure por *ativar sendmail "Mac OS X")*.

✓ **Dicas**

■ Em alguns sistemas — principalmente Unix —, os caracteres \r\n não são tratados de forma apropriada. Se encontrar problemas com eles, utilize apenas \n.

■ A função mail() retorna *1* ou *0* indicando o êxito da chamada da função. Isso não é a mesma coisa que o envio ou recebimento do e-mail de forma bem-sucedida. Não é possível testar um ou outro de forma fácil utilizando o PHP.

CAPÍTULO 10 – DESENVOLVIMENTO DE APLICATIVO WEB   421

- Ao passo que é fácil enviar uma mensagem simples com a função mail(), enviar e-mails HTML ou e-mails com anexos envolve mais trabalho. Eu explico como você pode realizar ambas as tarefas em meu livro *PHP 5 Advanced: Visual QuickPro Guide* (Peachpit Press, 2007).

- A utilização de um formulário de contato que faz com que o PHP envie um e-mail é uma excelente forma de minimizar o spam recebido. Com esse sistema, seu verdadeiro endereço de e-mail não está visível no navegador Web, o que significa que ele não pode ser capturado pelos spambots.

FUNÇÕES DE DATA E HORA

O Capítulo 5, "Introdução ao SQL", demonstra algumas excelentes funções de data e hora suportadas pelo MySQL. Naturalmente, o PHP possui suas próprias funções de data e hora. Para começar, temos date_default_timezone_set(). Esta função é utilizada para estabelecer o fuso horário padrão (o que também pode ser definido no arquivo de configuração do PHP).

```
date_default_timezone_set(tz);
```

O valor *tz* é uma cadeia como *America/New_York* ou *Pacific/Auckland*. Há muitos fusos horários a serem listados aqui (a África, sozinha, possui mais de 50), mas consulte o manual do PHP para obter todos eles. Observe que, a partir do PHP 5.1, o fuso horário padrão deve ser definido antes da chamada de quaisquer das funções de data e hora, ou você receberá um erro **(Figura 10.5)**.

Em seguida, a função checkdate() recebe um mês, um dia e um ano e retorna um valor booleano indicando se essa data realmente existe (ou existiu). Ela também leva em consideração os anos bissextos. Esta função pode ser utilizada para garantir que um usuário forneça uma data válida (data de nascimento ou outra):

```
if (checkdate(mês, dia, ano)) { // OK!
```

Talvez a função utilizada com mais freqüência seja a chamada date(). Ela retorna a data e/ou a hora como uma cadeia formatada. Ela assume dois argumentos:

```
date (formato, [registro_de_data_e_hora]);
```

422   **PHP 6 e MySQL 5 para Web Sites Dinâmicos**

O timestamp é um argumento opcional representando o número de segundos desde a Unix Epoch (meia-noite do dia 1 de janeiro de 1970) da data em questão. Ele permite que você obtenha informações, como o dia da semana, de uma determinada data. Se um timestamp não for especificado, o PHP utilizará a data e hora do momento no servidor.

Há diversos parâmetros de formatação disponíveis **(Tabela 10.1)** que podem ser utilizados juntamente com texto literal. Por exemplo,

```
echo date('F j, Y'); // 26 de janeiro de 2008
echo date('H:i'); // 23:14
echo date('D'); // Sábado
```

Você pode encontrar o timestamp de uma determinada data utilizando a função mktime().

```
$stamp = mktime (hora, minuto, segundo,
→   mês, dia, ano);
```

Se for chamada sem argumentos, a função mktime() retornará o timestamp atual, que é o mesmo que chamar a função time().

Finalmente, a função getdate() pode ser utilizada para retornar uma matriz de valores **(Tabela 10.2)** de uma data e hora. Por exemplo,

```
$today = getdate();
echo $today['month']; // Outubro
```

Esta função também assume um argumento de timestamp opcional. Se esse argumento não for utilizado, getdate() retornará a informação de data e hora atuais.

Estas são apenas algumas das muitas funções de data e hora que o PHP possui. Para conhecer mais, consulte o manual do PHP. Para atualizar na prática estas funções, vamos modificar email.php (Script 10.1) além do necessário.

Capítulo 10 – Desenvolvimento de Aplicativo Web 423

> **Strict Standards**: date() [function.date]: It is not safe to rely on the system's timezone settings. Please use the date.timezone setting, the TZ environment variable or the date_default_timezone_set() function. In case you used any of those methods and you are still getting this warning, you most likely misspelled the timezone identifier. We selected 'America/New_York' for 'EDT/-4.0/DST' instead in /Applications/Abyss Web Server/htdocs/datetime.php on line 29

Figura 10.5 *Se estiver executando o PHP 5.1 ou posterior e* error_reporting *estiver definido com seu nível mais alto, o PHP gerará um aviso quando uma função de data e hora for utilizada sem a definição de fuso horário.*

Tabela 10.1 A função date() pode assumir qualquer combinação destes parâmetros para formatar seus valores retornados. Mais alguns parâmetros são listados no manual do PHP.

Formatação da Função de Data

Caractere	Significado	Exemplo
Y	ano com 4 dígitos	2008
y	ano com 2 dígitos	05
n	mês com 1 ou 2 dígitos	2
m	mês com 2 dígitos	02
F	mês	Fevereiro
M	mês com 3 letras	Fev
j	dia do mês com 1 ou 2 dígitos	8
d	dia do mês com 2 dígitos	08
l (L minúsculo)	dia da semana	Segunda-feira
D	dia da semana com 3 letras	Seg
g	hora, formato de 12 horas com 1 ou 2 dígitos	6
G	hora, formato de 24 horas com 1 ou 2 dígitos	18
h	hora, formato de 12 horas com 2 dígitos	06
H	hora, formato de 24 horas com 2 dígitos	18
i	minutos	45
s	segundos	18
a	am ou pm	am
A	AM ou PM	PM

424   **PHP 6 E MySQL 5 para Web Sites Dinâmicos**

Tabela 10.2 A função getdate() retorna esta matriz associativa.

A Matriz getdate()		
Chave	**Valor**	**Exemplo**
year	ano	2007
mon	mês	12
month	nome do mês	Dezembro
mday	dia do mês	25
weekday	dia da semana	Terça-feira
hours	horas	11
minutes	minutos	56
seconds	segundos	47

Para utilizar as funções de data e hora:

1. Abra o email.php (Script 10.1) em seu editor de texto ou IDE.

2. Como a primeira linha do código após a tag PHP de abertura, estabeleça o fuso horário **(Script 10.2).**

```
date_default_timezone_set
→ ('America/New_York');
```

Antes de chamar qualquer uma das funções de data e hora (e este script chamará duas funções diferentes, duas vezes cada), o fuso horário deve ser estabelecido. Para encontrar o seu fuso horário, consulte www.php.net/timezones.

CAPÍTULO 10 – DESENVOLVIMENTO DE APLICATIVO WEB

Script 10.2 *Esta versão modificada do email.php (Script 10.1) chama três funções de data e hora do PHP para reportar algumas informações (úteis e inúteis) para o usuário.*

3. No formulário HTML, inclua uma outra entrada oculta.

```
<input type="hidden" name="start"
→ value="<?php echo time(); ?>" />
```

Apenas para experimentar algo interessante, este script registrará quanto tempo demora para o usuário receber, preencher e enviar o formulário. Calcular este tempo é apenas uma questão de subtrair a hora em que o formulário foi enviado para o navegador Web da hora em que ele foi enviado de volta ao servidor. A função time() retornará um timestamp (o número de segundos desde a Unix Epoch). Este valor será armazenado no formulário HTML para que ele possa ser utilizado no cálculo do envio **(Figura 10.6)**.

426 PHP 6 e MySQL 5 para Web Sites Dinâmicos

4. Altere o atributo action do formulário para que ele aponte para este novo script.

```
<form action="datetime.php"
→ method="post">
```

Este arquivo será denominado datetime.php, portanto, o atributo action também precisa ser alterado.

5. Voltando algumas linhas no script até onde o formulário é enviado, altere a mensagem incluindo a data e a hora atuais.

```
echo '<p><em>Thank you for contacting
→ me at ' . date('g:i a (T)') . ' on ' .
→ date('l F j, Y') .'. I will reply
→ some day.</em></p>';
```

Duas chamadas da função date() são incluídas nesta mensagem. A primeira retornará a hora atual formatada como *HH:MM am/pm (XXX),* onde *XXX* representa o identificador do fuso horário. A segunda chamada de date() retornará o dia da semana, o mês, o dia e o ano, no formato *Dia Mês D, AAAA.*

```
<form action="datetime.php" method="post">
        <p>Name: <input type="text" name="name" size="30" maxlength
        <p>Email Address: <input type="text" name="email" size="30'
        <p>Comments: <textarea name="comments" rows="5" cols="30">
        <p><input type="submit" name="submit" value="Send!" /></p>
        <input type="hidden" name="start" value="1191801778" />
        <input type="hidden" name="submitted" value="TRUE" />
</form>
```

Figura 10.6 *O código-fonte HTML da página revela o timestamp armazenado em uma entrada oculta chamada* start.

CAPÍTULO 10 – DESENVOLVIMENTO DE APLICATIVO WEB

Figura 10.7 O formulário não parece ser muito diferente do original no email.php (consulte a Figura 10.1).

6. Inclua uma outra mensagem indicando quanto tempo levou todo o processo.

   ```
   echo '<p><strong>It took ' . (time()
   → - $_POST['start']) . ' seconds for
   → you to complete and submit the
   → form.</strong></p>';
   ```

   Esta mensagem inclui o cálculo do timestamp atual (retornado pela função time()) menos o timestamp armazenado no formulário HTML.

7. Salve o arquivo como datetime.php, coloque-o no seu diretório Web e teste-o em seu navegador (**Figuras 10.7 e 10.8**).

✓ **Dicas**

- A função date() possui alguns parâmetros que são utilizados para finalidades informativas, e não de formatação. Por exemplo, date('L') retorna *1* ou *0* indicando se for um ano bissexto; date('t') retorna o número de dias no mês atual; e date('I') retorna *1* se estiver, atualmente, em horário de verão.
- As funções de data do PHP refletem a data e a hora no servidor (pois o PHP é executado no servidor); será necessário utilizar JavaScript se desejar determinar a data e a hora no computador do usuário.

PHP 6 E MYSQL 5 PARA WEB SITES DINÂMICOS

Figura 10.8 Agora, a mensagem de resposta utiliza duas funções de data e hora para obter uma resposta mais personalizada.

MANIPULANDO UPLOADS DE ARQUIVOS

Os Capítulos 2, "Programando com PHP", e 3, "Criando Web Sites Dinâmicos", abordam os conceitos básicos da manipulação de formulários HTML com o PHP. Na maior parte, todo tipo de elemento de formulário pode ser manipulado da mesma forma no PHP, com uma exceção: uploads de arquivos. O processo de upload de um arquivo possui duas dimensões. Primeiro, o formulário HTML deve ser exibido com o código apropriado para permitir os uploads de arquivos. Então, no envio do formulário, o script PHP deve copiar o arquivo transferido por upload para seu destino final.

Entretanto, para que este processo funcione, várias coisas devem estar em ordem:

- ◆ O PHP deve ser executado com as configurações corretas.
- ◆ Um diretório de armazenamento temporário deve existir com as permissões corretas.
- ◆ O diretório de armazenamento final deve ter as permissões corretas.

Com isso em mente, esta próxima seção abordará a configuração do servidor para permitir uploads de arquivos; então, um script PHP será criado, o qual realizará o processo de upload.

CAPÍTULO 10 – DESENVOLVIMENTO DE APLICATIVO WEB 429

Permitindo Uploads de Arquivos

Conforme disse anteriormente, determinadas configurações devem ser estabelecidas para que o PHP seja capaz de manipular uploads de arquivos. Inicialmente, discutirei por que ou quando você precisaria realizar estes ajustes antes de executar as etapas.

A primeira questão é o próprio PHP. Há diversas definições no arquivo de configuração do PHP (php.ini) que indicam como o PHP manipula os uploads, especificamente informando o tamanho que um arquivo pode ter para ser transferido por upload e onde o upload deve ser temporariamente armazenado **(Tabela 10.3)**. De modo geral, será necessário editar este arquivo se alguma destas condições forem aplicadas:

◆ *file_uploads* está desativado.

◆ O PHP não possui um diretório temporário para utilização.

◆ Você irá fazer uploads de arquivos grandes (maiores que 2 MB).

Se você não tiver acesso ao seu arquivo php.ini — como se estivesse utilizando um site hospedado, provavelmente o host já configurou o PHP para permitir os uploads de arquivos. Se você instalou o PHP no Mac OS X ou no Unix, você também deve estar preparado (assumindo arquivos com tamanhos razoáveis).

A segunda questão é o local e as permissões do diretório temporário. Este é o local onde o PHP armazenará o arquivo transferido por upload até que o seu script PHP o mova para o seu destino final. Se você instalou o PHP em seu próprio computador Windows, pode ser necessário realizar as etapas aqui (eu não tive problemas com a instalação padrão do PHP 6 no Windows XP, mas não desejo assumir que isso acontecerá com todos). Os usuários Mac OS X e Unix não precisam se preocupar, pois já existe um diretório temporário para tais finalidades.

Tabela 10.3 Cada uma destas definições de configuração do PHP afeta os recursos de upload de arquivos.

Configurações do Upload de Arquivos		
Definição	**Tipo do Valor**	**Importância**
file_uploads	booleano	Ativa o suporte PHP para uploads de arquivos
max_input_time	inteiro	Indica quanto tempo, em segundos, um script PHP possui permissão para execução

430 **PHP 6 e MySQL 5 para Web Sites Dinâmicos**

Tabela 10.3 Cada uma destas definições de configuração do PHP afeta os recursos de upload de arquivos. (continuação)

Configurações do Upload de Arquivos		
Definição	Tipo do Valor	Importância
post_max_size	inteiro	Tamanho, em bytes, do total de dados POST permitido
upload_max_filesize	inteiro	Tamanho, em bytes, do maior upload de arquivo possível permitido
upload_tmp_dir	cadeia	Indica onde os arquivos transferidos por upload devem ser temporariamente armazenados

Finalmente, a pasta de destino deve ser criada e ter as permissões apropriadas atribuídas. Esta é uma etapa que *todos* devem executar em *todo* aplicativo que manipula uploads de arquivos. Como há questões importantes de segurança envolvidas nesta etapa, certifique-se de ler e compreender o quadro lateral "Permissões de Pasta Segura".

Com tudo isso em mente, vamos executar as etapas.

Para preparar o servidor:

1. Execute a função phpinfo() para confirmar as configurações do servidor **(Figura 10.9)**.

   A função phpinfo() exibe várias informações sobre a configuração do PHP. Ela é uma das funções mais importantes no PHP, se não for a mais importante (em minha opinião). Procure pelas definições listadas na Tabela 10.3 e confirme seus valores. Certifique-se de que *file_uploads* tenha um valor de *On* e que os limites para *upload_max_filesize* (2 MB, por padrão) e *post_max_size* (8 MB) não sejam uma restrição para você. Se estiver executando o PHP no Windows, verifique se *upload_tmp_dir* possui um valor. Se não possuir, isso pode ser um problema (você saberá com certeza após a execução do script PHP que manipula o upload do arquivo). Para usuário não-Windows, se este valor não informar *nenhum valor,* isso é perfeitamente aceitável.

CAPÍTULO 10 – DESENVOLVIMENTO DE APLICATIVO WEB 431

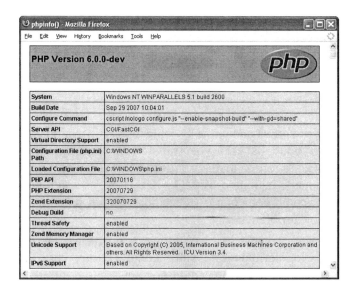

Figura 10.9 Um script phpinfo() retorna todas as informações relacionadas à configuração do PHP, incluindo todos os recursos de manipulação do upload de arquivos.

2. Se necessário, abra o php.ini em seu editor de texto.

Se houver algo na Etapa 1 que precise ser alterado, ou se algo acontecer ao realizar a manipulação do upload de um arquivo utilizando o PHP, será necessário editar o arquivo php.ini. Para encontrar este arquivo, consulte o valor de *Configuration File (php.ini) path* na saída de phpinfo(). Isso indica exatamente onde o arquivo está em seu computador (consulte também o Apêndice A para obter mais informações).

Se você não tiver permissão para editar o arquivo php.ini (se, por exemplo, você estiver utilizando um servidor hospedado), então, provavelmente, quaisquer edições necessárias já terão sido realizadas para permitir os uploads de arquivos. Caso contrário, será necessário solicitar estas alterações para a empresa de hospedagem (que pode concordar, ou não, em realizá-las).

3. Procure no arquivo php.ini a configuração a ser alterada e realize quaisquer edições **(Figura 10.10)**.

432   **PHP 6 E MySQL 5 para Web Sites Dinâmicos**

Por exemplo, na seção File Uploads, você encontrará as três linhas a seguir:

```
file_uploads = On
;upload_tmp_dir =
upload_max_filesize = 2M
```

A primeira linha indica se os uploads são permitidos. A segunda informa onde os arquivos transferidos por upload devem ser temporariamente armazenados. Na maioria dos sistemas operacionais, incluindo Mac OS X e Unix, esta definição pode ser deixada como comentário (precedida por um ponto-e-vírgula) sem qualquer problema.

Se estiver executando o Windows e precisar criar um diretório temporário, definida este valor como C:\tmp, certificando-se de que a linha *não* seja precedida por um ponto-e-vírgula. Novamente, utilizando a versão mais recente do PHP no Windows XP, não precisei criar um diretório temporário, portanto, você também poderá se livrar dessa necessidade.

Finalmente, um tamanho máximo do arquivo transferido por upload é definido (o *M* é a abreviação de megabytes nas definições de configuração).

4. Salve o arquivo php.ini e reinicie seu servidor Web.

A forma como você reinicia seu servidor Web depende do sistema operacional e do aplicativo de servidor que estão sendo utilizados. Consulte o Apêndice A para obter instruções.

```
;;;;;;;;;;;;;;;;;
; File Uploads ;
;;;;;;;;;;;;;;;;;

; Whether to allow HTTP file uploads.
file_uploads = On

; Temporary directory for HTTP uploaded files (will use system
default if not
; specified).
;upload_tmp_dir =

; Maximum allowed size for uploaded files.
upload_max_filesize = 2M
```

Figura 10.10 A subseção File Uploads do arquivo php.ini.

CAPÍTULO 10 – DESENVOLVIMENTO DE APLICATIVO WEB   433

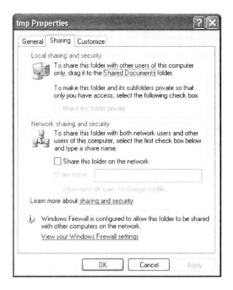

Figura 10.11 Usuários Windows precisam se certificar de que o diretório
C:\tmp (ou qualquer outro diretório utilizado) possa ser gravado pelo PHP.
Em minha instalação do Windows XP, isso significa apenas que ele não
poderia ser marcado como privado (consulte a parte superior desta imagem).

5. Confirme as alterações executando novamente o script phpinfo().
   Antes de prosseguir, confirme se as alterações necessárias foram efetivadas repetindo a Etapa 1.

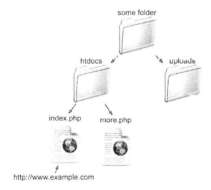

Figura 10.12 Assumindo que htdocs *seja o diretório raiz Web*
(www.example.com ou http://localhost aponta para lá), então
o diretório uploads *precisa ser colocado fora dele.*

434   **PHP 6 e MySQL 5 para Web Sites Dinâmicos**

6. Se estiver executando o Windows e precisar criar um diretório temporário, inclua uma pasta tmp dentro de C:\ e certifique-se de que todos possam gravar nesse diretório **(Figura 10.11).**

   O PHP, por meio do seu servidor Web, armazenará temporariamente o arquivo transferido por upload em *upload_tmp_dir*. Para que isso funcione, o usuário Web (se o seu servidor Web for executado como um usuário particular) deve ter permissão de gravação na pasta.

   Talvez não seja necessário alterar as permissões, mas, para alterá-las, dependendo de qual versão do Windows esteja executando, normalmente você ajustará as permissões clicando com o botão direito do mouse na pasta e selecionando Propriedades. Na janela Propriedades, haverá uma guia chamada Segurança onde as permissões devem ser definidas. Elas também podem estar em Compartilhamento. O Windows utiliza um sistema de permissões menos rigoroso, portanto, você provavelmente não precisará alterar nada, a menos que a pasta esteja cuidadosamente restrita. (Nota: Não testei isso no Windows Vista, portanto não estou certo do que possa ser diferente nele).

   Os usuários Mac OS X e Unix podem ignorar esta etapa, pois o diretório temporário — /tmp — já possui permissões abertas.

7. Crie um novo diretório chamado *uploads* em um diretório fora do diretório-raiz Web.

   Todos os arquivos transferidos por upload serão permanentemente armazenados no diretório *uploads*. Se você planeja colocar seu script PHP no diretório C:\inetpub\wwwroot\ch10, crie um diretório C:\inetpub\uploads. Ou, se os arquivos serão armazenados em /Users/~<*nome_do_usuário*>/Sites/ch10, crie uma pasta /Users/~<*nome_do_usuário*>/uploads. **A Figura 10.12** mostra a estrutura que você deve criar e o quadro lateral aborda por que esta etapa é necessária.

8. Defina as permissões no diretório *uploads* para que o servidor Web possa acessá-lo com permissão de gravação. Novamente, os usuários Windows podem utilizar a janela Propriedades para realizar estas alterações, embora elas talvez não sejam necessárias. Os usuários Mac OS X podem...

   A) Selecionar a pasta no Finder.

Capítulo 10 – Desenvolvimento de Aplicativo Web

B) Pressionar Command+I.

C) Fornecer a permissão de leitura e gravação (Read & Write) no painel Ownership & Permissions **(Figura 10.13).**

Se estiver utilizando um site hospedado, provavelmente o host fornecerá um painel de controle por meio do qual você poderá ajustar as configurações de uma pasta, ou então você poderá fazê-lo em seu aplicativo de FTP.

Dependendo do seu sistema operacional, você talvez possa fazer o upload de arquivos sem antes realizar esta etapa. Apenas como teste, você pode experimentar o script a seguir antes de alterar as permissões. Se receber mensagens como aquelas na **Figura 10.14**, então será necessário realizar alguns ajustes.

✓ **Dicas**

■ Os usuários Unix podem utilizar o comando chmod para ajustar as permissões de uma pasta. As permissões apropriadas em Unix serão 755 ou 777.

■ Devido ao tempo necessário para o upload de um arquivo grande, também pode ser necessário alterar o valor de *max_input_time* no arquivo php.ini ou ignorá-lo temporariamente, utilizando a função set_time_limit() em seu script.

■ As permissões de arquivos e diretórios podem ser algo complicado, particularmente se você nunca trabalhou com elas antes. Se encontrar problemas com estas etapas ou com o próximo script, realize uma procura na Web ou consulte o fórum do livro (www.DMCInsights.com/phorum/).

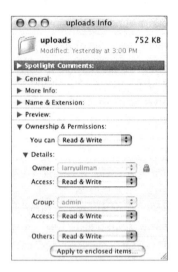

Figura 10.13 Ajustando as propriedades na pasta uploads no Mac OS X.

```
Warning: move_uploaded_file(./uploads/trout.JPG) [function.move-uploaded-file]: failed to open stream: Permission
denied in /Applications/Abyss Web Server/htdocs/upload_image.php on line 28

Warning: move_uploaded_file() [function.move-uploaded-file]: Unable to move '/private/var/tmp/phpjhca49' to
'../uploads/trout.JPG' in /Applications/Abyss Web Server/htdocs/upload_image.php on line 28
```

Figura 10.14 Se o PHP não puder mover a imagem transferida por upload para a pasta uploads devido a uma questão de permissões, será exibida uma mensagem de erro como esta. Corrija as permissões na pasta uploads para eliminar este erro.

Permissões de Pasta Segura

Normalmente, há uma relação entre segurança e conveniência. Com este exemplo, seria mais conveniente colocar a pasta *uploads* dentro do diretório de documentos Web (a conveniência está na facilidade com a qual as imagens transferidas por upload podem ser visualizadas no navegador Web), mas fazer isso é menos seguro.

Para que o PHP seja capaz de colocar os arquivos na pasta *uploads*, ele precisa ter permissões de gravação nesse diretório. Na maioria dos servidores, o PHP é executado com o mesmo usuário que o próprio servidor Web. Em um servidor hospedado, isso significa que todos os X sites sendo hospedados estão em execução com o mesmo usuário. Criar uma pasta na qual o PHP pode gravar significa criar uma pasta na qual

Capítulo 10 – Desenvolvimento de Aplicativo Web

todos podem gravar. Literalmente, todos no servidor agora podem mover, copiar ou gravar arquivos na pasta *uploads* (assumindo que eles saibam que a pasta existe). Isso significa que um usuário mal-intencionado poderia gravar um script PHP em seu diretório *uploads*. Entretanto, como o diretório *uploads* neste exemplo não está dentro do diretório Web, tal script PHP não poderia ser executado em um navegador Web. É menos conveniente fazer as coisas desta forma, porém é mais seguro.

Se você precisar manter a pasta *uploads* publicamente acessível, as permissões poderão ser ajustadas. Para finalidades de segurança, teoricamente, você deseja permitir apenas que o usuário do servidor Web leia, grave e navegue neste diretório. Isso significa saber com qual usuário o servidor Web é executado e tornar esse usuário — e nenhum outro — ocontrolador da pasta *uploads*. Esta não é uma solução perfeita, mas ajuda um pouco. Entretanto, esta alteração também limita *seu* acesso a essa pasta, pois seu conteúdo pertenceria apenas ao servidor Web.

Finalmente, se estiver utilizando Apache, você poderá limitar o acesso à pasta *uploads* utilizando um arquivo .htaccess. Basicamente, você indicaria que apenas arquivos de imagem na pasta estariam publicamente visíveis, o que significa que, mesmo se um script PHP fosse colocado lá, ele não poderia ser executado. As informações sobre como utilizar arquivos .htaccess podem ser encontradas on-line (procure no tutorial *.htaccess*).

Às vezes, até mesmo os programadores mais conservadores abrirão mão da segurança. O importante é que você esteja ciente dos problemas em potencial e que faça o máximo para minimizar o perigo.

Fazendo Upload de Arquivos com o PHP

Agora que o servidor foi configurado para permitir adequadamente os uploads de arquivos, você poderá criar o script PHP que realiza a manipulação de arquivos. Há duas partes para tal script: o formulário HTML e o código PHP.

A sintaxe necessária para um formulário manipular um upload de arquivo possui três partes:

```
<form enctype="multipart/form-data"
→ action="script.php" method="post">
```

438 PHP 6 E MySQL 5 para Web Sites Dinâmicos

```
<input type="hidden"
→ name="MAX_FILE_SIZE" value="30000" />
File <input type="file" name="upload" />
```

A parte enctype da tag de formulário inicial indica se o formulário deve ser capaz de manipular vários tipos de dados, incluindo arquivos. Se desejar aceitar uploads de arquivos, você deverá incluir este enctype! Além disso, observe que o formulário *deve utilizar* o método POST. A entrada oculta MAX_FILE_SIZE é uma restrição do formulário sobre o tamanho que o arquivo escolhido pode ter, em bytes, e deve ser inserida antes da entrada do arquivo. Embora seja fácil para um usuário contornar esta restrição, ainda assim ela deve ser utilizada. Finalmente, o tipo de entrada de file criará o botão adequado no formulário **(Figuras 10.15 e 10.16).**

No envio do formulário, o arquivo transferido por upload pode ser acessado utilizando a variável superglobal $_FILES. A variável será uma matriz de valores listados na **Tabela 10.4.**

Assim que o arquivo for recebido pelo script PHP, a função move_uploaded_file() poderá transferi-lo do diretório temporário para o seu local permanente.

```
move_uploaded_file (nome_do_arquivo_temporário,
/caminho/para/destino/nome_do_arquivo);
```

Este próximo script permitirá que o usuário selecione um arquivo em seu computador e o armazene no diretório *uploads*. O script verificará se o arquivo é do tipo imagem. Na próxima seção deste capítulo, um outro script listará as imagens transferidas por upload e criará links para elas.

File: [ ] [Browse...]

Figura 10.15 *A entrada de arquivo conforme exibida no IE 7 no Windows.*

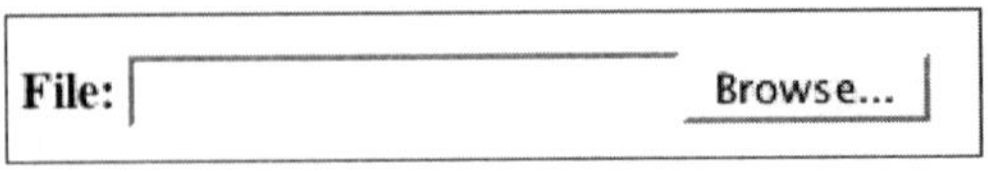

File: [ ] [Browse...]

Figura 10.16 *A entrada de arquivo conforme exibida no Firefox no Mac OS X.*

CAPÍTULO 10 – DESENVOLVIMENTO DE APLICATIVO WEB

Tabela 10.4 Os dados de um arquivo transferido por upload estarão disponíveis por meio destes elementos da matriz.

A Matriz $_FILES

Índice	Significado
Name	O nome original do arquivo (conforme estava no computador do usuário).
Type	O tipo MIME do arquivo, conforme fornecido pelo navegador.
size	O tamanho do arquivo transferido por upload em bytes.
tmp_name	O nome do arquivo temporário do arquivo transferido por upload conforme estava armazenado no servidor.
error	O código de erro associado a qualquer problema.

```
1   <!DOCTYPE html PUBLIC "-//W3C//DTD XHTML
    1.0 Transitional//EN"
2       "http://www.w3.org/TR/xhtml1/DTD/
        xhtml1-transitional.dtd">
3   <html xmlns="http://www.w3.org/1999/xhtml"
    xml:lang="en" lang="en">
4   <head>
5     <meta http-equiv="content-type"
      content="text/html; charset=iso-8859-1" />
6     <title>Upload an Image</title>
7     <style type="text/css" title="text/css"
      media="all">
8       .error {
9         font-weight: bold;
10        color: #C00;
11      }
12    </style>
13  </head>
14  <body>
15  <?php # Script 10.3 - upload_image.php
16
17  // Check if the form has been submitted:
18  if (isset($_POST['submitted'])) {
19
20      // Check for an uploaded file:
21      if (isset($_FILES['upload'])) {
22
23          // Validate the type. Should be
            JPEG or PNG.
24          $allowed = array ('image/pjpeg',
            'image/jpeg', 'image/jpg',
            'image/JPG', 'image/X-PNG',
            'image/PNG', 'image/png',
            'image/x-png');
25          if (in_array($_FILES['upload']
            ['type'], $allowed)) {
26
```

```
27          // Move the file over.
28          if (move_uploaded_file
            ($_FILES['upload']['tmp_name'],
            "../uploads/{$_FILES['upload']['name']
            }")) {
29              echo '<p><em>The file has been
                uploaded!</em></p>';
30          } // End of move... IF.
31
32      } else { // Invalid type.
33          echo '<p class="error">Please upload a
            JPEG or PNG image.</p>';
34      }
35
36      } // End of isset($_FILES['upload']) IF
37
38      // Check for an error:
39
40      if ($_FILES['upload']['error'] > 0) {
41          echo '<p class="error">The file could
            not be uploaded because: <strong>';
42
43          // Print a message based upon the
            error:
44          switch ($_FILES['upload']['error']) {
45              case 1:
46                  print 'The file exceeds the
                    upload_max_filesize setting in
                    php.ini.';
47                  break;
48              case 2:
49                  print 'The file exceeds the
                    MAX_FILE_SIZE setting in the
                    HTML form.';
50                  break;
51              case 3:
52                  print 'The file was only
                    partially uploaded.';
```

440 PHP 6 E MySQL 5 PARA WEB SITES DINÂMICOS

```
53        break;
54    case 4:
55        print 'No file was uploaded.';
56        break;
57    case 6:
58        print 'No temporary folder was
          available.';
59        break;
60    case 7:
61        print 'Unable to write to the
          disk.';
62        break;
63    case 8:
64        print 'File upload stopped.';
65        break;
66    default:
67        print 'A system error
          occurred.';
68        break;
69    } // End of switch.
70
71    print '</strong></p>';
72
73    } // End of error IF.
74
75    // Delete the file if it still exists:
76    if (file_exists
       ($_FILES['upload']['tmp_name']) &&
       is_file($_FILES['upload']['tmp_name'
       ]) ) {
77        unlink
          ($_FILES['upload']['tmp_name']);
78    }
79
80    } // End of the submitted conditional
```

```
81    ?>
82
83    <form enctype="multipart/form-data"
      action="upload_image.php" method="post">
84
85        <input type="hidden"
          name="MAX_FILE_SIZE" value="524288">
86
87        <fieldset><legend>Select a JPEG or PNG
          image of 512KB or smaller to be
          uploaded:</legend>
88
89        <p><b>File:</b> <input type="file"
          name="upload" /></p>
90
91        </fieldset>
92        <div align="center"><input type="submit"
          name="submit" value="Submit" /></div>
93        <input type="hidden" name="submitted"
          value="TRUE" />
94    </form>
95    </body>
96    </html>
```

Script 10.3 *Este script permite que o usuário faça o upload de um arquivo de imagem de seu computador para o servidor.*

Para manipular uploads de arquivos no PHP:

1. Crie um novo documento PHP em seu editor de texto ou IDE **(Script 10.3).**

```
<!DOCTYPE html PUBLIC "-//W3C//DTD
→ XHTML 1.0 Transitional//EN"
"http://www.w3.org/TR/xhtml1/DTD/
→ xhtml1-transitional.dtd">
<html
→ xmlns="http://www.w3.org/1999/xhtml"
→ xml:lang="en" lang="en">
<head>
```

Capítulo 10 – Desenvolvimento de Aplicativo Web 441

```html
<meta http-equiv="content-type"
➔ content="text/html;
➔ charset=iso-8859-1" />
<title>Upload an Image</title>
<style type="text/css"
➔ title="text/css" media="all">
.error {
   font-weight: bold;
   color: #C00
}
</style>
</head>
<body>
<?php # Script 10.3 - upload_image.php
```

Este script utilizará uma classe CSS para formatar qualquer erro.

2. Verifique se o formulário foi enviado e se um arquivo foi selecionado.

```php
if (isset($_POST['submitted'])) {
  if (isset($_FILES['upload'])) {
```

Como este formulário não terá qualquer outro campo para ser validado **(Figura 10.17)**, esta será a única condicional necessária. Você também poderia validar o tamanho do arquivo transferido por upload para determinar se ele encaixa dentro do intervalo aceitável (consulte o valor de $_FILES['upload'] ['size']).

3. Verifique se o arquivo transferido por upload é do tipo apropriado.

```php
$allowed = array ('image/pjpeg',
➔ 'image/jpeg', 'image/jpeg',
➔ 'image/JPG', 'image/X-PNG',
➔ 'image/PNG', 'image/png',
➔ 'image/x-png');
if
➔ (in_array($_FILES['upload']['type'],
➔ $allowed)) {
```

O tipo do arquivo é seu tipo *MIME*, indicando a sua categoria. O navegador pode determinar e talvez fornecer estas informações, dependendo das propriedades do arquivo selecionado. Para validar o tipo do arquivo, primeiro crie uma matriz das opções permitidas.

A lista de tipos permitidos tem como base a aceitação de JPEGs e PNGs. Alguns navegadores possuem variações dos tipos MIME, portanto, estas variações também são incluídas aqui. Se o tipo do arquivo transferido por upload estiver nesta matriz, o arquivo é válido e deve ser manipulado.

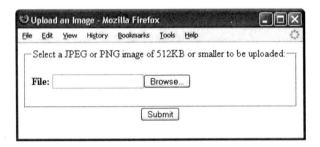

Figura 10.17 Este formulário HTML bastante básico recebe apenas uma entrada: um arquivo.

4. Copie o arquivo para seu novo local no servidor.

```
)if (move_uploaded_file
→($_FILES['upload']['tmp_name'],
→"../uploads/{$_FILES['upload']
→['name']}")) {
  echo '<p><em>The file has been
  → uploaded!</em></p>';
}
```

A função move_uploaded_file() moverá o arquivo de seu local temporário para o seu local permanente (na pasta *uploads*). O arquivo manterá seu nome original. No Capítulo 17, "Exemplo — E-Commerce", você verá como fornecer um novo nome ao arquivo, o que geralmente é uma boa idéia.

Como regra, você sempre deve utilizar uma condicional para confirmar se um arquivo foi movido com êxito, em vez de apenas assumir que a movimentação funcionou.

CAPÍTULO 10 – DESENVOLVIMENTO DE APLICATIVO WEB

5. Conclua as condicionais de tipo de imagem e isset($_FILES['upload']).

   ```
   } else { // Tipo inválido.
       echo '<p class="error">Please
   → upload a JPEG, GIF, or PNG
   → GIF image.</p>';
   }
   } // Fim do IF isset($_FILES['upload'])
   →IF.
   ```

   A primeira cláusula else conclui o if iniciado na Etapa 3. Ela é aplicada se um arquivo foi transferido por upload, mas não era do tipo MIME certo **(Figura 10.18)**.

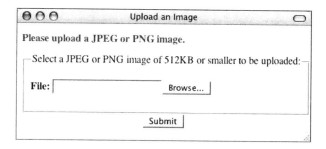

   Figura 10.18 Se o usuário fizer upload de um arquivo que não for JPEG ou PNG, este será o resultado.

6. Verifique e reporte a existência de quaisquer erros.

   ```
   if ($_FILES['upload']['error'] > 0) {
     echo '<p class="error">The file
   → could not be uploaded because:
   → <strong>';
   ```

   Se ocorrer um erro, então $_FILES['upload']['error'] terá um valor maior que *0*. Em tais casos, este script reportará que erro foi esse.

7. Crie um switch que exiba um erro mais detalhado.

   ```
   switch ($_FILES['upload']['error']) {
     case 1:
       print 'The file exceeds the
   ```

```
  → upload_max_filesize setting
  → in php.ini.';
  break;
case 2:
  print 'The file exceeds the
  → MAX_FILE_SIZE setting in
  → the HTML form.';
  break;
case 3:
  print 'The file was only
  → partially uploaded.';
  break;
case 4:
  print 'No file was uploaded.';
  break;
case 6:
  print 'No temporary folder was
  → available.';
  break;
case 7:
  print 'Unable to write to the
  → disk.';
  break;
case 8:
  print 'File upload stopped.';
  break;
default:
  print 'A system error
  → occurred.';
  break;
} // Fim do switch.
```

Há várias razões para que um arquivo não seja transferido por upload e movido. A primeira e mais óbvia é se as permissões não estiverem definidas apropriadamente no diretório de destino. Nesse caso, você verá uma mensagem de erro apropriada (consulte a Figura 10.14). Freqüentemente, o PHP também armazenará um número de erro na variável $_FILES['upload']['error'].

Os números correspondem a problemas específicos, de 0 a 4, e de 6 a 8 (estranhamente, não há o 5). Aqui, a condicional switch exibe o problema de acordo com o número do erro. O caso padrão é incluído para suporte futuro (se números diferentes forem incluídos em versões posteriores do PHP).

CAPÍTULO 10 – DESENVOLVIMENTO DE APLICATIVO WEB 445

Em sua maioria, estes erros são úteis para você, que é o desenvolvedor, e não para o usuário final.

8. Conclua a condicional if de erro.

```
print '</strong></p>';
} // Fim do ID de erro.
```

9. Exclua o arquivo temporário se ele ainda existir e conclua a seção PHP.

```
if (file_exists
→  ($_FILES['upload']['tmp_name'])
→  &&
→  is_file($_FILES['upload']['tmp_
→  name']) ) {
   unlink
   →  ($_FILES['upload']['tmp_
   →  name']);
}
} // Fim da condicional de verificação de envio.
?>
```

Se o arquivo foi transferido por upload, mas não pôde ser movido para seu destino final ou ocorreu algum outro erro, então esse arquivo ainda estará no servidor em seu local temporário. Para removê-lo, utilize a função unlink(). Apenas por segurança, antes de aplicar unlink(), uma condicional verificará se o arquivo existe e se ele é realmente um arquivo (pois a função file_exists() retornará TRUE se o item denominado for um diretório).

10. Crie o formulário HTML.

```
<form enctype="multipart/form-data"
→  action="upload_image.php"
→  method="post">
 <input type="hidden"
 →  name="MAX_FILE_SIZE"
 →  value="524288">
 <fieldset><legend>Select a JPEG
 →  or PNG image of 512KB or
 →  smaller to be uploaded:</legend>
 <p><b>File:</b> <input
 →  type="file" name="upload" /></p>
```

PHP 6 e MySQL 5 para Web Sites Dinâmicos

```
</fieldset>
<div align="center"><input
→ type="submit" name="submit"
→ value="Submit" /></div>
  <input type="hidden"
→ name="submitted" value="TRUE" />
</form>
```

Este formulário é bastante simples (Figura 10.17), mas contém as três partes necessárias para uploads de arquivos: o atributo enctype do formulário, a entrada oculta MAX_FILE_SIZE e a entrada file.

11. Finalize a página HTML.

```
</body>
</html>
```

12. Salve o arquivo como upload_image.php, coloque-o em seu diretório Web e teste-o em seu navegador **(Figuras 10.19 e 10.20)**.

Se desejar, poderá confirmar se ele funciona verificando o conteúdo do diretório *uploads*.

✓ **Dicas**

■ Omitir o atributo de formulário enctype é uma razão comum para a falha misteriosa de uploads de arquivos.

■ A existência de um arquivo transferido por upload também pode ser validada com a função is_uploaded_file().

■ Os usuários Windows devem utilizar barras ou barras duplas invertidas para a referência de diretórios (portanto, C:\\ ou C:/, mas não C:\). Isso porque a barra invertida é o caractere de escape no PHP.

■ A função move_uploaded_file() substituirá um arquivo existente sem avisar caso o novo arquivo e o já existente tiverem o mesmo nome.

■ A entrada oculta MAX_FILE_SIZE é uma restrição no navegador para o tamanho permitido para um arquivo, embora nem todos os navegadores suportem esta restrição. O arquivo de configuração do PHP possui suas próprias restrições. Você também pode validar o tamanho do arquivo transferido por upload no script PHP de recebimento.

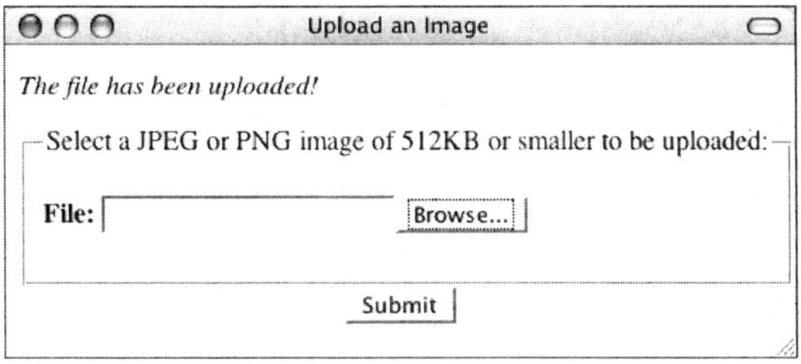

Capítulo 10 – Desenvolvimento de Aplicativo Web 447

Figura 10.19 *O resultado de um upload e de uma movimentação de um arquivo com êxito.*

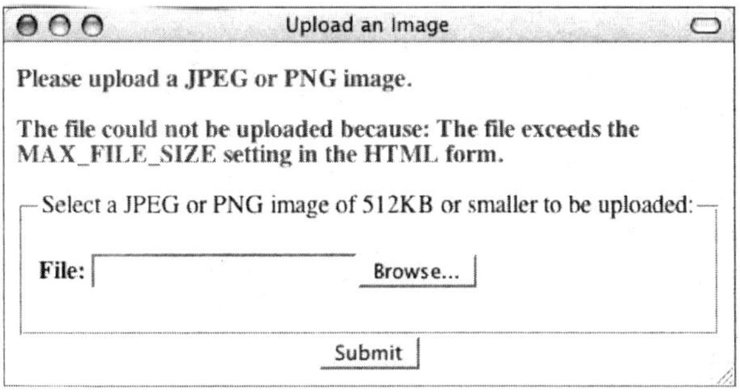

Figura 10.20 *O resultado de uma tentativa de upload de um arquivo que é grande demais.*

Tabela 10.5 A função getimagesize() retorna esta matriz de dados.

A Matriz getimagesize()		
Elemento	**Valor**	**Exemplo**
0	largura da imagem em pixels	423
1	altura da imagem em pixels	368
2	tipo da imagem	2 (representando o JPG)
3	dados apropriados da tag img do HTML	height="368" width="423"
mime	tipo MIME da imagem	image/png

448 PHP 6 e MySQL 5 para Web Sites Dinâmicos

PHP e JavaScript

Embora o PHP e o JavaScript sejam tecnologias fundamentalmente diferentes, eles podem ser utilizados em conjunto para a criação de Web sites melhores. A diferença mais significativa entre as duas linguagens é que o JavaScript trabalha no lado do cliente (o que significa que ele é executado no navegador Web) e o PHP trabalha no lado do servidor. Portanto, o JavaScript pode fazer coisas como detectar o tamanho da janela do navegador, criar janelas pop-up e gerar recursos de mouseover em imagens, enquanto o PHP não pode fazer nada disso.

Mas, enquanto o PHP não pode fazer determinadas coisas que o JavaScript faz, ele pode ser utilizado para criar ou trabalhar com código JavaScript (da mesma forma que o PHP pode criar código HTML). Neste exemplo, o PHP listará todas as imagens transferidas por upload pelo script upload_image.php e criar links utilizando seus nomes. Os próprios links chamarão uma função JavaScript que cria uma janela pop-up. Este exemplo, de forma alguma, apresentará uma abordagem detalhada sobre o JavaScript, mas ele demonstra adequadamente como as duas tecnologias — PHP e JavaScript — podem ser utilizadas em conjunto.

Juntamente com o JavaScript, três novas funções do PHP são utilizadas neste exemplo. A primeira, getimagesize(), retorna uma matriz de informações de uma determinada imagem (**Tabela 10.5**). A segunda, scandir(), retorna uma matriz listando os arquivos em um determinado diretório (ela foi incluída no PHP 5). A terceira, filesize(), retorna o tamanho de um arquivo em bytes.

Para criar um código JavaScript com o PHP:

1. Crie um novo documento PHP em seu editor de texto ou IDE (**Script 10.4**).

```
<!DOCTYPE html PUBLIC "-//W3C//DTD
→  XHTML 1.0 Transitional//EN"
"http://www.w3.org/TR/xhtml1/DTD/
→ xhtml1-transitional.dtd">
<html
→ xmlns="http://www.w3.org/1999/xhtml"
→ xml:lang="en" lang="en">
<head>
  <meta http-equiv="content-type"
  → content="text/html;
  → charset=iso-8859-1" />
  <title>Images</title>
  <script language="JavaScript">
```

CAPÍTULO 10 – DESENVOLVIMENTO DE APLICATIVO WEB   449

Este script exibirá uma lista de imagens, juntamente com seus respectivos tamanhos de arquivos, e criará um link para visualizar a própria imagem em uma janela pop-up. A janela pop-up será criada pelo JavaScript, apesar do PHP ser utilizado para definir determinados parâmetros.

Script 10.4 O script images.php utiliza o JavaScript e o PHP para criar links para imagens armazenadas no servidor. As imagens poderão ser visualizadas por meio do show_image.php (Script 10.5).

2. Inicie a função JavaScript.

```
<script language="JavaScript">
<!— // Ocultar dos navegadores antigos.
function create_window (image, width,
➔ height) {
  width = width + 10;
  height = height + 10;
```

A função create_window() do JavaScript aceitará três parâmetros: o nome da imagem, a sua largura e a sua altura. Cada um destes argumentos será transmitido para esta função quando o usuário clicar em um link. Os valores exatos do nome, largura e altura da imagem serão determinados pelo PHP.

Alguns pixels serão incluídos nos valores de largura e de altura para criar uma janela um pouco maior do que a própria imagem.

3. Redimensione a janela pop-up se ela já estiver aberta.

```
if (window.popup &&
➔ !window.popup.closed) {
  window.popup.resizeTo(width,
  ➔ height);
}
```

Este código primeiro verifica se a janela pop-up existe e se ela não está fechada (popup é uma variável JavaScript definida pelo usuário representando a janela pop-up). Se ela passar em ambos os testes (o que significa que ela já está aberta), a janela será redefinida de acordo com as novas dimensões da imagem. A finalidade deste código é redimensionar a janela existente de uma imagem para uma outra se ela for deixada aberta.

4. Determine as propriedades da janela pop-up e a URL e, em seguida, crie a janela.

```
var specs = "location=no,
➔ scrollbars=no, menubars=no,
➔ toolbars=no, resizable=yes, left=0,
➔ top=0, width=" + width +",
➔ height=" + height;
var url = "show_image.php?image=" +
➔ image;
popup = window.open(url,
➔ "ImageWindow", specs);
popup.focus();
```

A primeira linha define as propriedades da janela pop-up (a janela não terá uma barra de local, barras de rolagem, menus ou barras de ferramentas, deve ser redimensionável, deverá estar localizada no canto superior esquerdo da tela e terá uma largura de *width* e uma altura de *height*). O sinal de mais é utilizado para realizar a

CAPÍTULO 10 – DESENVOLVIMENTO DE APLICATIVO WEB   451

concatenação no JavaScript e, desse modo, incluir o valor da variável em uma cadeia.

A segunda linha define a URL da janela pop-up, que é *show_image. php?image=* mais o nome da imagem.

Finalmente, a janela pop-up é criada utilizando as propriedades e a URL definidas, e o foco é dado a ela, o que significa que ela deve aparecer sobre a janela atual.

5. Conclua a função JavaScript e o cabeçalho HTML.

```
} // Fim da função.
//-></script>
</head>
```

6. Crie o texto introdutório e inicie a tabela.

```
<body>
<p>Click on an image to view it in a
→ separate window.</p>
<table align="center"
→ cellspacing="5" cellpadding="5"
→ border="1">
  <tr>
    <td align="center"><b>Image
    → Name</b></td>
    <td align="center"><b>Image
    → Size</b></td>
  </tr>
```

Não há muitos dados sendo empregados na aparência da página. Ela será apenas uma tabela com uma legenda **(Figura 10.21).**

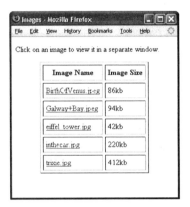

Figura 10.21 *Esta página PHP possui uma legenda e uma tabela que lista todas as imagens, juntamente com seus respectivos tamanhos de arquivos.*

7. Inicie o código PHP e crie uma matriz de imagens fazendo referência ao diretório *uploads*.

```
<?php # Script 10.4 - images.php
$dir = '../uploads';
$files = scandir($dir);
```

Este script listará e vinculará automaticamente todas as imagens armazenadas na pasta *uploads* (provavelmente colocadas pelo upload_image.php, Script 10.3). O código inicia definindo o diretório como uma variável, para que seja mais fácil fazer referência ao mesmo. Em seguida, a função scandir(), que retorna uma matriz de arquivos e diretórios encontrados dentro de uma pasta, designa essa informação a uma matriz chamada $files.

8. Inicie o loop na matriz $files.

```
foreach ($files as $image) {
  if (substr($image, 0, 1) != '.') {
```

Este loop passará por cada imagem na matriz e criará uma linha na tabela para cada imagem. Dentro do loop, há uma condicional que verifica se o primeiro caractere no nome do arquivo é um ponto. Em sistemas não-Windows, os arquivos ocultos iniciam com um ponto, o diretório atual é referido utilizando apenas um único ponto, e dois

Capítulo 10 – Desenvolvimento de Aplicativo Web

pontos se refere ao diretório-pai. Como tudo isso pode ser incluído em $files, eles precisam ser removidos.

9. Obtenha as informações da imagem e codifique seu nome.

```
$image_size = getimagesize
→ ("$dir/$image");
$file_size = round ( (filesize
→ ("$dir/$image")) / 1024) . "kb";
$image = urlencode($image);
```

Aqui, três funções PHP não foram utilizadas antes (para obter mais informações, consulte o manual do PHP). A função getimagesize() retorna uma matriz de informações sobre uma imagem (Tabela 10.5). Os valores retornados por esta função serão utilizados para definir a largura e a altura enviadas para a função create_window() do JavaScript.

A função filesize() retorna o tamanho de um arquivo em bytes. Para calcular a quantidade de kilobytes de um arquivo, divida este número por 1.024 (o número de bytes em um kilobyte) e arredonde-o.

Finalmente, a função urlencode() torna uma cadeia segura para inserção em uma URL. Como o nome da imagem pode conter caracteres não permitidos em uma URL (e ele será inserido na URL ao chamar show_image.php), o nome deve ser codificado.

10. Exiba a linha da tabela.

```
echo "\t<tr>
\t\t<td><a
→ href=\"javascript:create_window
→ ('$image',$image_size[0],$image_
→ size[1])\">$image</a></td>
\t\t<td>$file_size</td>
\t</tr>\n";
```

Para concluir, o loop cria a linha da tabela HTML, que contém o nome da imagem como link e o tamanho da imagem. A legenda é vinculada como uma chamada para a função create_window() do JavaScript para que quando o link for clicado, essa função seja executada. Para tornar o código HTML mais legível, tabulações (\t) e caracteres de nova linha (\n) também são exibidos.

PHP 6 E MySQL 5 PARA WEB SITES DINÂMICOS

11. Finalize o código PHP e a página HTML.

```
} // Fim do IF.
} // Fim do loop foreach.
?>
</table>
</body>
</html>
```

12. Salve o arquivo como images.php, coloque-o em seu diretório Web (no mesmo diretório que o upload_image.php), e teste-o em seu navegador (Figura 10.21).

13. Consulte o código-fonte para ver os links gerados dinamicamente **(Figura 10.22).** Observe como os parâmetros para cada chamada de função são apropriados para a imagem.

✓ **Dicas**

■ Algumas versões do Windows criam um arquivo Thumbs.db em uma pasta de imagens. Você pode desejar verificar este valor na condicional na Etapa 8, que remove alguns itens retornados. Esse código seria

```
if ( (substr($image, 0, 1) != '.') &&
→ ($image != 'Thumbs.db') ) {
```

■ Não tenho a intenção de ser redundante, mas a maioria das coisas que os desenvolvedores Web fazem com o JavaScript (por exemplo, redimensionar ou mover a janela do navegador) não pode ser feita utilizando o PHP no lado do servidor.

■ Há *algo* em comum entre o PHP e o JavaScript. Ambos podem definir e ler cookies, criar código HTML e realizar detecção de navegador.

Capítulo 10 – Desenvolvimento de Aplicativo Web

```
<tr>
    <td><a href="javascript:create_window('eiffel_tower.jpg',622,537)">eiffel_tower.jpg</a></td>
    <td>42kb</td>
</tr>
<tr>
    <td><a href="javascript:create_window('inthecar.jpg',1009,841)">inthecar.jpg</a></td>
    <td>220kb</td>
</tr>
<tr>
    <td><a href="javascript:create_window('trixie.jpg',1280,1024)">trixie.jpg</a></td>
    <td>412kb</td>
</tr>
```

Figura 10.22 Cada nome de imagem é vinculado
como uma chamada para uma função JavaScript.
Os parâmetros da chamada da função foram criados pelo PHP.

Compreendendo Cabeçalhos HTTP

Este capítulo será concluído com uma discussão sobre como você pode utilizar cabeçalhos HTTP com seus scripts PHP. HTTP (Hypertext Transfer Protocol - Protocolo de Transferência de Hipertexto) é a tecnologia no coração da World Wide Web e define a forma na qual clientes e servidores se comunicam (na terminologia dos leigos). Quando um navegador solicita uma página Web, ele recebe uma série de cabeçalhos HTTP como resposta. Isso ocorre em segundo plano, claro; a maioria dos usuários não está ciente disso.

A função header() integrada do PHP pode ser utilizada para tirar proveito deste protocolo. O exemplo mais comum dessa ocorrência será demonstrado no próximo capítulo, quando a função header() será utilizada para redirecionar o navegador Web da página atual para uma outra. Aqui, você utilizará esta função para enviar arquivos para o navegador Web.

Em teoria, a função header() é de fácil utilização. Sua sintaxe é

```
header(cadeia_do_cabeçalho);
```

A lista de possíveis cadeias de cabeçalho é bastante longa, pois os cabeçalhos são utilizados para tudo, desde o redirecionamento do navegador Web para o envio de arquivos, até o envio de cookies para o controle do armazenamento em cache da página, entre outras finalidades. Começando com algo simples, utilizando header() para redirecionar o navegador Web, digite

```
header ('Location:
→ http://www.example.com/page.php');
```

Essa linha levará o navegador Web da página em que está, para aquela da URL.

Neste próximo exemplo, que enviará um arquivo para o navegador Web, três chamadas de cabeçalhos são utilizadas. A primeira é *Content-Type*. Esta é uma indicação para o navegador Web de quais tipos de dados está prestes a seguir. O valor *Content-Type* corresponde ao tipo MIME dos dados. Esta linha permite que o navegador saiba que ele vai receber um arquivo PDF:

```
header("Content-
→ Type:application/pdf\n");
```

Em seguida, você pode utilizar *Content-Disposition*, que informa ao navegador como tratar os dados:

```
header ("Content-Disposition: attachment;
→ filename=\"somefile.pdf\"\n");
```

O valor de *attachment* solicitará ao navegador que faça o download do arquivo **(Figura 10.23)**. Uma alternativa é utilizar *inline*, que diz ao navegador para exibir os dados, assumindo que ele possa exibi-los. O atributo filename é apenas isso: ele informa ao navegador o nome associado aos dados.

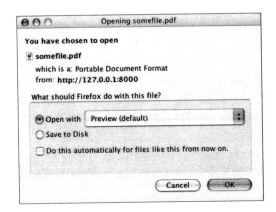

Figura 10.23 *O Firefox solicita ao usuário o download do arquivo devido ao valor de* attachment Content-Disposition.

Capítulo 10 – Desenvolvimento de Aplicativo Web 457

> **Warning**: Cannot modify header information - headers already sent by (output started at /Applications/Abyss Web Server/mysqli_connect.php:20) in **/Applications/Abyss Web Server/htdocs/header.php** on line 12

Figura 10.24 *O erro* headers already sent *significa que o navegador Web recebeu alguma coisa — código HTML, texto simples, até mesmo um espaço — antes de utilizar a função header().*

```
1   <?php # Script 10.5 - show_image.php
2   // This page displays an image.
3
4   $name = FALSE; // Flag variable.
5
6   // Check for an image name in the URL.
7   if (isset($_GET['image'])) {
8
9       // Full image path:
10      $image = "../uploads/{$_GET['image']}";
11
12      // Check that the image exists and is a
        file:
13      if (file_exists($image) &&
        (is_file($image))) {
14
15          // Make sure it has an image's
            extension:
16          $ext = strtolower ( substr
            ($_GET['image'], -4));
17
18          if (($ext == '.jpg') OR ($ext ==
            '.jpeg') OR ($ext == '.png')) {
19              // Set the name as this image:
20              $name = $_GET['image'];
21          } // End of $ext IF.
22
23      } // End of file_exists() IF.
24
25  } // End of isset($_GET['image']) IF.
26
27  // If there was a problem, use the default
    image:
28  if (!$name) {
29      $image = 'images/unavailable.png';
```

```
30      $name = 'unavailable.png';
31  }
32
33  // Get the image information:
34  $info = getimagesize($image);
35  $fs = filesize($image);
36
37  // Send the content information:
38  header ("Content-Type:
        {$info['mime']}\n");
39  header ("Content-Disposition: inline;
        filename=\"$name\"\n");
40  header ("Content-Length: $fs\n");
41
42  // Send the file:
43  readfile ($image);
44
45  ?>
```

Script 10.5 *Este script resgata uma imagem do servidor e a envia para o navegador.*

Um terceiro cabeçalho a ser utilizado para o download de arquivos é o *Content-Length*. Este é um valor, em bytes, correspondente à quantidade de dados a serem enviados.

```
header ("Content-Length: 4096\n");
```

PHP 6 e MySQL 5 para Web Sites Dinâmicos

Esses são os conceitos básicos relacionados à utilização da função header(). Antes de seguir para o exemplo, observe que, se um script utiliza várias chamadas de header(), cada uma delas deve ser finalizada por uma nova linha (\n), como nos trechos de códigos anteriores. Mais importante ainda, e algo absolutamente essencial que deve ser lembrado sobre a função header(), é que ela deve ser chamada antes que *qualquer coisa* seja enviada para o navegador Web. Isso inclui código HTML ou até mesmo espaços em branco. Se o seu código tiver qualquer instrução echo() ou print(), tiver linhas em branco fora das tags PHP ou possuir arquivos que fazem qualquer uma dessas coisas antes de chamar header(), você verá uma mensagem de erro, como a apresentada na **Figura 10.24.**

Para utilizar a função header():

1. Crie um novo documento PHP em seu editor de texto ou IDE **(Script 10.5).**

```
<?php # Script 10.5 - show_image.php
$name = FALSE;
```

Como este script utilizará a função header(), nada, absolutamente nada, pode ser enviado para o navegador Web. Nenhum código HTML, nem mesmo uma linha em branco, tabulação ou espaço antes da tag PHP de abertura.

A variável $name será utilizada como um sinalizador, indicando se todas as rotinas de validação foram aprovadas.

2. Verifique a existência de um nome de imagem.

```
if (isset($_GET['image'])) {
```

O script precisa receber um nome de imagem válido na URL. Este nome deve ser anexado à URL na função JavaScript que chama esta página (consulte o images.php, Script 10.4).

3. Verifique se a imagem é um arquivo no servidor.

```
$image =
→ "../uploads/{$_GET['image']}";
if (file_exists ($image) &&
→ (is_file($image))) {
```

Capítulo 10 – Desenvolvimento de Aplicativo Web   459

Antes de tentar enviar a imagem para o navegador Web, certifique-se de que ela existe e que é um arquivo (em vez de um diretório). Como medida de segurança, eu codifico o caminho completo da imagem como uma combinação de *../uploads* e o nome da imagem recebida. Mesmo se alguém tentasse utilizar esta página para visualizar */path/to/secret/file*, este script procuraria por *../uploads/ /path/to/secret/file* (incluindo as barras duplas), o que é seguro.

4. Valide a extensão da imagem.

```
$ext = strtolower ( substr
→ ($_GET['image'], -4));
if (($ext == '.jpg') OR ($ext
→ 'jpeg') OR ($ext == '.png')) {
  $name = $_GET['image'];
} // Fim do IF $ext.
```

A verificação final é se o arquivo a ser enviado para o navegador Web possui uma extensão .jpeg, .jpg ou .png. Desta forma, o script não tentará enviar algo errado para o usuário.

Ainda que o script upload_image.php também realize a validação do arquivo pelo tipo, todo o cuidado nunca é demais.

Para validar a extensão, a função substr() retorna os quatro últimos caracteres do nome da imagem (o complemento -4 realiza esta tarefa). A extensão também passa pela função strtolower() para que .PNG e .png sejam tratadas da mesma forma. Em seguida, uma condicional verifica se $ext é igual a um dos três valores permitidos.

Assim que a imagem é aprovada nestes três testes, a função $name recebe o valor da imagem.

5. Finalize as condicionais iniciadas nas Etapas 2 e 3.

```
} // Fim do IF file_exists().
} // Fim do IF isset($_GET['image']).
```

6. Se nenhuma imagem válida for recebida por esta página, utilize uma imagem padrão.

```
if (!$name) {
  $image = 'images/unavailable.png';
  $name = 'unavailable.png';
}
```

Se a imagem não existir, se ela não for um arquivo ou se ela não tiver a extensão apropriada, então a variável $name ainda terá um valor FALSE. Nestes casos, uma imagem padrão será utilizada (**Figura 10.25**). A própria imagem pode ser obtida por download a partir do Web site do livro (www.DMCInsights.com/phpmysql3/, consulte a página Extras) e deve ser colocada em uma pasta *images*. A pasta images deve estar no mesmo diretório que este script, e não no mesmo diretório que a pasta uploads.

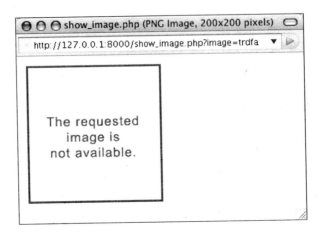

Figura 10.25 *Esta imagem será mostrada sempre que houver um problema com a exibição da imagem solicitada.*

7. Resgate as informações da imagem.

```
$info = getimagesize($image);
$fs = filesize($image);
```

Para enviar o arquivo para o navegador Web, o script precisa saber o tipo e o tamanho do arquivo. O tipo do arquivo pode ser descoberto utilizando getimagesize(). O tamanho do arquivo, em bytes, é descoberto utilizando filesize(). Como a variável $image representa *../uploads/ {$_GET['image']}* ou *images/ unavailable.png*, estas linhas funcionarão para a imagem correta e para a imagem indisponível.

Capítulo 10 – Desenvolvimento de Aplicativo Web

8. Envie o arquivo.

```
header ("Content-Type:
→ {$info['mime']}\n");
header ("Content-Disposition: inline;
→ filename=\"$name\"\n");
header ("Content-Length: $fs\n");
readfile ($image);
```

Estas chamadas de header() enviarão os dados do arquivo para o navegador Web. A primeira linha utiliza o tipo MIME da imagem para *Content-Type*. A segunda linha informa ao navegador o nome do arquivo e se ele deve ser exibido no navegador *(inline)*. A última função header() indica a quantidade de dados a ser esperada. Os dados do arquivo são enviados utilizando a função readfile(), que lê o arquivo e imediatamente envia o seu conteúdo para o navegador Web.

9. Finalize a página.

```
?>
```

Observe que esta página não contém um código HTML. Ela apenas envia um arquivo de imagem para o navegador Web.

10. Salve o arquivo como show_image.php, coloque-o em seu diretório Web, na mesma pasta que o images.php e teste-o em seu navegador, clicando em um link em images.php **(Figura 10.26).**

✓ Dicas

- Nunca é demais lembrar que *nada* pode ser enviado para o navegador Web antes de utilizar a função header(). Até mesmo a inclusão de um arquivo que possui uma linha em branco após uma tag PHP de fechamento tornará a função header() inútil.

- Para evitar problemas ao utilizar header(), você pode chamar, primeiro, a função headers_sent(). Ela retorna um valor booleano indicando se algo foi enviado para o navegador Web:

```
if (!headers_sent()) {
  // Utilizar a função header().
} else {
  // Realizar uma outra ação.
}
```

O buffer de saída, demonstrado no Capítulo 16, "Exemplo — Registro do Usuário", também pode evitar problemas ao utilizar header().

- A depuração de scripts como este, em que o PHP envia dados, não texto, para o navegador Web, pode ser desafiador. Como ajuda, utilize o plug-in Live HTTP Headers para Firefox (**Figura 10.27**).

Figura 10.26 Esta imagem é exibida com a utilização do PHP para o envio do arquivo para o navegador Web.

Figura 10.27 O plug-in Live HTTP Headers para Firefox mostra quais cabeçalhos foram enviados por uma página e/ou um servidor. Essas podem ser informações úteis para a depuração.

Capítulo 11

Cookies e Sessões

O HTTP (Hypertext Transfer Protocol - Protocolo de Transferência de Hipertexto) é uma tecnologia que não mantém seu estado, o que significa que cada página HTML é uma entidade diferente. O HTTP não possui um método para acompanhamento de usuários ou retenção de variáveis conforme uma pessoa navega em um site. Embora o seu navegador registre as páginas visitadas, o servidor não mantém registro de quem acessou o que. Sem a capacidade do servidor de acompanhar um usuário, não poderão existir carrinhos de compras ou a personalização de Web sites. Utilizando uma tecnologia de servidor como o PHP, é possível superar a incapacidade da Web de manter estados. As duas melhores ferramentas PHP para esta finalidade são cookies e sessões.

Embora provavelmente você já saiba, os cookies armazenam dados no navegador Web do usuário. Quando o usuário acessa uma página no site do qual o cookie é proveniente, o servidor pode ler os dados desse cookie. As sessões armazenam dados no próprio servidor. Geralmente, as sessões são mais seguras do que os cookies e podem armazenar muito mais informações. Ambas as tecnologias são fáceis de utilizar com o PHP e vale a pena conhecê-las.

Neste capítulo, você verá utilizações de ambas: cookies e sessões. O exemplo para demonstração destas informações será um sistema de login com base no banco de dados *users* existente.

CRIANDO UMA PÁGINA DE LOGIN

Um processo de login envolve apenas alguns componentes:

◆ Um formulário para o envio das informações de login

◆ Uma rotina de validação que confirma se as informações necessárias foram enviadas

◆ Uma consulta de banco de dados que compara as informações enviadas com as armazenadas

◆ Cookies ou sessões para armazenar dados que refletem um login bem-sucedido

As páginas subseqüentes, então, possuirão verificações para confirmar se o usuário efetuou login (para limitar o acesso a essa página). Há, também, um processo de logout, que envolve a limpeza dos dados de cookies ou sessões que representam um status de login efetuado.

Para começar, vamos colocar alguns destes elementos comuns em arquivos separados. As páginas que necessitam desta funcionalidade podem incluir os arquivos necessários. Dividir a lógica desta maneira tornará alguns dos scripts a seguir mais fáceis de ler e escrever, além de reduzir suas redundâncias. Desenvolvi dois arquivos que podem ser incluídos. Este primeiro arquivo conterá o volume de dados de uma página de login, incluindo o cabeçalho, o relatório de erros, o formulário e o rodapé **(Figura 11.1)**.

***Figura 11.1** O formulário e a página de login.*

Capítulo 11 – Cookies e Sessões

Script 11.1 O script login_page.inc.php cria toda a página de login, incluindo o formulário, e reporta quaisquer erros. Ele será incluído por outras páginas que precisam mostrar a página de login.

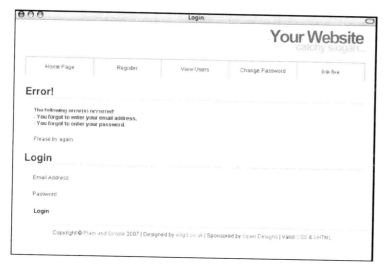

Figura 11.2 O formulário e a página de login, com o relatório de erros.

466   **PHP 6 e MySQL 5 para Web Sites Dinâmicos**

Para criar uma página de login:

1. Crie uma nova página PHP em seu editor de texto ou IDE (**Script 11.1**).

```
<?php # Script 11.1 - login_
→ page.inc.php
```

2. Inclua o cabeçalho.

```
$page_title = 'Login';
include ('includes/header.html');
```

Este capítulo utilizará o mesmo sistema de modelo criado inicialmente no Capítulo 3, "Criando Web Sites Dinâmicos", e modificado n Capítulo 8, "Utilizando PHP com MySQL."

3. Exiba quaisquer mensagens de erros, se existirem.

```
if (!empty($errors)) { echo '<h1>Error!</h1>
    <p class="error">The following
    → error(s) occurred:<br />';
    foreach ($errors as $msg) {
    echo " - $msg<br />\n";
  }
  echo '</p><p>Please try again.
  → </p>';
}
```

Este código também foi desenvolvido no Capítulo 8. Se houver erros (na variável de matriz $errors), eles serão exibidos como uma lista sem ordenação (**Figura 11.2**).

4. Exiba o formulário.

```
?>
<h1>Login</h1>
<form action="login.php" method=
→ "post">
  <p>Email Address:<input type=
  →  "text" name="email" size="20"
  →  maxlength="80" /> </p>
  <p>Password: <input type=
  →  "password" name="pass" size=
  →  "20" maxlength="20" /></p>
```

```
<p><input type="submit" name=
→  "submit" value="Login" /></p>
<input type="hidden" name=
→  "submitted" value="TRUE" />
</form>
```

O formulário HTML precisa apenas de duas entradas de texto: uma para um endereço de e-mail e outra para a senha. Os nomes das entradas correspondem com aqueles na tabela *users* do banco de dados *sitename* (o qual este sistema de login tem como base).

Para tornar mais fácil a criação do formulário HTML, a seção PHP é fechada primeiro. O formulário não possui preservação de dados, mas você poderá facilmente incluir o código para realizar essa tarefa (mas apenas para o endereço de e-mail, pois as senhas não podem ser preservadas).

5. Finalize a página.

```
<?php
include ('includes/footer.html');
?>
```

6. Salve o arquivo como login_page.inc.php e coloque-o em seu diretório Web (na pasta *includes*, juntamente com os arquivos do Capítulo 8: header.html, footer.html estyle.css).

A página utilizará uma extensão .inc.php para indicar que ela é um arquivo que pode ser incluído e que ela contém código PHP.

✓ **Dica**

■ Pode não parecer lógico que este script inclua o arquivo de cabeçalho e de rodapé proveniente do diretório *includes*, uma vez que este script também estará dentro do mesmo diretório. Este código funciona porque este script será incluído por páginas dentro do diretório principal; assim, as referências de inclusão são relacionadas ao arquivo-pai, não a este arquivo.

Criando as Funções de Login

Juntamente com a página de login que foi armazenada no login_page.inc.php, neste capítulo, algumas funcionalidades serão as mesmas em diversos scripts. Neste próximo script, que também poderá ser incluído por outras páginas no sistema de login/logout, duas funções serão definidas.

Muitas páginas terminarão redirecionando o usuário de uma página para outra. Por exemplo, em um login bem-sucedido, o usuário será para direcionado para o loggedin.php. Se um usuário acessar o loggedin.php e não tiver efetuado login, ele deverá ser levado para o index.php. O redirecionamento utiliza a função header() apresentada no Capítulo 10, "Desenvolvimento de Aplicativo Web". A sintaxe para redirecionamento é

```
header ('Location: http://www.example.
➔ com/page.php');
```

```
1   <?php # Script 11.2 - login_functions.
    inc.php

2

3   // This page defines two functions used by
    the login/logout process.

4

5   /* This function determines and returns an
    absolute URL.

6    * It takes one argument: the page that
    concludes the URL.

7    * The argument defaults to index.php.

8    */

9   function absolute_url ($page = 'index.
    php') {

10

11      // Start defining the URL...

12      // URL is http:// plus the host name
        plus the current directory:
```

```
13  $url = 'http://' . $_SERVER['HTTP_HOST']
    . dirname($_SERVER['PHP_SELF']);

14

15      // Remove any trailing slashes:

16  $url = rtrim($url, '/\\');

17

18      // Add the page:

19  $url .= '/' . $page;

20

21      // Return the URL:

22  return $url;

23

24  } // End of absolute_url() function.

25

26

27  /* This function validates the form data
    (the email address and password).

28   * If both are present, the database is
    queried.

29   * The function requires a database
    connection.

30   * The function returns an array of
    information, including:

31   * - a TRUE/FALSE variable indicating
    success.

32   * - an array of either errors or the
    database result.

33   */

34  function check_login($dbc, $email = '',
    $pass = '') {

35

36  $errors = array(); // Initialize error
    array.

37

38      // Validate the email address:

39      if (empty($email)) {

40  $errors[] = 'You forgot to enter your
    email address.';

41      } else {
```

CAPÍTULO 11 – COOKIES E SESSÕES

469

```
42    $e = mysqli_real_escape_string($dbc,
      trim($email));
43    }
44
45    // Validate the password:
46    if (empty($pass)) {
47        $errors[] = 'You forgot to enter your
          password.';
48    } else {
49        $p = mysqli_real_escape_string($dbc,
          trim($pass));
50    }
51
52    if (empty($errors)) { // If everything's
      OK.
53
54        // Retrieve the user_id and first_name
          for that email/password combination:
55        $q = "SELECT user_id, first_name FROM
          users WHERE email='$e' AND
          pass=SHA1('$p')";
56        $r = @mysqli_query ($dbc, $q); // Run
          the query.
57
58        // Check the result:
59        if (mysqli_num_rows($r) == 1) {
60
61            // Fetch the record:
62            $row = mysqli_fetch_array ($r,
              MYSQLI_ASSOC);
63
64            // Return true and the record:
65            return array(true, $row);
66
67        } else { // Not a match!
68            $errors[] = 'The email address and
              password entered do not match those on
              file.';
69        }
```

```
70
71        } // End of empty($errors) IF.
72
73        // Return false and the errors:
74        return array(false, $errors);
75
76    } // End of check_login() function.
77
78    ?>
```

Script 11.2 *O script login_functions.inc.php define duas funções
que serão utilizadas por scripts diferentes no processo de login/logout.*

Como esta função enviará o navegador para page.php, o script atual
deve ser determinado utilizando exit() imediatamente após o seguinte:

```
header ('Location: http://www.example.
→ com/page.php');
exit();
```

Se você não fizer isso, o script atual continuará a execução (porém, não
no navegador Web).

O valor de local na chamada header() deve ser uma URL absoluta
(www.example.com/page.php, em vez de apenas page.php).

Você pode codificar este valor ou, melhor ainda, determiná-lo de forma
dinâmica. A primeira função neste próximo script realizará esta tarefa.

470   **PHP 6 e MySQL 5 para Web Sites Dinâmicos**

O outro trecho de código que será utilizado por vários scripts neste capítulo valida o formulário de login. Este é um processo com três etapas:

1. Confirme se um endereço de e-mail foi fornecido.
2. Confirme se uma senha foi fornecida.
3. Confirme se o endereço de e-mail e a senha fornecidos correspondem com os armazenados no banco de dados (durante o processo de registro).

Portanto, este próximo script definirá duas funções diferentes. Os detalhes de como cada função trabalha serão explicados nas etapas adiante.

Para criar as funções de login:

1. Crie um novo documento PHP em seu editor de texto ou IDE (**Script 11.2**).

```
<?php # Script 11.2 - login_
→ functions.inc.php
```

Como este arquivo será incluído em outros arquivos, ele não precisa conter um código HTML.

2. Inicie a definição de uma nova função.

```
function absolute_url ($page =
→ 'index.php') {
```

A função absolute_url() retornará uma URL absoluta e correta para o site executar estes scripts. A vantagem de realizar isso de forma dinâmica (ao contrário de simplesmente codificarhttp://www.example.com/page. php) é que você pode desenvolver seu código em um servidor (como se fosse seu próprio computador) e, em seguida, movê-lo para um outro servidor sem a necessidade de alterá-lo.

A função assume um argumento opcional: o nome da página de destino final. O valor padrão é *index.php*.

3. Inicie a definição da URL.

```
$url = 'http://' . $_SERVER
→ ['HTTP_HOST'] . dirname($_
→ SERVER['PHP_SELF']);
```

CAPÍTULO 11 – COOKIES E SESSÕES   471

Para iniciar, $url recebe o valor de *http://* mais o nome do host (o que pode ser *localhost* ou *w ...example.com)*. O nome do diretório atual é incluído nesse valor utilizando a função dirname(), caso o redirecionamento esteja ocorrendo dentro de uma subpasta. $_SERVER['PHP_SELF'] se refere ao script atual (que será o script que chama esta função), incluindo o nome do diretório. O valor completo pode ser */somedir/page.php*. A função dirname() retornará apenas a parte do diretório desse valor (ou seja, */somedir/*).

4. Remova qualquer barra final da URL.

```
$url = rtrim($url, '/\\');
```

Como a existência de uma subpasta pode incluir uma barra (/), ou barra invertida (\, para Windows), extra, a função precisa removê-la. Para isso, utilize a função rtrim(). Por padrão, esta função remove espaços do lado direito de uma cadeia. Se fornecida com uma lista de caracteres para remoção como o segundo argumento, ela removerá esses caracteres. Com esta linha de código, os caracteres a serem removidos devem ser / ou \. Mas, como a barra invertida é o caractere de escape no PHP, será necessário utilizar \\ para se referir a uma barra invertida única. Portanto, em resumo, se $url terminar com um destes caracteres, a função rtrim() o removerá.

5. Inclua a página específica na URL e finalize a função.

```
$url .= '/' . $page;
return $url;
} // Fim da função absolute_url().
```

Por fim, o nome da página específica é anexado à $url. Ele é precedido por uma barra porque todas as barras finais foram removidas na Etapa 4 e não é possível ter www.example.compage.php como URL.

A URL é, então, retornada.

Tudo isso pode parecer muito complicado, mas é uma forma bastante efetiva de garantir que o redirecionamento funcione, não importando em qual servidor ou a partir de qual diretório o script está sendo executado (contanto que o redirecionamento esteja ocorrendo dentro desse diretório).

472 PHP 6 e MySQL 5 para Web Sites Dinâmicos

6. Inicie uma nova função.

```
function check_login($dbc, $email =
→ '', $pass = '') {
```

Esta função validará as informações de login. Ela assume três argumentos: a conexão com o banco de dados, que é necessária; o endereço de e-mail, que é opcional; e a senha, que também é opcional. Embora esta função possa acessar $_POST['email'] e $_POST['pass'] diretamente, é melhor que esses valores sejam transmitidos para a função, tornando-a mais independente.

7. Valide o endereço de e-mail e a senha.

```
$errors = array();
if (empty($email)) {
    $errors[] = 'You forgot to enter
    → your email address.';
} else {
    $e = mysqli_real_escape_string
    → ($dbc, trim($email));
}
if (empty($pass)) {
    $errors[] = 'You forgot to enter
    → your password.';
} else {
    $p = mysqli_real_escape_
    → string($dbc, trim($pass));
}
```

Esta rotina de validação é semelhante àquela utilizada na página de registro. Se houver problemas, eles serão incluídos na matriz $errors, que, eventualmente, será utilizada na página de login (consulte a Figura 11.2).

8. Se não ocorrer erro, execute a consulta no banco de dados.

```
if (empty($errors)) {
  $q = "SELECT user_id, first_name
  → FROM users WHERE email='$e'
  → AND pass=SHA1('$p')";
  $r = @mysqli_query ($dbc, $q);
```

CAPÍTULO 11 – COOKIES E SESSÕES   473

A consulta seleciona os valores *user_id* e *first_ name* a partir do banco de dados em que o endereço de e-mail fornecido (a partir do formulário) corresponde ao endereço de e-mail armazenado, e a versão SHA1() da senha fornecida corresponde à senha armazenada **(Figura 11.3)**.

9. Verifique os resultados da consulta.

```
if (mysqli_num_rows($r) == 1) {
  $row = mysqli_fetch_array($r,
  → MYSQLI_ASSOC);
  return array(true, $row);
} else {
  $errors[] = 'The email address
  → and password entered do not
  → match those on file.';
}
```

Se a consulta retornar uma linha, então a informação de login estava correta. Os resultados são, então, recebidos em $row. A etapa final em um login bem-sucedido é retornar duas partes de informações de volta ao script solicitante: o valor true, indicando que o login foi bem-sucedido; e os dados obtidos a partir do MySQL. Utilizando a função array(), o valor booleano e a matriz $row podem ser retornados por esta função.

Se a consulta não retornar uma linha, então uma mensagem de erro será incluída na matriz. Ela será exibida na página de login **(Figura 11.4)**.

10. Complete a condicional iniciada na Etapa 8 e finalize a função.

```
  } // Fim do IF empty($errors).
  return array(false, $errors);
} // Fim da função check_login().
```

A etapa final é destinada para a função retornar um valor false, indicando que o login falhou, e para retornar a matriz $errors, que armazena o(s) motivo(s) da falha. Esta instrução return pode ser colocada aqui — no final da função em vez de dentro de uma condicional —, pois a função chegará neste ponto apenas se o login falhar. Se o login for bem-sucedido, a linha return na Etapa 9 parará a execução da função (a função pára assim que executa um return).

11. Finalize a página.

    ?>

12. Salve o arquivo como login_functions.inc.php e coloque-o em seu diretório Web (na pasta *includes*, juntamente com header.html, footer.html e style.css).

Esta página também utilizará uma extensão . inc.php para indicar que ela é um arquivo que pode ser incluído e que contém código PHP.

✓ **Dicas**
- Os scripts neste capítulo não possuem um código de depuração (como o erro ou a consulta do MySQL). Se encontrar problemas com estes scripts, aplique as técnicas de depuração descritas no Capítulo 7, "Manipulação e Depuração de Erros."
- Você pode incluir pares *nome=valor* na URL em uma chamada header() para transmitir os valores para a página de destino:

    $url .= '?nome=' . urlencode(*valor*);

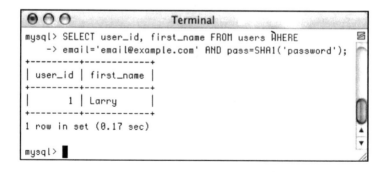

Figura 11.3 Os resultados da consulta de login se o usuário forneceu a combinação endereço de e-mail/senha apropriada.

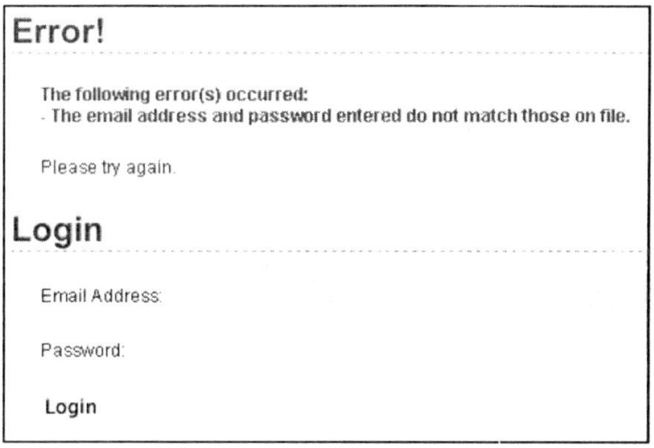

CAPÍTULO 11 – COOKIES E SESSÕES

Error!

The following error(s) occurred:
- The email address and password entered do not match those on file.

Please try again.

Login

Email Address:

Password:

Login

Figura 11.4 Se o usuário digitou um endereço de e-mail e senha,
mas estes não correspondem aos valores armazenados
no banco de dados, este será o resultado.

UTILIZANDO COOKIES

Cookies são uma forma de um servidor armazenar informações na máquina do usuário. Está é uma maneira na qual um site pode lembrar ou acompanhar um usuário ao longo de uma visita. Considere um cookie como uma identificação: você informará o seu nome ao servidor e ele fornecerá a você uma identificação. Então, ele poderá saber quem você é consultando essa identificação.

Algumas pessoas suspeitam dos cookies, pois acreditam que eles permitem que um servidor saiba muito sobre elas. Entretanto, um cookie pode ser utilizado apenas para armazenar informações que o servidor recebe, portanto, não é menos seguro que quase tudo disponível on-line (com base no que ele faz). Infelizmente, muitas pessoas ainda possuem um conceito errôneo sobre a tecnologia, o que é um problema, pois esses conceitos errôneos podem prejudicar a funcionalidade de seu aplicativo Web.

Nesta seção você aprenderá como definir um cookie, resgatar informações de um cookie armazenado, alterar as definições do cookie e excluí-lo.

476   **PHP 6 e MySQL 5 para Web Sites Dinâmicos**

Definindo Cookies

O mais importante a ser compreendido sobre os cookies é que eles devem ser enviados de um servidor para o cliente antes de *qualquer outra informação*. Caso o servidor tente enviar um cookie após o navegador Web receber códigos HTML — até mesmo um irrelevante espaço em branco — ,uma mensagem de erro será gerada e o cookie não será enviado **(Figura 11.5)**. Este é o erro mais comum relacionado a cookies, mas é facilmente corrigido.

Testando Cookies

Para programar de forma efetiva utilizando cookies, você precisará ser capaz de testar precisamente a sua presença. Para isso, a melhor forma é fazer com que o navegador Web pergunte o que fazer quando receber um cookie. Neste caso, o navegador o orientará com as informações do mesmo sempre que o PHP tentar enviar um cookie.

Todas as versões diferentes de navegadores diferentes em plataformas diferentes definem suas políticas de manipulação de cookies em locais diferentes. Demonstrarei rapidamente algumas opções dos navegadores Web mais populares.

Para fazê-lo utilizando o Internet Explorer no Windows XP, escolha Ferramentas > Opções da Internet. Em seguida, clique na guia Privacidade e, em seguida, clique no botão Avançado na seção Configurações. Clique em "Ignorar manipulação automática de cookies" e, em seguida, escolha "Confirmar" para Cookies Primários e Cookies Secundários.

Utilizando o Firefox no Windows, escolha Ferramentas > Opções > Privacidade. Na seção Cookies, selecione "Perguntar" no menu dropdown "Preservar cookies até". Se estiver utilizando o Firefox no Mac OS X, as etapas são as mesmas, mas você inicia escolhendo Firefox > Preferências.

Infelizmente, o Safari no Mac OS X não possui uma opção de aviso de cookie, mas ele permite visualizar os cookies existentes, o que ainda é uma ferramenta útil na depuração. Esta opção pode ser encontrada na área de janela Segurança do painel Preferências do Safari.

CAPÍTULO 11 – COOKIES E SESSÕES   477

```
Warning: Cannot modify header information - headers already sent by (output started at /Applications/Abyss Web
Server/htdocs/includes/header.html:4) in /Applications/Abyss Web Server/htdocs/header.php on line 8
```

Figura 11.5 A mensagem de erro headers already sent... *é bastante comum ao criar cookies. Preste atenção no que informa a mensagem de erro para localizar e corrigir o problema.*

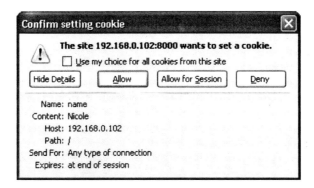

Figura 11.6 Se o navegador estiver configurado para solicitar permissão ao receber cookies, uma mensagem como esta será exibida quando um site tentar enviar um cookie (esta é a versão Firefox da solicitação).

PHP 6 e MySQL 5 para Web Sites Dinâmicos

```
1   <?php # Script 11.3 - login.php
2
3   // This page processes the login form
    submission.
4   // Upon successful login, the user is
    redirected.
5   // Two included files are necessary.
6   // Send NOTHING to the Web browser prior
    to the setcookie() lines!
7
8   // Check if the form has been submitted:
9   if (isset($_POST['submitted'])) {
10
11      // For processing the login:
12      require_once ('includes/login_functions.
        inc.php');
13
14      // Need the database connection:
15      require_once ('../mysqli_connect.php');
16
17      // Check the login:
18      list ($check, $data) = check_login($dbc,
        $_POST['email'], $_POST['pass']);
19
20      if ($check) { // OK!
21
22          // Set the cookies:
23          setcookie ('user_id', $data
            ['user_id']);
24          setcookie ('first_name', $data
            ['first_name']);
25
26          // Redirect:
27          $url = absolute_url ('loggedin.php');
28          header("Location: $url");
29          exit(); // Quit the script.
30
31      } else { // Unsuccessful!
32
33          // Assign $data to $errors for error
            reporting
34          // in the login_page.inc.php file.
35          $errors = $data;
36
37      }
38
39      mysqli_close($dbc); // Close the database
        connection.
40
41  } // End of the main submit conditional.
42
43  // Create the page:
44  include ('includes/login_page.inc.php');
45  ?>
```

Script 11.3 O script login.php cria dois cookies após um login bem-sucedido.

Os cookies são enviados por meio da função setcookie():

```
setcookie (nome, valor);
setcookie ('name', 'Nicole');
```

A segunda linha do código enviará um cookie para o navegador com o nome de *name* e um valor de *Nicole* **(Figura 11.6).**

Você pode continuar a enviar mais cookies para o navegador com usos subseqüentes da função setcookie():

```
setcookie ('ID', 263);
setcookie ('email', 'email@example.
→ com');
```

Da mesma forma que a utilização de uma variável no PHP, ao nomear seus cookies, não utilize espaços em branco ou pontuação, mas preste atenção na correspondência exata de maiúsculas e minúsculas.

CAPÍTULO 11 – COOKIES E SESSÕES   479

Para enviar um cookie:

1. Crie um novo documento PHP em seu editor de texto **(Script 11.3).**

```
<?php # Script 11.3 - login.php
```

Para este exemplo, vamos criar um script login.php que trabalha em conjunto com os scripts do Capítulo 8. Este script também precisará dos dois arquivos criados no início do capítulo.

2. Valide o formulário.

```
if (isset($_POST['submitted'])) {
  require_once ('includes/login_
  → functions.inc.php');
  require_once ('../mysqli_
  → connect.php');
  list ($check, $data) = check_
  → login($dbc, $_POST['email'],
  → $_POST['pass']);
```

Este script realizará duas tarefas: a manipulação do envio do formulário e a sua exibição. Esta condicional verifica se o envio foi realizado.

Dentro da condicional, o script deve incluir login_functions.inc.php e mysqli_connect.php (que foram criados no Capítulo 8 e ainda devem estar no mesmo local relativo a este script). Após incluir ambos os arquivos, a função check_login() poderá ser chamada. Ela recebe a conexão com o banco de dados (originada do mysqli_connect.php), juntamente com o endereço de e-mail e a senha (ambos vindos do formulário). Esta função retorna uma matriz de dois elementos: o valor booleano e uma outra matriz (de dados do usuário ou erros). Para designar esses valores retornados a variáveis, utilize a função list(). O primeiro valor retornado pela função (o booleano) será designado à variável $check. O segundo (a matriz $row ou $errors) será designado à variável $data.

3. Se o usuário digitou as informações corretas, efetue o login.

```
if ($check) {
  setcookie ('user_id', $data
  → ['user_id']);
  setcookie ('first_name', $data
  → ['first_name']);
```

PHP 6 e MySQL 5 para Web Sites Dinâmicos

A variável $check indica o êxito da tentativa de login. Se ela for true, então $data conterá o ID e o primeiro nome do usuário. Estes dois valores podem ser utilizados em cookies.

4. Redirecione o usuário para uma outra página.

```
$url = absolute_url ('loggedin.php');
header("Location: $url");
exit();
```

Utilizando as etapas descritas anteriormente neste capítulo, a URL de redirecionamento é primeiro gerada dinamicamente e retornada pela função absolute_url(). A página específica para a qual será redirecionada é loggedin.php. A URL absoluta é, então, utilizada na função header() e a execução do script é finalizada com exit().

5. Complete a condicional $check (iniciada na Etapa 3) e feche a conexão com o banco de dados.

```
} else {
  $errors = $data;
}
mysqli_close($dbc);
```

Se $check tiver um valor false, então a variável $data está armazenando os erros gerados na função check_login(). Dessa forma, eles devem ser designados à variável $errors, pois isso é o que o código no script que exibe a página de login — login_page.inc.php — está esperando.

6. Complete a condicional de envio principal e inclua a página de login.

```
}
include
('includes/login_page.inc.php');
?>
```

Este script login.php valida o formulário de login chamando a função check_login(). O arquivo login_page.inc.php contém a página de login, portanto, ele precisa apenas ser incluído.

7. Salve o arquivo como login.php, coloque-o em seu diretório Web (na mesma pasta que os arquivos do Capítulo 8) e carregue esta página em seu navegador (consulte a Figura 11.2).

CAPÍTULO 11 – COOKIES E SESSÕES   481

✓ **Dicas**

■ Os cookies são limitados em aproximadamente 4 KB do total de dados, e cada navegador Web pode utilizar um número limitado de cookies de qualquer site. Este limite é de 50 cookies para a maioria dos navegadores Web atuais (mas se estiver enviando 50 cookies diferentes, talvez seja necessário repensar a forma como está fazendo as coisas).

■ A função setcookie() é uma das poucas funções no PHP que podem ter resultados diferentes em navegadores diferentes, pois cada navegador trata os cookies de forma diferente. Certifique-se de testar seus Web sites em vários navegadores e em diferentes plataformas para garantir uma consistência.

■ Se os dois primeiros arquivos incluídos enviarem algo para o navegador Web ou tiverem linhas ou espaços em branco após a tag de fechamento PHP, será exibido um erro *headers already sent*. Se você vir tal erro, abra o documento na linha mencionada no erro (após *output started at)* e corrija o problema.

Acessando Cookies

Para resgatar um valor de um cookie, basta fazer referência à superglobal $_COOKIE, utilizando o nome de cookie apropriado como chave (conforme faria com qualquer matriz). Por exemplo, para resgatar um valor do cookie estabelecido com a linha

```
setcookie ('username', 'Trout');
```
você faria referência a $_COOKIE['username'].

No exemplo a seguir, os cookies definidos pelo script login.php serão acessados de duas formas. Primeiro, será verificado se o usuário efetuou login (caso contrário, não deverá acessar esta página). Segundo, o usuário receberá uma saudação com seu primeiro nome, que foi armazenado em um cookie.

Para acessar um cookie:

1. Crie um novo documento PHP em seu editor de texto **(Script 11.4)**.

```
<?php # Script 11.4 - loggedin.php
```

482   PHP 6 E MySQL 5 PARA WEB SITES DINÂMICOS

O usuário será redirecionado para esta página após o login bem-sucedido. Ela exibirá uma saudação específica para o usuário.

2. Verifique a presença de um cookie.

```
if (!isset($_COOKIE['user_id'])) {
```

Como um usuário não deve ser capaz de acessar esta página a menos que ele tenha efetuado login, verifique a existência do cookie que deve ter sido definido (em login.php). Redirecione o usuário se ele não tiver efetuado o login.

```
require_once ('includes/login_
→ functions.inc.php');
$url = absolute_url(); header("Location: $url");
exit();
}
```

```
1    <?php # Script 11.4 - loggedin.php
2
3    // The user is redirected here from
     login.php.
4
5    // If no cookie is present, redirect the
     user:
6    if (!isset($_COOKIE['user_id'])) {
7
8        // Need the functions to create an
         absolute URL:
9        require_once ('includes/login_
         functions.inc.php');
10       $url = absolute_url();
11       header("Location: $url");
12       exit(); // Quit the script.
13
14   }
15
16   // Set the page title and include the
     HTML header:
17   $page_title = 'Logged In!';
18   include ('includes/header.html');
19
20   // Print a customized message:
21   echo "<h1>Logged In!</h1>
22   <p>You are now logged in, {$_COOKIE
     ['first_name']}!</p>
23   <p><a href=\"logout.php\">Logout</a></p>";
24
25   include ('includes/footer.html');
26   ?>
```

Script 11.4 *O script loggedin.php exibe uma saudação para um usuário com base em um cookie armazenado.*

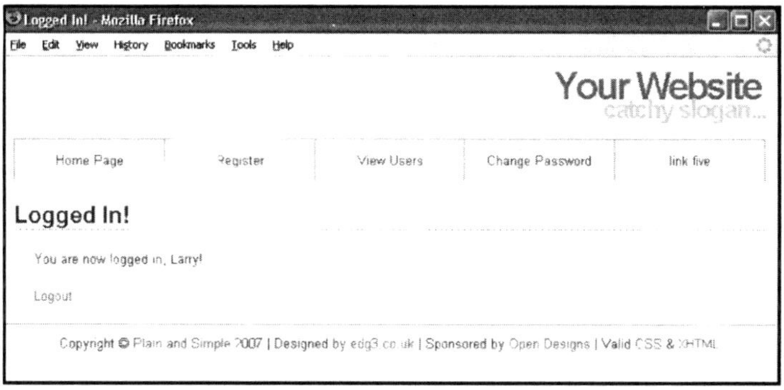

CAPÍTULO 11 – COOKIES E SESSÕES   483

Figura 11.7 *Se você utilizou o endereço de e-mail e a senha corretos, será redirecionado para esta página após o login.*

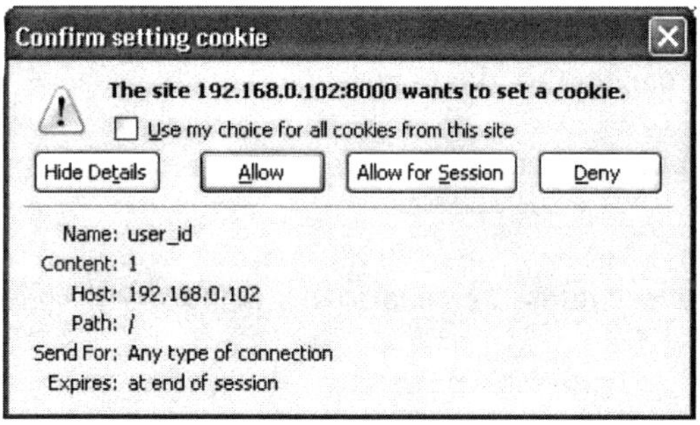

Figura 11.8 *O cookie user_id com um valor de 1.*

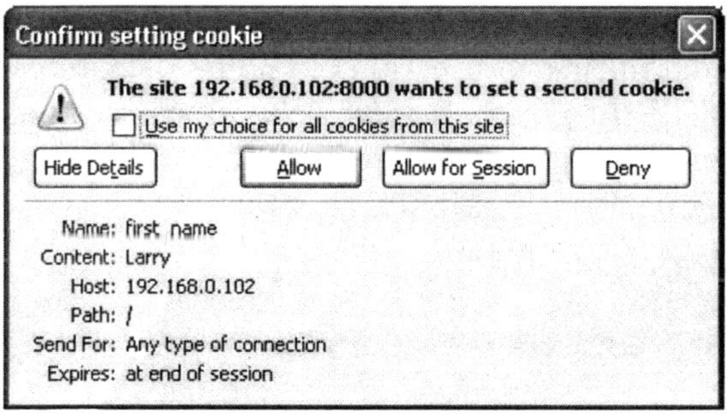

Figura 11.9 *O cookie first_name com o valor* Larry *(o seu talvez seja diferente).*

484   **PHP 6 E MySQL 5 para Web Sites Dinâmicos**

✓ **Dicas**

■ Um cookie não estará acessível até que a página de definição (por exemplo, login.php) tenha sido recarregada ou uma outra página tenha sido acessada (em outras palavras, você não pode definir e acessar um cookie na mesma página).

■ Se o usuário recusar um cookie ou se o navegador Web que utiliza estiver configurado para recusar os cookies, ele será automaticamente redirecionado para a página inicial, neste exemplo, mesmo se efetuar o login com êxito. Por esta razão, você talvez deseje permitir que o usuário saiba que os cookies são necessários.

Se o usuário não efetuou o login, ele será automaticamente redirecionado para a página principal. Esta é uma forma simples de limitar o acesso ao conteúdo.

4. Inclua o cabeçalho da página.

```
$page_title = 'Logged In!';
include ('includes/header.html ');
```

5. Dê as boas-vindas ao usuário utilizando o cookie.

```
echo "<h1>Logged In!</h1>
<p>You are now logged in, {$_COOKIE
→ ['first_name']}!</p>
<p><a href=\"logout.php\">
→ Logout</a></p>";
```

Para cumprimentar o usuário pelo nome, faça referência à variável $_COOKIE['first_name'] (entre chaves para evitar erros de análise). Um link para a página de logout (a ser escrita mais adiante neste capítulo) também é exibido.

6. Finalize a página HTML.

```
include ('includes/footer.html');
?>
```

7. Salve o arquivo como loggedin.php, coloque-o em seu diretório Web (na mesma pastaque ologin.php) e teste-o em seu navegador efetuando login por meio do login.php **(Figura 11.7)**.

Como estes exemplos utilizam o mesmo banco de dados que os exemplos no Capítulo 8, você deve ser capaz de efetuar login utilizando o nome de usuário e a senha registrados e utilizados anteriormente.

8. Para visualizar os cookies sendo definidos **(Figuras 11.8 e 11.9)**, altere as configurações de cookie do seu navegador e teste nova-mente.

Definindo Parâmetros do Cookie

Embora a utilização dos argumentos de nome e valor na função setcookic() seja o suficiente, você deve estar ciente de outros argumentos disponíveis. A função pode assumir até mais cinco parâmetros, e cada um deles alterará a definição do cookie.

```
setcookie (nome, valor, expiração,
→ caminho, host, segurança, httponly);
```

O argumento de expiração é utilizado para definir um período de tempo definitivo para a existência de um cookie, especificado em segundos desde a *Unix Epoch* (meia-noite em 1 de janeiro de 1970). Se ele não for definido ou se ele for definido para um valor *0*, o cookie continuará funcional até que o usuário feche seu navegador. Esses cookies devem durar por uma sessão do navegador (também indicado nas Figuras 11.8 e 11.9).

Para definir um tempo de expiração específico, inclua um número de minutos ou horas para o momento atual, que é resgatado utilizando a função time(). A linha a seguir definirá o tempo de expiração do cookie como 30 minutos (60 segundos vezes 30 minutos) a partir do momento atual:

```
setcookie (nome, valor, time()+1800);
```

Os argumentos de caminho e host são utilizados para limitar um cookie a uma pasta específica em um Web site (o caminho) ou a um host específico (www.example.com ou *192.168.0.1*). Por exemplo, você pode restringir a existência de um cookie apenas enquanto um usuário estiver na pasta *admin* de um domínio (e as subpastas da pasta *admin*):

```
setcookie (nome, valor, expiração,
→ '/admin/');
```

486 PHP 6 e MySQL 5 para Web Sites Dinâmicos

O valor de segurança indica se um cookie deve ser enviado apenas por meio de uma conexão HTTPS segura. Um *1* indica se uma conexão segura deve ser utilizada, e um *0* indica se uma conexão padrão atende a necessidade.

```
setcookie (nome, valor, expiração, caminho,
→ host, 1);
```

Se o seu site estiver utilizando uma conexão segura, restringir os cookies para HTTPS será muito mais seguro.

Finalmente, o argumento *httponly* é incluído no PHP 5.2. Um valor booleano é utilizado para tornar o cookie acessível apenas por meio de HTTP (e HTTPS). A aplicação desta restrição tornará o cookie mais seguro (evitando algumas tentativas de ataques), mas não é suportada em todos os navegadores no momento da elaboração desta publicação.

```
setcookie (nome, valor, expiração, caminho,
→ host, segurança, TRUE);
```

Da mesma forma que todas as funções que assumem argumentos, você deve transmitir os valores de setcookie() em ordem. Para ignorar algum parâmetro, utilize NULL, 0, ou uma cadeia vazia (não utilize FALSE). Os valores de expiração e segurança são números inteiros e, portanto, não devem estar entre aspas.

Como demonstração, vamos incluir uma definição de expiração nos cookies de login para que eles durem por apenas uma hora.

CAPÍTULO 11 – COOKIES E SESSÕES

```
⊖ ⊖ ⊖              Script
1    <?php # Script 11.5 - login.php #2
2
3    if (isset($_POST['submitted'])) {
4
5        require_once ('includes/login_
         functions.inc.php');
6        require_once ('../mysqli_connect.php');
7        list ($check, $data) = check_login($dbc,
         $_POST['email'], $_POST['pass']);
8
9        if ($check) { // OK!
10
11           // Set the cookies
12           setcookie ('user_id', $data['user_id'],
             time()+3600, '/', '', 0, 0);
13           setcookie ('first_name', $data['first_
             name'], time()+3600, '/', '', 0, 0);
14
15           // Redirect
16           $url = absolute_url ('loggedin.php');
17           header("Location: $url");
18           exit();
19
20       } else { // Unsuccessful!
21           $errors = $data;
22       }
23
24       mysqli_close($dbc);
25
26   } // End of the main submit conditional.
27
28   include ('includes/login_page.inc.php');
29   ?>
```

Script 11.5 *Agora, o script login.php utiliza cada
um dos argumentos que a função setcookie() pode assumir.*

Para definir os parâmetros de um cookie:

1. Abra o login.php em seu editor de texto (consulte o Script 11.3).

2. Inclua nas duas linhas setcookie() um tempo de expiração de 60 minutos **(Script 11.5)**:

```
setcookie ('user_id', $data['user_
→  id'], time()+3600, '/', '', 0, 0); setcookie
('first_name', $data
→  ['first_name'], time()+3600,'/',
→  '', 0, 0);
```

Com o tempo de expiração definido como time() + 3600 (60 minutos vezes 60 segundos), o cookie continuará a existir por uma hora após ser definido. Enquanto realiza esta alteração, todos os outros parâmetros são tratados de forma explícita.

Para o parâmetro final, que aceita um valor booleano, também é possível utilizar *0* para representar false (o PHP realizará a conversão para você). Essa é uma boa idéia, pois a utilização de false em qualquer um dos argumentos do cookie pode causar problemas.

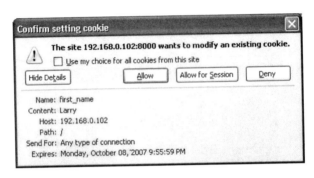

Figura 11.10 *As alterações nos parâmetros de setcookie(), como a data e a hora de expiração, serão refletidas no cookie enviado para o navegador Web (compare com a Figura 11.9).*

3. Salve o script, coloque-o em seu diretório Web e teste-o em seu navegador efetuando o login **(Figura 11.10)**.

✓ **Dicas**

- Alguns navegadores têm dificuldades com cookies que não listam todos os argumentos. A declaração explícita de todos os parâmetros — mesmo como uma cadeia vazia — conseguirá resultados mais confiáveis em todos os navegadores.

- A seguir são listadas algumas diretrizes para expiração de cookie: se o cookie deve ter a duração de uma sessão, não defina um tempo de expiração; se o cookie deve continuar a existir após o usuário fechar e reabrir o navegador, defina um tempo de expiração em semanas ou meses; e se o cookie pode gerar um risco na segurança, defina um tempo de expiração de uma hora ou uma fração disso para que o cookie não continue a existir por muito tempo após um usuário ter fechado o navegador.

CAPÍTULO 11 – COOKIES E SESSÕES   489

- Por motivos de segurança, você pode definir um tempo de expiração de cinco ou dez minutos em um cookie e fazer com que o este seja reenviado a cada nova página que o usuário visitar (assumindo a existência do cookie). Dessa forma, o cookie continuará a existir enquanto o usuário estiver ativo, mas perderá sua função automaticamente cinco ou dez minutos após a última ação do usuário.

- E-commerce e outros aplicativos Web que necessitam manter a privacidade devem utilizar uma conexão SSL (Secure Sockets Layer) em todas as transações, incluindo o cookie.

- Tenha cuidado com cookies criados por scripts dentro de um diretório. Se o caminho não for especificado, então esse cookie estará disponível apenas para outros scripts dentro do mesmo diretório.

```php
1   <?php # Script 11.6 - logout.php
2
3   // This page lets the user logout.
4
5   // If no cookie is present, redirect the
    user:
6   if (!isset($_COOKIE['user_id'])) {
7
8       // Need the functions to create an
        absolute URL.
9       require_once ('includes/login_
        functions.inc.php');
10      $url = absolute_url();
11      header("Location: $url");
12      exit(); // Quit the script.
13
14  } else { // Delete the cookies.
15      setcookie ('user_id', '', time()-3600,
        '/', '', 0, 0);
16      setcookie ('first_name', '', time()-
        3600, '/', '', 0, 0);
17  }
18
19  // Set the page title and include the HTML
    header.
20  $page_title = 'Logged Out!';
21  include ('includes/header.html');
22
23  // Print a customized message:
24  echo "<h1>Logged Out!</h1>
25  <p>You are now logged out.
    {$_COOKIE['first_name']}!</p>";
26
27  include ('includes/footer.html');
28  ?>
```

Script 11.6 O script logout.php exclui os cookies previamente estabelecidos.

490   PHP 6 E MySQL 5 para Web Sites Dinâmicos

Excluindo Cookies

O último item a ser compreendido sobre a utilização de cookies é como excluí-lo. Embora um cookie expire automaticamente quando o navegador do usuário é fechado ou quando a data/hora de expiração é alcançada, às vezes você desejará excluí-lo manualmente. Por exemplo, em Web sites que possuem recursos de login, você desejará excluir todos os cookies quando o usuário efetuar logout.

Embora a função setcookie() possa assumir até sete argumentos, apenas um é realmente necessário — o nome do cookie. Se você enviar um cookie consistido de um nome e sem um valor, ele terá o mesmo efeito que excluir o cookie existente de mesmo nome. Por exemplo, para criar o cookie *first_name*, você utilizará a seguinte linha:

```
setcookie('first_name', 'Tyler');
```

Para excluir o cookie *first_name*, você utilizará a seguinte linha:

```
setcookie('first_name');
```

Para uma maior precaução, você também pode definir um tempo de expiração no passado.

```
setcookie('first_name', '', time
➔ ()-3600);
```

Para demonstrar tudo isso, vamos incluir um recurso de logout no site. O link para a página de logout aparece no loggedin.php. Como um recurso a mais, o arquivo de cabeçalho será alterado para que um link *Logout* apareça quando o usuário estiver com o login efetuado e um link *Login* apareça quando o usuário estiver com o logout efetuado.

Para excluir um cookie:

1. Crie um novo documento PHP em seu editor de texto ou IDE (**Script 11.6**).

```
<?php # Script 11.6 - logout.php
```

CAPÍTULO 11 – COOKIES E SESSÕES   491

2. Verifique a existência de um cookie *user_id*; se ele não estiver presente, redirecione o usuário.

```
if (!isset($_COOKIE['user_id'])) {
  require_once ('includes/login_
  ➔ functions.inc.php');
  $url = absolute_url();
  header("Location: $url");
  exit();
```

Como no loggedin.php, se o usuário ainda não tiver efetuado o login, esta página deverá redirecionar o usuário para a página inicial. Não faz sentido tentar o logout de um usuário que não efetuou login!

3. Exclua os cookies, se houver.

```
} else {
  setcookie ('first_name','',
  ➔ time()-3600, '/', '', 0, 0);
  setcookie ('user_id', '',
  ➔ time()-3600, '/', '', 0, 0);
}
```

Se o usuário tiver efetuado login, estes dois cookies excluirão efetivamente os cookies existentes. Exceto para o valor e a expiração, os outros argumentos devem ter os mesmos valores que tinham quando os cookies foram criados.

4. Crie o restante da página PHP.

```
$page_title = 'Logged Out!'; include ('includes/
header.html');
echo "<h1>Logged Out!</h1>
<p>You are now logged out, {$_
➔ COOKIE['first_name']}!</p>";
include ('includes/footer.html');
?>
```

A página também é muito parecida com a loggedin.php. Embora possa parecer estranho que você ainda consiga fazer referência ao cookie *first_name* (recém-excluído neste script), isso faz total sentido considerando o processo:

A) Esta página é solicitada pelo cliente.

B) O servidor lê os cookies disponíveis no navegador do cliente.

C) A página é executada e faz seu trabalho (incluindo o envio de novos cookies que excluem os cookies existentes).

Portanto, em resumo, os dados do cookie *first_name* original estão disponíveis para este script quando for executado pela primeira vez. O conjunto de cookies enviado por esta página (os cookies de exclusão) não está disponível para esta página, portanto, os valores originais ainda podem ser utilizados.

5. Salve o arquivo como logout.php e coloque-o em seu diretório Web (na mesma pasta que o login.php).

Script 11.7 Agora, o arquivo header.html exibe um link de login ou logout, dependendo do status atual do usuário.

CAPÍTULO 11 – COOKIES E SESSÕES   493

Para criar o link de logout:

1. Abra o header.html (consulte o Script 8.1) em seu editor de texto ou IDE.

2. Altere o quinto e último link para **(Script 11.7)**

```
<li><?php
if ( (isset($_COOKIE['user_id'])) &&
(!strpos($_SERVER['PHP_SELF'], 'logout.php')) ) {
    echo '<a
href="logout.php">Logout</a>';
} else {
    echo '<a href="login.php">Login</a>';
}
?></li>
```

Em vez de ter um link de login permanente na área de navegação, um link *Logout* deverá ser exibido se o usuário tiver efetuado login, ou um link *Login* se o usuário ainda não o tiver efetuado. A condicional anterior realizará esta tarefa, dependendo da presença de um cookie.

Como o script logout.php exibe ordinariamente um link de logout (pois o cookie existe quando a página estiver sendo visualizada pela primeira vez), a condicional precisa verificar se a página atual não é o script logout.php. A função strpos(), que verifica se uma cadeia está localizada dentro de uma outra cadeia, é uma forma fácil de realizar esta tarefa.

3. Salve o arquivo, coloque-o em seu diretório Web (dentro da pasta *includes*) e teste o processo de login/logout em seu navegador **(Figuras 11.11, 11.12 e 11.13).**

✓ **Dicas**

■ Para ver o resultado das chamadas de setcookie() no script logout.php, informe o aviso de cookies em seu navegador **(Figura 11.14).**

■ Devido a um erro na forma como o Internet Explorer no Windows trata os cookies, pode ser necessário definir o parâmetro *host* como false (sem aspas) para que o processo de logout funcione quando estiver desenvolvendo em seu próprio computador (ou seja, por meio de *localhost).*

PHP 6 e MySQL 5 para Web Sites Dinâmicos

- Ao excluir um cookie, você sempre deve utilizar os mesmos parâmetros utilizados para definir o cookie. Se você definir o host e o caminho no cookie de criação, utilize-os novamente no cookie de exclusão.

- Para enfatizar, lembre-se de que a exclusão de um cookie não tem efeito até que a página seja recarregada ou uma outra página seja acessada. Em outras palavras, um cookie ainda estará disponível para uma página após esta ter excluído o cookie.

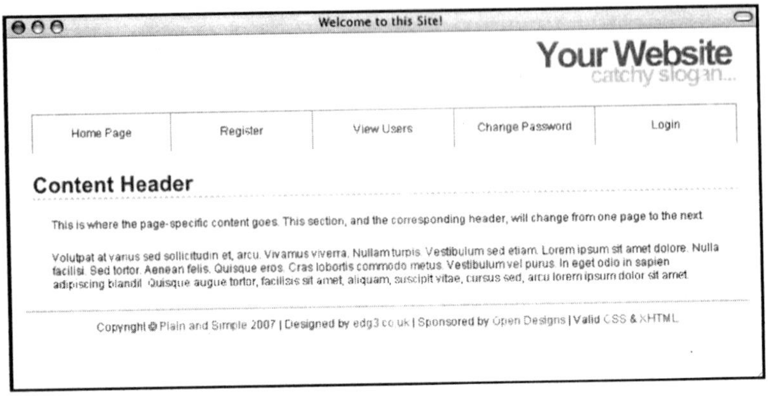

Figura 11.11 *A página inicial com um link* Login.

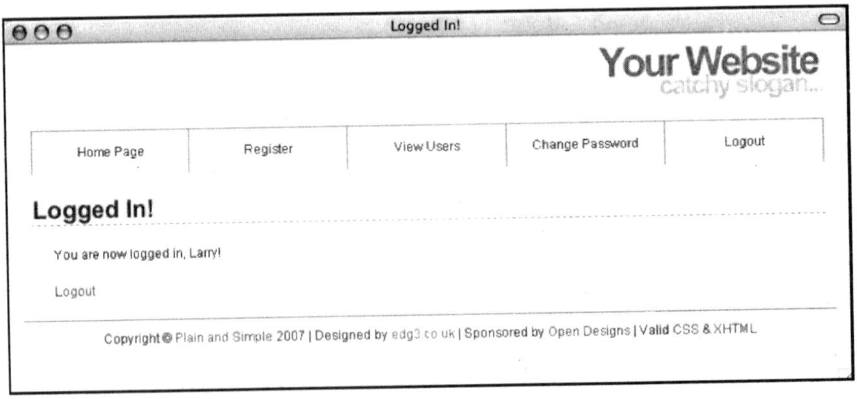

Figura 11.12 *Agora, após o login do usuário,
a página possui um link* Logout.

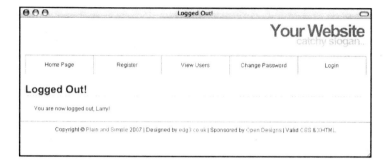

Figura 11.13 O resultado após o logout.

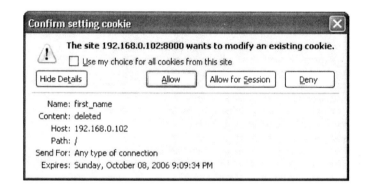

Figura 11.14 Esta é a forma como o cookie de exclusão aparece em uma solicitação do Firefox.

UTILIZANDO SESSÕES

Um outro método de tornar dados disponíveis para várias páginas de um Web site é utilizar *sessões*. A premissa de uma sessão é que os dados sejam armazenados no servidor, não no navegador Web, e um identificador de sessão seja utilizado para localizar o registro de um determinado usuário (os dados da sessão). Este identificador de sessão é, geralmente, armazenado no navegador Web do usuário por meio de um cookie, mas os dados sigilosos — como o ID do usuário, nome, e assim por diante — sempre permanecem no servidor.

Uma questão pode surgir: por que utilizar sessões quando os cookies funcionam bem? Primeiro, as sessões são provavelmente mais seguras, pois as informações registradas são armazenadas no servidor e não são

496 **PHP 6 E MYSQL 5 PARA WEB SITES DINÂMICOS**

enviadas e retornadas continuamente entre o servidor e o cliente. Segundo, você pode armazenar mais dados em uma sessão. Terceiro, alguns usuários rejeitam cookies ou os desativam completamente. As sessões, apesar de projetadas para o trabalho com cookies, também podem funcionar sem eles.

Para demonstrar as sessões — e para compará-las com cookies — vamos reescrever o conjunto de scripts anterior.

Sessões versus Cookies

Este capítulo possui exemplos que realizam as mesmas tarefas — login e logout — utilizando cookies e sessões. Obviamente, ambos são fáceis de utilizar no PHP, mas a verdadeira questão é quando utilizar um ou outro.

As sessões possuem as seguintes vantagens sobre os cookies:

◆ Geralmente, elas são mais seguras (pois os dados são retidos no servidor).

◆ Elas permitem que mais dados sejam armazenados.

◆ Elas podem ser utilizadas sem cookies.

Enquanto os cookies possuem as seguintes vantagens sobre as sessões:

◆ Eles são mais fáceis de programar.

◆ Eles necessitam menos do servidor.

Em geral, para armazenar e resgatar apenas algumas pequenas partes de informações, utilize cookies. Entretanto, para a maioria dos aplicativos Web, utilizarei sessões.

Definindo Variáveis de Sessão

A regra mais importante relacionada às sessões é que cada página que as utilizará deve iniciar chamando a função session_start().Esta função diz ao PHP para iniciar uma nova sessão ou acessar uma sessão existente. Esta função deve ser chamada antes que algo seja enviado para o navegador Web!

Na primeira vez em que ela for utilizada, session_start() tentará enviar um cookie com o nome de *PHPSESSID* (o nome da sessão) e um valor de algo como *a61f8670baa8e90a30c878df89a2074b* (32 letras em

Capítulo 11 – Cookies e Sessões 497

hexadecimal, o ID da sessão). Devido à tentativa de envio de um cookie, session_start() deve ser chamada antes que quaisquer dados sejam enviados para o navegador Web, como é o caso da utilização das funções setcookie() e header().

Assim que a sessão for iniciada, os valores podem ser registrados para a sessão utilizando a sintaxe de matriz normal:

```
$_SESSION['key'] = value;
$_SESSION['name'] = 'Roxanne';
$_SESSION['id'] = 48;
```

Vamos atualizar o script login.php com isto em mente.

Para iniciar uma sessão:

1. Abra o login.php (consulte o Script 11.5) em seu editor de texto ou IDE.
2. Substitua as linhas setcookie() (12 a 14) por estas linhas **(Script 11.8):**

```
session_start();
$_SESSION['user_id'] = $data['user_
➔ id'];
$_SESSION['first_name'] = $data
➔ ['first_name'];
```

A primeira etapa é iniciar a sessão. Como não há uma instrução echo(), inclusões de arquivos HTML ou espaços em branco antes desse ponto no script, será seguro utilizar a função session_start() agora (embora ela também possa ser colocada na parte superior do script). Em seguida, dois pares *chave/valor* são incluídos na matriz superglobal $_SESSION para registrar o primeiro nome e o ID do usuário para a sessao.

3. Salve a página como login.php, coloque-a em seu diretório Web e teste-a em seu navegador **(Figura 11.15).**

Embora o loggedin.php, o cabeçalho e o script precisem ser reescritos, você ainda pode testar o script de login e verificar o cookie resultante **(Figura 11.16).** A página loggedin.php deve redirecioná-lo de volta para a página inicial, pois ela ainda está verificando a presença de uma variável $_COOKIE.

PHP 6 E MySQL 5 para Web Sites Dinâmicos

```php
<?php # Script 11.8 - login.php #3

if (isset($_POST['submitted'])) {

    require_once ('includes/login_functions.inc.php');
    require_once ('../mysqli_connect.php');
    list ($check, $data) = check_login($dbc, $_POST['email'], $_POST['pass']);

    if ($check) { // OK!

        // Set the session data:
        session_start();
        $_SESSION['user_id'] = $data['user_id'];
        $_SESSION['first_name'] = $data['first_name'];

        // Redirect:
        $url = absolute_url ('loggedin.php');
        header("Location: $url");
        exit();

    } else { // Unsuccessful!
        $errors = $data;
    }

    mysqli_close($dbc);

} // End of the main submit conditional

include ('includes/login_page.inc.php');
?>
```

Script 11.8 *Agora, o script login.php utiliza sessões em vez de cookies.*

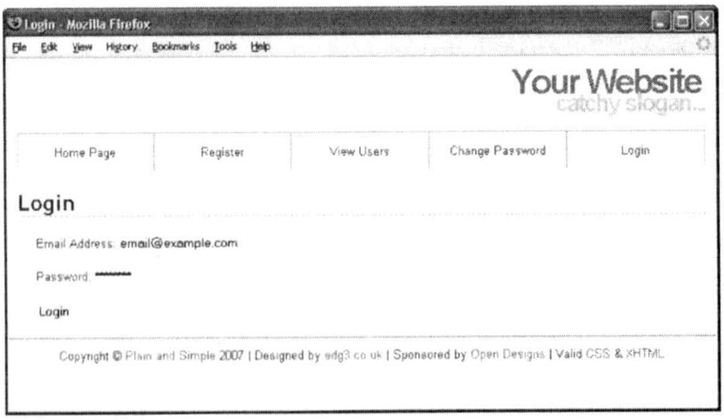

Figura 11.15 *O formulário de login permanece inalterado para o usuário final, mas agora a funcionalidade utiliza sessões.*

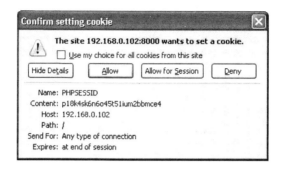

Figura 11.16 Este cookie, criado pela função session_start() do PHP, armazena o ID da sessão.

✓ **Dicas**

- Como as sessões geralmente enviam e lêem cookies, você deve sempre tentar iniciá-los o quanto antes no script. Isso ajuda a evitar o problema de tentar enviar um cookie após o envio dos cabeçalhos (HTML ou espaço em branco).

- Se desejar, você pode definir *session.auto_start* no arquivo php.ini como *1*, tornando desnecessária a utilização de session_start() em cada página. Isso coloca uma carga maior no servidor e, por esse motivo, não deve ser utilizado sem alguma consideração das circunstâncias.

- Você pode armazenar matrizes em sessões (tornando $_SESSION uma matriz multidimensional), como também é possível armazenar cadeias ou números.

Acessando Variáveis de Sessão

Assim que uma sessão é iniciada e as variáveis são registradas, você pode criar outros scripts que acessarão essas variáveis. Para isso, cada script deve, primeiro, ativar sessões utilizando session_start().

Esta função fornecerá ao script atual o acesso à sessão iniciada anteriormente (se ele puder ler o valor *PHPSESSID* armazenado no cookie) ou criará uma nova sessão (se não puder ler o valor). Entenda que se o ID da sessão atual não puder ser encontrado e um novo ID de sessão for gerado, os dados armazenados sob o ID da sessão antiga não estarão disponíveis. Eu mencionei isto aqui e agora porque, se você estiver

500 **PHP 6 e MySQL 5 para Web Sites Dinâmicos**

enfrentando problemas com sessões, a verificação de alteração do ID de sessão de uma página para a próxima é a primeira etapa da depuração.

Assumindo que não houve qualquer problema ao acessar a sessão atual, então, para fazer referência a uma variável de sessão, utilize $_SESSION['var'] da mesma forma que faria referência a qualquer outra matriz.

Para acessar variáveis de sessão:

1. Abra o loggedin.php (consulte o Script 11.4) em seu editor de texto ou IDE.

2. Inclua uma chamada da função session_start() **(Script 11.9)**.

   ```
   session_start();
   ```

   Cada script PHP que define ou acessa variáveis de sessão deve utilizar a função session_start(). Esta linha deve ser chamada antes do arquivo header.html ser incluído e antes que algo seja enviado para o navegador Web.

3. Substitua $_COOKIE por $_SESSION (linhas 6 e 22 do arquivo original).

   ```
   if (!isset($_SESSION['user_id'])) {
   ```

   e

   ```
   echo "<h1>Logged In!</h1>
   <p>You are now logged in, {$_SESSION
   → ['first_name']}!</p>
   <p><a href=\"logout.php\">Logout
   → </a></p>";
   ```

   Alternar um script de cookies para script de sessões necessita apenas que você altere os usos de $_COOKIE para $_SESSION (assumindo que os mesmos nomes tenham sido utilizados).

4. Salve o arquivo como loggedin.php, coloque-o em seu diretório Web e teste-o em seu navegador **(Figura 11.17)**.

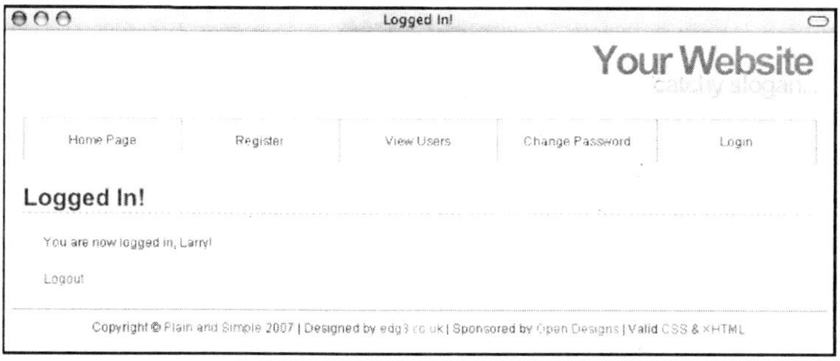

CAPÍTULO 11 – COOKIES E SESSÕES 501

Figura 11.17 Após efetuar login, o usuário é redirecionado para a página loggedin.php, que dará as boas-vindas com o nome do usuário utilizando o valor da sessão armazenado.

```
1    <?php # Script 11.9 - loggedin.php #2
2
3    // The user is redirected here from
     login.php.
4
5    session_start(); // Start the session.
6
7    // If no session value is present,
     redirect the user:
8    if (!isset($_SESSION['user_id'])) {
9        require_once ('includes/login_
         functions.inc.php');
10       $url = absolute_url();
11       header("Location: $url");
12       exit();
13   }
14
15   $page_title = 'Logged In!';
16   include ('includes/header.html');
17
18   // Print a customized message:
19   echo "<h1>Logged In!</h1>
20   <p>You are now logged in  {$_SESSION
     ['first_name']}!</p>
21   <p><a href=\"logout.php\">Logout</a></p>";
22
23   include ('includes/footer.html');
24   ?>
```

Script 11.9 O script loggedin.php é atualizado para que ele faça referência a $_SESSION e não a $_COOKIE (alterações são necessárias em duas linhas).

502 PHP 6 E MySQL 5 PARA WEB SITES DINÂMICOS

Script 11.10 O arquivo header.html agora também faz referência a $_SESSION, em vez de $_COOKIE.

5. Substitua a referência a $_COOKIE por $_SESSION em header.html (do Script 11.7 para o **Script 11.10**).

```
if ( (isset($_SESSION['user_id']))
→ && (!strpos($_SERVER['PHP_SELF'],
→ 'logout.php')) ) {
```

Para que os links *Login/Logout* funcionem adequadamente (observe o link incorreto na Figura 11.17), a referência à variável do cookie dentro do arquivo de cabeçalho deve ser alternada nas sessões. O arquivo de cabeçalho não precisa chamar a função session_start(), pois ele será incluído nas páginas que chamam essa função.

CAPÍTULO 11 – COOKIES E SESSÕES 503

6. Salve o arquivo de cabeçalho, coloque-o em seu diretório Web (na pasta includes) e teste-o em seu navegador **(Figura 11.18)**.

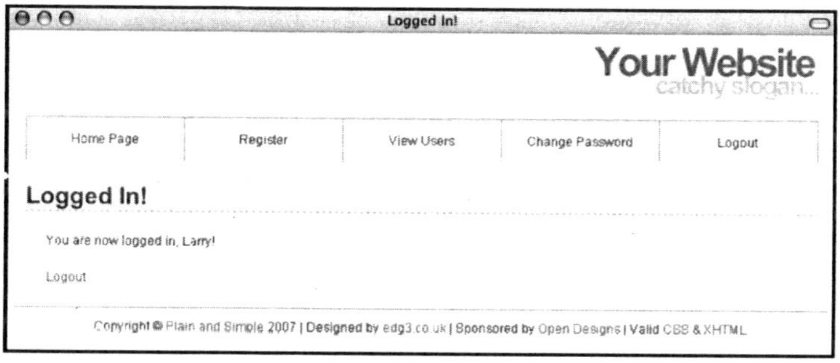

Figura 11.18 *Com o arquivo de cabeçalho alterado para sessões, os links* Login/Logout *apropriados serão exibidos (compare com a Figura 11.17).*

✓ **Dicas**

- Para que os links *Login/Logout* funcionem nas outras páginas (register.php, index.php etc.), será necessário incluir o comando session_start() em cada uma delas.

- Como um lembrete do que disse anteriormente, se você tiver um aplicativo em que os dados de sessão não parecem estar acessíveis de uma página para outra, isso pode ocorrer porque uma nova sessão está sendo criada em cada uma das páginas. Para verificar, compare o ID de sessão (os últimos caracteres do valor serão suficientes) para ver se ele é o mesmo. Você pode ver o ID da sessão visualizando o cookie de sessão quando ele for enviado, ou chamando a função session_id():

```
echo session_id();
```

- As variáveis de sessão estão disponíveis assim que forem estabelecidas. Portanto, diferentemente da utilização de cookies, você pode designar um valor para $_SESSION['var'] e, em seguida, fazer referência a $_SESSION['var'] posteriormente nesse mesmo script.

Coleta de Lixo

A Coleta de Lixo relacionada a sessões é o processo de exclusão de arquivos de sessão (nos quais os dados são armazenados). O ideal é a criação de um sistema de logout que destrói uma sessão, mas não há qualquer garantia de que todos os usuários efetuem formalmente o logout como deveriam. Por este motivo, o PHP possui um processo de limpeza.

Sempre que a função session_start() é chamada, a coleta de lixo do PHP é iniciada, verificando a data da última modificação de cada sessão (uma sessão é modificada sempre que as variáveis são definidas ou resgatadas). Duas definições controlam a coleta de lixo: session.gc_maxlifetime e session.gc_probability. A primeira indica após quantos segundos de inatividade uma sessão é considerada ociosa e, portanto, será excluída. A segunda definição determina a probabilidade em que a coleta de lixo é realizada, em uma escala de 1 a 100. Com as definições padrão, cada chamada de session_start() possui uma chance de um por cento de chamar a coleta de lixo. Se o PHP não iniciar a limpeza, quaisquer sessões que não tenham sido utilizadas por um período maior que 1.440 segundos serão excluídas.

Você pode alterar estas configurações utilizando a função ini_set(), devendo ser cuidadoso nesta tarefa. Uma coleta de lixo muito freqüente ou muito provável pode travar o servidor e intencionalmente finalizar as sessões de usuários mais lentos.

```
● ○ ●                    Script
1   <?php # Script 11.11 - logout.php #2
2   // This page lets the user logout
3
4   session_start(); // Access the existing
    session.
5
6   // If no session variable exists, redirect
    the user:
7   if (!isset($_SESSION['user_id'])) {
8
9      require_once ('includes/login_functions
       inc.php');
10     $url = absolute_url();
11     header("Location: $url");
12     exit();
13
14  } else { // Cancel the session
15
16     $_SESSION = array(); // Clear the
       variables.
17     session_destroy(); // Destroy the
       session itself.
18     setcookie ('PHPSESSID', '', time()-3600,
       '/', '', 0, 0); // Destroy the cookie.
19
20  }
21
22  // Set the page title and include the HTML
    header:
23  $page_title = 'Logged Out!';
24  include ('includes/header.html');
25
26  // Print a customized message:
27  echo "<h1>Logged Out!</h1>
28  <p>You are now logged out!</p>";
29
30  include ('includes/footer.html');
31  ?>
```

Script 11.11 A destruição de uma sessão, conforme faria em uma página de logout, necessita de uma sintaxe especial para excluir o cookie de sessão e os dados da sessão no servidor, assim como limpar a matriz $_SESSION.

Excluindo Variáveis de Sessão

Ao utilizar sessões, você deve criar um método para excluir os dados da sessão. No exemplo atual, isso seria necessário quando o usuário efetuar logout.

Considerando que um sistema de cookies necessita apenas que um outro cookie seja enviado para destruir o cookie existente, as sessões são um pouco mais exigentes, pois existe o cookie no cliente e os dados no servidor a serem considerados.

Para excluir uma variável de sessão individual, você pode utilizar a função unset() (que trabalha com qualquer variável no PHP):

```
unset($_SESSION['var']);
```

Para excluir todas as variáveis de sessão, redefina toda a matriz $_SESSION:

```
$_SESSION = array();
```

Finalmente, para remover todos os dados da sessão que estão no servidor, utilize session_destroy():

```
session_destroy();
```

Observe que, antes de utilizar qualquer um destes métodos, a página deve iniciar com session_ start() para que a sessão existente seja acessada. Vamos atualizar o script logout.php para limpar os dados de sessão.

Para excluir uma sessão:
1. Abra o logout.php (Script 11.6) em seu editor de texto ou IDE.
2. Imediatamente após a linha de abertura PHP, inicie a sessão **(Script 11.11).**

   ```
   session_start();
   ```

   Sempre que estiver utilizando sessões, você deve utilizar a função session_start(), preferivelmente no início de uma página. Isso serve até mesmo se você estiver excluindo uma sessão.

3. Altere a condicional para que ela verifique a presença de uma variável de sessão.

   ```
   if (!isset($_SESSION['user_id'])) {
   ```

   Como no script logout.php nos exemplos de cookies, se o usuário não estiver com o login atualmente efetuado, ele será redirecionado.

Capítulo 11 – Cookies e Sessões

4. Substitua as linhas setcookie() (que excluem os cookies) com

```
$_SESSION = array(); session_destroy();
setcookie ('PHPSESSID', '', time
→ ()-3600, '/', '', 0, 0);
```

A primeira linha aqui redefinirá toda a variável $_SESSION como uma nova matriz, apagando seus valores existentes. A segunda linha remove os dados do servidor, e a terceira envia um novo cookie para substituir o cookie de sessão existente no navegador.

5. Remova a referência a $_COOKIE na mensagem.

```
echo "<h1>Logged Out!</h1>
<p>You are now logged out!</p>";
```

Diferentemente da utilização da versão de cookie do script logout.php, você não pode mais fazer referência ao usuário pelo primeiro nome, pois essa informação foi excluída.

6. Salve o arquivo como logout.php, coloque-o em seu diretório Web e teste-o em seu navegador **(Figura 11.19).**

✓ Dicas

- Nunca defina $_SESSION como NULL e nunca utilize unset($_SESSION). Ambos poderiam causar problemas em alguns servidores.

- Caso não esteja absolutamente claro o que está acontecendo, existem três tipos de informações em uma sessão: o identificador de sessão (que é armazenado em um cookie por padrão), os dados de sessão (que são armazenados em um arquivo de texto no servidor), e a matriz $_SESSION (que é como um script acessa os dados de sessão no arquivo de texto). Excluir o cookie não remove o arquivo de texto e vice-versa. A limpeza da matriz $_SESSION apagaria os dados do arquivo de texto, mas o arquivo ainda existiria, como o cookie. As três etapas descritas neste script de logout removem efetivamente todos os dados da sessão.

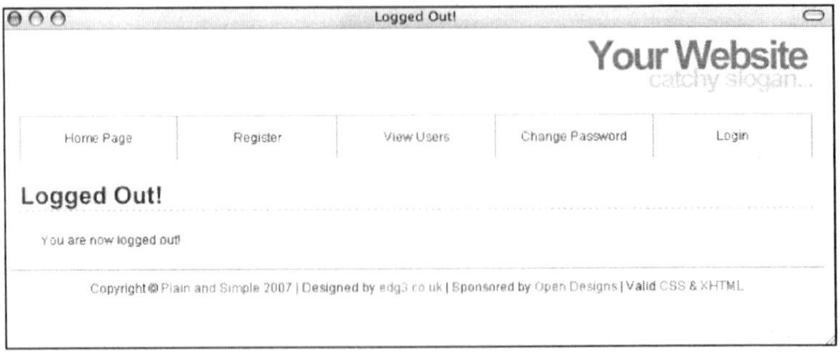

PHP 6 e MySQL 5 para Web Sites Dinâmicos

Figura 11.19 *A página de logout (agora apresentando sessões).*

Alterando o Comportamento da Sessão

Como parte do suporte do PHP para sessões, há mais de 20 opções de configurações diferentes para você escolher como o PHP trata as sessões. Para obter a lista completa, consulte o manual do PHP, mas destacarei aqui algumas das configurações mais importantes. Atenção em duas regras sobre a alteração das definições de sessão:

1. Todas as alterações devem ser realizadas antes da chamada da função session_start().

2. As mesmas alterações devem ser realizadas em todas as páginas que utilizam sessões.

A maioria das configurações pode ser definida dentro de um script PHP utilizando a função ini_set() (discutido no Capítulo 7):

```
ini_set (parâmetro, nova_configuração);
```

Por exemplo, para exigir a utilização de um cookie de sessão (conforme mencionado, as sessões podem trabalhar sem cookies, mas é menos seguro), utilize ini_set ('session.use_only_cookies', 1);

Uma outra alteração que pode ser realizada é no nome da sessão (talvez para utilizar um nome mais amigável). Para isso, utilize a função session_name().

```
session_name('YourSession');
```

Os benefícios da criação do seu próprio nome de sessão são dois: é um pouco mais seguro e pode ser melhor recebido pelo usuário final (pois

CAPÍTULO 11 – COOKIES E SESSÕES   509

o nome da sessão é o nome do cookie que o usuário final verá). A função session_name() também pode ser utilizada ao excluir o cookie de sessão:

```
setcookie (session_name(), '', time()-3600);
```

Finalmente, também existe a função session_set_cookie_params(). Ela é utilizada para determinar as definições do cookie de sessão.

```
session_set_cookie_params(expiração, caminho, host,
segurança, httponly);
```

Observe que o tempo de expiração do cookie se refere apenas à sua longevidade no navegador Web, não para quanto tempo os dados de sessão ficarão armazenados no servidor.

MELHORANDO A SEGURANÇA DA SESSÃO

Como as informações importantes são geralmente armazenadas em uma sessão (você nunca deve armazenar dados sigilosos em um cookie), a segurança se torna um problema sério. Com as sessões, há duas coisas nas quais você deve prestar atenção: o ID de sessão, que é um ponto de referência para os dados de sessão, e os próprios dados de sessão armazenados no servidor. É muito mais provável que uma pessoa mal-intencionada realize um ataque em uma sessão por meio do ID de sessão do que os dados no servidor, portanto darei foco nesse aspecto aqui (nas dicas ao final desta seção menciono duas formas de proteger os dados de sessão).

O ID de sessão é a chave para os dados de sessão. Por padrão, o PHP armazenará este ID em um cookie, o que é preferível a partir do ponto de vista da segurança. No PHP, é possível utilizar sessões sem cookies, mas isso torna o aplicativo vulnerável ao *seqüestro de sessão:* Se eu puder descobrir o ID de sessão de um outro usuário, poderei facilmente enganar um servidor para que ele pense que o ID de sessão de outro usuário é *meu* ID de sessão. Nesse ponto, assumiria efetivamente o controle de toda a sessão do usuário original e teria acesso aos seus dados. Portanto, armazenar o ID de sessão em um cookie torna um pouco mais difícil o seu roubo.

510 PHP 6 E MYSQL 5 PARA WEB SITES DINÂMICOS

Um método para evitar o seqüestro é armazenar algum tipo de identificador de usuário na sessão e, em seguida, consultar repetidamente este valor. O valor de *HTTP_USER_AGENT* — uma combinação do navegador e o sistema operacional sendo utilizados — é um provável candidato para essa finalidade. Isso acrescenta uma camada de segurança, pois alguém só conseguiria interceptar a sessão de um outro usuário se estivesse utilizando exatamente o mesmo navegador e o mesmo sistema operacional. Como demonstração, vamos modificar os exemplos uma última vez.

```php
1   <?php # Script 11.12 - login.php #4
2
3   if (isset($_POST['submitted'])) {
4
5       require_once ('includes/login_functions.inc.php');
6       require_once ('../mysqli_connect.php');
7       list ($check, $data) = check_login($dbc, $_POST['email'], $_POST['pass']);
8
9       if ($check) { // OK!
10
11          // Set the session data:
12          session_start();
13          $_SESSION['user_id'] = $data['user_id'];
14          $_SESSION['first_name'] = $data['first_name'];
15
16          // Store the HTTP_USER_AGENT:
17          $_SESSION['agent'] = md5($_SERVER['HTTP_USER_AGENT']);
18
19          // Redirect:
20          $url = absolute_url ('loggedin.php');
21          header("Location: $url");
22          exit();
23
24      } else { // Unsuccessful!
25          $errors = $data;
26      }
27
28      mysqli_close($dbc);
29
30  } // End of the main submit conditional
31
32  include ('includes/login_page.inc.php');
33  ?>
```

Script 11.12 *Esta versão final do script login.php também armazena uma forma criptografada de HTTP_USER_AGENT (o navegador e o sistema operacional do cliente) do usuário em uma sessão.*

CAPÍTULO 11 – COOKIES E SESSÕES   511

```php
1   <?php # Script 11.13 - loggedin.php #3
2
3   // The user is redirected here from
    login.php.
4
5   session_start(); // Start the session.
6
7   // If no session value is present,
    redirect the user:
8   // Also validate the HTTP_USER_AGENT!
9   if (!isset($_SESSION['agent']) OR
    ($_SESSION['agent'] != md5($_SERVER
    ['HTTP_USER_AGENT']) ) {
10      require_once ('includes/login_
        functions.inc.php');
11      $url = absolute_url();
12      header("Location: $url");
13      exit();
14  }
15
16  $page_title = 'Logged In!';
17  include ('includes/header.html');
18
19  // Print a customized message:
20  echo "<h1>Logged In!</h1>
21  <p>You are now logged in,
    {$_SESSION['first_name']}!</p>
22  <p><a href=\"logout.php\">Logout
    </a></p>";
23
24  include ('includes/footer.html');
25  ?>
```

Script 11.13 *Agora, este script loggedin.php confirma
se o usuário que está acessando esta página possui o mesmo
HTTP_USER_AGENT que existia quando efetuou login.*

Para utilizar sessões de forma mais segura:

1. Abra o login.php (consulte o Script 11.8) em seu editor de texto ou IDE.

2. Após designar as variáveis da outra sessão, armazene também o valor de *HTTP_USER_AGENT* (**Script 11.12**).

   ```php
   $_SESSION['agent'] = md5($_SERVER
   ➜ ['HTTP_USER_AGENT']);
   ```

   O valor de *HTTP_USER_AGENT* é parte da matriz $_SERVER (você talvez recorde sua utilização consultando o Capítulo 1, "Introdução ao PHP"). Ele terá um valor semelhante a *Mozilla/4.0 (compatible; MSIE 6.0; Windows NT 5.0;• .NET CLR 1.1.4322).*

512   **PHP 6 E MySQL 5 PARA WEB SITES DINÂMICOS**

Em vez de armazenar este valor na sessão na forma como se encontra, ele passará pela função md5() para aumentar a segurança. Essa função retorna uma cadeia hexadecimal de 32 caracteres (chamada de *hash)* com base em um valor. Em teoria, duas cadeias não terão o mesmo resultado de md5().

3. Salve o arquivo e coloque-o em seu diretório Web.

4. Abra o loggedin.php (Script 11.9) em seu editor de texto ou IDE.

5. Altere a condicional de !isset($_SESSION['user_id']) para **(Script 11.13)**.

```
if (!isset($_SESSION['agent']) OR
→ ($_SESSION['agent'] != md5($_SERVER
→ ['HTTP_USER_AGENT']) ) {
```

Esta condicional verifica duas coisas. Primeiro, ela verifica se a variável $_SESSION['agent'] não está definida (esta parte é exatamente como era antes, embora *agent* esteja sendo utilizado em vez de *user_id)*. A segunda parte da condicional verifica se a versão de md5() da $_SERVER['HTTP_USER_AGENT'] não é igual ao valor armazenado em $_SESSION['agent']. Se uma destas condições for verdadeira, o usuário será redirecionado.

6. Salve este arquivo, coloque-o em seu diretório Web e teste-o em seu navegador efetuando o login.

✓ **Dicas**

■ Para utilizações críticas das sessões, exija a utilização de cookies e transmita-os por meio de uma conexão segura, sempre que possível. Você pode, até mesmo, configurar o PHP para utilizar apenas definindo *session.use_only_cookies* como *1* (este é o padrão no PHP 6).

■ Se estiver utilizando um servidor compartilhado com outros domínios, alterar *session.save_path* de sua definição padrão — que é acessível por todos os usuários — será mais seguro.

■ Os dados de sessão podem ser armazenados em um banco de dados em vez de armazenados em um arquivo de texto. Esta é uma opção mais segura, mas que exige maior programação. Eu ensino como fazê-lo em meu livro *PHP 5 Advanced: Visual QuickPro Guide.*

CAPÍTULO 11 – COOKIES E SESSÕES   513

- O endereço IP do usuário (o endereço de rede a partir do qual o usuário está se conectando) *não* é um bom identificador exclusivo, por duas razões. Primeiro, um endereço de IP do usuário normalmente pode ser alterado com freqüência (ISPs os definem de forma dinâmica por curtos períodos de tempo). Segundo, com muitos usuários acessando um site a partir da mesma rede (como uma rede residencial ou em um escritório), todos poderiam ter o mesmo endereço IP.

Evitando Fixação de Sessão

Um outro tipo específico de ataque de sessão é conhecido como *fixação de sessão*. Este tipo de ataque é onde um usuário mal-intencionado especifica o ID da sessão que um outro usuário deveria utilizar. Este ID de sessão poderia ser gerado aleatoriamente ou criado de forma legítima. Em qualquer caso, o usuário verdadeiro acessará o site utilizando o ID de sessão fixo e poderá fazer o que desejar. Então, o usuário mal-intencionado poderá acessar essa sessão porque ele sabe qual é o seu ID. Você pode ajudar a proteger o site contra esses tipos de ataques alterando o ID de sessão após um usuário efetuar login. A função session_regenerate_id() faz exatamente isso, fornecendo um novo ID de sessão para referência aos dados de sessão atuais. Você pode utilizar esta função em sites onde a segurança é primordial (como e-commerce ou transações bancárias on-line), ou em situações que seria ruim se determinados usuários (ou seja, administradores) tivessem suas sessões manipuladas.

Capítulo 12

Métodos de Segurança

A segurança de seus aplicativos Web é um tópico tão importante que nunca é demais abordá-lo. Embora as questões relacionadas à segurança tenham sido mencionadas ao longo deste livro, este capítulo ajudará a preencher determinadas lacunas e concluir outros pontos.

O conceito mais importante a ser compreendido sobre segurança é que ela não é um estado binário: não imagine um Web site ou script como sendo *seguro* ou *não seguro*. Segurança não é um interruptor que você liga e desliga; é uma escala que você move para cima e para baixo. Ao programar, pense no que pode ser feito para tornar seu site *mais seguro* e no que tem feito que o torna *menos seguro*. Além disso, tenha em mente que uma maior segurança geralmente resulta em menor conveniência (para você, o programador, e para o usuário final) e desempenho. Normalmente, maior segurança significa mais codificação, mais verificações e mais necessidade do servidor. Ao desenvolver aplicativos Web, pense sobre estas considerações e tome as decisões certas — para a situação específica — desde o início.

Os tópicos discutidos aqui são: impedindo spam; utilizando typecasting; impedindo ataques XSS (cross-site scripting) e ataques de injeção SQL; e segurança de banco de dados. Este capítulo utilizará diversos exemplos

516   **PHP 6 E MYSQL 5 PARA WEB SITES DINÂMICOS**

discretos para demonstrar melhor estes conceitos. Algumas outras questões comuns sobre segurança e boas práticas também serão mencionadas em quadros laterais.

IMPEDINDO SPAM

Spam é o mesmo que uma peste que dosorganiza a Internet e nossas caixas de entrada de e-mails. Há etapas que você pode realizar para evitar o recebimento de spam em suas contas de e-mail, mas neste livro o foco está no impedimento do envio de spam por meio de seus scripts PHP.

O Capítulo 10, "Desenvolvimento de Aplicativos Web", mostra como é fácil enviar e-mail utilizando a função mail() do PHP. O exemplo no Capítulo 10, um formulário de contato, obteve algumas informações do usuário **(Figura 12.1)** e as enviou para um endereço de e-mail. Embora pareça não existir qualquer problema neste sistema, na realidade há um grande buraco na segurança. Mas, primeiro, algumas informações sobre o que é realmente um e-mail.

Independentemente de como é enviado, como é formatado e a sua aparência quando é recebido, um e-mail contém duas partes: um cabeçalho e um corpo. O cabeçalho inclui informações como os endereços *para* e *de*, o assunto, a data e outras **(Figura 12.2)**. Cada item no cabeçalho está em sua própria linha, no formato *Nome: valor*. O corpo do e-mail é exatamente o que você acha que é: o corpo do e-mail.

Ao observar a função mail() do PHP—mail *(para, assunto, corpo, [cabeçalhos]);* — você poderá ver que um dos argumentos é destinado ao corpo do e-mail, e o restante aparece no cabeçalho. Para enviar spam para o seu endereço (como no exemplo do Capítulo 10), tudo o que uma pessoa precisaria fazer seria inserir a mensagem de spam na seção de comentários do formulário (Figura 12.1). Isso já seria suficientemente ruim, mas para enviar spam para qualquer outra pessoa ao mesmo tempo, tudo o que o usuário deveria fazer seria incluir *Bcc: poorsap@example.org,* seguido por algum tipo de finalizador de linha (como uma nova linha ou um retorno de carro), no cabeçalho do e-mail. Com o exemplo na forma em que se encontra, isso significa inserir no valor *from* do formulário de contato o seguinte: *me@example.com\nBcc:poorsap@example.org.*

Você pode achar que proteger tudo que é inserido em um cabeçalho de e-mail será suficientemente seguro, mas como um e-mail é apenas um documento, uma entrada ruim em um corpo de mensagem pode impactar o cabeçalho.

CAPÍTULO 12 – MÉTODOS DE SEGURANÇA 517

Há algumas técnicas preventivas. Primeiro, valide qualquer endereço de e-mail utilizando expressões comuns. O Capítulo 13, "Expressões Comuns Compatíveis com Perl", aborda este assunto.

Figura 12.1 Um formulário de contato HTML padrão simples.

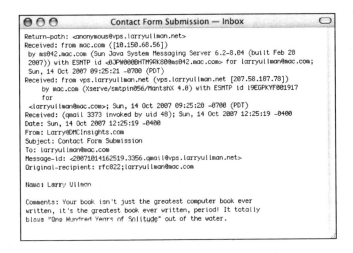

Figura 12.2 A versão não formatada do e-mail enviado pelo formulário de contato (Figura 12.1).

518 **PHP 6 E MySQL 5 para Web Sites Dinâmicos**

Tabela 12.1 A presença de qualquer um destas cadeias de caracteres em um envio de formulário é, provavelmente, um indicador de que alguém está tentando enviar spam por meio de seu site. As quatro últimas cadeias são todas formas diferentes de criar novas linhas.

Indicações de Spam
Caracteres
content-type:
mime-version:
multipart-mixed:
content-transfer-encoding:
bcc:
cc:
to:
\r
\n
%0a
%0d

Segundo, agora que você sabe o que alguém mal-intencionado deve inserir para enviar spam **(Tabela 12.1)**, procure por esses caracteres nos valores de formulários. Se um valor contiver qualquer item dessa lista, não utilize esse valor.

Neste próximo exemplo, uma modificação no script de e-mail do Capítulo 10, definirei uma função que remove todos os caracteres potencialmente perigosos dos dados. Duas novas funções PHP também serão utilizadas: str_replace() e array_map(). Ambas serão explicadas em detalhes nas etapas a seguir.

Capítulo 12 – Métodos de Segurança

```php
1  <!DOCTYPE html PUBLIC "-//W3C//DTD XHTML
      1.0 Transitional//EN"
2     "http://www.w3.org/TR/xhtml1/DTD/
      xhtml1-transitional.dtd">
3  <html xmlns="http://www.w3.org/1999/
      xhtml" xml:lang="en" lang="en">
4  <head>
5     <meta http-equiv="content-type" content=
      "text/html; charset=iso-8859-1" />
6     <title>Contact Me</title>
7  </head>
8  <body>
9  <h1>Contact Me</h1>
10 <?php # Script 12.1 - email.php #2
11
12 // Check for form submission:
13 if (isset($_POST['submitted'])) {
14
15    /* The function takes one argument: a
      string.
16    * The function returns a clean version
      of the string.
17    * The clean version may be either an
      empty string or
18    * just the removal of all newline
      characters
19    */
20 function spam_scrubber($value) {
21
22    // List of very bad values.
23    $very_bad = array('to:', 'cc:', 'bcc:',
      'content-type:', 'mime-version:',
      'multipart-mixed:', 'content-
      transfer-encoding:');
24
25    // If any of the very bad strings are in
26    // the submitted value, return an empty
      string.
27    foreach ($very_bad as $v) {
28       if (stripos($value, $v) !== false)
          return '';
29    }
30
31    // Replace any newline characters with
      spaces:
32    $value = str_replace(array( "\r", "\n",
      "%0a", "%0d"), ' ', $value);
33
34    // Return the value:
35    return trim($value);
36
37 } // End of spam_scrubber() function.
38
39    // Clean the form data:
40    $scrubbed = array_map('spam_scrubber',
      $_POST);
41
42    // Minimal form validation:
43    if (!empty($scrubbed['name']) &&
      !empty($scrubbed['email']) &&
      !empty($scrubbed['comments']) ) {
44
45       // Create the body:
46       $body = "Name: {$scrubbed['name']}
      \n\nComments: {$scrubbed['comments']}";
47       $body = wordwrap($body, 70);
48
49       // Send the email:
50       mail('your_email@example.com',
      'Contact Form Submission', $body,
      "From: {$scrubbed['email']}");
51
52       // Print a message:
53       echo '<p><em>Thank you for contacting
      me. I will reply some day.</em></p>';
54
55       // Clear $_POST (so that the form's
      not sticky):
56       $_POST = array();
57
58    } else {
59       echo '<p style="font-weight: bold;
      color: #C00;">Please fill out the form
      completely.</p>';
60    }
61
62 } // End of main isset() IF.
63 ?>
64 <p>Please fill out this form to contact
      me.</p>
65 <form action="email.php" method="post">
66    <p>Name: <input type="text" name="name"
      size="30" maxlength="60" value="<?php if
      (isset($_POST['name'])) echo
      $_POST['name']; ?>" /></p>
67    <p>Email Address: <input type="text"
      name="email" size="30" maxlength="80"
      value="<?php if (isset($_POST['email']))
      echo $_POST['email']; ?>" /></p>
68    <p>Comments: <textarea name="comments"
      rows="5" cols="30"><?php if (isset
      ($_POST['comments'])) echo $_POST
      ['comments']; ?></textarea></p>
69    <p><input type="submit" name="submit"
      value="Send!" /></p>
70    <input type="hidden" name="submitted"
      value="TRUE" />
71 </form>
72 </body>
73 </html>
```

Script 12.1 Esta versão do script agora pode enviar e-mails de forma segura sem preocupações com spam. Quaisquer caracteres problemáticos serão capturados pela função spam_scrubber().

Para evitar spam:

1. Abra o email.php (Script 10.1) em seu editor de texto ou IDE.

   Para concluir esta eliminação de spam, o script de e-mail precisa ser modificado.

2. Após verificar se o formulário foi enviado, comece definindo uma função **(Script 12.1)**.

```php
function spam_scrubber($value) {
```

Esta função assumirá um argumento: uma cadeia.

PHP 6 e MySQL 5 para Web Sites Dinâmicos

3. Crie uma lista de itens realmente ruins que não deveriam estar em um envio de formulário de contato válido.

```
$very_bad = array('to:', 'cc:',
→ 'bcc:', 'content-type:', 'mime-
→ version:', 'multipart-mixed:',
→ 'content-transfer-encoding:');
```

Nenhuma dessas cadeias deve estar presente em um envio de formulário de contato bem-intencionado (é possível que alguém talvez utilize *to:* de forma válida em seus comentários, porém, é improvável). Se alguma destas cadeias estiver presente, então esta será uma tentativa de spam. Para tornar mais fácil o teste de todos estes itens, eles são colocados em uma matriz, que sofrerá um loop (Etapa 4).

4. Realize um loop pela matriz. Se algum item muito ruim for encontrado, retorne uma cadeia vazia.

```
foreach ($very_bad as $v) {
  if (stripos($value, $v) !==
  → false) return '';
}
```

O loop foreach acessará cada item em $very_bad, um por vez. No loop, a função stripos() verificará se o item está na cadeia fornecida para esta função como $value. A função stripos() realiza uma procura sem distinção de maiúsculas e minúsculas (assim, ele corresponderia com *bcc:, Bcc:, bCC:* etc.). Na primeira vez em que qualquer um destes itens for encontrado no valor enviado, a função retornará uma cadeia vazia e o finalizará (as funções automaticamente param a execução assim que alcançam um return).

5. Substitua quaisquer caracteres de nova linha por espaços.

```
$value = str_replace(array("\r",
→ "\n", "%0a", "%0d"), ' ', $value);
```

Os caracteres de nova linha, que são representados por \r, \n, %0a e %0d, podem, ou não, ser problemáticos. Um caractere de nova linha é necessário para enviar spam (ou não conseguirá criar o cabeçalho adequado), mas também aparecerá se um usuário sim-

CAPÍTULO 12 – MÉTODOS DE SEGURANÇA   521

plesmente pressionar Enter enquanto estiver digitando em uma caixa de área de texto. Por este motivo, quaisquer novas linhas encontradas serão simplesmente substituídas por um espaço. Isso significa que o valor enviado poderá perder parte de sua formatação, mas esse é um preço razoável pelo impedimento do spam.

A função str_replace() consulta o valor no terceiro argumento e substitui quaisquer ocorrências dos caracteres no primeiro argumento com o caractere (ou caracteres) no segundo argumento. Ou, como o manual do PHP indica:

```
mixed str_replace (mixed $search,
→ mixed $replace, mixed $subject)
```

Esta função é bastante flexível, pois pode assumir cadeias ou matrizes como seus três argumentos (*mixed* significa que ela aceita uma mistura de tipos de argumentos). Portanto, esta linha de código no script atribui à variável $value seu valor original, com qualquer caractere de nova linha substituído por um único espaço.

Há uma versão sem distinção entre maiúsculas e minúsculas desta função, mas não é necessária, pois, por exemplo, \r é um retorno de carro, mas \R não.

6. Retorne o valor e finalize a função.

```
return trim($value);
} // Fim da função spam_scrubber().
```

Finalmente, esta função retorna o valor, sem qualquer espaço à esquerda ou à direita. Tenha em mente que a função só chegará neste ponto se nenhum dos itens muito ruins for encontrado.

7. Após a definição da função, chame a função spam_scrubber().

```
$scrubbed = array_map('spam_
→ scrubber', $_POST);
```

Demonstrei esta técnica no fórum de suporte do livro (www.DMCInsights.com/phorum/), e acho que a simplicidade desta linha confunde muitas pessoas. A função array_map() possui dois argumentos obrigatórios. O primeiro é o nome da função a ser chamada. Neste caso, a função é *spam_scrubber* (sem os parêntesis,

PHP 6 e MySQL 5 para Web Sites Dinâmicos

pois você está fornecendo o nome da função, e não chamando-a). O segundo argumento é uma matriz.

O que a função array_map() faz é chamar a função denominada uma vez para cada elemento da matriz, enviando cada valor do elemento da matriz para essa função. Neste script, $_POST possui cinco elementos: *name, email, comments, submit* e *submitted.* Após esta linha de código, a matriz $scrubbed obterá cinco elementos: $scrubbed ['name'] terá o valor de $_POST ['name'] após processada por spam_scrubber(); $scrubbed['email'] terá o mesmo valor que $_POST['email'] após processada por spam_scrubber(); e assim por diante.

Então, esta linha de código assume uma matriz inteira de dados potencialmente contaminados ($_POST) e os limpa utilizando spam_scrubber(),atribuindo o resultado a uma nova variável. E aqui vai o mais importante: a partir de agora, o script utilizará a matriz $scrubbed, que está limpa, não $_POST, que está potencialmente contaminada.

8. Altere a validação do formulário para utilização desta nova matriz.

```
if (!empty($scrubbed['name']) &&
→ !empty($scrubbed['email']) &&
→ !empty($scrubbed['comments']) ) {
```

Cada um destes elementos poderá ter um valor vazio por duas razões. Primeiro, se o usuário os deixou vazios. Segundo, se o usuário digitou uma das cadeias ruins no campo, que será transformada em uma cadeia vazia pela função spam_scrubber().

9. Altere a criação da variável $body para que ela utilize os valores limpos.

```
$body = "Name: {$scrubbed['name']}
→ \n\nComments: {$scrubbed
→ ['comments']}";
```

Capítulo 12 – Métodos de Segurança   523

Figura 12.3 A presença de cc: no campo de endereço de e-mails evitará que este formulário seja enviado em um e-mail (consulte a Figura 12.4).

Figura 12.4 O e-mail não foi enviado devido aos caracteres muito ruins utilizados no endereço de e-mail.

Figura 12.5 Embora o campo de comentários contenha caracteres de nova linha (criados pressionando Enter ou Return), o e-mail ainda será enviado (Figura 12.6).

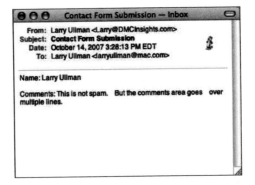

Figura 12.6 O e-mail recebido, com as novas linhas nos comentários (Figura 12.5) transformadas em espaços.

10. Altere a chamada da função mail() para utilizar o endereço de e-mail limpo.

```
mail('your_email@example.com',
→   'Contact Form Submission', $body,
→   "From: {$scrubbed['email']}");
```

11. Salve o script como email.php, coloque-o em seu diretório Web e teste-o em seu navegador **(Figuras 12.3, 12.4, 12.5 e 12.6).**

CAPÍTULO 12 – MÉTODOS DE SEGURANÇA   525

✓ Dicas

■ Utilizar a função array_map() conforme apresentada neste exemplo é conveniente, mas tem suas desvantagens. Primeiro, ela aplica de forma direta a função spam_scrubber() para toda a matriz $_POST, até mesmo para o botão de envio e para a entrada oculta de formulário. Isto não é prejudicial, mas é desnecessário. Segundo, qualquer matriz multidimensional dentro de $_POST será perdida. Neste exemplo específico, isso não é um problema, mas é algo do qual você deve estar ciente.

■ Para evitar envios automatizados para qualquer formulário, você poderá utilizar um teste de CAPTCHA. Os CAPTCHAs são representações que podem ser compreendidas apenas por humanos (em teoria). Apesar de um CAPTCHA geralmente ser constituído de uma imagem de caracteres aleatórios, o mesmo pode ser conseguido utilizando a pergunta *Quanto é dois mais dois?* ou *Em qual continente está a China?*. A verificação da resposta correta para esta questão seria, então, parte da rotina de validação.

■ Se desejar, você poderá alterar o formulário com preservação de dados para que ele faça referência aos valores da matriz $scrubbed, e não às matrizes $_POST originais.

Mais Recomendações de Segurança

Este capítulo aborda muitas técnicas específicas para melhoria de sua segurança na Web. A seguir, você encontra algumas outras recomendações:

◆ Sempre estude, siga e atue de acordo com as recomendações de segurança. Não dependa apenas dos conselhos de um capítulo, um livro ou um autor.

◆ Não utilize nomes fornecidos pelo usuário para os arquivos transferidos por upload. Você encontrará uma alternativa para isso no Capítulo 17, "Exemplo — E-Commerce."

◆ Observe como as referências de bancos de dados são utilizadas. Por exemplo, se o ID de usuário de uma pessoa for sua chave primária do banco de dados e estiver armazenado em um cookie (como no Capítulo 11, "Cookies e Sessões"), um usuário mal-intencionado precisaria apenas alterar o valor desse cookie para acessar a conta de um outro usuário.

526   PHP 6 e MySQL 5 para Web Sites Dinâmicos

◆ Não exiba mensagens de erro detalhadas (este assunto foi abordado no Capítulo 7, "Manipulação e Depuração de Erros").

◆ Utilize criptografia (este assunto é abordado no final do capítulo em relação a bancos de dados, e em meu livro *PHP 5 Advanced: Visual QuickPro Guide* (Peachpit Press, 2007) em relação a servidores).

◆ Não armazene números de cartões de crédito, números de seguridade social, informações bancárias e outras informações sigilosas. A única exceção seria se você tem dinheiro suficiente para pagar pela melhor segurança e para cobrir os processos judiciais gerados quando esses dados são roubados do seu site (o que inevitavelmente acontecerá).

◆ Utilize SSL, se apropriado. Uma conexão segura é uma das melhores proteções que um servidor pode oferecer a um usuário.

◆ Proteja de forma confiável e consistente cada página e diretório que necessite de proteção. Nunca assuma que as pessoas não encontrarão áreas críticas simplesmente porque não há um link até elas. Se o acesso a uma página ou diretório deve ser limitado, certifique-se de que ele realmente seja limitado.

Minha recomendação final é estar ciente de suas próprias limitações. Como programador, você provavelmente aborda um script pensando como ele *deve ser* utilizado. Isso não é o mesmo que pensar como ele *será* utilizado, acidentalmente ou com uma determinada finalidade. Tente violar seu site para ver o que acontece. Realize ações ruins, trabalhe de forma incorreta. Peça para que outras pessoas também tentem violar o site (normalmente é fácil encontrar tais voluntários). Ao codificar, se você assumir que ninguém utilizará uma página de forma adequada, será muito mais seguro do que se você assumir que as pessoas sempre utilizarão a página apropriadamente.

Validando Dados pelo Tipo

A maior parte da validação de formulário utilizada neste livro, até então, tem sido bastante pequena, geralmente verificando apenas se uma variável possui algum valor. Em muitas situações, isso é o melhor que você pode fazer. Por exemplo, não há um teste perfeito para identificar o que é um endereço residencial válido ou o que um usuário pode digitar em um campo de comentários. Ainda assim, muitos dos dados com os quais você

CAPÍTULO 12 – MÉTODOS DE SEGURANÇA   527

trabalhará podem ser validados de formas mais rígidas. No próximo capítulo, o conceito sofisticado de expressões comuns demonstrará exatamente isso. Mas aqui discutirei as formas mais abordáveis com as quais você pode validar alguns dados pelo tipo.

Duas Abordagens de Validação

Uma grande parte da segurança tem como base a validação: se os dados vêm de fora do script — provenientes de formulários HTML, da URL, cookies, sessões ou até mesmo de um banco de dados —, eles não podem ser confiáveis. Há dois tipos de validação: *lista branca* e *lista negra*. No exemplo da calculadora, sabemos que todos os valores devem ser positivos, que todos devem ser números, e que a quantidade deve ser um número inteiro (os outros dois números podem ser números inteiros ou flutuantes; não faz diferença). O typecasting força as entradas para que sejam apenas números, e uma verificação confirma se eles são positivos. Neste ponto, a suposição é de que a entrada seja válida. Esta é uma abordagem de lista branca: estes valores são válidos; qualquer coisa diferente é inválida.

O exemplo de prevenção contra o spam utiliza uma abordagem de lista negra. Aquele script sabe exatamente quais caracteres são inválidos e invalida a entrada que os contém. Qualquer outra entrada é considerada válida.

Muitos especialistas em segurança preferem a abordagem de lista branca, mas ela nem sempre pode ser utilizada. O exemplo indicará qual abordagem funcionará melhor, mas é importante utilizar uma ou outra. Não assuma simplesmente que os dados estão seguros sem algum tipo de validação.

O PHP suporta muitos tipos de dados: cadeias, números (inteiros e flutuantes), matrizes, e assim por diante. Para cada um desses, há uma função específica que verifica se uma variável é desse tipo **(Tabela 12.2)**. Você provavelmente já viu a função is_numeric() em ação nos capítulos anteriores, e a função is_array() é excelente para confirmação do tipo de uma variável antes de tentar utilizá-la em um loop foreach.

528 PHP 6 e MySQL 5 para Web Sites Dinâmicos

No PHP, você pode até alterar o tipo de uma variável, após ela receber um valor atribuído. Isso é chamado de *typecasting* e é realizado precedendo o nome de uma variável com o tipo em parêntesis:

```
$var = 20.2;
echo (int) $var; // 20
```

Dependendo do tipo original e do tipo de destino, o PHP converterá o valor da variável de forma apropriada:

```
$var = 20;
echo (float) $var; // 20.0
```

Tabela 12.2 Estas funções retornam TRUE se a variável enviada for de um determinado tipo e FALSE em outra situação.

Funções de Validação de Tipo	
Função	**Verifica Por**
is_array()	Matrizes
is_bool()	Valores booleanos (TRUE, FALSE)
is_float()	Números de ponto flutuante
is_int()	Números inteiros
is_null()	NULLs
is_numeric()	Valores numéricos, até mesmo como uma cadeia (por exemplo, '20')
is_resource()	Recursos, como uma conexão com o banco de dados
is_scalar()	Variáveis escalares (com valor único)
is_string()	Cadeias

Com valores numéricos, a conversão é direta, mas com outros tipos de variáveis, são aplicadas regras mais complexas:

```
$var = 'trout';
echo (int) $var; // 0
```

Na maioria das situações, não é necessário mudar uma variável de um tipo para um outro, pois o PHP realizará esta tarefa freqüentemente, conforme necessário. Mas forçar a mudança do tipo de uma variável pode ser uma boa medida de segurança em seus aplicativos Web. Para mostrar como você pode utilizar esta idéia, vamos criar um script de calculadora

CAPÍTULO 12 – MÉTODOS DE SEGURANÇA   529

para determinar o valor total da compra de um item, semelhante ao script definido nos capítulos anteriores.

Para utilizar o typecasting:

1. Crie um novo documento PHP em seu editor de texto ou IDE (**Script 12.2**).

```
<!DOCTYPE html PUBLIC "-//W3C//DTD
➔ XHTML 1.0 Transitional//EN"
"http://www.w3.org/TR/xhtml1/DTD/xhtm
➔ l1-transitional.dtd">
<html xmlns="http://www.w3.org/1999/
➔ xhtml" xml:lang="en" lang="en">
<head>
    <meta http-equiv="content-type"
    ➔ content="text/html; charset=
    ➔ iso-8859-1" />
    <title>Widget Cost Calculator</
    ➔ title>
</head>
<body>
<?php # Script 12.2 - calculator.php
```

2. Verifique se o formulário foi enviado.

```
if (isset($_POST['submitted'])) {
```

Como em muitos exemplos anteriores, este script exibirá o formulário HTML e manipulará o seu envio. Ao verificar a presença de um elemento $_POST específico, você saberá se o formulário foi enviado.

PHP 6 e MySQL 5 para Web Sites Dinâmicos

```
1   <!DOCTYPE html PUBLIC "-//W3C//DTD XHTML
    1.0 Transitional//EN"
2       "http://www.w3.org/TR/xhtml1/DTD/
    xhtml1-transitional.dtd">
3   <html xmlns="http://www.w3.org/1999/xhtml"
    xml:lang="en" lang="en">
4   <head>
5       <meta http-equiv="content-type"
    content="text/html; charset=
    iso-8859-1" />
6       <title>Widget Cost Calculator</title>
7   </head>
8   <body>
9   <?php # Script 12.2 - calculator.php
10
11  // Check if the form has been submitted:
12  if (isset($_POST['submitted'])) {
13
14      // Cast all the variables to a specific
    type:
15      $quantity = (int) $_POST['quantity'];
16      $price = (float) $_POST['price'];
17      $tax = (float) $_POST['tax'];
18
19      // All variables should be positive!
20      if ( ($quantity > 0) && ($price > 0) &&
    ($tax > 0)) {
21
22          // Calculate the total:
23          $total = ($quantity * $price) *
    (($tax/100) + 1);
24
25          // Print the result:
26          echo '<p>The total cost of purchasing
    ' . $quantity . ' widget(s) at $' .
    number_format ($price, 2) . ' each,
    plus tax, is $' . number_format
    ($total, 2) . '.</p>';
```

```
27
28      } else { // Invalid submitted values.
29          echo '<p style="font-weight: bold;
    color: #C00">Please enter a valid
    quantity, price, and tax rate.</p>';
30      }
31
32  } // End of main isset() IF.
33
34  // Leave the PHP section and create the
    HTML form.
35  ?>
36  <h2>Widget Cost Calculator</h2>
37  <form action="calculator.php"
    method="post">
38      <p>Quantity: <input type="text" name=
    "quantity" size="5" maxlength="10"
    value="<?php if (isset($quantity))
    echo $quantity; ?>" /></p>
39      <p>Price: <input type="text" name=
    "price" size="5" maxlength="10"
    value="<?php if (isset($price))
    echo $price; ?>" /></p>
40      <p>Tax (%): <input type="text"
    name="tax" size="5" maxlength="10"
    value="<?php if (isset($tax)) echo
    $tax; ?>" /></p>
41      <p><input type="submit" name="submit"
    value="Calculate!" /></p>
42      <input type="hidden" name="submitted"
    value="TRUE" />
43  </form>
44  </body>
45  </html>
```

Script 12.2 Ao realizar o typecasting das variáveis, este script valida de forma mais definitiva que os dados estão no formato correto.

3. Mude todas as variáveis para um tipo específico.

```
$quantity = (int) $_POST['quantity'];
$price = (float) $_POST['price'];
$tax = (float) $_POST['tax'];
```

O formulário possui três caixas de texto **(Figura 12.7)**, onde praticamente qualquer coisa pode ser digitada (não há um tipo numérico de entrada para formulários HTML). Mas a quantidade deve ser um número inteiro e o preço e a taxa devem ser flutuantes (eles conterão casas decimais). Para forçar estas especificações, mude cada um deles para um tipo específico.

CAPÍTULO 12 – MÉTODOS DE SEGURANÇA   531

4. Verifique se as variáveis possuem valores adequados e, em seguida, calcule e exiba os resultados.

```
if ( ($quantity > 0) && ($price > 0)
→ && ($tax > 0) ) {
$total = ($quantity * $price)*
→ (($tax/100) + 1);
```

Figura 12.7 O formulário HTML assume três entradas: uma quantidade, um preço e um imposto.

```
echo '<p>The total cost of
→ purchasing ' . $quantity .
→ widget(s) at $' . number_
→ format ($price, 2) . ' each,
→ plus tax, is $' . number_
→ format ($total, 2) . '.</p>';
```

Para que esta calculadora funcione, as três variáveis devem ser de tipos específicos (consulte a Etapa 3). Mais importante ainda, é que todas elas devem ser números positivos. A condicional faz essa verificação antes de realizar os cálculos. Observe que, de acordo com as regras do typecasting, se os valores inseridos não forem números, eles serão mudados para *0* e, portanto, não passarão nesta condicional.

O cálculo é realizado em uma única linha de código, utilizando parêntesis para assegurar resultados confiáveis (evitando a preocupação com questões de precedência). A quantidade é multiplicada pelo preço. Este resultado é, então, multiplicado pelo imposto dividido por 100 (portanto, 8% se tornam *.08)* mais 1 *(1.08)*. A

PHP 6 E MYSQL 5 PARA WEB SITES DINÂMICOS

função number_format() é utilizada para exibir os valores do preço e do total no formato adequado.

5. Finalize as condicionais.

```
    } else {
        echo '<p style="font-weight:
    → bold; color: #C00">Please
    → enter a valid quantity,
    → price, and tax rate.</p>';
    }
} // Fim do IF isset() principal.
```

Um pequeno CSS é utilizado para criar uma mensagem de erro em vermelho e negrito, caso ocorra algum problema **(Figura 12.8)**.

6. Inicie o formulário HTML.

```
?>
<h2>Widget Cost Calculator</h2>
<form action="calculator.php" method=
→ "post">
  <p>Quantity: <input type="text"
  → name="quantity" size="5"
  → maxlength="10" value="<?php
  → if (isset($quantity)) echo
  → $quantity; ?>" /></p>
```

O formulário HTML é bastante simples e é retornado para esta mesma página. As entradas terão uma qualidade de preservação, assim, o usuário poderá ver o que foi digitado anteriormente. Ao fazer referência a $quantity etc., em vez de referência a $_POST['quantity'] etc., o formulário refletirá o valor para cada entrada *como se fosse typecast* (consulte o valor do imposto na Figura 12.8).

CAPÍTULO 12 – MÉTODOS DE SEGURANÇA   533

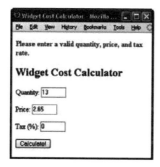

Figura 12.8 *Uma mensagem de erro é exibida com texto em vermelho e negrito se algum dos três campos não contiver um número positivo.*

7. Conclua o formulário HTML.

```
<p>Price: <input type="text"
→ name="price" size="5"
→ maxlength="10" value="<?php if
→ (isset($price)) echo $price;
→ ?>" /></p>
<p>Tax (%): <input type="text"
→ name="tax" size="5" maxlength=
→ "10" value="<?php if (isset
→ ($tax)) echo $tax; ?>" /></p>
```

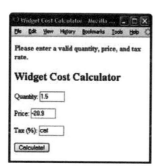

Figura 12.9 *Se valores inválidos forem inseridos, tais como um número decimal para a quantidade ou cadeias para o imposto...*

Figura 12.10 *...eles serão mudados para formatos mais apropriados. O preço negativo também impedirá que este cálculo seja realizado (embora a mudança de tipo não altere esse valor).*

```
<p><input type="submit" name=
→ "submit" value="Calculate!"
→ /></p>
<input type="hidden" name=
→ "submitted" value="TRUE" />
</form>
```

8. Finalize a página HTML.

```
</body>
</html>
```

9. Salve o arquivo como calculator.php, coloque-o em seu diretório Web e teste-o em seu navegador **(Figuras 12.9 e 12.10).**

✓ **Dicas**
■ Definitivamente, você deverá utilizar typecasting quando estiver trabalhando com números em consultas SQL. Os números não são colocados entre aspas em consultas, portanto, se uma cadeia for, de algum modo, utilizada no lugar de um número, ocorrerá um erro de sintaxe SQL. Se você realizar primeiro o typecast de tais variáveis para um número inteiro ou decimal, pode ser que a consulta não funcione (em termos do retorno de um registro), mas ainda será sintaticamente válida. Você verá isso com freqüência nos últimos três capítulos do livro.

CAPÍTULO 12 – MÉTODOS DE SEGURANÇA   535

- Conforme sugeri, as expressões comuns são um método mais avançado de validação de dados e são, às vezes, sua melhor opção. Mas a utilização da validação com base no tipo, quando possível, certamente será mais rápida (em termos de velocidade do processador) e menos propensa a erros do programador (já mencionei que as expressões comuns são complexas?).

- Apenas recordando, as regras de como os valores são convertidos de um tipo de dados para outro são um pouco complicadas. Se desejar mais detalhes, consulte o manual do PHP.

- Se você deseja permitir que nenhum imposto seja inserido, então altere essa parte da condicional de validação para ... && ($tax >= 0)) { ....

IMPEDINDO ATAQUES XSS

O código HTML é apenas texto simples, como <b>, que recebe um significado especial nos navegadores Web (colocando o texto em negrito). Por isso, os usuários do seu Web site poderiam facilmente colocar código HTML em seus dados de formulários, como no campo de comentários no exemplo de e-mail. Você talvez se pergunte: o que há de errado nisso?

Muitos aplicativos Web orientados dinamicamente obtêm as informações enviadas pelo usuário, as armazenam em um banco de dados e, em seguida, as exibem novamente em uma outra página. Imagine um fórum, apenas como um exemplo. Aconteça o que acontecer, se um usuário inserir um código HTML juntamente com seus dados, tal código poderá prejudicar o layout e a estética do seu site. Além disso, o JavaScript também é apenas texto simples, mas um texto que possui significado especial — *que pode ser executado* — em um navegador Web. Se o código mal-intencionado inserido em um formulário for reexibido em um navegador Web, ele poderá criar janelas pop-ups **(Figuras 12.11 e 12.12)**, roubar cookies ou redirecionar o navegador para outros sites. Tais ataques são referidos como XSS (*crosssite scripting*). Como no exemplo de e-mail, no qual é necessário procurar e anular cadeias ruins encontradas nos dados, a prevenção de ataques XSS é realizada com a identificação e eliminação de qualquer código PHP, HTML ou JavaScript potencialmente perigoso.

O PHP possui algumas funções para manipulação de códigos HTML e outros códigos encontrados nas cadeias. São elas:

- htmlspecialchars(), que converte&, ', ", < e > em um formato de entidade HTML *(&, &quot,* etc.)
- htmlentities(), que converte todos os caracteres aplicáveis para seus formatos de entidades HTML
- strip_tags(), que remove todas as tags HTML e PHP. Essas três funções são listadas de forma ordenada a partir da menos à mais problemática. A função que desejará utilizar dependerá do aplicativo disponível. Para demonstrar como estas funções funcionam e se diferem, vamos criar apenas uma simples página PHP que assume um texto (consulte a Figura 12.11) e o executa por meio destas funções, exibindo os resultados **(Figura 12.13)**.

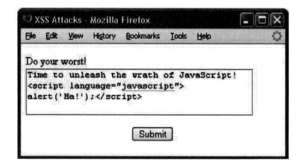

Figura 12.11 O mal-intencionado e astuto usuário pode inserir CSS no código HTML e JavaScript nas entradas de texto.

Figura 12.12 O código JavaScript inserido no campo de comentários (consulte a Figura 12.11) criará esta janela de alerta quando os comentários forem exibidos no navegador Web.

CAPÍTULO 12 – MÉTODOS DE SEGURANÇA   537

Figura 12.13 Graças às funções htmlentities() e strip_tags(), o código mal-intencionado inserido no campo do formulário (consulte a Figura 12.11) poderá se tornar inativo.

Script 12.3 A aplicação das funções htmlentities() e strip_tags() no texto enviado pode evitar ataques XSS.

PHP 6 e MySQL 5 para Web Sites Dinâmicos

Para manipular o código HTML:

1. Crie um novo documento PHP em seu editor de texto ou IDE (**Script 12.3**).

```
<!DOCTYPE html PUBLIC "-//W3C//DTD
→ XHTML 1.0 Transitional//EN"
"http://www.w3.org/TR/xhtml1/DTD/xhtm
→ l1-transitional.dtd">
<html xmlns="http://www.w3.org/1999/
→ xhtml" xml:lang="en" lang="en">
<head>
    <meta http-equiv="content-type"
    → content="text/html; charset=
    → iso-8859-1" />
    <title>XSS Attacks</title>
</head>
<body>
<?php # Script 12.3 - xss.php
```

2. Verifique se o formulário foi enviado e exiba os dados recebidos no formato original.

```
if (isset($_POST['submitted'])) {
  echo "<h2>Original</h2><p>{$_
  → POST['data']}</p>";
```

Para comparar e contrastar o que foi originalmente recebido com o resultado após a aplicação das funções, primeiro, o valor original deve ser exibido.

3. Aplique a função htmlentities(), exibindo os resultados.

```
echo '<h2>After htmlentities()
→ </h2><p>' . htmlentities($_POST
→ ['data']). '</p>';
```

Para evitar que as informações enviadas danifiquem uma página ou violem a segurança do navegador Web, elas passam pela função htmlentities(). Portanto, qualquer entidade HTML será convertida; por exemplo, < e > se tornarão *<* e *>*, respectivamente.

CAPÍTULO 12 – MÉTODOS DE SEGURANÇA 539

4. Aplique a função strip_tags(), exibindo os resultados.

```
echo '<h2>After strip_tags()</h2>
→ <p>' . strip_tags($_POST['data']).
→ '</p>';
```

A função strip_tags() remove completamente qualquer tag HTML, JavaScript ou PHP. Portanto, ela é a função mais simples a ser utilizada nos dados enviados.

5. Finalize a seção PHP. }

```
?>
```

6. Exiba o formulário HTML.

```
<form action="xss.php" method="post">
  <p>Do your worst! <textarea
→ name="data" rows="3"
→ cols="40"></textarea></p>
  <div align="center"><input
→ type="submit" name="submit"
→ value="Submit" /></div>
  <input type="hidden" name=
→ "submitted" value="TRUE" />
</form>
```

O formulário (consulte a Figura 12.11) possui apenas um campo para que o usuário preencha: a área de texto.

7. Finalize a página.

```
</body>
</html>
```

8. Salve a página como xss.php, coloque-a em seu diretório Web e teste-a em seu navegador.

9. Visualize o código-fonte da página para ver o efeito completo destas funções **(Figura 12.14).**

540 PHP 6 e MySQL 5 para Web Sites Dinâmicos

✓ **Dicas**

■ As funções htmlspecialchars() e htmlentities() assumem um parâmetro opcional indicando como as aspas devem ser tratadas. Consulte o manual do PHP para obter especificações completas.

■ A função strip_tags() assume um parâmetro opcional indicando quais tags não devem ser removidas.

```
$var = strip_tags ($var, '<p><br
➜ />');
```

■ A função strip_tags() removerá até mesmo as tags HTML inválidas, que podem causar problemas. Por exemplo, strip_tags() removerá todo o código que achar ser uma tag HTML, mesmo se estiver formado inadequadamente, como <b Esqueci de fechar a tag.

■ Não relacionada à segurança, mas bastante útil, é a função nl2br(). Ela transforma todo retorno (como aqueles inseridos em uma área de texto) em uma tag HTML
.

```
<h2>Original</h2><p>Time to unleash the wrath of JavaScript!
<script language="javascript">
alert('Ha!');</script></p><h2>After htmlentities()</h2><p>Time to unleash the wrath of JavaScript!
&lt;script language=&quot;javascript&quot;&gt;
alert('Ha!');&lt;/script&gt;</p><h2>After strip_tags()</h2><p>Time to unleash the wrath of JavaScript!

alert('Ha!');</p><form action="xss.php" method="post">
```

Figura 12.14 Este trecho do código-fonte HTML da página *(consulte a Figura 12.13) mostra o valor original enviado, o valor após a utilização de html_entities() e o valor após a utilização de strip_tags().*

IMPEDINDO ATAQUES DE INJEÇÃO SQL

Um outro tipo de ataque que usuários mal-intencionados podem tentar é o tipo *injeção SQL*. Conforme sugere o nome, estas são tentativas de inserir código mal-intencionado nas consultas SQL de um site. Um dos objetivos desses ataques é a criação de uma consulta sintaticamente inválida e, assim, relevar algo sobre o script ou o banco de dados na mensagem de erro resultante **(Figura 12.15).** Um objetivo ainda maior é que o ataque de injeção pode alterar, destruir ou expor os dados armazenados.

Felizmente, os ataques de injeção SQL são bastante fáceis de impedir. Inicie validando todos os dados a serem utilizados nas consultas (e realize typecasting, sempre que possível). Depois, utilize uma função como a mysqli_real_escape_string(), que torna os dados seguros para utilização

CAPÍTULO 12 – MÉTODOS DE SEGURANÇA   541

em consultas. Esta função foi apresentada no Capítulo 8, "Utilizando PHP e MySQL." Por fim, não exiba erros detalhados em sites disponíveis para acesso.

Uma alternativa para utilização de mysqli_real_escape_string() é utilizar instruções *preparadas.* As instruções preparadas foram incluídas no MySQL na versão 4.1, e o PHP pode utilizá-las como da versão 5 (graças à Improved MySQL Extension). Quando não estiver utilizando instruções preparadas, toda a consulta, incluindo a sintaxe SQL e os valores específicos, é enviada ao MySQL como uma longa cadeia. Então, o MySQL analisa a consulta e a executa. Com uma consulta preparada, a sintaxe SQL é primeiro enviada ao MySQL, onde ela é analisada, certificando-se de que é sintaticamente válida. Em seguida, os valores específicos são enviados separadamente; o MySQL monta a consulta utilizando esses valores e então a executa. Os benefícios das instruções preparadas são importantes: maior segurança e desempenho potencialmente melhor. Aqui, darei foco ao aspecto da segurança, mas consulte o quadro lateral para abordagem sobre desempenho.

As instruções preparadas podem ser criadas fora de qualquer consulta INSERT, UPDATE, DELETE ou SELECT.

Inicie definindo sua consulta, marcando *placeholders* utilizando pontos de interrogação. Como exemplo, utilize a consulta SELECT de edit_user.php (Script 9.3):

```
$q = "SELECT first_name, last_name,
→ email FROM users WHERE user_id=$id";
```

Como uma instrução preparada, esta consulta se torna

```
$q = "SELECT first_name, last_name,
→ email FROM users WHERE user_id=?";
```

Em seguida, prepare a instrução no MySQL, atribuindo os resultados a uma variável PHP.

```
$stmt = mysqli_prepare($dbc, $q);
```

Neste ponto, o MySQL analisará a consulta, mas ele não a executará.

542 PHP 6 E MySQL 5 PARA WEB SITES DINÂMICOS

> You could not be registered due to a system error. We apologize for any inconvenience.
>
> You have an error in your SQL syntax; check the manual that corresponds to your MySQL server version for the right syntax to use near ',DELETE TABLE test', 'Ullman', 'email@example.com', SHA1('password'), NOW())' at line 1
>
> Query: INSERT INTO users (first_name, last_name, email, pass, registration_date) VALUES (',DELETE TABLE test', 'Ullman', 'email@example.com', SHA1('password'), NOW())

Figura 12.15 *Se um site exibir uma mensagem de erro detalhada e não tratar adequadamente caracteres problemáticos nos valores enviados, hackers poderão aprender muito sobre seu servidor.*

Em seguida, você *associa* variáveis PHP com os placeholders da consulta. Em outras palavras, você informa que uma variável deve ser utilizada para um ponto de interrogação, uma outra variável para o outro ponto de interrogação, e assim por diante. Continuando com o mesmo exemplo, o código seria

```
mysqli_stmt_bind_param($stmt, 'i', $id);
```

A parte *i* do comando indica qual tipo de valor deve ser esperado, utilizando os caracteres listados na **Tabela 12.3.** Neste caso, a consulta espera receber um número inteiro. Como um outro exemplo, veja a seguir como a consulta de login do Capítulo 11, "Cookies e Sessões", seria tratada:

```
$q = "SELECT user_id, first_name FROM
→ users WHERE email=? AND pass=SHA1(?)";
$stmt = mysqli_prepare($dbc, $q);
mysqli_stmt_bind_param($stmt, 'ss', $e,
→ $p);
```

Neste exemplo, algo interessante também é revelado: embora os valores de endereço de e-mail e senha sejam cadeias, *eles não são colocados entre aspas* na consulta. Esta é uma outra diferença entre uma instrução preparada e uma consulta padrão.

Assim que a instrução tiver sido associada, você poderá designar valores às variáveis PHP (se isso ainda não tiver ocorrido) e, em seguida, executar a instrução. Utilizando o exemplo de login, seria:

```
$e = 'email@example.com';
$p = 'mypass';
mysqli_stmt_execute($stmt);
```

CAPÍTULO 12 – MÉTODOS DE SEGURANÇA   543

Os valores de $e e $p serão utilizados quando a instrução preparada for executada.

Tabela 12.3 Utilize estes caracteres para informar à função mysql_stmt_bind_param()quais tipos de valores esperar.

Tipos de Valores Associados	
Letra	**Representa**
d	Decimal
I	Inteiro
b	Blob (binary data - dados binários)
s	Todos os outros tipos

Desempenho da Instrução Preparada

As instruções preparadas sempre serão mais seguras do que a execução de consultas no método antigo, mas elas também podem ser mais rápidas. Se um script PHP enviar a mesma consulta ao MySQL por várias vezes, utilizando valores diferentes cada uma das vezes, as instruções preparadas podem acelerar bastante o processamento. Nesses casos, a consulta é enviada apenas ao MySQL e analisada uma vez. Em seguida, os valores são enviados ao MySQL separadamente.

Como um exemplo básico, o código a seguir executaria 100 consultas no MySQL:

```
$q = 'INSERT INTO counter (num)
→ VALUES (?)';
$stmt = mysqli_prepare($dbc, $q);
mysqli_stmt_bind_param($stmt, 'i',
→ $n);
for ($n = 1; $n <= 100; $n++) {
   mysqli_stmt_execute($stmt);
}
```

Embora a consulta esteja sendo executada 100 vezes, o texto completo está sendo transferido ao MySQL (e analisado pelo MySQL) apenas uma vez. O MySQL nas versões 5.1.17 e posteriores incluirá um mecanismo de armazenamento em cache que também pode melhorar o desempenho de outras utilizações das instruções preparadas.

544 PHP 6 E MySQL 5 PARA WEB SITES DINÂMICOS

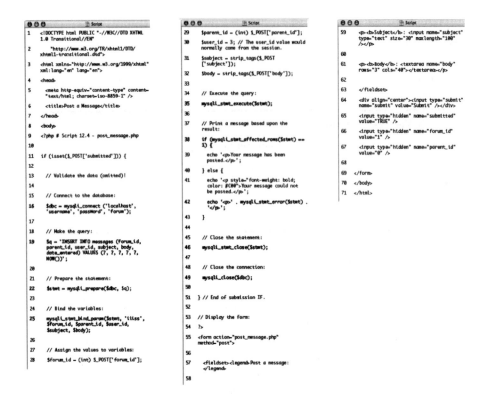

Script 12.4 Este script, que representa uma versão simplificada de uma página de postagem de mensagens, utiliza instruções preparadas como uma forma de evitar ataques de injeção SQL.

Para ver este processo em ação, vamos escrever um script que inclui uma mensagem na tabela *messages* no banco de dados *forum* (criado no Capítulo 6, "SQL e MySQL Avançados"). Também aproveitarei a oportunidade para demonstrar algumas das outras funções relacionadas à instrução preparada.

Para utilizar instruções preparadas:

1. Crie um novo script PHP em seu editor de texto ou IDE (**Script 12.4**).

    ```
    <!DOCTYPE html PUBLIC "-//W3C//DTD
    → XHTML 1.0 Transitional//EN"
    ```

CAPÍTULO 12 – MÉTODOS DE SEGURANÇA 545

```
"http://www.w3.org/TR/xhtml1/DTD/xhtm
→ l1-transitional.dtd">
<html xmlns="http://www.w3.org/1999/
→ xhtml" xml:lang="en" lang="en">
<head>
  <meta http-equiv="content-type"
  → content="text/html; charset=
  → iso-8859-1" />
  <title>Post a Message</title> </head>
<body>
<?php # Script 12.4 - post_
→ message.php
```

2. Verifique o envio do formulário e efetue a conexão com o banco de dados *forum*.

```
if (isset($_POST['submitted'])) {
  $dbc = mysqli_connect
  → ('localhost', 'username',
  → 'password', 'forum');
```

Observe que, para resumir, estou omitindo a validação de dados básicos e o relatório de erros. Embora um site real (uma versão mais completa deste script pode ser encontrada no Capítulo 15, "Exemplo — Grupo de Discussão"), verifique se o assunto e o corpo da mensagem não estão vazios e se os diversos valores de ID são números inteiros positivos, este script ainda será relativamente seguro, graças à segurança oferecida pelas instruções preparadas.

Este exemplo utilizará o banco de dados *forum*, criado no Capítulo 6.

3. Defina e prepare a consulta.

```
$q = 'INSERT INTO messages (forum_id,
→ parent_id, user_id, subject, body,
→ date_entered) VALUES (?, ?, ?, ?,
→ ? , NOW())';
$stmt = mysqli_prepare($dbc, $q);
```

Esta sintaxe já foi explicada. A consulta é definida utilizando placeholders para valores a serem designados posteriormente. Em seguida, a função mysqli_prepare() envia ao MySQL, atribuindo o resultado à variável $stmt.

PHP 6 E MySQL 5 PARA WEB SITES DINÂMICOS

A consulta foi utilizada pela primeira vez no Capítulo 6. Ela preenche seis campos na tabela *messages*. O valor para a coluna date_entered será o resultado da função NOW(), não um valor associado.

4. Associe as variáveis apropriadas e crie uma lista de valores a serem inseridos.

```
mysqli_stmt_bind_param($stmt,
→ 'iiiss', $forum_id, $parent_id,
→ $user_id, $subject, $body);
$forum_id = (int) $_POST['forum_id'];
$parent_id = (int) $_POST
→ ['parent_id'];
$user_id = 3;
$subject = strip_tags($_POST
→ ['subject']);
$body = strip_tags($_POST['body']);
```

A primeira linha informa que três números inteiros e duas cadeias serão utilizados na instrução preparada. Os valores serão encontrados nas variáveis a seguir.

Para essas variáveis, os valores de assunto e corpo são diretamente provenientes do formulário, após passá-los pela função strip_tags() para remoção de qualquer código potencialmente perigoso. O ID do fórum e o ID-pai (que indica se a mensagem é uma resposta de uma mensagem existente ou não) também são provenientes do formulário. Eles sofrerão typecast para números inteiros (para maior segurança, você deverá confirmar se eles são números positivos após o processo de typecasting).

O valor do ID de usuário, em um script real, seria proveniente da sessão onde ele seria armazenado quando o usuário efetuasse login.

5. Execute a consulta.

```
mysqli_stmt_execute($stmt);
```

Finalmente, a instrução preparada é executada.

Capítulo 12 – Métodos de Segurança 547

6. Exiba os resultados da execução e finalize o loop.

```
if (mysqli_stmt_affected_rows
→ ($stmt) == 1) {
    echo '<p>Your message has been
→    posted.</p>';
} else {
    echo '<p style="font-weight:
→    bold; color: #C00">Your
→    message could not be
→    posted.</p>';
    echo '<p>' . mysqli_stmt_
→    error($stmt) . '</p>';
}
```

A inserção bem-sucedida de um registro pode ser confirmada utilizando a função mysqli_stmt_affected_rows(), que funciona conforme esperado (retornando o número de linhas afetadas). Se ocorrer um problema, a função mysqli_stmt_error() retorna a mensagem de erro MySQL específica. Esta mensagem é destinada para fins de depuração, e não para ser utilizada em um site disponível para acesso.

7. Feche a instrução e a conexão com o banco de dados.

```
mysqli_stmt_close($stmt);
mysqli_close($dbc);
```

A primeira função fecha a instrução preparada, liberando os recursos. Neste ponto, $stmt não possui mais um valor. A segunda função fecha a conexão com o banco de dados.

8. Finalize a seção PHP.

```
} // Fim do IF de envio.
?>
```

9. Crie o formulário.

```
<form action="post_message.php"
→    method="post">
<fieldset><legend>Post a message:
→    </legend>
<p><b>Subject</b>: <input name=
```

PHP 6 e MySQL 5 para Web Sites Dinâmicos

```
→ "subject" type="text" size="30"
→   maxlength="100" /></p>
<p><b>Body</b>: <textarea name="body"
→ rows="3" cols="40"></textarea></p>
</fieldset>
<div align="center"><input type=
→ "submit" name="submit" value=
→ "Submit" /></div>
<input type="hidden" name="submitted"
→ value="TRUE" />
<input type="hidden" name="forum_id"
→ value="1" />
<input type="hidden" name="parent_id"
→ value="0" />
</form>
```

O formulário contém dois campos que podem ser preenchidos pelo usuário e duas entradas ocultas que armazenam valores que a consulta necessita. Em uma versão real deste script, ele determinaria os valores forum_id e parent_id automaticamente.

10. Finalize a página.

```
</body>
</html>
```

11. Salve o arquivo como post_message.php, coloque-o em seu diretório Web e teste-o em seu navegador (**Figuras 12.16, 12.17** e **12.18**).

✓ **Dica**

■ Há dois tipos de instruções preparadas. Aqui eu demonstrei *parâmetros associados*, onde as variáveis PHP são associadas a uma consulta. O outro tipo são os *resultados associados*, onde os resultados de uma consulta são associados a variáveis PHP.

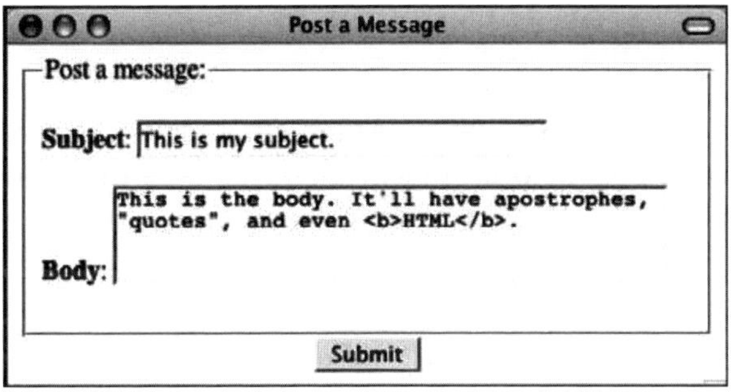

Capítulo 12 – Métodos de Segurança   549

Figura 12.16 *O formulário HTML simples.*

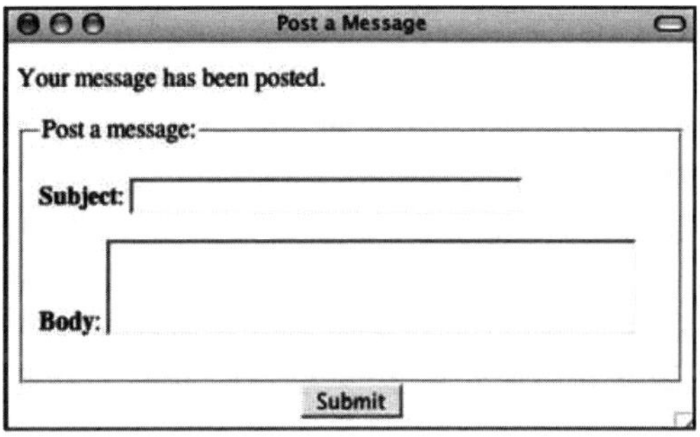

Figura 12.17 *Se um registro no banco de dados foi afetado pela consulta, este será o resultado.*

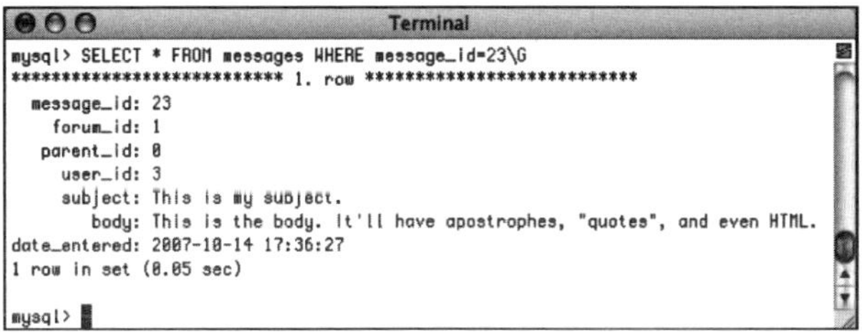

Figura 12.18 *A seleção da entrada mais recente na tabela* messages *confirma se a instrução preparada (Script12.4) funcionou. Observe que o código HTML foi removido da postagem, mas as aspas ainda estão presentes.*

550 PHP 6 E MYSQL 5 PARA WEB SITES DINÂMICOS

CRIPTOGRAFIA DE BANCO DE DADOS

Como uma breve conclusão deste capítulo, realizarei uma criptografia real em um banco de dados MySQL. Até este ponto, uma pseudocriptografia tem sido realizada por meio da função SHA1(). Nos exemplos de registro e login, a senha do usuário foi armazenada após submetê-la à função SHA1(). Embora essa forme de utilização desta função esteja perfeitamente correta (e seja absolutamente comum), a função não fornece uma criptografia real: a função SHA1() retorna uma representação de um valor. Se necessitar armazenar dados de forma protegida e ainda ser capaz de visualizá-los posteriormente em seu formato original, outras funções MySQL serão necessárias.

Criptografia

O MySQL possui diversas funções de criptografia e decriptografia integradas ao software. Se necessitar que dados sejam armazenados de uma forma criptografada e que possa ser decriptografada, você utilizará AES_ENCRYPT() e AES_DECRYPT(). Estas funções assumem dois argumentos: a cadeia sendo criptografada ou decriptografada e um argumento *salt*. O argumento salt é uma cadeia que ajuda a randomizar a criptografia. O único truque é que exatamente o mesmo salt deve ser utilizado para a criptografia e a decriptografia.

Para incluir um registro em uma tabela criptografando os dados, a consulta talvez seja parecida com a seguinte

```
INSERT INTO nome_da_tabela (username, pass)
VALUES ('troutster',
AES_ENCRYPT('mypass', 'nacl'))
```

Os dados criptografados retornados pela função AES_ENCRYPT() estarão no formato binário. Para armazenar esses dados na tabela, a coluna deve estar definida com um dos tipos binários (por exemplo, BLOB).

Para executar uma consulta de login para o registro recém-inserido (correspondendo um nome de usuário e uma senha enviados com aqueles armazenados no banco de dados), o código seria

```
SELECT * FROM nome_da_tabela WHERE
username = 'troutster' AND
AES_DECRYPT(pass, 'nacl') = 'mypass'
```

Capítulo 12 – Métodos de Segurança

A função AES_ENCRYPT() é considerada a opção de criptografia mais segura (ela está disponível a partir do MySQL versão 4.0.2). Para demonstrar como você poderá utilizá-la, vamos executar algumas consultas no banco de dados *test* utilizando um cliente MySQL.

Para criptografar e decriptografar dados:

1. Acesse o MySQL e selecione o banco de dados *test* (**Figura 12.19**).

   USE test;

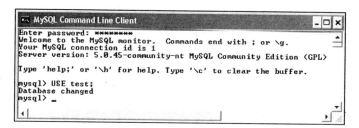

Figura 12.19 Os exemplos a seguir serão executados no mysql client, no banco de dados test.

Siga as etapas descritas no Capítulo 4, "Introdução ao MySQL", para realizar a conexão com o mysql client. Como alternativa, você pode utilizar o phpMyAdmin ou uma outra interface para executar as consultas nas etapas a seguir.

2. Crie uma nova tabela *encode* (**Figura 12.20**).

```
CREATE TABLE encode (
id INT UNSIGNED NOT NULL
AUTO_INCREMENT,
card_number TINYBLOB,
PRIMARY KEY (id)
);
```

Esta tabela, *encode*, conterá campos para apenas um id e um (número de cartão de crédito) card_number. O card_number será criptografado utilizando AES_ENCRYPT(), para que ele possa ser decodificado. A função AES_ENCRYPT() retorna um valor binário que deve ser armazenado em um tipo de coluna BLOB (ou TINYBLOB, neste exemplo).

PHP 6 E MySQL 5 PARA WEB SITES DINÂMICOS

3. Insira um novo registro **(Figura 12.21)**.

```
INSERT INTO encode (id, card_number)
VALUES (NULL,
AES_ENCRYPT(1234567890123456, 'eLL10tT'));
```

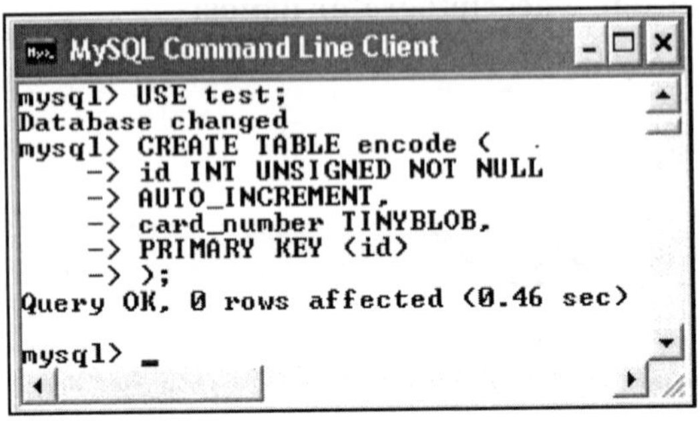

Figura 12.20 *A tabela* encode, *consistida apenas de duas colunas, é incluída no banco de dados.*

Aqui eu estou incluindo um novo registro na tabela, utilizando a função AES_ENCRYPT() com um salt de *eLL10tT* para criptografar o número do cartão de crédito. Sempre tente utilizar um salt exclusivo com suas funções de criptografia. Lembre-se também que você não pode deixar espaços entre os nomes de funções e seus parêntesis de abertura.

4. Resgate o registro em uma forma não-criptografada **(Figura 12.22)**.

```
SELECT id, AES_DECRYPT(card_number,
'eLL10tT') AS cc FROM encode;
```

Esta consulta retorna todos os registros, decriptografando o número de cartão de crédito durante o processo. Qualquer valor armazenado utilizando AES_ENCRYPT() pode ser resgatado (e correspondido) utilizando AES_DECRYPT(), contanto que o mesmo salt seja utilizado (aqui, *eLL10tT*).

5. Consulte o conteúdo da tabela sem a utilização de decriptografia **(Figura 12.23)**.

```
SELECT * FROM encode;
```

Como você pode ver na figura, a versão criptografada do número do cartão de crédito está ilegível. Este é exatamente o tipo de medida de segurança exigido pelos aplicativos de e-commerce.

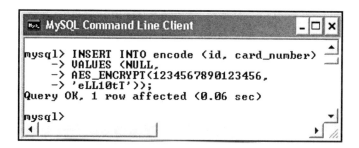

Figura 12.21 Um registro é inserido, utilizando uma função de criptografia para proteger o número do cartão de crédito.

✓ **Dicas**

- Como de costume, utilize SHA1() para obter informações que nunca precisarão ser disponibilizadas para visualização, tais como senhas e, talvez, nomes de usuários. Utilize AES_ENCRYPT() para obter informações que precisam ser protegidas mas que talvez possam ser visualizadas em uma data futura, tais como informações de cartão de crédito, números de seguridade social, endereços (talvez), e assim por diante.
- Como lembrete, é muito mais seguro nunca armazenar números de cartão de crédito e outros dados de alto risco.

Armazenamento salt seguro

Apesar da seqüência anterior de etapas demonstrar como você pode incluir um nível de segurança em seus aplicativos Web criptografando e decriptografando dados sigilosos, ainda há o que melhorar. A principal questão é proteger o salt de criptografia, que é a chave para esse processo.

Para que um script PHP utilize um salt em suas consultas, o PHP deve ter acesso a ele. É mais provável que o salt seja colocado no mesmo script que estabelece uma conexão com o banco de dados. Mas o armazenamento deste valor em um formato de texto simples no servidor o torna mais vulnerável.

Como alternativa, você pode armazenar o salt em uma tabela do banco de dados. Assim, quando uma consulta necessita utilizar este valor, ele pode ser selecionado. Este processo pode ser simplificado graças às variáveis MySQL definidas pelo usuário. Abordo este conceito com mais detalhes em meu livro *MySQL: Visual QuickStart Guide, Second Edition* (Peachpit Press, 2006), mas fornecerei aqui um resumo desse processo.

Para apenas estabelecer uma variável definida pelo usuário, utilize este comando SQL:

```
SELECT @var:=valor
```

Portanto, você poderá escrever

```
SELECT @PI:=3.14
```

Para definir uma variável com base em um valor armazenado em uma tabela, a sintaxe é apenas uma extensão disso:

```
SELECT @var:=alguma_coluna FROM nome_da_tabela
```

Assim que você estabelecer @var, ela poderá ser utilizada em outras consultas:

```
SELECT * FROM nome_da_tabela WHERE col=@var
```

Esta próxima seqüência de etapas demonstrará esta abordagem em ação, utilizando o mysql client. A mesma tarefa em um script PHP é descrita na primeira dica.

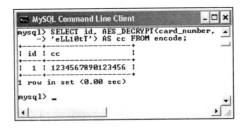

Figura 12.22 *O registro foi resgatado, decriptografando o número do cartão de crédito durante o processo.*

CAPÍTULO 12 – MÉTODOS DE SEGURANÇA

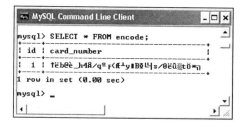

Figura 12.23 Os dados criptografados são armazenados em um formato ilegível (aqui, como uma cadeia binária de dados).

Para utilizar um salt armazenado no banco de dados:

1. Efetue login no mysql client e selecione o banco de dados *test*, caso ainda não tenha selecionado.
2. Esvazie a tabela *encode* (**Figura 12.24**).

```
TRUNCATE TABLE encode;
```

Como utilizarei uma função de criptografia diferente, desejarei eliminar todos os dados existentes antes de inseri-los novamente. O comando TRUNCATE é a melhor forma de fazê-lo.

3. Crie e preencha uma tabela *aes_salt* (**Figura 12.25**).

```
CREATE TABLE aes_salt(
  salt VARCHAR(12) NOT NULL
);
INSERT INTO aes_salt (salt)
VALUES ('Obfuscate');
```

Esta tabela, *aes_salt*, armazenará o valor salt de criptografia em sua coluna. A consulta INSERT armazena o salt, que será resgatado e atribuído a uma variável definida pelo usuário conforme necessário.

4. Resgate o valor de salt armazenado e utilize-o para inserir um novo registro na tabela *encode* (**Figura 12.26**).

```
SELECT @salt:=salt FROM aes_salt;
INSERT INTO encode (card_number)
VALUES (AES_ENCRYPT(1234567890123456,
@salt));
```

A primeira linha resgata o valor de salt armazenado na tabela *aes_salt* e o atribui à variável @salt (a figura mostra os resultados da instrução SELECT). Em seguida, uma consulta INSERT padrão é executada para incluir um registro na tabela *encode*. Neste caso, @salt é utilizada na consulta em vez de um valor de salt codificado.

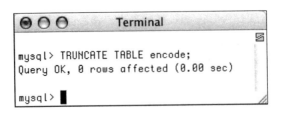

Figura 12.24 Execute uma consulta TRUNCATE para esvaziar uma tabela.

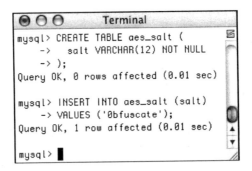

Figura 12.25 A tabela aes_salt *possui uma coluna e sempre deve ter apenas uma linha de dados. A consulta INSERT armazena o valor de salt nesta tabela.*

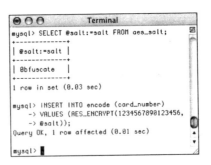

Figura 12.26 Estas duas consultas mostram como você pode resgatar um valor de salt utilizando uma consulta, atribuindo o valor a uma variável e, em seguida, como utilizar essa variável em uma segunda consulta.

Capítulo 12 – Métodos de Segurança

Figura 12.27 Uma consulta semelhante (consulto a Figura 12.22) é utilizada para decriptografar as informações armazenadas utilizando um salt armazenado no banco de dados.

- Nas versões anteriores à 5.0 do MySQL, os nomes de variáveis de usuários sofrem distinção de maiúsculas e minúsculas.
- Nunca estabeleça e utilize uma variável definida pelo usuário dentro da mesma instrução SQL.
- O armazenamento do salt no banco de dados, conforme demonstrado nestas etapas, proporciona maior segurança do que o seu armazenamento em um script PHP. Uma segurança ainda melhor pode ser obtida utilizando salts exclusivos e aleatórios para cada registro armazenado.

5. Decriptografe o número de cartão de crédito armazenado (**Figura 12.27**).

```
SELECT @salt:=salt FROM aes_salt;
SELECT id, AES_DECRYPT(card_number,
@salt) AS cc FROM encode;
```

A primeira etapa resgata o valor de salt para que ele possa ser utilizado para fins de decriptografia. (Se você seguiu as etapas sem fechar a sessão MySQL, esta etapa não seria necessária, pois @salt já estaria estabelecida.) A variável @salt é, então, utilizada com a função AES_DECRYPT().

PHP 6 e MySQL 5 para Web Sites Dinâmicos

✓ **Dicas**

■ O código, nestas etapas (para resgate e utilização de um salt armazenado em uma tabela), pode ser facilmente utilizado em um script PHP. Execute a primeira consulta, em seguida, execute a segunda e, então, busque os resultados:

```
$r = mysqli_query($dbc, 'SELECT
→ @salt:=salt FROM aes_salt');
$r = mysqli_query($dbc, 'SELECT id,
→ AES_DECRYPT(card_number, @salt)
→ AS cc FROM encode');
$row = mysqli_fetch_array($r,
→ MYSQLI_ASSOC);
```

Você pode tornar isso mais profissional chamando a função mysqli_num_rows() antes de executar a segunda consulta ou buscar os resultados, claro. Mas observe que você não deve buscar os resultados da primeira consulta no script PHP. Os resultados dessa consulta serão atribuídos à variável @salt, residindo no MySQL, associada a esta conexão.

■ As variáveis de usuários são específicas para cada conexão. Quando um script ou uma sessão do mysql client se conecta com o MySQL e estabelece uma variável, apenas esse script ou sessão possui acesso a essa variável.

Evitando Ataques Brute Force

Um ataque brute force é uma tentativa de login em um sistema seguro através de várias tentativas, na esperança de um eventual êxito. Não é um tipo sofisticado de ataque, por isso o nome "brute force". Por exemplo, se você possui um processo de login que exige um nome de usuário e uma senha, há um limite do número possível de combinações de nomes de usuário/senha. Esse limite pode ser bilhões ou trilhões, mas, ainda assim, é um número finito. Utilizando algoritmos e processos automatizados, um ataque brute force tenta repetidamente as combinações até obter êxito.

A melhor forma de evitar que os ataques brute force obtenham êxito é exigir que os usuários registrem boas senhas, difíceis de adivinhar: contendo letras, números e pontuação; letras maiúsculas e minúsculas; palavras que não existem no dicionário; pelo menos oito caracteres etc.

Além disso, não forneça indicações do motivo da falha do login: informar que a combinação de nome de usuário e senha não está correta não fornece uma dica, mas dizer que o nome de usuário não está correto ou que a senha não está correta para o nome de usuário é informação demais.

Para parar um ataque brute force em suas tentativas, você também pode limitar o número de tentativas de logins malsucedidas realizadas por um determinado endereço IP. Os endereços IP mudam com freqüência, mas em um ataque brute force, o mesmo endereço IP tentaria efetuar o login várias vezes em questão de minutos. Você precisaria acompanhar os logins incorretos por endereço IP e, em seguida, após X tentativas inválidas, bloquear esse endereço por 24 horas (ou algo próximo disso). Ou, se não desejar ir tão longe assim, você poderá utilizar uma defesa de "atraso incremental": cada login incorreto proveniente do mesmo endereço IP gera um atraso maior na resposta (utilize a função sleep() do PHP para gerar o atraso). Humanos talvez não consigam observar ou se incomodar com tais atrasos, mas os ataques automatizados certamente serão prejudicados.

Capítulo 13

Expressões Comuns Compatíveis com Perl

As expressões comuns são uma ferramenta fantasticamente poderosa (mas tediosa) disponível na maioria das linguagens de programação atuais e até mesmo em muitos aplicativos. Pense nas expressões comuns como um sistema elaborado de padrões correspondentes. Primeiro você escreve o padrão e, em seguida, utiliza uma das funções integradas do PHP para aplicar o padrão a um valor (expressões comuns são aplicadas a cadeias, mesmo se isso significar uma cadeia com um valor numérico). Enquanto uma função de cadeia pode ver se o nome *John* está presente em algum texto, uma expressão comum também pode encontrar facilmente *John, Jon* e *Jonathon*.

O PHP suporta diversos tipos de expressões comuns, sendo os dois mais populares o POSIX Extended e o Perl-Compatible (PCRE). Nas edições anteriores deste livro (e em outros livros), utilizo exclusivamente a versão POSIX. O POSIX é um pouco menos poderoso e potencialmente mais lento que o PCRE, mas é mais fácil aprender. Mas o PCRE está se tornando o tipo preferido para utilização no PHP, portanto, apresentarei uma introdução ao PCRE.

Como a sintaxe da expressão comum é tão complexa, enquanto as funções que as utilizam são simples, o foco neste capítulo será o aprendi-

562   **PHP 6 e MySQL 5 para Web Sites Dinâmicos**

zado da sintaxe em pequenas partes. O código PHP será bastante simples; os capítulos seguintes incorporarão melhor as expressões comuns em scripts do mundo real.

Criando um Script de Teste

Conforme dito anteriormente, as expressões comuns são uma questão de aplicação de padrões a valores. A aplicação do padrão em um valor é realizada utilizando uma das muitas funções, sendo a mais importante preg_match(). Esta função retorna *0* ou *1* indicando se o padrão correspondeu com a cadeia. Sua sintaxe básica é

```
preg_match(padrão, assunto).
```

A função preg_match() parará assim que ela encontrar uma única correspondência. Se você precisar encontrar todas as correspondências, utilize preg_match_all(). Essa função será abordada até o fim deste capítulo.

Ao fornecer o padrão para a função preg_match(), ele precisa ser colocado entre aspas, como se fosse uma cadeia. Como muitos caracteres de escape entre aspas duplas possuem um significado especial (como \n), defendo a utilização de aspas simples para definir seus padrões.

Em segundo lugar, entre aspas, o padrão precisa estar entre *delimitadores*. O delimitador pode ser qualquer caractere que não seja alfanumérico ou a barra invertida, e o mesmo caractere deve ser utilizado para marcar o início e o fim do padrão. Geralmente, você encontrará barras sendo utilizadas. Portanto, para verificar se a palavra *cat* contém a letra *a*, o código seria:

```
if (preg_match('/a/', 'cat')) { ...
```

Se precisar corresponder uma barra no padrão, utilize um delimitador diferente, como um caractere de barra vertical (|) ou um ponto de exclamação (!).

A maior parte deste capítulo aborda todas as regras para definição de padrões. Para melhor aprender pelo exemplo, vamos começar criando um script PHP simples que assume um padrão e uma cadeia **(Figura 13.1)** e retorna o resultado da expressão comum **(Figura 13.2)**.

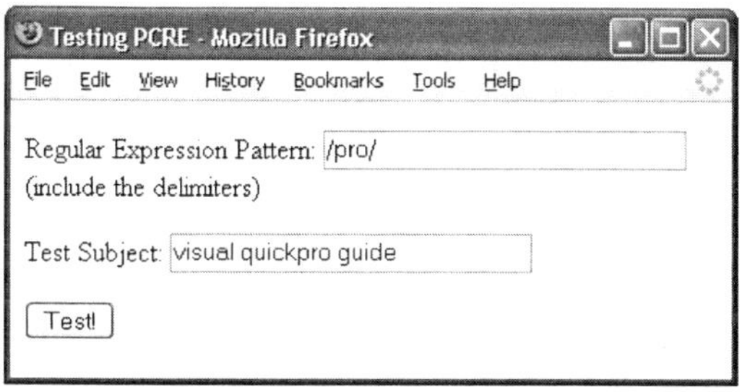

Capítulo 13 – Expressões Comuns Compatíveis com Perl

Figura 13.1 O formulário HTML que será utilizado para a prática de expressões comuns.

Figura 13.2 O script exibirá quais valores foram utilizados na expressão comum e qual foi o resultado. O formulário também preservará os dados para lembrar os valores enviados anteriormente.

PHP 6 E MySQL 5 PARA WEB SITES DINÂMICOS

Script 13.1 *A sintaxe da expressão comum complexa será melhor explicada e demonstrada utilizando este script PHP.*

Para corresponder a um padrão:

1. Crie um novo documento PHP em seu editor de texto ou IDE (**Script 13.1**).

```
<!DOCTYPE html PUBLIC "-//W3C//DTD
→ XHTML 1.0 Transitional//EN"
"http://www.w3.org/TR/xhtml1/DTD/xhtm
→ l1-transitional.dtd">
<html xmlns="http://www.w3.org/
→ 1999/xhtml">
<head>
  <meta http-equiv="content-type"
  → content="text/html; charset=
  → iso-8859-1" />
  <title>Testing PCRE</title>
```

CAPÍTULO 13 – EXPRESSÕES COMUNS COMPATÍVEIS COM PERL   565

```
</head>
<body>
<?php // Script 13.1 - pcre.php
```

2. Verifique o envio do formulário.

```
if (isset($_POST['submitted'])) {
```

3. Trate dos valores de entrada.

```
$pattern = trim($_POST['pattern']);
$subject = trim($_POST['subject']);
```

O formulário enviará dois valores para o mesmo script. Ambos devem ser ajustados apenas para certificar que a presença de quaisquer espaços estranhos não altere os resultados. Omiti a verificação de entradas vazias, mas você poderá incluí-la se desejar.

4. Exiba uma legenda.

```
echo "<p>The result of checking<br
➜ /><b>$pattern</b><br />against<br
➜ />$subject<br />is ";
```

Como você pode observar na Figura 13.2, a parte de manipulação do formulário deste script iniciará exibindo os valores utilizados.

5. Execute a expressão comum.

```
if (preg_match ($pattern, $subject) )
{
  print 'TRUE!</p>';
} else {
  print 'FALSE!</p>';
}
```

Para testar o padrão com a cadeia, utilize ambos na função preg_match().

Se esta função retornar *1*, significa que ocorreu uma correspondência, que esta condição será verdadeira e que a palavra *TRUE* será exibida. Se não houver uma correspondência, a condição será falsa e isso será informado **(Figura 13.3)**.

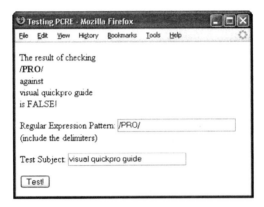

Figura 13.3 *Se o padrão não corresponder com a cadeia, este será o resultado. Esta imagem também mostra que as expressões comuns, por padrão, fazem distinção entre maiúsculas e minúsculas.*

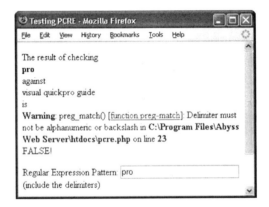

Figura 13.4 *Se você não agrupar o padrão em delimitadores de correspondência, você receberá uma mensagem de erro.*

✓ **Dicas**

- Alguns editores de texto, tais como BBEdit e emacs, permitem utilizar expressões comuns para corresponder e substituir padrões ao longo de diversos documentos.
- Uma outra diferença entre expressões comuns POSIX e PCRE é que este último pode ser utilizado em dados binários enquanto o primeiro não pode.

CAPÍTULO 13 – EXPRESSÕES COMUNS COMPATÍVEIS COM PERL 567

■ Todas as funções PCRE utilizam o locale estabelecido. Um *locale*, abordado com mais detalhes no Capítulo 14, "Criando Sites Universais", reflete o país e o idioma designado do computador, entre outras configurações.

6. Finalize o código PHP e crie o formulário HTML.

```
?>
<form action="pcre.php" method=
→ "post">
 <p>Regular Expression Pattern:
→ <input type="text" name=
→ "pattern" value="<?php if
→ (isset($pattern)) echo
→ $pattern; ?>" size="30" />
→ (include the delimiters)</p>
 <p>Test Subject: <input type=
→ "text" name="subject" value=
→ "<?php if (isset($subject))
→ echo $subject; ?>" size="30"
→ /></p>
 <input type="submit" name=
→ "submit" value="Test!" />
 <input type="hidden" name=
→ "submitted" value="TRUE" />
</form>
```

O formulário contém duas caixas de texto, ambas com preservação de dados (utilizando a versão ajustada dos valores).

7. Finalize a página HTML.

```
</body>
</html>
```

8. Salve o arquivo como pcre.php, coloque-o em seu diretório Web e teste-o em seu navegador (Figuras 13.1, 13.2 e 13.3). Embora você ainda não conheça as regras para criação de padrões, você poderá utilizar o teste *a* literal (consulte as Figuras 13.1 e 13.2) ou então verificar qualquer outro valor literal. Lembre-se de utilizar delimitadores em torno do padrão ou você receberá uma mensagem de erro **(Figura 13.4).**

DEFININDO PADRÕES SIMPLES

A utilização das funções de expressão comuns do PHP é bastante fácil, difícil é a definição dos padrões a serem utilizados. Há várias regras para criação de um padrão. Você pode utilizar estas regras separadamente ou combinadas, tornando seu padrão bastante simples ou muito complexo. Então, para começar, você verá quais caracteres são utilizados para definir um padrão simples. Como regra de formatação, definirei padrões em **negrito** e indicarei com o que o padrão corresponde em *itálico*. Os padrões, nessas explicações, não serão colocados entre delimitadores ou aspas (ambos são necessários quando utilizados na função preg_match()), apenas para manter as coisas mais claras.

O primeiro tipo de caractere que você utilizará para definição de padrões será um *literal*. Um literal é um valor escrito exatamente como é interpretado. Por exemplo, o padrão **a** corresponderá à letra *a,* **ab** corresponderá às letras *ab*, e assim por diante. Portanto, assumindo que uma procura sem distinção entre maiúsculas e minúsculas seja realizada, **rom** corresponderá com quaisquer das seguintes cadeias, uma vez que todas contêm *rom:*

◆ CD-ROM

◆ Rommel crossed the desert.

◆ I'm writing a roman à clef.

Juntamente com os literais, seus padrões utilizarão *metacaracteres.* Os metacaracteres são símbolos especiais que possuem um significado além de seus valores literais (**Tabela 13.1**). Enquanto **a** significa *a*, o ponto (**.**) corresponderá a qualquer caractere, exceto para uma linha nova (**.** corresponde *a, b, c,* o caractere de sublinhado, um espaço etc., mas não \n). Para corresponder a qualquer metacaractere, será necessário realizar o seu escape, da mesma forma como é realizado o escape de uma aspa para exibi-la. Por isso, **\.** corresponderá ao próprio ponto. Portanto, **1.99** corresponde a *1.99* ou *1B99* ou *1299* (1 (um) seguido por qualquer caractere seguido por 99), mas **1\.99** corresponde apenas a *1.99*.

CAPÍTULO 13 – EXPRESSÕES COMUNS COMPATÍVEIS COM PERL   569

Tabela 13.1 Os metacaracteres possuem significados exclusivos em expressões comuns.

Metacaracteres	
Caractere	Significado
\	Caracteres de escape
^	Indica o início de uma cadeia
$	Indica o fim de uma cadeia
.	Qualquer caractere, exceto nova linha
|	Alternativas (or)
[	Início de uma classe
]	Fim de uma classe
(	Início de um subpadrão
)	Fim de um subpadrão
{	Início de um quantificador
}	Fim de um quantificador

Dois metacaracteres especificam onde determinados caracteres devem ser localizados. Existe o sinal de intercalação (^), que corresponderá a uma cadeia que inicia com o que existir após o sinal de intercalação. Existe, também, o sinal de dólar ($), que marca a conclusão de um padrão. Conseqüentemente, **^a** corresponderá a qualquer cadeia iniciando com um *a*, enquanto **a$** corresponderá a qualquer cadeia terminando com um *a*. Portanto, **^a$** corresponderá apenas a *a* (uma cadeia que inicia e termina com *a)*.

Estes dois metacaracteres — o sinal de intercalação e o sinal de dólar — são essenciais para validação, pois a validação geralmente necessita verificar o valor de uma cadeia inteira, não apenas a presença de uma cadeia em outra. Por exemplo, a utilização de um padrão de correspondência de e-mail sem esses dois caracteres corresponderá a qualquer cadeia contendo um endereço de e-mail. A utilização de um padrão de correspondência de e-mail que inicia com um sinal de intercalação e termina com um sinal de dólar corresponderá a uma cadeia que contém apenas um endereço de e-mail válido.

As expressões comuns também utilizam a barra vertical (|) como o equivalente de *or*. Portanto, **a|b** corresponderá a cadeias contendo um *a* ou um *b*. (A utilização da barra vertical em padrões é chamada de *alternação* ou *ramificação*.) Portanto, **yes|no** aceita qualquer uma dessas duas palavras em sua totalidade (a alternação *não* está apenas entre as duas letras ao lado da barra vertical: *s* a *n*).

Assim que você compreender os símbolos básicos, poderá começar a utilizar parêntesis para agrupar caracteres em padrões mais complicados. O agrupamento funciona conforme você talvez espere: **(abc)** corresponderá a *abc*, **(trout)** corresponderá a *trout*. Imagine os parêntesis sendo utilizados para estabelecer um novo literal de um tamanho maior. Devido às regras de precedência no PCRE, **yes|no** e **(yes)|(no)** são equivalentes. Mas **(even|heavy) handed** corresponderá a *even handed* ou *heavy handed*.

Para utilizar padrões simples:

1. Carregue o pcre.php em seu navegador Web, se ele ainda não estiver carregado.
2. Verifique se uma cadeia contém as letras *cat* (**Figura 13.5**).

    Para isso, utilize o literal **cat** como o padrão e qualquer quantidade de cadeias como o assunto. Qualquer um dos seguintes seria uma correspondência: *catalog, catastrophe, my cat left* etc. Para o momento, utilize todas as letras em minúsculo, pois **cat** não corresponderá a *Cat* (**Figura 13.6**).

    Lembre-se de utilizar delimitadores também ao redor do padrão (consulte as figuras).

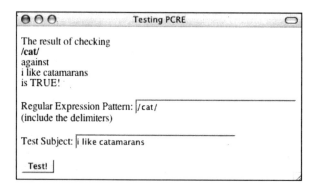

Figura 13.5 *Procurando por* cat *em uma cadeia.*

CAPÍTULO 13 – EXPRESSÕES COMUNS COMPATÍVEIS COM PERL   571

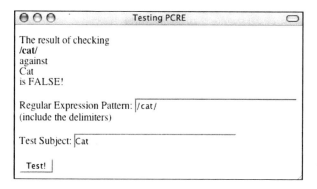

Figura 13.6 Não esqueça de que o PCRE realiza, por padrão, uma comparação com distinção entre maiúsculas e minúsculas.

3. Verifique se uma cadeia começa com *cat* (**Figura 13.7**).

   Para que um padrão seja aplicado no início de uma cadeia, utilize o sinal de intercalação como o primeiro caractere (**^cat**). Agora, a sentença *my cat left* não seria uma correspondência.

4. Verifique se uma cadeia contém a palavra *color* ou *colour* (**Figura 13.8**).

   O padrão de procura pela ortografia americana ou britânica desta palavra é **col(o|ou)r**. As três primeiras letras — *col* — devem estar presentes. Elas precisam ser seguidas por *o* ou por *ou*. Finalmente, um *r* é necessário.

✓ **Dicas**

- Se desejar corresponder uma cadeia exata dentro de uma outra cadeia, utilize a função strstr(), que é mais rápida do que as expressões comuns. De fato, como de costume, você deve utilizar expressões comuns apenas se a tarefa em questão não puder ser realizada utilizando qualquer outra função ou técnica.

- Você pode realizar o escape de vários caracteres em um padrão utilizando \Q e \E. Cada caractere será tratado de forma literal (portanto, **\Q$2.99?\E** corresponde a *$2.99?*).

- Para corresponder uma única barra invertida, você deve utilizar \\\\. O motivo é que a correspondência de uma barra invertida em uma expressão comum necessita do escape da barra invertida, resultando em \\. Então, para utilizar uma barra invertida em uma cadeia PHP, também será necessário o seu escape; portanto, o escape de ambas as barras invertidas significa um total de quatro.

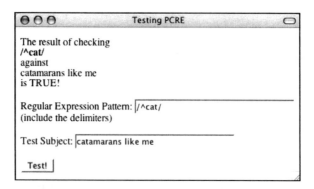

Figura 13.7 O sinal de intercalação em um padrão significa que a correspondência deve ser encontrada no início da cadeia.

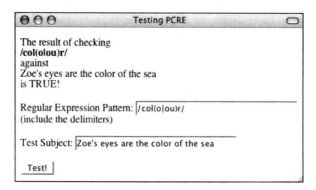

Figura 13.8 Utilizando o metacaractere de barra vertical, a procura realizada pode ser mais flexível.

CAPÍTULO 13 – EXPRESSÕES COMUNS COMPATÍVEIS COM PERL   573

Tabela 13.2 Os quantificadores permitem indicar quantas vezes algo pode ou deve aparecer.

Quantificadores	
Caractere	**Significado**
?	0 ou 1
*	0 ou mais
+	1 ou mais
{x}	Exatamente x ocorrências
{x, y}	Entre x e y (inclusivo)
{x,}	Pelo menos x ocorrências

UTILIZANDO QUANTIFICADORES

Você acabou de ver e praticar com alguns dos metacaracteres, e dentre eles os mais importantes são o sinal de intercalação e o sinal de dólar. A seguir, há três metacaracteres que permitem várias ocorrências: **a*** corresponde a nenhum ou mais *a*s (nenhuma correspondência de *a, a, aa, aaa* etc.); **a+** corresponde a um ou mais *a*s *(a, aa, aaa* etc., mas deve existir pelo menos um); e **a?** corresponde até um *a (a* ou nenhuma correspondência de *a*). Todos estes metacaracteres atuam como quantificadores em seus padrões, assim como os caracteres de chaves. A **Tabela 13.2** lista todos os quantificadores.

Para corresponder uma determinada quantidade de algo, coloque a quantidade entre chaves ({ }), indicando um número específico, apenas um mínimo, ou um mínimo e um máximo. Assim, **a{3}** corresponderá a *aaa;* *a{3,}* corresponderá a *aaa, aaaa* etc. (três ou mais *a*s); e **a{3,5}** corresponderá apenas a *aaa, aaaa* e *aaaaa* (entre três e cinco).

Observe que os quantificadores se aplicam àquilo que aparece antes deles, portanto, **a?** corresponde a nenhum ou um *a,* **ab?** corresponde a um *a* seguido por nenhum ou um *b*, mas (ab)? corresponde a nenhum ou um *ab*. Portanto, para corresponder a *color* ou *colour* (consulte a Figura 13.8), você também poderia utilizar **colou?r** como padrão.

Para utilizar quantificadores:

1. Carregue o pcre.php em seu navegador Web, se ele ainda não estiver carregado.

2. Verifique se uma cadeia contém as letras *c* e *t*, com uma ou mais letras intermediárias **(Figura 13.9).**

Para isso, utilize **c.+t** como o padrão e qualquer número de cadeias como o assunto. Lembre-se que o ponto corresponde a qualquer caractere (exceto para nova linha). Todos os itens a seguir seriam uma correspondência: *cat, count, coefficient* etc. A palavra *doctor* não seria correspondência, pois não há uma letra entre o *c* e o *t* (embora *doctor* correspondesse a **c.*t**).

3. Verifique se uma cadeia corresponde a *cat* ou a *cats* (**Figura 13.10**).

   Para começar, se você desejar uma correspondência exata, utilize o sinal de intercalação e o sinal de dólar. Então, você teria o texto literal *cat*, seguido por um *s*, seguido por um ponto de interrogação (representando nenhum ou 1 *s*). O padrão final — **^cats?$** — corresponde a *cat* ou *cats*, mas não a *my cat left* ou *I like cats*.

4. Verifique se uma cadeia termina com *.33, .333* ou *.3333* (**Figura 13.11**).

   Para localizar um ponto, realize o escape do ponto com uma barra invertida: **\.**. Para localizar um três, utilize um literal **3**. Para localizar um intervalo de números 3, utilize as chaves ({}). Juntando tudo isso, o padrão é **\.3{2,4}**. Como a cadeia deve terminar assim (nada mais pode vir depois), finalize o padrão com um sinal de dólar: **\.3{2,4}$**.

   Admito que este exemplo é um pouco bobo (não estou certo de quando você exatamente precisaria fazer isso), mas ele demonstra várias coisas. Este padrão corresponderá a várias coisas — *12.333, varmit.3333, .33* — mas não 12.3 ou *12.334*.

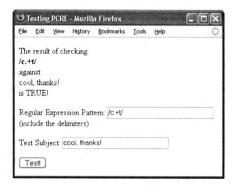

Figura 13.9 *O sinal de mais, quando utilizado como um quantificador, necessita que uma ou mais coisas estejam presentes.*

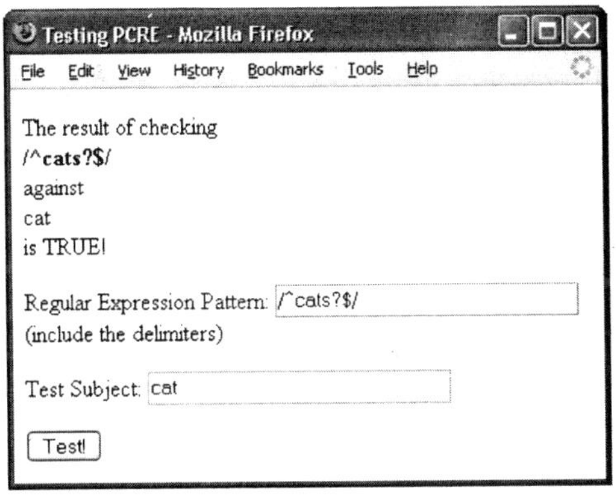

CAPÍTULO 13 – EXPRESSÕES COMUNS COMPATÍVEIS COM PERL   575

Figura 13.10 *Você pode verificar a forma plural de muitas palavras adicionando s? ao padrão.*

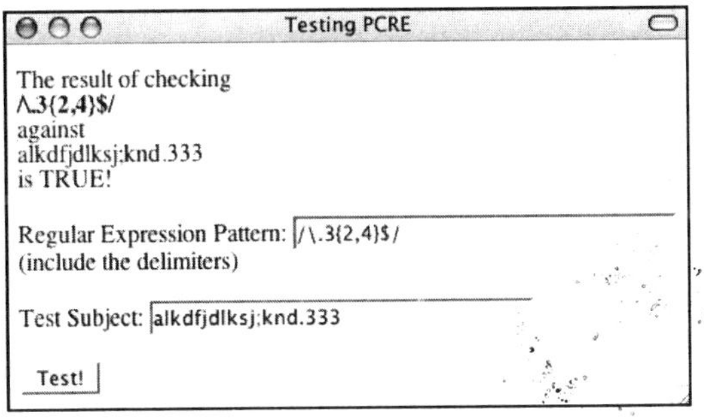

Figura 13.11 *As chaves permitem que você indique o intervalo aceitável das quantidades presentes.*

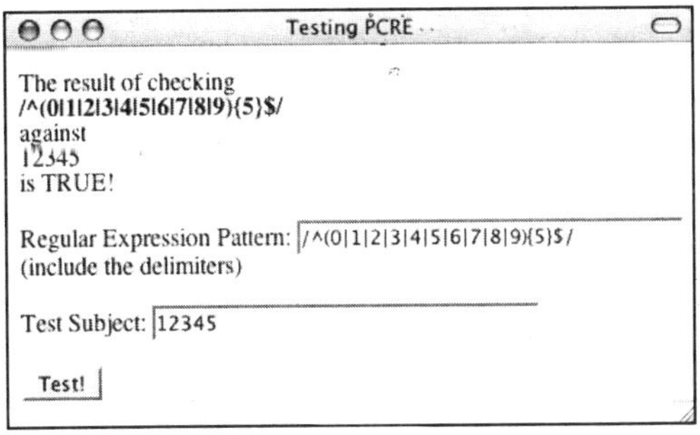

Figura 13.12 *O teste apropriado para confirmar se um número contém cinco dígitos.*

576   PHP 6 e MySQL 5 para Web Sites Dinâmicos

5. Faça a correspondência de um número de cinco dígitos **(Figura 13.12)**. Um número pode ser qualquer número de 0 a 9, portanto, o coração do padrão será **(0|1|2|3|4|5|6|7|8|9)**. Resumindo, isso significa: um número é um 0 ou um 1 ou um 2 ou um 3.... Para torná-lo um número de cinco dígitos, acrescente um quantificador: **(0|1|2|3|4|5|6|7|8|9){5}**. Finalmente, para corresponder de forma exata (ao contrário da correspondência de um número de cinco dígitos em uma cadeia), utilize o sinal de intercalação e o sinal de dólar: **^(0|1|2|3|4|5|6|7|8|9){5}$.**

Esta é uma forma de corresponder um código postal dos EUA; um padrão bastante útil.

✓ **Dicas**

- Ao utilizar chaves para especificar um número de caracteres, você sempre deve incluir o número mínimo. O máximo é opcional: **a{3}** e a{3,} são aceitáveis, mas não a{,3}.

- Embora demonstre boa dedicação à programação para aprender como escrever e executar suas próprias expressões comuns, diversos exemplos funcionais já estão disponíveis na Internet.

UTILIZANDO CLASSES DE CARACTERES

Conforme demonstrado no último exemplo (Figura 13.12), utilizar unicamente literais em um padrão pode ser tedioso. Precisar escrever todos aqueles dígitos para corresponder qualquer número é tolice. Imagine se você desejar corresponder qualquer palavra com quatro letras: **^(a|b|c|d...){4}$** (e isso nem mesmo considerar letras maiúsculas)! Para tornar estas referências comuns mais fáceis, você pode utilizar *classes de caracteres*.

As classes são criadas colocando caracteres entre colchetes ([]). Por exemplo, você pode corresponder qualquer vogal com **[aeiou]**. Isso é o equivalente a **(a|e|i|o|u)**. Ou você pode utilizar o hífen para indicar um intervalo de caracteres: [a-z] significa qualquer letra minúscula e [A-Z] significa qualquer letra maiúscula, **[A-Za-z]** significa qualquer letra em geral, e [0-9] corresponde a qualquer dígito. Como exemplo, [a-z]{3} corresponderia a *abc, def, oiw,* etc.

Nas classes, a maioria dos metacaracteres é tratada de forma literal, exceto quatro deles. A barra invertida ainda é o escape, mas o sinal de intercalação (^) é um operador de negação quando utilizado como o

CAPÍTULO 13 – EXPRESSÕES COMUNS COMPATÍVEIS COM PERL   577

primeiro caractere na classe. Portanto, **[^aeiou]** corresponderá a qualquer letra que não seja vogal. O único metacaractere em uma classe é o hífen, que indica um intervalo. (Se um hífen for utilizado como o último caractere em uma classe, ele será um hífen literal.) E, claro, o colchete de fechamento (]) ainda possui função de finalizador da classe.

Naturalmente, uma classe pode ter intervalos e caracteres literais. O primeiro nome de uma pessoa, que pode conter letras, espaços, apóstrofos e pontos, poderia ser representado por **[A-z '.]** (novamente, o ponto não precisa de escape dentro da classe, pois na classe ele perde seu metassignificado).

Juntamente com a criação de suas próprias classes, há seis classes já definidas que possuem seus próprios atalhos **(Tabela 13.3)**. As classes de dígitos e espaços são fáceis de compreender.

Tabela 13.3 Estas classes de caracteres são comumente utilizadas em expressões comuns.

Classes de Caracteres		
Classe	Atalho	Significado
[0-9]	\d	Qualquer dígito
[\f\r\t\n\v]	\s	Qualquer espaço em branco
[A-Za-z0-9_]	\w	Qualquer caractere de palavra
[^0-9]	\D	Não é dígito
[^\f\r\t\n\v]	\S	Não é espaço em branco
[^A-Za-z0-9_]	\W	Não é caractere de palavra

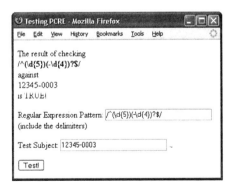

Figura 13.13 O padrão para correspondência de um código postal dos EUA, no formato de cinco dígitos ou no formato de cinco mais quatro.

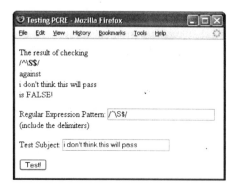

Figura 13.14 O atalho de nenhum espaço em branco pode ser utilizado para garantir que uma cadeia a ser enviada seja contínua.

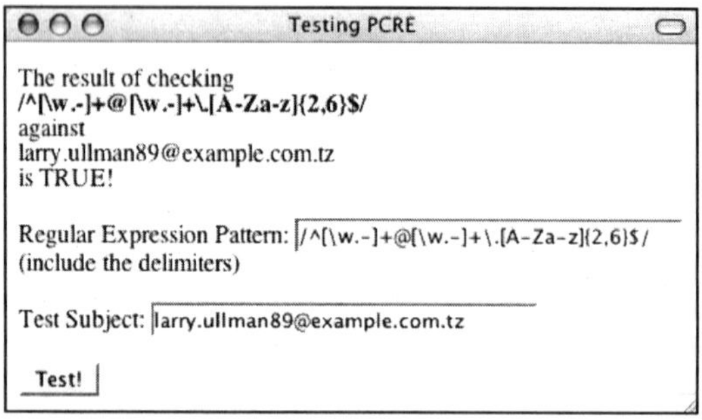

Figura 13.15 Uma validação muito boa e confiável de endereços de e-mail.

A classe de caractere de palavra não significa "palavra" no sentido lingüístico, mas como em uma cadeia sem quebras por espaços ou pontuação.

Utilizando essa informação, o padrão de número de cinco dígitos (também chamado de código postal) poderia ser escrito mais facilmente como ^[0-9]{5}$ ou ^\d{5}$. Como um outro exemplo, **can\s?not** corresponderá a *can not* e *cannot* (a palavra *can*, seguida por nenhum ou um caractere de espaço, seguido por *not*).

CAPÍTULO 13 – EXPRESSÕES COMUNS COMPATÍVEIS COM PERL   579

Para utilizar classes de caracteres:

1. Carregue o pcre.php em seu navegador Web, se ele ainda não estiver carregado.

2. Verifique se a cadeia está formatada como um código postal válido dos EUA **(Figura 13.13)**. Um código postal dos EUA sempre inicia com cinco dígitos **(^\d{5})**. Mas um código postal válido também poderia ter um hífen seguido por outros quatro dígitos **(-\d{4}$)**. Para tornar esta última parte opcional, utilize o ponto de interrogação (o quantificador de 0 ou 1). Então, este padrão completo é **^(\d{5})(-\d{4})?$.** Para tornar tudo mais claro, a primeira parte do padrão (correspondência dos cinco dígitos) também é agrupada em parêntesis, embora não seja necessário neste caso.

3. Verifique se uma cadeia não contém qualquer espaço **(Figura 13.14).**

   O atalho da classe de caracteres **\S** corresponderá a caracteres que não sejam de espaço. Para garantir que a cadeia inteira não contém espaços, utilize o sinal de intercalação e o sinal de dólar: **^\S$.** Se você não utilizá-los, então tudo o que o padrão estará confirmando será se o assunto contém pelo menos um caractere que não seja um caractere de espaço.

4. Valide um endereço de e-mail **(Figura 13.15)**. O padrão **^[\w.-]+@[\w.-]+\.[A-Zaz]{2,6}$** proporciona uma validação de e-mail razoavelmente boa. Ele está entre o sinal de intercalação e o sinal de dólar, portanto, a cadeia deve ser um endereço de e-mail válido, e nada mais.

   Um endereço de e-mail começa com letras, números e o caractere de sublinhado (representado por **\w),** mais um ponto (.) e um hífen. Este primeiro bloco corresponderá a *larryullman, larry77, larry.ullman, larry-ullman,* e assim por diante. Em seguida, todos os endereços de e-mail possuem um, e apenas um, sinal de @. Depois disso, pode existir qualquer quantidade de letras, números, pontos e hífens. Este é o nome do domínio: *dmcinsights, smith-jones, amazon.co* (como em *amazon.co.uk)* etc. Finalmente, todos os endereços de e-mail terminam com um ponto e duas a seis letras. Isto justifica *.com, .edu, .info, . travel* etc.

580 PHP 6 e MySQL 5 para Web Sites Dinâmicos

✓ Dicas

- Acho que o exemplo do código postal é uma excelente demonstração de como as expressões comuns são úteis e complexas. Um padrão testa, precisamente, ambos os formatos do código postal, o que é fantástico. Mas quando você o insere em seu código PHP, com aspas e delimitadores, não é facilmente compreendido:

```
if (preg_match ('/^(\d{5})(-\d{4})?$/
→ ', $zip)) {...
```

Certamente, isso parece algo sem sentido, não é?

- Este padrão de validação de endereço de e-mail é muito bom, embora não seja perfeito. Ele permitirá alguns endereços inválidos (como endereços que começam com um ponto ou contendo vários pontos juntos). Entretanto, um padrão de validação que seja 100 por cento à prova de erros é ridiculamente longo e, freqüentemente, a utilização de expressões comuns é realmente uma questão de tentar excluir a grande quantidade de entradas inválidas sem excluir acidentalmente entradas válidas.
- As expressões comuns, particularmente as PCRE, podem ser extremamente complexas. No início, a utilização das expressões comuns provavelmente quebrará as rotinas de validação, em vez de melhorá-las. Por isso uma prática como esta é tão importante.

Utilizando Limites

Os limites são atalhos para ajudar a localizar, humm, limites. De certa forma, você já viu isso: utilizando o sinal de intercalação e o sinal de dólar para corresponder o início e o fim de um valor. Mas, e se você desejar corresponder limites dentro de um valor?

O limite mais claro é entre uma palavra e uma não-palavra. Uma "palavra", neste caso, não é *cat, month* ou *zeitgeist*, mas sim no sentido do atalho \w: as letras de A a Z (em maiúsculo e em minúsculo), mais os números de 0 a 9, e o caractere de sublinhado. Para utilizar palavras como limites, existe o atalho **\b**. Para utilizar caracteres de não-palavra como limites, existe o atalho **\B**. Portanto, o padrão **\bfor\b** tem correspondência com *they've come for you,* mas não com *force* ou *forebode.* Assim, **\bfor\B** teria correspondência com *force,* mas não com *they've come for you* ou *informal.*

CAPÍTULO 13 – EXPRESSÕES COMUNS COMPATÍVEIS COM PERL

```
1   <!DOCTYPE html PUBLIC "-//W3C//DTD XHTML
    1.0 Transitional//EN"
2       "http://www.w3.org/TR/xhtml1/DTD/
        xhtml1-transitional.dtd">
3   <html xmlns="http://www.w3.org/1999/
    xhtml">
4   <head>
5       <meta http-equiv="content-type" content=
        "text/html; charset=iso-8859-1" />
6       <title>Testing PCRE</title>
7   </head>
8   <body>
9   <?php // Script 13.2 - matches.php
10
11  // This script takes a submitted string
    and checks it against a submitted pattern
12  // This version prints every match made
13
14  if (isset($_POST['submitted'])) {
15
16      // Trim the strings:
17      $pattern = trim($_POST['pattern']);
18      $subject = trim($_POST['subject']);
19
20      // Print a caption
21      echo "<p>The result of checking<br />
        <b>$pattern</b><br />against<br />
        $subject<br />is ";
22
23      // Test
24      if (preg_match_all ($pattern, $subject,
        $matches) ) {
25          echo 'TRUE!</p>',
26
27          // Print the matches:
28          echo '<pre>' . print_r($matches, 1) .
            '</pre>';
29
30      } else {
31          echo 'FALSE!</p>';
32      }
33
34  } // End of submission IF.
35  // Display the HTML form.
36  ?>
37  <form action="matches.php" method="post">
38      <p>Regular Expression Pattern: <input
        type="text" name="pattern" value="
        <?php if (isset($pattern)) echo
        $pattern, ?>" size="30" /> (include
        the delimiters)</p>
39      <p>Test Subject: <textarea name=
        "subject" rows="5" cols="30"><?php
        if (isset($subject)) echo $subject;
        ?></textarea></p>
40      <input type="submit" name="submit"
        value="Test!" />
41      <input type="hidden" name="submitted"
        value="TRUE" />
42  </form>
43  </body>
44  </html>
```

Script 13.2 *Para revelar exatamente quais valores em uma cadeia correspondem com quais padrões, esta versão revisada do script exibirá cada uma das correspondências. Você pode obter as correspondências nomeando uma variável como o terceiro argumento em preg_match() ou preg_match_all().*

LOCALIZANDO TODAS AS CORRESPONDÊNCIAS

Voltando para as funções PHP utilizadas com as expressões comuns compatíveis com Perl, preg_match() tem sido utilizada apenas para ver se um padrão corresponde a um valor. Mas o script não tem reportado o que exatamente no valor correspondeu ao padrão. Você poderá descobrir esta informação utilizando uma variável como um terceiro argumento para a função:

```
preg_match(padrão, assunto, $match)
```

A variável $match conterá a primeira correspondência encontrada (pois esta função retorna apenas a primeira correspondência em um valor). Para

582 PHP 6 e MySQL 5 para Web Sites Dinâmicos

encontrar todas as correspondências, utilize preg_match_all(). Sua sintaxe é a mesma:

```
preg_match_all(padrão, assunto,
→ $matches)
```

Esta função retornará o número de correspondências encontradas, ou FALSE se nenhuma for encontrada. Ela também atribuirá à variável $matches toda correspondência encontrada. Vamos atualizar o script PHP para exibir as correspondências retornadas e, em seguida, executar mais alguns testes.

Para reportar todas as correspondências:

1. Abra o pcre.php (Script 13.1) em seu editor de texto ou IDE.
2. Altere a chamada de preg_match() para **(Script 13.2)**

```
if (preg_match_all ($pattern,
$subject, $matches) ) {
```

Há duas alterações aqui. Primeiro, a função verdadeira sendo chamada é diferente. Segundo, o terceiro argumento é o nome da variável que receberá cada uma das correspondências.

3. Após exibir o valor *TRUE*, exiba o conteúdo de $matches.

```
echo '<pre>' . print_r($matches, 1) .
→ '</pre>';
```

Embora as tags PRE não sejam compatíveis com XHTML, esta é a forma mais fácil de saber o que há na variável $matches. Conforme você verá ao executar este script, esta variável será uma matriz cujo primeiro elemento é uma matriz das correspondências encontradas.

4. Altere o atributo action do formulário para *matches.php*.

```
<form action="matches.php" method=
→ "post">
```

Este script será renomeado; portanto, o atributo action também deve ser alterado.

CAPÍTULO 13 – EXPRESSÕES COMUNS COMPATÍVEIS COM PERL   583

5. Altere a entrada de assunto para torná-la uma área de texto.

```
<p>Test Subject: <textarea name=
→ "subject" rows="5" cols="30"><?php
→ if (isset($subject)) echo $subject;
→ ?></textarea></p>
```

Para que seja possível inserir mais texto para o assunto, este elemento se tornará uma área de texto.

6. Salve o arquivo como matches.php, coloque-o em seu diretório Web e teste-o em seu navegador **(Figuras 13.16, 13.17, 13.18 e 13.19)**. Para o primeiro teste, utilize **for** como o padrão e *This is a formulaic test for informal matches* como o assunto (Figura 13.16). O texto talvez não esteja em um inglês correto, mas é um bom assunto para o teste.

Para o segundo teste, altere o padrão para **for.*** (Figura 13.17). O resultado pode surpreendê-lo, motivo pelo qual é discutido no quadro lateral, "Sendo Menos Ambicioso". Para tornar esta procura menos ambiciosa (greedy), o padrão poderá ser alterado para **for.*?**, cujos resultados serão os mesmos da Figura 13.16.

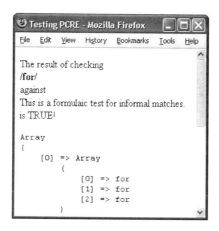

Figura 13.16 Este primeiro teste retorna três correspondências, pois o texto literal for foi encontrado três vezes.

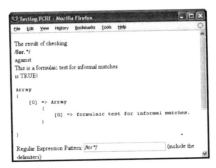

Figura 13.17 *Como as expressões comuns são, por padrão, greedy (consulte o quadro lateral), este padrão encontra apenas uma correspondência na cadeia. Essa correspondência resulta no início com a primeira instância de* for *e continua até o fim da cadeia.*

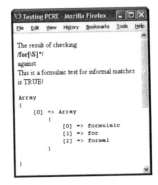

Figura 13.18 *Este padrão revisado corresponde a cadeias que iniciam com* for *e terminam com uma palavra.*

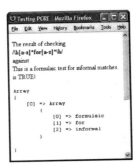

Figura 13.19 *Diferentemente do padrão na Figura 13.18, este corresponde a palavras inteiras que contêm* for *(*informal *aqui,* formal *na Figura 13.18).*

CAPÍTULO 13 – EXPRESSÕES COMUNS COMPATÍVEIS COM PERL   585

Para o terceiro teste, utilize **for[\S]*** ou, de forma mais simples, **for\S***
(Figura 13.18). Este padrão tem o efeito de fazer com que a correspondência pare assim que um caractere de espaço em branco for encontrado (pois
o padrão deseja corresponder *for* seguido por qualquer quantidade de
caracteres, desde que não sejam caracteres de espaço em branco).

Para o teste final, utilize **\b[a-z]*for[a-z] *\b** como padrão (Figura
13.19). Este padrão faz uso de limites, o assunto abordado no quadro
lateral "Utilizando Limites", neste capítulo.

✓ **Dica**

■ A função preg_split() assumirá uma cadeia e a quebrará em uma
matriz utilizando um padrão de expressão comum.

Sendo Menos Ambicioso

Um importante componente para expressões comuns compatíveis com
Perl, e que não está presente no POSIX, é o conceito de *greediness*. Por
padrão, o PCRE tentará corresponder o máximo possível. Por exemplo,
o padrão **<.+>** corresponde a qualquer tag HTML. Quando testado em
uma cadeia como *<a href= "page.php"> Link</a>*, ele corresponderá
a essa cadeia inteira, desde o < de abertura até o de fechamento. No
entanto, esta cadeia contém três correspondências possíveis: a cadeia
inteira, a tag de abertura (de *<a* até *">*) e a tag de fechamento *(</a>)*.

Para anular o conceito de greediness, faça a correspondência *lazy*. Uma
correspondência lazy conterá a menor quantidade de dados possível.
Qualquer quantificador pode ser lazy acrescentando o ponto de interrogação após ele. Por exemplo, o padrão **<.+?>** retornaria duas correspondências na cadeia anterior: a tag de abertura e a tag de fechamento. Ele
não retornaria a cadeia completa como uma correspondência. (Este é um
dos aspectos confusos da sintaxe da expressão comum: o mesmo
caractere — aqui, o ponto de interrogação — pode ter significados
diferentes, dependendo do seu contexto.)

Uma outra forma de tornar os padrões menos greedy é utilizar classes
negativas. O padrão **<[^>]+>** corresponde a qualquer coisa entre as tags
de abertura e fechamento <>, exceto a uma tag de fechamento >. Portanto,
a utilização desse padrão teria o mesmo resultado que a utilização de
<.+?>. Esse padrão também corresponderia a cadeias que contêm
caracteres de nova linha, que o ponto exclui.

586   PHP 6 e MySQL 5 para Web Sites Dinâmicos

Tabela 13.4 Estes caracteres, quando colocados após o delimitador de fechamento, alteram o comportamento de uma expressão comum.

Modificadores de Padrões

CARACTERE	RESULTADO
A	Ancora o padrão no início da cadeia
i	Ativa o modo sem distinção de maiúsculas e minúsculas
m	Ativa a correspondência de várias linhas
s	Faz com que o ponto corresponda a todo caractere, incluindo nova linha
x	Ignora a maior parte do espaço em branco
U	Realiza uma correspondência não-greedy

Utilizando Modificadores

A maioria dos caracteres especiais que você pode utilizar em padrões de expressão comum é apresentada neste capítulo. Um tipo final de caracteres especial é o modificador de padrão. A **Tabela 13.4** lista estes modificadores. Os modificadores de padrões são diferentes dos outros metacaracteres, pois são colocados após o delimitador de fechamento.

Destes delimitadores, o mais importante é o *i*, que permite procuras sem distinção entre maiúsculas e minúsculas. Todos os exemplos utilizando variações de *for* (na seqüência anterior das etapas) não corresponderiam à palavra *For*. Entretanto, **/for.*/i** seria uma correspondência. Observe que estou incluindo os delimitadores nesse padrão, pois o modificador é colocado após o delimitador de fechamento. De forma semelhante, a última etapa nessa seqüência fez referência ao quadro lateral "Sendo Menos Ambicioso" e informou como **for.*?** realizaria uma procura lazy. Assim, seria **/for.*/U.**

O modo de várias linhas também é interessante, pois você pode fazer com que o sinal de intercalação e o sinal de dólar tenham comportamentos diferentes. Por padrão, cada um deles se aplica ao valor inteiro. No modo de várias linhas, o sinal de intercalação corresponde ao início de qualquer linha e o sinal de dólar corresponde ao fim.

Para utilizar os modificadores:

1   Carregue o matches.php em seu navegador Web, se ele ainda não stiver carregado

CAPÍTULO 13 – EXPRESSÕES COMUNS COMPATÍVEIS COM PERL   587

2. Valide uma lista de endereços de e-mail (**Figura 13.20**).

Para isso, utilize **/^[\w.-]+@[\w.-]+\.[AZa-z]{2,6}\r?$/m** como o padrão. Você verá que eu adicionei um retorno de carro opcional (**\r?**) antes do sinal de dólar. Isso é necessário porque algumas linhas conterão retornos e outras não. E no modo de várias linhas, o sinal de dólar corresponde ao fim de uma linha. (Para ser mais flexível, você poderia utilizar **\s?** .)

3. Valide uma lista de códigos postais dos EUA (**Figura 13.21**).

Bastante semelhante ao exemplo na Etapa 2, agora, o padrão é **/^(\d{5})(-\d{4})?\ s?$/m**. Você verá que estou utilizando o **\s?** mais flexível em vez de **\r?.**

Ao tentar fazer esse teste, você também observará (ou na Figura 13.21) que a variável $matches agora contém muito mais informações. Isto será explicado na próxima seção do capítulo.

✓ **Dica**

■ Para sempre corresponder ao início e ao fim de um padrão, independentemente da configuração de várias linhas, existem atalhos que podem ser utilizados. No padrão, o atalho \A corresponderá apenas ao início do valor, \z corresponderá ao fim, e \Z corresponderá a qualquer final de linha, como $ no modo de linha única.

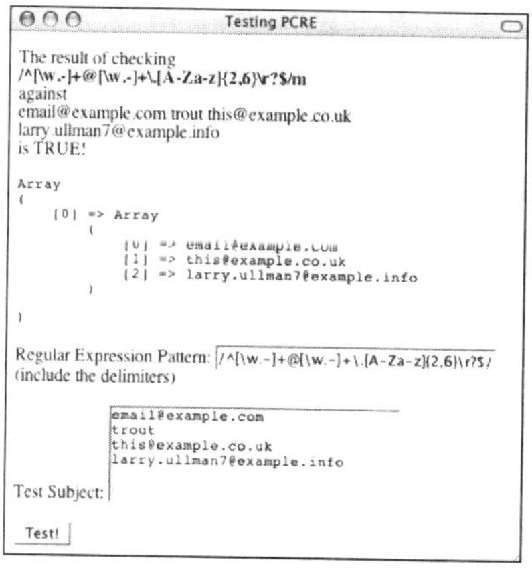

Figura 13.20 *Uma lista de endereços de e-mail, um por linha, pode ser validada utilizando o modo de várias linhas. Cada endereço válido é armazenado na variável $matches.*

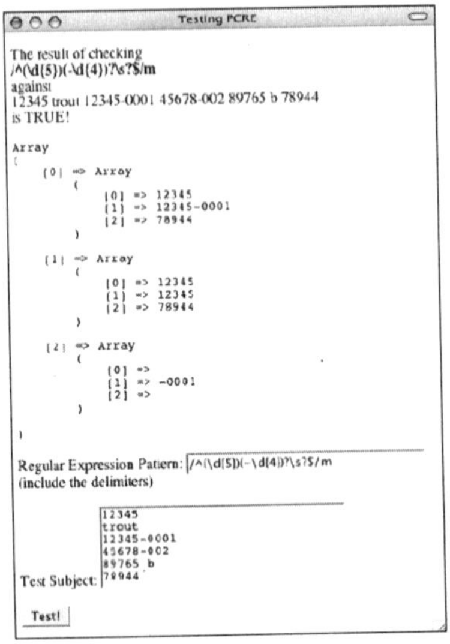

Figura 13.21 *Validando uma lista de códigos postais, um por linha.*

Correspondendo e Substituindo Padrões

O último assunto a ser abordado neste capítulo é como corresponder e substituir padrões em um valor.

Enquanto preg_match() e preg_match_all() encontram coisas para você, se você desejar realizar uma procura e substituição, será necessário utilizar preg_replace(). Sua sintaxe é

```
preg_replace(padrão, Substituição,
→  assunto)
```

Esta função assume um quarto argumento opcional, limitando o número de substituições realizadas.

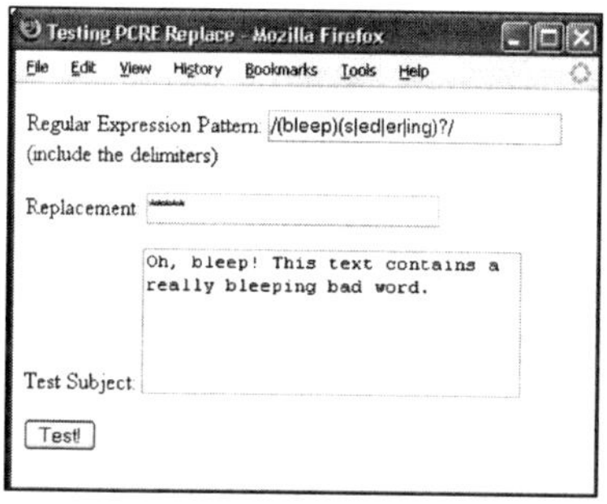

CAPÍTULO 13 – EXPRESSÕES COMUNS COMPATÍVEIS COM PERL 589

Figura 13.22 *Uma utilização de preg_replace() seria para substituir variações de palavras inapropriadas com símbolos representando sua omissão.*

Para substituir todas as instâncias de *cat* por *dog*, você utilizaria

```
$str = preg_replace('/cat/', 'dog', 'I
→ like my cat.');
```

Esta função retorna o valor alterado (ou valor inalterado se nenhuma correspondência for encontrada), assim, provavelmente você desejará atribuí-la a uma variável ou utilizá-la como um argumento para uma outra função (por exemplo, exibindo-a com a função echo()). Além disso, como lembrete, isso é apenas um exemplo: você nunca desejaria substituir uma cadeia literal por uma outra com expressões comuns, pois utilizaria str_replace().

Há um conceito relacionado a ser discutido, envolvendo esta função: *back referencing*. Em um padrão de correspondência de código postal — ^(\d{5})(- \d{4})?$ — há dois grupos entre parêntesis: os primeiros cinco dígitos e o hífen opcional mais a extensão de quatro dígitos. Em um padrão de expressão comum, o PHP numerará automaticamente agrupamentos parentéticos a partir de 1. O back referencing permite fazer referência a cada seção individual utilizando $ mais o número correspondente. Por exemplo, se você corresponder o código postal *94710-0001* com este padrão, fazer referência de volta a $2 retornará *-0001*. O código $0 se refere à cadeia inicial inteira. Por esse motivo, a Figura 13.21 mostra correspondência de códigos postais inteiros em $matches[0], os primeiros cinco dígitos de correspondência em $matches [1] e qualquer hífen mais quatro dígitos de correspondência em $matches[2].

590 **PHP 6 e MySQL 5 para Web Sites Dinâmicos**

Para praticar, vamos modificar o Script 13.2 para também obter uma entrada de substituição **(Figura 13.22)**.

Para corresponder e substituir padrões:

1. Abra o matches.php (Script 13.2) em seu editor de texto ou IDE.
2. Inclua uma referência a uma terceira variável de entrada **(Script 13.3)**.

```
$replace = trim($_POST['replace']);
```

Como você pode ver na Figura 13.22, a terceira entrada do formulário (incluída entre as duas existentes) obtém o valor de substituição. Esse valor também é ajustado para se livrar de quaisquer espaços estanhos.

3. Altere a legenda.

```
echo "<p>The result of replacing<br
→ /><b>$pattern</b><br />with<br
→ />$replace<br />in<br />$subject
→ <br /><br />";
```

A legenda exibirá todos os valores de entrada, antes da aplicação de preg_replace().

CAPÍTULO 13 – EXPRESSÕES COMUNS COMPATÍVEIS COM PERL   591

```
1   <!DOCTYPE html PUBLIC "-//W3C//DTD XHTML
    1.0 Transitional//EN"
2
    "http://www.w3.org/TR/xhtml1/DTD/xhtml1-
    transitional.dtd">
3   <html xmlns="http://www.w3.org/1999/
    xhtml">
4   <head>
5   <meta http-equiv="content-type" content=
    "text/html; charset=iso-8859-1" />
6   <title>Testing PCRE Replace</title>
7   </head>
8   <body>
9   <?php // Script 13.3 - replace.php
10
11  // This script takes a submitted string
    and checks it against a submitted pattern.
12  // This version replaces one value with
    another
13
14  if (isset($_POST['submitted'])) {
15
16      // Trim the strings
17      $pattern = trim($_POST['pattern']);
18      $subject = trim($_POST['subject']);
19      $replace = trim($_POST['replace']);
20
21      // Print a caption
22      echo "<p>The result of replacing<br
        /><b>$pattern</b><br />with<br />
        $replace<br />in<br />$subject<br />
        <br />";
23
24      // Check for a match
25      if (preg_match ($pattern, $subject) ) {
26          echo preg_replace($pattern, $replace,
            $subject) . '</p>';
27      } else {
```

```
28          echo 'The pattern was not found!</p>';
29      }
30
31  } // End of submission IF.
32  // Display the HTML form.
33  ?>
34  <form action="replace.php" method="post">
35      <p>Regular Expression Pattern: <input
        type="text" name="pattern" value="<?php
        if (isset($pattern)) echo $pattern; ?>"
        size="30" /> (include the delimiters)
        </p>
36      <p>Replacement: <input type="text"
        name="replace" value="<?php if
        (isset($replace)) echo $replace; ?>"
        size="30" /></p>
37      <p>Test Subject: <textarea name=
        "subject" rows="5" cols="30"><?php
        if (isset($subject)) echo $subject;
        ?></textarea></p>
38      <input type="submit" name="submit"
        value="Test!" />
39      <input type="hidden" name="submitted"
        value="TRUE" />
40  </form>
41  </body>
42  </html>
```

Script 13.3 Para testar a função preg_replace(), que substitui um padrão correspondido em uma cadeia por um outro valor, você pode utilizar esta terceira versão do script de teste PCRE.

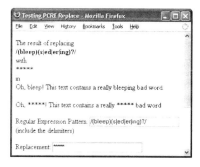

Figura 13.23 O texto resultante possui ocorrências de bleep, bleeps, bleeped, bleeper e bleeping *substituídas por* *****.

592   PHP 6 E MySQL 5 PARA WEB SITES DINÂMICOS

Figura 13.24 *Se o padrão não for encontrado no assunto, este último não será alterado. Aqui, o valor de substituição está oculto porque ele utiliza tags HTML; consulte o código-fonte para obter o efeito completo.*

4. Altere a condicional da expressão comum para que chame apenas a função preg_replace() se uma correspondência for encontrada.

   ```
   if (preg_match ($pattern, $subject)
   → ) {
    echo preg_replace($pattern,
   → $replace, $subject) . '</p>';
   } else {
    echo 'The pattern was not
   → found!</p>';
   }
   ```

   Você pode chamar preg_replace() sem executar antes a função preg_match(). Se nenhuma correspondência for encontrada, então não ocorrerá qualquer substituição. Mas, para tornar claro quando uma correspondência está ou não sendo realizada (o que é sempre bom confirmar, considerando o quanto enganosas podem ser as expressões comuns), a função preg_match() será aplicada primeiro. Se ela retornar um valor verdadeiro, então preg_replace() será chamada, exibindo os resultados **(Figura 13.23)**. Caso contrário, uma mensagem é exibida indicando que nenhuma correspondência foi encontrada **(Figura 13.24)**.

5. Altere o atributo action do formulário para *replace.php*.

   ```
   <form action="replace.php" method=
   → "post">
   ```

CAPÍTULO 13 – EXPRESSÕES COMUNS COMPATÍVEIS COM PERL   593

Este arquivo será renomeado; portanto, este valor precisa ser alterado de acordo.

6. Inclua uma entrada de texto para a cadeia de substituição.

```
<p>Replacement: <input type="text"
→ name="replace" value="<?php if
→ (isset($replace)) echo $replace;
→ ?>" size="30" /></p>
```

7. Salve o arquivo como replace.php, coloque-o em seu diretório Web e teste-o em seu navegador **(Figura 13.25).**

Como um bom exemplo, você pode transformar um endereço de e-mail encontrado em algum texto em seu link HTML equivalente: <a href="mailto:email@example.com">email@example.com</a>.

Agora, o padrão para correspondência de um endereço de e-mail já deve ser familiar: **^ [\w.-] +@ [\w.-] + \. [AZa-z]{2,6}$.** Entretanto, como o endereço de e-mail pode ser encontrado em algum texto, o sinal de intercalação e o sinal de dólar precisam ser substituídos pelo atalho de limites de palavras: **\b.** O padrão final é, portanto, / **\b [\w.-]+@ [\w.-]+\. [A-Za-z]{2,6}\b/.**

Para fazer referência a este endereço de e-mail correspondido, você pode fazer referência à variável $0 (pois $0 se refere à correspondência inteira, independentemente da utilização de parêntesis). Assim, o valor de substituição seria *<a href="mailto:$0">$0</a>*. Como o código HTML está envolvido, consulte o código-fonte HTML da página resultante para obter uma idéia melhor do que aconteceu.

✓ **Dicas**

■ As back references podem ser utilizadas até mesmo no padrão. Por exemplo, se um padrão possuir um agrupamento (ou seja, um subpadrão), isso será repetido.

■ Eu apresentei aqui, de uma forma um tanto rápida, a grande quantidade de sintaxe PCRE, mas ainda há muito mais. Assim que você dominar tudo isso, poderá considerar a utilização de *âncoras, subpadrões nomeados, comentários, lookarounds, quantificadores possessivos,* e muito mais.

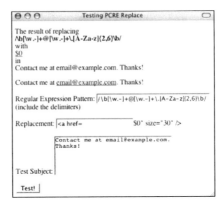

Figura 13.25 Uma outra utilização da função preg_replace() é a conversão dinâmica de endereços de e-mail em links clicáveis.

CAPÍTULO 14

CRIANDO SITES UNIVERSAIS

A maior alteração na versão 6 do PHP é o suporte ao Unicode. Mas o que é Unicode e por que você deve se interessar por ele? Neste capítulo, responderei essas questões e mostrarei a você como você pode alterar seus Web sites utilizando esta nova informação. Mas, como prévia, se você desejar que seus Web sites sejam utilizados por pessoas que não falam o mesmo idioma que você, ou se você não deseja programar com freqüência em um idioma no qual não seja nativo, continue esta leitura!

Este capítulo abordará diversos assuntos, todos com o objetivo de criar um Web site mais global. Grande parte destes tópicos envolve texto: conjuntos de caracteres, codificações, collation, transliteração e Unicode. Estes tópicos se aplicam ao PHP, MySQL, HTML, e até mesmo ao aplicativo no qual você cria seus scripts PHP. Apresentarei informações que valem o livro em apenas algumas páginas, mas certamente serão suficientes para você utilizar em sites reais.

Os outros assuntos aqui abordados são fusos horários e locales. Como o idioma no qual um usuário lê e escreve, estas duas idéias refletem as diferentes culturas e regiões no mundo e, portanto, devem ser considera-das em seus aplicativos Web. Compreender todos estes assuntos e ser

596 PHP 6 e MySQL 5 para Web Sites Dinâmicos

capaz de aplicar as técnicas ensinadas aqui tornará seus Web sites mais legíveis, mais impressionantes e acessíveis a um público-alvo maior.

Conjuntos de Caracteres e Codificação

Para compreender os conceitos de conjuntos de caracteres e codificação, primeiro você deve entender que, em seu computador, não há nada como a letra *A*. A letra *A* é parte de um *conjunto de caracteres:* os símbolos utilizados por um idioma (também chamado de *repertório de caracteres).* Mas o *A* em minha tela enquanto escrevo isto, o *A* no próprio documento de texto: estes não são realmente *A*s. Em seu conceito básico, os computadores compreendem números, não letras. Isso funciona bem com computadores, mas humanos gostam de ver letras. A solução é fazer com que números representem letras.

ASCII, do qual você certamente já ouviu falar, que é abreviação de American Standard Code for Information Interchange, é uma representação de todas as letras no alfabeto inglês — A a Z, maiúsculas e minúsculas — mais os dígitos de 0 a 9, mais toda a pontuação do idioma inglês. Tudo isso resulta no total de 95 caracteres. Adicione mais 33 caracteres não-imprimíveis, tais como caracteres de nova linha (\n) e de guia (\t), e você terá 128 caracteres, associados aos números inteiros de 0 a 127 (**Tabela 14.1**). Este é um *conjunto de caracteres codificados:* cada caractere é representado por um número (o número também é chamado de *ponto de código).*

Quando os computadores armazenam dados ou os transferem de um computador para outro, eles não o fazem em números, mas sim em bytes. A *codificação* é como um conjunto de caracteres codificados mapeado de números inteiros para bytes. Então, trabalhando em sentido inverso, identificando como o texto está codificado, um computador pode reconhecer seu conjunto de caracteres codificados e, assim, saber quais caracteres devem ser exibidos.

Embora o ASCII represente o conjunto inteiro de caracteres do inglês, ele não inclui todos os caracteres acentuados dos idiomas relacionados, como francês e espanhol. Ele também não inclui caracteres que não sejam provenientes do latim, como aqueles presentes no alemão, grego ou coreano. Ele nem mesmo inclui caracteres como chaves ou colchetes. Desde então, outras codificações têm sido definidas: codificações diferentes para idiomas diferentes, até mesmo codificações diferentes para

CAPÍTULO **14** – CRIANDO SITES UNIVERSAIS 597

computadores diferentes (por exemplo, Windows em comparação com Mac). Para tornar a comunicação ainda mais difícil, duas codificações geralmente utilizam o mesmo número para representar caracteres diferentes. Com toda esta bagunça, surgiu o *Unicode*.

O Unicode fornece números exclusivos representando cada um dos símbolos em todos os alfabetos em qualquer sistema operacional e programa. Este é um recurso e tanto, e o Unicode funciona muito bem. A versão 5 do Unicode — a versão atual no momento desta publicação — suporta mais de 99.000 caracteres, mas o limite é bem mais do que um milhão. A **Tabela 14.2** lista apenas uma amostra dos scripts suportados (um *script* como sendo a coleção de símbolos utilizados por um ou mais idiomas).

Tabela 14.1 Estes doze itens são uma amostra dos 128 caracteres definidos pelo padrão ASCII.

Alguns Caracteres ASCII	
Inteiro	**Tecla/Caractere**
0	NULL
9	\t
10	\n
27	Escape
32	Espaço
43	+
54	6
64	@
65	A
97	a
126	..
127	Delete

Ao utilizar o Unicode, você ainda precisa escolher qual codificação utilizar. A codificação UTF-8 talvez seja a mais comum, em parte devido ao ASCII, comumente utilizado por anos, é um excelente pequeno subconjunto do UTF-8. Na verdade, qualquer texto ASCII também é um UTF-8 válido. Há também UTF-16 e UTF-32, cada um com conjuntos de caracteres maiores.

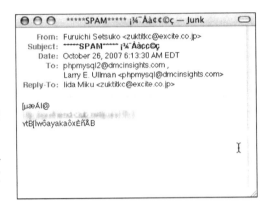

Figura 14.1 Este pequeno trecho amigável de um spam que recebi não utilizava a codificação correta, assim, apareceram caracteres estranhos (impedindo a leitura da mensagem).

Tabela 14.2 Alguns dos alfabetos representados em Unicode. Alguns alfabetos, como o latim, são utilizados em muitos idiomas (inglês, italiano, português etc.); outros, como Hangul, são utilizados apenas em um (coreano, neste caso).

Alfabetos Suportados pelo Unicode
Alfabeto
Árabe
Cherokee
Cirílico
Grego
Han
Hebraico
Latim
N'Ko
Rúnico
Tibetano

Nestes parágrafos, apresentei os principais conceitos que ajudarão você a compreender as informações do restante do capítulo. Para isso, foi necessária a filtragem de uma grande quantidade de informações técnicas, a eliminação de muitos detalhes e a abreviação de décadas de história da computação. Se desejar saber mais sobre estes assuntos, uma procura on-line apresentará muito mais assuntos, mas o que você mais precisa

Capítulo 14 – Criando Sites Universais   599

compreender é isto: *a codificação que você utiliza indica quais caracteres podem ser representados* (e, portanto, quais idiomas podem ser utilizados).

✓ **Dicas**

■ Infelizmente, muitos recursos, incluindo HTML e MySQL, utilizam o termo *charset* ou *conjunto de caracteres* para fazer referência à codificação. Os dois são tecnicamente diferentes, mas os termos são utilizados como sinônimos.

■ Antes do UTF-8, o ISO-8859-1 era uma das codificações mais utilizadas. Ele representa a maioria dos idiomas do oeste europeu. Ele ainda é a codificação padrão para muitos navegadores Web e outros aplicativos.

■ As mensagens de e-mail devem (mas nem sempre) indicar a codificação. Geralmente, você pode conferir visualizando o código-fonte de uma mensagem, que conterá uma linha como

```
Content-Type: text/plain;
➔  charset="UTF-8"
```

■ Qualquer documento — e-mail, página Web ou arquivo de texto — que contém alguns caracteres estranhos provavelmente não foram codificados adequadamente **(Figura 14.1)**.

Criando Páginas Web Multilíngües

Eventualmente, este capítulo abordará como utilizar vários idiomas (ou seja, vários caracteres) no PHP e no MySQL, mas, para isso, é necessário que você saiba como criar uma página HTML que possa exibir caracteres de vários idiomas. Claro, a codificação determina quais caracteres podem ser exibidos, mas mesmo esse tópico aparece mais de uma vez neste processo.

Digamos que você deseje criar uma página Web que contenha texto em inglês e em japonês. Para os iniciantes, o computador deve ser capaz de inserir caracteres em ambos os idiomas (ele deve ter as fontes necessárias instaladas). Normalmente, você pode digitar em um idioma (nativo), mas a maioria dos sistemas operacionais também oferece ferramentas para inserção de caracteres de outros idiomas. Se o seu computador suportar

600 PHP 6 e MySQL 5 para Web Sites Dinâmicos

ambos os idiomas, então também será necessário utilizar uma codificação para a página Web que também os suporte. Essa seria, mais provavelmente, a codificação UTF-8. Portanto, o arquivo HTML precisa ser escrito em um aplicativo que suporte a codificação UTF-8; nem todos suportam.

Se tiver tudo isso, agora você pode criar um documento com caracteres dos idiomas inglês e japonês. Esta página HTML poderá ser visualizada por outros em seus navegadores Web. Assim, os navegadores Web precisam saber a codificação utilizada pela página HTML. Uma forma de transmitir esta informação é utilizar uma tag META:

```
<meta http-equiv="Content-Type"
→ content="text/html; charset=utf-8">
```

(Repetindo o que foi dito em uma página anterior, infelizmente, o termo *charset* é utilizado como significado de codificação, e não conjunto de caracteres).

O último requisito é que os computadores dos usuários finais também devam suportar ambos os conjuntos de caracteres (ou seja, eles devem ter as fontes necessárias instaladas). Em caso positivo, você terá criado e compartilhado com sucesso uma página Web multilíngüe. Antes de escrever uma outra tag PHP de abertura, vamos nos certificar de que você poderá fazer com que tudo funcione.

Para criar uma página Web multilíngüe:

1. Confirme se o seu editor de texto ou IDE suporta a codificação UTF-8 **(Figura 14.2)**. Você precisará consultar o Web site, arquivos de ajuda ou outras documentações para seu aplicativo. Contudo, é necessário realizar corretamente esta etapa, pois você não poderá criar um documento codificado em UTF-8 se seu editor não suportar UTF-8.

   Alguns aplicativos permitem que você faça essa verificação em suas preferências (como na Figura 14.2). Outros definem a codificação ao salvar o arquivo **(Figura 14.3)**.

CAPÍTULO 14 – CRIANDO SITES UNIVERSAIS   601

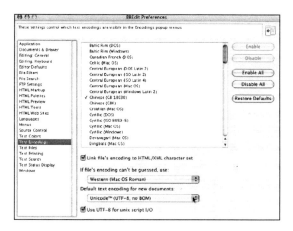

Figura 14.2 Meu editor de texto favorito, BBEdit (o qual, infelizmente, é executado apenas em Mac), possui uma área de preferências na qual você pode definir a codificação padrão para documentos.

Script 14.1 Este script será um teste para confirmar se uma página Web em UTF-8 pode ser criada e visualizada sem problemas.

2. Inicie um novo documento HTML (**Script 14.1**).

```
<!DOCTYPE html PUBLIC "-//W3C//DTD
→ XHTML 1.0 Transitional//EN"
"http://www.w3.org/TR/xhtml1/DTD/
→ xhtml1-transitional.dtd">
<html
→ xmlns="http://www.w3.org/1999/
→ xhtml" xml:lang="en" lang="en">
<head>
    <title>Testing UTF-8</title>
</head>
<body style="font-size: 18pt;">
<!- Script 14.1 - utf8.html -->
</body>
</html>
```

A maior parte deste código é HTML padrão. Para tornar a página resultante mais fácil de visualizar, um estilo CSS seqüencial aumenta o tamanho base da fonte para 18 pontos.

Observe que as declarações de idioma na tag html de abertura (os dois usos de *lang="en"*) são indicações do idioma principal do documento. Esta é uma questão separada da codificação e do conjunto de caracteres.

Figura 14.3 *Notepad no Windows, que não é um grande editor de texto, mas que pode ser utilizado, permite definir a codificação de um arquivo ao salvá-lo.*

Capítulo 14 – Criando Sites Universais   603

3. Inclua uma tag META que indique a codificação.

```
<meta http-equiv="Content-Type"
→ content="text/html; charset=utf-8">
```

Esta linha deve ser a primeira dentro da tag HEAD, pois o navegador precisa ter esta informação o quanto antes. Ele deve vir antes das tags de title (consulte o Script 14.1) ou qualquer outra tag META.

4. Inclua alguns caracteres ou texto no corpo da página.

```
<p>Testing UTF-8 encoding. Here are
some random words and characters:
<ul>
  <li>IntërnettiOnellizmtion</li>
  <li>E</li>
  <li>a</li>
  <li>y</li>
  <li>t</li>
  <li>u</li>
  <li>ufl</li>
</ul>
</p>
```

A primeira palavra é um bom teste de codificação, pois ela contém muitos acentos diferentes e caracteres não pertencentes ao latim. Você também pode utilizar símbolos ou caracteres de outros idiomas. Em uma lista, incluí o símbolo de Euro, de schwa e de infinito; em seguida, caracteres individuais dos alfabetos cirílico, árabe, hebraico e hangul (e espero que não tenha incluído nada que possa ofender alguém!).

A forma como você insere caracteres depende do seu sistema operacional. O Windows possui o utilitário chamado Mapa de Caracteres, que permite escolher caracteres a partir das fontes instaladas. O Mac OS X possui a Paleta de Caracteres que exibe os alfabetos disponíveis, e o Visualizador de Teclado que mostra os caracteres de acordo com a fonte. Ambos podem ser acessados na barra de menus, após selecionar as caixas corretas na área de janela Preferências de Sistema Internacional.

5. Salve o arquivo como utf.html e teste-o em seu navegador Web **(Figuras 14.4 e 14.5)**. Como este é apenas um arquivo HTML, ele não precisa ser executado por meio de uma URL, como um script PHP.

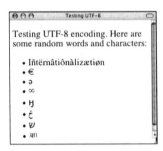

Figura 14.4 Uma página Web codificada em UTF-8, mostrando corretamente caracteres e símbolos de todas as partes do mundo.

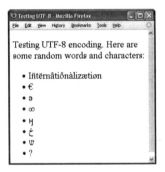

Figura 14.5 A mesma página HTML (como na Figura 14.4) visualizada no Windows. Este navegador e o sistema operacional não suportaram o caractere coreano (o último caractere), substituindo-o por um ponto de interrogação.

✓ **Dicas**

- Se a codificação da página for diferente da que ela indica como a sendo utilizada (na tag META), isso provavelmente gerará problemas.

- As aspas curvas geralmente causam problemas em documentos codificados inadequadamente, pois elas não são parte do padrão ASCII.

CAPÍTULO 14 – CRIANDO SITES UNIVERSAIS

- A janela Page Info do Firefox **(Figura 14.6)** mostrará a codificação do documento. Esta pode ser uma ferramenta útil de depuração.

Figura 14.6 A janela informativa Page Info é ainda uma outra razão para utilizar o Firefox para o seu desenvolvimento em Web.

- Como há muitas variáveis ao criar páginas Web multilíngües, elas podem ser mais difíceis de depurar. Certifique-se de utilizar a codificação apropriada em seu aplicativo que cria a página HTML ou PHP, de que a codificação esteja indicada dentro do próprio arquivo e de que realize um teste utilizando o maior número possível de navegadores e sistemas operacionais.
- Também é possível indicar para o navegador Web a codificação da página utilizando o PHP e a função header():

```
<?php header ('Content-Type:
→ text/html; charset=UTF-8'); ?>
```

Isso pode ser mais efetivo do que utilizar uma tag META, mas não necessita que a página seja um script PHP. Se utilizar esta função, ela deve ser a primeira linha na página, antes de qualquer código HTML.

- Você também pode especificar que a codificação pode ser aceita em uma tag de formulário HTML:

```
<form accept-charset="utf-8">
```

606   **PHP 6 E MySQL 5 PARA WEB SITES DINÂMICOS**

Por padrão, uma página Web utilizará a mesma codificação que a sua para quaisquer dados enviados.

■ Você pode declarar a codificação de um arquivo CSS externo incluindo @charset "utf-8"; como a primeira linha no arquivo. Se não estiver utilizando UTF-8, altere a linha de forma apropriada.

■ Uma outra forma de utilizar caracteres especiais em uma página HTML é utilizar uma NCR (Numeric Character Reference). Qualquer caractere Unicode pode ser referido utilizando o formato *&#XXXX;*. Por exemplo, o *A* maiúsculo do latim é A. Mas, teoricamente, você deve utilizar seu computador para incluir o próprio caractere. em vez de utilizar uma NCR.

UNICODE NO **PHP**

Agora que você sabe o que é o Unicode e como criar uma página HTML codificada adequadamente, como isso afeta o código PHP, que agora suporta o Unicode? Sem o suporte ao Unicode, as versões anteriores do PHP tinham apenas um tipo de cadeia. O PHP 6 possui três: Unicode, binária (para outras codificações e dados binários) e nativa (para compatibilidade com versões anteriores). Mas como o PHP é uma linguagem fracamente tipificada, você pode trabalhar com todos os três tipos mais ou menos da mesma forma.

Para utilizar Unicode com PHP, primeiro ele precisa ser ativado. Para isso, é necessário modificar o arquivo de configuração do PHP. A configuração específica é *unicode.semantics*, que deve ser ativada. Se estiver executando sua própria instalação do PHP, consulte o Apêndice A, "Instalação", para obter instruções sobre a alteração da configuração do PHP. Se estiver utilizando um servidor hospedado que está executando o PHP 6, será necessário solicitar ao administrador que ative o suporte ao Unicode. Você poderá confirmar esta configuração chamando a função phpinfo() **(Figura 14.7).**

CAPÍTULO 14 – CRIANDO SITES UNIVERSAIS   607

unicode.fallback_encoding	no value	no value
unicode.filesystem_encoding	no value	no value
unicode.http_input_encoding	no value	no value
unicode.output_encoding	utf-8	utf-8
unicode.runtime_encoding	iso-8859-1	iso-8859-1
unicode.script_encoding	utf-8	utf-8
unicode.semantics	On	On
unicode.stream_encoding	UTF-8	UTF-8
unserialize_callback_func	no value	no value

Figura 14.7 No PHP 6, a saída gerada pela chamada da função phpinfo() agora possui uma seção para configurações Unicode.

Unicode e PHP 5

A novidade mais importante no PHP 6 é o suporte ao Unicode, incluindo UTF-8, cuja utilização estou defendendo neste capítulo. Isso significa que as versões anteriores do PHP não suportavam Unicode. Isso não é apenas uma questão de conveniência; é, na realidade, um problema. Se você tentar trabalhar com texto Unicode em versões anteriores do PHP 6, os resultados podem ser desde inesperados e imprevisíveis a incertos.

A razão é que praticamente toda função de cadeia em versões anteriores do PHP tratava cada caractere como um único byte. Isso era aceitável ao trabalhar com inglês e muitos outros idiomas, nos quais cada caractere era, de fato, um único byte. Mas os caracteres em outros idiomas às vezes necessitam de vários bytes. Até mesmo a aplicação de uma função simples como substr() em tal texto geraria resultados incorretos. O PHP 5 e anteriores possuem dois conjuntos de funções para o trabalho com cadeias de vários bytes — mb_* e iconv_* —, mas nenhum conjunto é perfeito e você realmente precisa conhecer seu material para utilizá-los.

Em resumo, se você precisar manipular dados Unicode, certifique-se de utilizar o PHP 6. Se não estiver utilizando o PHP 6, não aceite caracteres com vários bytes (ou seja, utilize uma codificação diferente).

Com o Unicode ativado, os scripts PHP podem manipular adequadamente o texto Unicode que possa vir de um formulário, um arquivo de texto ou um banco de dados. Funções como substr() ou strlen(), que não funcionariam adequadamente com dados Unicode no PHP 5, agora funcionarão corretamente.

Agora você também pode utilizar caracteres não-pertencentes ao latim para identificadores: os nomes de variáveis, funções e assim por diante (as

PHP 6 e MySQL 5 para Web Sites Dinâmicos

palavras-chave no PHP ainda serão em inglês). Os seguintes são possíveis no PHP 6:

```
// 'student' in French:
$étudiante = 'Christina';
echo "Bonjour, $étudiante!";
// 'date' in Traditional Chinese:
$日期 = getdate();
echo $日期 ['month'];
// 'to extinguish' in German:
function ablöschen() {...}
$sauber = ablöschen();
```

Se você for utilizar caracteres Unicode nos identificadores, será necessário indicar ao PHP que codificação está utilizando (além da codificação que o script está utilizando em seu aplicativo). Para fazer isso, utilize

```
declare (encoding="UTF-8");
```

Esta deve ser a primeira linha no script PHP (após a tag de abertura, claro). Além disso, qualquer arquivo incluído também precisa indicar sua codificação (a codificação não é herdada de um script para outro).

Embora ache que ser capaz de utilizar seu idioma nativo para identificadores seja muito legal, para demonstrar o Unicode no PHP, vamos criar um script que destaca algumas diferenças entre o PHP 5 e o 6.

Para utilizar Unicode no PHP:

1. Crie um novo documento PHP em seu editor de texto ou IDE (**Script 14.2**).

```
<?php header ('Content-Type:
➔ text/html; charset=UTF-8'); ?>
<!DOCTYPE html PUBLIC "-//W3C//DTD
➔ XHTML 1.0 Transitional//EN"
"http://www.w3.org/TR/xhtml1/DTD/
➔ xhtml1-transitional.dtd">
<html
➔ xmlns="http://www.w3.org/1999/xhtml"
➔ xml:lang="en" lang="en">
<head>
  <meta http-equiv="content-type"
  ➔ content="text/html;
```

CAPÍTULO 14 – CRIANDO SITES UNIVERSAIS 609

```
→  charset=utf-8" />
<title>Unicode in PHP</title> </head>
<body style="font-size: 18pt;">
<h1>Names from Around the World</h1>
<?php # Script 14.2 - unicode.php
```

De acordo com uma dica mencionada em anteriormente, este documento também utilizará uma chamada da função header() do PHP para indicar a codificação ao navegador Web.

2. Crie uma lista de nomes.

```
$names = array('João', ' Γιώργος ',
→'Anton', ' Tomáš ', ' KamilĐ ',
→'Frančiška ', ' 愛子 ', ' 杰西卡 ');
```

Eu reuni alguns nomes provenientes de lugares ao redor do mundo e os coloquei em uma matriz para fácil acesso.

Script 14.2 *Alguns dos nomes multilíngües são exibidos, juntamente com seus comprimentos e em formato maiúsculo.*

610   PHP 6 E MySQL 5 PARA WEB SITES DINÂMICOS

Figura 14.8 Os resultados (precisos) da execução do script PHP em Unicode utilizando o PHP 6.

Figura 14.9 A mesma página (Script 14.2) executada no PHP 5.2. Observe como as contagens de caracteres e o formato maiúsculo estão incorretos e diferem dos resultados na Figura 14.8.

3. Exiba o comprimento e a versão maiúscula de cada nome.

```
foreach ($names as $name) {
  echo "<p>$name has "
→ strlen($name) ."
→ characters<br />\n" .
```

CAPÍTULO **14** – CRIANDO SITES UNIVERSAIS 611

ting). As palavras-chave da mudança de tipo são (binary), (unicode) e (string).

- Como alternativa, você pode utilizar unicode_encode() e unicode_decode() para converter cadeias de uma codificação para outra. A função unicode_set_error_mode() determina como qualquer problema de conversão será manipulado.

COLLATION NO **PHP**

A collation se refere às regras utilizadas para comparação de caracteres em um conjunto. A collation é como a alfabetização, mas também considera números, espaços e outros caracteres. A collation está relacionada ao conjunto de caracteres sendo utilizado, refletindo os tipos de caracteres presentes e hábitos culturais. A forma como o texto é classificado em inglês não é a mesma no espanhol tradicional ou no árabe. Por exemplo, as versões maiúscula e minúscula de um caractere são consideradas as mesmas ou diferentes (ou seja, trata-se de uma comparação com distinção entre maiúsculas e minúsculas)? Ou, como os caracteres acentuados são classificados? Um espaço é considerado ou ignorado?

A melhor forma de classificar cadeias em Unicode no PHP 6 é utilizar a classe Collator. Isso envolve o assunto de OOP (Object-Oriented Programming), não discutido neste livro (uma consistente introdução que é fornecida em meu livro *PHP 5 Advanced: Visual QuickPro Guide,* Peachpit Press, 2007, exige mais de 100 páginas), mas a sintaxe é fácil o suficiente para ser seguida.

Comece criando um novo objeto do tipo Collator:

```
$c = new Collator(locale);
```

Ao fazê-lo, é necessário indicar o *locale*. Os locales são abordados no final deste capítulo, mas para o momento, apenas considere que será uma curta cadeia indicando um idioma e um ponto de referência geográfico. Por exemplo, *jp_JP* é japonês no Japão; *pt_BR* é português no Brasil.

Em seguida, aplique a função sort() em uma matriz de cadeias. A chamada de funções em uma classe utiliza a sintaxe $*objeto->função()*:

```
$array = $c->sort($array);
```

Vamos acompanhar um exemplo disso.

PHP 6 e MySQL 5 para Web Sites Dinâmicos

Script 14.3 O script collation.php classifica várias palavras em francês utilizando a classe Collator. A utilização desse código é claramente mais efetiva do que a utilização da função sort() integrada do PHP.

Para utilizar a collation no PHP:

1. Crie um novo documento PHP em seu editor de texto ou IDE (**Script 14.3**).

```
<?php header ('Content-Type:
➔ text/html; charset=UTF-8'); ?>
<!DOCTYPE html PUBLIC "-//W3C//DTD
➔ XHTML 1.0 Transitional//EN"
"http://www.w3.org/TR/xhtml1/DTD/
➔ xhtml1-transitional.dtd">
<html
➔ xmlns="http://www.w3.org/1999/xhtml"
➔ xml:lang="en" lang="en">
<head>
  <meta http-equiv="content-type"
  ➔ content="text/html;
  ➔ charset=utf-8" />
  <title>Collation in PHP</title>
</head>
<body style="font-size: 18pt;">
<?php # Script 14.3 - collation.php
```

Lembre-se de que, como este script utilizará caracteres em outros idiomas, o arquivo precisa ser codificado em seu aplicativo utilizando

Capítulo 14 – Criando Sites Universais 613

```
000                    Script
1    <?php header ('Content-Type: text/html;
     charset=UTF-8'); ?>
2    <!DOCTYPE html PUBLIC "-//W3C//DTD XHTML
     1.0 Transitional//EN"
3         "http://www.w3.org/TR/xhtml1/DTD/
          xhtml1-transitional.dtd">
4    <html xmlns="http://www.w3.org/1999/xhtml"
     xml:lang="en" lang="en">
5    <head>
6       <meta http-equiv="content-type"
        content="text/html; charset=utf-8" />
7       <title>Collation in PHP</title>
8    </head>
9    <body style="font-size: 18pt;">
10   <?php # Script 14.3 - collation.php
11
12   // Create an array of words:
13   $words = array('chère', 'côté', 'chaise',
     'château', 'chaînette', 'châle', 'Chère',
     'côte', 'chemise');
14
15   // Sort using the default PHP function:
16   echo '<h3>Using sort()</h3>';
17   sort($words);
18   echo implode('<br />', $words);
19
20   // Sort using the Collator:
21   echo '<h3>Using Collator</h3>';
22   $c = new Collator('fr_FR');
23   $words = $c->sort($words);
24   echo implode('<br />', $words);
25
26   ?>
27   </body>
28   </html>
```

UTF-8 e a própria página deve indicar ao navegador Web esta mesma
codificação.

2. Crie uma lista de palavras.

```
$words = array('chère', 'côté',
➔    'chaise', 'château', 'chaînette',
➔    'châle', 'Chère', 'côte', 'chemise');
```

Para este exemplo, estou utilizando em pouco de francês (sendo quase
tudo o que sei nessa língua). Essas palavras são uma boa escolha, pois
contêm vários caracteres acentuados. Então, este exemplo será capaz
de demonstrar como os caracteres acentuados são adequadamente
classificados.

3. Utilize a função sort() e, em seguida, exiba os resultados.

```
echo '<h3>Using sort()</h3>';
sort($words);
```

PHP 6 e MySQL 5 para Web Sites Dinâmicos

```
echo implode('<br />', $words);
```

A função sort() do PHP é o utilitário de classificação padrão e funciona muito bem ... com o padrão em inglês. Vamos ver como ela se sai com o francês!

Aqui, a terceira linha utiliza a função implode() como uma forma rápida de exibir cada item na matriz em sua própria linha. Esta função transforma uma matriz em uma cadeia, utilizando o primeiro argumento como a união. Em seguida, a cadeia retornada é exibida por echo(). A **Figura 14.10** mostra o código-fonte HTML resultante deste pequeno atalho.

4. Utilize a classe Collator e, em seguida, exiba os resultados.

```
echo '<h3>Using Collator</h3>';
$c = new Collator('fr_FR');
$words = $c->sort($words);
echo implode('<br />', $words);
```

A sintaxe para utilização da classe Collator está descrita antes destas etapas. Para o valor de locale, eu utilizo *fr_FR*, que significa francês na França.

5. Finalize a página.

```
?>
</body>
</html>
```

6. Salve o arquivo como collation.php, coloque-o em seu diretório Web e teste-o em seu navegador **(Figura 14.11)**.

✓ **Dicas**

■ Comparações simples no PHP, utilizando operadores de comparação, não utilizam collation.

■ A classe Collator possui uma função setStrength() que pode ser utilizada para ajustar as regras de collation. Por exemplo, você pode utilizar esta função para ignorar acentos ou para alterar a ênfase colocada na distinção entre maiúsculas e minúsculas.

Figura 14.10 Para exibir cada item na matriz em sua própria linha, eu coloco quebras HTML entre eles, utilizando implode().

Figura 14.11 *A classe Collator faz um melhor trabalho ao classificar caracteres acentuados e em maiúsculo do que a função sort() do PHP.*

TRANSLITERAÇÃO NO PHP

A *transliteração* é a conversão do texto de um conjunto de caracteres para outro. Isto não é a mesma coisa que *tradução*, que envolve uma determinada quantidade de interpretação. Por exemplo, em unicode.php (Script 14.2), diversos nomes são colocados em uma matriz. Um desses nomes está em grego: |Γιώργος|.

Transliterado para o alfabeto latim, esse nome seria Girgos. O exemplo também utilizou dois nomes asiáticos — 慶子 e 杰西卡. Esses nomes seriam transformados em Jié Xi Ká e Ài Zi, respectivamente.

Como o Unicode mapeia todos os caracteres em todos os idiomas para números, na verdade é bastante fácil realizar a transliteração. Para realizá-la no PHP, utilize a função str_transliterate(). Ela assume como seu primeiro argumento a cadeia a ser alterada. O segundo argumento é o *script* (alfabeto) da cadeia original. O terceiro é o *script* (alfabeto) de destino. Para ambos os argumentos, estou utilizando "script" com base na Tabela 14.2, que lista os alfabetos (scripts) suportados pelo Unicode: latim, grego, cirílico, árabe etc.

Para experimentar, vamos ver com o que meu (ou seu) nome se parece em outros alfabetos.

Documentação do Unicode

```
<body style="font-size: 18pt;">
<h3>Using sort()</h3>Chère <br />chaise <br />chaînette<br />chemise<b
</html>
```

Enquanto escrevo este livro, o PHP 6 ainda não foi oficialmente lançado. Entretanto, utilizando versões beta disponíveis do software, tenho conseguido testar todo o código no PHP 6 com apenas pequenos problemas.

Infelizmente, o que não há disponível é uma boa, e às vezes nenhuma, documentação sobre muitos destes novos recursos. Na verdade, alguns exemplos neste capítulo utilizam funções que ainda não estão no manual PHP!

Naturalmente, estou absolutamente seguro sobre os exemplos e o conteúdo deste livro, mas caso algo mude no lançamento oficial do PHP 6, você talvez encontre um problema aqui ou ali. Se isso ocorrer, consulte o manual do PHP (que será atualizado para corresponder ao release) e consulte o Web site (www.DMCInsights.com/phpmysql3/) ou o fórum de suporte do livro para obter assistência.

Para utilizar a transliteração:

1. Crie um novo documento PHP em seu editor de texto ou IDE **(Script 14.4)**.

```
<?php header ('Content-Type:
→ text/html; charset=UTF-8'); ?>
<!DOCTYPE html PUBLIC "-//W3C//DTD
→ XHTML 1.0 Transitional//EN"
"http://www.w3.org/TR/xhtml1/DTD/
→ xhtml1-transitional.dtd">
<html
→ xmlns="http://www.w3.org/1999/xhtml"
→ xml:lang="en" lang="en">
<head>
  <meta http-equiv="content-type"
```

Capítulo 14 – Criando Sites Universais

Documentação do Unicode

Enquanto escrevo este livro, o PHP 6 ainda não foi oficialmente lançado. Entretanto, utilizando versões beta disponíveis do software, tenho conseguido testar todo o código no PHP 6 com apenas pequenos problemas. Infelizmente, o que não há disponível é uma boa, e às vezes nenhuma, documentação sobre muitos destes novos recursos. Na verdade, alguns exemplos neste capítulo utilizam funções que ainda não estão no manual PHP!

Naturalmente, estou absolutamente seguro sobre os exemplos e o conteúdo deste livro, mas caso algo mude no lançamento oficial do PHP 6, você talvez encontre um problema aqui ou ali. Se isso ocorrer, consulte o manual do PHP (que será atualizado para corresponder ao release) e consulte o Web site (www.DMCInsights.com/phpmysql3/) ou o fórum de suporte do livro para obter assistência.

Para utilizar a transliteração:

1. Crie um novo documento PHP em seu editor de texto ou IDE (**Script 14.4**).

```
<?php header ('Content-Type:
→ text/html; charset=UTF-8'); ?>
<!DOCTYPE html PUBLIC "-//W3C//DTD
→ XHTML 1.0 Transitional//EN"
"http://www.w3.org/TR/xhtml1/DTD/
→ xhtml1-transitional.dtd">
<html
→ xmlns="http://www.w3.org/1999/xhtml"
→ xml:lang="en" lang="en">
<head>
  <meta http-equiv="content-type"
→ content="text/html;
→ charset=utf-8" />
  <title>Transliteration</title>
</head>
<body style="font-size: 18pt;">
<em>What's my name?</em>
<?php # Script 14.4 - trans.php
```

Tudo isso é semelhante aos dois scripts anteriores. A chamada da função header() do PHP indica a codificação para o navegador

Web, e algum CSS seqüencial aumenta o tamanho da fonte para tornar mais fácil a leitura dos caracteres.

2. Crie duas variáveis.

```
$me = 'Larry Ullman';
$scripts = array('Greek', 'Cyrillic',
➔ 'Hebrew', 'Arabic', 'Hangul');
```

A primeira variável é meu nome. Sinta-se à vontade para utilizar seu próprio nome. A segunda variável é uma matriz de alfabetos a ser utilizada como o terceiro argumento em str_transliterate().

Estes valores representam o alfabeto de destino.

Script 14.4 Este script utiliza a nova função str_transliteration() para converter um nome de um conjunto de caracteres para outro.

CAPÍTULO 14 – CRIANDO SITES UNIVERSAIS

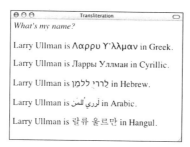

Figura 14.12 Meu nome, transliterado para alfabetos diferentes.

Figura 14.13 A tentativa de conversão para tibetano falhou, pois esse alfabeto não é suportado por minha instalação.

3. Exiba o nome em cada um dos alfabetos.

   ```
   foreach ($scripts as $script) {
     echo "<p>$me is " .
   → str_transliterate($me, 'Latin',
   → $script) . " in $script.</p>\n";
   }
   ```

   No loop foreach, uma instrução echo() exibirá o nome em sua forma original e, em seguida, transliterado. Ela também exibirá o alfabeto de destino. Para o argumento de alfabeto de origem, *Latin* está sendo utilizado, pois o nome foi escrito utilizando o alfabeto latim (altere caso o seu seja diferente).

4. Finalize a página.

   ```
   ?>
   </body>
   </html>
   ```

5. Salve o arquivo como trans.php, coloque-o em seu diretório Web e teste-o em seu navegador **(Figura 14.12)**.

Se você receber uma mensagem de erro como aquela na **Figura 14.13**, isso significa que um determinado alfabeto não está disponível para transliteração (ou você digitou incorretamente o nome do alfabeto).

Idiomas e MySQL

Da mesma forma que uma página HTML e um script PHP podem utilizar codificações diferentes, o MySQL também pode. Para obter uma lista das codificações suportadas por sua versão do MySQL, execute o comando SHOW CHARACTER SET **(Figura 14.14)**. Observe que a frase *character set* está sendo utilizada no MySQL no sentido de *codificação* (o qual geralmente será adotado nesta seção para consistência com o MySQL).

Cada conjunto de caracteres no MySQL possui uma ou mais collations. Para visualizá-las, execute esta consulta substituindo *charset* pelo valor apropriado proveniente do resultado na última consulta **(Figura 14.15)**:

```
SHOW COLLATION LIKE 'charset%'
```

Os resultados desta consulta também indicarão a collation padrão desse conjunto de caracteres.

No MySQL, o servidor como um todo, cada banco de dados, cada tabela e até mesmo cada coluna pode ter um conjunto de caracteres e collation. Para definir estes valores ao criar um banco de dados, utilize

```
CREATE DATABASE nome CHARACTER SET
→ conjunto_de_caracteres COLLATION collation
```

Para definir estes valores ao criar uma tabela, utilize

```
CREATE TABLE nome (
definições_de_colunas
) CHARACTER SET conjunto_de_caracteres COLLATION
→ collation
```

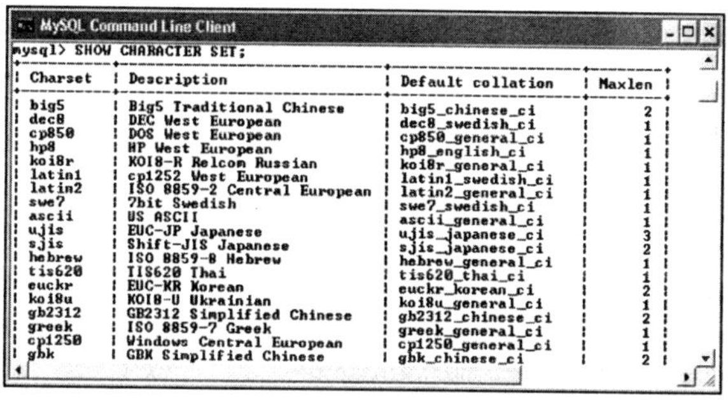

CAPÍTULO 14 – CRIANDO SITES UNIVERSAIS

Figura 14.14 A lista de conjuntos de caracteres
suportados por esta instalação do MySQL.

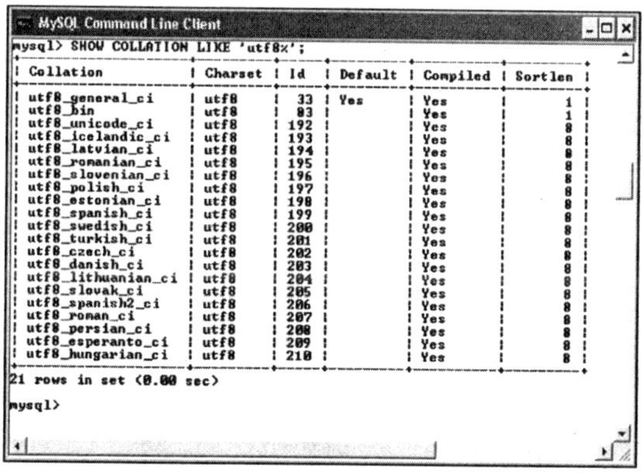

Figura 14.15 A lista de collations disponíveis na codificação
UTF-8. A primeira collation, utf_general_ci, é a padrão.

Para estabelecer o conjunto de caracteres e a collation para uma coluna,
inclua a cláusula correta para a definição da coluna (você apenas utilizaria
esta cláusula para tipos texto):

```
CREATE TABLE nome (
algum_nome TEXT CHARACTER SET conjunto de caracteres
→ COLLATION collation
...)
```

Em cada um destes casos, ambas as cláusulas são opcionais. Se
omitidas, um conjunto de caracteres ou uma collation padrão será utilizada.

As collations no MySQL também podem ser especificadas em uma consulta para afetar os resultados:

```
SELECT ... ORDER BY coluna COLLATE collation
SELECT ... WHERE coluna LIKE 'value'
→ COLLATE collation
```

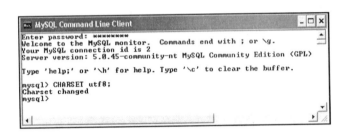

Figura 14.16 *Ao estabelecer comunicação com o MySQL, para utilizar uma codificação não-padrão, altere-a ao estabelecer conexão com o servidor.*

Estabelecer o conjunto de caracteres e a collation ao definir um banco de dados influencia em quais dados podem ser armazenados (por exemplo, você não pode armazenar um caractere em uma coluna se sua codificação não suportar esse caractere). Uma segunda questão é a codificação utilizada para comunicação com o MySQL. Se desejar armazenar caracteres chineses em uma tabela com uma codificação chinesa, esses caracteres precisarão ser transferidos utilizando a mesma codificação. Para realizar esta tarefa a partir de um script PHP, execute esta consulta — SET NAMES *conjunto_de_caracteres* — antes de executar quaisquer outras. Se essa tarefa falhar, todos os dados serão transferidos utilizando o conjunto de caracteres padrão, o que pode ou não causar problemas.

No mysql client, defina a codificação utilizando apenas

```
CHARSET conjunto_de_caracteres
```

Estas duas últimas idéias serão revistas no próximo capítulo.

Tenho utilizado apenas uma quantidade razoável de informações, portanto, para praticar, vamos realizar uma conexão com o MySQL e executar algumas consultas. Para o exemplo, utilizarei o espanhol, que possui duas collations. Utilizando regras tradicionais, as combinações de letras *ch* e *ll* são tratadas individualmente como uma única letra. Mas não em regras modernas.

CAPÍTULO 14 – CRIANDO SITES UNIVERSAIS   623

Para utilizar conjuntos de caracteres e collation:

1. Estabeleça uma conexão com o MySQL utilizando o mysql client. As versões recentes do phpMyAdmin (no momento da elaboração desse livro) suportam a configuração de conjuntos de caracteres e collations, se você preferir utilizá-lo.

2. Altere a codificação para UTF-8 **(Figura 14.16)**.

```
CHARSET utf8;
```

3. Selecione o banco de dados *test* e crie uma nova tabela **(Figura 14.17)**.

```
USE test;
CREATE TABLE test_utf(
id INT UNSIGNED NOT NULL
→ AUTO_INCREMENT,
word VARCHAR(20),
PRIMARY KEY (id)
) CHARSET utf8;
```

Como isto é apenas prática, crie uma nova tabela dentro do banco de dados *test*. Esta tabela é definida de forma bastante básica, utilizando apenas duas colunas. O conjunto de caracteres (em outras palavras, a codificação) para a tabela é UTF-8.

4. Insira alguns registros de amostra **(Figura 14.18)**.

```
INSERT INTO test_utf (word) VALUES
('Calle'), ('cuchillo'), ('cuchara'),
('castillo'), ('cucaracha'),
('castigo'), ('castizo'),
('cuclillo');
```

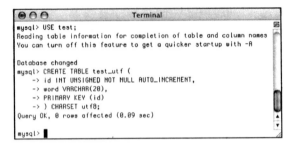

Figura 14.17 Esta tabela será utilizada para demonstrar a collation e os conjuntos de caracteres.

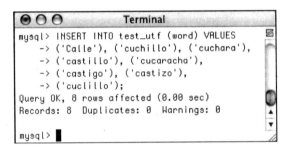

Figura 14.18 Preenchendo a tabela com alguns dados de amostra.

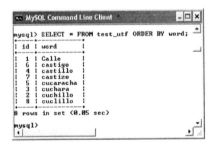

Figura 14.19 As palavras para utilização da collation padrão.

CAPÍTULO 14 – CRIANDO SITES UNIVERSAIS

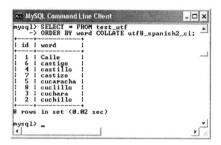

Figura 14.20 *A diferença nas collations é evidente na nova localização da palavra com um ID de 8 (compare com a Figura 14.19).*

5. Resgate os registros em ordem alfabética **(Figura 14.19)**.

   SELECT * FROM test_utf ORDER BY word;

   Esta consulta utilizará a collation estabelecida para a coluna. Com a definição da tabela na Etapa 3, essa seria a collation padrão para o conjunto de caracteres UTF-8.

6. Resgate os registros para utilização das regras do espanhol tradicional **(Figura 14.20)**.

   SELECT * FROM test_utf
   ORDER BY word COLLATE
   → utf8_spanish2_ci;

   Para alterar a ordem utilizada em uma classificação, sem realizar uma alteração permanente no banco de dados, inclua a cláusula COLLATE em sua consulta. A collation *utf8_spanish2_ci* utiliza as regras do espanhol tradicional para a ordenação.

✓ **Dicas**

- É recomendado que qualquer coluna utilizando a codificação UTF-8 não seja definida como CHAR por razões de desempenho. Em vez disso, utilize um tipo texto ou VARCHAR.
- A função CONVERT() pode converter o texto de um determinado conjunto de caracteres para outro.
- Como conjuntos de caracteres diferentes necessitam de mais espaço para representar uma cadeia, provavelmente será necessário

626   PHP 6 e MySQL 5 para Web Sites Dinâmicos

aumentar o tamanho de uma coluna para caracteres UTF-8. Faça isso antes de alterar a codificação de uma coluna para que nenhum dado seja perdido.

Fusos Horários e MySQL

O Capítulo 10, "Desenvolvimento de Aplicativos Web", apresenta algumas funções de data e hora do PHP. Dentre elas, temos a função date_default_timezone_set(), que precisa ser chamada antes da utilização de qualquer outra função de data ou hora (a partir do PHP 5.1). Acho que existe informação suficiente nesse capítulo, e no manual do PHP, se precisar trabalhar com fusos horários no PHP. Mas e o MySQL?

Comece relembrando que a data e a hora no MySQL representam a data e a hora no servidor. As chamadas da função NOW() e outras funções refletem a data e a hora do servidor. Portanto, os valores armazenados em um banco de dados utilizando estas funções também estão armazenando a data e a hora do servidor, refletindo o fuso horário desse servidor. Mas digamos que você mova seu site de um servidor para outro: você exporta todos os dados, importa-os para o outro servidor, e tudo funciona perfeitamente ... a menos que os dois servidores estejam em fusos horários diferentes, caso em que todas as datas são desativadas. Isso não será muito bom para alguns sites, mas e se o seu site possuir associações pagas? Isso significa que a associação de algumas pessoas pode expirar um dia antes e, para outras, um dia depois!

A solução é armazenar datas e horas de forma neutra em relação ao fuso horário. Essa solução utiliza algo chamado de UTC (Coordinated Universal Time; sim, a abreviação não corresponde exatamente ao termo). UTC, como o GMT (Greenwich Mean Time), fornece um ponto de origem comum, a partir do qual todos os fusos no mundo podem ser expressados como UTC com mais ou menos algumas horas e minutos **(Tabela 14.3).**

Felizmente, não é necessário realizar qualquer cálculo para determinar o UTC para o seu servidor. Em vez disso, a função UTC_DATE() retorna a data do UTC; UTC_TIME() retorna a hora atual do UTC; e UTC_TIMESTAMP() retorna a data e a hora atuais.

Assim que tiver armazenado uma data e uma hora do UTC, provavelmente desejará resgatá-las já ajustadas para refletir o local do servidor ou

Capítulo 14 – Criando Sites Universais

do usuário. Para alterar a data e a hora de qualquer fuso horário para um outro, utilize CONVERT_TZ():

CONVERT_TZ(data_e_hora, de, para)

O primeiro argumento é um valor de data e hora, como o resultado de uma função ou o que está armazenado em uma coluna. O segundo e o terceiro argumentos são fusos horários nomeados (consulte o quadro lateral).

Tabela 14.3 Uma amostra de cidades e como a data e a hora de cada uma delas seriam representadas, dependendo do horário de verão. Observe que nem todos os fusos horários utilizam um deslocamento horário. Alguns utilizam deslocamentos de 30 ou 45 minutos.

Deslocamentos UTC	
Cidade	**Hora**
Cidade de Nova Iorque, EUA	UTC–4
Cape Town, África do Sul	UTC+2
Mumbai, Índia	UTC+5:30
Auckland, Nova Zelândia	UTC+13
Kathmandu, Nepal	UTC+5:45
Santiago, Chile	UTC–3
Dublin, Irlanda	UTC+1

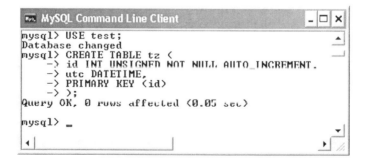

Figura 14.21 Criando uma outra tabela de exemplo.

628   PHP 6 e MySQL 5 para Web Sites Dinâmicos

Utilizando Fusos Horários no MySQL

Por padrão, o MySQL não instala o suporte para fusos horários. Para utilizar fusos horários nomeados, há cinco tabelas no banco de dados *mysql* que precisam ser preenchidas. Apesar de o MySQL não realizar automaticamente esta tarefa, ele fornece as ferramentas para que você mesmo faça.

Este processo é complicado o suficiente para que não haja espaço para abordá-lo neste livro (não para todas as contingências possíveis: sistema operacional etc.). Mas você pode encontrar as instruções consultando a seção de "suporte a fusos horários do servidor" no manual do MySQL. O manual possui até mesmo consultas de amostra que você pode executar para confirmar se seus fusos horários estão precisos.

Se você continuar a utilizar fusos horários no MySQL, também será necessário manter estas informações no banco de dados *mysql* atualizadas. As regras para fusos horários, em particular, quando e como elas observam o horário de verão, são freqüentemente alteradas. Novamente, o manual do MySQL possui instruções para atualização de seus fusos horários.

Para trabalhar como UTC:

1. Estabeleça uma conexão com o MySQL.

   Você pode utilizar o mysql client (conforme utilizarei nas figuras correspondentes), phpMyAdmin ou algum outro.

2. Selecione o banco de dados *test* e crie uma nova tabela (**Figura 14.21**).

```
USE test;
CREATE TABLE tz(
id INT UNSIGNED NOT NULL
→ AUTO_INCREMENT,
utc DATETIME,
PRIMARY KEY (id)
 );
```

Como é apenas uma prática, a nova tabela será novamente criada dentro do banco de dados *test*. Esta tabela também é definida de forma bastante básica, utilizando apenas duas colunas. A segunda coluna, de tipo DATETIME, será a coluna importante para este

CAPÍTULO 14 – CRIANDO SITES UNIVERSAIS   629

exemplo. Eu não utilizei o conjunto de caracteres, pois este exemplo não trabalhará com texto.

3. Insira um registro de amostra.

```
INSERT INTO tz (utc) VALUES
(UTC_TIMESTAMP());
```

Utilizando a função UTC_TIMESTAMP(), o registro armazenará a data e a hora UTC, não a data e a hora no servidor.

4. Visualize o registro conforme está armazenado **(Figura 14.22)**.

```
SELECT * FROM tz;
```

Como você pode ver na figura e na definição da tabela, as data e horas UTC são armazenadas da mesma forma que datas e horas não-UTC. O que não está claro na figura é que o registro recém-inserido reflete um horário quatro horas à frente do servidor (pois o servidor está em um fuso horário com quatro horas de diferença).

5. Resgate o registro em seu fuso horário **(Figura 14.23)**.

```
SELECT CONVERT_TZ(utc, 'UTC',
→  'America/New_York') FROM tz;
```

Utilizando a função CONVERT_TZ(), você pode formatar qualquer data e hora convertidas para um fuso horário diferente. Para o fuso horário *de*, utilize *UTC*. Para o fuso horário *to*, utilize seu horário. Os nomes de fusos horários correspondem àqueles utilizados pelo PHP (consulte o Capítulo 10 ou, mais diretamente, www.php.nct/timczoncs).

Se você obtiver um resultado NULL **(Figura 14.24),** o nome de um de seus fusos horários está errado ou o MySQL ainda não carregou os fusos horários que ele utiliza (consulte o quadro lateral).

✓ **Dicas**

■ Independentemente da forma que decidir manipular as datas, o importante é ser consistente. Se decidir utilizar UTC, então *sempre* utilize UTC.

- UTC também é conhecido como horário Zulu, representado pela letra Z.
- Além de ser independente do fuso horário e do horário de verão, o UTC também é mais preciso. Ele possui segundos de transição irregulares que compensam o movimento inexato do planeta.

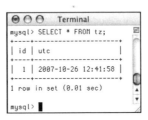

Figura 14.22 O registro que foi recém-inserido, que reflete um horário quatro horas à frente (o servidor é UTC-4).

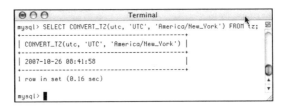

Figura 14.23 A data e a hora armazenadas como UTC convertidas para meu horário local.

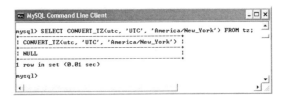

Figura 14.24 A função CONVERT_TZ() retornará NULL se ela fizer referência a um fuso horário inválido ou se os fusos horários não tiverem sido instalados no MySQL (o que é o caso aqui).

Trabalhando com Locales

Um *locale* é um interessante conceito com o qual a maioria dos programadores iniciantes não está familiarizada. Ele abrange diversas áreas em comum com alguns dos outros tópicos neste capítulo. Um locale representa o idioma e os hábitos de formatação de uma cultura. Os locales descrevem:

◆ Como datas, horas, moedas e números devem ser escritos

◆ Qual unidade de medida é utilizada

◆ Como o texto deve ser classificado ou correspondido

◆ Como os caracteres são colocados em maiúsculo

Por exemplo, os Estados Unidos e a Inglaterra falam inglês, mas formatam datas de forma diferente.

Locales no PHP5

As versões anteriores do PHP (antes da 6) utilizam os chamados de locales POSIX. Estes locales são pequenas cadeias como *en_US* (inglês, Estados Unidos), *en_GB* (inglês, Grã-Bretanha) etc. Você pode estabelecer o locale no PHP utilizando a função set_locale():

```
set_locale(categoria, locale);
```

As categorias são LC_ALL, LC_MONETARY, LC_NUMERIC, entre outras. Assim, para obter números formatados como se estivessem na França, você utilizaria

```
set_locale(LC_NUMERIC, fr_FR);
```

A lista de abreviações de locales pode ser encontrada on-line. Complicando as coisas, se estiver executando o PHP no Windows, as abreviações de locales são um pouco diferentes.

A partir da versão 6 do PHP, esta função e estes locales estão ultrapassados (o que significa que ainda estão disponíveis para compatibilidade com versões anteriores, mas você deve parar de utilizá-los).

632 PHP 6 e MySQL 5 para Web Sites Dinâmicos

Cada computador possui um locale padrão. Utilizando o PHP, você pode alterar o valor do locale. Você pode desejar fazê-lo se, por exemplo, seu servidor estiver nos Estados Unidos mas você possuir um site destinado à população suíça.

Para alterar o locale na versão 6 do PHP, utilize a função locale_set_default() (consulte o quadro lateral para obter a alternativa no PHP 5). Esta função assume apenas um argumento, uma cadeia no formato

```
<idioma>[_<alfabeto>]_<país>
→ [_<variante>][@<palavras-chave>]
```

O idioma e o país são obrigatórios; os outros valores são opcionais (indicados pelos colchetes). Uma ferramenta para a localização de todos estes valores está disponível em http://demo.icu-project.org/icu-bin/locexp.

Um detalhe do qual é preciso estar ciente é que nem todas as funções PHP identificam o locale. Por exemplo, number_format() não identifica o locale, mas money_format() sim (ou deveria, no release final do PHP 6; ela ainda não identificava o locale no momento da elaboração desta publicação). A função date() não respeitará os locales, mas a nova função date_format_locale() sim. Ela utiliza os mesmo parâmetros de formatação que date(), mas assume um objeto DateTime como seu primeiro argumento (você verá o que isso significa no próximo script).

Uma outra função que identifica o locale a ser utilizada neste exemplo é a strtotitle(). Ela é como a função uc_words(), utilizada para colocar palavras em maiúsculo de forma adequada em uma cadeia. Como a função strtotitle() trabalha com locales, ela também funciona no texto em idiomas que são escritos da direita para a esquerda ou que não utilizam espaços entre palavras.

Como uma simples demonstração deste conceito, vamos criar um script que exibe a data utilizando locales diferentes.

CAPÍTULO 14 – CRIANDO SITES UNIVERSAIS   633

Para utilizar locales:

1. Crie um novo documento PHP em seu editor de texto ou IDE (**Script 14.5**).

```
<?php header ('Content-Type:
→ text/html; charset=UTF-8'); ?>
<!DOCTYPE html PUBLIC "-//W3C//DTD
→ XHTML 1.0 Transitional//EN"
"http://www.w3.org/TR/xhtml1/DTD/
→ xhtml1-transitional.dtd">
<html
→ xmlns="http://www.w3.org/1999/xhtml"
→ xml:lang="en" lang="en">
<head>
    <meta http-equiv="content-type"
    → content="text/html;
    → charset=utf-8" />
    <title>Locales</title>
</head>
<body style="font-size: 18pt;">
<?php # Script 14.5 - locales.php
```

Como alguns caracteres a serem exibidos por este script estarão em idiomas diferentes, esta página também deve utilizar a codificação UTF-8.

2. Defina o fuso horário padrão.

```
date_default_timezone_set('UTC');
```

Antes de chamar qualquer função que retorne uma data ou uma hora, é necessário definir o fuso horário. Estou definindo o fuso horário como *UTC*, para torná-lo indiferente ao fuso horário.

PHP 6 E MySQL 5 PARA WEB SITES DINÂMICOS

```
 1   <?php header ('Content-Type: text/html;
     charset=UTF-8'); ?>
 2   <!DOCTYPE html PUBLIC "-//W3C//DTD XHTML
     1.0 Transitional//EN"
 3       "http://www.w3.org/TR/xhtml1/DTD/
     xhtml1-transitional.dtd">
 4   <html xmlns="http://www.w3.org/1999/xhtml"
     xml:lang="en" lang="en">
 5   <head>
 6     <meta http-equiv="content-type"
     content="text/html; charset=utf-8" />
 7     <title>Locales</title>
 8   </head>
 9   <body style="font-size: 18pt;">
10   <?php # Script 14.5 - locales.php
11
12   // Set the default timezone:
13   date_default_timezone_set('UTC');
14
15   // Need a date object:
16   $d = new DateTime();
17
18   // Create a list of locales:
19   $locales = array('en_US', 'fr_FR',
     'es_BO', 'zh_Hans_CN', 'ru_RU', 'el_GR',
     'is_IS');
20
21   // Print the date in each locale:
22   foreach ($locales as $locale) {
23
24     // Set the locale:
25     locale_set_default($locale);
26
27     // Print the date:
```

```
28     echo "<p>$locale: " .
       strtotitle(date_format_locale($d, 'l, j
       F Y')) . "</p>\n";
29
30   }
31
32   ?>
33   </body>
34   </html>
```

Script 14.5 *Neste script, uma série de locales
são definidos, representando idiomas e países em todo
o mundo. Em seguida, a data de hoje é exibida para cada locale.*

3. Crie um objeto DateTime.

```
$d = new DateTime();
```

Como no exemplo de collation anterior, nesse capítulo, esta é uma programação orientada a objetos, mas esta linha será tudo o que você inserirá. A variável $d agora é um objeto do tipo DateTime. Entre outras coisas, ela contém a data e a hora atuais para o fuso horário estabelecido.

CAPÍTULO **14** – CRIANDO SITES UNIVERSAIS   635

4. Crie uma lista de locales.

```
$locales = array('en_US', 'fr_FR',
➔ 'es_BO', 'zh_Hans_CN', 'ru_RU',
➔ 'el_GR', 'is_IS');
```

Para os locales, estou utilizando uma variedade de lugares e idiomas de todo o mundo. O primeiro é o inglês nos Estados Unidos, em seguida francês na França, espanhol na Bolívia, chinês (han tradicional) na China, russo na Rússia, grego na Grécia e islandês na Islândia.

5. Exiba a data em cada locale.

```
foreach ($locales as $locale) {
  locale_set_default($locale);
  echo "<p>$locale: " .
➔   strtotitle(date_format_locale
➔   ($d, 'l, j F Y')) . "</p>\n";
}
```

O loop foreach acessará cada locale na matriz. No loop, o locale é, então, alterado e exibido. Em seguida, a data para esse locale é retornada utilizando a função date_format_locale(). Seu primeiro argumento é $d, o objeto DateTime criado na Etapa 3. Seu segundo argumento é a formatação, neste caso: *Dia DD Mês AAAA*. Toda esta cadeia retornada passará pela função strtotitle() para colocá-la em maiúsculo de forma adequada.

6. Finalize a página.

```
?>
</body>
</html>
```

7. Salve o arquivo como locales.php e teste-o em seu navegador **(Figura 14.25).**

✓ **Dicas**
- A função locale_get_default() retorna o locale atual.
- O tópico sobre locales entra na classificação de suporte do PHP para internacionalização (abreviado para *i18n*) e localização *(i10n)*.

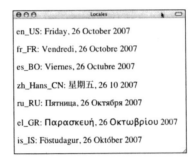

Figura 14.25 Como a mesma data seria escrita em locales diferentes em todo o mundo.

Capítulo 15

Exemplo — Grupo de Discussão

Este é um novo capítulo nesta edição do livro, no qual é criado um grupo de discussão (também conhecido como fórum). Eu nunca escrevi um exemplo como este antes porque há excelentes pacotes de software de fórum já disponíveis. Mas os leitores estão solicitando informações sobre este tópico, e eu sempre respeito um pedido clamoroso.

A funcionalidade de um grupo de discussão é bastante simples: uma postagem pode iniciar um novo tópico ou ser uma resposta para uma postagem existente; postagens são incluídas em um banco de dados e exibidas em uma página. Apenas isso. É claro que, às vezes, a implementação de conceitos simples pode ser muito difícil!

Para tornar este exemplo ainda mais interessante e útil, ele não será apenas um grupo de discussão, mas um grupo de discussão em vários idiomas. Cada idioma terá seu próprio fórum, e todos os principais elementos — navegação, solicitações, texto de introdução etc. — serão específicos para o idioma. Ele será bem legal, colocando em prática os assuntos abordados no Capítulo 14, "Criando Sites Universais."

Para que tenhamos foco nos aspectos mais importantes deste aplicativo Web, omitirei alguns outros. As três omissões óbvias serão: gerenciamento de usuários, manipulação de erros e administração. Entretanto, isto não

638   **PHP 6 e MySQL 5 para Web Sites Dinâmicos**

deve ser um problema para você, pois o próximo capítulo abordará em detalhes o gerenciamento de usuários e a manipulação de erros. Praticamente todo o conteúdo do capítulo pode ser aplicado neste exemplo. Em relação à administração, farei algumas recomendações no final.

Criando o Banco de Dados

Naturalmente, a primeira etapa é criar o banco de dados. Um banco de dados do grupo de discussão de amostra é desenvolvido no Capítulo, "SQL e MySQL Avançados". Embora aquele banco de dados seja perfeitamente adequado, aqui, utilizarei uma variação. A **Figura 15.1** mostra as tabelas e relacionamentos naquele banco de dados. A **Figura 15.2** mostra as tabelas e relacionamentos neste novo banco de dados. Realizarei uma comparação e um contraste entre os dois para explicar melhor meu pensamento.

Para começar, a tabela *forums* é substituída por uma tabela *languages*. Ambas servem para a mesma finalidade: permitir vários fóruns. Neste novo banco de dados, o tópico — *PHP and MySQL for Dynamic Web Sites* — será o mesmo em cada fórum, mas cada fórum utilizará um idioma diferente. As postagens serão diferentes em cada fórum (isso não será uma tradução do mesmo fórum em vários idiomas). A tabela *languages* armazena o nome de um idioma em seu próprio alfabeto e em inglês, para beneficiar o administrador.

A tabela *threads* no novo banco de dados atua como a tabela *messages* no banco de dados antigo, com uma importante diferença. Da mesma forma que a antiga tabela *messages* está relacionada a *forums, threads* está relacionada às tabelas *languages* e *users* (cada mensagem pode estar apenas em um fórum e em nome de um usuário; cada fórum pode ter várias mensagens e cada usuário pode postar várias mensagens). Entretanto, esta tabela *threads* armazenará apenas o assunto, não a mensagem. Há algumas razões pelas quais realizei esta alteração. Primeiro, ter um assunto se repetindo por várias vezes com cada resposta (as respostas, com base na minha experiência, quase sempre têm o mesmo assunto) é desnecessário. O mesmo ocorre com a associação *lang_id* (ela não precisa estar em cada resposta enquanto cada resposta estiver associada a uma única linha de discussão). Terceiro, estou alterando a forma com que a hierarquia de uma linha de discussão será indicada neste banco de dados (você verá como no próximo parágrafo), e alterar as estruturas de tabelas ajuda nisso. Finalmente, a tabela *threads* será utilizada sempre que um usuário visualizar as

CAPÍTULO 15 – EXEMPLO – GRUPO DE DISCUSSÃO   639

postagens em um fórum. A remoção dos corpos das mensagens dessa tabela melhorará o desempenho das consultas.

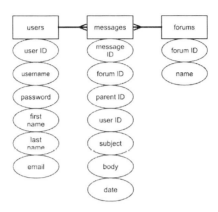

Figura 15.1 O modelo para o banco de dados do fórum desenvolvido no Capítulo 6.

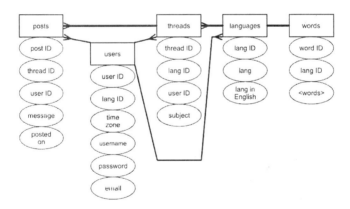

Figura 15.2 O modelo revisado para o banco de dados do fórum a ser utilizado neste capítulo.

Partindo para a tabela *posts*, sua única finalidade é armazenar os corpos das mensagens associadas a uma linha de discussão. No banco de dados do Capítulo 6, a tabela *messages* tinha uma coluna *parent_id*, utilizada para indicar a mensagem para a qual uma nova mensagem era uma resposta. Ela era hierárquica: a mensagem três pode ser a postagem inicial; a mensagem 18 pode ser uma resposta para a três; a mensagem 20 uma

640   **PHP 6 e MySQL 5 para Web Sites Dinâmicos**

resposta para a 18; e assim por diante **(Figura 15.3)**. Essa versão do banco de dados indicava mais diretamente as respostas; esta nova versão armazenará apenas a linha de discussão na qual a mensagem foi postada. Portanto, as mensagens 18 e 20 utilizam um *thread_id* de três. Isso mostrará uma linha de discussão muito mais eficiente (em termos dos códigos PHP e MySQL necessários), e a data/hora em que cada mensagem foi postada ainda pode ser utilizada para ordená-las.

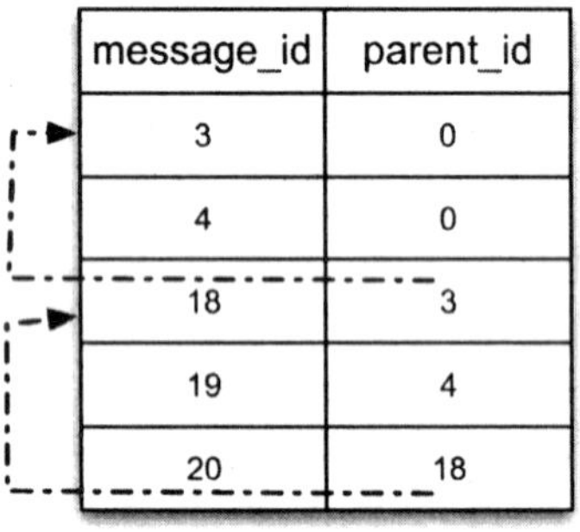

message_id	parent_id
3	0
4	0
18	3
19	4
20	18

Figura 15.3 *A forma como o relacionamento entre mensagens foi indicado utilizando o esquema do banco de dados mais antigo.*

Essas três tabelas fornecem a parte principal da funcionalidade do fórum. O banco de dados também precisa de uma tabela *users*. Em minha versão do fórum, apenas usuários registrados podem postar mensagens, o que eu penso ser uma boa política (ela elimina a possibilidade de spam e tentativas de invasão). Os usuários registrados também podem indicar um idioma padrão (a partir da tabela *languages*) e um fuso horário, para oferecer a eles uma navegação mais personalizada. Uma combinação de nome de usuário e senha seria utilizada para efetuar login.

A tabela final, *words*, é necessária para tornar o site multilíngüe. Esta tabela armazenará traduções de elementos comuns: links de navegação, solicitações de formulários, cabeçalhos, e assim por diante. Cada idioma no site terá um registro nesta tabela. Este será um recurso excelente e surpreendentemente fácil de ser utilizado. Discutivelmente, as palavras listadas nesta tabela também poderiam estar na tabela *languages,* mas, então, o problema seria que as palavras também estariam relacionadas à tabela *threads*, o que não seria o caso.

CAPÍTULO 15 – EXEMPLO — GRUPO DE DISCUSSÃO

Essa é a idéia subjacente deste novo design de banco de dados. Você aprenderá mais ao criar as tabelas nas próximas etapas. Como os outros exemplos neste livro, você também pode fazer o download dos comandos SQL necessários para este capítulo — os comandos destas etapas, além de outros — a partir do Web site do livro (www.DMCInsights.com/phpmysql3/, consulte a página Downloads).

Para criar o banco de dados:

1. Acesse o seu servidor MySQL e configure o conjunto de caracteres a ser utilizado para comunicação **(Figura 15.4)**.

```
CHARSET utf8;
```

Como sempre, utilizarei o mysql client nas figuras, mas você pode utilizar o que desejar. A primeira etapa, entretanto, deve ser a alteração do conjunto de caracteres para UTF-8 para as consultas que serão realizadas. Se você não fizer essa alteração, alguns dos caracteres nas consultas serão armazenados de forma ilegível no banco de dados (consulte o quadro lateral "Caracteres Estranhos").

2. Crie um novo banco de dados **(Figura 15.5)**.

```
CREATE DATABASE forum2 CHARACTER SET
→ utf8;
USE forum2;
```

Para não confundir com as tabelas criadas no banco de dados do fórum original (do Capítulo 6), um novo banco de dados será criado.

Se estiver utilizando um site hospedado e não puder criar seus próprios bancos de dados, utilize o que lhe é fornecido e selecione-o. Se o seu banco de dados possui tabelas com estes mesmos nomes—*words, languages, threads, users* e *posts*, renomeie-as (as tabelas existentes ou as novas) e altere o código no restante do capítulo para que fique de acordo com os novos nomes de tabelas.

Independentemente de criar um banco de dados desde o início ou utilizar um outro banco de dados, é importante que as tabelas utilizem a codificação UTF-8 para que seja possível suportar vários idiomas (consulte o Capítulo 14 para obter mais informações). Se estiver utilizando um banco de dados existente e não desejar causar problemas ao alterar o conjunto de caracteres de todas as suas tabelas, apenas inclua a cláusula CHARACTER SET utf8 em cada definição de tabela (da Etapa 3 à 7).

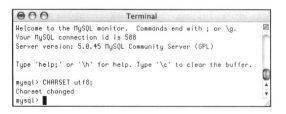

Figura 15.4 Para utilizar dados Unicode em minhas consultas, preciso alterar o conjunto de caracteres utilizado para comunicação com o MySQL a partir do mysql client.

Caracteres Estranhos

Por diversos motivos, ao implementar o exemplo deste capítulo, você pode encontrar caracteres estranhos — quadrados, códigos numéricos ou pontos de interrogação, em vez de caracteres reais do idioma. Para solucionar o problema, comece consultando o Capítulo 14, que aborda Unicode e conjuntos de caracteres em detalhes.

A capacidade de um computador em exibir um caractere depende da codificação do arquivo e dos caracteres (ou seja, fontes) suportados pelo sistema operacional. Isso significa que cada página PHP ou HTML deve utilizar a codificação apropriada. Segundo, o banco de dados no MySQL deve utilizar a codificação apropriada (conforme indicado nas etapas para criação do banco de dados). Terceiro, e isto pode ser uma causa comum de problemas, a comunicação entre o PHP e o MySQL também deve utilizar a codificação apropriada. Trato deste problema no script mysqli_connect.php (consulte a primeira dica). Finalmente, se você utilizar o mysql client, o phpMyAdmin ou uma outra ferramenta para preencher o banco de dados com informações, essa interação também deve utilizar a codificação apropriada.

CAPÍTULO 15 – EXEMPLO — GRUPO DE DISCUSSÃO   643

3. Crie a tabela *languages* (Figura 15.6).

   CREATE TABLE languages(
   lang_id TINYINT UNSIGNED NOT NULL
   → AUTO_INCREMENT,
   lang VARCHAR(60) NOT NULL,
   lang_eng VARCHAR(20) NOT NULL,
   PRIMARY KEY (lang_id),
   UNIQUE (lang)
   );

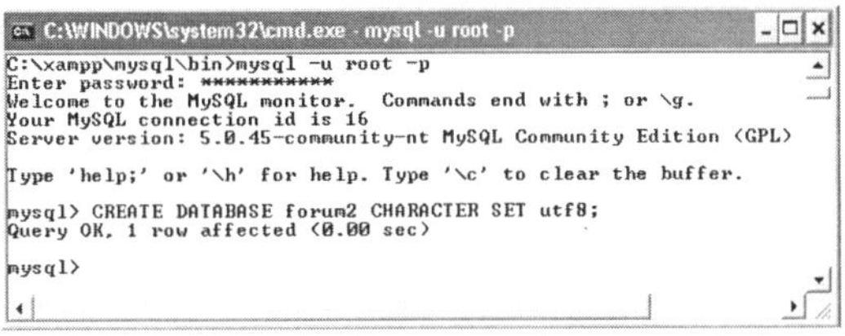

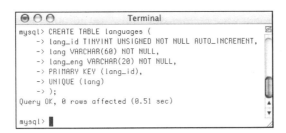

Figura 15.5 Criando e selecionando o banco de dados para este exemplo. Este banco de dados utiliza o conjunto de caracteres UTF-8. Dessa forma, ele pode suportar vários idiomas.

Figura 15.6 Criando a tabela languages.

PHP 6 e MySQL 5 para Web Sites Dinâmicos

```
mysql> CREATE TABLE threads (
    -> thread_id INT UNSIGNED NOT NULL AUTO_INCREMENT,
    -> lang_id TINYINT(3) UNSIGNED NOT NULL,
    -> user_id INT UNSIGNED NOT NULL,
    -> subject VARCHAR(150) NOT NULL,
    -> PRIMARY KEY (thread_id),
    -> INDEX (lang_id),
    -> INDEX (user_id)
    -> );
Query OK, 0 rows affected (0.03 sec)

mysql>
```

Figura 15.7 *Criando a tabela* threads. *Esta tabela armazena os assuntos dos tópicos e os associa a um idioma (ou seja, um fórum).*

Esta é a tabela mais simples de todo o conjunto. Não haverá muitos idiomas representados, portanto, a chave primária *(lang_id)* pode ser TINYINT. A coluna *lang* é definida um pouco maior, pois ela armazenará caracteres em outros idiomas, o que pode exigir mais espaço. Esta coluna também deve ser exclusiva. Observe que não posso nomear esta coluna de "language", pois essa é uma palavra reservada no MySQL (na verdade, eu ainda poderia chamá-la assim, mas precisaria realizar etapas extras, o que não vale a pena). A coluna *lang_eng* é o equivalente em inglês do idioma para que o administrador possa facilmente identificar quais são esses idiomas.

4. Crie a tabela *threads* (**Figura 15.7**).

```
CREATE TABLE threads(
thread_id INT UNSIGNED NOT NULL
→ AUTO_INCREMENT,
lang_id TINYINT(3) UNSIGNED NOT NULL,
user_id INT UNSIGNED NOT NULL,
subject VARCHAR(150) NOT NULL,
PRIMARY KEY (thread_id),
INDEX (lang_id),
INDEX (user_id)
);
```

A tabela *threads* contém quatro colunas e está relacionada às tabelas *languages* e *users* (por meio das chaves externas *lang_id* e *user_id*, respectivamente). O *subject,* aqui, precisa ser longo o suficiente para armazenar assuntos em vários idiomas (em idiomas diferentes do inglês, os caracteres ocupam mais espaço).

CAPÍTULO 15 – EXEMPLO — GRUPO DE DISCUSSÃO   645

As colunas que serão utilizadas nas junções e cláusulas WHERE — *lang_id* e *user_id* — são indexadas, da mesma forma que *thread_id* (como uma chave primária, ela será indexada).

5. Crie a tabela *posts* (**Figura 15.8**).

```
CREATE TABLE posts (
post_id INT UNSIGNED NOT NULL
➔ AUTO_INCREMENT,
thread_id INT UNSIGNED NOT NULL,
user_id INT UNSIGNED NOT NULL,
message TEXT NOT NULL,
posted_on DATETIME NOT NULL,
PRIMARY KEY (post_id),
INDEX (thread_id),
INDEX (user_id)
);
```

A coluna principal, nessa tabela, é *message*, que armazena cada postagem. Duas colunas são chaves externas, ligadas às tabelas *threads* e *users*. A coluna *posted_on* é do tipo DATETME, mas utilizará UTC (Coordinated Universal Time, consulte o Capítulo 14). Entretanto, nada em especial precisa ser realizado aqui.

6. Crie a tabela *users* (**Figura 15.9**).

```
CREATE TABLE users(
user_id MEDIUMINT UNSIGNED NOT NULL
➔ AUTO_INCREMENT,
lang_id TINYINT UNSIGNED NOT NULL,
time_zone VARCHAR(30) NOT NULL,
username VARCHAR(30) NOT NULL,
pass CHAR(40) NOT NULL,
email VARCHAR(60) NOT NULL,
PRIMARY KEY (user_id),
UNIQUE (username),
UNIQUE (email),
INDEX login (username, pass)
);
```

Para resumir um pouco, estou omitindo algumas das outras colunas que eu colocaria nessa tabela, tais como data de registro e primeiro e último nomes. Para obter mais informações sobre a criação e utilização de uma tabela como essa, consulte o próximo capítulo.

646 PHP 6 e MySQL 5 para Web Sites Dinâmicos

Em minha idéia sobre este site, eu espero que os usuários selecionem seus idiomas e fusos horários preferidos ao efetuarem o registro para que, desta forma, tenham uma navegação mais personalizada. Eles também podem ter um nome de usuário, que será exibido nas postagens (em vez de um endereço de e-mail). O nome de usuário e o endereço de e-mail devem ser exclusivos, o que você precisa administrar no processo de registro.

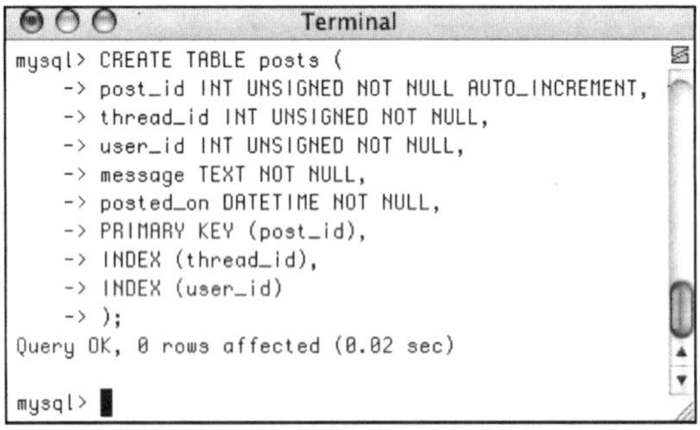

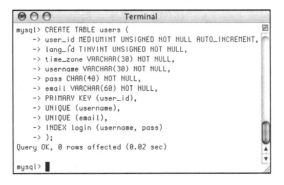

Figura 15.8 Criando a tabela posts, a qual vincula threads e users.

Figura 15.9 Criando uma versão básica da tabela users.

7. Crie a tabela *words* (**Figura 15.10**).

```
CREATE TABLE words(
word_id TINYINT UNSIGNED NOT NULL
→ AUTO_INCREMENT,
lang_id TINYINT UNSIGNED NOT NULL,
```

```
title VARCHAR(80) NOT NULL,
intro TINYTEXT NOT NULL,
home VARCHAR(30) NOT NULL,
forum_home VARCHAR(40) NOT NULL,
'language' VARCHAR(40) NOT NULL,
register VARCHAR(30) NOT NULL,
login VARCHAR(30) NOT NULL,
logout VARCHAR(30) NOT NULL,
new_thread VARCHAR(40) NOT NULL,
subject VARCHAR(30) NOT NULL,
body VARCHAR(30) NOT NULL,
submit VARCHAR(30) NOT NULL,
posted_on VARCHAR(30) NOT NULL,
posted_by VARCHAR(30) NOT NULL,
replies VARCHAR(30) NOT NULL,
latest_reply VARCHAR(40) NOT NULL,
post_a_reply VARCHAR(40) NOT NULL,
PRIMARY KEY (word_id),
UNIQUE (lang_id)
);
```

Figura 15.10 Criando a tabela words, que armazena representações de palavras-chave em diferentes idiomas.

Esta tabela armazenará diferentes traduções dos elementos de comentário utilizados no site. Alguns — *home, forum_home, language, register, login, logout* e *new_thread* — são os nomes dos links. Outros — *subject, body, submit* — são utilizados na página para postagem de mensagens. Uma outra categoria são aqueles

648   PHP 6 e MySQL 5 para Web Sites Dinâmicos

utilizados na página principal do fórum: *posted_on, posted_by, replies* e *latest_reply*.

Alguns deles serão utilizados várias vezes no site e, ainda assim, essa é uma lista incompleta. Conforme você for implementando o site, encontrará outros lugares onde as definições de palavras poderiam ser utilizadas.

Cada coluna é do tipo VARCHAR, exceto para *intro*, que é um corpo do texto a ser utilizado na página principal. A maioria das colunas possui um limite de 30, permitindo caracteres em outros idiomas que necessitam de mais espaço, exceto para alguns que talvez necessitem ser maiores.

Cada coluna possui um nome que significa o tipo de valor a ser armazenado nessa coluna. Para uma das colunas — *language* — utilizei uma palavra-chave MySQL para demonstrar como isso pode ser feito. A correção é colocar o nome da coluna entre dois acentos graves para que o MySQL não confunda o nome da coluna com a palavra-chave "language".

8. Preencha a tabela *languages* (**Figura 15.11**).

```
INSERT INTO languages (lang, lang_eng) VALUES
('English', 'English'),
('Português', 'Portuguese'),
('Français', 'French'),
('Norsk', 'Norwegian'),
('Romanian', 'Romanian'),
('Ελληνικά', 'Greek'),
('Deutsch', 'German.),
('Srpski', .Serbian.),
('日本語', japanese'),
('Nederlands', 'Dutch');
```

Esta é apenas uma pequena parte dos idiomas que o site representará, graças à assistência que me forneceram (consulte o quadro lateral "Uma Nota sobre Traduções"). Para cada idioma, a palavra nativa e a palavra em inglês do nome do idioma estão armazenadas.

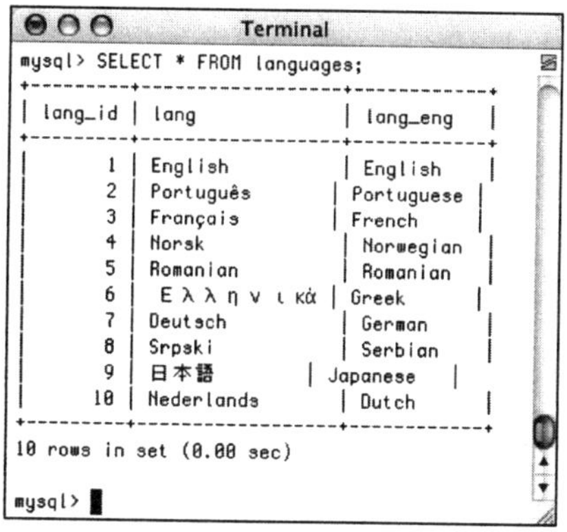

Capítulo 15 – Exemplo — Grupo de Discussão

```
● ○ ○              Terminal
mysql> SELECT * FROM languages;
+---------+--------------------+------------+
| lang_id | lang               | lang_eng   |
+---------+--------------------+------------+
|       1 | English            | English    |
|       2 | Português          | Portuguese |
|       3 | Français           | French     |
|       4 | Norsk              | Norwegian  |
|       5 | Romanian           | Romanian   |
|       6 | Ελληνικά           | Greek      |
|       7 | Deutsch            | German     |
|       8 | Srpski             | Serbian    |
|       9 | 日本語             | Japanese   |
|      10 | Nederlands         | Dutch      |
+---------+--------------------+------------+
10 rows in set (0.00 sec)

mysql> █
```

Figura 15.11 A tabela languages *preenchida, com cada idioma escrito em seu próprio alfabeto.*

Uma Nota sobre Traduções

Diversos leitores ao redor do mundo foram gentis em fornecer as traduções das palavras-chave, nomes, assuntos de mensagens e corpos de mensagens. Pela ajuda, gostaria de estender meus sinceros agradecimentos a (em nenhuma ordem específica): Angelo (português); Iris (alemão); Johan (norueguês); Gabi (romeno); Darko (sérvio); Emmanuel e Jean-François (francês); Andreas e Simeon (grego); Darius (filipino/tagalo); Olaf (holandês); e Tsutomu (japonês).

Se você conhece algum desses idiomas, indiscutivelmente encontrará erros lingüísticos no texto ou nas imagens correspondentes. Se encontrar, será certamente uma falha minha, que cometi algum erro de comunicação das palavras que precisavam ser traduzidas ou respostas inseridas incorretamente no banco de dados. Desculpo-me antecipadamente por qualquer erro, mas espero que você tenha um foco maior no banco de dados, no código e na funcionalidade. Mais uma vez, obrigado àqueles que ajudaram!

650 **PHP 6 E MYSQL 5 PARA WEB SITES DINÂMICOS**

9. Preencha a tabela *users* (**Figura 15.12**).

```
INSERT INTO users (lang_id,
→ time_zone, username, pass, email)
→ VALUES
(1, 'America/New_York', 'troutster',
→ SHA1('password'),
→ 'email@example.com'),
(7, 'Europe/Berlin', 'Ute',
→ SHA1('pa24word'),
→ 'email1@example.com'),
(4, 'Europe/Oslo', 'Silje',
→ SHA1('2kll13'),
→ 'email2@example.com'),
(2, 'America/Sao_Paulo', 'João',
→ SHA1('fJDLN34'),
→ 'email3@example.com'),
(1, 'Pacific/Auckland', 'kiwi',
→ SHA1('conchord'),
→ 'kiwi@example.org');
```

Como os scripts PHP mostrarão os usuários associados às postagens, alguns usuários são necessários. Associei um idioma e um fuso horário a cada um deles (consulte o Capítulo 14 para obter mais informações sobre fusos horários no MySQL). A senha de cada usuário será criptografada com a função SHA1().

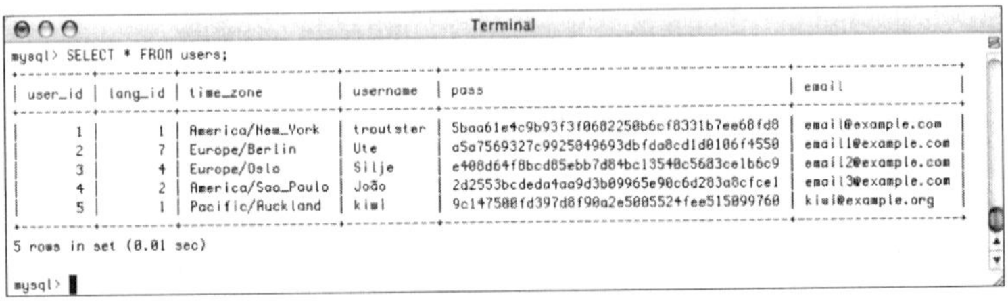

Figura 15.12 *Alguns usuários foram incluídos manualmente, pois não há um processo de registro neste site (mas consulte o Capítulo 16, "Exemplo — Registro de Usuário", para essa tarefa).*

Capítulo 15 – Exemplo — Grupo de Discussão   651

10. Preencha a tabela *words*.

```
INSERT INTO words VALUES
(NULL, 1, 'PHP and MySQL for Dynamic
→ Web Sites: The Forum!',
→ '<p>Welcome to our site....please
→ use the links above...blah, blah,
→ blah.</p>\r\n<p>Welcome to our
→ site....please use the links
→ above...blah, blah, blah.</p>',
→ 'Home', 'Forum Home', 'Language',
→ 'Register', 'Login', 'Logout',
→ 'New Thread', 'Subject', 'Body',
→ 'Submit', 'Posted on', 'Posted
→ by', 'Replies', 'Latest Reply',
→ 'Post a Reply');
```

Estas são as palavras associadas a cada termo em inglês. O registro possui um *lang_id* de *1*, o qual corresponde a *lang_id* para inglês na tabela *languages*. O comando SQL para inserir palavras para os outros idiomas nessa tabela está disponível no Web site de suporte do livro.

✓ **Dicas**

■ Este capítulo não realiza as etapas de criação da página mysqli_connect.php, a qual estabelece conexão com o banco de dados. Desta forma, apenas copie a página do Capítulo 8, "Utilizando PHP e MySQL". Em seguida, altere os parâmetros no script para utilizar uma combinação nome de usuário/senha/nome do host válida para conexão com o banco de dados *forum2*.

Este capítulo possui um requisito adicional: o PHP deve identificar para o MySQL a codificação a ser utilizada. Para isso, inclua esta linha após estabelecer uma conexão:

```
mysqli_set_charset($dbc, 'utf8');
```

Se a instalação do PHP ou do MySQL não suportar essa função (ou seja, se você receber uma mensagem de erro), utilize o seguinte:

```
mysqli_query($dbc, 'SET NAMES utf8');
```

Com uma dessas duas linhas sendo executada imediatamente após a conexão com o MySQL, todas as interações deverão ser Unicode protegido.

- Como lembrete, a chave externa em uma tabela deve ser exatamente do mesmo tipo e tamanho que a chave primária correspondente em uma outra tabela.

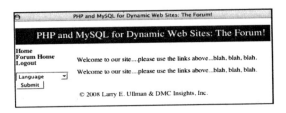

Figura 15.13 O layout básico e a aparência do site.

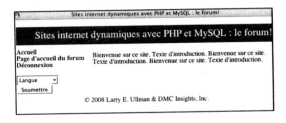

Figura 15.14 A página inicial visualizada em francês (compare com a Figura 15.13).

Figural 15.15 A mesma página inicial que na Figura 15.13, mas com links diferentes confirmando que o usuário efetuou login e que está na página forum.php.

CAPÍTULO 15 – EXEMPLO — GRUPO DE DISCUSSÃO   653

ESCREVENDO OS MODELOS

Este exemplo, como qualquer site que contenha inúmeras páginas, utilizará um modelo para separar a parte lógica da referente à aparência. Seguindo as instruções contidas no Capítulo 3, "Criando Web Sites Dinâmicos", um arquivo de cabeçalho e um arquivo de rodapé armazenarão a maior parte do código HTML. Assim, cada script PHP incluirá estes arquivos para formar uma página HTML completa **(Figura 15.13)**. Mas esse exemplo é um pouco mais complicado.

Um dos objetivos deste site é atender a usuários em vários idiomas. Para isso é necessário não apenas deixá-los postar mensagens em seus idiomas nativos, mas também certificar-se de que eles podem utilizar todo o site em seus idiomas nativos. Isso significa que o título da página, os links de navegação, as legendas, os avisos e até mesmo os menus precisam aparecer em diferentes idiomas **(Figura 15.14)**.

As instruções para a criação do banco de dados mostram como isso é realizado: armazenando traduções de todas as palavras-chave em uma tabela. O arquivo de cabeçalho, portanto, precisa puxar todas essas palavras-chave para que elas possam ser utilizadas quando necessário. Segundo, o arquivo de cabeçalho também mostrará links diferentes com base na situação de login do usuário. Incluindo mais um pequeno detalhe: se o usuário estiver na página do fórum, onde pode visualizar todas as linhas de discussão em um idioma, ele também terá a opção de postar uma nova linha de discussão **(Figura 15.15)**.

O próprio modelo utiliza CSS para algumas formatações (que é bastante simples). Você pode obter todos estes arquivos no Web site de suporte do livro (www.DMCInsights.com/phpmysql3/).

Para criar o modelo:

1. Crie um novo documento em seu editor de texto ou IDE **(Script 15.1)**.

```
<?php # Script 15.1 - header.html
header ('Content-Type: text/html;
→ charset=UTF-8 ');
```

PHP 6 e MySQL 5 para Web Sites Dinâmicos

Como o script precisará realizar uma quantidade razoável de validação e recuperação de dados, ele inicia com um bloco PHP. O script também indica para o navegador Web sua codificação — UTF-8, utilizando a função header(). Consulte o Capítulo 14 para obter mais informações.

2. Inicie uma sessão.

```
session_start();
$_SESSION['user_id'] = 1;
$_SESSION['user_tz'] =
→ 'America/New_York';
// $_SESSION = array();
```

Para acompanhar os usuários após efetuarem o login, o site utilizará sessões. Como o site não possui o registro e a funcionalidade de login neste capítulo, duas linhas podem, virtualmente, efetuar o login do usuário. Normalmente, ambos os valores seriam provenientes de um banco de dados, mas serão definidos aqui para finalidades de teste. Para efetuar o logout de um usuário virtualmente, remova as barras de comentário da terceira linha.

Capítulo 15 – Exemplo — Grupo de Discussão 655

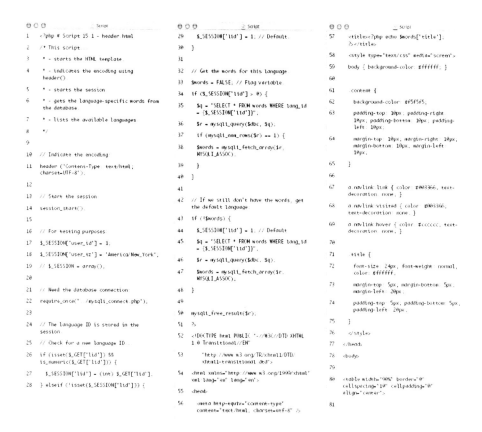

Script 15.1 O arquivo header.html inicia o modelo. Ele também define a codificação da página, inicia a sessão e resgata as palavras-chave específicas do idioma a partir do banco de dados.

656 **PHP 6 E MYSQL 5 PARA WEB SITES DINÂMICOS**

```
82    <tr>
83      <td colspan="2" bgcolor="#003366"
        align="center"><p class="title"><?php
        echo $words['title']; ?></p></td>
84    </tr>
85
86    <tr>
87      <td valign="top" nowrap="nowrap"
        width="10%"><b>
88    <?php // Display links:
89
90    // Default links:
91    echo '<a href="index.php"
        class="navlink">' . $words['home']
        . '</a><br />';
92    <a href="forum.php" class="navlink">' .
        $words['forum_home'] . '</a><br />',
93
94    // Display links based upon login status.
95    if (isset($_SESSION['user_id'])) {
96
97        // If this is the forum page, add a
           link for posting new threads:
98        if (stripos($_SERVER['PHP_SELF'],
           'forum.php')) {
99            echo '<a href="post.php"
               class="navlink">' .
               $words['new_thread']
               . '</a><br />';
100       }
101
102       // Add the logout link:
103       echo '<a href="logout.php"
          class="navlink">' . $words['logout']
          . '</a><br />';
104
105   } else {
106
```

```
107   // Register and login links:
108   echo '<a href="register.php"
      class="navlink">' . $words['register']
      . '</a><br />
109   <a href="login.php" class="navlink">' .
      $words['login'] . '</a><br />';
110
111   }
112
113   // For choosing a forum/language:
114   echo '</b><p><form action="forum.php"
      method="get">
115   <select name="lid">
116   <option value="0">' . $words['language']
      . '</option>
117   ';
118
119   // Retrieve all the languages...
120   $q = 'SELECT lang_id, lang FROM languages
      ORDER BY lang_eng ASC';
121   $r = mysqli_query($dbc, $q);
122   if (mysqli_num_rows($r) > 0) {
123       while ($menu_row =
          mysqli_fetch_array($r, MYSQLI_NUM)) {
124           echo "<option
              value=\"$menu_row[0]\">$menu_row[1]
              </option>\n";
125       }
126   }
127   mysqli_free_result($r);
128   unset($menu_row);
129
130   echo '</select><br />
131   <input name="submit" type="submit"
      value="' . $words['submit'] . '" />
132   </form></p>
133   </td>
134
135   <td valign="top" class="content">';
136   ?>
```

Script 15.1 O arquivo header.html inicia o modelo. Ele também define a codificação da página, inicia a sessão e resgata as palavras-chave específicas do idioma a partir do banco de dados. (continuação)

3. Inclua a conexão com o banco de dados e valide o ID do idioma, se estiver presente.

```
require_once ('../mysqli_connect.php');
if (isset($_GET['lid']) &&
→ is_numeric($_GET['lid'])) {
  $_SESSION['lid'] = (int)
  → $_GET['lid'];
} elseif (!isset($_SESSION['lid'])) {
  $_SESSION['lid'] = 1;
}
```

Capítulo 15 – Exemplo — Grupo de Discussão

Como em muitos outros exemplos no livro, espera-se que o script mysqli_connect.php esteja armazenado no diretório acima do atual, fora da raiz Web. Em seguida, o valor do ID do idioma (abreviado como *lid*) será validado, caso algum tenha sido recebido na URL. O ID do idioma controla que idioma é utilizado para mostrar todos os elementos do site, e também indica o fórum a ser visualizado. Ele seria transmitido para a página forum.php enviando o formulário de idiomas nos links de navegação (consulte a Figura 15.15). Nesse caso, o ID será armazenado na sessão para que ele esteja sempre disponível.

A segunda cláusula se aplica caso a página não tenha recebido um ID de idioma na URL e o ID de idioma ainda não tiver sido estabelecido na sessão. Nesse caso, um idioma padrão será selecionado. Este valor corresponde ao inglês na tabela *languages* no banco de dados. Você pode alterá-lo para qualquer ID que corresponda ao idioma padrão que deseja utilizar.

4. Obtenha as palavras-chave deste idioma.

```
$words = FALSE;
if ($_SESSION['lid'] > 0) {
  $q = "SELECT * FROM words WHERE
  → lang_id = {$_SESSION['lid']}";
  $r = mysqli_query($dbc, $q);
  if (mysqli_num_rows($r) == 1) {
    $words = mysqli_fetch_array($r,
    → MYSQLI_ASSOC);
  }
}
```

A próxima etapa no arquivo de cabeçalho é resgatar do banco de dados todas as palavras-chave do idioma fornecido. Uma variável será utilizada como um sinalizador, indicando se este processo foi realizado com êxito. Em seguida, uma verificação confirma se o ID do idioma é positivo e a consulta é executada no banco de dados. Se a consulta retornar um registro, esses valores serão buscados na variável $words.

5. Se ocorrer um problema, obtenha as palavras padrão.

```
if (!$words) {
  $_SESSION['lid'] = 1;
```

PHP 6 e MySQL 5 para Web Sites Dinâmicos

```
$q = "SELECT * FROM words WHERE
→ lang_id = {$_SESSION['lid']}";
$r = mysqli_query($dbc, $q);
$words = mysqli_fetch_array($r,
→ MYSQLI_ASSOC);
}
```

Se $_SESSION['lid'] não for maior que *0*, ou se for e a consulta na Etapa 4 não retornou um registro, então as palavras do idioma padrão precisarão ser resgatadas.

6. Libere os recursos e feche a seção PHP.

```
mysqli_free_result($r);
?>
```

A chamada de mysqli_free_result() não é necessária, mas proporciona uma programação mais adequada.

7. Inicie a página HTML.

```
<!DOCTYPE html PUBLIC "-//W3C//DTD
→ XHTML 1.0 Transitional//EN"
"http://www.w3.org/TR/xhtml1/DTD/
→ xhtml1-transitional.dtd">
<html
→ xmlns="http://www.w3.org/1999/xhtml"
→ xml:lang="en" lang="en">
<head>
  <meta http-equiv="content-type"
  → content="text/html;
  → charset=utf-8" />
  <title><?php echo
  → $words['title']; ?></title>
```

Observe que a codificação também é indicada em uma tag META, ainda que a chamada da função header() do PHP já identifique a codificação. Esta é apenas uma questão de cautela.

8. Inclua o CSS.

```
<style type="text/css"
→ media="screen">
 body { background-color: #ffffff; }
 .content {
```

CAPÍTULO 15 – EXEMPLO — GRUPO DE DISCUSSÃO

```
background-color: #f5f5f5;
padding-top: 10px; padding-right:
➔   10px; padding-bottom: 10px;
➔ padding-left: 10px; margin-top: 10px;
margin-right:
➔ 10px; margin-bottom: 10px;
➔ margin-left: 10px;
}
a.navlink:link { color: #003366;
➔ text-decoration: none; }
a.navlink:visited { color:
➔ #003366; text-decoration: none; }
a.navlink:hover { color: #cccccc;
➔ text-decoration: none; }
.title {
font-size: 24px; font-weight:
➔ normal; color: #ffffff;
margin-top: 5px; margin-bottom:
➔ 5px; margin-left: 20px;
padding-top: 5px; padding-bottom:
➔ 5px; padding-left: 20px;
}
</style>
```

Isto tudo foi tirado de um modelo que encontrei em algum lugar, algum tempo atrás. Este código adiciona um pouco de decoração ao site.

9. Complete o cabeçalho HTML e inicie a página.

```
</head>
<body>
<table width="90%" border="0"
➔ cellspacing="10" cellpadding="0"
➔ align="center">
  <tr>
  <td colspan="2" bgcolor="#003366"
➔ align="center"><p
➔ class="title"><?php echo
➔ $words['title']; ?></p></td>
  </tr>
  <tr>
  <td valign="top" nowrap="nowrap"
➔ width="10%"><b>
```

A página utiliza uma tabela para o layout, com uma linha mostrando o título da página, a linha seguinte contendo os links de navegação à esquerda e o conteúdo específico da página à direita, e a linha final contendo o copyright **(Figura 15.16)**. Você observará que o título da página também será específico ao idioma.

Figura 15.16 O layout da página mostrando as linhas e colunas da tabela HTML principal.

10. Comece exibindo os links.

```
<?php
echo '<a href="index.php"
→   class="navlink">' . $words['home'] .
→   '</a><br />
<a href="forum.php" class="navlink">'
→   . $words['forum_home'] . '</a>
→   <br />';
```

Os dois primeiros links sempre aparecerão, tenha o usuário efetuado ou não o login, e independentemente da página que ele estiver visualizando no momento. Para cada link, o texto do link será específico ao idioma.

11. Se o usuário estiver com login efetuado, mostre os links de "nova linha de discussão" e de logout.

```
if (isset($_SESSION['user_id'])) {
  if
→   (stripos($_SERVER['PHP_SELF'],
→   'forum.php')) {
    echo '<a href="post.php"
→   class="navlink">' .
```

Capítulo 15 – Exemplo — Grupo de Discussão

```
→  $words['new_thread'] .
→  '</a><br />';
}
echo '<a href="logout.php"
→  class="navlink">' .
→  $words['logout'] .
→  '</a><br />';
```

A confirmação do status de login efetuado do usuário é obtida pela verificação da presença de uma variável $\$\_SESSION['user\_id']$. Se ela estiver definida, então o link de logout poderá ser criado. Antes disso, uma verificação é realizada para garantir que esta é a página forum.php. Em caso positivo, será criado um link para iniciar uma nova linha de discussão (os usuários podem criar novas linhas de discussão apenas se estiverem na página do fórum; você não desejará que eles criem uma nova linha de discussão em alguma das outras páginas, como, por exemplo, na página inicial, pois não ficaria claro para qual fórum a linha de discussão deveria ser postada).

12. Exiba os links para os usuários que não efetuaram login.

```
}else {
  echo '<a href="register.php"
→  class="navlink">' .
→  $words['register'] .
→  '</a><br />
  <a href="login.php"
→  class="navlink">' .
→  $words['login'] . '</a><br />';
}
```

Se o usuário não estiver com login efetuado, os links são fornecidos para o registro e para o login.

13. Inicie um formulário para escolha de um idioma.

```
echo '</b><p><form
→  action="forum.php" method="get">
<select name="lid">
<option value="0">' .
→  $words['language'] . '</option>
';
```

O usuário pode escolher um idioma (que também é um fórum), utilizando um menu suspenso **(Figura 15.17)**. O primeiro valor no menu será a palavra "language", no idioma padrão do usuário. O nome do menu de seleção é *lid* (abreviação de *language ID*) e sua ação aponta para forum.php. Portanto, quando o usuário enviar este formulário simples, ele será levado para o fórum escolhido.

14. Resgate todos os idiomas.

```
$q = "SELECT lang_id, lang FROM
→ languages ORDER BY lang_eng ASC";
$r = mysqli_query($dbc, $q);
if (mysqli_num_rows($r) > 0) {
  while ($menu_row =
  → mysqli_fetch_array($r,
  → MYSQLI_NUM)) {
    echo "<option
    → value=\"$menu_row[0]\">
    → $menu_row[1]</option>\n";
  }
}
```

Essa consulta resgata os idiomas e o ID do idioma a partir da tabela *languages*. Cada idioma é incluído como uma opção no menu de seleção.

15. Realize uma limpeza.

```
mysqli_free_result($r);
unset($menu_row);
```

Novamente, essas linhas não são necessárias, mas podem ajudar a limitar os erros. Particularmente, quando você possui páginas que executam várias consultas SELECT, mysqli_free_result() pode ajudar a evitar questões confusas entre o PHP e o MySQL.

CAPÍTULO 15 — EXEMPLO — GRUPO DE DISCUSSÃO   663

Figura 15.17 O menu suspenso de idiomas com cada opção em seu idioma nativo.

16. Conclua o formulário e a página PHP.

```
echo '</select><br />
<input name="submit" type="submit"
➔ value="' . $words['submit'] . '" />
</form></p>
  </td>
  <td valign="top"
➔ class="content">';
?>
```

17. Salve o arquivo como header.html.

    Ainda que ele contenha uma quantidade razoável de código PHP, este script ainda utilizará a extensão .html (que prefiro utilizar para arquivos de modelos). Certifique-se de que o arquivo seja salvo utilizando a codificação UTF-8 (consulte o Capítulo 14).

18. Crie um novo documento em seu editor de texto ou IDE (**Script 15.2**).

```
<!- Script 15.2 - footer.html -->
```

19. Finalize a página HTML.

```
    </td>
    </tr>
    <tr>
    <td colspan="2"
```

```
→ align="center">&copy; 2008
→ Larry E. Ullman &amp; DMC
→ Insights, Inc.</td>
   </tr>
 </table>
</body>
</html>
```

20. Salve o arquivo como footer.html.

Novamente, certifique-se de que o arquivo seja salvo utilizando a codificação UTF-8 (consulte o Capítulo 14).

21. Coloque ambos os arquivos em seu diretório Web, dentro de uma pasta chamada includes.

Script 15.2 *O arquivo de rodapé finaliza a página HTML.*

CRIANDO A PÁGINA DE ÍNDICE

A página de índice, neste exemplo, não terá muito trabalho. Ela fornecerá um texto introdutório e os links para o usuário realizar o registro, o login, escolher o idioma/fórum de preferência, e assim por diante. A partir de uma perspectiva de programação, ela mostrará como os arquivos de modelo devem ser utilizados.

Para criar a página inicial:

1. Crie um novo documento PHP em seu editor de texto ou IDE (**Script 15.3**).

   ```
   <?php # Script 15.3 - index.php
   ```

   Como o código HTML se encontra nos arquivos incluídos, esta página pode iniciar com as tags PHP de abertura.

2. Inclua o cabeçalho HTML.

   ```
   include ('includes/header.html');
   ```

   O arquivo incluído utiliza as funções header() e session_start(), portanto, você precisa se certificar de que nada seja enviado para o navegador Web antes dessa linha. Isso não deverá ser um problema, contanto que não haja espaços antes da tag PHP de abertura.

3. Exiba o conteúdo específico do idioma.

   ```
   echo $words['intro'];
   ```

   A matriz $words é definida dentro do arquivo de cabeçalho. A matriz pode ter sua referência aqui, pois o arquivo de cabeçalho foi recém-incluído. O valor indexado em *intro* é algum texto de boas-vindas no idioma selecionado ou padrão.

4. Finalize a página.

   ```
   include ('includes/footer.html'); ?>
   ```

   Isso é tudo para a página inicial!

PHP 6 e MySQL 5 para Web Sites Dinâmicos

5. Salve o arquivo como index.php, coloque-o em seu diretório Web e teste-o em seu navegador (consulte as Figuras 15.13 e 15.14).

Uma vez mais, certifique-se de que o arquivo seja salvo utilizando a codificação UTF-8 (consulte o Capítulo 14). Esta será a última vez que farei essa observação!

```
1    <?php # Script 15.3 - index.php
2    // This is the main page for the site.
3
4    // Include the HTML header:
5    include ('includes/header.html');
6
7    // The content on this page is
     introductory text
8    // pulled from the database, based upon the
9    // selected language:
10   echo $words['intro'];
11
12   // Include the HTML footer file:
13   include ('includes/footer.html');
14   ?>
```

Script 15.3 *A página inicial inclui os arquivos de cabeçalho e de rodapé para formar um documento HTML completo. Ela também exibe algum texto introdutório no idioma escolhido.*

Capítulo 15 – Exemplo — Grupo de Discussão

```php
1   <?php # Script 15.4 - forum.php
2   // This page shows the threads in a forum.
3   include ('includes/header.html');
4
5   // Retrieve all the messages in this
    forum...
6
7   // If the user is logged in and has chosen
    a time zone,
8   // use that to convert the dates and
    times:
9   if (isset($_SESSION['user_tz'])) {
10    $first = "CONVERT_TZ(p.posted_on, 'UTC',
    '{$_SESSION['user_tz']}')";
11    $last = "CONVERT_TZ(p.posted_on, 'UTC',
    '{$_SESSION['user_tz']}')";
12  } else {
13    $first = 'p.posted_on';
14    $last = 'p.posted_on';
15  }
16
17  // The query for retrieving all the
    threads in this forum, along with the
    original user,
18  // when the thread was first posted, when
    it was last replied to, and how many
    replies it's had.

19  $q = "SELECT t.thread_id, t.subject,
    username, COUNT(post_id) - 1 AS responses,
    MAX(DATE_FORMAT($last, '%e-%b-%y %l:%i
    %p')) AS last, MIN(DATE_FORMAT($first,
    '%e-%b-%y %l:%i %p')) AS first FROM
    threads AS t INNER JOIN posts AS p USING
    (thread_id) INNER JOIN users AS u ON
    t.user_id = u.user_id WHERE t.lang_id =
    {$_SESSION['lid']} GROUP BY (p.thread_id)
    ORDER BY last DESC";
20  $r = mysqli_query($dbc, $q);
21  if (mysqli_num_rows($r) > 0) {
22
23    // Create a table
24    echo '<table width="100%" border="0"
    cellspacing="2" cellpadding="2"
    align="center">
25    <tr>
26      <td align="left" width="50%"><em>' .
    $words['subject'] . '</em></td>
27      <td align="left" width="20%"><em>' .
    $words['posted_by'] . '</em></td>
28      <td align="center" width="10%"><em>' .
    $words['posted_on'] . '</em></td>
29      <td align="center" width="10%"><em>' .
    $words['replies'] . '</em></td>
30      <td align="center" width="10%"><em>' .
    $words['latest_reply'] . '</em></td>
31    </tr>';
32
33    // Fetch each thread
34    while ($row = mysqli_fetch_array($r,
    MYSQLI_ASSOC)) {
35
36      echo '<tr>
37      <td align="left"><a
    href="read.php?tid=' . $row['thread_id']
    . '">' . $row['subject'] . '</a></td>
38      <td align="left">' . $row['username']
    . '</td>
39      <td align="center">' . $row['first']
    . '</td>
40      <td align="center">'
    $row['responses'] . '</td>

41      <td align="center">' . $row['last']
    . '</td>
42      </tr>';
43
44    }
45
46    echo '</table>'; // Complete the table
47
48  } else {
49    echo '<p>There are currently no messages
    in this forum.</p>';
50  }
51
52  // Include the HTML footer file
53  include ('includes/footer.html');
54  ?>
```

Script 15.4 *Este script executa uma consulta bastante complicada para exibir cinco partes da informação — o assunto, o responsável pela postagem original, a data em que a linha de discussão foi iniciada, o número de respostas e a data da resposta mais recente — para cada linha de discussão em um fórum.*

CRIANDO A PÁGINA DO FÓRUM

A próxima página no Web site é a do fórum, que exibe as linhas de discussão em um fórum (cada idioma sendo seu próprio fórum). A página utilizará o ID de idioma, transmitido para esta página em uma URL e/ou armazenado em uma sessão, para saber quais linhas de discussão exibir.

A funcionalidade básica desta página — executar uma consulta e exibir os resultados — é simples **(Figura 15.18).** A consulta que esta página utiliza é, talvez, a mais complexa no livro. Ela é complicada por três razões:

668 PHP 6 E MYSQL 5 PARA WEB SITES DINÂMICOS

1. Ela realiza uma junção entre três tabelas.
2. Ela utiliza três funções agregadas e uma cláusula GROUP BY.
3. Ela converte as datas para o fuso horário do usuário, mas apenas se a pessoa visualizando a página estiver com login efetuado.

Assim, uma vez mais, a consulta é complicada, mas a abordarei em detalhes nas próximas etapas.

Para escrever a página do fórum:

1. Crie um novo documento PHP em seu editor de texto ou IDE (**Script 15.4**).

    ```
    <?php # Script 15.4 - forum.php
    include ('includes/header.html');
    ```

Figura 15.18 A página do fórum, que lista informações sobre as linhas de discussão em um determinado idioma. As linhas de discussão são vinculadas a uma página na qual podem ser lidas.

2. Determine quais datas e horas utilizar.

    ```
    if (isset($_SESSION['user_tz'])) {
    $first = "CONVERT_TZ(p.posted_on,
    → 'UTC',
    → '{$_SESSION['user_tz']}')";
    $last = "CONVERT_TZ(p.posted_on,
    → 'UTC',
    → '{$_SESSION['user_tz']}')";
    } else {
    $first = 'p.posted_on';
    $last = 'p.posted_on';
    }
    ```

Capítulo 15 – Exemplo — Grupo de Discussão 669

Conforme já foi dito, a consulta formatará a data e a hora com o fuso horário do usuário (presumivelmente selecionado durante o processo de registro), mas apenas se o visualizador estiver com o login efetuado. Esta informação será resgatada do banco de dados e armazenada na sessão após o login.

Para tornar a consulta dinâmica, o valor exato de data/hora que deve ser selecionado será armazenado em uma variável. Se o usuário não estiver com o login efetuado, o que significa que $_SESSION['user_tz'] não está definida, as duas datas — quando uma linha de discussão foi iniciada e quando a resposta mais recente foi postada — serão valores não adulterados provenientes da tabela. Em ambos os casos, a coluna da tabela sendo referida é *posted_on* na tabela *posts* (*p* será um alias para *posts* na consulta).

Se o usuário estiver com o login efetuado, a função CONVERT_TZ() será utilizada para converter o valor armazenado em *posted_on* de UTC para o fuso horário escolhido pelo usuário. Consulte o Capítulo 14 para obter mais informações sobre essa função.

3. Defina e execute a consulta.

```
$q = "SELECT t.thread_id, t.subject,
→ username, COUNT(post_id) - 1 AS
→ responses, MAX(DATE_FORMAT($last,
→ '%e-%b-%y %l:%i %p')) AS last,
→ MIN(DATE_FORMAT($first, '%e-%b-%y
→ %l:%i %p')) AS first FROM threads
→ AS t INNER JOIN posts AS p USING
→ (thread_id) INNER JOIN users AS u
→ ON t.user_id = u.user_id WHERE
→ t.lang_id = {$_SESSION['lid']}
→ GROUP BY (p.thread_id) ORDER BY
> last DESC";
$r = mysqli_query($dbc, $q);
if (mysqli_num_rows($r) > 0) {
```

A consulta precisa retornar seis coisas: o ID e o assunto de cada linha de discussão (proveniente da tabela *threads*), o nome do usuário que postou a linha de discussão em primeiro lugar (proveniente de *users)*, o número de respostas de cada linha de discussão, a data em que a linha de discussão foi iniciada e a data em que a linha de discussão teve uma última resposta (todos provenientes de *posts)*.

A estrutura dominante desta consulta é uma junção entre *threads* e *posts* utilizando a coluna *thread_id* (que é a mesma em ambas as tabelas). Este resultado é, em seguida, unido à tabela *users* utilizando a coluna *user_id*.

Para os valores selecionados, três funções agregadas são utilizadas (consulte o Capítulo 6): COUNT(), MIN() e MAX(). Cada uma delas é aplicada a uma coluna na tabela *posts*, assim, a consulta possui uma cláusula GROUP BY (p.thread_id).

MIN() e MAX() são utilizadas para retornar a data mais antiga (da postagem original) e a data mais recente. Ambas serão mostradas na página do fórum (consulte a Figura 15.18). A data mais recente também é utilizada para ordenar os resultados para que a atividade mais recente sempre seja retornada primeiro. A função COUNT() é utilizada para contar o número de postagens em uma determinada linha de discussão. Como a postagem original também está na tabela *posts*, ela também será contada e, portanto, 1 será subtraído da contagem.

Finalmente, os aliases são utilizados para tornar a consulta mais curta e para tornar mais fácil a utilização dos resultados no script PHP. A **Figura 15.19** mostra essa consulta executada no mysql client, para um usuário que não efetuou login.

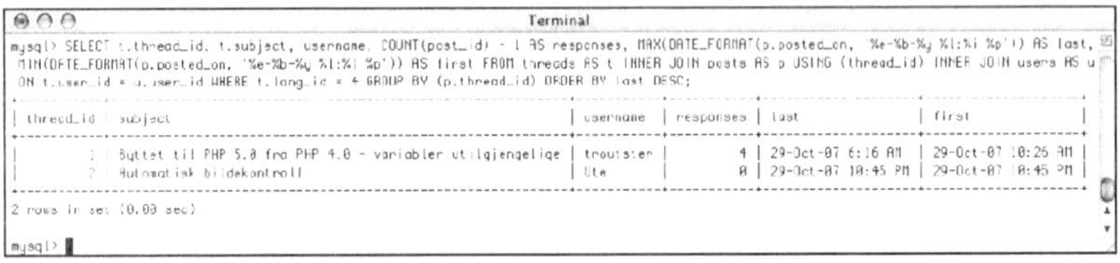

Figura 15.19 *Os resultados da execução da consulta complexa no mysql client.*

4. Crie uma tabela para os resultados.

```
echo '<table width="100%" border="0"
→ cellspacing="2" cellpadding="2"
→ align="center">
 <tr>
 <td align="left"
 → width="50%"><em>' .
```

CAPÍTULO 15 – EXEMPLO — GRUPO DE DISCUSSÃO 671

```
→ $words['subject'] . '</em>:</td>
<td align="left" width="20%"><em>'
→ . $words['posted_by'] .
→ '</em>:</td>
<td align="center"
→ width="10%"><em>' .
→ $words['posted_on'] .
'</em>:</td>
<td align="center"
→ width="10%"><em>' .
→ $words['replies'] . '</em>:</td>
<td align="center"
→ width="10%"><em>' .
→ $words['latest_reply'] .
→ '</em>:</td>
</tr>';
```

Como alguns itens no arquivo de cabeçalho, as legendas das colunas nesta página HTML utilizarão uma terminologia específica do idioma.

5. Busque e exiba cada registro retornado.

```
while ($row = mysqli_fetch_array($r,
→ MYSQLI_ASSOC)) {
  echo '<tr>
  <td align="left"><a
  → href="read.php?tid=' .
  → $row['thread_id'] . '">' .
  → $row['subject'] . '</a></td>
  <td align="left">' .
  → $row['username'] . '</td>
  <td align="center">' .
  → $row['first'] . '</td>
  <td align="center">' .
  → $row['responses'] . '</td>
  <td align="center">' .
  → $row['last'] . '</td>
  </tr>';
}
```

Este código é razoavelmente simples, e há muitos exemplos semelhantes em todo o livro. O assunto da linha de discussão está vinculado à página read.php, transmitindo para essa página o ID da linha de discussão na URL.

6. Finalize a página.

```
echo '</table>';
} else {
echo '<p>There are currently no
➔ messages in this forum.</p>';
}
include ('includes/footer.html');
?>
```

A cláusula else é aplicada se a consulta não retornar um resultado. Na realidade, esta mensagem também deve estar no idioma escolhido pelo usuário. Para resumir, isso foi omitido. Para implementar completamente este recurso, crie uma outra coluna na tabela *words* e armazene para cada idioma a versão traduzida desse texto.

7. Salve o arquivo como forum.php, coloque-o em seu diretório Web e teste-o em seu navegador **(Figura 15.20)**.

✓ **Dicas**

- Para melhorar o exemplo, você poderá incluir paginação — consulte o Capítulo 9, "Técnicas Comuns de Programação" — neste script.

- Conforme informado na introdução deste capítulo, omiti toda a manipulação de erros. Se encontrar problemas com as consultas, aplique as técnicas de depuração descritas no Capítulo 7, "Manipulação e Depuração de Erros."

Figura 15.20 *A página forum.php visualizada, em um outro idioma (compare com a Figura 15.18).*

CAPÍTULO 15 – EXEMPLO — GRUPO DE DISCUSSÃO   673

CRIANDO A PÁGINA DE LINHAS DE DISCUSSÕES

A próxima página é para visualização de todas as mensagens em uma linha de discussão **(Figura 15.21)**. Esta página é acessada clicando em um link na página forum.php **(Figura 15.22)**. Graças a uma estrutura de banco de dados simplificada, a consulta utilizada por este script não é tão complicada (com o design do banco de dados do Capítulo 6, esta página seria muito mais complexa). Então, tudo o que ela precisa fazer é se certificar de que recebe um ID de linha de discussão válido, exibir todas as mensagens e exibir o formulário para os usuários incluírem suas próprias respostas.

Para criar a página read.php:

1. Crie um novo documento PHP em seu editor de texto ou IDE (**Script 15.5**).

```
<?php # Script 15.5 - read.php
include ('includes/header.html ');
```

2. Comece validando o ID da linha de discussão.

```
$tid = FALSE;
if (isset($_GET['tid']) &&
➔ is_numeric($_GET['tid'])) {
  $tid = (int) $_GET['tid'];
  if ($tid > 0) {
```

Para começar, uma variável de sinalização é definida como FALSE, uma forma de dizer: prove que o ID da linha de discussão é válido. Em seguida, a verificação confirma se o ID da linha de discussão foi transmitido na URL e se ele é numérico. Finalmente, ele passa por typecast como um número inteiro e é verificado para ver se possui um valor positivo.

674   PHP 6 E MySQL 5 PARA WEB SITES DINÂMICOS

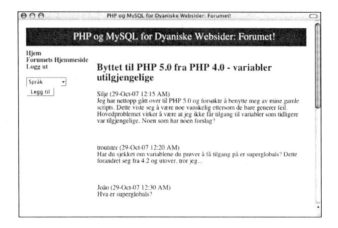

Figura 15.21 A página read.php mostra todas as mensagens em uma linha de discussão.

```
<td align="left"><a href="read.php?tid=2">Automatisk bildekor
<td align="left">Ute</td>
<td align="center">29-Oct-07 6:45 PM</td>
<td align="center">0</td>
<td align="center">29-Oct-07 6:45 PM</td>
r>
<td align="left"><a href="read.php?tid=1">Byttet til PHP 5.0
<td align="left">troutster</td>
```

Figura 15.22 Parte do código-fonte da página forum.php mostra como o ID da linha de discussão é transmitido para a página read.php na URL.

CAPÍTULO 15 – EXEMPLO — GRUPO DE DISCUSSÃO   675

```
000                Script
1   <?php # Script 15.5 - read.php
2   // This page shows the messages in a
    thread.
3   include ('includes/header.html');
4
5   // Check for a thread ID...
6   $tid = FALSE;
7   if (isset($_GET['tid']) &&
    is_numeric($_GET['tid'])) {
8
9       $tid = (int) $_GET['tid'];
10
11      if ($tid > 0) { // Check against the
        database...
12
13          // Convert the date if the user is
            logged in:
14          if (isset($_SESSION['user_tz'])) {
15              $posted = "CONVERT_TZ(p.posted_on,
                'UTC', '{$_SESSION['user_tz']}')";
16          } else {
17              $posted = 'p.posted_on';
18          }
19
20          // Run the query:
21          $q = "SELECT t.subject, p.message,
            username, DATE_FORMAT($posted, '%e-%b-%y
            %l:%i %p') AS posted FROM threads AS t
            LEFT JOIN posts AS p USING (thread_id)
            INNER JOIN users AS u ON p.user_id =
            u.user_id WHERE t.thread_id = $tid ORDER
            BY p.posted_on ASC";
22          $r = mysqli_query($dbc, $q);
23          if (!(mysqli_num_rows($r) > 0)) {
24              $tid = FALSE; // Invalid thread ID!
25          }
26
```

```
000                Script
27          } // End of ($tid > 0) IF.
28
29      } // End of isset($_GET['tid']) IF.
30
31      if ($tid) { // Get the messages in this
        thread...
32
33          $printed = FALSE; // Flag variable.
34
35          // Fetch each:
36          while ($messages =
            mysqli_fetch_array($r, MYSQLI_ASSOC)) {
37
38              // Only need to print the subject once!
39              if (!$printed) {
40                  echo
                    "<h2>{$messages['subject']}</h2>\n";
41                  $printed = TRUE;
42              }
43
44              // Print the message:
45              echo "<p>{$messages['username']}
                ({$messages['posted']})<br />
                {$messages['message']}</p>\n";
46
47          } // End of WHILE loop.
48
49          // Show the form to post a message:
50          include ('post_form.php');
51
52      } else { // Invalid thread ID!
53          echo '<p>This page has been accessed in
            error.</p>';
54      }
55
56      include ('includes/footer.html');
57      ?>
```

Script 15.5 *A página read.php mostra todas as mensagens em uma linha de discussão em ordem ascendente pela data postada. A página também mostra o assunto da linha de discussão na parte superior e possui um formulário para inclusão de uma resposta na parte inferior.*

3. Determine se as datas e as horas devem ser ajustadas.

```
if (isset($_SESSION['user_tz'])) {
  $posted =
  → "CONVERT_TZ(p.posted_on, 'UTC',
  → '{$_SESSION['user_tz']}')";
} else {
  $posted = 'p.posted_on';
}
```

PHP 6 e MySQL 5 para Web Sites Dinâmicos

Como na página forum.php (Script 15.4), a consulta formatará todas as datas e horas no fuso horário do usuário, se ele estiver com o login efetuado. Para poder ajustar a consulta de forma apropriada, esta variável armazena o nome da coluna *(posted_on* da tabela *posts)* ou a chamada da função CONVERT_TZ() do MySQL.

4. Execute a consulta.

```
$q = "SELECT t.subject, p.message,
→ username, DATE_FORMAT($posted,
→ '%e-%b-%y %l:%i %p') AS posted FROM
→ threads AS t LEFT JOIN posts AS p
→ USING (thread_id) INNER JOIN users
→ AS u ON p.user_id = u.user_id WHERE
→ t.thread_id = $tid ORDER BY
→ p.posted_on ASC";
$r = mysqli_query($dbc, $q);
if (!(mysqli_num_rows($r) > 0)) {
  $tid = FALSE;
}
```

Esta consulta é como a consulta na página do fórum, mas foi simplificada de duas formas. Primeiro, ela não utiliza qualquer das funções agregadas ou uma cláusula GROUP BY. Segundo, ela retorna apenas uma data e hora. A consulta é, ainda, uma junção entre três tabelas, para obter o assunto, os corpos das mensagens e os nomes de usuários. Elas são ordenadas com base nas datas em que foram postadas em ordem ascendente (ou seja, da primeira postagem para a mais recente).

Se a consulta não retornar uma linha, então o ID da linha de discussão não é válido e a variável de sinalização é novamente definida como FALSE.

5. Finalize as condicionais e verifique, novamente, a existência de um ID de linha de discussão válido.

```
  } // Fim do IF ($tid > 0).
} // Fim do IF isset($_GET['tid']).
if ($tid) {
```

Antes de exibir as mensagens na linha de discussão, uma última condicional é utilizada. Esta condicional seria falsa se um ID de linha de discussão numérico maior que 0 fosse fornecido, mas não retornasse uma linha do banco de dados.

CAPÍTULO 15 – EXEMPLO — GRUPO DE DISCUSSÃO

6. Exiba cada uma das mensagens.

```
$printed = FALSE;
while ($messages =
→ mysqli_fetch_array($r,
→ MYSQLI_ASSOC)) {
  if (!$printed) {
    echo
    → "<h2>{$messages['subject']}
    → </h2>\n";
    $printed = TRUE;
    }
  echo
  → "<p>{$messages['username']}
  → ({$messages['posted']})<br
  → />{$messages['message']}
  → </p><br />\n";
}
```

Conforme você pode ver na Figura 15.21, o assunto da linha de discussão precisa ser exibido apenas uma vez. Entretanto, a consulta retornará o assunto para cada mensagem retornada **(Figura 15.23).** Para conseguir esse efeito, uma variável de sinalização é criada. Se $printed for false, então o assunto precisa ser exibido. Este seria o caso da primeira linha obtida a partir do banco de dados. Assim que essa linha é exibida, $printed é definida como TRUE para que o assunto não seja exibido nova-mente. Em seguida, o nome do usuário, data de postagem e a mensagem são exibidos.

7. Inclua o formulário para postagem de uma mensagem.

```
include ('post_form.php'),
```

Como os usuários podem postar mensagens de duas formas — como uma resposta em uma linha de discussão existente e como a primeira postagem em uma nova linha de discussão —, coloquei o formulário dentro de um arquivo separado (a ser criado).

Figura 15.23 *Os resultados da consulta de read.php quando executada no mysql client. Esta versão da consulta converte as datas para o fuso horário preferido do usuário com o login efetuado.*

8. Finalize a página.

```
} else { // ID de linha de discussão inválido!
    echo '<p>This page has been
➔ accessed in error.</p>';
}
include ('includes/footer.html');
?>
```

Novamente, em um site completo, esta mensagem de erro também seria armazenada na tabela *words* em cada idioma. Então, você escreveria:

```
echo
➔ "<p>{$words['access_error']}</p>";
```

9. Salve o arquivo como read.php, coloque-o em seu diretório Web e teste-o em seu navegador **(Figura 15.24)**.

Capítulo 15 – Exemplo — Grupo de Discussão

Figura 15.24 A página read.php visualizada em japonês.

Como Este Exemplo É Complicado

Na introdução deste exemplo, declarei que ele é fundamentalmente simples, mas às vezes as coisas simples exigem um esforço extra para serem realizadas. Assim, na minha opinião, como este exemplo é complicado?

Primeiro, o suporte de vários idiomas agrega algumas questões. Se a codificação não for manipulada de forma apropriada em todos os módulos — ao criar as páginas em seu editor de texto ou IDE, na comunicação com o MySQL, no navegador Web etc. —, os resultados poderão ser incorretos. Além disso, você precisa ter as traduções adequadas em cada idioma para todo trecho de texto que o site possa precisar. Isso inclui mensagens de erro (aquelas que o usuário deverá realmente ver), os corpos dos e-mails, e assim por diante.

A forma como os arquivos PHP são organizados e o que eles fazem também complicam as coisas. Em particular, as variáveis que serão utilizadas em um arquivo são criadas em um outro arquivo. Este método pode gerar confusão, na melhor das hipóteses, e erros, na pior delas. Para superara esses problemas, recomendo a inclusão de diversos comentários indicando de onde as variáveis vêm ou onde mais elas podem ser utilizadas. Tente também utilizar nomes de variáveis exclusivos nas páginas para que elas estejam menos propensas a conflitos com variáveis nos arquivos incluídos.

Finalmente, este exemplo foi complicado pela forma como apenas uma página é utilizada para exibir o formulário de postagem e apenas uma página é utilizada para manipulá-lo, apesar do fato de as mensagens poderem ser postadas de duas formas diferentes, com expectativas diferentes.

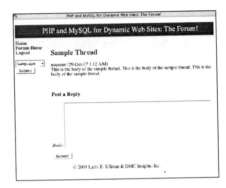

Figura 15.25 O formulário para postagem de uma mensagem, conforme mostrado na página de visualização da linha de discussão.

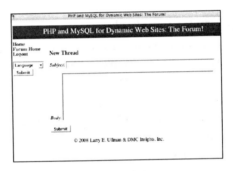

Figura 15.26 O mesmo formulário para postagem de uma mensagem, se estiver sendo utilizado para criar uma nova linha de discussão.

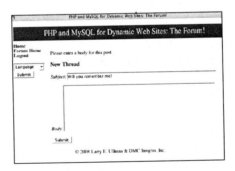

Figura 15.27 O formulário exibirá novamente os valores inseridos quando não for preenchido corretamente.

CAPÍTULO 15 – EXEMPLO — GRUPO DE DISCUSSÃO

POSTANDO MENSAGENS

As duas páginas finais neste aplicativo são as mais importantes, pois você não terá linhas de discussão a serem lidas sem elas. Estou criando dois arquivos para postagem de mensagens. Um deles criará o formulário, e o outro manipulará o formulário.

Criando o formulário

A primeira página necessária para postagem de mensagens é post_form.php. Ela possui algumas contingências:

1. Ela pode ser incluída apenas por outros arquivos, nunca acessada diretamente.

2. Ela deve ser exibida apenas se o usuário estiver com o login efetuado (o que significa que apenas os usuários com o login efetuado podem postar mensagens).

3. Se estiver sendo utilizada para inserir uma resposta para uma mensagem existente, ela necessita apenas de uma entrada de corpo de mensagem **(Figura 15.25)**.

4. Se estiver sendo utilizada para criar uma nova linha de discussão, ela necessita da entrada de assunto e da entrada do corpo de mensagem **(Figura 15.26)**.

5. Ela precisa preservar os dados inseridos **(Figura 15.27)**.

Ainda assim, tudo isso pode ser obtido com aproximadamente 60 linhas de código e algumas condicionais inteligentes.

Para criar o post_form.php:

1. Cric um novo documento PHP em seu editor de texto ou IDE **(Script 15.6)**.

```
<?php # Script 15.6 - post_form.php
```

2. Redirecione o navegador Web se a página foi acessada diretamente.

```
if (!isset($words)) {
  header ("Location:
  → http://www.example.com/index.
```

PHP 6 e MySQL 5 para Web Sites Dinâmicos

682

```
→ php");
exit(); }
```

Este script não possui o cabeçalho e o rodapé e não formará uma página HTML completa, portanto, ele deve ser incluído por um script que faça tudo isso.

Não há uma função been_included() que indicará se esta página foi incluída ou carregada diretamente. Em vez disso, como sei que o arquivo de cabeçalho cria uma variável $words, se essa variável não estiver definida, então header.html não foi incluído antes deste script e o navegador deverá ser redirecionado.

Altere a URL na chamada de header() para corresponder com seu site.

3. Confirme se o usuário efetuou o login e inicie o formulário.

```
if (isset($_SESSION['user_id'])) {
  echo '<form action="post.php"
  → method="post" accept-
  → charset="utf-8">';
```

Apenas os usuários registrados podem postar, portanto, verifique a presença de $_SESSION['user_id'] antes de exibir o formulário. O formulário será enviado para post.php, o qual será escrito a seguir. O atributo accept-charset é incluído no formulário para tornar claro que o texto UTF-8 é aceitável (apesar de não ser tecnicamente necessário, pois cada página já utiliza a codificação UTF-8).

Capítulo 15 – Exemplo — Grupo de Discussão

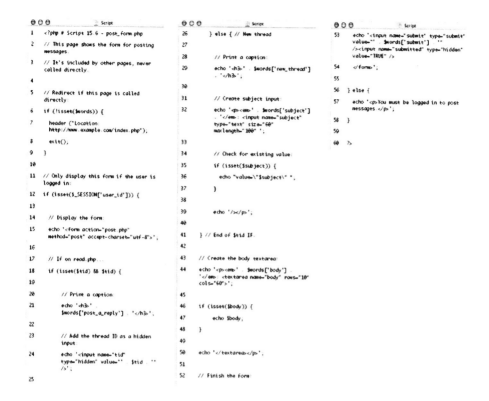

Script 15.6 *Este script será incluído por outras páginas (excepcionalmente, read.php e post.php). Ele exibe um formulário para postagem de mensagens que também possui o recurso de preservação de dados.*

4. Verifique a existência de um ID de linha de discussão.

```
if (isset($tid) && $tid) {
  echo '<h3>' .
→ $words['post_a_reply'] . '</h3>';
  echo '<input name="tid"
→ type="hidden" value="' . $tid .
→ '" />';
```

É aqui que as coisas ficam um pouco complicadas. Conforme mencionei anteriormente, e como mostrado nas Figuras 15.25 e 15.26, o formulário será um pouco diferente dependendo de como ele está sendo utilizado. Quando incluído em read.php, ele será

684   PHP 6 E MySQL 5 PARA WEB SITES DINÂMICOS

utilizado para fornecer uma resposta a uma linha de discussão existente. Para fazer essa consulta, o script verifica se $tid (abreviação de *thread ID*) está definida e se possui um valor TRUE. Esse será o caso quando esta página for incluída por read.php. Quando este script for incluído por post.php, $tid será definida, mas terá um valor FALSE.

Se esta condicional for verdadeira, a versão de "Postar uma Resposta" específica do idioma será exibida e o ID da linha de discussão será armazenado em uma entrada de formulário oculta.

5. Complete a condicional iniciada na Etapa 4.

```
} else { // Nova linha de discussão
  echo '<h3>' .
→ $words['new_thread'] . '</h3>';
  echo '<p><em>' .
→ $words['subject'] . '</em>:
→ <input name="subject"
→ type="text" size="60"
→ maxlength="100" ';
  if (isset($subject)) {
     echo "value=\"$subject\"";
  }
  echo '/></p>';
} // Fim do ID de $tid.
```

Se isso não for uma resposta, então a legenda deverá ser a versão de "Nova Linha de Discussão" específica do idioma e uma entrada de assunto deverá ser criada. Essa entrada precisa ter preservação de dados. Para verificar, procure pela existência de uma variável $subject. Essa variável será criada em post.php e, então, esse arquivo será incluído nesta página.

6. Crie a área de texto para o corpo da mensagem.

```
echo '<p><em>' . $words['body'] .
→ '</em>: <textarea name="body"
→ rows="10" cols="60">';
if (isset($body)) {
  echo $body;
}
echo '</textarea></p>';
```

CAPÍTULO 15 – EXEMPLO — GRUPO DE DISCUSSÃO   685

Ambas as utilizações desta página terão essa área de texto. Como o assunto, ela terá preservação de dados se uma variável $body (definida em post.php) existir. Para ambas as entradas, os avisos serão específicos para o idioma.

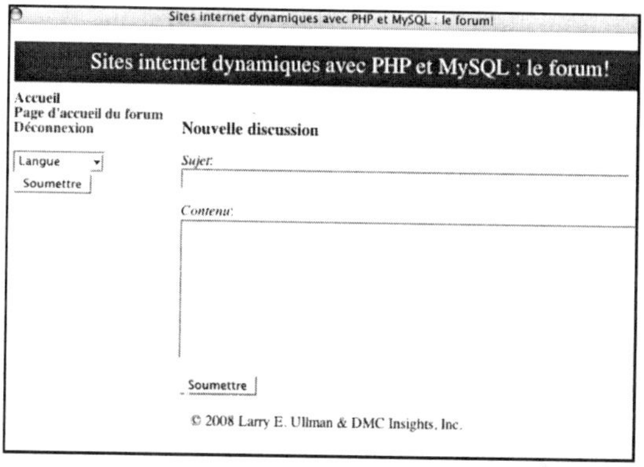

Figura 15.28 *Os avisos do formulário e até o botão de envio estarão no idioma escolhido pelo usuário (compare com as Figuras 15.25, 15.26 e 15.27).*

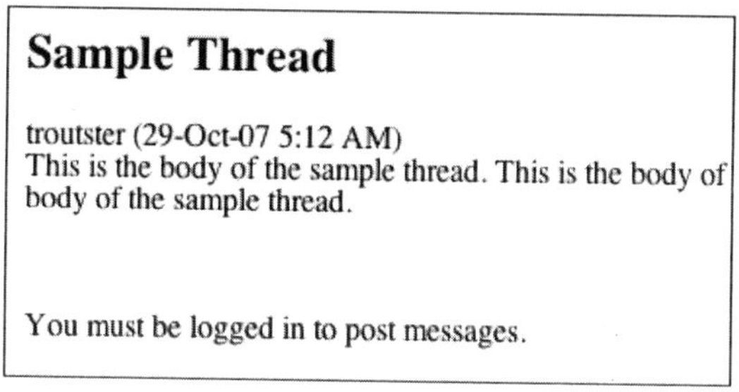

Figura 15.29 *O resultado da página post_form.php se o usuário não estiver com o login efetuado (lembre-se de que você pode emular não estando com o login efetuado, utilizando a linha $_SESSION = array(); no arquivo de cabeçalho).*

7. Finalize o formulário.

```
echo '<input name="submit"
→ type="submit" value="' .
→ $words['submit'] . '" /><input
→ name="submitted" type="hidden"
```

686 PHP 6 E MySQL 5 para Web Sites Dinâmicos

```
→ value="TRUE" />
</form>';
```

Tudo o que resta é um botão de envio específico para o idioma
(**Figura 15.28**) e a entrada oculta para indicar o envio do formulário
(o pequeno truque é discutido no Capítulo 3).

8. Finalize a página.

```
}else {
  echo '<p>You must be logged in to
  → post messages.</p>';
}
?>
```

Uma vez mais, você poderia armazenar esta mensagem na tabela
words e utilizar aqui a versão traduzida. Eu não o fiz apenas para
simplificar o processo.

9. Salve o arquivo como post_form.php, coloque-o em seu diretório
Web e teste-o em seu navegador, acessando read.php (**Figura
15.29**).

Manipulando o formulário

Este arquivo, post.php, será utilizado principalmente para manipular o
envio do formulário a partir de post_form.php. Isso parece bastante
simples, mas há algo mais. Na realidade, esta página será chamada de três
formas diferentes:

1. Para manipular o formulário para uma resposta de linha de discussão

2. Para exibir o formulário para um novo envio de linha de discussão

3. Para manipular o formulário para um novo envio de linha de
discussão

Isso significa que a página será acessada utilizando POST (modos 1 e
3) ou GET (modo 2). Além disso, os dados que serão enviados para a
página, que precisam ser validados, diferirão entre os modos 1 e 3. A
Figura 15.30 mostra uma representação da lógica.

Incluindo algo a mais nas 'complicações', se uma nova linha de
discussão estiver sendo criada, duas consultas devem ser executadas: uma
para incluir a linha de discussão na tabela *threads,* e uma segunda para
incluir o corpo da nova linha de discussão na tabela *posts.* Se o envio for

CAPÍTULO 15 – EXEMPLO — GRUPO DE DISCUSSÃO   687

uma resposta para uma linha de discussão existente, então apenas uma consulta será necessária, inserindo um registro em *posts*.

É claro que realizar essa tarefa de forma bem-sucedida é apenas uma questão de utilizar as condicionais corretas, conforme você verá adiante. Em termos de validação, o assunto e o corpo, por serem do tipo texto, serão verificados apenas pela existência de um valor não-vazio. Todas as tags serão removidas do assunto (pois, por que ele deveria ter tags?) e transformadas em entidades no corpo da mensagem. Isso permitirá que o código HTML, JavaScript e PHP sejam utilizados em uma postagem, mas não executados quando a linha de discussão for mostrada (pois, em um fórum sobre desenvolvimento Web, você precisará mostrar algum código).

Para criar o post.php:

1. Crie um novo documento PHP em seu editor de texto ou IDE (**Script 15.7**).

    ```
    <?php # Script 15.7 - post.php
    include ('includes/header.html');
    ```

    Esta página utilizará os arquivos de cabeçalho e rodapé, diferentemente de post_form.php.

2. Verifique o envio do formulário e valide o ID da linha de discussão.

    ```
    if (isset($_POST['submitted'])) {
      $tid = FALSE;
      if (isset($_POST['tid']) &&
      is_numeric($_POST['tid']) ) {
        $tid = (int) $_POST['tid'];
        if ($tid <= 0) {
          $tid = FALSE;
        }
      }
    ```

A ID da linha de discussão estará presente se o formulário foi enviado como uma resposta para uma linha de discussão existente (o ID da linha de discussão é armazenado como uma entrada oculta; consulte a **Figura 15.31**). O processo de validação é rotina: certifique-se de que o ID da linha de discussão esteja definido e seja numérico e, em seguida, realize o typecast de seu valor. Se ele não for maior que 0, então ele será um ID de linha de discussão inválido.

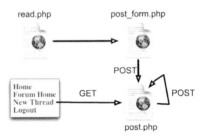

Figura 15.30 As diversas utilizações da página post.php.

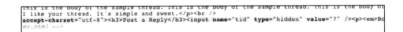

Figura 15.31 O código-fonte de read.php mostra como o ID da linha de discussão é mostrado no formulário. Isso indica ao post.php que o envio é uma resposta, não uma nova linha de discussão.

CAPÍTULO 15 – EXEMPLO — GRUPO DE DISCUSSÃO

```php
1   <?php # Script 15.7 - post.php
2   // This page handles the message post.
3   // It also displays the form if creating a
    new thread.
4   include ('includes/header.html');
5
6   if (isset($_POST['submitted'])) { //
    Handle the form
7
8     // Language ID ($lid) is in the session.
9     // Validate thread ID ($tid), which may
      not be present.
10    $tid = FALSE;
11    if (isset($_POST['tid']) &&
      is_numeric($_POST['tid']) ) {
12      $tid = (int) $_POST['tid'];
13      if ($tid <= 0) {
14        $tid = FALSE;
15      }
16    }
17
18    // If there's no thread ID, a subject
      must be provided.
19    if (!$tid && empty($_POST['subject'])) {
20      $subject = FALSE;
21      echo '<p>Please enter a subject for
        this post.</p>';
22    } elseif (!$tid &&
      !empty($_POST['subject'])) {
23      $subject =
        htmlspecialchars(strip_tags($_POST
        ['subject']));
24    } else { // Thread ID, no need for
      subject
25      $subject = TRUE;
```

```php
26    }
27
28    // Validate the body.
29    if (!empty($_POST['body'])) {
30      $body =
        htmlentities($_POST['body']);
31    } else {
32      $body = FALSE;
33      echo '<p>Please enter a body for
        this post.</p>';
34    }
35
36    if ($subject && $body) { // OK!
37
38      // Add the message to the database...
39
40      if (!$tid) { // Create a new thread.
41        $q = "INSERT INTO threads (lang_id,
          user_id, subject) VALUES ($lid,
          {$_SESSION['user_id']}, '" .
          mysqli_real_escape_string($dbc,
          $subject) . "')";
42        $r = mysqli_query($dbc, $q);
43        if (mysqli_affected_rows($dbc) == 1) {
44          $tid = mysqli_insert_id($dbc);
45        } else {
46          echo '<p>Your post could not be
            handled due to a system
            error.</p>';
47        }
48
49      }
50
51      if ($tid) { // Add this to the replies
        table:
```

```php
52
53        $q = "INSERT INTO posts (thread_id,
          user_id, message, posted_on) VALUES
          ($tid, {$_SESSION['user_id']}, '" .
          mysqli_real_escape_string($dbc, $body)
          . "', UTC_TIMESTAMP())";
54        $r = mysqli_query($dbc, $q);
55        if (mysqli_affected_rows($dbc) == 1) {
56          echo '<p>Your post has been
            entered.</p>';
57        } else {
58          echo '<p>Your post could not be
            handled due to a system
            error.</p>';
59        }
60
61      }
62
63    } else { // Include the form:
64      include ('post_form.php');
65    }
66
67  } else { // Display the form:
68
69    include ('post_form.php');
70
71  }
72
73  include ('includes/footer.html');
74  ?>
```

Script 15.7 *A página post.php processará os envios de formulários quando uma mensagem é postada. Esta página será utilizada para criar novas linhas de discussão e manipular respostas para linhas de discussão existentes.*

3. Valide o assunto da mensagem.

```php
if (!$tid &&
→ empty($_POST['subject'])) {
  $subject = FALSE;
  echo '<p>Please enter a subject
  → for this post.</p>';
} elseif (!$tid &&
→ !empty($_POST['subject'])) {
  $subject =
  → htmlspecialchars(strip_tags
  → ($_POST['subject']));
} else {
  $subject = TRUE;
}
```

690 **PHP 6 e MySQL 5 para Web Sites Dinâmicos**

A parte complicada da validação do assunto é que existem três cenários. Primeiro, se não houver um ID de linha de discussão válido, então esta será uma nova linha de discussão e o assunto não poderá ser vazio. Se ele ficar vazio, ocorrerá um erro e uma mensagem de erro será exibida. Segundo, se não houver um ID de linha de discussão válido e o assunto não estiver vazio, então esta será uma nova linha de discussão e o assunto foi inserido, portanto, ele deve ser manipulado. Nesse caso, todas as tags são removidas, utilizando a função strip_tags(), e htmlspecialchars() transformará quaisquer aspas restantes no formato de suas entidades. Chamar esta segunda função evitará problemas caso o formulário seja exibido novamente, e o assunto será colocado na entrada para preservá-lo. Para ser mais claro, se o assunto enviado contiver uma aspa dupla, mas o corpo não foi concluído, o formulário será mostrado novamente com o assunto colocado em value="", e você encontrará problemas.

O terceiro cenário é quando o formulário é enviado como uma resposta para uma linha de discussão existente. Nesse caso, $tid será válida e nenhum assunto será necessário.

4. Valide o corpo da mensagem.

```
if (!empty($_POST['body'])) {
  $body =
  → htmlentities($_POST['body']);
} else {
  $body = FALSE;
  echo '<p>Please enter a body for
  → this post.</p>';
}
```

Esta é uma validação muito mais fácil, pois o corpo da mensagem é sempre obrigatório. Se estiver presente, ele será processado pela função htmlentities().

5. Verifique se o formulário foi preenchido corretamente.

```
if ($subject && $body) {
```

CAPÍTULO 15 – EXEMPLO — GRUPO DE DISCUSSÃO   691

6. Crie uma nova linha de discussão, se apropriado.

```
if (!$tid) {
  $q = "INSERT INTO threads
➔ (lang_id, user_id, subject)
➔ VALUES ($lid,
➔ {$_SESSION['user_id']}, '" .
➔ mysqli_real_escape_string($dbc ,
➔ $subject) . "')";
  $r = mysqli_query($dbc, $q);
  if (mysqli_affected_rows($dbc)
➔ == 1) {
    $tid = mysqli_insert_id($dbc);
  } else {
    echo '<p>Your post could not
➔ be handled due to a system
➔ error.</p>';
  }
}
```

Se não houver um ID de linha de discussão, então esta será uma nova linha de discussão, e uma consulta deve ser executada na tabela *threads*. Essa consulta é simples, preenchendo as três colunas. Dois destes valores são provenientes da sessão (após o usuário efetuar login). O outro é o assunto, o qual é processado pela função mysqli_real_escape_string(). Como o assunto já foi processado pelas funções strip_tags() e htmlspecialchars(), você poderia deixar de utilizar esta função, mas não há motivos para correr esse risco.

Se a consulta funcionou, o que significa que ela afetou uma linha, então o ID da nova linha de discussão é resgatado.

7. Inclua o registro na tabela *posts*.

```
if ($tid) {
  $q = "INSERT INTO posts
➔ (thread_id, user_id, message,
➔ posted_on) VALUES ($tid,
➔ {$_SESSION['user_id']},'".
➔ mysqli_real_escape_string($dbc,
➔ $body) . "', UTC_TIMESTAMP())";
  $r = mysqli_query($dbc, $q);
  if (mysqli_affected_rows($dbc)
➔ == 1) {
```

PHP 6 E MySQL 5 PARA WEB SITES DINÂMICOS

```
   echo '<p>Your post has been
→ entered.</p>';
} else {
   echo '<p>Your post could not
→ be handled due to a system
→ error.</p>';
}
}
```

Esta consulta deve ser executada apenas se o ID da linha de discussão existir. Este será o caso se for uma resposta para uma linha de discussão existente ou se a nova linha de discussão foi recém-criada no banco de dados (Etapa 6). Se a consulta falhar, então esta consulta não será executada.

A consulta preenche quatro colunas na tabela utilizando o ID da linha de discussão, o ID do usuário (proveniente da sessão), o corpo da mensagem (processado pela função mysqli_real_escape_string() para segurança) e a data de postagem. Para este último valor, a coluna UTC_TIMESTAMP() é utilizada para que ela não esteja vinculada a qualquer fuso horário (consulte o Capítulo 14).

Observe que, para todas as mensagens exibidas nesta página, eu utilizei apenas o idioma inglês codificado de forma protegida. Para concluir os exemplos, cada uma destas mensagens deve ser armazenada na tabela *words* e exibida aqui.

8. Finalize a página.

```
   } else { // Incluir o formulário:
      include ('post_form.php');
   }
} else { // Exibir o formulário:
   include ('post_form.php');
}
include ('includes/footer.html');
?>
```

A primeira cláusula else é aplicada se o formulário foi enviado, mas não preenchido. Nesse caso, o formulário será incluído novamente e poderá preservar os dados, pois ele terá acesso às variáveis $subject e $body criadas aqui. A segunda cláusula else é aplicada se esta página foi acessada diretamente (clicando em um link na navegação) e $_POST['submitted'] não está definida.

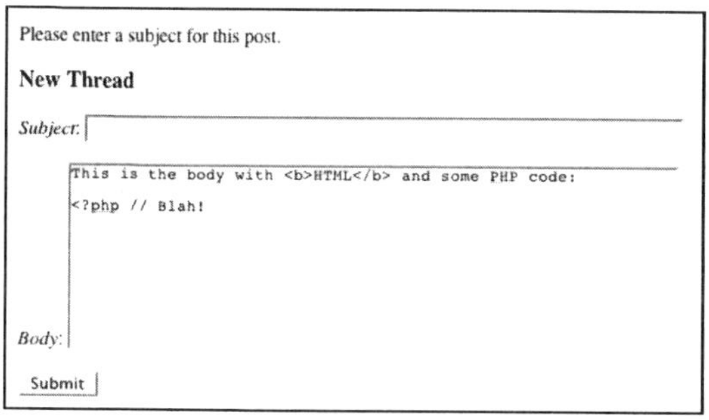

Capítulo 15 – Exemplo — Grupo de Discussão

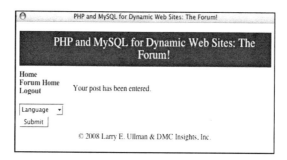

Figura 15.32 *O resultado se nenhum assunto foi fornecido ao tentar postar uma nova linha de discussão.*

Figura 15.33 *A resposta foi incluída de forma bem-sucedida na linha de discussão.*

9. Salve o arquivo como post.php, coloque-o em seu diretório Web e teste-o em seu navegador **(Figuras 15.32 e 15.33)**.

Administrando o Fórum

Muito da administração do fórum envolverá o gerenciamento de usuários, assunto abordado no próximo capítulo. Dependendo de quem administra o fórum, você também pode criar formulários para o gerenciamento de idiomas e listas de palavras traduzidas.

Os administradores provavelmente também terão a autoridade para editar e excluir postagens e linhas de discussão. Para isso, armazene também um nível de usuário na sessão (o próximo capítulo mostra como fazê-lo). Se o usuário que efetuou o login for um administrador, inclua links para edição e exclusão de linhas de discussão em forum.php. Cada

694   **PHP 6 E MySQL 5 PARA WEB SITES DINÂMICOS**

link transmitirá o ID da linha de discussão para uma nova página (como edit_user.php e delete_user.php do Capítulo 9). Ao excluir uma linha de discussão, você deve se certificar de que excluiu todos os registros na tabela *posts* que também possui esse ID de linha de discussão.

Finalmente, um administrador poderá editar ou excluir postagens individuais (as respostas para uma linha de discussão). Novamente, verifique o nível de usuário e, em seguida, inclua links para read.php (um par de links após cada mensagem). Os links transmitirão o ID da postagem para as páginas de edição e exclusão (páginas diferentes daquelas utilizadas nas linhas de discussão).

Capítulo 16

Exemplo —
Registro de Usuário

O segundo exemplo no livro — um sistema de registro de usuário — é um dos usos mais comuns do PHP e do MySQL. A maioria dos scripts desenvolvidos aqui foi apresentada e explicada em capítulos anteriores, tais como os processos de registro, login e logout, que são bons exemplos de muitos conceitos. Mas este capítulo aplicará tudo isso no mesmo contexto, utilizando uma teoria de programação consistente.

Os usuários serão capazes de realizar o registro, login, logout e alterar a senha. Um recurso não mostrado em um outro lugar será a capacidade de redefinir uma senha, caso ela seja esquecida. Um outro recurso será a exigência de que os usuários ativem suas contas — clicando em um link em um e-mail — antes de conseguirem efetuar o login. Assim que o usuário efetuar o login, as sessões serão utilizadas para limitar o acesso a páginas e registrar as ações do usuário. O suporte a diferentes níveis de usuários será novidade nesta edição, permitindo controlar o conteúdo disponível de acordo com o tipo de usuário com login efetuado.

Como no capítulo anterior, o foco estará no lado público das coisas (não se preocupe: o Capítulo 17, "Exemplo — E-Commerce", inclui recursos de administração). E, é claro, incluirei notas ao final sobre o que você pode fazer para incluir recursos administrativos. Ao longo deste capítulo você

696 PHP 6 E MySQL 5 PARA WEB SITES DINÂMICOS

encontrará recomendações sobre como este aplicativo poderá facilmente ser expandido ou modificado.

CRIANDO OS MODELOS

O aplicativo, neste capítulo, utilizará um novo design de modelo **(Figura 16.1)**. Este modelo faz uso amplo de CSS (Cascading Style Sheets), criando uma aparência limpa sem a necessidade de imagens. Ele foi bem testado em todos os navegadores atuais e aparecerá como texto não formatado em navegadores que não suportam CSS 2 (incluindo navegadores no padrão texto, como o Lynx). O layout para este site é derivado de um layout livremente fornecido pela BlueRobot (www.bluerobot.com).

Para começar, escreverei dois arquivos de modelo: header.html e footer.html. Como no Capítulo 11, "Cookies e Sessões", o arquivo de rodapé exibirá determinados links, dependendo se o usuário estiver com o login efetuado, determinado pela verificação da existência de uma variável de sessão. Levando este conceito adiante, links adicionais serão exibidos se o usuário com o login efetuado também for um administrador (um valor de sessão indicará isso).

O arquivo de cabeçalho iniciará sessões e o armazenamento da saída em buffer, enquanto o arquivo de rodapé finalizará o armazenamento da saída em buffer. O armazenamento de saída em buffer não foi abordado formalmente neste livro, mas é apresentado no quadro lateral.

Para criar o header.html:

1. Crie um novo documento em seu editor de texto ou IDE **(Script 16.1)**.

   ```
   <?php # Script 16.1 - header.html
   ```

2. Inicie o armazenamento de saída em buffer e inicie uma sessão.

   ```
   ob_start();
   session_start();
   ```

   Utilizarei o armazenamento de saída em buffer para este aplicativo, para não me preocupar com mensagens de erro quando utilizar cabeçalhos HTTP, redirecionar o usuário ou enviar cookies. Cada

Capítulo 16 – Exemplo — Registro de Usuário

uma das páginas também fará uso de sessões. É seguro colocar a chamada de session_start() após ob_start(), pois nada foi enviado, ainda, para o navegador Web. Como todas as páginas públicas utilizarão ambas as técnicas, colocar estas linhas no arquivo header.html evita o trabalho de colocá-las em cada uma das páginas. Segundo, se mais tarde você desejar alterar as configurações da sessão, será necessário editar apenas um arquivo.

Figura 16.1 A aparência básica deste aplicativo Web.

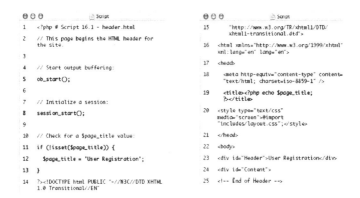

Script 16.1 O arquivo de cabeçalho inicia o código HTML, inicia a sessão e ativa o armazenamento de saída em buffer.

PHP 6 e MySQL 5 para Web Sites Dinâmicos

Utilizando o Armazenamento de Saída em Buffer

Por padrão, tudo o que um script PHP exibe ou qualquer código HTML fora das tags PHP (mesmo nos arquivos incluídos) é imediatamente enviado para o navegador Web. *O armazenamento de saída em buffer* (ou *controle de saída*, conforme indicado no manual do PHP) é um recurso do PHP que substitui este comportamento. Em vez de enviar imediatamente o código HTML para o navegador Web, essa saída será colocada em um buffer — memória temporária. Em seguida, quando o buffer for *descarregado*, ela é enviada para o navegador. Pode haver uma melhora no desempenho com a utilização do armazenamento de saída em buffer, mas o principal benefício é que ele elimina a mensagem de erro *headers already sent*. Algumas funções — header()74500, setcookie() e session_start() — podem ser chamadas apenas se nada tiver sido enviado para o navegador. Sem o armazenamento de saída em buffer, nada será enviado para o navegador até o fim da página, portanto, não será necessário chamar estas funções em qualquer ponto em um script.

Para iniciar o armazenamento de saída em buffer, utilize a função ob_start(). Assim que chamá-la, cada echo(), print() e função semelhante enviará dados para um buffer de memória em vez de enviar para o navegador. Por outro lado, chamadas HTTP (como header() e setcookie()) não serão armazenadas em buffer e operarão como de costume.

No término do script, chame a função ob_end_flush() para enviar o buffer acumulado para o navegador. Ou utilize a função ob_end_clean() para excluir os dados armazenados no buffer sem enviá-los. Ambas as funções possuem o efeito secundário de desativar o armazenamento de saída em buffer.

3. Verifique a existência de uma variável $page_title e feche a seção PHP.

```
if (!isset($page_title)) {
  $page_title = 'User
  → Registration';
}
```

Capítulo 16 – Exemplo — Registro de Usuário 699

Como nas outras vezes, este livro tem utilizado um sistema de modelo, o título da página — o que aparece na parte superior da janela do navegador — será definido página por página. Esta condicional verifica se a variável $page_title possui um valor e, se não possuir, a define com uma cadeia padrão. Esta é uma boa verificação a ser incluída no cabeçalho, mas opcional.

4. Crie o cabeçalho HTML.

```
?><!DOCTYPE html PUBLIC "-//W3C//DTD
➔ XHTML 1.0 Transitional//EN"
"http://www.w3.org/TR/xhtml1/DTD/xhtm
➔ l1-transitional.dtd">
<html xmlns="http://www.w3.org/1999/
➔ xhtml" xml:lang="en" lang="en">
<head>
  <meta http-equiv="content-type"
➔ content="text/html; charset=
➔ iso-8859-1" />
  <title><?php echo $page_title;
➔ ?></title>
<style type="text/css" media="screen"
➔ >@import "./includes/layout.css";
➔ </style>
</head>
```

A variável $page_title do PHP é exibida entre as tags de título. Em seguida, o documento CSS é incluído. Ele será chamado de layout.css e será armazenado em um diretório chamado includes. Você pode obter o arquivo a partir do Web site de suporte do livro (www.DMCInsights.com/phpmysql3/, consulte a página Extras).

Script 16.2 *O arquivo de rodapé conclui o código HTML, exibindo os links com base no status do usuário (com o login efetuado ou não, administrador ou não), e descarrega a saída no navegador.*

Figura 16.2 *O usuário verá estes links de navegação enquanto estiver com o login efetuado.*

CAPÍTULO 16 – EXEMPLO — REGISTRO DE USUÁRIO   701

5. Inicie o corpo do código HTML.

```
<body>
<div id="Header">User Registration</div>
<div id="Content">
```

O corpo cria o banner no topo da página e, em seguida, inicia a parte do conteúdo da página Web (até *Page Caption* na Figura 16.1).

6. Salve o arquivo como header.html.

Para criar o footer.html:

1. Crie um novo documento em seu editor de texto ou IDE (**Script 16.2).**

```
</div>
<div id="Menu">
<a href="index.php" title="Home
➔ Page">Home</a><br />
<?php # Script 16.2 - footer.html
```

2. Se o usuário estiver com o login efetuado, mostre os links de logout e de alteração de senha.

```
if (isset($_SESSION['user_id'])) {
  echo '<a href="logout.php" title=
  ➔ "Logout">Logout</a><br />
<a href="change_password.php" title=
➔ "Change Your Password">Change
➔ Password</a><br />
';
```

Se o usuário estiver com o login efetuado (o que significa que $_SESSION['user_id'] está definida), ele verá os links para logout e para alteração de sua senha (**Figura 16.2).**

3. Se o usuário também for um administrador, mostre alguns outros links.

```
if ($_SESSION['user_level'] == 1) {
  echo '<a href="view_users.php"
  ➔ title="View All Users">View
  ➔ Users</a><br />
```

702 **PHP 6 e MySQL 5 para Web Sites Dinâmicos**

```
<a href="#">Some Admin Page</a><br />
';
}
```

Se o usuário com o login efetuado também for um administrador, então ele deverá ver alguns links extras **(Figura 16.3).** Para fazer o teste, verifique o nível de acesso do usuário, que também estará armazenado em uma sessão. Um valor de nível *1* indicará que o usuário é um administrador.

4. Mostre os links para os usuários que não efetuaram o login.

```
}else {
  echo '<a href="register.php"
  → title="Register for the
  → Site">Register</a><br />
<a href="login.php" title="Login">
→ Login</a><br />
<a href="forgot_password.php" title=
→ "Password Retrieval">Retrieve
→ Password</a><br />
';
}
?>
```

Se o usuário não estiver com o login efetuado, ele verá os links para registro, login e redefinição de uma senha esquecida **(Figura 16.4).**

5. Finalize o código HTML.

```
<a href="#">Some Page</a><br />
<a href="#">Another Page</a><br />
</div>
</body>
</html>
```

Incluí dois links de teste para outras páginas que serão adicionadas.

6. Descarregue o buffer no navegador.

```
<?php
ob_end_flush();
?>
```

O arquivo de rodapé enviará o buffer acumulado para o navegador, concluindo o armazenamento de saída em buffer iniciado no script de cabeçalho.

Figura 16.3 Um administrador com o login efetuado verá links extras (compare com a Figura 16.2).

Figura 16.4 O usuário verá estes links se ele não estiver com o login efetuado (incluindo se ele efetuou logout recentemente).

7. Salve o arquivo como footer.html e coloque-o, juntamente com o header.html e o layout.css (disponíveis no Web site de suporte do livro), em seu diretório Web, colocando todos os três em uma pasta chamada includes **(Figura 16.5)**.

✓ **Dicas**

■ Se este site possui qualquer página que não faz uso do arquivo de cabeçalho, mas precisa trabalhar com sessões, ele mesmo deve chamar a função session_start(). Se esta operação falhar, o script não conseguirá acessar a sessão.

- Em versões mais recentes do PHP, o armazenamento de saída em buffer é ativado por padrão. O tamanho do buffer — o número máximo de bytes armazenados na memória — é de 4.096, mas isto pode ser alterado no arquivo de configuração do PHP.
- A função ob_get_contents() retornará o buffer atual para que ele possa ser designado a uma variável, caso seja necessário.
- A função ob_flush() enviará o conteúdo atual do buffer para o navegador e, em seguida, irá descartá-lo, permitindo que um novo buffer seja iniciado. Esta função permite que seus scripts mantenham tamanhos de buffers mais moderados. Por outro lado, ob_end_flush() desativa o armazenamento de saída em buffer após enviá-lo para o navegador.
- A função ob_clean() exclui o conteúdo atual do buffer sem parar o seu processo.
- O PHP executará automaticamente ob_end_flush() na conclusão de um script se ele não estiver finalizado.

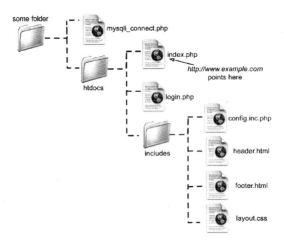

Figura 16.5 A estrutura de diretórios do site no servidor Web, assumindo que htdocs seja o documento raiz (para onde www.example.com aponta).

ESCREVENDO OS SCRIPTS DE CONFIGURAÇÃO

Este Web site fará uso de dois tipos de scripts de configuração. Um, config.inc.php, será, realmente, o mais importante script em todo o aplicativo. Ele

◆ Conterá os comentários sobre o site como um todo

◆ Definirá constantes

◆ Estabelecerá configurações do site

◆ Indicará como os erros são tratados

◆ Definirá quaisquer funções necessárias

Como ele faz tudo isso, o script de configuração será incluído por todas as outras páginas no aplicativo.

O segundo tipo de script de configuração, mysqli_connect.php, armazenará todas as informações relacionadas ao banco de dados. Ele será incluído apenas pelas páginas que precisam interagir com o banco de dados.

Criando um arquivo de configuração

O arquivo de configuração atenderá a muitas finalidades importantes. Ele será como um meio termo entre o manual do proprietário do site e o seu arquivo de preferências. A primeira finalidade deste arquivo será documentar todo o site: quem o criou, quando, por quê, para quem etc. A versão no livro omitirá tudo isso, mas você deverá colocar em sua versão. A segunda função será definir todos os tipos de constantes e configurações que as diversas páginas utilizarão.

Terceiro, o arquivo de configuração estabelecerá a política de gerenciamento de erros para o site. A técnica envolvida — criar sua própria função de manipulação de erros — foi abordada no Capítulo 7, "Manipulação e Depuração de Erros". Como nesse capítulo, durante os estágios de desenvolvimento, cada erro será reportado na forma mais detalhada (**Figura 16.6**). Juntamente com a mensagem de erro específica, todas as variáveis existentes serão mostradas, como também a data e a hora atuais. Esta mensagem será formatada para que ela possa estar dentro do modelo do site.

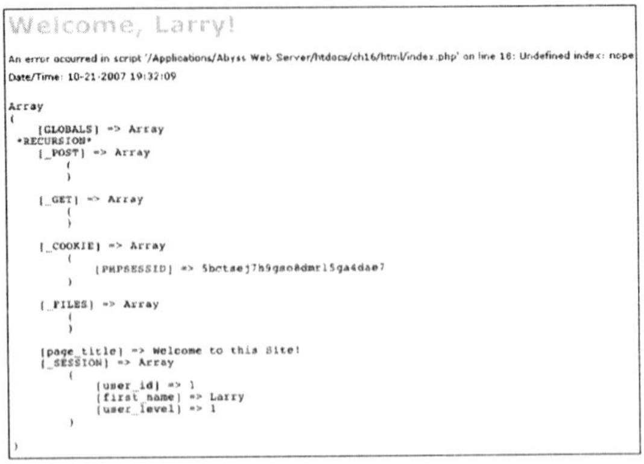

PHP 6 e MySQL 5 para Web Sites Dinâmicos

706

Figura 16.6 *Durante os estágios de desenvolvimento do Web site, desejo que todos os erros sejam o mais óbvio e informativos possível.*

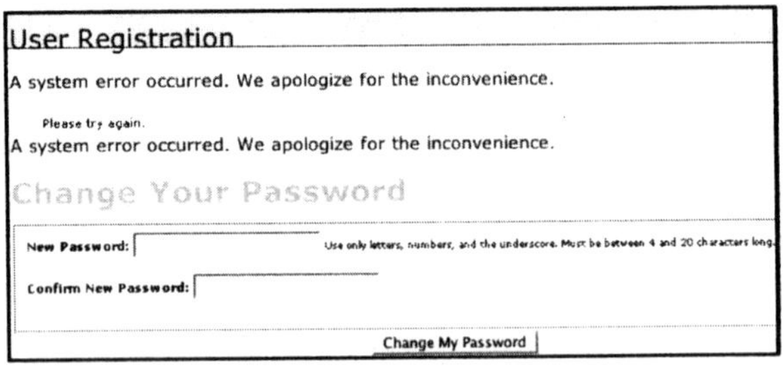

Figura 16.7 *Se ocorrerem erros enquanto um site estiver disponível para acesso, o usuário verá apenas uma mensagem como esta (mas uma mensagem de erro detalhada será enviada por e-mail, para o administrador).*

CAPÍTULO 16 – EXEMPLO — REGISTRO DE USUÁRIO

Script 16.3 *Este script de configuração indica como os erros são manipulados, define as configurações e as constantes de todo o site e pode declarar quaisquer funções necessárias.*

Durante o estágio de produção do site, ou disponibilização para acesso, os erros serão manipulados de forma mais gentil **(Figura 16.7).** Nesse momento, as mensagens de erro detalhadas não serão exibidas no navegador, mas serão enviadas para um endereço de e-mail.

Finalmente, este script definirá quaisquer funções que possam ser utilizadas várias vezes no site. Este site não terá uma, mas gostaria de mencionar isso como um outro uso lógico deste arquivo.

708   **PHP 6 E MySQL 5 PARA WEB SITES DINÂMICOS**

Para escrever o arquivo de configuração:

1. Crie um novo documento PHP em seu editor de texto ou IDE **(Script 16.3).**

```
<?php # Script 16.3 - config.inc.php
```

2. Estabeleça duas constantes para o relatório de erros.

```
define('LIVE', FALSE);
define('EMAIL', 'InsertRealAddress
→ Here');
```

A constante LIVE será utilizada da mesma forma que no Capítulo 7. Se ela for FALSE, as mensagens de erro detalhadas serão enviadas para o navegador (Figura 16.6). Assim que o site é disponibilizado para acesso, esta constante deverá ser definida como TRUE para que as mensagens de erro detalhadas nunca sejam reveladas ao usuário Web (Figura 16.7). A constante EMAIL é para onde as mensagens de erro serão enviadas quando o site estiver disponível para acesso. Obviamente, você utilizará seu próprio endereço de e-mail para este valor.

3. Estabeleça duas constantes para as configurações de todo o site.

```
define ('BASE_URL', 'http://www.
→ example.com/');
define ('MYSQL', '/path/to/mysqli_
→ connect.php');
```

Estas duas constantes são definidas apenas para que fique mais fácil redirecionar o usuário de uma página para outra e para incluir o script de conexão do MySQL. BASE_URL refere-se ao domínio-raiz *(http://www.example.com/)*, com uma barra de finalização. Se estiver desenvolvendo em seu próprio computador, este endereço talvez seja *http://localhost/*. Quando uma página redireciona o navegador, ela precisará apenas escrever

```
header('Location: ' . BASE_URL .
→ 'page.php');
```

MYSQL é um caminho absoluto para o script de conexão do MySQL (a ser escrito a seguir). Ao configurá-lo como um caminho

CAPÍTULO 16 – EXEMPLO — REGISTRO DE USUÁRIO   709

absoluto, qualquer arquivo pode incluir o script de conexão fazendo referência a essa constante:

```
include (MYSQL);
```

Altere estes valores para correspondência com seu ambiente. Se você mudar o site de um servidor ou domínio para outro, apenas altere as duas constantes.

4. Estabeleça qualquer outra configuração para todo o site.

```
date_default_timezone_set ('US/
→ Eastern');
```

Conforme mencionado no Capítulo 10, "Desenvolvimento de Aplicativo Web", qualquer uso de uma função de data ou hora do PHP (a partir do PHP 5.1) necessita que o fuso horário seja definido. Altere este valor para correspondência com seu fuso horário (consulte o manual do PHP para obter a lista de fusos horários).

5. Inicie a definição da função de manipulação de erros.

```
function my_error_handler ($e_number,
→ $e_message, $e_file, $e_line,
→ $e_vars) {
 $message = "<p>An error occurred
  → in script '$e_file' on line
  → $e_line: $e_message\n<br />";
```

A definição da função inicia como no Capítulo 7. Ela espera receber cinco argumentos: o número do erro, a mensagem de erro, o script no qual o erro ocorreu, o número da linha na qual o PHP acha que ocorreu o erro, e uma matriz de variáveis que exista. Em seguida, ela inicia a definição da variável $message, começando com as informações fornecidas para esta função.

6. Inclua a data e a hora atuais.

```
$message .= "Date/Time: " . date
→ ('n-j-Y H:i:s') . "\n<br />";
```

Para tornar o relatório de erros mais proveitoso, incluirei a data e a hora atuais na mensagem. Um caractere de nova linha e uma tag <br

PHP 6 E MySQL 5 para Web Sites Dinâmicos

/> do HTML são incluídos para tornar a exibição resultante mais legível.

7. Anexe todas as variáveis existentes.

```
$message .= "<pre>" . print_r
→ ($e_vars, 1) . "</pre>\n</p>";
```

A variável $e_vars é uma matriz de todas as variáveis que existem no momento do erro, juntamente com seus respectivos valores. Chamar a função print_r(), com um segundo argumento *1* ou *TRUE*, anexará o conteúdo de $e_vars em $message. Para tornar esta seção da mensagem no navegador mais legível, utilizo as tags <pre> do HTML (essas tags não são compatíveis com XHTML, mas isso é irrelevante, pois não serão utilizadas no site que estará disponível para acesso).

8. Manipule o erro de acordo com o valor de LIVE.

```
if (!LIVE) {
  echo '<div class="error">' .
  → $message . '</div><br />';
} else {
  mail(EMAIL, 'Site Error!',
  → $message, 'From: email@example.
  → com');
  if ($e_number != E_NOTICE) {
    echo '<div class="error">A
    → system error occurred. We
    → apologize for the
    → inconvenience.</div><br />';
  }
}
```

Conforme mencionado anteriormente, se o site não estiver disponível para acesso, a mensagem de erro inteira será exibida, para qualquer tipo de erro. A mensagem é colocada dentro de <div class="error">, que irá formatá-la com base nas regras definidas no arquivo CSS do site.

Se o site estiver disponível para acesso na Web, a mensagem detalhada deverá ser enviada em um e-mail e o usuário Web deverá ver apenas uma mensagem genérica. Seguindo adiante, a mensagem genérica não será exibida, se o erro for de um tipo específico:

CAPÍTULO 16 – EXEMPLO — REGISTRO DE USUÁRIO   711

E_NOTICE. Tais erros ocorrem em situações como a referência a uma variável que não existe, o que pode ou não ser um problema. Para evitar um potencial bombardeio de mensagens de erro no usuário, apenas exiba a mensagem de erro se $e_number não for igual a E_NOTICE, que é a constante definida no PHP (consulte o manual do PHP).

9. Complete a definição da função e oriente o PHP para utilização do seu manipulador de erros.

```
}
set_error_handler ('my_error_
→ handler');
?>
```

Você deve utilizar a função set_error_handler() para orientar o PHP para utilização de sua própria função para erros.

10. Salve o arquivo como config.inc.php e coloque-o em seu diretório Web, dentro da pasta includes (consulte a Figura 16.5)

Criando o script do banco de dados

O segundo tipo de script de configuração será mysqli_connect.php, o arquivo de conexão com o banco de dados já utilizado várias vezes ao longo deste livro. Sua única finalidade é a conexão com o MySQL e a seleção do banco de dados. Se ocorrer um problema, este script fará uso das ferramentas de manipulação de erros estabelecidas no config.inc.php. Para isso, ele utilizará a função trigger_error(). Esta função permite informar o PHP sobre a ocorrência de um erro, e o PHP fará a sua manipulação utilizando a função my_error_handler(), conforme estabelecido no script de configuração.

Para conexão com o banco de dados:

1. Crie um novo documento PHP em seu editor de texto ou IDE (Script 16.4).

```
<?php # Script 16.4 - mysqli_
→ connect.php
```

PHP 6 E MySQL 5 PARA WEB SITES DINÂMICOS

2. Defina as informações de acesso ao banco de dados.

```
DEFINE ('DB_USER', 'username');
DEFINE ('DB_PASSWORD', 'password');
DEFINE ('DB_HOST', 'localhost');
DEFINE ('DB_NAME', 'ch16');
```

Como sempre, altere estes valores para aqueles que funcionarão com a sua instalação do MySQL.

```
1   <?php # Script 16.4 - mysqli_connect.php
2
3     // This file contains the database access
      information.
4     // This file also establishes a connection
      to MySQL
5     // and selects the database.
6
7     // Set the database access information as
      constants:
8     DEFINE ('DB_USER', 'username');
9     DEFINE ('DB_PASSWORD', 'password');
10    DEFINE ('DB_HOST', 'localhost');
11    DEFINE ('DB_NAME', 'ch16');
12
13    // Make the connection:
14    $dbc = mysqli_connect (DB_HOST, DB_USER,
      DB_PASSWORD, DB_NAME);
15
16    if (!$dbc) {
17      trigger_error ('Could not connect to
        MySQL: ' . mysqli_connect_error() );
18    }
19
20  ?>
```

Script 16.4 *Este script realiza a conexão com o banco de dados ch16. Se ele não conseguir, então o manipulador de erros será acionado, transmitindo a ele o erro de conexão do MySQL.*

3. Tente conexão com o MySQL e selecione o banco de dados.

```
$dbc = @mysqli_connect (DB_HOST,
→ DB_USER, DB_PASSWORD, DB_NAME);
```

Nos scripts anteriores, se a função não retornasse o resultado apropriado, a função die() era chamada. Como utilizarei minha própria função de manipulação de erros e não simplesmente encerrarei o script, reescreverei este processo. Qualquer erro origi-

Capítulo 16 – Exemplo — Registro de Usuário 713

nado por esta chamada de função será omitido (graças ao @) e manipulado utilizando o código na próxima etapa.

4. Manipule qualquer erro se a conexão com o banco de dados não foi estabelecida.

```
if (!$dbc) {
  trigger_error ('Could not connect
  → to MySQL: ' . mysqli_connect_
  → error() );
}
```

Se o script não pôde estabelecer conexão com o banco de dados, desejo enviar a mensagem de erro para a função my_error_handler(). Dessa forma, posso garantir que o erro seja manipulado de acordo com a técnica de gerenciamento atualmente definida (estágio de disponibilização para acesso na Web versus desenvolvimento). Em vez de chamar my_error_handler() diretamente, utilize trigger_error(), cujo primeiro argumento é a mensagem de erro. A **Figura 16.8** mostra o resultado final se ocorrer um problema durante o estágio de desenvolvimento.

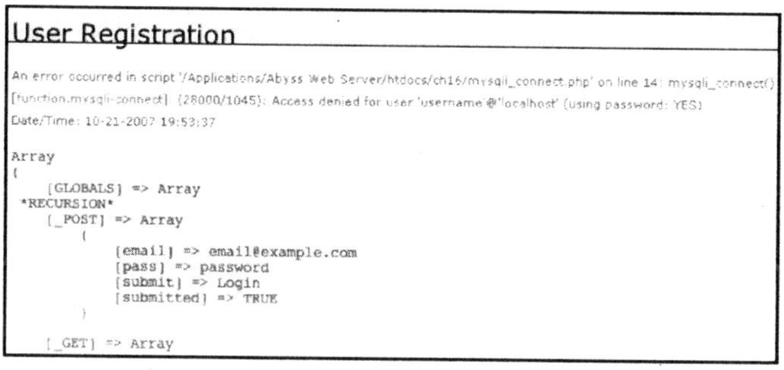

Figura 16.8 *Um erro de conexão com o banco de dados ocorrendo durante o desenvolvimento do site.*

5. Finalize o código PHP.

```
?>
```

6. Salve o arquivo como mysqli_connect.php e coloque-o em seu diretório Web, fora do diretório-raiz da Web (consulte a Figura 16.5).

7. Crie o banco de dados (**Figura 16.9**). Consulte o quadro lateral "Esquema do Banco de Dados" para obter uma abordagem sobre o banco de dados e o comando necessário para criar a tabela do banco de dados. Se não puder criar seu próprio banco de dados, apenas inclua a tabela em qualquer outro banco de dados ao qual possui acesso. Além disso, certifique-se de editar o arquivo mysqli_connect.php para que ele utilize a combinação apropriada de nome de usuário/senha/nome do host para conexão com este banco de dados.

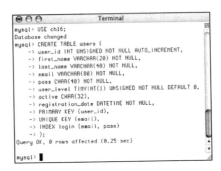

Figura 16.9 Criando o banco de dados para este capítulo.

✓ **Dicas**

- Por um lado, pode fazer sentido colocar o conteúdo dos arquivos de configuração em um script para facilitar a referência. Infelizmente, isso gerará um processamento desnecessário (ou seja, a conexão e a seleção de um banco de dados) nos scripts que não necessitam de uma conexão com o banco de dados (por exemplo, index.php).

- Para o arquivo de gerenciamento de erros, utilizei .inc.php como a extensão, indicando que o script é um arquivo incluído, mas também um script PHP. Para a página de conexão com o MySQL, utilizei .php, pois fica mais claro identificar a partir do nome do arquivo o que o script faz. Estas são distinções pequenas e irrelevantes, mas recomendaria que ambos os arquivos tenham a extensão .php, por questões de segurança.

- Em geral, definiria funções comuns no arquivo de configuração. ˈˈma exceção seria qualquer função que necessitasse de uma

Capítulo 16 – Exemplo — Registro de Usuário

conexão com o banco de dados. Se você sabe que uma função será utilizada apenas nas páginas que estabelecem conexão com o MySQL, então a definição dessa função dentro do script mysqli_connect.php é apenas lógica.

Esquema do Banco de Dados

O banco de dados utilizado por este aplicativo é chamado de *ch16*. Atualmente, o banco de dados consiste apenas de uma tabela, *users*. Para criá-la, utilize este comando SQL:

```
CREATE TABLE users(
user_id INT UNSIGNED NOT NULL AUTO_INCREMENT,
first_name VARCHAR(20) NOT NULL,
last_name VARCHAR(40) NOT NULL,
email VARCHAR(80) NOT NULL,
pass CHAR(40) NOT NULL,
user_level TINYINT(1) UNSIGNED NOT NULL DEFAULT 0,
active CHAR(32),
registration_date DATETIME NOT NULL,
PRIMARY KEY (user_id),
UNIQUE KEY (email),
INDEX login (email, pass)
);
```

Agora, a maior parte da estrutura da tabela parecerá familiar para você; ela é bastante semelhante à *users* no banco de dados *sitename*, utilizada em diversos exemplos neste livro. Uma nova inclusão é a coluna *active*, que será utilizada para indicar se um usuário ativou sua conta (clicando em um link no e-mail de registro) ou não. Ela armazenará o código de ativação com 32 caracteres de comprimento ou terá um valor NULL. Como a coluna *active* pode ter um valor NULL, ela não pode ser definida como NOT NULL. Se você definir *active* como NOT NULL, ninguém será capaz de efetuar login (você verá o porquê mais adiante, neste capítulo). A outra nova inclusão é a coluna *user_level*, que será utilizada para diferenciar os tipos de usuários que o site possui.

Um índice exclusivo é colocado no campo *email*, e um outro índice é colocado na combinação dos campos *email* e *pass*. Estes dois campos serão utilizados juntos durante a consulta de login, portanto, indexá-los como um, o que eu chamo de *login*, faz sentido.

Criando a Página Inicial

A página inicial para o site, chamada de index.php, será um modelo para as outras páginas no lado público. Ela necessitará do arquivo de configuração (para gerenciamento de erros) e dos arquivos de cabeçalho e rodapé para criar o design HTML. Esta página também dará as boas-vindas ao usuário utilizando seu nome, assumindo que o usuário já tenha efetuado login **(Figura 16.10)**.

Para escrever o index.php:

1. Crie um novo documento PHP em seu editor de texto ou IDE **(Script 16.5)**.

```
<?php # Script 16.5 - index.php
```

2. Inclua o arquivo de configuração, defina o título da página e inclua o cabeçalho HTML.

```
require_once ('includes/config.
→ inc.php');
$page_title = 'Welcome to this
→ Site!';
include ('includes/header.html');
```

O script inclui primeiro o arquivo de configuração para que tudo o que aconteça em seguida seja manipulado utilizando os processos de gerenciamento de erros estabelecidos. Em seguida, o arquivo header.html é incluído, o qual iniciará o armazenamento de saída em buffer, iniciará a sessão e criará a parte inicial do layout HTML.

Capítulo 16 – Exemplo — Registro de Usuário

```
1   <?php # Script 16.5 - index.php
2   // This is the main page for the site.
3
4   // Include the configuration file:
5   require_once ('includes/config.inc.php');
6
7   // Set the page title and include the HTML
    header:
8   $page_title = 'Welcome to this Site!';
9   include ('includes/header.html');
10
11  // Welcome the user (by name if they are
    logged in):
12  echo '<h1>Welcome';
13  if (isset($_SESSION['first_name'])) {
14      echo ", {$_SESSION['first_name']}!";
15  }
16  echo '</h1>';
17  ?>
18  <p>Spam spam spam spam spam spam
19  spam spam spam spam spam spam
20  spam spam spam spam spam spam
21  spam spam spam spam spam spam.</p>
22  <p>Spam spam spam spam spam spam
23  spam spam spam spam spam spam
24  spam spam spam spam spam spam
25  spam spam spam spam spam spam.</p>
26
27  <?php // Include the HTML footer file.
28  include ('includes/footer.html');
29  ?>
```

Script 16.5 O script para a página inicial do site, que saudará pelo nome o usuário com login efetuado.

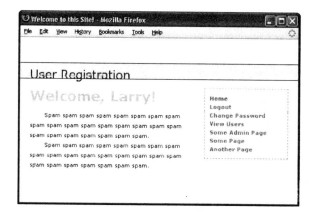

Figura 16.10 Se o usuário estiver com o login efetuado, a página de índice o saudará pelo nome.

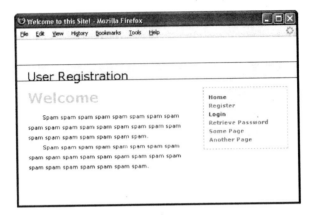

Figura 16.11 Se o usuário não estiver com o login efetuado, esta será a página inicial que ele verá.

3. Dê as boas-vindas ao usuário e conclua o código PHP.

```
echo '<h1>Welcome';
if (isset($_SESSION['first_name'])) {
  echo ", {$_SESSION['first_
➔ name']}!";
}
echo '</h1>';
?>
```

A mensagem *Welcome* será exibida para todos os usuários. Se uma variável $_SESSION['first_name'] estiver definida, o primeiro nome do usuário também será exibido. Portanto, o resultado final será apenas *Welcome* (**Figura 16.11**) ou *Welcome, <Your Name>!* (Figura 16.10).

4. Crie o conteúdo para a página.

```
<p>Spam spam...</p>
```

Você pode desejar colocar algo mais útil na página inicial de um site real. É apenas uma sugestão...

5. Inclua o rodapé HTML.

```
<?php
include ('includes/footer.html');
?>
```

CAPÍTULO 16 – EXEMPLO — REGISTRO DE USUÁRIO   719

O arquivo de rodapé concluirá o layout HTML (principalmente a barra de menus no lado direito da página) e finalizará o armazenamento de saída em buffer.

6. Salve o arquivo como index.php, coloque-o em seu diretório Web e teste-o em um navegador.

REGISTRO

O script de registro foi inicialmente apresentado no Capítulo 8, "Utilizando PHP com MySQL". Desde então, ele tem sido melhorado em vários sentidos.

Esta versão do register.php fará o seguinte:

◆ Exibirá e manipulará o formulário

◆ Validará os dados enviados utilizando expressões comuns

◆ Exibirá novamente o formulário com os valores inseridos inicialmente se ocorrer um problema (o formulário *preservará os dados*)

◆ Processará os dados enviados utilizando a função mysqli_real_escape_string() por segurança

◆ Garantirá a inserção de um endereço de e-mail exclusivo

◆ Enviará um e-mail contendo um link de ativação (o usuário precisará ativar sua conta antes de efetuar o login — consulte o quadro lateral)

Para escrever o register.php:

1. Crie um novo documento PHP em seu editor de texto ou IDE (Script 16.6).

```
<?php # Script 16.6 - register.php
```

2. Inclua o arquivo de configuração e o cabeçalho HTML.

```
require_once ('includes/config.
→ inc.php');
$page_title = 'Register';
include ('includes/header.html');
```

PHP 6 E MySQL 5 para Web Sites Dinâmicos

3. Crie a condicional que verifica o envio do formulário e, em seguida, inclua o script de conexão com o banco de dados.

```
if (isset($_POST['submitted'])) {
require_once (MYSQL);
```

```
1    <?php # Script 16.6 - register.php
2    // This is the registration page for the
     site.
3
4    require_once ('includes/config.inc.php');
5    $page_title = 'Register';
6    include ('includes/header.html');
7
8    if (isset($_POST['submitted'])) { //
     Handle the form.
9
10   require_once (MYSQL);
11
12   // Trim all the incoming data:
13   $trimmed = array_map('trim', $_POST);
14
15   // Assume invalid values:
16   $fn = $ln = $e = $p = FALSE;
17
18   // Check for a first name:
19   if (preg_match ('/^[A-Z \'.-]{2,20}$/i',
     $trimmed['first_name'])) {
20     $fn = mysqli_real_escape_string ($dbc,
       $trimmed['first_name']);
21   } else {
22     echo '<p class="error">Please enter
       your first name!</p>';
23   }
24
25   // Check for a last name:
26   if (preg_match ('/^[A-Z \'.-]{2,40}$/i',
     $trimmed['last_name'])) {
27     $ln = mysqli_real_escape_string ($dbc,
       $trimmed['last_name']);
28   } else {
29     echo '<p class="error">Please enter
       your last name!</p>';
30   }
```

```
31
32   // Check for an email address:
33   if (preg_match ('/^[\w.-]+@[\w.-]+\.[A-
     Za-z]{2,6}$/', $trimmed['email'])) {
34     $e = mysqli_real_escape_string ($dbc,
       $trimmed['email']);
35   } else {
36     echo '<p class="error">Please enter a
       valid email address!</p>';
37   }
38
39   // Check for a password and match
     against the confirmed password:
40   if (preg_match ('/^\w{4,20}$/',
     $trimmed['password1']) ) {
41     if ($trimmed['password1'] ==
       $trimmed['password2']) {
42       $p = mysqli_real_escape_string
         ($dbc, $trimmed['password1']);
43     } else {
44       echo '<p class="error">Your password
         did not match the confirmed
         password!</p>';
45     }
46   } else {
47     echo '<p class="error">Please enter a
       valid password!</p>';
48   }
49
50   if ($fn && $ln && $e && $p) { // If
     everything's OK...
51
52     // Make sure the email address is
       available:
53     $q = "SELECT user_id FROM users WHERE
       email='$e'";
54     $r = mysqli_query ($dbc, $q) or
       trigger_error("Query: $q\n<br />MySQL
       Error: " . mysqli_error($dbc));
55
56     if (mysqli_num_rows($r) == 0) { //
       Available.
57
```

```
58     // Create the activation code:
59     $a = md5(uniqid(rand(), true));
60
61     // Add the user to the database:
62     $q = "INSERT INTO users (email,
       pass, first_name, last_name, active,
       registration_date) VALUES ('$e',
       SHA1('$p'), '$fn', '$ln', '$a',
       NOW() )";
63     $r = mysqli_query ($dbc, $q) or
       trigger_error("Query: $q\n<br />MySQL
       Error: " . mysqli_error($dbc));
64
65     if (mysqli_affected_rows($dbc) == 1)
       { // If it ran OK.
66
67       // Send the email:
68       $body = "Thank you for registering
         at <whatever site>. To activate
         your account, please click on this
         link:\n\n";
69       $body .= BASE_URL . 'activate.php?
         x=' . urlencode($e) . '&y=$a';
70       mail($trimmed['email'],
         'Registration Confirmation', $body,
         'From: admin@sitename.com');
71
72       // Finish the page:
73       echo '<h3>Thank you for
         registering! A confirmation email
         has been sent to your address.
         Please click on the link in that
         email in order to activate your
         account.</h3>';
74       include ('includes/footer.html');
         // Include the HTML footer.
75       exit(); // Stop the page.
76
77     } else { // If it did not run OK.
78       echo '<p class="error">You could
         not be registered due to a system
         error. We apologize for any
         inconvenience.</p>';
79     }
80
81   } else { // The email address is not
     available.
```

Script 16.6 *O script de registro utiliza expressões comuns para segurança e um formulário com preservação de dados para maior conveniência do usuário. Ele envia um e-mail para o usuário após um registro bem-sucedido.*

Capítulo 16 – Exemplo — Registro de Usuário   721

```
82    echo '<p class="error">That email
      address has already been registered.
      If you have forgotten your password,
      use the link at right to have your
      password sent to you.</p>';

83    }

84

85    } else { // If one of the data tests
      failed

86      echo '<p class="error">Please re-enter
        your passwords and try again.</p>';

87    }

88

89    mysqli_close($dbc);

90

91    } // End of the main Submit conditional.

92    ?>

93

94    <h1>Register</h1>

95    <form action="register.php" method="post">

96      <fieldset>

97

98    <p><b>First Name:</b> <input type="text"
      name="first_name" size="20" maxlength=
      "20" value="<?php if (isset($trimmed
      ['first_name'])) echo $trimmed
      ['first_name']; ?>" /></p>

99

100   <p><b>Last Name:</b> <input type="text"
      name="last_name" size="20" maxlength=
      "40" value="<?php if (isset($trimmed
      ['last_name'])) echo $trimmed
      ['last_name']; ?>" /></p>

101

102   <p><b>Email Address:</b> <input
      type="text" name="email" size="30"
      maxlength="80" value="<?php if
      (isset($trimmed['email'])) echo
      $trimmed['email']; ?> /> </p>

103

104   <p><b>Password:</b> <input type=
      "password" name="password1" size="20"
      maxlength="20" /> <small>Use only
      letters, numbers, and the underscore.
      Must be between 4 and 20 characters
      long.</small></p>
```

```
105

106   <p><b>Confirm Password:</b> <input
      type="password" name="password2"
      size="20" maxlength="20" /></p>

107   </fieldset>

108

109   <div align="center"><input type="submit"
      name="submit" value="Register" /></div>

110   <input type="hidden" name="submitted"
      value="TRUE" />

111

112   </form>

113

114   <?php // Include the HTML footer.

115   include ('includes/footer.html');

116   ?>
```

Script 16.6 *O script de registro utiliza expressões comuns para segurança e um formulário com preservação de dados para maior conveniência do usuário. Ele envia um e-mail para o usuário após um registro bem-sucedido.*

4. Ajuste os dados de entrada e defina algumas variáveis de sinalização.

```
$trimmed = array_map('trim', $_POST);
$fn = $ln = $e = $p = FALSE;
```

A primeira linha executa cada elemento em $_POST por meio da função trim(), atribuindo o resultado retornado para a nova matriz $trimmed. A explicação desta linha pode ser encontrada no Capítulo 12, "Métodos de Segurança", quando array_map() foi utilizada com os dados a serem enviados em um e-mail. Em resumo, a

PHP 6 e MySQL 5 para Web Sites Dinâmicos

função trim() será aplicada a cada valor em $_POST, evitando a aplicação de trim() individualmente, em cada valor.

A segunda linha inicializa quatro variáveis como FALSE. Esta linha é apenas um atalho de

```
$fn = FALSE;
$ln = FALSE;
$e = FALSE;
$p = FALSE;
```

Processo de Ativação

O que há de novo neste capítulo é um processo de ativação em que o usuário deve clicar em um link em um e-mail para confirmar sua conta antes de efetuar o login. A utilização de um sistema como este evita a utilização de registros falsos. Se um endereço de e-mail inválido for digitado, essa conta nunca poderá ser ativada. E se alguém registrou o endereço de uma outra pessoa, é bem provável que essa pessoa não ative esta conta indesejada.

A partir de uma perspectiva de programação, este processo necessita da criação de um código de ativação exclusivo para cada usuário registrado, a ser armazenado na tabela *users*. Então, o código é enviado no e-mail de confirmação para o usuário (em um link). Quando o usuário clica no link, ele é levado para uma página no site que ativa sua conta (removendo esse código de seu registro). A utilização deste código de ativação, em vez de apenas encaminhar o usuário para a página de ativação sem ele, evita que pessoas consigam ativar contas sem receber o e-mail de confirmação.

5. Valide o primeiro e o último nomes.

```
if (preg_match ('/^[A-Z \'.-]{2,20}
➔ $/i', $trimmed['first_name'])) {
  $fn =
mysqli_real_escape_string($dbc ,
➔ $trimmed['first_name']);
} else {
  echo '<p class="error">Please
  ➔  enter your first name!</p>';
}
if (preg_match ('/^[A-Z \'.-]{2,40}
```

```
→ $/i', $trimmed['last_name'])) {
  $ln = mysqli_real_escape_
  → string($dbc, $trimmed['last_
  → name']);
} else {
  echo '<p class="error">Please
  → enter your last name!</p>';
}
```

O formulário será validado utilizando expressões comuns, discutidas no Capítulo 13, "Expressões Comuns Compatíveis com Perl". Para o valor do primeiro nome, assume-se que ele conterá apenas letras, um ponto (como em uma inicial), um apóstrofo, um espaço e o hífen. Além disso, espera-se que o valor esteja no intervalo de 2 a 20 caracteres de comprimento. Para garantir que o valor contenha apenas estes caracteres, o sinal de intercalação e o sinal de dólar são utilizados para corresponder com o início e o fim da cadeia. Ao utilizar expressões comuns compatíveis com Perl, o padrão inteiro deve ser colocado entre delimitadores (as barras).

Se essa condição for atendida, a variável $fn receberá o valor da versão mysqli_real_escape_string() do valor enviado; caso contrário, $fn ainda será falso e uma mensagem de erro será exibida **(Figura 16.12).**

O mesmo processo é utilizado para validar o último nome, embora essa expressão comum permita um comprimento maior. Ambos os padrões não fazem distinção entre maiúsculas e minúsculas, graças ao modificador *i*.

6. Valide o endereço de e-mail **(Figura 16.13).**

```
if (preg_match ('/^[\w.-]+@[\w.-]
→ +\.[A-Za-z]{2,6}$/', $trimmed
→ ['email'])) {
  $e = mysqli_real_escape_string
  → ($dbc, $trimmed['email']);
} else {
  echo '<p class="error">Please
  → enter a valid email address
  → !</p>';
}
```

O padrão para o endereço de e-mail foi descrito no Capítulo 13. Ele poderia ser mais exato, claro, mas funciona suficientemente bem, em minha opinião.

Figura 16.12 Se o valor do primeiro nome não passar no teste da expressão comum, uma mensagem de erro será exibida.

Figura 16.13 O endereço de e-mail enviado deve ter o formato apropriado.

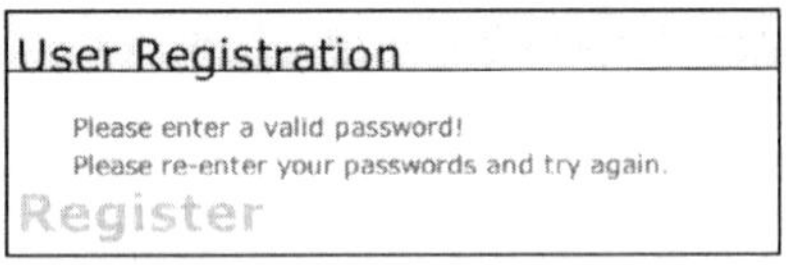

Figura 16.14 As senhas são verificadas no que diz respeito a formato apropriado, comprimento e...

Figura 16.15 ...se o valor da senha corresponde com o valor da senha de confirmação.

CAPÍTULO 16 – EXEMPLO — REGISTRO DE USUÁRIO   725

7. Valide as senhas **(Figuras 16.14 e 16.15)**.

```
if (preg_match ('/^\w{4,20}$/',
→ $trimmed['password1']) ) {
  if ($trimmed['password1'] ==
  → $trimmed['password2']) {
      $p = mysqli_real_escape_string
      → ($dbc, $trimmed
      ['password1']);
  } else {
      echo '<p class="error">Your
      → password did not match the
      → confirmed password!</p>';
  }
} else {
  echo '<p class="error">Please
  → enter a valid password!</p>';
}
```

A senha deve ter entre quatro e 20 caracteres de comprimento e conter apenas letras, números e o caractere de sublinhado. Essa combinação exata é representada por \w nas expressões comuns compatíveis com Perl. Além disso, a primeira senha *(password1)* deve corresponder com a senha de confirmação *(password2)*.

8. Se passar em todos os testes, verifique se o endereço de e-mail é exclusivo.

```
if ($fn && $ln && $e && $p) {
  $q = "SELECT user_id FROM users
  → WHERE email='$e'";
  $r = mysqli_query ($dbc, $q) or
  → trigger_error("Query: $q\n<br
  → />MySQL Error: " . mysqli_error
  → ($dbc));
```

Se o formulário passar em todos os testes, esta condicional será TRUE. Em seguida, o script deve realizar uma procura no banco de dados para ver se o endereço de e-mail enviado está sendo utilizado atualmente, pois o valor dessa coluna deve ser exclusivo dentre todos os registros. Como no script de conexão com o MySQL, se uma consulta não for executada, chame a função trigger_error() para acionar a função de relatório de erros definida automaticamen-

PHP 6 e MySQL 5 para Web Sites Dinâmicos

te. A mensagem de erro específica incluirá a consulta sendo executada e o erro MySQL **(Figura 16.16),** para que o problema possa ser facilmente depurado.

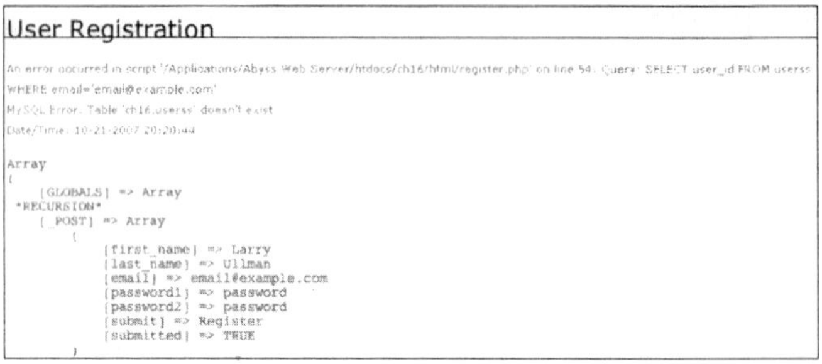

Figura 16.16 *Se ocorrer um erro na consulta MySQL, a depuração deverá ser mais fácil, devido a esta mensagem de erro informativa.*

9. Se o endereço de e-mail ainda não foi utilizado para registro, registre o usuário.

```
if (mysqli_num_rows($r) == 0) {
  $a = md5(uniqid(rand(), true));
  $q = "INSERT INTO users (email,
→ pass, first_name, last_name,
→ active, registration_date)
→ VALUES ('$e', SHA1('$p'),
→ '$fn', '$ln', '$a', NOW() )";
$r = mysqli_query ($dbc, $q) or
→ trigger_error("Query: $q\n<br
→ />MySQL Error: " . mysqli_error
→ ($dbc));
```

A consulta é bastante simples, mas necessita da criação de um código de ativação exclusivo. O processo de geração desse código utiliza as funções rand(), uniqid() e md5(). Destas, uniqid() é a mais importante; ela cria um identificador exclusivo. Ela alimenta a função rand() para ajudar a gerar um valor mais aleatório. Finalmente, o resultado retornado sofre *hash* utilizando md5(), que cria uma cadeia com exatos 32 caracteres de comprimento (um hash é uma representação matematicamente calculada de uma parte dos dados). Não é necessário compreender completamente estas três

CAPÍTULO 16 – EXEMPLO — REGISTRO DE USUÁRIO   727

funções, apenas observe que o resultado será uma cadeia exclusiva com 32 caracteres.

Como a própria consulta, isso deve ser familiar para você. A maioria dos valores é proveniente de variáveis no script PHP, após submetê-las às funções trim() e mysqli_real_escape_string(). A função MySQL SHA1() é utilizada para criptografar a senha e NOW() é utilizada para definir a data de registro como o momento atual. Como a coluna *user_level* possui um valor padrão de *0 (ou seja,* não é um administrador), ela não precisa receber um valor nesta consulta. Provavelmente, o administrador principal do site editaria o registro de um usuário para concedê-lo poder administrativo.

10. Envie um e-mail se a consulta funcionar.

```
if (mysqli_affected_rows($dbc)==
→ 1) {
  $body = "Thank you for
→ registering at <whatever
→ site>. To activate your
→ account, please click on
→ this link:\n\n";
  $body .= BASE_URL .
→ 'activate.php?x=' .
→ urlencode($e) . "&y=$a";
  mail($trimmed['email'],
→ 'Registration Confirmation',
→ $body, 'From:
→ admin@sitename.com');
  echo '<h3>Thank you for
→ registering! A confirmation
→ email has been sent to your
→ address. Please click on the
→ link in that email in order to
→ activate your account </h3>';
  include ('includes/
→ footer.html');
  exit();
```

Com este processo de registro, o importante é que o e-mail de confirmação seja enviado para o usuário, pois ele não conseguirá efetuar o login até que sua conta seja ativada. Este e-mail deve conter um link para a página de ativação, activate.php. O link para

728 PHP 6 E MYSQL 5 PARA WEB SITES DINÂMICOS

essa página inicia com BASE_URL, que é definida no config.inc.php. O link também transmite dois valores na URL. O primeiro, genericamente chamado de *x*, será o endereço de e-mail do usuário, codificado para que seja seguro colocá-lo em uma URL. O segundo, *y*, é o código de ativação. Assim, a URL será algo semelhante a *http://www.example.com/activate.php?x=email%40example.com &y=901 e09ef25bf6e3ef95c93088450b008.*

Uma mensagem de agradecimento é exibida após o registro bem-sucedido, juntamente com as instruções de ativação **(Figura 16.17).**

11. Exiba os erros se a consulta falhar.

```
} else {
  echo '<p class="error">You could
→ not be registered due to a
→ system error. We apologize for
→  any inconvenience.</p>';
}
```

Se a consulta falhar por algum motivo, o que significa que mysqli_affected_rows() não retornou *1*, uma mensagem de erro será exibida para o navegador. Devido aos métodos de segurança implementados neste script, a versão disponível ao usuário do site, nesta circunstância, nunca deve apresentar um problema.

12. Finalize as condicionais e o código PHP.

```
}else {
  echo '<p class="error">That
→ email address has already
→ been registered. If you
→ have forgotten your
→ password, use the link
→ at right to have your
→ password sent to
→ you.</p>';
  }
} else {
  echo '<p class="error">Please
→ re-enter your passwords and
→ try again.</p>';
}
mysqli_close($dbc);
```

CAPÍTULO 16 – EXEMPLO — REGISTRO DE USUÁRIO   729

```
} // Fim da condicional Submit principal
→ .
?>
```

O primeiro else será executado se uma pessoa tentar realizar o registro com um endereço de e-mail que já foi utilizado **(Figura 16.18)**. O segundo else se aplica quando os dados enviados falham em uma das rotinas de validação (consulte as Figuras de 16.12 a 16.15).

13. Inicie o formulário HTML **(Figura 16.19)**.

```
<h1>Register</h1>
<form action="register.php" method=
→ "post">
```

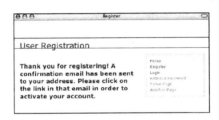

Figura 16.17 A página resultante após um usuário ter sido registrado de forma bem-sucedida.

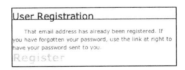

Figura 16.18 Se um endereço de e-mail já foi registrado, o usuário recebe esta informação.

730   **PHP 6 E MYSQL 5 PARA WEB SITES DINÂMICOS**

Figura 16.19 A aparência do formulário de registro
quando o usuário o acessa pela primeira vez.

```
<fieldset>
<p><b>First Name: </b> <input
→ type="text" name="first_name"
→ size="20" maxlength="20"
→ value="<?php if (isset($
→ trimmed['first_name'])) echo
→ $trimmed['first_name']; ?>"
→ /></p>
<p><b>Last Name: </b> <input
→ type="text" name="last_name"
→ size="20" maxlength="40"
→ value="<?php if (isset($
→ trimmed['last_name'])) echo
→ $trimmed['last_name']; ?>"
→ /></p>
<p><b>Email Address:</b> <input
→ type="text" name="email" size=
→ "30" maxlength="80" value=
→ "<?php if (isset($trimmed
→ ['email'])) echo $trimmed
→ ['email']; ?>" /> </p>
```

O formulário HTML possui entradas de texto para todos os valores.
Cada entrada possui um nome e um comprimento máximo diretamente ligados à definição da coluna correspondente na tabela
users. O formulário preservará os dados utilizando os valores
ajustados.

14. Conclua o formulário HTML.

```
<p><b>Password: </b> <input type=
➜ "password" name="password1"
➜ size="20" maxlength="20" />
➜ <small>Use only letters and
➜ numbers. Must be between 4 and
➜ 20 characters long.</small>
➜ </p>
<p><b>Confirm Password:</b>
➜ <input type="password" name=
➜ "password2" size="20"
➜ maxlength="20" /></p>
</fieldset>
<div align="center"><input
➜ type="submit" name="submit"
➜ value="Register" /></div>
<input type="hidden" name=
➜ "submitted" value="TRUE" />
</form>
```

A solicitação da senha necessita de duas entradas para que ela possa ser confirmada. Este tipo de solicitação é uma boa idéia, pois o usuário não poderá ver o que digita em uma entrada de senha. Entretanto, as entradas de senha não podem ter preservação de dados.

15. Inclua o rodapé HTML.

```
<?php
include ('includes/footer.html');
?>
```

16. Salve o arquivo como register.php, coloque-o em seu diretório Web e teste-o em seu navegador.

✓ **Dicas**

■ Como nenhuma coluna na tabela *users* pode ser NULL (exceto *active*), necessito que cada entrada seja corretamente preenchida. Se uma tabela possui um campo opcional, ainda assim deverá confirmar se ele possui dados no tipo correto quando a tabela for enviada, mas não tornando obrigatório o preenchimento desse campo.

- Exceto para os campos criptografados (tal como o campo de senha), os comprimentos máximos das entradas do formulário e de expressões comuns devem corresponder ao comprimento máximo da coluna no banco de dados.

Figura 16.20 *O e-mail de confirmação do registro.*

```
1   <?php # Script 16.7 - activate.php
2   // This page activates the user's account.
3
4   require_once ('includes/config.inc.php');
5   $page_title = 'Activate Your Account';
6   include ('includes/header.html');
7
8   // Validate $_GET['x'] and $_GET['y']:
9   $x = $y = FALSE;
10  if (isset($_GET['x']) && preg_match
    ('/^[\w.-]+@[\w.-]+\.[A-Za-z]{2,6}$/',
    $_GET['x'])) {
11      $x = $_GET['x'];
12  }
13  if (isset($_GET['y']) &&
    (strlen($_GET['y']) == 32 ) {
14      $y = $_GET['y'];
15  }
16
17  // If $x and $y aren't correct, redirect
    the user.
18  if ($x && $y) {
19
20      // Update the database...
21      require_once (MYSQL);

22      $q = "UPDATE users SET active=NULL WHERE
        (email='" . mysqli_real_escape_string
        ($dbc, $x) . "' AND active='" . mysqli_
        real_escape_string($dbc, $y) . "')
        LIMIT 1";
23      $r = mysqli_query ($dbc, $q) or
        trigger_error("Query: $q\n<br />MySQL
        Error: " . mysqli_error($dbc));
24
25      // Print a customized message:
26      if (mysqli_affected_rows($dbc) == 1) {
27          echo "<h3>Your account is now active.
            You may now log in.</h3>";
28      } else {
29          echo '<p class="error">Your account
            could not be activated. Please re-
            check the link or contact the system
            administrator.</font></p>';
30      }
31
32      mysqli_close($dbc);
33
34  } else { // Redirect.
35
36      $url = BASE_URL . 'index.php'; // Define
        the URL;
37      ob_end_clean(); // Delete the buffer.
38      header("Location: $url");
39      exit(); // Quit the script.
40
41  } // End of main IF-ELSE.
42
43  include ('includes/footer.html');
44  ?>
```

Script 16.7 *Para ativar uma conta, o usuário deve acessar a página, inserir seu endereço de e-mail e o código de ativação (tudo parte do link que recebeu após efetuar o registro).*

Ativando uma Conta

Conforme descrito no quadro lateral, "Processo de Ativação", os usuários precisarão ativar suas contas antes que possam efetuar o login. Após o registro bem-sucedido, os usuários receberão um e-mail contendo um link para activate.php **(Figura 16.20)**. Este link também transmite dois valores para esta página: o endereço de e-mail e o código de ativação exclusivo.

Primeiro, este script precisa confirmar se esses dois valores foram recebidos na URL. Em seguida, se esses dois valores corresponderem com aqueles no banco de dados, o código de ativação será removido do registro, indicando uma conta ativa.

Para criar a página de ativação:

1. Crie um novo script PHP em seu editor de texto ou IDE (**Script 16.7**).

    ```php
    <?php # Script 16.7 - activate.php
    require_once ('includes/config.inc.
    ➔ php');
    $page_title = 'Activate Your
    ➔ Account';
    include ('includes/header.html');
    ```

2. Valide os valores que devem ser recebidos pela página.

    ```php
    $x = $y = FALSE;
    if (isset($_GET['x']) && preg_match
    ➔ ('/^[\w.-]+@[\w.-]+\.[A-Za-z]{2,
    ➔ 6}$/', $_GET['x']) ) {
      $x = $_GET['x'];
    }
    if (isset($_CET['y']) && (strlen
    ➔ ($_GET['y']) == 32 ) {
      $y = $_GET['y'];
    }
    ```

    Conforme mencionei, se o usuário clicar no link do e-mail de confirmação do registro, ele transmitirá dois valores para esta página: o endereço de e-mail e o código de ativação. Primeiro, verifique a presença de *x* (o endereço de e-mail) e se ele corresponde

PHP 6 E MySQL 5 PARA WEB SITES DINÂMICOS

com o padrão de expressão comum para um endereço de e-mail. Se ambas as condições forem verdadeiras, $x receberá o valor de $_GET['x'].

Para *y* (o código de ativação), o código verifica sua existência e se o seu comprimento (quantos caracteres há no código de ativação) é exatamente de 32 caracteres. A função md5(), que criou o código de ativação, sempre retorna uma cadeia com 32 caracteres de comprimento.

Se *x* ou *y* não passar em sua respectiva condicional, seu valor será FALSE, que é extamente como ambos foram inicializados (na primeira linha).

3. Se $x e $y possuem os valores corretos, ative o usuário.

```
if ($x && $y) {
  require_once (MYSQL);
  $q = "UPDATE users SET active=
→ NULL WHERE (email='" . mysqli_
→ real_escape_string($dbc, $x) .
→ "' AND active='" . mysqli_real_
→ escape_string($dbc, $y) . "'')
→ LIMIT 1";
  $r = mysqli_query ($dbc, $q) or
→ trigger_error("Query: $q\n<br
→ />MySQL Error: " . mysqli_
→ error($dbc));
```

Se ambas as condições forem TRUE, uma consulta UPDATE será executada. Esta consulta remove o código de ativação do registro do usuário definindo a coluna *active* como NULL. Antes de utilizar os valores na consulta, eles passam pela função mysqli_real_escape_string(), para uma maior segurança.

Capítulo 16 – Exemplo — Registro de Usuário

Figura 16.21 *Se o banco de dados pôde ser atualizado utilizando o endereço de e-mail e o código de ativação fornecido, o usuário será notificado de que sua conta agora está ativa.*

Figura 16.22 *Se uma conta não for ativada pela consulta, o usuário é informado sobre o problema.*

4. Reporte a execução bem-sucedida da consulta.

```
if (mysqli_affected_rows($dbc) ==
→ 1) {
  echo "<h3>Your account is now
→ active. You may now log in.
→ </h3>";
} else {
  echo '<p class="error">Your
→ account could not be activated.
→ Please re check the link
→ or contact the system
→ administrator.</font></p>';
}
```

Se uma linha for afetada pela consulta, então a conta do usuário será ativada e uma mensagem fornecerá essa informação **(Figura 16.21)**. Se nenhuma linha for afetada, o usuário será notificado sobre o problema **(Figura 16.22)**. Isso provavelmente ocorreria se alguém tentasse forjar os valores *x* e *y* ou se houvesse um problema em abrir o link no caminho entre o e-mail e o navegador Web.

736 **PHP 6 e MySQL 5 para Web Sites Dinâmicos**

5. Complete a condicional principal.

```
mysqli_close($dbc);
} else {
$url = BASE_URL . 'index.php';
ob_end_clean();
header("Location: $url");
exit();
} // Fim do IF-ELSE principal.
```

A cláusula else entra em ação se $x e $y não tiverem valor e comprimento apropriados. Nesse caso, o usuário será redirecionado para a página de índice. A linha ob_end_clean() exclui o buffer (qualquer que seja o conteúdo que seria enviado ao navegador Web até este ponto, armazenado na memória), pois ele não será utilizado.

6. Finalize a página.

```
include ('includes/footer.html');
?>
```

7. Salve o arquivo como activate.php, coloque-o em seu diretório Web e teste-o clicando no link, no e-mail de registro.

✓ Dicas

- Se você quisesse ser um pouco mais gentil, poderia fazer com que esta página exibisse um erro semelhante àquele da Figura 16.22, em vez de redirecionar o usuário para a página de índice (como se ele estivesse tentando invadir o site).

- Eu, particularmente, utilizo os vagos valores x e y como os nomes na URL por segurança. Como alguém talvez perceba que um é um endereço de e-mail e o outro é um código, às vezes é melhor não ser explícito em tais informações.

- Um método alternativo, que utilizei na segunda edição deste livro, foi colocar o código de ativação e o ID do usuário (obtidos a partir do banco de dados) no link. Isso também funciona, mas, do ponto de vista da segurança, é bem melhor que os usuários nunca vejam, ou saibam, de um ID de usuário que, de outra forma, não deveria ser visualizado.

CAPÍTULO 16 – EXEMPLO — REGISTRO DE USUÁRIO 737

```
1   <?php # Script 16.8 - login.php
2   // This is the login page for the site.
3
4   require_once ('includes/config.inc.php');
5   $page_title = 'Login';
6   include ('includes/header.html');
7
8   if (isset($_POST['submitted'])) {
9       require_once (MYSQL);
10
11      // Validate the email address:
12      if (!empty($_POST['email'])) {
13          $e = mysqli_real_escape_string ($dbc,
                $_POST['email']);
14      } else {
15          $e = FALSE;
16          echo '<p class="error">You forgot to
                enter your email address!</p>';
17      }
18
19      // Validate the password:
20      if (!empty($_POST['pass'])) {
21          $p = mysqli_real_escape_string ($dbc,
                $_POST['pass']);
22      } else {
23          $p = FALSE;
24          echo '<p class="error">You forgot to
                enter your password!</p>';
25      }
26
27      if ($e && $p) { // If everything's OK.
28
29          // Query the database:
```

```
30          $q = "SELECT user_id, first_name, user_
                level FROM users WHERE (email='$e' AND
                pass=SHA1('$p')) AND active IS NULL";
31          $r = mysqli_query ($dbc, $q) or
                trigger_error("Query: $q\n<br />MySQL
                Error: " . mysqli_error($dbc));
32
33          if (@mysqli_num_rows($r) == 1) { // A
                match was made.
34
35              // Register the values & redirect:
36              $_SESSION = mysqli_fetch_array ($r,
                    MYSQLI_ASSOC);
37              mysqli_free_result($r);
38              mysqli_close($dbc);
39
40              $url = BASE_URL . 'index.php'; //
                    Define the URL.
41              ob_end_clean(); // Delete the buffer.
42              header("Location: $url");
43              exit(); // Quit the script.
44
45          } else { // No match was made.
46              echo '<p class="error">Either the
                    email address and password entered do
                    not match those on file or you have
                    not yet activated your account.</p>';
47          }
48
49      } else { // If everything wasn't OK.
50          echo '<p class="error">Please try
                again.</p>';
51      }
52
53      mysqli_close($dbc);
54
55  } // End of SUBMIT conditional.
56  ?>
57
```

```
58  <h1>Login</h1>
59  <p>Your browser must allow cookies in
        order to log in.</p>
60  <form action="login.php" method="post">
61      <fieldset>
62      <p><b>Email Address:</b> <input
            type="text" name="email" size="20"
            maxlength="40" /></p>
63      <p><b>Password:</b> <input type=
            "password" name="pass" size="20"
            maxlength="20" /></p>
64      <div align="center"><input type="submit"
            name="submit" value="Login" /></div>
65      <input type="hidden" name="submitted"
            value="TRUE" />
66      </fieldset>
67  </form>
68
69  <?php // Include the HTML footer.
70  include ('includes/footer.html');
71  ?>
```

Script 16.8 *A página de login redirecionará o usuário para a página inicial após registrar o ID do usuário, primeiro nome e nível de acesso em uma sessão.*

EFETUANDO LOGIN E LOGOUT

No Capítulo 11, escrevi muitas versões dos scripts login.php e logout.php, utilizando variações de cookies e sessões. Aqui, desenvolverei versões padronizadas de ambos que seguem as mesmas práticas que todo o aplicativo. A consulta de login é bastante diferente, pois ela também verifica se a coluna *active* possui um valor NULL, que é uma indicação de que o usuário já ativou a sua conta.

738 **PHP 6 e MySQL 5 para Web Sites Dinâmicos**

Para escrever o login.php:

1. Crie um novo documento PHP em seu editor de texto ou IDE **(Script 16.8).**

```
<?php # Script 16.8 - login.php
require_once ('includes/config.inc.
→ php');
$page_title = 'Login';
include ('includes/header.html');
```

2. Verifique se o formulário foi enviado, solicite a conexão com o banco de dados e valide os dados enviados.

```
if (isset($_POST['submitted'])) {
  require_once (MYSQL);
  if (!empty($_POST['email'])) {
    $e = mysqli_real_escape_string
    → ($dbc, $_POST['email']);
  } else {
    $e = FALSE;
  echo '<p class="error">You forgot
  → to enter your email address!
  → </p>';
  }
```

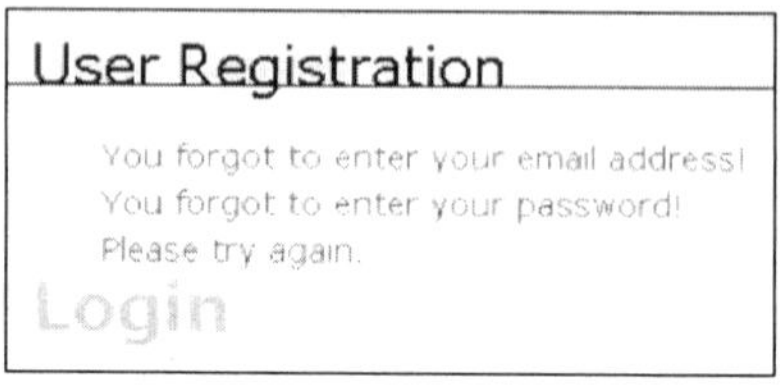

Figura 16.23 *O formulário de login verifica apenas se os valores foram digitados, sem utilizar expressões comuns.*

```
if (!empty($_POST['pass'])) {
  $p = mysqli_real_escape_string
  → ($dbc, $_POST['pass']);
} else {
  $p = FALSE;
  echo '<p class="error">You
  → forgot to enter your
  → password!</p>';
  }
```

CAPÍTULO 16 – EXEMPLO — REGISTRO DE USUÁRIO   739

Há duas formas de pensar sobre a validação. Por um lado, você poderia utilizar expressões comuns, aplicando-as a partir do register.php, para validar estes valores. Por outro lado, o teste dos valores será se a consulta de login retorna um registro ou não e, portanto, um valor poderia escapar de uma validação PHP mais rigorosa. Eu fico com este último pensamento.

Se o usuário não digitar um valor no formulário, as mensagens de erro serão exibidas **(Figura 16.23)**.

3. Se ambas as rotinas de validação foram aprovadas, resgate as informações do usuário.

```
if ($e && $p) {
  $q = "SELECT user_id, first_name,
→ user_level FROM users WHERE
→ (email='$e' AND pass=SHA1
→ ('$p')) AND active IS NULL";
  $r = mysqli_query ($dbc, $q) or
→ trigger_error("Query: $q\n<br
→ />MySQL Error: " . mysqli_error
→ ($dbc));
```

A consulta tentará resgatar o ID do usuário, o primeiro nome e o nível do usuário do registro cujo endereço de e-mail e a senha correspondem àqueles enviados. A consulta MySQL utiliza a função SHA1() na coluna *pass*, pois a senha é criptografada utilizando essa função em primeiro lugar. A consulta também verifica se a coluna *active* possui um valor NULL, o que significa que o usuário acessou de forma bem-sucedida a página activate.php. Se você sabe que uma conta foi ativada, mas você ainda não consegue efetuar login utilizando os valores corretos, isso provavelmente ocorre porque sua coluna *active* foi definida incorretamente como NOT NULL.

4. Se uma correspondência foi encontrada no banco de dados, efetue o login do usuário e o redirecione.

```
if (@mysqli_num_rows($r) == 1) {
  $_SESSION = mysqli_fetch_array
→ ($r, MYSQLI_ASSOC);
  mysqli_free_result ($r);
  mysqli_close($dbc);
  $url = BASE_URL . 'index.php';
```

740   PHP 6 E MYSQL 5 PARA WEB SITES DINÂMICOS

```
ob_end_clean();
header("Location: $url");
exit();
```

O processo de login consiste do armazenamento dos valores resgatados na sessão (que já foi iniciada no header.html) e, em seguida, do redirecionamento do usuário para a página inicial. Como a consulta retornará uma matriz com três elementos — um indexado em *user_id*, um em *first_name*, e um terceiro em *user_level* —, eles poderão ser buscados diretamente em $_SESSION, resultando em $_SESSION['user_id'], $_SESSION['first_name'] e $_SESSION['user_level']. Se $_SESSION já tivesse outros valores, provavelmente você não utilizaria este caminho, pois apagaria esses outros elementos.

A função ob_end_clean() excluirá o buffer existente (o armazenamento de saída em buffer também é iniciado no header.html), pois ele não será utilizado.

5. Complete as condicionais e feche a conexão com o banco de dados.

```
}else {
   echo '<p class="error">Either
   → the email address and
   → password entered do not match
   → those on file or you have not
   → yet activated your account.
   → </p>';
   }
} else {
echo '<p class="error">Please try
→ again.</p>';
}
mysqli_close($dbc);
} // Fim da condicional SUBMIT.
?>
```

A mensagem de erro (**Figura 16.24**) indica que o processo de login poderá falhar por duas razões: uma é que o endereço de e-mail e a senha enviados não correspondem àqueles no arquivo, e a outra é que o usuário ainda não ativou sua conta.

CAPÍTULO 16 – EXEMPLO — REGISTRO DE USUÁRIO   741

6. Exiba o formulário de login HTML (**Figura 16.25**).

```
<h1>Login</h1>
<p>Your browser must allow cookies
→ in order to log in.</p>
<form action="login.php" method=
→ "post">
 <fieldset>
 <p><b>Email Address:</b> <input
→ type="text" name="email" size=
→ "20" maxlength="40" /></p>
```

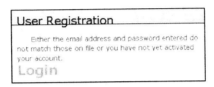

Figura 16.24 Uma mensagem de erro é exibida se a consulta de login não retornar um registro.

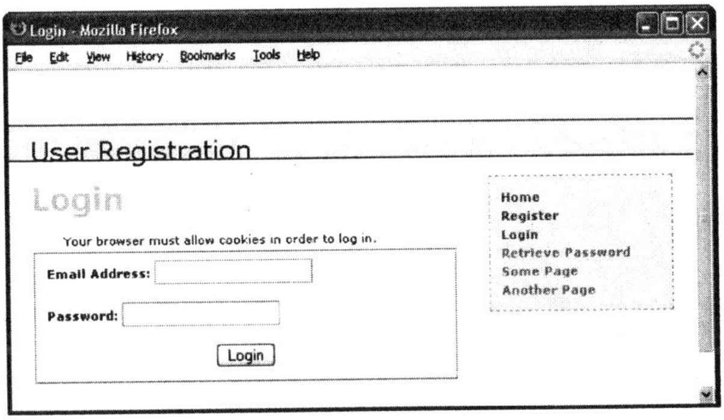

Figura 16.25 O formulário de login.

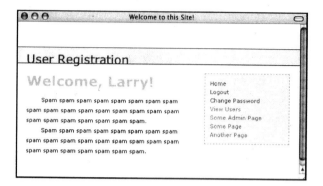

Figura 16.26 Após o login bem-sucedido, o usuário será redirecionado para a página inicial, onde será saudado pelo nome.

```
1   <?php # Script 16.9 - logout.php
2   // This is the logout page for the site.
3
4   require_once ('includes/config.inc.php');
5   $page_title = 'Logout';
6   include ('includes/header.html');
7
8   // If no first_name session variable
    exists, redirect the user:
9   if (!isset($_SESSION['first_name'])) {
10
11      $url = BASE_URL . 'index.php'; // Define
        the URL.
12      ob_end_clean(); // Delete the buffer.
13      header("Location: $url");
14      exit(); // Quit the script.
15
16  } else { // Log out the user.
17
18      $_SESSION = array(); // Destroy the
        variables.
19      session_destroy(); // Destroy the
        session itself.
20      setcookie (session_name(), '', time()-
        300); // Destroy the cookie.
21
22  }
23
24  // Print a customized message:
25  echo '<h3>You are now logged out.</h3>';
26
27  include ('includes/footer.html');
28  ?>
```

Script 16.9 A página de logout destrói todas as informações da sessão, incluindo o cookie.

CAPÍTULO 16 – EXEMPLO — REGISTRO DE USUÁRIO

```
<p><b>Password: </b> <input type=
→ "password" name="pass" size=
→ "20" maxlength="20" /></p>
<div align="center"><input type=
→ "submit" name="submit" value=
→ "Login" /></div>
<input type="hidden" name=
→ "submitted" value="TRUE" />
</fieldset>
</form>
```

O formulário de login, da mesma forma que o formulário de registro, enviará os dados de volta para ele mesmo. Entretanto, este formulário não possui a preservação de dados, pois, de qualquer forma, apenas uma entrada poderia ter o recurso de preservação de dados. Observe que a página possui uma mensagem informando ao usuário que os cookies devem ser ativados para utilização do site (se um usuário não permitir cookies, ele nunca conseguirá acesso às páginas com o login efetuado).

7. Inclua o rodapé HTML.

```
<?php
include ('includes/footer.html');
?>
```

8. Salve o arquivo como login.php, coloque-o em seu diretório Web e teste-o em seu navegador **(Figura 16.26)**.

Para escrever o logout.php:

1. Crie um novo documento PHP em seu editor de texto ou IDE **(Script 16.9)**.

```
<?php # Script 16.9 - logout.php
require_once ('includes/config.
→ inc.php');
$page_title = 'Logout';
include ('includes/header.html');
```

2. Redirecione o usuário se ele não estiver com o login efetuado.

```
if (!isset($_SESSION['first_name']
→ )) {
```

744   PHP 6 e MySQL 5 para Web Sites Dinâmicos

```
$url = BASE_URL . 'index.php';
ob_end_clean();
header("Location: $url");
exit();
```

Se o usuário não estiver com o login efetuado (determinado pela verificação de uma variável $_SESSION['first_name']), o usuário será redirecionado para a página inicial (pois não há motivos para tentar efetuar o logout do usuário).

3.   Efetue o logout do usuário se ele estiver com o login efetuado.

```
} else { // Efetuar logout do usuário.
  $_SESSION = array();
  session_destroy();
  setcookie (session_name(), '',
  → time()-300);
}
```

Para efetuar o logout do usuário, os valores da sessão serão redefinidos, os dados da sessão serão destruídos no servidor e o cookie da sessão será excluído. Estas linhas de código foram utilizadas e descritas pela primeira vez no Capítulo 11. O nome do cookie será o valor retornado pela função session_name(). Se, posteriormente, você decidir alterar o nome da sessão, este código ainda estará correto.

4.   Exiba uma mensagem de logout efetuado e complete a página PHP.

```
echo '<h3>You are now logged out.
→ </h3>';
include ('includes/footer.html');
?>
```

5.   Salve o arquivo como logout.php, coloque-o em seu diretório Web e teste-o em seu navegador **(Figura 16.27)**.

✓ **Dica**

■   Ao incluir um campo last_login DATETIME na tabela *users*, você poderá atualizá-lo quando um usuário efetuar o login. Assim, você saberá a última vez que uma determinada pessoa acessou o site e terá um método para contagem de quantos usuários estão com login

CAPÍTULO 16 – EXEMPLO — REGISTRO DE USUÁRIO

efetuado no momento (digamos, todos que efetuaram login no intervalo de determinados minutos atrás).

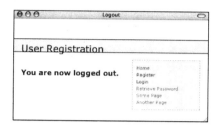

Figura 16.27 Os resultados do logout bem-sucedido.

```
1   <?php # Script 16.10 - forgot_password.php
2   // This page allows a user to reset their
    password, if forgotten.
3
4   require_once ('includes/config.inc.php');
5   $page_title = 'Forgot Your Password';
6   include ('includes/header.html');
7
8   if (isset($_POST['submitted'])) {
9       require_once (MYSQL);
10
11      // Assume nothing:
12      $uid = FALSE;
13
14      // Validate the email address...
15      if (!empty($_POST['email'])) {
16
17          // Check for the existence of that
            email address.
18          $q = "SELECT user_id FROM users WHERE
            email='" . mysqli_real_escape_string
            ($dbc, $_POST['email']) . "'";
19          $r = mysqli_query ($dbc, $q) or
            trigger_error("Query: $q\n<br />MySQL
            Error: " . mysqli_error($dbc));
20
21          if (mysqli_num_rows($r) == 1) { //
            Retrieve the user ID.
22              list($uid) = mysqli_fetch_array ($r,
            MYSQLI_NUM);
23          } else { // No database match made.
24              echo '<p class="error">The submitted
            email address does not match those
            on file!</p>';
25          }
26
27      } else { // No email!
28          echo '<p class="error">You forgot to
            enter your email address!</p>';

29      } // End of empty($_POST['email']) IF.
30
31      if ($uid) { // If everything's OK.
32
33          // Create a new, random password:
34          $p = substr ( md5(uniqid(rand(),
            true)), 3, 10);
35
36          // Update the database:
37          $q = "UPDATE users SET pass=SHA1('$p')
            WHERE user_id=$uid LIMIT 1";
38          $r = mysqli_query ($dbc, $q) or
            trigger_error("Query: $q\n<br />MySQL
            Error: " . mysqli_error($dbc));
39
40          if (mysqli_affected_rows($dbc) == 1) {
            // If it ran OK.
41
42              // Send an email:
43              $body = "Your password to log into
            <whatever site> has been temporarily
            changed to '$p'. Please log in using
            this password and this email address.
            Then you may change your password to
            something more familiar.";
44              mail ($_POST['email'], 'Your
            temporary password.', $body, 'From:
            admin@sitename.com');
45
46              // Print a message and wrap up:
47              echo '<h3>Your password has been
            changed. You will receive the new,
            temporary password at the email
            address with which you registered.
            Once you have logged in with this
            password, you may change it by
            clicking on the "Change Password"
            link.</h3>';
48              mysqli_close($dbc);
49              include ('includes/footer.html');
50              exit(); // Stop the script.
51

52          } else { // If it did not run OK.
53              echo '<p class="error">Your password
            could not be changed due to a system
            error. We apologize for any
            inconvenience.</p>';
54          }
55
56      } else { // Failed the validation test.
57          echo '<p class="error">Please try
            again.</p>';
58      }
59
60      mysqli_close($dbc);
61
62  } // End of the main Submit conditional.
63
64  ?>
65
66  <h1>Reset Your Password</h1>
67  <p>Enter your email address below and your
    password will be reset.</p>
68  <form action="forgot_password.php"
    method="post">
69      <fieldset>
70      <p><b>Email Address:</b> <input
        type="text" name="email" size="20"
        maxlength="40" value="<?php if
        (isset($_POST['email'])) echo
        $_POST['email']; ?>" /></p>
71      </fieldset>
72      <div align="center"><input type="submit"
        name="submit" value="Reset My Password"
        /></div>
73      <input type="hidden" name="submitted"
        value="TRUE" />
74  </form>
75
76  <?php
77  include ('includes/footer.html');
78  ?>
```

Script 16.10 O script forgot_password.php permite que o usuário reconfigure sua senha sem auxílio administrativo.

746   **PHP 6 e MySQL 5 para Web Sites Dinâmicos**

Gerenciamento de Senha

O aspecto final do lado público deste site é o gerenciamento de senhas. Há dois processos a serem considerados: reconfiguração de uma senha esquecida e a alteração de uma senha existente.

Reconfigurando uma senha

Inevitavelmente, as pessoas esquecem suas senhas de login em Web sites, portanto, é importante ter um plano de contingência para estas ocasiões. Uma opção seria o usuário enviar um e-mail ao administrador quando isso ocorrer, mas administrar um site já é difícil o suficiente sem este incômodo extra. Em vez disso, vamos criar um script cuja finalidade é reconfigurar uma senha esquecida.

Como as senhas armazenadas no banco de dados são criptografadas utilizando a função SHA1() do MySQL, não há como resgatar uma versão decriptografada da senha. A alternativa é criar uma nova senha aleatória e alterar a senha existente com este valor. Em vez de simplesmente exibir a nova senha no navegador Web (isso seria extremamente inseguro), ela será enviada por e-mail para o endereço com o qual o usuário efetuou o registro.

Para escrever o forgot_password.php:

1. Crie um novo documento PHP em seu editor de texto ou IDE (**Script 16.10**).

```
<?php # Script 16.10 - forgot_
→ password.php
require_once ('includes/config.
→ inc.php');
$page_title = 'Forgot Your Password'; include
('includes/header.html');
```

2. Verifique se o formulário foi enviado e valide o endereço de e-mail.

```
if (isset($_POST['submitted'])) {
  require_once (MYSQL);
  $uid = FALSE;
  if (!empty($_POST['email'])) {
    $q = 'SELECT user_id FROM users
```

CAPÍTULO 16 – EXEMPLO — REGISTRO DE USUÁRIO

```
→ WHERE email="'.
mysqli_real_escape_string
→ ($dbc, $_POST['email']) . '"';
$r = mysqli_query ($dbc, $q) or
→ trigger_error("Query: $q\n<br
→ />MySQL Error: " . mysqli_
→ error($dbc));
if (mysqli_num_rows($r) == 1) {
    list($uid) = mysqli_fetch_array
    → ($r, MYSQLI_NUM);
```

Figura 16.28 Se o usuário digitou um endereço de e-mail que não é encontrado no banco de dados, uma mensagem de erro é mostrada.

Figura 16.29 A falha ao fornecer um endereço de e-mail também resulta em um erro.

Este formulário assumirá uma entrada de endereço de e-mail e atualizará a senha desse registro. A primeira etapa é validar se um endereço de e-mail foi digitado (não há necessidade do processamento extra de uma expressão comum). Caso tenha sido, será realizada uma tentativa de resgatar o ID de usuário desse endereço de e-mail no banco de dados. Se a consulta retornar uma linha, ela será capturada e atribuída à variável $uid (abreviação de *user ID*). Este valor será necessário para atualizar o banco de dados com a nova senha, e ele também será utilizado como uma variável de sinalização.

A função list() não foi formalmente abordada neste livro, mas você já a utilizou em outro exemplo. Trata-se de uma função de abreviação que permite atribuir elementos da matriz a outras variáveis. Como mysqli_fetch_array() sempre retornará uma matriz, mesmo se for uma matriz com apenas um elemento, a utilização de list() pode evitar a necessidade de escrever o seguinte:

```
$row = mysqli_fetch_array($r, MYSQLI_
→ NUM);
$uid = $row[0];
```

3. Reporte quaisquer erros.

```
}else {
echo '<p class="error">The
→ submitted email address does
→ not match those on file!</p>';
}
} else {
echo '<p class="error">You forgot
→ to enter your email address!
→ </p>';
}
```

Se nenhum registro pôde ser encontrado, uma mensagem de erro será exibida **(Figura 16.28)**. Se nenhum endereço de e-mail foi fornecido, isso também será reportado **(Figura 16.29)**.

4. Crie uma nova senha aleatória.

```
if ($uid) {
$p = substr ( md5(uniqid(rand(),
→ true)), 3, 10);
```

Para criar uma nova senha aleatória, utilizarei quatro funções do PHP. A primeira é uniqid(), que retorna um identificador exclusivo.

Capítulo 16 – Exemplo — Registro de Usuário   749

Ela recebe os argumentos rand() e *true*, que tornam a cadeia retornada mais aleatória. Este valor retornado é, então, enviado por meio da função md5(), que calcula o hash MD5 de uma cadeia. Neste estágio, uma versão hash do ID exclusivo é retornada, e ela resulta em uma cadeia com 32 caracteres de comprimento. Essa parte do código é semelhante àquela utilizada para criar o código de ativação no activate.php (Script 16.7).

A partir desta cadeia, a senha é determinada selecionando dez caracteres, iniciando com o terceiro caractere, utilizando a função substr(). Considerando tudo, este código retornará uma cadeia com dez caracteres bastante aleatória e sem significado (contendo letras e números) para ser utilizada como a senha temporária.

5. Atualize a senha no banco de dados.

```
$q = "UPDATE users SET pass=SHA1
➔ ('$p') WHERE user_id=$uid LIMIT 1";
$r = mysqli_query ($dbc, $q) or
➔ trigger_error("Query: $q\n<br
➔ />MySQL Error: " . mysqli_error
➔ ($dbc));
if (mysqli_affected_rows($dbc)==
➔ 1) {
```

Utilizando o ID do usuário (a chave primária para a tabela) que foi resgatado anteriormente, a senha para este usuário em especial será atualizada para a versão SHA1() de $p, a senha aleatória.

6. Envie a senha para o usuário e complete a página.

```
$body = "Your password to log into
➔ <whatever site> has been
➔ temporarily changed to '$p'. Please
➔ log in using this password and this
➔ email address. Then you may change
➔ your password to something more
➔ familiar.";
mail ($_POST['email'], 'Your
➔ temporary password.', $body,
➔ 'From: admin@sitename.com');
echo '<h3>Your password has been
➔ changed. You will receive the new,
➔ temporary password at the email
➔ address with which you registered.
```

→ Once you have logged in with this
→ password, you may change it by
→ clicking on the "Change Password"
→ link.</h3>';
mysqli_close($dbc);
include ('includes/footer.html');
exit();
```

O e-mail enviado para o usuário **(Figura 16.30)** contém a nova senha gerada aleatoriamente. Em seguida, uma mensagem será exibida e a página será concluída para não mostrar novamente o formulário **(Figura 16.31)**.

Você pode imaginar por que o endereço de e-mail não passa por qualquer tipo de expressão comum antes de utilizá-lo em mail(). Para chegar até este ponto, o endereço de e-mail fornecido deve corresponder com o valor armazenado no banco de dados, e esse valor já passou por uma validação bastante rígida, garantindo a segurança de sua utilização.

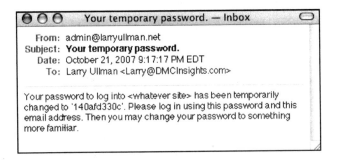

*Figura 16.30 A mensagem de e-mail recebida após a reconfiguração de uma senha.*
```

CAPÍTULO 16 – EXEMPLO — REGISTRO DE USUÁRIO   751

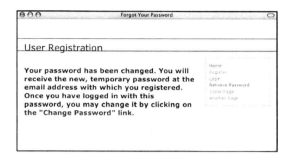

Figura 16.31 *A página resultante após a reconfiguração bem-sucedida de uma senha.*

Figura 16.32 *O formulário simples para reconfiguração de uma senha.*

7. Complete as condicionais e o código PHP.

```
    }else {
       echo '<p class="error">Your
    → password could not be
    → changed due to a system
    → error. We apologize for any
    → inconvenience.</p>';
       }
  } else {
    echo '<p class="error">Please
    try → again.</p>';
  }
  mysqli_close($dbc);
}
?>
```

752 **PHP 6 E MySQL 5 PARA WEB SITES DINÂMICOS**

A primeira cláusula else se aplica somente se a consulta UPDATE não funcionar, o que não é esperado em um site disponível para o acesso do usuário. A segunda cláusula else se aplica se o usuário não fornecer uma senha, ou se a senha fornecida não correspondeu uma senha no banco de dados (Figuras 16.28 e 16.29).

8. Crie o formulário HTML **(Figura 16.32).**

```
<h1>Reset Your Password</h1>
<p>Enter your email address below and
➜ your password will be reset.</p>
<form action="forgot_password.php"
➜ method="post">
 <fieldset>
 <p><b>Email Address:</b> <input
➜ type="text" name="email"
➜ size="20" maxlength="40"
➜ value="<?php if (isset($_POST
➜ ['email'])) echo $_POST
➜ ['email']; ?>" /></p>
 </fieldset>
 <div align="center"><input type=
➜ "submit" name="submit" value=
➜ "Reset My Password" /></div>
 <input type="hidden" name=
➜ "submitted" value="TRUE" />
</form>
```

O formulário recebe apenas uma entrada: o endereço de e-mail. Se ocorrer um problema quando o formulário for enviado, o valor do endereço de e-mail fornecido será novamente mostrado.

9. Inclua o rodapé HTML.

```
<?php
include ('includes/footer.html');
?>
```

10. Salve o arquivo como forgot_password.php, coloque-o em seu diretório Web e teste-o em seu navegador.

11. Consulte a caixa postal de sua conta de e-mail para conferir a mensagem resultante após uma reconfiguração de senha bem-sucedida (consulte a Figura 16.30).

Alterando a senha

O script change_password.php foi inicialmente escrito no Capítulo 8 (chamado de password.php), como um exemplo de uma consulta UDPATE. O script desenvolvido aqui será bastante semelhante na funcionalidade, mas apenas os usuários com login efetuado serão capazes de acessá-lo. Portanto, o formulário precisará apenas aceitar a nova senha e uma confirmação dela (a senha existente e o endereço de e-mail do usuário já terão sido confirmados pela página de login).

Para escrever o change_password.php:

1. Crie um novo documento PHP em seu editor de texto ou IDE **(Script 16.11).**

```
<?php # Script 16.11 - change_
➔ password.php
require_once ('includes/config.
➔ inc.php');
$page_title = 'Change Your Password';
include ('includes/header.html');
```

2. Verifique se o usuário está com o login efetuado.

```
if (!isset($_SESSION['first_name']
➔ )) {
  $url = BASE_URL . 'index.php';
  ob_end_clean();
  header("Location: $url");
  exit();
}
```

Presume-se que esta página seja acessada apenas pelos usuários com login efetuado. Para reforçar esta idéia, o script verifica a existência da variável $_SESSION['first_name']. Se ela não estiver definida, então o usuário será redirecionado.

3. Verifique se o formulário foi enviado e inclua a conexão com o MySQL.

```
if (isset($_POST['submitted'])) {
  require_once (MYSQL);
```

PHP 6 e MySQL 5 para Web Sites Dinâmicos

A chave para compreender como este script funciona é lembrar que há três cenários possíveis: o usuário não está com o login efetuado (e, portanto, é redirecionado), o usuário está com o login efetuado e visualizando o formulário, e o usuário está com o login efetuado e enviou o formulário.

O usuário chegará neste ponto no script apenas se ele estiver com o login efetuado. Caso contrário, ele será redirecionado. Portanto, agora, o script precisa determinar se o formulário foi enviado ou não.

```
1    <?php # Script 16.11 - change_password.php
2    // This page allows a logged-in user to
     change their password.
3
4    require_once ('includes/config.inc.php');
5    $page_title = 'Change Your Password';
6    include ('includes/header.html');
7
8    // If no first_name session variable
     exists, redirect the user:
9    if (!isset($_SESSION['first_name'])) {
10
11       $url = BASE_URL . 'index.php'; // Define
         the URL.
12       ob_end_clean(); // Delete the buffer.
13       header("Location: $url");
14       exit(); // Quit the script.
15
16   }
17
18   if (isset($_POST['submitted'])) {
19       require_once (MYSQL);
20
21       // Check for a new password and match
         against the confirmed password:
22       $p = FALSE;
23       if (preg_match ('/^\w{4,20}$/', $_POST
         ['password1'])) {
24           if ($_POST['password1'] ==
             $_POST['password2']) {
25               $p = mysqli_real_escape_string
                 ($dbc, $_POST['password1']);
26           } else {
27               echo '<p class="error">Your password
                 did not match the confirmed
                 password!</p>',
28           }
29       } else {
```

```
30           echo '<p class="error">Please enter a
             valid password!</p>',
31       }
32
33       if ($p) { // If everything's OK.
34
35           // Make the query.
36           $q = "UPDATE users SET pass=SHA1('$p')
             WHERE user_id={$_SESSION['user_id']}
             LIMIT 1";
37           $r = mysqli_query ($dbc, $q) or
             trigger_error("Query: $q\n<br />MySQL
             Error: " . mysqli_error($dbc));
38           if (mysqli_affected_rows($dbc) == 1) {
             // If it ran OK.
39
40               // Send an email, if desired.
41               echo '<h3>Your password has been
                 changed.</h3>',
42               mysqli_close($dbc); // Close the
                 database connection.
43               include ('includes/footer.html'); //
                 Include the HTML footer.
44               exit();
45
46           } else { // If it did not run OK.
47
48               echo '<p class="error">Your password
                 was not changed. Make sure your new
                 password is different than the
                 current password. Contact the system
                 administrator if you think an error
                 occurred.</p>';
49
50           }
51
52       } else { // Failed the validation test.
53           echo '<p class="error">Please try
             again.</p>';
54       }
55
```

```
56       mysqli_close($dbc); // Close the
         database connection.
57
58   } // End of the main Submit conditional.
59
60   ?>
61
62   <h1>Change Your Password</h1>
63   <form action="change_password.php"
     method="post">
64       <fieldset>
65           <p><b>New Password:</b> <input type=
             "password" name="password1" size="20"
             maxlength="20" /> <small>Use only
             letters, numbers, and the underscore.
             Must be between 4 and 20 characters
             long.</small></p>
66           <p><b>Confirm New Password:</b> <input
             type="password" name="password2"
             size="20" maxlength="20" /></p>
67       </fieldset>
68       <div align="center"><input type="submit"
         name="submit" value="Change My Password"
         /></div>
69       <input type="hidden" name="submitted"
         value="TRUE" />
70   </form>
71
72   <?php
73   include ('includes/footer.html');
74   ?>
```

Script 16.11 Com esta página, o usuário pode alterar uma senha existente (se estiver com o login efetuado).

Capítulo 16 – Exemplo — Registro de Usuário   755

4. Valide a senha fornecida.

```
$p = FALSE;
if (preg_match ('/^(\w){4,20}$/',
→ $_POST['password1']) ) {
  if ($_POST['password1'] ==
  → $_POST['password2']) {
    $p = mysqli_real_escape_string
    → ($dbc, $_POST['password1']);
  } else {
    echo '<p class="error">Your
    → password did not match the
    → confirmed password!</p>';
  }
} else {
  echo '<p class="error">Please
  → enter a valid password!</p>';
}
```

A nova senha deve ser validada utilizando os mesmos testes do processo de registro. As mensagens de erro serão exibidas se problemas forem encontrados **(Figura 16.33)**.

5. Atualize a senha no banco de dados.

```
if ($p) {
  $q = "UPDATE users SET pass=
  → SHA1('$p') WHERE user_id=
  → {$_SESSION['user_id']} LIMIT
  → 1";
  $r = mysqli_query ($dbc, $q) or
  → trigger_error("Query: $q\n<br
  → />MySQL Error: " . mysqli_
  → error($dbc));
  if (mysqli_affected_rows($dbc) ==
  → 1) {
    echo '<h3>Your password has
    → been changed.</h3>';
    mysqli_close($dbc);
    include ('includes/footer.html');
    exit();
```

756 PHP 6 E MySQL 5 PARA WEB SITES DINÂMICOS

Figura 16.33 *Como no processo de registro, a nova senha do usuário deve passar pelas rotinas de validação; caso contrário, o usuário receberá mensagens de erro.*

Utilizando o ID do usuário — armazenado na sessão quando o usuário efetuou o login —, o campo de senha pode ser atualizado no banco de dados. A cláusula LIMIT 1 não é estritamente necessária, mas proporciona uma segurança extra. Se a atualização funcionar, uma mensagem de confirmação será exibida no navegador Web **(Figura 16.34)**.

6. Complete as condicionais e o código PHP.

```
        }else {
            echo '<p class="error">Your
            → password was not changed.
            → Make sure your new
            → password is different than
            → the current password.
            → Contact the system
            → administrator if you think
            → an error occurred.</p>';
        }
    } else {
    echo '<p class="error">Please try
    → again.</p>';
    }
    mysqli_close($dbc);
} // Fim do Submit principal
→ .
?>
```

CAPÍTULO 16 – EXEMPLO — REGISTRO DE USUÁRIO   757

Figura 16.34 *O script alterou com êxito a senha do usuário.*

A primeira cláusula else se aplica se a função mysqli_affected_rows() não retornar um valor *1*. Isso poderá ocorrer por quatro motivos. O primeiro é que ocorreu um erro da consulta ou do banco de dados. Espera-se que não seja em um site disponível para acesso, após todo o trabalho de eliminação de erros. O segundo motivo é que o usuário tentou "alterar" sua senha, mas digitou a a antiga. Nesse caso, a consulta UPDATE não afetaria qualquer linha, porque a coluna de senhas no banco de dados não seria alterada. Uma mensagem com essa sugetão é exibida.

7. Crie o formulário HTML **(Figura 16.35)**.

```
<h1>Change Your Password</h1>
<form action="change_password.php"
method="post">
  <fieldset>
  <p><b>New Password: </b> <input
→ type="password" name=
→ "password1" size="20"
→ maxlength="20" /> <small>Use
→ only letters, numbers, and the
→ underscore. Must be between 4
→ and 20 characters long.</small>
→ </p>
```

758 PHP 6 E MySQL 5 para Web Sites Dinâmicos

Figura 16.35 *O formulário* Change Your Password.

```
<p><b>Confirm New Password:</b>
→ <input type="password" name=
→ "password2" size="20"
→ maxlength="20" /></p>
</fieldset>
<div align="center"><input type=
→ "submit" name="submit" value=
→ "Change My Password" /></div>
<input type="hidden" name=
→ "submitted" value="TRUE" />
</form>
```

Este formulário recebe duas entradas: a nova senha e uma confirmação da mesma.

Uma descrição do formato apropriado também é fornecida.

Como as entradas das senhas nos formulários HTML não podem receber valores predefinidos, não há motivos para defini-los utilizando o PHP (para fazer com que o formulário preserve os dados).

8. Finalize a página HTML.

```
<?php
include ('includes/footer.html');
?>
```

9. Salve o arquivo como change_password.php, coloque-o em seu diretório Web e teste-o em seu navegador.

→ Dicas

- Assim que este script for concluído, o usuário poderá reconfigurar sua senha com o script anterior e, em seguida, efetuar o login utilizando a senha aleatória temporária. Após efetuar o login, o usuário poderá alterar sua senha para uma que seja mais fácil de ser lembrado com esta página.

- Como a autenticação do site não depende da senha do usuário de uma página para outra (em outras palavras, a senha não é solicitada em cada página subseqüente após o login), a alteração de uma senha não exigirá que o usuário efetue novamente o login.

Administração do Site

Para este aplicativo, a forma como a administração do site funciona depende do que você pretende que ele faça. Uma página adicional, que você provavelmente desejaria para um administrador, seria um script view_users.php, como o criado no Capítulo 8 e modificado no Capítulo 9, "Técnicas Comuns de Programação". Ele já está listado nos links do administrador. Você poderia utilizá-lo como link para uma página edit_user.php, que permitiria ativar manualmente uma conta, declarar se um usuário é um administrador ou alterar a senha de uma pessoa. Você também poderia excluir um usuário utilizando essa página.

Enquanto o arquivo de cabeçalho cria links para as páginas administrativas apenas se o usuário com o login efetuado for um administrador, toda página de administração também deve incluir tal verificação.

CAPÍTULO 17

EXEMPLO — E-COMMERCE

Neste, o capítulo final do livro, desenvolverei um último aplicativo Web, um site de e-commerce. Neste exemplo, criarei um site para a venda de telas de arte. Infelizmente, para escrever e explicar todo o aplicativo seria necessário um livro inteiro. Além disso, alguns aspectos do e-commerce — como a forma como você trata o dinheiro — são extremamente específicos a cada site. Tentar demonstrar tal processo seria um desperdício de espaço no livro. Com estas restrições em mente, o foco, neste capítulo, está na funcionalidade principal de um site de e-commerce: projeto do banco de dados, preenchimento de um catálogo como um administrador, exibição de produtos ao público, criação de um carrinho de compras e o armazenamento de pedidos em um banco de dados.

Este exemplo possui vários conceitos que já foram discutidos: utilização do PHP com o MySQL (claro) via Improved MySQL Extension, manipulação de uploads de arquivos, utilização do PHP para envio de imagens para o navegador Web, instruções preparadas, sessões etc. Este capítulo também apresentará um novo tópico: como realizar transações MySQL a partir de um script PHP. Para economizar espaço em um exemplo já demonstrado, alguns trechos serão removidos. Entretanto, quando isso ocorrer, fornecerei sugestões para a melhoria dos scripts.

762   **PHP 6 e MySQL 5 para Web Sites Dinâmicos**

Criando o Banco de Dados

O site de e-commerce, neste exemplo, utilizará um banco de dados chamado *ecommerce*. Explicarei a função de cada tabela antes de criar o banco de dados no MySQL.

Com qualquer tipo de aplicativo e-commerce há três tipos amplos de dados a serem armazenados: as informações do produto (o que está sendo vendido), as informações do cliente (quem está realizando as compras) e as informações do pedido (o que foi comprado e por quem foi comprado). Passando pelo processo de normalização (consulte o Capítulo 6, "SQL e MySQL Avançados"), obtive cinco tabelas **(Figura 17.1).**

As duas primeiras tabelas armazenam todos os produtos à venda. Como já informei, o site venderá telas de arte. A tabela *artists* **(Tabela 17.1)** armazena as informações dos artistas cujos trabalhos estão sendo vendidos. Esta tabela contém apenas informações mínimas (o primeiro, o do meio e o último nome do artista), mas você poderia facilmente incluir as datas de nascimento e falecimento do artista, dados biográficos, e assim por diante. A tabela *prints* **(Tabela 17.2)** é a tabela de produtos fundamental para o site. Ela armazena os nomes das telas, preços e outros detalhes relevantes. Ela está vinculada à tabela *artists* utilizando o *artist_id*. Esta tabela é, sem dúvida, a mais importante, pois fornece um identificador exclusivo para cada produto sendo vendido. Esse conceito é essencial para qualquer e-commerce (sem identificadores exclusivos, como você saberia o que uma pessoa comprou?).

Capítulo 17 – Exemplo — E-Commerce

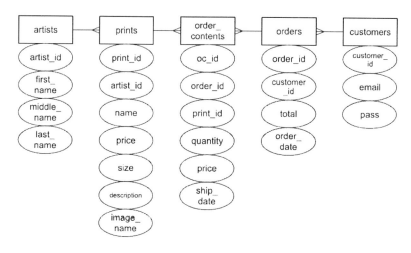

Figura 17.1 *Este ERD (entity-relationship diagram — diagrama entidade-relacionamento) mostra como as cinco tabelas no banco de dados* ecommerce *se relacionam umas com as outras.*

Tabela 17.1 A tabela *artists* será utilizada para vincular os nomes dos artistas à cada tela (consulte a Tabela 17.2).

A Tabela artists	
Coluna	**Tipo**
artist_id	INT(3) UNSIGNED NOT NULL
first_name	VARCHAR(20) DEFAULT NULL
middle_name	VARCHAR(20) DEFAULT NULL
last_name	VARCHAR(40) NOT NULL

Tabela 17.2 A tabela *prints* é o equivalente de uma tabela de produtos em outros aplicativos e-commerce. Os itens listados na tabela *prints* serão adquiridos pelo cliente.

A Tabela prints	
Coluna	**Tipo**
print_id	INT(4) UNSIGNED NOT NULL
artist_id	INT(3) UNSIGNED NOT NULL
print_name	VARCHAR(60) NOT NULL
price	DECIMAL(6,2) UNSIGNED NOT NULL
size	VARCHAR(60) DEFAULT NULL

764 PHP 6 E MySQL 5 PARA WEB SITES DINÂMICOS

Tabela 17.2 A tabela *prints* é o equivalente de uma tabela de produtos em outros aplicativos e-commerce. Os itens listados na tabela *prints* serão adquiridos pelo cliente. (continuação)

A Tabela prints	
Coluna	**Tipo**
description	VARCHAR(255) DEFAULT NULL
image_name	VARCHAR(60) NOT NULL

Tabela 17.3 A tabela *customers* está sendo definida de forma mínima para os propósitos do exemplo do capítulo. Expanda sua definição para atender as necessidades do seu aplicativo.

A Tabela customers	
Coluna	**Tipo**
customer_id	INT(5) UNSIGNED NOT NULL
email	VARCHAR(60) NOT NULL
pass	CHAR(40) NOT NULL

Tabela 17.4 A tabela *orders* registrará o ID do cliente, o total do pedido e a data do mesmo.

A Tabela orders	
Coluna	**Tipo**
order_id	INT(10) UNSIGNED NOT NULL
customer_id	INT(5) UNSIGNED NOT NULL
total	DECIMAL(10,2) UNSIGNED NOT NULL
order_date	TIMESTAMP

Tabela 17.5 A tabela *order_contents* armazena os itens específicos em um determinado pedido.

A Tabela order_contents	
Coluna	**Tipo**
oc_id	INT(10) UNSIGNED NOT NULL
order_id	INT(10) UNSIGNED NOT NULL
print_id	INT(4) UNSIGNED NOT NULL
quantity	TINYINT UNSIGNED NOT NULL DEFAULT 1
price	DECIMAL(6,2) UNSIGNED NOT NULL
ship_date	DATETIME DEFAULT NULL

Capítulo 17 – Exemplo — E-Commerce   765

A tabela *customers* (**Tabela 17.3**) faz exatamente o que você espera: ela registra as informações pessoais de cada cliente. No mínimo, ela reflete o primeiro nome, o último nome, o endereço e-mail, a senha e o endereço de entrega, assim como a data em que ela foi registrada. Provavelmente, a combinação entre o endereço de e-mail e a senha permitirá que o usuário efetue o login, compre e acesse a sua conta. Como é bastante óbvio que informações esta tabela armazenará, para o momento farei a sua definição apenas com as três colunas essenciais.

As duas tabelas finais armazenam todas as informações do pedido. Há diversas formas nas quais você poderia fazê-lo, mas escolhi armazenar informações gerais do pedido — o total, a data e o ID do cliente — em uma tabela *orders* (**Tabela 17.4**). Esta tabela também poderia ter colunas separadas refletindo o custo da entrega, o valor do imposto de venda, descontos, e assim por diante. A tabela *order_contents* (**Tabela 17.5**) armazenará os itens que realmente foram vendidos, incluindo a quantidade e o preço. A tabela *order_contents* é, basicamente, um intermediário, e é utilizada para interceptar o relacionamento muitos-para-muitos entre *prints* e *orders* (cada uma das telas podem estar em vários pedidos, e cada pedido pode ter várias telas).

Para que seja possível utilizar transações (no script final), as duas tabelas de pedidos utilizarão o mecanismo de armazenamento InnoDB. As outras utilizarão o tipo MyISAM padrão. Consulte o Capítulo 6 para obter mais informações sobre os mecanismos de armazenamento disponíveis (tipos de tabelas).

Para criar o banco de dados:

1. Efetue login no mysql client e crie o banco de dados *ecommerce*, caso ele ainda não exista.

```
CREATE DATABASE ecommerce;
USE ecommerce;
```

Para estas etapas, você pode utilizar o mysql client ou uma outra ferramenta, tal como o phpMyAdmin.

2. Crie a tabela *artists* (**Figura 17.2**).

```
CREATE TABLE artists(
artist_id INT(3) UNSIGNED NOT NULL
```

```
→ AUTO_INCREMENT,
first_name VARCHAR(20) DEFAULT NULL,
middle_name VARCHAR(20) DEFAULT NULL,
last_name VARCHAR(40) NOT NULL,
PRIMARY KEY (artist_id),
INDEX full_name (last_name,
→  first_name)
) ENGINE=MyISAM;
```

Esta tabela armazena apenas quatro partes das informações de cada artista. Destas, apenas *last_name* é obrigatória (é definida como NOT NULL), pois há artistas conhecidos por um único nome (por exemplo, Christo). Também inclui definições para os índices. A chave primária é *artist_id*, e um índice é colocado na combinação do primeiro e do último nomes, que pode ser utilizado em uma cláusula ORDER BY.

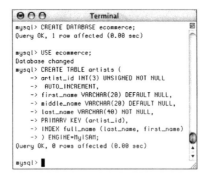

Figura 17.2 Criando a primeira tabela.

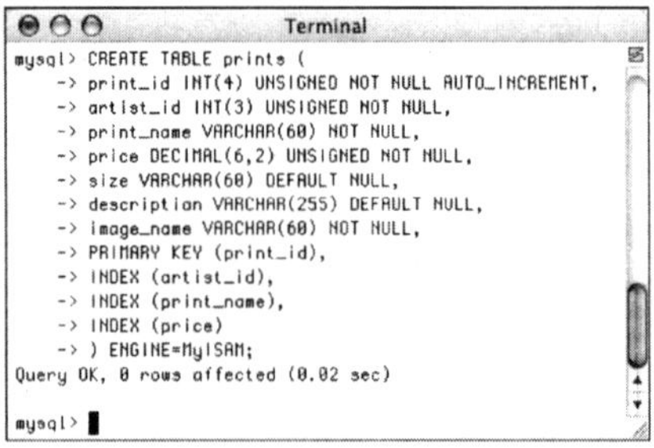

Figura 17.3 Criando a segunda tabela.

CAPÍTULO 17 – EXEMPLO — E-COMMERCE

3. Crie a tabela *prints* **(Figura 17.3).**

```
CREATE TABLE prints (
print_id INT(4) UNSIGNED NOT NULL
→ AUTO_INCREMENT,
artist_id INT(3) UNSIGNED NOT NULL,
print_name VARCHAR(60) NOT NULL,
price DECIMAL(6,2) UNSIGNED NOT NULL,
size VARCHAR(60) DEFAULT NULL,
description VARCHAR(255) DEFAULT NULL,
image_name VARCHAR(60) NOT NULL,
PRIMARY KEY (print_id),
INDEX (artist_id),
INDEX (print_name),
INDEX (price)
) ENGINE=MyISAM;
```

Todas as colunas na tabela *prints* são obrigatórias, exceto *size* e *description*. Também defini índices nos campos *artist_id*, *print_name* e *price*, cada um deles podendo ser utilizados em consultas.

Cada tela será associada a uma imagem. Uma imagem será armazenada no servidor utilizando o mesmo valor que *print_id*. Ao exibir a imagem no navegador Web, seu nome original será utilizado, portanto, esse dado precisa ser armazenado nesta tabela.

Você poderá incluir nesta tabela um campo *in_stock* ou *qty_on_hand*, para indicar a disponibilidade dos produtos.

Segurança

Com relação a um site de e-commerce, há quatro amplas considerações sobre segurança. A primeira é como os dados são armazenados no servidor. Você precisa proteger o banco de dados MySQL (configurando permissões de acesso apropriadas) e o diretório no qual as informações da sessão são armazenadas (consulte o Capítulo 11, "Cookies e Sessões", para saber quais configurações podem ser alteradas). Com relação a estas questões, a utilização de uma hospedagem não compartilhada definitivamente melhoraria a segurança do seu site.

A segunda consideração está relacionada à proteção de acesso a informações sigilosas. O lado administrativo do site, que teria a capacidade de visualizar pedidos e registros de clientes, deve ser protegido com o

768   **PHP 6 e MySQL 5 para Web Sites Dinâmicos**

mais alto nível possível. Isso significa exigir autenticação para acessálo, limitar quem conhece as informações de acesso, utilizar uma conexão segura, e assim por diante.

O terceiro fator é proteger os dados durante a transmissão. Quando o cliente chegar no processo de fechamento da compra (onde as informações do cartão de crédito e de envio do produto são inseridas), transações seguras devem ser utilizadas. Para isso, é necessário estabelecer uma SSL (Secure Sockets Layer) em seu servidor com um certificado válido e, então, alterar para uma URL *https://*. Além disso, esteja ciente sobre quais informações estão sendo enviadas via e-mail, pois essas mensagens são freqüentemente não transmitidas por métodos seguros.

O quarto fator está relacionado à manipulação das informações de pagamento. Na verdade, você não deseja mesmo, mesmo, mesmo *(mesmo!)* manter estas informações de forma alguma. O ideal é deixar que um recurso de terceiros manipule o pagamento e mantenha seu site livre desta responsabilidade. Trato um pouco sobre esse assunto em um quadro lateral chamado "O Processo de Fechamento da Compra", no final deste capítulo.

4. Crie a tabela *customers* (**Figura 17.4**).

```
CREATE TABLE customers (
customer_id INT(5) UNSIGNED NOT NULL
→ AUTO_INCREMENT,
email VARCHAR(60) NOT NULL,
pass CHAR(40) NOT NULL,
PRIMARY KEY (customer_id),
INDEX email_pass (email, pass)
) ENGINE=MyISAM;
```

Este é o código utilizado para criar a tabela *customers*. Você poderia acrescentar os outros campos apropriados (nome, endereço, número do telefone, data do registro etc.). Como não trabalharei com esses valores — ou nenhum gerenciamento de usuários — neste capítulo, omitirei esses campos.

5. Crie a tabela *orders* (**Figura 17.5**).

```
CREATE TABLE orders(
order_id INT(10) UNSIGNED NO  NULL
```

```
→ AUTO_INCREMENT,
customer_id INT(5) UNSIGNED NOT NULL,
total DECIMAL(10,2) UNSIGNED NOT NULL,
order_date TIMESTAMP,
PRIMARY KEY (order_id),
INDEX (customer_id),
INDEX (order_date)
) ENGINE=InnoDB;
```

Todos os campos *orders* são obrigatórios, e três índices foram criados. Observe que uma coluna de chave externa, como a coluna *customer_id*, é exatamente do mesmo tipo que sua chave primária correspondente *(customer_id* na tabela *customers)*. O campo *order_date* armazenará a data e a hora em que um pedido foi realizado. Sendo definido como um TIMESTAMP, ele automaticamente receberá o valor atual de quando um registro é inserido (por esse motivo ele não precisa ser formalmente declarado como NOT NULL).

Finalmente, como desejo utilizar transações com as tabelas *orders* e *order_contents*, utilizarei o mecanismo de armazenamento InnoDB.

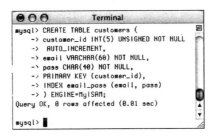

Figura 17.4 Criando uma versão básica da tabela customers. *Em um site real de e-commerce, você precisaria expandiresta tabela para armazenar mais informações.*

```
mysql> CREATE TABLE orders (
    -> order_id INT(10) UNSIGNED NOT NULL AUTO_INCREMENT,
    -> customer_id INT(5) UNSIGNED NOT NULL,
    -> total DECIMAL(10,2) UNSIGNED NOT NULL,
    -> order_date TIMESTAMP,
    -> PRIMARY KEY (order_id),
    -> INDEX (customer_id),
    -> INDEX (order_date)
    -> ) ENGINE=InnoDB;
Query OK, 0 rows affected (0.13 sec)

mysql>
```

Figura 17.5 *Criando a tabela* orders.

6. Crie a tabela *order_contents* (**Figura 17.6**).

   CREATE TABLE order_contents (
   oc_id INT(10) UNSIGNED NOT NULL
   → AUTO_INCREMENT,
   order_id INT(10) UNSIGNED NOT NULL,
   print_id INT(4) UNSIGNED NOT NULL,
   quantity TINYINT UNSIGNED NOT NULL
   → DEFAULT 1,
   price DECIMAL(6,2) UNSIGNED NOT NULL,
   ship_date DATETIME default NULL,
   PRIMARY KEY (oc_id),
   INDEX (order_id),
   INDEX (print_id),
   INDEX (ship_date)
) ENGINE=InnoDB;

Figura 17.6 *Criando a tabela final para o banco de dados* ecommerce.

Capítulo 17 – Exemplo — E-Commerce   771

Para obter uma estrutura de banco de dados normalizada, separei cada pedido em suas informações gerais — o cliente, a data do pedido e a quantidade total — e suas informações específicas — os itens selecionados e em que quantidade. A tabela possui chaves externas para as tabelas *orders* e *prints*. A coluna *quantity* possui um valor padrão definido de *1*. A coluna *ship_date* é definida como DATETIME, para que ela possa ter um valor NULL, indicando que o item ainda não foi enviado. Novamente, esta tabela deve utilizar o mecanismo de armazenamento InnoDB para ser parte de uma transação.

Você talvez esteja curioso para saber o motivo por qual estou armazenando o preço nesta tabela quando esta informação já está presente na tabela *prints*. O motivo é simplesmente este: o preço de um produto pode mudar. A tabela *prints* indica o preço atual de um item; a tabela *order_contents* indica o preço pelo qual um item foi comprado.

✓ Dicas

■ Dependendo do que um site está vendendo, ele terá tabelas diferentes no lugar de *artists* e *prints*. O atributo mais importante de qualquer banco de dados de e-commerce é que haja uma tabela de produtos que lista os itens sendo vendidos com um ID de produto associado a cada item. Assim, uma camisa pólo vermelha de tamanho grande teria um ID, que seria diferente do ID de uma camisa pólo azul de tamanho grande, que seria diferente do ID de uma camisa pólo azul de tamanho médio. Sem identificadores de produtos exclusivos, seria impossível acompanhar pedidos e quantidades de produtos.

■ Se você desejar armazenar vários endereços de usuários — residencial, de faturamento, de amigos etc. — crie uma tabela de endereços separada. Nesta tabela, armazene todas essas informações, incluindo o tipo de endereço, e faça o link desses registros de volta para a tabela de clientes utilizando o ID de cliente como uma chave primária externa.

772 **PHP 6 e MySQL 5 para Web Sites Dinâmicos**

O Lado Administrativo

O primeiro script que escreverei será para a finalidade de inclusão de produtos (especificamente uma tela) no banco de dados. A página permitirá que o administrador selecione o artista pelo nome ou digite um novo nome, faça o upload da imagem e digite os detalhes da tela (**Figura 17.7**). A imagem será armazenada no servidor e o registro da tela será inserido no banco de dados. Este será o script mais complicado do capítulo, mas toda a tecnologia envolvida já foi abordada em outras partes deste livro.

Este script — e praticamente todos os outros do capítulo — necessitará de uma conexão com o banco de dados MySQL. Em vez de escrever um novo script desde o início, copie o arquivo mysqli_connect.php (Script 8.2) do Capítulo 8, "Utilizando PHP com MySQL", para o diretório apropriado dos arquivos deste site. Em seguida, edite as informações para que ele realize a conexão com um banco de dados chamado *ecommerce*, utilizando uma combinação de nome de usuário/senha/nome de host que tenha os privilégios apropriados.

Observe que todos estes scripts, como todos os outros scripts PHP e MySQL neste livro, utilizam as funções da Improved MySQL Extension do PHP. Se não estiver utilizando pelo menos a versão 5 do PHP e a versão 4.1 do MySQL, com estas funções ativadas, será necessário modificar estes scripts para que eles funcionem (consulte o Capítulo 8 para obter mais informações).

Para criar o add_print.php:

1. Crie um novo documento PHP, iniciando com o cabeçalho HTML (**Script 17.1**).

```
<!DOCTYPE html PUBLIC "-//W3C//DTD
→ XHTML 1.0 Transitional//EN"
"http://www.w3.org/TR/xhtml1/DTD/
→ xhtml1-transitional.dtd">
<html
→ xmlns="http://www.w3.org/1999/xhtml"
→ xml:lang="en" lang="en">
<head>
  <meta http-equiv="content-type"
  content="text/html; charset=iso-
  8859-1" />
  <title>Add a Print</title>
```

```
</head>
<body>
<?php # Script 17.1 - add_print.php
```

Normalmente, eu criaria um sistema de modelos para o lado administrativo, mas como escreverei apenas este script administrativo no capítulo, não utilizarei um modelo.

Figura 17.7 O formulário HTML para inclusão de telas no catálogo.

PHP 6 e MySQL 5 para Web Sites Dinâmicos

```
1    <!DOCTYPE html PUBLIC "-//W3C//DTD XHTML 1.0 Transitional//EN"
2                 "http://www.w3.org/TR/xhtml1/DTD/xhtml1-transitional.dtd">
3    <html xmlns="http://www.w3.org/1999/xhtml" xml:lang="en" lang="en">
4    <head>
5      <meta http-equiv="content-type" content="text/html; charset=iso-8859-1" />
6      <title>Add a Print</title>
7    </head>
8    <body>
9    <?php # Script 17.1 - add_print.php
10   // This page allows the administrator to add a print (product).
11
12   require_once ('../../mysqli_connect.php');
13
14   if (isset($_POST['submitted'])) { // Handle the form.
15
16      // Validate the incoming data...
17      $errors = array();
18
19      // Check for a print name:
20      if (!empty($_POST['print_name'])) {
21        $pn = trim($_POST['print_name']);
22      } else {
23        $errors[] = 'Please enter the print\'s name!';
24      }
25
26      // Check for an image:
27      if (is_uploaded_file ($_FILES['image']['tmp_name'])) {
28
29        // Create a temporary file name:
30        $temp = '../../uploads/' . md5($_FILES['image']['name']);
31
32        // Move the file over:
33        if (move_uploaded_file($_FILES['image']['tmp_name'], $temp)) {
34
35          echo '<p>The file has been uploaded!</p>';
36
```

Script 17.1 *Esta página administrativa inclui produtos no banco de dados. Ela manipula um upload de arquivo, insere uma nova tela na tabela* prints *e permite que um novo artista seja incluído ao mesmo tempo.*

Capítulo 17 – Exemplo — E-Commerce 775

```
37      // Set the $i variable to the image's name:
38      $i = $_FILES['image']['name'];
39
40      } else { // Couldn't move the file over.
41          $errors[] = 'The file could not be moved.';
42          $temp = $_FILES['image']['tmp_name'];
43      }
44
45  } else { // No uploaded file.
46      $errors[] = 'No file was uploaded.';
47      $temp = NULL;
48  }
49
50  // Check for a size (not required):
51  $s = (!empty($_POST['size'])) ? trim($_POST['size']) . NULL;
52
53  // Check for a price:
54  if (is_numeric($_POST['price'])) {
55      $p = (float) $_POST['price'];
56  } else {
57      $errors[] = 'Please enter the print\'s price!';
58  }
59
60  // Check for a description (not required):
61  $d = (!empty($_POST['description'])) ? trim($_POST['description']) : NULL;
62
63  // Validate the artist...
64  if (isset($_POST['artist']) && ($_POST['artist'] == 'new') ) {
65      // If it's a new artist, add the artist to the database...
66
67      // Validate the first and middle names (neither required):
68      $fn = (!empty($_POST['first_name'])) ? trim($_POST['first_name']) : NULL;
69      $mn = (!empty($_POST['middle_name'])) ? trim($_POST['middle_name']) : NULL;
70
71      // Check for a last_name...
72      if (!empty($_POST['last_name'])) {
```

Script 17.1 *Esta página administrativa inclui produtos no banco de dados. Ela manipula um upload de arquivo, insere uma nova tela na tabela* prints *e permite que um novo artista seja incluído ao mesmo tempo (continuação).*

PHP 6 E MySQL 5 PARA WEB SITES DINÂMICOS

```
⊖ ⊖ ⊖                                    Script
73
74          $ln = trim($_POST['last_name']);
75
76          // Add the artist to the database:
77          $q = 'INSERT INTO artists (first_name, middle_name, last_name) VALUES (?, ?, ?)';
78          $stmt = mysqli_prepare($dbc, $q);
79          mysqli_stmt_bind_param($stmt, 'sss', $fn, $mn, $ln);
80          mysqli_stmt_execute($stmt);
81
82          // Check the results....
83          if (mysqli_stmt_affected_rows($stmt) == 1) {
84              echo '<p>The artist has been added.</p>';
85              $a = mysqli_stmt_insert_id($stmt); // Get the artist ID.
86          } else { // Error!
87              $errors[] = 'The new artist could not be added to the database!';
88          }
89
90          // Close this prepared statement:
91          mysqli_stmt_close($stmt);
92
93      } else { // No last name value.
94          $errors[] = 'Please enter the artist\'s name!';
95      }
96
97  } elseif ( isset($_POST['artist']) && ($_POST['artist'] == 'existing') && ($_POST['existing'] >
    0) ) { // Existing artist.
98      $a = (int) $_POST['existing'];
99  } else { // No artist selected.
100     $errors[] = 'Please enter or select the print\'s artist!';
101 }
102
103 if (empty($errors)) { // If everything's OK.
104
105     // Add the print to the database:
106     $q = 'INSERT INTO prints (artist_id, print_name, price, size, description, image_name) VALUES
        (?, ?, ?, ?, ?, ?)';
107     $stmt = mysqli_prepare($dbc, $q);
```

Script 17.1 *Esta página administrativa inclui produtos no banco de dados. Ela manipula um upload de arquivo, insere uma nova tela na tabela* prints *e permite que um novo artista seja incluído ao mesmo tempo (continuação).*

Capítulo 17 – Exemplo — E-Commerce 777

```
108    mysqli_stmt_bind_param($stmt, 'isdsss', $a, $pn, $p, $s, $d, $i);
109    mysqli_stmt_execute($stmt);
110
111    // Check the results...
112    if (mysqli_stmt_affected_rows($stmt) == 1) {
113
114        // Print a message:
115        echo '<p>The print has been added.</p>';
116
117        // Rename the image:
118        $id = mysqli_stmt_insert_id($stmt); // Get the print ID.
119        rename ($temp, "../../uploads/$id");
120
121        // Clear $_POST:
122        $_POST = array();
123
124    } else { // Error!
125        echo '<p style="font-weight: bold; color: #C00">Your submission could not be processed due
           to a system error.</p>';
126    }
127
128    mysqli_stmt_close($stmt);
129
130    } // End of $errors IF.
131
132    // Delete the uploaded file if it still exists:
133    if ( isset($temp) && file_exists ($temp) && is_file($temp) ) {
134        unlink ($temp);
135    }
136
137    } // End of the submission IF.
138
139    // Check for any errors and print them:
140    if ( !empty($errors) && is_array($errors) ) {
141        echo '<h1>Error!</h1>
142        <p style="font-weight: bold; color: #C00">The following error(s) occurred:<br />';
143        foreach ($errors as $msg) {
```

Script 17.1 *Esta página administrativa inclui produtos no banco do dados. Ela manipula um upload de arquivo, insere uma nova tela na tabela* prints *e permite que um novo artista seja incluído ao mesmo tempo (continuação).*

PHP 6 e MySQL 5 para Web Sites Dinâmicos

```
144     echo " - $msg<br />\n";
145     }
146     echo 'Please reselect the print image and try again.</p>';
147 }
148
149 // Display the form...
150 ?>
151 <h1>Add a Print</h1>
152 <form enctype="multipart/form-data" action="add_print.php" method="post">
153
154     <input type="hidden" name="MAX_FILE_SIZE" value="524288" />
155
156     <fieldset><legend>Fill out the form to add a print to the catalog:</legend>
157
158     <p><b>Print Name:</b> <input type="text" name="print_name" size="30" maxlength="60"
        value="<?php if (isset($_POST['print_name'])) echo htmlspecialchars($_POST['print_name']); ?>"
        /></p>
159
160     <p><b>Image:</b> <input type="file" name="image" /></p>
161
162     <div><b>Artist:</b>
163     <p><input type="radio" name="artist" value="existing" <?php if (isset($_POST['artist'])) &&
        ($_POST['artist'] == 'existing') ) echo ' checked="checked"'; ?>/> Existing =>
164     <select name="existing"><option>Select One</option>
165     <?php // Retrieve all the artists and add to the pull-down menu.
166     $q = "SELECT artist_id, CONCAT_WS(' ', first_name, middle_name, last_name) FROM artists ORDER BY
        last_name, first_name ASC";
167     $r = mysqli_query ($dbc, $q);
168     if (mysqli_num_rows($r) > 0) {
169         while ($row = mysqli_fetch_array ($r, MYSQLI_NUM)) {
170             echo "<option value=\"$row[0]\"";
171             // Check for stickyness:
172             if (isset($_POST['existing']) && ($_POST['existing'] == $row[0]) ) echo '
            selected="selected"';
173             echo ">$row[1]</option>\n";
174         }
175     } else {
176         echo '<option>Please add a new artist.</option>';
```

Script 17.1 *Esta página administrativa inclui produtos no banco de dados. Ela manipula um upload de arquivo, insere uma nova tela na tabela* prints *e permite que um novo artista seja incluído ao mesmo tempo (continuação).*

Capítulo 17 – Exemplo — E-Commerce

```
177    }
178    mysqli_close($dbc); // Close the database connection.
179    ?>
180    </select></p>
181
182    <p><input type="radio" name="artist" value="new" <?php if (isset($_POST['artist']) &&
       ($_POST['artist'] == 'new') ) echo ' checked="checked"'; ?>/> New =>
183    First Name: <input type="text" name="first_name" size="10" maxlength="20" value="<?php if
       (isset($_POST['first_name'])) echo $_POST['first_name']; ?>" />
184    Middle Name: <input type="text" name="middle_name" size="10" maxlength="20" value="<?php if
       (isset($_POST['middle_name'])) echo $_POST['middle_name']; ?>" />
185    Last Name: <input type="text" name="last_name" size="10" maxlength="40" value="<?php if
       (isset($_POST['last_name'])) echo $_POST['last_name']; ?>" /></p>
186    </div>
187
188    <p><b>Price:</b> <input type="text" name="price" size="10" maxlength="10" value="<?php if
       (isset($_POST['price'])) echo $_POST['price']; ?>" /> <small>Do not include the dollar sign or
       commas.</small></p>
189
190    <p><b>Size:</b> <input type="text" name="size" size="30" maxlength="60" value="<?php if
       (isset($_POST['size'])) echo htmlspecialchars($_POST['size']); ?>" /> (optional)</p>
191
192    <p><b>Description:</b> <textarea name="description" cols="40" rows="5"><?php if
       (isset($_POST['description'])) echo $_POST['description']; ?></textarea> (optional)</p>
193
194    </fieldset>
195
196    <div align="center"><input type="submit" name="submit" value="Submit" /></div>
197    <input type="hidden" name="submitted" value="TRUE" />
198
199    </form>
200
201    </body>
202    </html>
```

Script 17.1 *Esta página administrativa inclui produtos no banco
de dados. Ela manipula um upload de arquivo, insere uma nova tela
na tabela* prints *e permite que um novo artista seja incluído
ao mesmo tempo (continuação).*

PHP 6 E MySQL 5 PARA WEB SITES DINÂMICOS

2. Inclua o script de conexão com o banco de dados e verifique se o formulário foi enviado.

```
require_once
→ ('../../mysqli_connect.php');
if (isset($_POST['submitted'])) {
  $errors = array();
```

A pasta de administração está localizada dentro da pasta principal (htdocs) e, portanto, dois diretórios acima do script de conexão. Tenha sua estrutura de diretórios **(Figura 17.8)** em mente ao incluir arquivos.

Quaisquer problemas de validação do formulário serão incluídos na matriz $errors, que é iniciada aqui.

3. Valide o nome da tela.

```
if (!empty($_POST['print_name'])) {
  $pn = trim($_POST['print_name']);
} else {
  $errors[] = 'Please enter the
  → print\'s name!';
}
```

Este é um dos campos necessários na tabela *prints* e nele deve ser verificada a existência de um valor. Como este script utilizará instruções preparadas, os valores a serem utilizados na consulta não precisam passar pela função mysqli_real_escape_string(). Consulte o Capítulo 12, "Métodos de Segurança", para obter mais informações sobre este assunto.

Se você desejasse um cuidado extra, poderia aplicar, aqui, a função strip_tags() (apesar de que se um usuário mal-intencionado conseguiu acesso à área administrativa, você está com sérios problemas). Se nenhum valor for inserido, uma mensagem de erro será incluída na matriz $errors.

CAPÍTULO 17 – EXEMPLO — E-COMMERCE   781

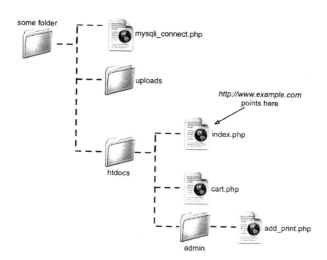

Figura 17.8 *A estrutura do site para este aplicativo Web. O script de conexão com o MySQL e o diretório uploads (onde as imagens serão armazenadas) não estão dentro do diretório Web (eles não estão disponíveis via* http://).

4. Manipule o arquivo de imagem, se algum foi selecionado.

```
if (is_uploaded_file
→($_FILES['image']['tmp_name'])) {
  $temp = '../../uploads/' .
→ md5($_FILES['image']['name']);
  if
→ (move_uploaded_file($_FILES
→ ['image']['tmp_name'], $temp)) {
    echo '<p>The file has been
→ uploaded!</p>';
  $i = $_FILES['image']['name'];
```

Quando demonstrei as técnicas para manipulação de uploads de arquivos com o PHP (no Capítulo 10, "Desenvolvimento de Aplicativo Web"), mencionei a função is_uploaded_file(). Ela retorna TRUE se um arquivo foi transferido por upload, e FALSE em caso contrário. Se um arquivo foi transferido por upload, o script tentará transferir o arquivo para o diretório uploads. Mensagens são exibidas **(Figura 17.9)** indicando o êxito nesta tarefa. Finalmente, a variável $i será definida com o nome do arquivo (para utilização futura no script).

PHP 6 e MySQL 5 para Web Sites Dinâmicos

Há uma outra coisa acontecendo aqui: as imagens não serão armazenadas no servidor utilizando seus próprios nomes (o que pode ser um problema de segurança). Em vez disso, as imagens serão armazenadas utilizando o ID de tela associado. Entretanto, como esse valor ainda não é conhecido (pois a tela não foi incluída no banco de dados), um nome temporário para este arquivo precisa ser gerado. Para isso, a função md5(), que retorna um hash de 32 caracteres, é aplicada no nome original da imagem. Neste ponto do script, a imagem da tela será movida para o seu local permanente (o diretório uploads), mas com um nome temporário (a ser renomeado posteriormente).

Há melhorias que você pode realizar nesta área. Você também pode validar se a imagem é do tamanho correto e do tipo certo. Para manter um script já em utilização mais gerenciável, fiz essa omissão, mas consulte o Capítulo 10 para obter o código correto a ser utilizado.

5. Complete a seção de manipulação de imagem.

```
} else {
  $errors[] = 'The file could
  → not be moved.';
  $temp =
  → $_FILES['image']['tmp_name'
  → ];
}
} else { // Nenhum arquivo transferido por upload.
  $errors[] = 'No file was
  → uploaded.';
  $temp = NULL;
}
```

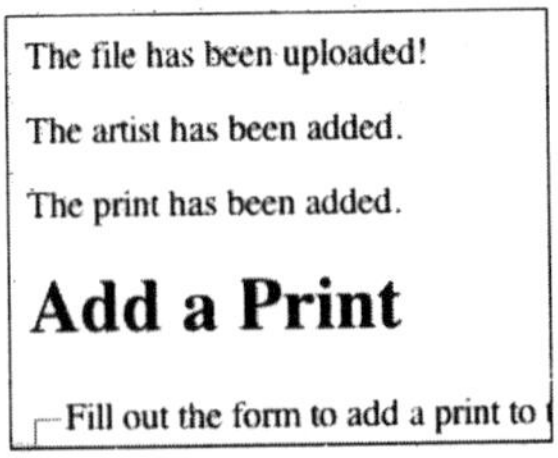

The file has been uploaded!

The artist has been added.

The print has been added.

Add a Print

Fill out the form to add a print to

Figura 17.9 O resultado se um arquivo foi selecionado para a imagem da tela e ela foi transferida por upload de forma bem-sucedida.

CAPÍTULO 17 – EXEMPLO — E-COMMERCE 783

```
Warning move_uploaded_file(../../uploads/5c708cfe46f89b5d09f147e928f980ef)
[function move-uploaded-file]: failed to open stream: Permission denied in
/Users/larryullman/Sites/ch17/html/admin/add_print.php on line 33

Warning move_uploaded_file() [function move-uploaded-file]: Unable to move
'/var/tmp/phppC3lGM' to '../../uploads/5c708cfe46f89b5d09f147e928f980ef' in
/Users/larryullman/Sites/ch17/html/admin/add_print.php on line 33
```

Error!

```
The following error(s) occurred:
- The file could not be moved.
```

Figura 17.10 *Se o diretório uploads não estiver disponível para gravação pelo PHP, você verá erros como estes.*

A primeira cláusula else é aplicada se o arquivo não pôde ser movido para o diretório de destino. Isto deve acontecer apenas se o caminho para esse diretório não estiver correto ou se as permissões apropriadas não tiverem sido definidas no diretório **(Figura 17.10)**. Neste caso, a variável $temp recebe o valor do upload, que ainda está residindo em seu local temporário. Isso é necessário, pois o script tentará, posteriormente, remover arquivos não utilizados no script.

A segunda cláusula else é aplicada se nenhum arquivo foi transferido por upload. Como a finalidade deste site é vender telas, é bastante importante exibir o que está à venda. Se desejasse, você poderia incluir nesta mensagem de erro mais detalhes ou recomendações sobre qual tipo e que tamanho do arquivo deve ser transferido por upload.

6. Valide as entradas de tamanho, preço e descrição.

```
$s = (!empty($_POST['size'])) ?
➔ trim($_POST['size']) : NULL;
if (is_numeric($_POST['price'])) {
  $p = (float) $_POST['price'];
} else {
  $errors[] = 'Please enter the
  ➔ print\'s price!';
}
$d = (!empty($_POST['description']))
➔ ? trim($_POST['description']) :
➔ NULL;
```

Os valores de tamanho e descrição são opcionais, mas o preço é obrigatório. Como um teste básico de validade, confirmo se o preço enviado é um número (ele deve ser um valor decimal) utilizando a função is_numeric(). Se o valor for numérico, ele passará por typecast como um número de ponto flutuante apenas por segurança. Uma mensagem de erro será incluída na matriz se nenhum preço ou um preço inválido for inserido.

Se as entradas de tamanho e descrição não forem utilizadas, definirei as variáveis $s e $d como NULL. Para estas duas rotinas de validação, reduzi a quantidade de código utilizando o operador ternário (apresentado no Capítulo 9, "Técnicas Comuns de Programação"). O código aqui é o mesmo que

```
if (!empty($_POST['size'])) {
  $s = trim($_POST['size']);
} else {
  $s = NULL;
}
```

7. Verifique se um novo artista está sendo inserido.

```
if (isset($_POST['artist']) && (
→ $_POST['artist'] == 'new') ) {
```

Para inserir o artista da tela, o administrador terá duas opções **(Figura 17.11)**: selecionar um artista existente (a partir dos registros na tabela *artists*) utilizando um menu pull-down ou digitar o nome de um novo artista. Se um novo artista estiver sendo inserido, o registro precisará ser inserido na tabela *artists* antes da tela ser incluída na tabela *prints*.

Figura 17.11 O administrador pode selecionar um artista existente a partir do banco de dados ou optar por fornecer um novo artista.

CAPÍTULO 17 – EXEMPLO — E-COMMERCE   785

8. Valide o nome do artista.

```
$fn = (!empty($_POST['first_name']))
→ ? trim($_POST['first_name']) : NULL;
$mn = (!empty($_POST['middle_name']))
→ ? trim($_POST['middle_name']) : NULL;
if (!empty($_POST['last_name'])) {
  $ln = trim($_POST['last_name']);
```

O primeiro nome e o nome do meio do artista são campos opcionais, enquanto que o último nome é obrigatório (pois há artistas que são chamados por apenas um nome). Para validar as duas primeiras entradas de nome, a mesma estrutura ternária da Etapa 6 é utilizada.

9. Inclua o artista no banco de dados.

```
$q = 'INSERT INTO artists
→ (first_name, middle_name,
→ last_name) VALUES (?, ?, ?)';
$stmt = mysqli_prepare($dbc, $q);
mysqli_stmt_bind_param($stmt, 'sss',
→ $fn, $mn, $ln);
mysqli_stmt_execute($stmt);
if (mysqli_stmt_affected_rows($stmt)
→ == 1) {
  echo '<p>The artist has been
  → added.</p>';
  $a = mysqli_stmt_insert_id($stmt);
} else {
  $errors[] = 'The new artist could
  → not be added to the database!';
}
mysqli_stmt_close($stmt);
```

Para incluir o artista no banco de dados, a consulta será algo como INSERT INTO artists (first_name, middle_name, last_name) VALUES ('John', 'Singer', 'Sargent') or INSERT INTO artists (first_name, middle_name, last_name) VALUES (NULL, NULL, 'Christo'). A consulta é executada utilizando instruções preparadas, discutidas no Capítulo 12. Se o novo artista foi incluído no banco de dados, o ID do artista será resgatado (para utilização na consulta INSERT da tela) utilizando a função 1mysqli_stmt_insert_id().

786 PHP 6 e MySQL 5 para Web Sites Dinâmicos

Caso contrário, um erro é incluído na matriz (caso em que você precisará realizar uma depuração).

10. Complete a condicional do artista.

```
} else { // Nenhum valor de último nome.
   $errors[] = 'Please enter
   → the artist\'s name!';
  }
} elseif ( isset($_POST['artist'])
→ && ($_POST['artist'] == 'existing')
→ && ($_POST['existing'] > 0) ) {
 $a = (int) $_POST['existing'];
} else { // Nenhum artista selecionado.
 $errors[] = 'Please enter or
 → select the print\'s artist!';
}
```

Se o administrador optou por utilizar um artista existente, então uma verificação será realizada para confirmar se um artista foi selecionado a partir do menu suspenso. Se esta condição falhar, então uma mensagem de erro será incluída na matriz.

11. Insira o registro no banco de dados.

```
if (empty($errors)) {
   $q = 'INSERT INTO prints
   → (artist_id, print_name, price,
   → size, description, image_name)
   → VALUES (?, ?, ?, ?, ?, ?)';
   $stmt = mysqli_prepare($dbc, $q);
   mysqli_stmt_bind_param($stmt,
   → 'isdsss', $a, $pn, $p, $s, $d,
   → $i);
   mysqli_stmt_execute($stmt);
```

Se a matriz $errors estiver vazia, então todos os testes de validação foram aprovados e a tela poderá ser incluída. Utilizando instruções preparadas, a consulta será algo como INSERT INTO prints (artist_id, print_name, price, size, description, image_name) VALUES (34, 'The Scream', 25.99, NULL, 'This classic...', 'scream.jpg').

A função mysqli_stmt_bind_param() indica se a consulta precisa de seis entradas (uma para cada ponto de interrogação) do tipo:

número inteiro, cadeia, número duplo (também conhecido como flutuante), cadeia, cadeia e cadeia. Para obter informações sobre quaisquer destas entradas, consulte o Capítulo 12.

12. Confirme os resultados da consulta.

```
if (mysqli_stmt_affected_rows($stmt)
→ == 1) {
  echo '<p>The print has been
→ added.</p>';
  $id =
→ mysqli_stmt_insert_id($stmt);
  rename ($temp,
→ "../../uploads/$id");
  $_POST = array();
} else {
  echo '<p style="font-weight:
→ bold; color: #C00">Your
→ submission could not be
→  processed due to a system
→ error.</p>';
}
```

Se a consulta afetar uma linha, então uma mensagem de êxito será exibida no navegador Web (consulte a Figura 17.9). Em seguida, o ID da tela precisa ser resgatado para que a imagem associada possa ser renomeada (atualmente, ela está na pasta uploads, mas com um nome temporário). Por fim, a matriz $_POST é esvaziada para que seus valores sejam exibidos no formulário com preservação de dados.

Se a consulta não afetar uma linha, provavelmente há algum erro do MySQL e você precisará aplicar as técnicas de depuração padrão para descobrir a sua razão. Consulte o Capítulo 7, "Manipulação e Depuração de Erros", para obter informações específicas.

13. Finalize as condicionais.

```
  mysqli_stmt_close($stmt);
} // Fim do IF de $errors.
if ( isset($temp) && file_exists
→ ($temp) && is_file($temp) ) {
  unlink ($temp);
}
} // Fim do IF do envio.
```

PHP 6 e MySQL 5 para Web Sites Dinâmicos

A primeira chave de fechamento finaliza a verificação do estado vazio de $errors. Neste caso, o arquivo no servidor deve ser excluído, pois ele não foi permanentemente movido ou renomeado.

14. Exiba quaisquer erros.

```
if ( !empty($errors) &&
➔ is_array($errors) ) {
   echo '<h1>Error!</h1>
   <p style="font-weight: bold;
   ➔ color: #C00">The following
   ➔ error(s) occurred:<br />';
foreach ($errors as $msg) {
   echo " - $msg<br />\n";
}
echo 'Please reselect the print
➔ image and try again.</p>';
}
?>
```

Todos os erros que ocorrerem estarão na matriz $errors. Estes erros podem ser exibidos utilizando um loop foreach (**Figura 17.12**).

Os erros são exibidos com uma formatação CSS para negrito e vermelho. Além disso, como um formulário com preservação de dados não pode recordar de um arquivo selecionado, o usuário é alertado para selecionar novamente a imagem da tela.

15. Inicie a criação do formulário HTML.

```
<h1>Add a Print</h1>
<form enctype="multipart/form-data"
➔ action="add_print.php"
➔ method="post">
  <input type="hidden"
  ➔ name="MAX_FILE_SIZE"
  ➔ value="524288" />
  <fieldset><legend>Fill out the
  ➔ form to add a print to the
  ➔ catalog:</legend>
  <p><b>Print Name:</b> <input
  ➔ type="text" name="print_name"
  ➔ size="30" maxlength="60"
  ➔ value="<?php if
  ➔ (isset($_POST['print_name']))
  ➔ echo htmlspecialchars($_POST
```

→ ['print_name']); ?>" /></p>
<p><b>Image:</b> <input
→ type="file" name="image" /></p>

Como este formulário permitirá que um usuário faça upload de um arquivo, ele deve possuir o enctype na tag de formulário e a entrada oculta MAX_FILE_SIZE. O formulário preservará os dados, graças ao código no atributo de valor de suas entradas. Observe que você não pode preservar os dados de um tipo de entrada file. Caso o nome, tamanho ou descrição da tela utilize caracteres potencialmente problemáticos, cada um deles passa pela função htmlspecialchars(), para que o valor não seja invalidado **(Figura 17.13)**.

Figura 17.12 Um formulário preenchido de forma incompleta gerará diversos erros.

16. Gere o menu suspenso de artistas.

```
<div><b>Artist:</b>
<p><input type="radio" name="artist"
→ value="existing" <?php if
→ (isset($_POST['artist']) &&
→ ($_POST['artist'] == 'existing') )
→ echo ' checked="checked"'; ?>/>
→ Existing =>
 <select
→ name="existing"><option>Select
→ One</option>
```

O menu suspenso de artistas será gerado dinamicamente **(Figura 17.14)** a partir dos registros armazenados na tabela *artists*, utilizando este código PHP. Antes dele há um botão de rádio para que o administrador possa selecionar o artista existente ou digitar um novo nome de artista (consulte a Etapa 18).

Complicando um pouco as coisas, para que este formulário preserve os dados, os botões de rádio precisam verificar se $_POST['artist'] está definida (pois não será a primeira vez que a página será carregada) e se seu valor é igual a *existing*. Se ambas as condições forem verdadeiras, o código checked="checked" será incluído no código HTML para pré-selecionar este botão.

Figura 17.13 O formulário com preservação de dados utiliza a função htmlspecialchars() para codificar alguns caracteres, tais como pontos de interrogação, que podem ser utilizados nos valores de formulários. Se esta função não for chamada, tais caracteres provocarão uma desordem das coisas quando colocados no atributo value da entrada.

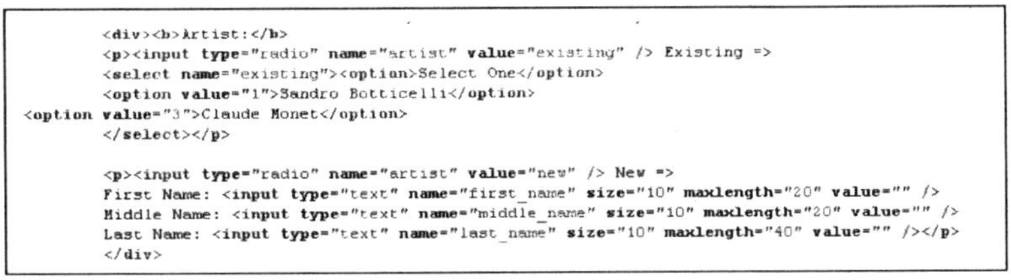

CAPÍTULO 17 – EXEMPLO — E-COMMERCE 791

```
<div><b>Artist:</b>
<p><input type="radio" name="artist" value="existing" /> Existing =>
<select name="existing"><option>Select One</option>
<option value="1">Sandro Botticelli</option>
<option value="3">Claude Monet</option>
</select></p>

<p><input type="radio" name="artist" value="new" /> New =>
First Name: <input type="text" name="first_name" size="10" maxlength="20" value="" />
Middle Name: <input type="text" name="middle_name" size="10" maxlength="20" value="" />
Last Name: <input type="text" name="last_name" size="10" maxlength="40" value="" /></p>
</div>
```

Figura 17.14 *O código-fonte HTML gerado pelo PHP
para a parte de artistas do formulário.*

17. Resgatar cada um dos artistas.

```php
<?php
$q = "SELECT artist_id, CONCAT_WS
➔ (' ', first_name, middle_name,
➔ last_name) FROM artists ORDER BY
➔ last_name, first_name ASC";
$r = mysqli_query($dbc, $q);
if (mysqli_num_rows($r) > 0) {
  while ($row = mysqli_fetch_array
  ➔($r, MYSQLI_NUM)) {
    echo "<option
    ➔ value=\"$row[0]\"";
    if (isset($_POST['existing'])
    ➔ && ($_POST['existing']==
    ➔ $row[0]) ) echo '
    ➔ selected="selected"';
    echo
    ➔ ">$row[1]</option>\n";
  }
} else {
  echo '<option>Please add a new
  ➔ artist.</option>';
}
mysqli_close($dbc);
?>
</select></p>
```

Esta consulta resgata cada nome de ID do artista a partir do banco de dados (ela não utiliza instruções preparadas, pois não há necessidade). A função MySQL CONCAT_WS() — abreviação de *concatenate with separator* — é utilizada para resgatar o nome completo do artista como um único valor. Se estiver confuso com a sintaxe da consulta, execute-a no mysql client ou em outra interface para ver os resultados.

A primeira vez em que o administrador executar este script, não haverá qualquer artista. Nesse caso, não haverá uma opção neste menu suspenso, portanto, será realizada uma indicação para inclusão de um artista **(Figura 17.15)**.

Este código básico se torna complicado se desejar o menu suspenso com o recurso de preservação de dados. Para que qualquer menu de seleção preserve dados, você precisa incluir selected="selected" na opção apropriada. Assim, o código no loop while verifica se $_POST['existing'] está definida e, se estiver, verifica se seu valor é o mesmo que o ID do artista atual sendo incluído no menu.

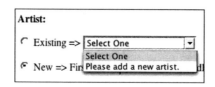

Figura 17.15 Antes que qualquer artista seja incluído na tabela artists, o menu suspenso informa ao administrador que ele deve incluir um novo artista.

18. Crie as entradas para inclusão de um novo artista.

```
<p><input type="radio" name="artist"
→ value="new" <?php if
→ (isset($_POST['artist']) &&
→ ($_POST['artist'] == 'new') ) echo'
→ checked="checked"'; ?>/> New =>
First Name: <input type="text"
→ name="first_name" size="10"
→ maxlength="20" value="<?php if
→ (isset($_POST['first_name'])) echo
→ $_POST['first_name']; ?>" />
Middle Name: <input type="text"
→ name="middle_name" size="10"
→ maxlength="20" value="<?php if
→ (isset($_POST['middle_name'])) echo
→ $_POST['middle_name']; ?>" />
Last Name: <input type="text"
→ name="last_name" size="10"
```

CAPÍTULO 17 – EXEMPLO — E-COMMERCE   793

```
→ maxlength="40" value="<?php if
→ (isset($_POST['last_name'])) echo
→ $_POST['last_name']; ?>" /></p>
</div>
```

Em vez de criar um formulário separado para inclusão de artistas no banco de dados, o administrador terá a opção de realizar esta tarefa diretamente aqui. O código PHP que manipula o formulário (descrito anteriormente) criará um novo registro no banco de dados utilizando as informações do novo artista. Cada elemento do formulário também preserva dados, entretanto, não utiliza a função htmlspecialchars(), pois estes valores não devem conter caracteres problemáticos.

19. Finalize o formulário HTML.

```
<p><b>Price: </b> <input
→ type="text" name="price"
→ size="10" maxlength="10"
→ value="<?php if
→ (isset($_POST['price'])) echo
→ $_POST['price']; ?>" />
→ <small>Do not include the dollar
→ sign or commas.</small></p>
<p><b>Size:</b> <input
→ type="text" name="size"
→ size="30" maxlength="60"
→ value="<?php if
→ (isset($_POST['size'])) echo
→ htmlspecialchars($_POST['size']
→ ); ?>" /> (optional)</p>
<p><b>Description:</b> <textarea
→ name="description" cols="40"
→ rows="5"><?php if
→ (isset($_POST['description']))
→ echo $_POST['description'];
→ ?></textarea> (optional)</p>
</fieldset>
<div align="center"><input
→ type="submit" name="submit"
→ value="Submit" /></div>
<input type="hidden"
→ name="submitted" value="TRUE" />
</form>
```

794   **PHP 6 E MySQL 5 para Web Sites Dinâmicos**

20. Finalize a página HTML.

```
</body>
</html>
```

21. Salve o arquivo como add_print.php.

22. Crie os diretórios necessários em seu servidor.

Esta página administrativa necessitará da criação de dois novos diretórios. Um, que será denominado de admin (consulte a Figura 17.8), hospedará os próprios arquivos administrativos. Em um site real, será melhor nomear seu diretório administrativo com um nome menos óbvio.

O segundo, uploads, deverá ser colocado abaixo do diretório de documentos Web e ter seus privilégios alterados para que o PHP possa mover os arquivos para dentro dele. Consulte o Capítulo 10 para obter mais informações.

23. Coloque o add_print.php em seu diretório Web (na pasta de administração) e teste-o em seu navegador (**Figuras 17.16 e 17.17**).

Não esqueça que você também precisará colocar um script mysqli_connect.php, editado para conexão com o banco de dados ecommerce, no diretório correto.

✓ **Dicas**

■ Na realidade, este é o script mais complicado do capítulo, se não for o do livro. Em parte, a complexidade surge na opção dos artistas (utilizar um artista existente ou incluir um novo artista). Segundo, fazer com que o formulário preserve dados realmente exige a inclusão de mais código. Para simplificar este aspecto do aplicativo, você poderia criar um formulário para inclusão de artistas no banco de dados e um formulário separado para inclusão de telas (a página add_print.php separada, portanto, permitiria apenas a seleção de um artista existente).

■ Embora não o tenha feito dessa maneira, para ser mais breve, eu recomendaria que usuários MySQL fossem criados separados, para o lado administrativo e para o lado público. O usuário administrador precisaria dos privilégios SELECT, INSERT, UPDATE e DELETE, enquanto o usuário público precisaria apenas dos privilégios SELECT, INSERT e UPDATE.

CAPÍTULO 17 – EXEMPLO — E-COMMERCE   795

■ As páginas administrativas deveriam ser protegidas da forma mais segura possível. Isso poderia exigir autenticação HTTP utilizando Apache, um sistema de login utilizando sessões ou cookies, ou mesmo a colocação de páginas de administração em um outro servidor, possivelmente off-line (dessa forma, o site poderia ser gerenciado a partir de um único local).

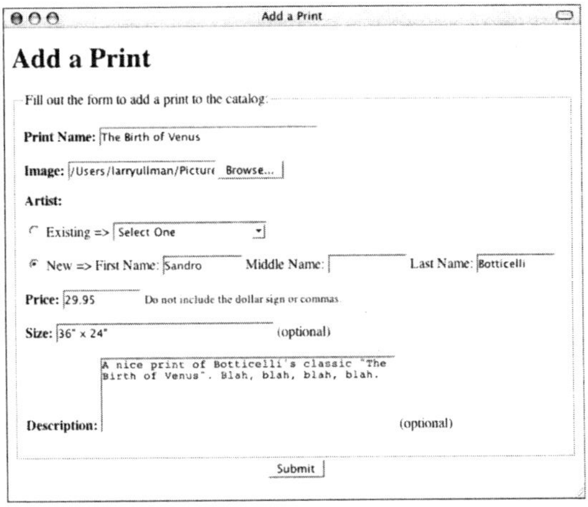

Figura 17.16 Neste exemplo, estou incluindo uma tela para um novo artista.

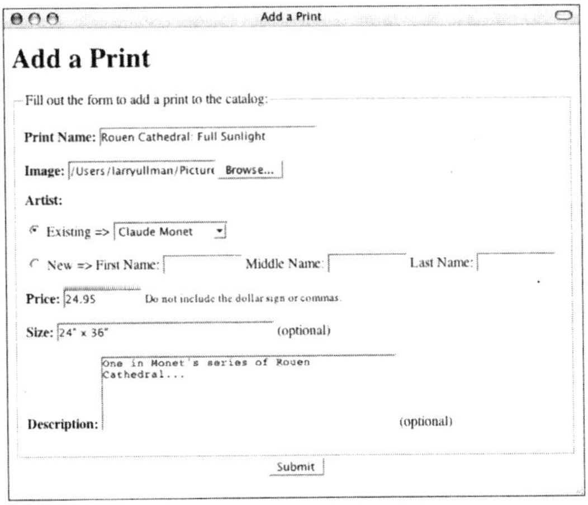

Figura 17.17 Aqui, estou incluindo uma tela utilizando um artista existente.

Criando o Modelo Público

Antes de chegar ao ponto central do lado público, preciso criar os arquivos de cabeçalho e rodapé HTML necessários. Abordarei rapidamente este assunto, pois as técnicas envolvidas devem ser território familiar neste ponto do livro.

Script 17.2 *O arquivo de cabeçalho cria o código HTML inicial e inicia a sessão PHP.*

Para criar o header.html:

1. Crie um novo documento PHP em seu editor de texto ou IDE (**Script 17.2**).

    ```
    <?php # Script 17.2 - header.html
    ```

2. Inicie a sessão.

    ```
    session_start();
    ```

Capítulo 17 – Exemplo — E-Commerce   797

É muito importante que a sessão do usuário seja mantida em todas as páginas, por isso iniciarei a sessão no arquivo de cabeçalho. Se a sessão foi perdida em uma única página, então uma nova sessão será iniciada nas páginas subseqüentes e o histórico do usuário — o conteúdo do carrinho de compras — será perdido.

3. Crie o cabeçalho HTML.

```
?><!DOCTYPE html PUBLIC "-//W3C//DTD
➔ XHTML 1.0 Transitional//EN"
"http://www.w3.org/TR/xhtml1/DTD/
➔ xhtml1-transitional.dtd">
<html
➔ xmlns-"http://www.w3.org/1999/xhtml"
➔ xml:lang="en" lang="en">
<head>
  <meta http-equiv="content-type"
  ➔ content="text/html;
  ➔ charset=iso-8859-1" />
  <title><?php echo
  ➔ (isset($page_title)) ?
  ➔ $page_title : 'Welcome!';
  ➔ ?></title>
</head>
```

Como em todas as outras versões deste script, o título da página será definido como uma variável PHP e será exibido entre as tags de título. Caso ele não seja definido antes que esta página seja incluída, um título padrão também é fornecido.

4. Crie a linha superior da tabela.

```
<body>
<table cellspacing="0"
➔ cellpadding="0" border="0"
➔ align="center" width="600">
  <tr>
  <td align="center"
  ➔colspan="3"><img
  ➔src="images/title.jpg"
  ➔width="600" height="61"
  ➔border="0" alt="title" /></td>
  </tr>
  <tr>
  <td><a href="index.php"><img
```

```
→ src="images/home.jpg"
→ width="200" height="39"
→ border="0" alt="home page"
→ /></a></td>
<td><a href="browse_prints.php">
→ <img src="images/prints.jpg"
→width="200" height="39"
→border="0" alt="view the
→prints" /></a></td>
<td><a href="view_cart.php"><img
→src="images/cart.jpg"
→width="200" height="39"
→border="0" alt="view your cart"
→/></a></td>
</tr>
<tr>
<td align="left" colspan="3"
→ bgcolor="#ffffcc"><br />
```

Este layout utilizará imagens para criar os links para as páginas públicas (**Figura 17.18**).

Figura 17.18 O banner criado pelo arquivo de cabeçalho.

Script 17.3 O arquivo de rodapé fecha o código HTML, criando uma mensagem de copyright no processo.

5. Inicie a linha do meio.

   ```
   <tr>
     <td align="left" colspan="3"
   → bgcolor="#ffffcc"><br />
   ```

   Todo o conteúdo de cada página irá para a linha do meio, portanto, o arquivo de cabeçalho inicia esta linha e o arquivo de rodapé a finaliza.

6. Salve o arquivo como header.html e coloque-o em seu diretório Web (crie uma pasta includes, onde ele será armazenado).

Para criar o footer.html:

1. Crie um novo documento HTML em seu editor de texto ou IDE (**Script 17.3**).

   ```
   <!— Script 17.3 - footer.html —>
   ```

2. Complete a linha do meio, crie a linha inferior e finalize o código HTML (**Figura 17.19**).

   ```
   <br /></td>
   </tr>
   <tr>
   <td align="center" colspan="3"
   → bgcolor="#669966"><font
   → color="#ffffff">&copy;
   → Copyright...</font></td>
   </tr>
   </table>
   </body>
   </html>
   ```

3. Salve o arquivo como footer.html e coloque o em seu diretório Web (também na pasta includes).

Figura 17.19 A linha de copyright criada pelo arquivo de rodapé.

Para criar o index.php:

1. Crie um novo documento PHP em seu editor de texto ou IDE **(Script 17.4)**.

   ```
   <?php # Script 17.4 - index.php
   $page_title = 'Make an Impression!';
   include ('includes/header.html ');
   ?>
   ```

2. Crie o conteúdo da página.

   ```
   <p>Welcome to our site .... please use
   →  the links above...blah, blah,
   →  blah.</p>
   <p>Welcome to our site .... please use
   →  the links above...blah, blah,
   →  blah.</p>
   ```

   Obviamente, um site real de e-commerce teria algum conteúdo na página principal. Você poderia colocar listas de itens incluídos recentemente (se você incluiu uma coluna *date_entered* na tabela *prints*), destacar itens especiais, ou qualquer outra coisa.

3. Finalize a página HTML.

   ```
   <?php
   include ('includes/footer.html');
   ?>
   ```

4. Salve o arquivo como index.php, coloque-o em seu diretório Web e teste-o em seu navegador **(Figura 17.20)**.

Figura 17.20 A página inicial pública para o site de e-commerce.

Capítulo 17 – Exemplo — E-Commerce

✓ **Dicas**

- As imagens utilizadas neste exemplo estão disponíveis para download no Web site deste livro: www.DMCInsights.com/phpmysql3/.
  Consulte a página Extras.

- Como as sessões são essenciais para a funcionalidade deste aplicativo, revise as informações apresentadas no Capítulo 11, "Cookies e Sessões", ou no manual do PHP para compreender todas as considerações.

Script 17.4 Um script mínimo para a página inicial do site.

802   **PHP 6 E MySQL 5 PARA WEB SITES DINÂMICOS**

Figura 17.21 A listagem atual de produtos criada pelo browse_prints.php.

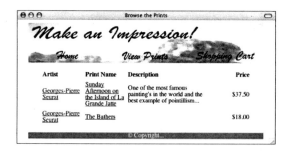

Figura 17.22 Se um determinado artista for selecionado (clicando no nome do artista), a página exibirá os trabalhos apenas desse artista.

Figura 17.23 A página que exibe um determinado produto.

O Catálogo de Produtos

Para que os clientes possam adquirir os produtos, eles precisarão, primeiro, visualizá-los. Para isso, criarei dois scripts para o acesso ao catálogo de produtos. O primeiro, browse_prints.php, exibirá uma lista de telas disponíveis **(Figura 17.21)**. Se um determinado artista foi selecionado, apenas o trabalho desse artista será mostrado **(Figura 17.22)**; caso contrário, todas as telas serão listadas.

O segundo script, view_print.php, será utilizado para exibir as informações de uma única tela, incluindo a imagem **(Figura 17.23)**. Nessa página, os clientes encontrarão um link *Add to Cart*, para que a tela possa ser incluída no carrinho de compras. Como a imagem da tela é armazenada fora do diretório-raiz Web, view_print.php utilizará um script separado — quase idêntico ao show_image.php do Capítulo 10 — para a finalidade de exibição da imagem.

Para criar o browse_prints.php:

1. Crie um novo documento PHP em seu editor de texto ou IDE **(Script 17.5)**.

```
<?php # Script 17.5 -
→ browse_prints.php
```

PHP 6 e MySQL 5 para Web Sites Dinâmicos

```
$page_title = 'Browse the Prints';
include ('includes/header.html');
require_once
→ ('../mysqli_connect.php');
```

2. Defina a consulta.

```
$q = "SELECT artists.artist_id,
→ CONCAT_WS(' ', first_name,
→ middle_name, last_name) AS artist,
→ print_name, price, description,
→ print_id FROM artists, prints
WHERE
→ artists.artist_id =
→ prints.artist_id ORDER BY
→ artists.last_name ASC,
→ prints.print_name ASC";
```

A consulta é uma junção padrão entre as tabelas *artists* e *prints* (para resgatar o nome do artista com a informação de cada tela). A primeira vez em que a página é visualizada, todas as telas de todos os artistas serão retornadas **(Figura 17.24)**.

3. Verifique a existência de um ID de artista na URL.

```
if (isset($_GET['aid']) &&
→ is_numeric($_GET['aid']) ) {
  $aid = (int) $_GET['aid'];
  if ($aid > 0) {
    $q = "SELECT artists.artist_id,
    → CONCAT_WS(' ', first_name,
    → middle_name, last_name) AS
    → artist, print_name, price,
    → description, print_id FROM
    → artists, prints WHERE
    → artists.artist_id =
    → prints.artist_id AND
    → prints.artist_id = $aid ORDER
    → BY prints.print_name";
  }
}
```

CAPÍTULO 17 – EXEMPLO — E-COMMERCE

```
1   <?php # Script 17.5 - browse_prints.php
2   // This page displays the available prints
    (products).
3
4   // Set the page title and include the HTML
    header:
5   $page_title = 'Browse the Prints';
6   include ('includes/header.html');
7
8   require_once ('../mysqli_connect.php');
9
10  // Default query for this page:
11  $q = "SELECT artists.artist_id,
    CONCAT_WS(' ', first_name, middle_name,
    last_name) AS artist, print_name, price,
    description, print_id FROM artists, prints
    WHERE artists.artist_id = prints.artist_id
    ORDER BY artists.last_name ASC,
    prints.print_name ASC";
12
13  // Are we looking at a particular artist?
14  if (isset($_GET['aid']) &&
    is_numeric($_GET['aid']) ) {
15      $aid = (int) $_GET['aid'];
16      if ($aid > 0) { // Overwrite the query:
17          $q = "SELECT artists.artist_id,
            CONCAT_WS(' ', first_name,
            middle_name, last_name) AS artist,
            print_name, price, description,
            print_id FROM artists, prints WHERE
            artists.artist_id = prints.artist_id
            AND prints.artist_id = $aid ORDER BY
            prints.print_name";
18      }
19  }
20
21  // Create the table head:
22  echo '<table border="0" width="90%"
    cellspacing="3" cellpadding="3"
    align="center">
```

```
23  <tr>
24      <td align="left"
        width="20%"><b>Artist</b></td>
25      <td align="left" width="20%"><b>Print
        Name</b></td>
26      <td align="left"
        width="40%"><b>Description</b></td>
27      <td align="right"
        width="20%"><b>Price</b></td>
28  </tr>';
29
30  // Display all the prints, linked to URLs:
31  $r = mysqli_query ($dbc, $q);
32  while ($row = mysqli_fetch_array ($r,
    MYSQLI_ASSOC)) {
33
34      // Display each record:
35      echo "\t<tr>
36          <td align=\"left\"><a
            href=\"browse_prints.php?aid={$row
            ['artist_id']}\">{$row['artist']}</a></td>
37          <td align=\"left\"><a
            href=\"view_print.php?pid={$row
            ['print_id']}\">{$row['print_name']}</a></td>
38          <td
            align=\"left\">{$row['description']}</td>
39          <td
            align=\"right\">\${$row['price']}</td>
40      </tr>\n";
41
42  } // End of while loop.
43
44  echo '</table>';
45  mysqli_close($dbc);
46  include ('includes/footer.html');
47  ?>
```

Script 17.5 *O script browse_prints.php exibe todas as telas no catálogo ou todas as telas de um determinado artista, dependendo da presença de $_GET['aid'].*

Se um usuário clicar no nome de um artista, ele retornará para esta página, mas agora a URL será, por exemplo, *browse_ rints.php? aid=529.* Nesse caso, a consulta é redefinida, incluindo a cláusula AND prints.artist_id = $aid; assim, apenas os trabalhos desse artista são exibidos (e a cláusula ORDER BY é ligeiramente modificada). Portanto, as duas diferentes funções deste script — mostrar todas as telas e apenas aquelas de um determinado artista — são realizadas por variações de uma mesma consulta, enquanto o restante do script trabalha da mesma forma em qualquer caso.

Por questões de segurança, utilizo o recurso de typecasting no ID do artista e certifico-me de que ele seja um número inteiro positivo antes de utilizá-lo em uma consulta.

806 PHP 6 E MySQL 5 para Web Sites Dinâmicos

```
000                    Terminal
mysql> SELECT artists.artist_id, CONCAT_WS(' ', first_name, mid
dle_name, last_name) AS artist, print_name, price, description,
 print_id FROM artists, prints WHERE artists.artist_id = prints
.artist_id ORDER BY artists.last_name ASC, prints.print_name AS
C\G
*************************** 1. row ***************************
  artist_id: 6
     artist: Roy Lichtenstein
 print_name: In the Car
      price: 32.99
description: NULL
   print_id: 7
*************************** 2. row ***************************
  artist_id: 5
     artist: Rene Magritte
 print_name: Empire of Lights
      price: 24.00
description: NULL
   print_id: 6
*************************** 3. row ***************************
  artist_id: 3
     artist: Claude Monet
 print_name: Rouen Cathedral: Full Sunlight
      price: 39.50
description: One in Monet's series of yadda, yadda, yadda...
   print_id: 3
*************************** 4. row ***************************
  artist_id: 3
     artist: Claude Monet
 print_name: Some Painting
      price: 24.95
description: NULL
   print_id: 2
```

Figura 17.24 Os resultados após a execução da consulta principal de browse_prints.php no mysql client. Lembre-se de que a execução de uma consulta de script PHP em uma outra interface é uma das melhores ferramentas de depuração!

4. Crie a parte superior da tabela.

```
echo '<table border="0" width="90%"
→ cellspacing="3" cellpadding="3"
→ align="center">
<tr>
<td align="left"
→ width="20%"><b>Artist</b></td>
<td align="left"
→ width="20%"><b>Print
→ Name</b></td>
<td align="left"
→ width="40%"><b>Description</b>
→ </td>
<td align="right"
→ width="20%"><b>Price</b></td>
</tr>';
```

5. Exiba cada registro retornado.

```
$r = mysqli_query($dbc, $q);
while ($row = mysqli_fetch_array($r,
```

CAPÍTULO 17 – EXEMPLO — E-COMMERCE

```
→  MYSQLI_ASSOC)) {
echo "\t<tr>
<td align=\"left\"><a
→href=\"browse_prints.php?aid=
→{$row['artist_id']}\">{$row
→['artist']}</a></td>
<td align=\"left\"><a
→href=\"view_print.php?pid={$row
→['print_id']}\">{$row['print_
→name']}</td>
<td
→ align=\"left\">{$row
→ ['description']}</td>
<td
→ align=\"right\">\${$row
→ ['price']}</td>
</tr>\n";
} // Fim do loop while.
```

Desejo que a página exiba o nome completo do artista, o nome da tela, a descrição e o preço de cada registro retornado. Além disso, o nome do artista deve ter um link para retornar a esta página (com o ID do artista anexado à URL), e o nome da tela deve ter um link para view_print.php (com o ID da tela anexado à URL). A **Figura 17.25** mostra parte do código-fonte HTML resultante.

Este não inclui uma chamada para mysqli_num_rows(), para confirmar se alguns resultados foram retornados antes de buscá-los, mas você poderá fazer essa inclusão em uma versão para o usuário final, apenas por segurança.

```
</tr>    <tr>
         <td align="left"><a href="browse_prints.php?aid=6">Roy Lichtenstein</a></td>
         <td align="left"><a href="view_print.php?pid=7">In the Car</a></td>
         <td align="left"></td>
         <td align="right">$32.99</td>
</tr>
<tr>
         <td align="left"><a href="browse_prints.php?aid=5">Rene Magritte</a></td>
         <td align="left"><a href="view_print.php?pid=6">Empire of Lights</a></td>
         <td align="left"></td>
         <td align="right">$24.00</td>
</tr>
<tr>
         <td align="left"><a href="browse_prints.php?aid=3">Claude Monet</a></td>
         <td align="left"><a href="view_print.php?pid=3">Rouen Cathedral: Full Sunlight</a></td>
         <td align="left">One in Monet's series of yadda, yadda, yadda...</td>
         <td align="right">$39.50</td>
</tr>
```

Figura 17.25 *O código-fonte da página revela como o ID do artista e o da tela são anexados aos links.*

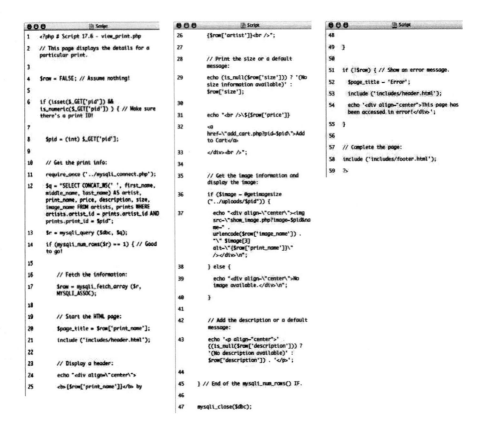

Script 17.6 *O script view_print.php mostra os detalhes de uma determinada tela. Ele também possui um link para inclusão do produto no carrinho de compras do cliente.*

6. Feche a tabela, a conexão com o banco de dados e a página HTML.

```
echo '</table>';
mysqli_close($dbc);
include ('includes/footer.html');
?>
```

7. Salve o arquivo como browse_prints.php, coloque-o em seu diretório Web e teste-o em seu navegador (Figuras 17.21 e 17.22).

CAPÍTULO 17 – EXEMPLO — E-COMMERCE   809

✓ **Dicas**

■ Você poderia facilmente obter o menu suspenso gerado dinamicamente no add_print.php e utilizá-lo como uma ferramenta de navegação no lado público. Defina o atributo de ação do formulário como browse_print.php, altere o nome do menu suspenso para *aid,* utilize o método get , e quando o usuário selecionar um artista e clicar em Submit, ele será redirecionado para, por exemplo, *browse_print.php?aid=5.*

■ Embora não o tenha feito aqui, você poderá paginar os resultados retornados utilizando a técnica descrita no Capítulo 9 (consulte o script view_users.php).

■ Um outro recurso que você poderia incluir nesta página é a opção de escolher como as telas são exibidas. Ao incluir links nos títulos das colunas (por exemplo, para *browse_prints.php?order=price),* você poderá alterar a cláusula ORDER BY na consulta e, portanto, a exibição resultante. Esta idéia foi demonstrada no Capítulo 9.

Para criar o view_print.php:

1. Crie um novo documento PHP em seu editor de texto ou IDE (**Script 17.6**).

```
<?php # Script 17.6 - view_print.php
$row = FALSE;
```

Utilizarei a variável $row para acompanhar a ocorrência de problemas nesta página. Esta variável, se tudo ocorrer bem, armazenará as informações da tela obtidas a partir do banco de dados. Se ocorrer um problema, então, ao final do script, $row ainda será FALSE, e a página deverá indicar um erro.

2. Valide se um ID de tela foi transmitido para esta página.

```
if (isset($_GET['pid']) &&
→ is_numeric($_GET['pid']) ) {
```

Este script não funcionará se ele não receber um ID de tela válido, portanto, verifique primeiro a existência de um ID numérico.

810 PHP 6 E MySQL 5 para Web Sites Dinâmicos

3. Resgate as informações a partir do banco de dados.

```
$pid = (int) $_GET['pid'];
require_once
➔ ('../mysqli_connect.php');
$q = "SELECT CONCAT_WS(' ',
➔ first_name, middle_name, last_name)
➔ AS artist, print_name, price,
➔ description, size, image_name FROM
➔ artists, prints WHERE
➔ artists.artist_id = prints.artist_id
➔ AND prints.print_id = $pid";
$r = mysqli_query($dbc, $q);
```

A consulta é uma junção como a consulta em browse_prints.php, mas ela seleciona apenas as informações de uma determinada tela **(Figura 17.26)**. Por questões de segurança, o ID da tela passa por typecast como um número inteiro antes de ser utilizado na consulta (para que um usuário mal-intencionado não tente quebrar a consulta utilizando valores de $_GET['pid'] inválidos).

4. Se um registro for retornado, resgatar as informações, definir o título da página e incluir o cabeçalho HTML.

```
if (mysqli_num_rows($r) == 1) {
  $row = mysqli_fetch_array ($r,
  ➔ MYSQLI_ASSOC);
  $page_title = $row['print_name'];
  include ('includes/header.html');
```

O título da janela do navegador **(Figura 17.27)** será o nome da tela.

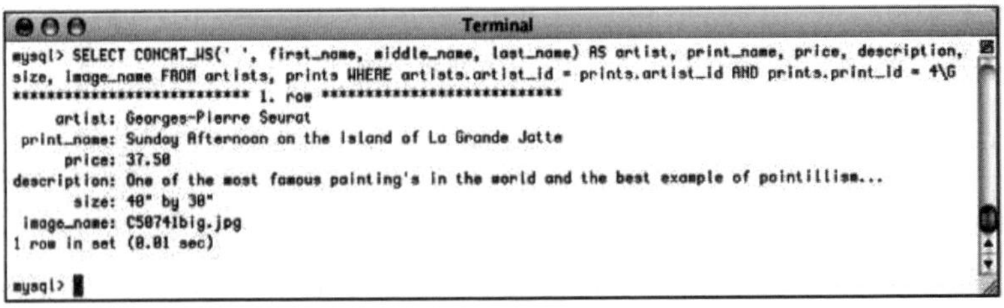

Figura 17.26 Os resultados após execução da consulta de view_print.php no mysql client.

CAPÍTULO 17 – EXEMPLO — E-COMMERCE

Figura 17.27 *O título da página do navegador será o nome da tela sendo visualizada (como* The Birth of Vênus, *neste exemplo).*

5. Comece exibindo as informações da tela.

```
echo "<div align=\"center\">
<b>{$row['print_name']}</b> by
{$row['artist']}<br />";
echo (is_null($row['size'])) ? '(No
→ size information available)' :
→ $row['size'];
echo "<br />\${$row['price']}
<a href=\"add_cart.php?pid=$pid\">Add
→ to Cart</a>
</div><br />";
```

O cabeçalho para a tela será o seu nome (em negrito), seguido pelo nome do artista, o seu tamanho e o seu preço. Por fim, um link será exibido fornecendo ao cliente a opção de incluir esta tela no carrinho de compras **(Figura 17.28)**. O link do carrinho de compras é destinado ao script add_cart.php, transmitindo a ele o ID da tela.

Como o tamanho da tela pode ter um valor NULL, o operador ternário é utilizado para exibir o tamanho ou uma mensagem padrão.

6. Exiba a imagem e a descrição.

```
if ($image = @getimagesize
→ ("../uploads/$pid")) {
  echo "<div align=\"center\"><img
   → src=\"show_image.php?image=
   → $pid&name=" .
   → urlencode($row['image_name']) .
   → "\" $image[3]
   → alt=\"{$row['print_name']}\"
```

812   PHP 6 E MYSQL 5 PARA WEB SITES DINÂMICOS

```
→  /></div>\n";
} else {
  echo "<div align=\"center\">No
→  image available.</div>\n";
}
echo '<p align="center">' .
→  ((is_null($row['description'])) ?
→  '(No description available)' :
→  $row['description']) . '</p>';
```

Esta seção do script tentará primeiro resgatar as dimensões da imagem utilizando a função getimagesize(). Se ela for bem-sucedida nessa tarefa, a imagem será exibida. Esse processo é um pouco incomum, pois a origem para a imagem chama a página show_image.php **(Figura 17.29)**.

Este script, a ser escrito a seguir, espera que o ID da tela seja transmitido na URL, juntamente com o nome do arquivo da imagem (armazenado no banco de dados quando a tela é incluída). Este uso de um script do PHP para exibir uma imagem é exatamente como o uso do show_image.php no Capítulo 10, só que agora ele está ocorrendo dentro de uma outra página, não em sua própria janela.

Figura 17.28 As informações da tela e um link para comprá-la são exibidos na parte superior da página.

```
<b>The Birth of Venus</b> by
Sandro Botticelli<br />36" X 24"<br />$29.95
<a href="add_cart.php?pid=1">Add to Cart</a>
</div><br /><div align="center"><img src="show_image.php?image=1&name=BirthOfVenus.jpeg" width="366" height="240" alt="The Birth of Venus" />
<"center">A nice print of Botticelli's classic "The Birth of Venus". Blah, blah, blah, blah.</p><!-- Script 17.3 - footer.html -->
     <br /></td>
```

Figura 17.29 O código-fonte HTML da página view_print.php mostra como o atributo src da tag img chama o script show_image.php, transmitindo a ele os valores que necessita.

Capítulo 17 – Exemplo — E-Commerce 813

Se o script não conseguir resgatar as informações da imagem (porque a imagem não está no servidor ou nenhuma imagem foi transferida por upload), uma mensagem será exibida.

Finalmente, a descrição da tela é incluída **(Figura 17.30)**. Uma mensagem padrão será exibida se nenhuma descrição de tela foi armazenada no banco de dados.

7. Finalize as duas condicionais principais.

```
} // Fim do IF mysqli_num_rows()
→ .
mysqli_close($dbc);
}
```

Figura 17.30 A imagem da tela seguida por sua descrição.

Figura 17.31 A página view_print.php, caso ela não receba um ID de tela válido na URL.

814 PHP 6 E MYSQL 5 PARA WEB SITES DINÂMICOS

8. Se ocorrer um problema, exiba uma mensagem de erro,

```
if (!$row) {
  $page_title = 'Error';
  include
('includes/header.html');
  echo '<div align="center">This
  → page has been accessed in
  → error!</div>';
}
```

Se as informações da tela não puderam ser resgatadas a partir do banco de dados por qualquer que seja o motivo, então $row ainda será FALSE e um erro deverá ser exibido **(Figura 17.31)**. Como o cabeçalho HTML não terá sido incluído se ocorrer um problema, ele deve ser incluído primeiro aqui.

9. Finalize a página.

```
include ('includes/footer.html');
?>
```

10. Salve o arquivo como view_print.php e coloque-o em seu diretório Web.

✓ **Dicas**

■ Muitos sites de e-commerce utilizam uma imagem para o link *Add to Cart*. Para fazê-lo neste exemplo, substitua o texto *Add to Cart* (dentro da tag de link <a>) pelo código da imagem a ser utilizada. A consideração importante, aqui, é que a página add_cart.php ainda transmite o número do ID do produto.

■ Se você desejar incluir links *Add to Cart* em uma página que exibe vários produtos (como browse_prints.php), faça exatamente o que é feito aqui para cada um dos produtos. Apenas certifique-se de que cada link transmita o ID de tela correto para a página add_cart.php.

■ Se você deseja mostrar a disponibilidade de um produto, inclua um campo *in_stock* na tabela *prints*. Em seguida, exiba um link *Add to Cart* ou uma mensagem *Product Currently Out of Stock* de acordo com o valor para essa tela, nesta coluna.

CAPÍTULO **17** – Exemplo — E-Commerce 815

Para escrever o show_image.php:

1. Crie um novo documento PHP em seu editor de texto ou IDE (**Script 17.7**).

```
<?php # Script 17.7 - show_image.php
$image = FALSE;
$name = (!empty($_GET['name'])) ?
➔ $_GET['name'] : 'print image';
```

Este script fará a mesma coisa que show_image.php do Capítulo 10, exceto que há dois valores sendo transmitidos para esta página. O nome do arquivo da imagem no servidor será um número correspondente ao ID da tela. O nome do arquivo da imagem original foi armazenado no banco de dados e será utilizado ao enviar a imagem para o navegador Web. Esta página não conterá um código HTML, e nada pode ser enviado para o navegador Web antes desta tag PHP de abertura.

As duas variáveis de sinalização são inicializadas aqui. A primeira, $image, fará referência à imagem física no servidor. Ela é assumida como FALSE e precisa ser provada do contrário. A variável $name, que será o nome do arquivo fornecido para o navegador Web, deve ser fornecida a partir da URL. Caso contrário, um valor padrão será atribuído.

2. Verifique a existência de um valor de imagem na URL.

```
if (isset($_GET['image']) &&
➔ is_numeric($_GET['image']) ) {
```

Antes de continuar, certifique-se de que o script recebeu um valor de imagem, que deve ser parte do atributo *src* HTML para cada tela (consulte a Figura 17.29) no view_print.php.

```
1   <?php # Script 17.7 - show_image.php
2   // This pages retrieves and shows an
    image.
3
4   // Flag variables:
5   $image = FALSE;
6   $name = (!empty($_GET['name'])) ?
    $_GET['name'] : 'print image';
7
8   // Check for an image value in the URL:
9   if (isset($_GET['image']) &&
    is_numeric($_GET['image']) ) {
10
11      // Full image path:
12      $image = '../uploads/' . (int)
        $_GET['image'];
13
14      // Check that the image exists and is a
        file:
15      if (!file_exists ($image) ||
        (!is_file($image))) {
16          $image = FALSE;
17      }
18
19  }
20
21  // If there was a problem, use the default
    image:
22  if (!$image) {
23      $image = 'images/unavailable.png';
24      $name = 'unavailable.png';
25  }
26
27  // Get the image information:
28  $info = getimagesize($image);
29  $fs = filesize($image);
30
31  // Send the content information:
32  header ("Content-Type:
    {$info['mime']}\n");
33  header ("Content-Disposition: inline;
    filename=\"$name\"\n");
34  header ("Content-Length: $fs\n");
35
36  // Send the file:
37  readfile ($image);
38
39  ?>
```

Script 17.7 *Este script é chamado pelo view_print.php (Script 17.6) e exibe a imagem armazenada no diretório uploads.*

Figura 17.32 *Se show_image.php não conseguir acessar uma imagem de tela válida, esta imagem padrão será exibida.*

CAPÍTULO 17 – EXEMPLO — E-COMMERCE   817

3. Verifique se a imagem é um arquivo no servidor.

```
$image = '../uploads/' . (int)
→ $_GET['image'];
if (!file_exists ($image) ||
→ (!is_file($image))) {
  $image = FALSE;
}
```

Como medida de segurança, codifiquei o caminho completo da imagem como uma combinação de *../uploads* e o nome da imagem recebida. Como o nome do arquivo no servidor é um número inteiro, ele passa pelo processo de typecast, para maior segurança. Você também poderia validar aqui o tipo MIME *(image/jpg, image/gif)* do arquivo.

Em seguida, o script verifica se a imagem existe no servidor e se ela é um arquivo (em vez de um diretório). Se uma ou outra condição for falsa, então $image será definida como FALSE, indicando um problema.

4. Finalize a condicional de validação e verifique se existe um problema.

```
}
if (!$image) {
  $image =
  → 'images/unavailable.png';
  $name = 'unavailable.png';
}
```

Se a imagem não existir ou não for um arquivo, esta condicional será aplicada. Se nenhum nome de imagem foi transmitido para este script, a segunda cláusula else será aplicada. Em qualquer um dos casos, uma imagem padrão será utilizada (**Figura 17.32**).

5. Resgate as informações da imagem.

```
$info = getimagesize($image);
$fs = filesize($image);
```

Para enviar o arquivo para o navegador Web, o script precisa saber o tipo e o tamanho do arquivo. Este código é o mesmo do Capítulo 10.

818   **PHP 6 E MySQL 5 PARA WEB SITES DINÂMICOS**

6. Envie o arquivo.

```
header ("Content-Type:
➔ {$info['mime']}\n");
header ("Content-Disposition: inline;
➔ filename=\"$name\"\n");
header ("Content-Length: $fs\n");
readfile ($image);
```

Estas chamadas header() enviarão os dados do arquivo para o navegador Web, exatamente como foram enviados no Capítulo 10. Para revisar a sintaxe em geral, a primeira linha prepara o navegador para receber o arquivo, com base no tipo MIME. A segunda linha define o nome do arquivo sendo enviado.

A última função header() indica quantos dados devem ser esperados. Os dados do arquivo são enviados utilizando a função readfile(), que lê um arquivo e imediatamente envia o seu conteúdo para o navegador Web.

7. Finalize a página.

```
?>
```

Observe que esta página não contém um código HTML. Ela apenas envia um arquivo de imagem para o navegador Web.

8. Salve o arquivo como show_image.php, coloque-o em seu diretório Web e teste-o em seu navegador, visualizando todas as telas **(Figura 17.33).**

✓ **Dicas**

■ O usuário final provavelmente verá resultados como aqueles na Figura 17.32, a menos que ocorra um problema com seus scripts ou estejam realizando alguma atividade mal-intencionada. O script view_print.php realiza uma verificação preliminar da imagem, chamando show_image.php apenas se ele puder acessar a imagem.

■ Se a página view_print.php, por algum motivo, não mostrar a imagem, será necessário depurar o problema executando show_image.php diretamente em seu navegador Web. Visualize o código-fonte HTML do view_print.php e localize o valor do atributo src da tag img. Em seguida, utilize isto como sua URL (em

CAPÍTULO 17 – EXEMPLO — E-COMMERCE 819

outras palavras, acesse http://www.example.com-/show_image.php?image=23&name=BirthOfVenus-.jpeg). Se ocorrer um erro, executar o show_image.php diretamente é a melhor forma de localizá-lo.

Figura 17.33 A página view_print.php, na qual a imagem da tela é resgatada e mostrada graças ao show_image.php.

Tabela 17.6 A variável $_SESSION['cart'] será uma matriz multidimensional. Cada elemento da matriz utilizará o ID de tela para seu índice. Cada valor da matriz será uma outra matriz de dois elementos: a quantidade solicitada e o preço dessa tela.

Valores da $_SESSION['cart'] de Amostra		
(índice)	Quantidade	Preço
2	1	54.00
568	2	22.95
37	1	33.50

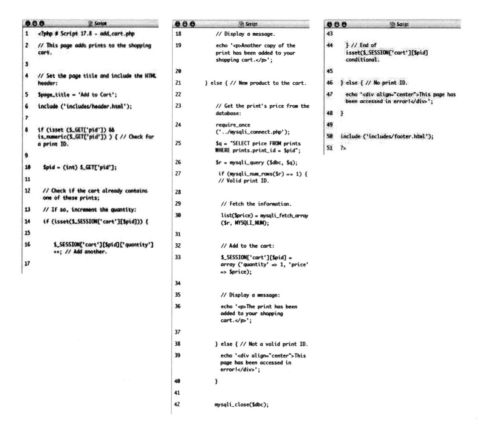

Script 17.8 Este script inclui produtos no carrinho de compras fazendo referência ao ID do produto (ou tela) e manipulando os dados da sessão.

O Carrinho de Compras

Assim que criar um catálogo de produtos, conforme o realizado nas páginas anteriores, o carrinho de compras poderá ser surpreendentemente simples. O método que escolhi para utilizar, neste exemplo, é registrar os IDs dos produtos, preços e quantidades em uma sessão.

Conhecer estas três informações permitirá que os scripts calculem os totais e façam tudo o que for necessário.

Estes dois próximos exemplos fornecerão toda a funcionalidade necessária para o carrinho de compras. O primeiro script, add_cart.php, incluirá itens no carrinho de compras. O segundo, view_cart.php, exibirá o conteúdo do carrinho de compras e permitirá que o cliente o atualize.

CAPÍTULO 17 – EXEMPLO — E-COMMERCE 821

Incluindo itens

O script add_cart.php assumirá um argumento ID da tela sendo adquirida e utilizará este ID para atualizar o carrinho de compras. O carrinho de compras é armazenado em uma sessão, e será acessado por meio da variável $_SESSION['cart']. Ele será uma matriz multidimensional cujas chaves serão IDs de produtos. Os valores dos elementos da matriz serão outras matrizes: um elemento para a quantidade e um outro para o preço (Tabela 17.6).

Para criar o add_cart.php:

1. Crie um novo documento PHP em seu editor de texto ou IDE (Script 17.8).

```
<?php # Script 17.8 - add_cart.php
```

2. Inclua o cabeçalho da página e verifique se uma tela foi selecionada.

```
$page_title = 'Add to Cart';
include ('includes/header.html');
if (isset ($_GET['pid']) &&
➔ is_numeric($_GET['pid']) ) {
```

Como no script view_print.php, não desejo prosseguir se nenhum ID de produto, ou um ID de produto não-numérico, tiver sido recebido.

3. Determine se uma cópia desta tela já foi incluída.

```
$pid = (int) $_GET['pid'];
if (isset($_SESSION['cart'][$pid])) {
  $_SESSION['cart'][$pid]
  ➔ ['quantity']++,
  echo '<p>Another copy of the
  ➔ print has been added to your
  ➔ shopping cart.</p>';
```

Antes de incluir a tela atual no carrinho de compras (definindo sua quantidade como 1), verifique se uma cópia já está no carrinho de compras.

Por exemplo, se o cliente selecionou a tela #519 e, em seguida, decidiu selecionar uma outra tela igual, agora o carrinho de compras deverá conter duas cópias da tela.

Portanto, primeiro verifique se o carrinho de compras possui um valor para o ID de tela atual.

Em caso positivo, a quantidade é incrementada. O código $_SESSION['cart'][$pid-]['quantity']++ é o mesmo que

```
$_SESSION['cart'][$pid-]['quantity']=
→$_SESSION['cart'][$pid-]['quantity']
→+ 1
```

Em seguida, uma mensagem é exibida (Figura 17.34).

Figura 17.34 O resultado após clicar em um link Add to Cart de um item que já está presente no carrinho de compras.

Figura 17.35 O resultado após a inclusão de um novo item no carrinho de compras.

Capítulo 17 – Exemplo — E-Commerce   823

4. Inclua o novo produto no carrinho de compras.

```
} else { // Novo produto no carrinho de compras.
require_once
→ ('../mysqli_connect.php');
$q = "SELECT price FROM prints
→ WHERE prints.print_id = $pid";
$r = mysqli_query ($dbc, $q);
if (mysqli_num_rows($r) = = 1) {
list($price) = mysqli_fetch_array
→ ($r, MYSQLI_NUM);
$_SESSION['cart'][$pid] = array
→ ('quantity' => 1, 'price' =>
→ $price);
echo '<p>The print has been added
→ to your shopping cart.</p>';
```

Se o produto não estiver, nesse momento, no carrinho de compras, esta cláusula else entra em ação. Aqui, o preço da tela é resgatado a partir do banco de dados utilizando o ID de tela.

Se o preço for resgatado com êxito, um novo elemento é incluído na matriz multidimensional $_SESSION['cart'].

Como cada elemento em $_SESSION['cart'] é também uma matriz, utilize a função array() para definir a quantidade e o preço. Uma simples mensagem é, então, exibida (Figura 17.35).

5. Finalize as condicionais.

```
} else {
   echo '<div
   → align="center">This
   → page has been accessed in
   → error!</div>';
}
   mysqli_close($dbc);
}
} else { // Nenhum ID de tela.
  echo '<div align="center">This
  → page has been accessed in
  → error!</div>';
}
```

PHP 6 e MySQL 5 para Web Sites Dinâmicos

A primeira cláusula else é aplicada se nenhum preço pôde ser resgatado a partir do banco de dados, o que significa que o ID de tela enviado é inválido.

A segunda cláusula else é aplicada se nenhum ID de tela, ou um ID de tela não-numérico, for recebido por esta página. Em ambos os casos, uma mensagem de erro será exibida (Figura 17.36).

6. Inclua o rodapé HTML e finalize a página PHP.

```
include ('includes/footer.html-');
?>
```

7. Salve o arquivo como add_cart.php, coloque-o em seu diretório Web e teste-o em seu navegador (clicando em um link *Add to Cart*).

✓ Dicas

- Se, em vez disso, você exibir o conteúdo do carrinho de compras após algo ser incluído, você poderá combinar a funcionalidade deste script com a do view_cart.php, escrito a seguir.

- De forma semelhante, você poderia facilmente copiar a técnica utilizada no view_print.php para este script, para que ele exiba os detalhes do produto recém-incluído.

  Há infinitas variações neste processo.

- A coisa mais importante a ser armazenada no carrinho de compras é o ID de produto exclusivo e a quantidade desse item. Todas as outras coisas, incluindo o preço, podem ser resgatadas a partir do banco de dados. Como alternativa, você poderia resgatar o preço, o nome da tela e o nome do artista a partir do banco de dados, e armazenar tudo isso no carrinho de compras para que ele seja facilmente exibido.

- O carrinho de compras é armazenado em $_SESSION['cart'], e não apenas em $_SESSION.

  Provavelmente, outras informações, como o ID do usuário proveniente do banco de dados, também seriam armazenadas em $_SESSION.

CAPÍTULO 17 – EXEMPLO — E-COMMERCE

Figura 17.36 A página add_cart.php incluirá um item no carrinho de compras apenas se a página receber um ID de tela válido na URL.

```
1   <?php # Script 17.9 - view_cart.php
2   // This page displays the contents of the
    shopping cart.
3   // This page also lets the user update the
    contents of the cart.
4
5   // Set the page title and include the HTML
    header:
6   $page_title = 'View Your Shopping Cart';
7   include ('./includes/header.html');
8
9   // Check if the form has been submitted
    (to update the cart):
10  if (isset($_POST['submitted'])) {
11
12      // Change any quantities:
13      foreach ($_POST['qty'] as $k => $v) {
14
15          // Must be integers!
16          $pid = (int) $k;
17          $qty = (int) $v;
18
19          if ( $qty == 0 ) { // Delete.
20              unset($_SESSION['cart'][$pid]);
21          } elseif ( $qty > 0 ) { // Change
                quantity.
22              $_SESSION['cart'][$pid]
                ['quantity'] = $qty;
23          }
24
25      } // End of FOREACH.
26  } // End of SUBMITTED IF.
27
28  // Display the cart if it's not empty...

29  if (!empty($_SESSION['cart'])) {
30
31      // Retrieve all of the information for
        the prints in the cart:
32      require_once ('../mysqli_connect.php');
33      $q = "SELECT print_id, CONCAT_WS(' ',
        first_name, middle_name, last_name) AS
        artist, print_name FROM artists, prints
        WHERE artists.artist_id = prints.artist_id
        AND prints.print_id IN (";
34      foreach ($_SESSION['cart'] as $pid =>
        $value) {
35          $q .= $pid . ',';
36      }
37      $q = substr($q, 0, -1) . ') ORDER BY
        artists.last_name ASC';
38      $r = mysqli_query ($dbc, $q);
39
40      // Create a form and a table:
41      echo '<form action="view_cart.php"
        method="post">
42      <table border="0" width="90%"
        cellspacing="3" cellpadding="3"
        align="center">
43      <tr>
44      <td align="left"
        width="30%"><b>Artist</b></td>
45      <td align="left" width="30%"><b>Print
        Name</b></td>
```

Script 17.9 O script view_cart.php exibe o conteúdo do carrinho de compras e permite que o usuário faça a sua atualização.

PHP 6 e MySQL 5 para Web Sites Dinâmicos

```
46    <td align="right"
      width="10%"><b>Price</b></td>

47    <td align="center"
      width="10%"><b>Qty</b></td>

48    <td align="right" width="10%"><b>Total
      Price</b></td>

49    </tr>

50    ';

51

52    // Print each item...

53    $total = 0; // Total cost of the order.

54    while ($row = mysqli_fetch_array ($r,
      MYSQLI_ASSOC)) {

55

56        // Calculate the total and sub-
          totals.

57        $subtotal =
          $_SESSION['cart'][$row['print_id']]
          ['quantity'] *
          $_SESSION['cart'][$row['print_id']]
          ['price'];

58        $total += $subtotal;

59

60        // Print the row.

61        echo "\t<tr>

62        <td align=\"left\">{$row['artist']}
          </td>

63        <td align=\"left\"
          >{$row['print_name']}</td>

64        <td align=\"right\">\
          ${$_SESSION['cart']
          [$row['print_id']]['price']}</td>

65        <td align=\"center\"><input
          type=\"text\" size=\"3\"
          name=\"qty[{$row['print_id']}]\"
          value=\"{$_SESSION['cart'][$row
          ['print_id']]['quantity']}\" /></td>
```

```
66        <td align=\"right\">$" .
          number_format ($subtotal, 2) .
          "</td>

67        </tr>\n";

68

69    } // End of the WHILE loop.

70

71    mysqli_close($dbc); // Close the
      database connection.

72

73    // Print the footer, close the table,
      and the form.

74    echo '<tr>

75    <td colspan="4"
      align="right"><b>Total:</b></td>

76    <td align="right">$' . number_format
      ($total, 2) . '</td>

77    </tr>

78    </table>

79    <div align="center"><input type="submit"
      name="submit" value="Update My Cart"
      /></div>

80    <input type="hidden" name="submitted"
      value="TRUE" />

81    </form><p align="center">Enter a
      quantity of 0 to remove an item.

82    <br /><br /><a
      href="checkout.php">Checkout</a></p>';

83

84    } else {

85        echo '<p>Your cart is currently
          empty.</p>';

86    }

87

88    include ('./includes/footer.html');

89    ?>
```

Script 17.9 *O script view_cart.php exibe o conteúdo do carrinho de compras e permite que o usuário faça a sua atualização (continuação).*

Visualizando o carrinho de compras

O script view_cart.php será mais complicado do que add_cart.php, porque ele serve para duas finalidades: primeiro, ele exibirá o conteúdo do carrinho de compras em detalhes (Figura 17.37); segundo, ele fornecerá ao cliente a opção de atualizar o carrinho de compras alterando as quantidades dos itens (ou excluindo um item marcando sua quantidade como 0). Para atender a ambas as funções, exibirei o conteúdo do carrinho de compras como um formulário e farei com que a página envie o formulário de volta para ela mesma.

Por fim, esta página fará um link para um script checkout.php, considerado como a primeira etapa no processo de fechamento da compra.

Para criar o view_cart.php:

1. Crie um novo documento PHP em seu editor de texto ou IDE (Script 17.9).

   ```
   <?php # Script 17.9 - view_cart.php
   $page_title = 'View Your Shopping
   → Cart';
   include ('./includes/header.html-');
   ```

Figura 17.37 O carrinho de compras exibido como um formulário onde as quantidades específicas podem ser alteradas.

2. Atualize o carrinho de compras se o formulário for enviado.

   ```
   if (isset($_POST['submitted-'])) {
     foreach ($_POST['qty'] as $k =>
   → $v)
   $pid = (int) $k;
   $qty = (int) $v;
   if ( $qty = = 0 ) {
     unset
   → ($_SESSION['cart'][$pid-]);
   } elseif ( $qty > 0 ) {
     $_SESSION['cart'][$pid-]
   → ['quantity'] = $qty;
   }
   }// Fim do FOREACH.
   }// Fim do IF SUBMITTED.
   ```

PHP 6 E MySQL 5 PARA WEB SITES DINÂMICOS

Se o formulário for enviado, então o script precisa atualizar o carrinho de compras para refletir as quantidades inseridas. Estas quantidades serão fornecidas como uma matriz chamada $_POST['qty'], cujo índice é o ID de tela e cujo valor é a nova quantidade (consulte a Figura 17.38 para obter o código-fonte HTML do formulário). Se a nova quantidade for 0, então esse item deverá ser retirado do carrinho de compras, removendo a sua definição. Se a nova quantidade não for 0, mas um número positivo, então o carrinho de compras será atualizado para refletir esse número.

```html
<tr>
        <td align="left">Sandro Botticelli</td>
        <td align="left">The Birth of Venus</td>
        <td align="right">$29.95</td>
        <td align="center"><input type="text" size="3" name="qty[1]" value="1" /></td>
        <td align="right">$29.95</td>
</tr>
<tr>
        <td align="left">Roy Lichtenstein</td>
        <td align="left">In the Car</td>
        <td align="right">$32.99</td>
        <td align="center"><input type="text" size="3" name="qty[7]" value="2" /></td>
        <td align="right">$65.98</td>
</tr>
<tr>
        <td align="left">Rene Magritte</td>
        <td align="left">Empire of Lights</td>
        <td align="right">$24.00</td>
        <td align="center"><input type="text" size="3" name="qty[6]" value="1" /></td>
        <td align="right">$24.00</td>
</tr>
```

Figura 17.38 O código-fonte HTML do formulário do carrinho de compras de visualização mostra como os campos de quantidade refletem o ID do produto e a quantidade dessa tela no carrinho de compras.

Se a quantidade não for um número maior ou igual a 0, então nenhuma alteração será realizada no carrinho de compras. Isto evitará que um usuário insira um número negativo, criando um saldo negativo e obtendo um reembolso.

3. Se o carrinho de compras não estiver vazio, crie a consulta para exibir o seu conteúdo.

```
if (!empty($_SESSION['cart-'])) {
require_once
→ ('../mysqli_connect.php-');
$q = "SELECT print_id,
→CONCAT_WS(' ', first_name,
→middle_name, last_name) AS
→artist, print_name FROM
```

```
→artists, prints WHERE
→artists.artist_id =
→prints.artist_id AND
→prints.print_id IN (";
foreach ($_SESSION['cart'] as
→$pid => $value) {
   $q .= $pid . ',';
}
$q = substr($q, 0, -1) . ') ORDER
→BY artists.last_name ASC';
$r = mysqli_query($dbc, $q);
```

A consulta é uma junção semelhante a uma outra, já utilizada neste capítulo. Ela resgata todas as informações do artista e da tela de cada item no carrinho de compras. Uma novidade é a utilização da cláusula IN do SQL. Em vez de apenas resgatar as informações de uma tela (como no exemplo de view_print.php), ela resgata todas as informações de todas as telas no carrinho de compras. Para isso, utilize uma lista de IDs de telas em uma consulta como SELECT... print_id IN (519,42,427).... Eu também poderia ter utilizado SELECT... WHERE print_id=519 OR print_id=42 or print_id=427..., mas é um recurso desnecessariamente longo.

Para gerar a parte IN (519,42,427) da consulta, um loop *for* inclui cada ID de tela mais uma vírgula em $q. Para remover a última vírgula, a função substr() é aplicada, removendo o último caractere.

4. Inicie o formulário HTML e crie uma tabela.

```
echo '<form action="view_cart.php"
→ method="post">
<table border="0" width="90%"
→ cellspacing="3" cellpadding="3"
→ align="center">
 <tr>
 <td align="left"
→ width="30%"><b>Artist</b></td>
 <td align="left"
→ width="30%"><b>Print
→ Name</b></td>
 <td align="right"
→ width="10%"><b>Price</b></td>
 <td align="center"
→ width="10%"><b>Qty</b></td>
 <td align="right"
```

830 **PHP 6 E MySQL 5 PARA WEB SITES DINÂMICOS**

```
→ width="10%"><b>Total
→ Price</b></td>
</tr>
';
```

5. Resgate os registros retornados.

```
$total = 0;
while ($row = mysqli_fetch_array ($r,
→ MYSQLI_ASSOC)) {
  $subtotal =
  → $_SESSION['cart'][$row['print_
  → id']]['quantity'] *
  → $_SESSION['cart'][$row['print_
  → id']]['price'];
  $total += $subtotal;
```

Ao exibir o carrinho de compras, também desejo calcular o total do pedido, portanto, inicializo primeiro uma variável $total. Então, para cada linha retornada (que representa uma tela), multiplico o preço desse item pela quantidade para determinar o subtotal (essa sintaxe é um pouco complexa, devido à matriz $_SESSION['cart'] multidimensional).

Este subtotal é incluído na variável $total.

6. Exiba os registros retornados.

```
echo "\t<tr>
<td
→ align=\"left\">{$row['artist']}
→ </td>
<td align=\"left\">{$row['print_
→ name']}</td>
<td align=\"right\">\${$_SESSION
→ ['cart'][$row['print_id']]
→ ['price']}</td>
<td align=\"center\"><input
→ type=\"text\" size=\"3\"
→ name=\"qty[{$row['print_id']}]\"
→ value=\"{$_SESSION['cart'][$row
→ ['print_id']]['quantity']}\"
→ /></td>
<td align=\"right\">$" .
→ number_format ($subtotal, 2) .
```

Capítulo 17 – Exemplo — E-Commerce 831

```
→ "</td>
  </tr>\n";
} // Fim do loop WHILE..
```

Cada registro é exibido como uma linha na tabela, com a quantidade exibida como um tipo de entrada de texto cujo valor é predefinido (com base no valor de quantidade na sessão).

O valor do subtotal (a quantidade vezes o preço) para cada item também é formatado e exibido.

7. Feche a conexão com o banco de dados e, em seguida, finalize a tabela e o formulário.

```
mysqli_close($dbc);
echo '<tr>
  <td colspan="4"
→ align="right"><b>Total:</b></td
>
  <td align="right">$' .
→ number_format ($total, 2) .
→ '</td>
</tr>
</table>
<div align="center"><input
→ type="submit" name="submit"
→ value="Update My Cart" /></div>
<input type="hidden" name="submitted"
→ value="TRUE" />
</form><p align="center">Enter a
→ quantity of 0 to remove an item.
<br /><br /><a
→ href="checkout.php">Checkout</a>
→ </p>';
```

O total do pedido em andamento é exibido na linha final da tabela, utilizando a função number_format() para formatação. O formulário também fornece instruções sobre como remover um item, e um link é incluído para a página de fechamento da compra.

8. Finalize a condicional principal e a página PHP.

```
} else {
  echo '<p>Your cart is currently
→ empty.</p>';
```

```
}
include ('./includes/footer.html');
?>
```

Esta cláusula else finaliza a condicional if (!empty($_SESSION['cart-'])).

9. Salve o arquivo como view_cart.php, coloque-o em seu diretório Web e teste-o em seu navegador (Figuras 17.39 e 17.40).

✓ **Dicas**

- Em aplicativos Web mais complexos, eu estaria inclinado a escrever uma página PHP estritamente para a finalidade de exibição do conteúdo de um carrinho de compras. Como várias páginas podem desejar exibir o conteúdo do carrinho de compras, faria sentido ter essa funcionalidade em um arquivo que pode ser incluído.

- Um dos aspectos de um aplicativo de e-commerce seguro é acompanhar como os dados estão sendo enviados e utilizados. Por exemplo, seria muito menos seguro colocar o preço de um produto na URL, onde ele poderia ser facilmente alterado.

Figura 17.39 Se realizar alterações em quaisquer quantidades e clicar em Update My Cart, *o carrinho de compras e o total do pedido serão atualizados (compare com a Figura 17.37).*

Figura 17.40 Removi tudo o que estava no carrinho de compras definindo as quantidades como 0.

REGISTRANDO OS PEDIDOS

Após exibir todos os produtos como um catálogo, e após o usuário encher o carrinho de compras, há três etapas finais:

- Fechamento da compra do usuário
- Registro do pedido no banco de dados
- Conclusão do pedido

Ironicamente, a parte mais importante, o fechamento da compra (ou seja, receber o dinheiro do cliente), não poderia ser demonstrada adequadamente em um livro, pois é um item muito particular para cada site. Assim, o que eu fiz foi fornecer uma visão geral sobre esse processo, no quadro lateral.

De maneira semelhante, o ato de atender ao pedido está além do escopo do livro. Para produtos físicos, isso significa que o pedido precisará ser embalado e enviado para o cliente. Então, o pedido no banco de dados seria marcado como enviado indicando a data do envio. Este conceito não deverá ser tão difícil para que você o implemente.

O que posso mostrar neste capítulo é como as informações do pedido scriam armazenadas no banco de dados. Para garantir que o pedido seja completa e corretamente inserido nas tabelas *orders* e *order_contents*, utilizarei transações. Este assunto foi abordado no Capítulo 6, utilizando o mysql client. Aqui, as transações serão realizadas por meio de um script PHP. Para maior segurança e desempenho, este script também utilizará instruções preparadas, discutidas no Capítulo 12.

Este script, checkout.php, representa a etapa final para o cliente no processo de e-commerce. Como as etapas que precedem este script não foram abordadas neste livro, é necessário um pequeno reparo do processo.

834   **PHP 6 e MySQL 5 para Web Sites Dinâmicos**

Para criar o submit_order.php:

1. Crie um novo documento PHP em seu editor de texto ou IDE (Script 17.10).

```
<?php # Script 17.10 - checkout.php
$page_title = 'Order Confirmation';
include ('./includes/header.html ');
```

2. Crie duas variáveis temporárias.

```
$customer = 1;
$total = 178.93;
```

Para inserir os pedidos no banco de dados, esta página precisa de duas partes de informação adicionais: o número de identificação do cliente (que é a coluna customer_id da tabela customers) e o total do pedido. O primeiro pode ser determinado quando o cliente efetuar o login (provavelmente, ele seria armazenado na sessão). O segundo valor também pode ser armazenado em uma sessão (após o imposto e o custo de envio serem considerados) ou pode ser recebido por esta página a partir do processo de faturamento.

Mas como não tenho acesso imediato a qualquer um dos valores (por pular aquelas etapas), criarei estas duas variáveis para forjá-los.

3. Inclua a conexão com o banco de dados e desative o modo de consolidação automática do MySQL.

```
require_once
→ ('../mysqli_connect.php-');
mysqli_autocommit($dbc, FALSE);
```

A função mysqli_autocommit() pode ativar ou desativar o recurso de consolidação automática do MySQL. Como desejarei utilizar uma transação para garantir que o pedido completo seja realizado adequadamente, primeiro desativarei a consolidação automática.

Se você tiver dúvidas sobre as transações, consulte o Capítulo 6 ou o manual do MySQL.

Capítulo 17 – Exemplo — E-Commerce 835

```php
1    <?php # Script 17.10 - checkout.php

2    // This page inserts the order information
     into the table.

3    // This page would come after the billing
     process.

4    // This page assumes that the billing
     process worked (the money has been taken).

5

6    // Set the page title and include the HTML
     header.

7    $page_title = 'Order Confirmation';

8    include ('includes/header.html');

9

10   // Assume that the customer is logged in
     and that this page has access to the
     customer's ID:

11   $customer = 1; // Temporary.

12

13   // Assume that this page receives the
     order total.

14   $total = 178.93; // Temporary.

15

16   require_once ('../mysqli_connect.php'); //
     Connect to the database.

17

18   // Turn autocommit off.

19   mysqli_autocommit($dbc, FALSE);

20

21   // Add the order to the orders table...

22   $q = "INSERT INTO orders (customer_id,
     total) VALUES ($customer, $total)";

23   $r = mysqli_query($dbc, $q);

24   if (mysqli_affected_rows($dbc) == 1) {

25

26       // Need the order ID:
```

```php
27       $oid = mysqli_insert_id($dbc);

28

29       // Insert the specific order contents
         into the database...

30

31       // Prepare the query:

32       $q = "INSERT INTO order_contents
         (order_id, print_id, quantity, price)
         VALUES (?, ?, ?, ?)";

33       $stmt = mysqli_prepare($dbc, $q);

34       mysqli_stmt_bind_param($stmt, 'iiid',
         $oid, $pid, $qty, $price);

35

36       // Execute each query, count the total
         affected:

37       $affected = 0;

38       foreach ($_SESSION['cart'] as $pid =>
         $item) {

39           $qty = $item['quantity'];

40           $price = $item['price'];

41           mysqli_stmt_execute($stmt);

42           $affected +=
             mysqli_stmt_affected_rows($stmt);

43       }

44

45       // Close this prepared statement:

46       mysqli_stmt_close($stmt);

47

48       // Report on the success....

49       if ($affected ==
         count($_SESSION['cart'])) { // Whohoo!

50

51           // Commit the transaction:

52           mysqli_commit($dbc);

53

54           // Clear the cart.
```

Script 17.10 *O script final no aplicativo de e-commerce registra as informações do pedido no banco de dados. Ele utiliza transações para garantir que todo o pedido seja enviado adequadamente.*

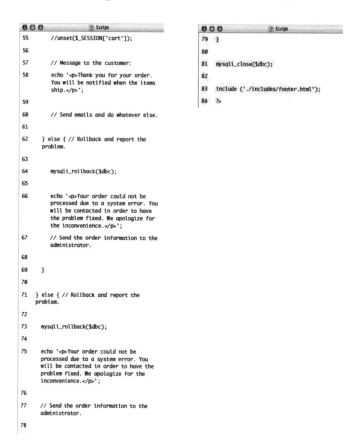

Script 17.10 O script final no aplicativo de e-commerce registra as informações do pedido no banco de dados. Ele utiliza transações para garantir que todo o pedido seja enviado adequadamente (continuação).

4. Inclua o pedido na tabela *orders*.

```
$q = "INSERT INTO orders
→ (customer_id, total) VALUES
→ ($customer, $total)";
$r = mysqli_query($dbc, $q);
if (mysqli_affected_rows($dbc) = = 1) {
```

Esta consulta é bastante simples, inserindo apenas o número do ID do cliente e a quantia total do pedido na tabela *orders*. O campo

Capítulo 17 – Exemplo — E-Commerce 837

order_date na tabela será automaticamente definido com a data e a hora atuais, como uma coluna TIMESTAMP.

5. Resgate o ID do pedido e prepare a consulta que insere o conteúdo do pedido no banco de dados.

```
$oid = mysqli_insert_id($dbc);
$q = "INSERT INTO order_contents
➔ (order_id, print_id, quantity,
➔ price) VALUES (?, ?, ?, ?)";
$stmt = mysqli_prepare($dbc, $q);
mysqli_stmt_bind_param($stmt, 'iiid',
➔ $oid, $pid, $qty, $price);
```

O valor *order_id* da tabela *orders* é necessário na tabela *order_contents* para relacionar os dois. A consulta insere quatro valores na tabela *order_contents*, onde haverá um registro para cada tela adquirida neste pedido. A consulta é definida utilizando placeholders para os valores, e é preparada. A função mysqli_stmt_bind_param-() associa quatro variáveis para os placeholders. Seus tipos, no pedido, são: número inteiro, número inteiro, número inteiro, número duplo (também conhecido como flutuante).

6. Processe o carrinho de compras inserindo cada tela no banco de dados.

```
$affected = 0;
foreach ($_SESSION['cart'] as $pid =>
➔ $item) {
  $qty = $item['quantity'];
  $price = $item['price'];
  mysqli_stmt_execute($stmt);
  $affected +=
  ➔ mysqli_stmt_affected_rows($stmt);
}
```

Ao realizar um loop pelo carrinho de compras, conforme realizei no view_cart.php, posso acessar cada um dos itens, um de cada vez. Para esclarecer o que está acontecendo aqui: a consulta já foi preparada e enviada para o MySQL, e as variáveis foram atribuídas aos placeholders. No loop, duas novas variáveis recebem valores provenientes da sessão.

838 **PHP 6 E MySQL 5 PARA WEB SITES DINÂMICOS**

A função mysqli_stmt_execute() é chamada, e executa a instrução preparada utilizando os valores da variável naquele momento. O valor de $oid não mudará de uma iteração para outra, mas os valores de $pid, $qty e $price mudarão.

Se você encontrar qualquer problema com esta ou as outras consultas neste script, utilize suas técnicas de depuração do MySQL padrão: exiba a consulta utilizando o PHP, exiba o erro MySQL e execute a consulta utilizando uma outra interface, como o mysql client.

Para confirmar o êxito de todas as consultas, o número de linhas afetadas deve ser acompanhado. Uma variável, $affected, é inicializada como 0 fora do loop.

No loop, o número de linhas afetadas é incluído nesta variável após cada execução da instrução preparada.

7. Reporte o êxito da transação.

```
if ($affected = =
→ count($_SESSION['cart'])) {
  mysqli_commit($dbc);
  unset($_SESSION['cart']);
  echo '<p>Thank you for your
→ order. You will be notified
→ when the items ship.</p>';
```

A condicional verifica se a mesma quantidade de registros que foi inserida no banco de dados existe no carrinho de compras. Em resumo: cada um dos produtos foi inserido na tabela *order_contents*? Em caso positivo, a transação é concluída e poderá ser consolidada. Em seguida, o carrinho de compras é esvaziado e o usuário recebe uma mensagem de agradecimento. Logicamente, você também desejaria enviar um e-mail de confirmação ao cliente.

Procurando no Catálogo de Produtos

A estrutura deste banco de dados proporciona uma capacidade de procura bastante fácil, caso você deseje incluí-la. Da maneira que se encontra, há apenas três campos lógicos a serem utilizados para finalidades de procura: o nome da tela, sua descrição e o último nome do artista.

Capítulo 17 – Exemplo — E-Commerce   839

> Uma consulta LIKE poderia ser executada utilizando a seguinte sintaxe:
>
> ```
> SELECT...WHERE prints.description LIKE
> '%keyword%' OR prints.print_name
> LIKE '%keyword%' ...
> ```
>
> Uma outra opção seria criar uma procura avançada, na qual o usuário seleciona se deseja procurar pelo nome do artista ou pelo nome da tela (semelhante ao processo realizado pelo Internet Movie Database, www.imdb.com, com pessoas versus títulos de filmes).

8. Manipule quaisquer problemas do MySQL.

```
} else {
  mysqli_rollback($dbc);
  echo '<p>Your order could not
→ be processed due to a
→ system error. You will be
→ contacted in order to have
→ the problem fixed. We
→ apologize for the
→ inconvenience.</p>';
}
} else {
  mysqli_rollback($dbc);
  echo '<p>Your order could not be
→ processed due to a system
→ error. You will be contacted in
→ order to have the problem
→ fixed. We apologize for the
→ inconvenience.</p>';
}
```

A primeira cláusula else é aplicada se o número correto de registros não foi inserido na tabela *order_contents*. A segunda cláusula else é aplicada se a consulta da tabela *orders* original falhar. Em qualquer caso, toda a transação deverá ser desfeita; portanto, a função mysqli_rollback() é chamada.

Se ocorrer um problema neste ponto do processo, o caso será bastante sério, porque o cliente já foi cobrado, mas nenhum registro do pedido foi realizado no banco de dados.

Isto não deverá acontecer, mas, por segurança, você deverá escrever todos os dados em um arquivo de texto e/ou enviar tudo por e-mail ao administrador do site, ou fazer alguma coisa que crie um registro deste pedido. Se não o fizer, você terá alguns clientes bastante irritados.

Figura 17.41 Agora, o pedido do cliente foi concluído, após inserir todos os dados no banco de dados.

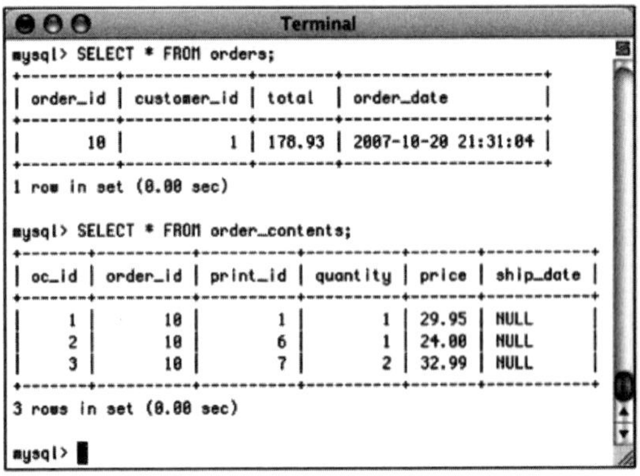

Figura 17.42 O pedido no banco de dados MySQL sendo visualizado, utilizando o mysql client.

9. Finalize a página.

```
mysqli_close($dbc);
include ('./includes/footer.html');
?>
```

Capítulo 17 – Exemplo — E-Commerce   841

10. Salve o arquivo como checkout.php, coloque-o em seu diretório Web e teste-o em seu navegador (Figura 17.41). Você pode acessar esta página clicando no link em view_cart.php.

11. Confirme se o pedido foi armazenado adequadamente consultando o banco de dados, utilizando uma outra interface (Figura 17.42).

✓ **Dicas**

■ Em um site funcional e disponível para acesso, você deverá atribuir às variáveis $customer e $total valores reais para que este script funcione. Você provavelmente desejará garantir que o carrinho de compras não esteja vazio antes de tentar armazenar o pedido no banco de dados.

■ Criar um script administrativo para visualização de pedidos é bastante simples. A primeira página funcionaria como o browse_prints.php, exceto por realizar uma junção entre as tabelas *orders* e *customers*. Esta página poderá exibir o total do pedido, o ID do pedido, a sua data e o nome do cliente. Você poderá criar um link do ID do pedido para um script view_order.php, transmitindo o ID do pedido na URL. O script utilizaria o ID do pedido para resgatar os detalhes a partir da tabela *order_contents* (unindo *prints* e *artists* nesse processo).

■ Se desejar saber mais sobre e-commerce ou ver as variações sobre este processo, com uma rápida pesquisa na Web você encontrará diversos exemplos e tutoriais para a criação de aplicativos e-commerce com o PHP.

O Processo de Fechamento da Compra

O processo de fechamento da compra (o qual não abordarei em detalhes) envolve três etapas:

1. Confirmar o pedido.

2. Confirmar/enviar as informações de faturamento e envio do produto.

3. Processar as informações de faturamento.

As etapas 1 e 2 deverão ser fáceis o suficiente para que os programadores de nível intermediário as realizem sozinhos. Provavelmente, a maioria dos dados na etapa 2 seria proveniente da tabela *customers*, após o usuário fazer o seu registro e efetuar o login.

842 PHP 6 e MySQL 5 para Web Sites Dinâmicos

A etapa 3 é a etapa mais complexa e não poderia ser abordada de forma adequada em um livro. As particularidades desta etapa variam muito, dependendo de como e por quem o faturamento estiver sendo realizado. Para torná-la mais complexa, as leis são diferentes dependendo se o produto vendido for enviado posteriormente ou entregue imediatamente (como o acesso a um Web site ou um arquivo disponível para download).

A maioria dos sites de e-commerce de pequeno a médio porte utiliza uma solução de terceiros para manipular as transações financeiras. Normalmente, isso envolve o envio de informações de faturamento, o total do pedido e um número de loja (uma referência ao site de e-commerce) para um outro Web site. Este site manipula o processo de faturamento, debitando o cliente e creditando a loja. Em seguida, um código de resultado é enviado de volta ao site de e-commerce, que deverá estar programado para agir de acordo com o código. Nesses casos, a solução de terceiros manipulando o faturamento fornece ao desenvolvedor o código e as instruções apropriados para realizar a interface com o seu sistema.

APÊNDICE A

INSTALAÇÃO

Conforme mencionei na introdução do livro, há três requisitos técnicos para execução de todos os exemplos: MySQL (o aplicativo de banco de dados), PHP (a linguagem de script) e o aplicativo de servidor Web (pelo qual o PHP é executado). Neste apêndice, descreverei a instalação destas ferramentas em duas plataformas diferentes – Windows e Macintosh –, o que deve abranger as necessidades da maioria dos leitores. (Tenho assumido sempre que se você possui conhecimento suficiente para utilizar alguma versão do Unix, provavelmente já sabe como instalar um software como o PHP e o MySQL.) Se estiver utilizando um Web site hospedado, tudo isso já será fornecido a você, mas estes produtos são todos gratuitos e bastante fáceis de instalar, portanto, não será difícil instalá-los em seu computador.

Após abordar a instalação, o apêndice discute questões relacionadas que serão importantes para quase todos os usuários. Primeiro, apresento como criar usuários no MySQL. Em seguida, demonstro como testar sua instalação do PHP e do MySQL, mostrando técnicas que você desejará utilizar ao iniciar o trabalho pela primeira vez em qualquer servidor. Por fim, você aprenderá como configurar o PHP para alterar a forma como ele é executado.

844   **PHP 6 E MySQL 5 PARA WEB SITES DINÂMICOS**

Antes de discutir as particularidades, há um pequeno detalhe: o PHP 6 ainda não foi formalmente lançado até o momento da elaboração deste livro. Consegui utilizar o PHP 6 em todos os exemplos criando minha própria instalação do programa para Windows e Mac. Entretanto, nestas etapas recomendo a utilização de instaladores prontos e, portanto, o que você verá neste apêndice são instaladores e imagens do PHP 5. Quando o PHP 6 for formalmente lançado, estes instaladores serão atualizados e as etapas provavelmente serão as mesmas ou bastante semelhantes.

INSTALAÇÃO NO WINDOWS

Em versões anteriores deste livro recomendei aos usuários Windows que tirassem proveito dos instaladores completos e gratuitos já disponíveis. Estes programas instalarão e configurarão o servidor Web (como Apache, Abyss ou IIS), PHP e MySQL para você. Em edições anteriores, após fazer essa recomendação, também demonstrei como instalar o PHP e o MySQL individualmente. Mas várias alterações nessas etapas de instalação e diversas questões de leitores que encontraram problemas, convenceram-me a procurar soluções e adotar as etapas de forma completa.

Há diversos instaladores completos disponíveis para Windows. Os dois que vejo indicados com mais freqüência são XAMPP (www.apachefriends.org) e WAMP (www.wampserver.com). Para este apêndice, utilizarei o XAMPP, que pode ser executado no Windows 98, NT, 2000, 2003 e XP.

Juntamente com o Apache, o PHP e o MySQL, o XAMPP também instala:

◆ PEAR, uma biblioteca de códigos PHP

◆ Perl, uma linguagem de programação bastante popular

◆ phpMyAdmin, a interface Web para um servidor MySQL

◆ Um servidor de correio eletrônico (para envio de e-mails)

◆ Diversas extensões úteis

No momento da elaboração desta publicação, o XAMPP (Versão 1.6.4) podia ser instalado no PHP 5.2.4 e 4.4.7, MySQL 5.0.45, Apache 2.2.6 e phpMyAdmin 2.11.0.

Realizarei o processo de instalação nas próximas etapas. Observe que, se você encontrar problemas, poderá utilizar o fórum de suporte do livro (www.DMCInsights.com/phorum/), mas provavelmente terá mais sorte consultando o site do XAMPP (afinal de contas, é o site do produto). Além disso, o instalador funciona muito bem e não é difícil utilizá-lo; assim, em vez de detalhar cada etapa do processo, destacarei as considerações mais importantes.

Para instalar o XAMPP no Windows:

1. Faça o download do release mais recente do XAMPP para Windows em www.apachefriends.org. Será necessário clicar em alguns links para encontrar a seção de download, mas, eventualmente, você chegará até uma área como a da Figura A.1. Em seguida, clique em Installer, que é o item específico que você deseja.

2. Em seu computador, efetue um clique duplo no arquivo transferido por download para iniciar o processo de instalação.

Figura A.1 A partir do Web site Apache Friends, obtenha o instalador mais recente para Windows.

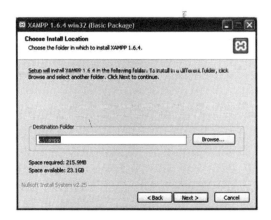

Figura A.2 Selecione onde o XAMPP deve ser instalado.

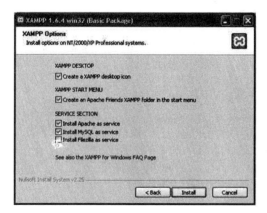

Figura A.3 As opções do XAMPP que recomendaria utilizar.

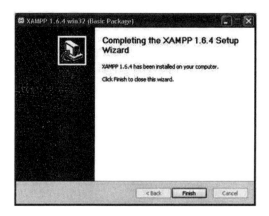

Figura A.4 A instalação está completa!

3. Passe pelas telas clicando em suas escolhas ao longo do processo de instalação.
4. Quando solicitado (Figura A.2), instale o XAMPP em algum lugar que não seja o diretório Program Files (Arquivos de programas).

   Você não deverá instalá-lo no diretório Program Files devido a questões de segurança no Windows Vista. Recomendo instalar o XAMPP em seu diretório raiz (por exemplo, C:\). Onde quer que você decida instalar o programa, anote esse local, pois ele será necessário outras vezes no acompanhamento deste apêndice.

APÊNDICE A – INSTALAÇÃO   847

5. Se fornecida a opção, instale o Apache e o MySQL como serviços (Figura A.3). Instalá-los como serviços apenas altera como eles podem ser iniciados e parados, entre outras coisas.

6. Após a conclusão do processo de instalação, clique em Finish (Figura A.4). Após clicar em Finish, um prompt DOS (também conhecido como janela de console) será aberto para o XAMPP tentar algumas coisas. Se você vir uma mensagem como a da Figura A.5, escolha a opção Unblock (consulte o quadro lateral "Utilizando Firewalls" para obter mais informações sobre o assunto).

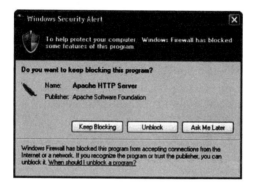

Figura A.5 Se estiver executando um firewall de qualquer tipo, você verá algumas mensagens como esta quando o Apache, e possivelmente os outros aplicativos, forem iniciados. Consulte o quadro lateral "Utilizando Firewalls" para obter mais informações.

7. Para iniciar, parar e configurar o XAMPP, abra o XAMPP Control Panel (Figura A.6). Um atalho para o painel de controle pode ser criado na Área de Trabalho e no menu Iniciar, se você selecionou essas opções na Figura A.3.

8. Utilizando o painel de controle, inicie o Mercury (consulte a Figura A.6).

   Este é o servidor de correio eletrônico instalado pelo XAMPP. Ele precisa estar em execução para o envio de e-mails utilizando o PHP (consulte o Capítulo 10, "Desenvolvimento de Aplicativo Web").

9. Defina, imediatamente, uma senha para o usuário root do MySQL. Você verá como fazê-lo mais adiante, neste capítulo.

848   **PHP 6 E MySQL 5 PARA WEB SITES DINÂMICOS**

Utilizando Firewalls

Um firewall evita a comunicação por meio de portas (uma porta é um ponto de acesso a um computador). Versões do Windows com o Service Pack 2 do XP possuem um firewall integrado. Você também pode fazer o download e instalar firewalls de terceiros, como o ZoneAlarm. Os firewalls aumentam a segurança do seu computador, mas também interferem na capacidade de execução do Apache, MySQL e algumas das outras ferramentas utilizadas pelo XAMPP, porque todas elas utilizam portas.

Se você vir uma mensagem como a da Figura A.5, escolha Unblock. Caso contrário, você poderá configurar manualmente seu firewall (por exemplo, no Windows XP, isso é realizado pelo Painel de Controle > Central de Segurança). As portas que precisam ficar abertas são: 80 (para o Apache), 3306 (para o MySQL) e 25 (para o servidor de correio eletrônico Mercury). Se encontrar qualquer problema em iniciar ou acessar algum deles, desative o firewall e veja se funciona. Em caso positivo, saberá que o firewall é o problema e que ele precisa ser reconfigurado.

Apenas para ficar mais claro, os firewalls não são encontrados apenas no Windows, mas no que diz respeito às instruções neste apêndice, a presença de um firewall provavelmente orientará mais um usuário Windows do que qualquer outro.

✓ **Dicas**

- Consulte a seção de configuração no final deste capítulo para aprender como configurar o PHP editando o arquivo php.ini.

- Seu diretório raiz Web - onde seus scripts PHP devem ser colocados para serem testados - é a pasta htdocs no diretório em que o XAMPP foi instalado. Para minha instalação (consulte a Figura A.2), este diretório será C:\xampp\htdocs.

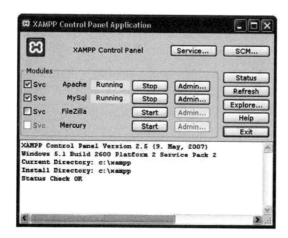

Figura A.6 O XAMPP Control Panel, seu caminho para utilização de todo o software instalado.

INSTALAÇÃO NO MAC OS X

O Macintosh sempre foi um computador fácil e simples de ser manipulado, freqüentemente utilizado por desenvolvedores Web para o design gráfico e codificação HTML. Agora, graças ao OS X, o Macintosh também é um computador de programador.

O OS X, na versão 10.5 (também chamado de Leopard) no momento da elaboração desta publicação, possui uma base Unix com uma excelente interface Macintosh. O aspecto Unix do sistema operacional - com base no FreeBSD - permite a utilização de ferramentas Unix padrão com extraordinária facilidade, como PHP, MySQL e Apache. Na realidade, o Leopard é fornecido com o Apache e o PHP já instalados (mas o PHP talvez não esteja ativado por padrão).

Como em qualquer outra tecnologia Unix, você pode fazer o download do código fonte destes pacotes e construí-los manualmente (tive que fazer isso para este livro, o que não é muito difícil). Entretanto, recomendo seguir pelo caminho mais fácil e utilizar os instaladores pré-compilados de Marc Liyanage, disponíveis em www.entropy.ch/software/macosx. Marc - que deveria receber um prêmio pela quantidade de trabalhos específicos em OS X - fornece instaladores atualizados e fáceis de utilizar para muitas tecnologias diferentes. Neste apêndice, instalarei o MySQL utilizando o pacote fornecido pelo MySQL e o PHP utilizando o módulo pré-compilado

850   **PHP 6 e MySQL 5 para Web Sites Dinâmicos**

de Marc. As instruções demonstrarão este processo utilizando o Mac OS X 10.4 (Tiger), mas as etapas serão semelhantes com o Leopard ou o Panther (10.3).

Além disso, estas instruções são específicas para a versão básica do Mac OS X. A versão servidor do Mac OS X é fornecida com o Apache, o PHP e o MySQL pré-instalados.

Para instalar e iniciar o MySQL:

1. Faça o download do release GA (Generally Available) mais recente do MySQL Community Server.

    Acesse http://dev.mysql.com, em seguida, clique nos links apropriados até encontrar o instalador do formato do pacote para Mac OS X (Figura A.7). Você precisará fazer o download do instalador que corresponde à versão do seu Mac OS X e seu processador (se você possui um chip Intel, utilize o link x86; todos os outros utilizam PowerPC). Observe que, enquanto escrevo o livro, o Mac OS X 10.5 (Leopard) acaba de ser lançado, há apenas dois dias e, assim, o Web site do MySQL (Figura A.7) ainda não o lista como uma opção.

    Após clicar em Pick a Mirror, você passará por mais algumas etapas rápidas para fazer o download do arquivo.

Mac OS X (package format) downloads (platform notes)			
Mac OS X 10.3 (PowerPC, 32-bit)	5.0.45	66.2M	Pick a mirror
	MD5: 24aeeb5f992284acb73101d28b0acb7a | Signature		
Mac OS X 10.4 (PowerPC, 32-bit)	5.0.45	62.6M	Pick a mirror
	MD5: fbf4b96a0ea03e0b979096c44bc05f89 | Signature		
Mac OS X 10.4, (PowerPC, 64-bit)	5.0.45	60.9M	Pick a mirror
	MD5: 8dac0fd7ad7673930cf0fe9931e182e3 | Signature		
Mac OS X 10.4 (x86)	5.0.45	61.0M	Pick a mirror
	MD5: ccb1b2221bee3a613d0ddc085ee350d3 | Signature		

Figura A.7 *Os downloads disponíveis do MySQL para Mac OS X.*

2. Em seu computador, efetue um clique duplo no arquivo transferido por download para montá-lo.

    O arquivo transferido por download é uma imagem de disco que deve ser montada. O aplicativo Disk Utility realizará automaticamente esta tarefa assim que você efetuar um clique duplo no arquivo .dmg.

APÊNDICE A – INSTALAÇÃO 851

3. Abra a imagem de disco e efetue um clique duplo no pacote mysql-<version>... (Figura A.8) para iniciar o processo de instalação.

   Se estiver fazendo o upgrade do MySQL a partir de uma versão anterior, certifique-se de parar o servidor MySQL existente antes de instalar a nova versão.

4. Siga pelo processo de instalação. Há algumas etapas bastante óbvias, como concordar com o contrato de licença e a seleção de um disco de destino (Figura A.9). Em segundo plano, o pacote instalará todos os arquivos necessários no diretório /usr/local/mysql-<version>. Ele também criará um link simbólico a partir de /usr/local/mysql para este diretório, de forma que os arquivos do MySQL possam ser acessados mais facilmente.

5. Instale a área de preferências do MySQL efetuando um clique duplo no arquivo MySQL.prefPane na imagem do disco (consulte a Figura A.8).

   Após mais algumas etapas, você terá instalado uma área de janela chamada System Preferences, para que possa iniciar e parar facilmente o MySQL.

6. Abra a área de janela System Preferences e clique em MySQL, sob Other.

   A nova área de janela de preferências do MySQL estará disponível na próxima vez em que você abrir a da System Preferences. Se a área de janela System Preferences foi aberta quando você instalou a área de janela MySQL, será necessário sair e reabrir a área de janela System Preferences.

7. Utilize a nova área de janela para iniciar e parar o servidor MySQL (Figura A.10).

8. Defina, imediatamente, uma senha para o usuário root do MySQL.

   Como fazê-lo é explicado mais adiante, neste capítulo.

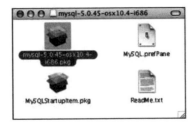

Figura A.8 A imagem de disco montada contém alguns arquivos. Destaquei o arquivo do instalador nesta imagem.

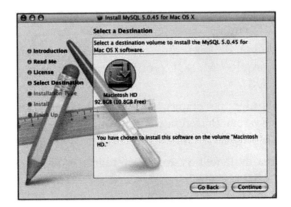

Figura A.9 Escolha o disco no qual o MySQL deve ser instalado. Se você possui várias unidades de disco rígido ou partições (o que eu não tenho), instale o MySQL na partição em que o seu sistema operacional está instalado.

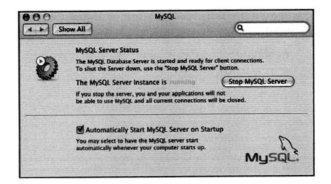

Figura A.10 A área de janela de preferências do MySQL pode ser utilizada para controlar o servidor do banco de dados MySQL.

APÊNDICE A – INSTALAÇÃO   853

Para instalar o PHP:

1. Em seu navegador Web, acesse www.entropy.ch/software/macosx/php.

2. Faça o download da versão apropriada do PHP para seu sistema operacional.

   No momento da elaboração deste livro, a única diferença entre as duas versões que o site oferecia era que uma é destinada ao Apache 1.3 e a outra destinada ao Apache 2.4. Todas as versões do Mac OS X que já utilizei possuem a versão 1.x do Apache. Espero que também seja assim no Leopard.

3. Em seu computador, efetue um clique duplo no arquivo transferido por download para acessar o seu conteúdo.

4. Efetue um clique duplo no pacote do PHP (Figura A.11) para iniciar o processo de instalação.

5. Siga as telas do instalador.

   O instalador é bastante fácil de utilizar. Será necessário clicar em Continue algumas vezes, selecionar um disco de destino (este deve ser o mesmo disco rígido ou partição que também possui seu sistema operacional), e digitar a senha administrativa.

✓ **Dicas**

- Consulte a seção "Testando Sua Instalação" mais adiante neste apêndice para obter orientações sobre a confirmação dos resultados da instalação do PHP e do MySQL.

- Consulte a seção de configuração no final deste capítulo para aprender como configurar o PHP editando o arquivo php.ini.

- Seu diretório raiz Web - onde seus scripts PHP devem ser colocados para serem testados - é a pasta Sites em seu diretório inicial. A URL que você utilizará para acessar esses arquivos é http://localhost/~<usuário>, substituindo <usuário> pela versão abreviada do seu nome de usuário (consulte a área de janela Accounts System Preferences para encontrar este valor).

Figura A.11 O instalador do PHP para Mac OS X.

Permissões MySQL

Assim que o MySQL for instalado com êxito, você deverá definir imediatamente uma senha para o usuário root. Enquanto não o fizer, qualquer um poderá acessar seus bancos de dados e ter privilégios de nível administrativo.

Assim que estabelecer a senha do usuário root, você poderá começar a estabelecer os usuários que acessarão regularmente o banco de dados (por exemplo, a partir dos scripts PHP). É pouco seguro utilizar o usuário root para finalidades gerais, portanto, todos devem criar alguns novos usuários MySQL para utilização regular.

Apresentarei ambos os processos nas próximas páginas. Observe que se você estiver utilizando um servidor hospedado, provavelmente criarão os usuários MySQL para você.

Definindo a senha do usuário root

O utilitário mysqladmin, conforme o nome talvez sugira, é utilizado para realizar tarefas no nível administrativo em seu banco de dados. Estas tarefas incluem a parada do MySQL, definição da senha do usuário root, entre outras. (Entretanto, algumas coisas que você pode fazer com o mysqladmin também podem ser realizadas mais diretamente no mysql client.)

Uma das principais utilizações do mysqladmin é para atribuir uma senha ao usuário root. Quando o MySQL está instalado, esse valor ainda não está estabelecido. Certamente, isto é um risco de segurança que deve ser corrigido antes de começar a utilizar o servidor. Apenas para esclarecer, seus bancos de dados podem ter vários usuários, da mesma forma que o seu sistema operacional. Os usuários do MySQL são diferentes dos usuários do sistema operacional, até mesmo quando compartilham um nome em comum. Portanto, o usuário root do MySQL é uma entidade diferente do usuário root do sistema operacional, com diferentes poderes e senhas diferentes (preferivelmente, mas não necessariamente).

APÊNDICE A – INSTALAÇÃO   855

O mais importante é compreender que o servidor MySQL deve estar em execução para que você utilize o mysqladmin.

Para atribuir uma senha ao usuário root:

1. Efetue login em seu sistema a partir de uma interface da linha de comandos.

   Para os usuários do Mac OS X e do Linux, isto é apenas uma questão de abrir o aplicativo Terminal. Para usuários Windows, será necessário clicar em Iniciar > Executar, em seguida, digitar cmd no prompt, e clique em OK.

2. Vá para o diretório mysql/bin.

   O comando apropriado será algo como

   ```
   cd /usr/local/mysql/bin (Unix ou Mac
   → OS X)
   ou
   cd C:\xampp\mysql\bin (Windows)
   ```

   Será necessário alterar os valores que você utiliza aqui para corresponder ao diretório onde o MySQL foi instalado (o diretório bin será encontrado dentro dele).

3. Digite o seguinte, substituindo thepassword pela senha que deseja utilizar (Figura A.12):

   No Windows, você pode digitar

   ```
   mysqladmin -u root password
   → thepassword
   ```

   No Mac OS X e Unix será necessário utilizar

   ```
   ./mysqladmin -u root password
   → thepassword
   ```

Figura A.12 Estabelecendo uma senha para o usuário root do MySQL.

PHP 6 e MySQL 5 para Web Sites Dinâmicos

Tenha em mente que as senhas no MySQL fazem distinção entre maiúsculas e minúsculas; portanto Kazan e kazan não são idênticas. O termo password que precede a senha diz ao MySQL para criptografar essa cadeia.

✓ **Dicas**

- O acesso aos utilitários do MySQL a partir da linha de comandos pode assustar. Se encontrar problemas com estas etapas, consulte o manual do MySQL, pesquise na Web e consulte o fórum de suporte do livro para obter ajuda.

- Se você instalou o XAMPP no Windows, será necessário alterar o arquivo de configuração do phpMyAdmin após alterar a senha do usuário root do MySQL. Siga até o diretório onde instalou o XAMPP e abra um arquivo chamado config.inc.php na pasta phpMyAdmin. Encontre a linha que contém

```
$cfg['Servers'][$i]['password']
➔ = ' ';
```

e altere para

```
$cfg['Servers'][$i]['password']
➔ = 'a nova senha';
```

Tabela A.1 A lista de privilégios que podem ser atribuídos aos usuários do MySQL.

Privilégios MySQL	
PRIVILÉGIO	**PERMITE**
SELECT	Ler linhas das tabelas.
INSERT	Incluir novas linhas de dados nas tabelas.
UPDATE	Alterar dados existentes nas tabelas.
DELETE	Remover dados existentes das tabelas.
INDEX	Criar e eliminar índices nas tabelas.
ALTER	Modificar a estrutura de uma tabela.
CREATE	Criar novas tabelas ou bancos de dados.
DROP	Excluir tabelas ou bancos de dados existentes.
RELOAD	Recarregar as tabelas de concessões (e, portanto, consolidar as alterações dos usuários).

APÊNDICE A – INSTALAÇÃO   857

Tabela A.1 A lista de privilégios que podem ser atribuídos aos usuários do MySQL. (continuação)

Privilégios MySQL	
PRIVILÉGIO	PERMITE
SHUTDOWN	Para o servidor do MySQL.
PROCESS	Visualizar e parar processos MySQL existentes.
FILE	Importar dados para tabelas a partir de arquivos de texto.
GRANT	Criar novos usuários.
REVOKE	Remover as permissões de usuários.

CRIANDO USUÁRIOS E PRIVILÉGIOS

Após colocar o MySQL em execução de forma bem-sucedida, e após estabelecer uma senha para o usuário root, é hora de começar a incluir outros usuários. Para aumentar a segurança de seus aplicativos, você deve sempre criar novos usuários para o acesso aos seus bancos de dados, em vez de sempre utilizar o usuário root.

O sistema de privilégios do MySQL foi projetado para restringir o acesso apenas a determinados comandos em bancos de dados específicos por determinados usuários. Esta tecnologia é como um host Web que pode, por exemplo, de forma segura, ter diversos usuários acessando diversos bancos de dados, sem preocupação. Cada usuário dentro do sistema MySQL pode ter capacidades específicas em bancos de dados específicos a partir de hosts específicos (computadores). O usuário root - o usuário root do MySQL, não o usuário root do sistema - possui maior poder e é utilizado para criação de subusuários, embora subusuários possam receber poderes de usuários root (portanto, não recomendável).

Quando um usuário tentar realizar alguma tarefa com o servidor MySQL, ele primeiro verificará se o usuário possui permissão para conexão com o servidor (com base no nome do usuário, a sua senha e as informações na tabela user do banco de dados mysql). Segundo, o MySQL verificará se o usuário possui a permissão para executar a instrução SQL específica nos bancos de dados específicos - por exemplo, para selecionar ou inserir dados, ou criar uma nova tabela. Para fazer essa determinação, o MySQL utiliza as tabelas db, host, user, tables_priv e columns_priv, novamente a partir do banco de dados mysql. A Tabela A.1 lista os diversos privilégios que podem ser definidos individualmente a cada usuário.

858 PHP 6 E MySQL 5 PARA WEB SITES DINÂMICOS

Há varias formas de definir usuários e privilégios no MySQL. Uma delas é utilizar o mysql client para executar um comando GRANT. A sintaxe é como a seguinte:

```
GRANT privilégios ON banco_de_dados.*
TO nome_do_usuário IDENTIFIED BY 'senha'
```

Para privilégios desta instrução, você pode listar privilégios específicos da lista na Tabela A.1, ou poderá permitir todos eles utilizando ALL (o que não é muito seguro). A parte banco_de_dados. * da instrução especifica com que banco de dados e tabelas o usuário poderá trabalhar. Você pode nomear tabelas específicas utilizando a sintaxe banco_de_dados.nome_da_tabela ou permitir todo o banco de dados com *. * (novamente, não muito seguro). Finalmente, você pode especificar o nome de usuário e uma senha.

O nome de usuário possui um comprimento máximo de 16 caracteres. Ao criar um nome de usuário, certifique-se de evitar espaços (em vez disso, utilize o caractere de sublinhado) e lembre-se de que os nomes de usuários sofrem distinção de caracteres maiúsculos e minúsculos. A senha não possui limite de comprimento, mas também sofre distinção de caracteres maiúsculos e minúsculos. As senhas serão criptografadas no banco de dados mysql, o que significa que não poderão ser recuperadas em um formato de texto simples. A omissão da cláusula IDENTIFIED BY 'senha' faz com que o usuário não necessite digitar uma senha (o que, novamente, deverá ser evitado).

Finalmente, há a opção de limitação de usuários para determinados nomes de hosts. O nome de host é o nome do computador no qual o servidor MySQL está em execução (localhost é o valor mais comum aqui) ou o nome do computador a partir do qual o usuário estará acessando o servidor. Ele poderá ser até mesmo um endereço IP, caso prefira. Para especificar um determinado host, altere sua instrução para

```
GRANT privilégios ON banco_de_dados.* TO
nome_do_usuário@nome_do_host
IDENTIFIED BY 'senha'
```

Para permitir qualquer host, utilize o caractere curinga de nome de host (%).

```
GRANT privilégios ON banco_de_dados.*
TO nome_de_usuário@'%' IDENTIFIED BY 'senha'
```

APÊNDICE A – INSTALAÇÃO   859

Como exemplo deste processo, criarei um novo usuário com privilégios específicos em um banco de dados chamado sitename. As instruções a seguir necessitarão do mysql client ou de uma interface semelhante ao MySQL. Discuto como acessar esta ferramenta em detalhes no Capítulo 4, "Introdução ao MySQL."

Para criar novos usuários:

1. Efetue o login em seu sistema a partir de uma interface da linha de comandos.

   Para os usuários do Mac OS X e do Linux, isto é apenas uma questão de abrir o aplicativo Terminal. Para usuários Windows, será necessário clicar em Iniciar > Executar, em seguida, digitar cmd no prompt, e clique em OK.

2. Efetue login no mysql client.

   Se estiver utilizando o Windows, o comando seria

   ```
   C:\xampp\mysql\bin\mysql -u root -p
   Se estiver utilizando o Mac OS X ou o Unix, será
   necessário digitar
   /usr/local/mysql/bin/mysql -u root -p
   ```

   Em ambos os casos, se o MySQL não foi instalado nesse diretório, será necessário alterar o caminho.

   No prompt, digite a senha do usuário root.

   Se não desejar utilizar esse método, poderá utilizar o phpMyAdmin para criar os usuários. Ele é instalado pelo XAMPP, mas também está disponível para download e instalação.

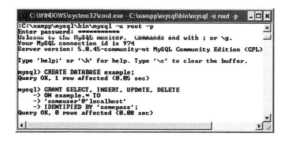

Figura A.13 Criando um usuário que pode realizar tarefas básicas em um banco de dados.

860   **PHP 6 E MYSQL 5 PARA WEB SITES DINÂMICOS**

3. Crie o banco de dados example.

```
CREATE DATABASE example;
```

Criar um banco de dados utilizando a sintaxe anterior é bastante fácil. Este comando funcionará enquanto estiver conectado como um usuário com os privilégios apropriados.

4. Crie um usuário que possui privilégios de nível básico no banco de dados example (Figura A.13).

```
GRANT SELECT, INSERT, UPDATE, DELETE
ON example.* TO
'someuser'@'localhost'
IDENTIFIED BY 'somepass';
```

O usuário genérico someuser pode navegar pelos registros (selecioná-los a partir de tabelas com SELECT) e incluir (INSERT), modificar (UPDATE) ou excluí-los (DELETE). O usuário pode estabelecer conexão apenas a partir de localhost (a partir do mesmo computador) e pode acessar apenas o banco de dados example.

5. Aplique as alterações.

```
FLUSH PRIVILEGES;
```

As alterações recém-realizadas não entrarão em efeito até que informe o MySQL para redefinir a lista de usuários e privilégios aceitáveis, o que será realizado por este comando. Esquecer esta etapa e não conseguir acessar o banco de dados utilizando os usuários recém-criados é um erro comum.

✓ **Dica**

■ Qualquer banco de dados cujo nome comece com test_ pode ser acessado por qualquer usuário que possui permissão para conexão com o MySQL. Portanto, cuidado para não criar bancos de dados nomeados desta forma, a menos que ele seja realmente experimental.

APÊNDICE A – INSTALAÇÃO   861

TESTANDO SUA INSTALAÇÃO

Agora que fez toda a instalação e criou os usuários MySQL necessários, você deve fazer o teste. Criarei dois scripts PHP rápidos para esta finalidade. Em todas as probabilidades, se ocorreu um erro, você já saberá qual é neste momento, mas estas etapas permitirão a realização de testes em seu (ou qualquer outro) servidor antes de iniciar uma programação PHP mais complicada.

O primeiro script sendo executado é o phpinfo.php. Ele testa se o PHP está ativado e mostra uma tonelada de informações sobre a instalação do PHP. Apesar de sua simplicidade, este script é um dos mais importantes que os desenvolvedores PHP já escreveram, pois ele fornece informações muito valiosas.

O segundo script servirá para duas finalidades. Primeiro, ele verificará se o suporte ao MySQL foi ativado. Se o suporte não estiver ativado, será necessário consultar a próxima seção deste capítulo para fazer essa alteração. O script também testará se o usuário MySQL possui permissão para conexão a um banco de dados MySQL específico.

Para testar o PHP:

1. Crie o seguinte documento PHP em um editor de texto (Script A.1).

    ```
    <?php
    phpinfo();
    ?>
    ```

    A função phpinfo() retorna as informações da configuração de uma instalação do PHP em uma tabela. É a ferramenta perfeita para testar se o PHP está funcionando adequadamente.

    Você pode utilizar praticamente qualquer aplicativo para criar seu script PHP, contanto que ele possa salvar o arquivo em um formato de texto simples.

2. Salve o arquivo como phpinfo.php. Você precisa garantir que a extensão do arquivo seja apenas .php. Seja cuidadoso ao utilizar o Bloco de Notas do Windows pois, sem que você perceba, ele incluirá a extensão .txt. De forma semelhante, o TextEdit no Mac OS X sempre deseja salvar os arquivos com extensão .rtf.

3. Coloque o arquivo no diretório adequado em seu servidor.

O diretório adequado depende do sistema operacional e do servidor Web. Se você estiver utilizando um site hospedado, obtenha essa informação com a empresa que oferece o serviço de hospedagem. Para os usuários Windows que instalaram o XAMPP, o diretório é chamado de htdocs e está dentro do diretório XAMPP. Para usuários Mac OS X, o diretório adequado é chamado Sites, encontrado em sua pasta inicial.

Script A.1 *O script phpinfo.php testa e reporta sobre a instalação do PHP.*

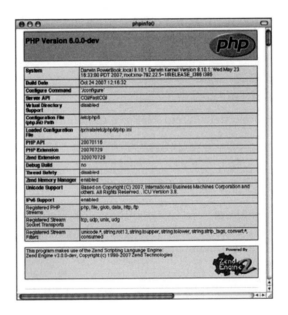

Figura A.14 *As informações da configuração do PHP deste servidor.*

4. Teste o script PHP acessando-o em seu navegador Web (Figura A.14).

   Execute este script em seu navegador acessando http://sua.url.aqui/phpinfo.php. Em seu próprio computador, esse endereço poderá

APÊNDICE A – INSTALAÇÃO 863

ser algo como http://localhost/phpinfo.php (Windows com XAMPP) ou http://localhost/~<usuário>/phpinfo.php, em que <usuário> é o seu nome de usuário abreviado (Mac OS X).

```
1   <?php
2   mysqli_connect ('localhost', 'someuser',
    'somepass', 'example');
3   ?>
```

Script A.2 *O script mysqli_test.php testa o suporte ao MySQL no PHP e se os privilégios de usuário MySQL adequados foram configurados.*

Para testar o PHP e o MySQL:

1. Crie um novo documento PHP em seu editor de texto (Script A.2).

```
<?php
mysqli_connect ('localhost',
→ 'someuser', 'somepass', 'example');
?>
```

Este script tentará conexão com o servidor MySQL utilizando o nome de usuário e senha recém-estabelecidos neste apêndice.

2. Salve o arquivo como mysqli_test.php, coloque-o no diretório adequado para seu servidor Web e teste-o em seu navegador (Figura A.15).

Se o script conseguir conexão, o resultado será uma página em branco. Se ele não conseguir conexão, você deverá receber uma mensagem de erro como a mostrada na Figura A.16. Provavelmente, isso indica um problema com os privilégios do usuário MySQL (consulte a seção anterior deste capítulo)

Se você vir um erro como o da Figura A.17, isso significa que o PHP não possui o suporte ao MySQL ativado. Consulte a próxima secção deste capítulo para obter a solução.

Figura A.15 O script PHP conseguiu conexão com o servidor MySQL conforme indicado por esta página em branco. Qualquer erro teria sido revelado (como na Figura A.16).

Figura A.16 O script não conseguiu conexão com o servidor MySQL.

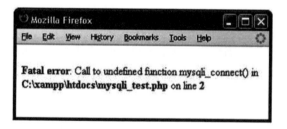

Figura A.17 O script não conseguiu conexão com o servidor MySQL porque o PHP não possui o suporte ao MySQL ativado.

✓ **Dicas**

- Por motivos de segurança, você não deve deixar o script phpinfo.php em um servidor disponível aos usuários, pois ele fornece informações demais.

- Se você executar um script PHP em seu navegador e ele tentar fazer o download do arquivo, então seu servidor Web não está reconhecendo a extensão desse arquivo como PHP. Verifique a configuração Apache (ou outro servidor Web) para corrigir o problema.

- Os scripts PHP sempre devem ser executados a partir de uma URL iniciando com http://. Eles não podem ser executados diretamente a partir de um disco rígido (como se fossem abertos em seu navegador).

- Se um script PHP não conseguir conexão com um servidor MySQL, normalmente o que ocorre é uma questão de permissões. Confirme o nome de usuário, senha e o host sendo utilizados e certifique-se de adequar os privilégios MySQL.

Ativando o Suporte de Extensão

Muitas opções de configuração do PHP podem ser alteradas apenas editando o arquivo php.ini. Ativar (ou desativar) uma extensão - em outras palavras, incluir o suporte à funcionalidade estendida - requer mais trabalho. Para ativar o suporte a uma extensão para apenas uma única página PHP, você pode utilizar a função dl(). Ativar o suporte a uma extensão para todos os scripts PHP requer um pouco de trabalho. Infelizmente, para os usuários Unix e Mac OS X será necessário reconstruir o PHP com suporte para esta nova extensão. Para os usuários Windows é mais fácil:

Primeiro, edite o arquivo php.ini (consulte as etapas nesta seção), removendo o ponto-e-vírgula antes da extensão que deseja ativar. Por exemplo, para ativar o suporte da Improved MySQL Extension, será necessário encontrar a linha com

```
;extension=php_mysqli.dll
```

e remover esse ponto-e-vírgula.

Em seguida, localize a linha que define o extension_dir e ajuste-o para sua instalação do PHP. Assumindo que você instalou o PHP em C:\php, então seu arquivo php.ini teria

```
extension_dir = "C:/php/cxt"
```

Isto informa ao PHP onde encontrar a extensão.

Em seguida, certifique-se de que o arquivo de extensão, php_mysqli.dll neste exemplo, existe no diretório de extensão.

Salve o arquivo php.ini e reinicie seu servidor Web. Se o processo de reinício indicar um erro ao localizar a extensão, verifique novamente para garantir que a extensão existe em extension_dir e que seus caminhos estejam corretos. Se você continuar a ter problemas, pesquise na Web ou utilize o fórum do livro para obter assistência.

866   **PHP 6 E MySQL 5 PARA WEB SITES DINÂMICOS**

CONFIGURANDO O PHP

Se você instalou o PHP em seu próprio computador, então também pode configurar como o PHP é executado. Alterar o comportamento do PHP é bastante simples e, provavelmente, será necessário em algum momento. Apenas algumas das coisas que precisará definir são

- Se display_errors estará ativado
- O nível padrão de relatório de erros
- As configurações de Unicode
- Suporte a funções da Improved MySQL Extension
- Valores SMTP para envio de e-mails

O que cada um desles significa -se você ainda não sabe - está abordado nos capítulos deste livro e no manual do PHP. Mas, para os iniciantes, recomendaria garantir que display_errors esteja ativado.

Alterar a configuração do PHP é bastante simples. A versão resumida é: edite o arquivo php.ini e, em seguida, reinicie o servidor Web. Mas, como podem surgir muitos problemas, abordarei a configuração com maiores detalhes. Se estiver pensando em ativar o suporte a uma extensão, como as funções do MySQL, a configuração é mais complicada (consulte o quadro lateral).

Para configurar o PHP:

1. Execute um script phpinfo() (consulte a seção anterior) em seu navegador Web.

2. Na página resultante, procure pela linha "Configuration File (php.ini) Path" (consulte a Figura A.14).

   Deverá haver aproximadamente seis linhas na tabela.

3. Observe o local do seu arquivo php.ini. Este será o valor listado na linha mencionada na Etapa 2 (ele será encontrado na coluna da direita).

   Este é o arquivo de configuração ativo que o PHP está utilizando. Seu servidor pode ter diversos arquivos php.ini, mas este é o que importa.

4. Abra o arquivo php.ini em qualquer editor de texto. Se estiver utilizando o Mac OS X, não terá acesso fácil ao diretório php.ini. Você pode utilizar o Terminal para acessar o arquivo e abri-lo

APÊNDICE A – INSTALAÇÃO 867

utilizando a opção Open Hidden do BBEdit, ou utilizar algo como o TinkerTool para mostrar arquivos ocultos no Finder.

Se você abrir o diretório listado e não houver um arquivo php.ini, será necessário fazer o seu download a partir do Web site do PHP (ele é parte do código-fonte do PHP).

5. Realize todas as alterações que desejar, mantendo em mente o seguinte:

- Os comentários são marcados utilizando um ponto-e-vírgula. Qualquer coisa após o ponto-e-vírgula será ignorada.

- As instruções sobre o que significa a maioria das configurações incluídas no arquivo.

- A parte superior do arquivo lista informações gerais com exemplos. Não altere estes valores! Posteriormente, altere as configurações onde aparecem no arquivo.

- Por questões de segurança, não altere qualquer configuração original. Apenas torne-as comentários (acrescentando um ponto-e-vírgula no início da linha) e, em seguida, inclua a nova linha modificada.

- Inclua um comentário (utilizando o ponto-e-vírgula) para marcar quais e quando as alterações foram realizadas. Por exemplo:

```
; unicode.semantics = Off
; Linha seguinte incluída por LEU
→ 28/10/2007
unicode.semantics = On
```

6. Salve o arquivo.

7. Reinicie o servidor Web (Apache, IIS, Xitami, etc.).

Nao e necessário reiniciar o computador, apenas o aplicativo servindo a Web (Apache, IIS, etc.). As instruções para isso dependem do aplicativo sendo utilizado, do sistema operacional e do método de instalação. Os usuários Windows podem utilizar o XAMPP Control Panel (consulte a Figura A.6). Os usuários Mac OS X podem parar e, em seguida, reiniciar o Personal Web Sharing (em System Preferences > Sharing). Os usuários Unix podem simplesmente digitar apachectl graceful em uma janela de Terminal.

868   **PHP 6 E MySQL 5 PARA WEB SITES DINÂMICOS**

8. Execute novamente o script phpinfo.php para garantir que as alterações entrem em efeito.

✓ Dicas

■ Quaisquer que sejam as alterações no arquivo de configuração do PHP (ou do Apache), não entrarão em efeito até que o Apache seja reiniciado. Certifique-se sempre de reiniciar o servidor Web para estabelecer as alterações!

■ A edição do arquivo php.ini errado é comum. É por isso que recomendo que você execute um script phpinfo.php para identificar qual arquivo php.ini o PHP está utilizando.

ÍNDICE

$_FILES, 438
.htaccess, 437
<?php ?>, 2, 4

A

absoluto vs. relativo, 104, 113
acessando MySQL com, 159
acessando variáveis para, 499
acessando, 22, 23, 81, 159, 216, 481, 513
action, 46, 49, 123, 124,
adequada, 2, 106, 163, 181, 200, 247
ajuda, 104, 172, 277
alias, 205-209, 250, 345
Apache Friends, 845
apóstrofos ('), 316
argumentos, 134-141, 146, 160, 296, 304, 422, 472, 490, 550, 709
aritméticos, 31
armazenamento de saída em buffer, 696-704, 716
arquivo php.ini, 116, 300, 420, 429, 431, 435, 499, 848, 853
arquivos .htaccess, 437

artistas, 226, 762, 766, 785, 789-794
aspas duplas ("), 8, 25, 27, 40-44, 59, 129, 177, 311, 371, 562
aspas em consultas, 178
aspas simples ('), 8, 25, 35, 40-44, 59, 177, 311, 371, 562
ataques brute force, 558-559
ataques XSS (cross-site scripting), 515, 535
ativando conta, 733-737
ativando suporte para extensões, 865
atributo method do formulário HTML, 46-47
atributo value, 125-129, 419
atributos, 44, 154, 232, 371
atualizando dados, 198-201
atualizando registros com PHP, 358-366
autenticação, 420, 759, 768, 795
avisos, 299, 653, 685

B

bancos de dados, 148-150, 159, 172-177, 221-223, 227, 231-238, 244-247, 325-331, 550-553, 638-652, 762-771
bancos de dados compatíveis com 1FN, 227-231

870   PHP 6 E MySQL 5 PARA WEB SITES DINÂMICOS

bancos de dados test_, 860
barra invertida (\), 8, 41, 177, 192, 311, 446, 471, 571, 576
botões de rádio, 46, 63, 126, 790

C

cabeçalhos, 312, 413
   cabeçalhos HTTP com PHP, 455-462, 696
cadeias, 1, 19, 25-40
caixas de opções, 46, 91, 126
cálculos, 32, 36, 121, 136, 210, 532
   caminhos absolutos vs. relativos, 104
caminhos absolutos, 104, 105
caminhos relativos, 104, 105
caractere de adição (+), 190
caractere de subtração (-), 190
   caracteres de escape, 563, 569
carrinho de compras, 32, 761, 797, 803, 811, 820-842
Cascading Style Sheets. *Consulte* CSS
chaves ({ }), 60, 76, 78, 87, 573
chaves externas, 159, 175, 235, 262, 645, 771
chaves primárias, 157, 159, 175, 224, 232, 254
classificando matrizes, 93-97
classificando resultados de consultas, 192-195
cláusula HAVING, 259
cláusulas ALTER TABLE, 261
cláusulas GROUP BY, 255, 402, 668
cláusulas LIMIT, 197, 198, 200, 391, 406
cláusulas ORDER BY, 192, 196, 207, 215
Codd, E.F., 222
codificação UTF-8, 641, 654, 664, 666
código-fonte, 10, 849
   código-fonte HTML 14, 90, 115
colchetes ([ ]), 74, 140, 152, 311, 576
coleta de lixo, 504
collation, 158, 195
colunas, 150
colunas CHAR, 177
colunas TIMESTAMP, 155, 156
colunas VARCHAR, 154, 177
comando chmod, 435
comando DROP TABLE, 203
comando OPTIMIZE, 277
comando TRUNCATE TABLE, 203
computadores Macintosh, 843, 849
computadores Windows, 843

concatenando cadeias, 29-31
condicionais WHERE, 186, 200, 205, 252, 259, 270
conjuntos de caracteres, 158, 642
   consulta SELECT, 182-205, 259, 265, 332, 356, 379, 397, 542, 662
consultas SQL e, 221, 240, 317, 534, 540
consultas TRUNCATE, 203, 556
cookies, 40, 380, 464-513, 737, 801
Coordinated Universal Time (UTC), 645
   criando banco de dados, 238-247, 638-664, 762-772
   criando bancos de dados e tabelas, 172-177
   criando formulário, 681-693
   criando funções de login, 468-475
   criando manipuladores de erros personalizados, 303
   criando matrizes, 80-81
   criando página de fórum, 716-719
   criando script de teste, 562-567
   criando formulário HTML, 46-52
   criando Web site, 103-146
   criando, 259-310, 464-467, 665-667, 673-680, 696-719, 796-803, 857-860
criptografia, 179, 181, 526, 550-559
CSS (Cascading Style Sheets), 67, 117, 144, 310

D

DATE_FORMAT(), 217-219, 252
decriptografando dados, 553
   definindo padrões simples, 568-573
   definindo senha do usuário root do MySQL, 854-857
   definindo valores de argumentos padrão, 138-141
   definindo variáveis para, 496-499
   DELETE, 201-203
depuração, 6, 56, 175, 285-319, 363, 379, 402, 462, 672, 705, 787
   depurando SQL, 316
   depurando, 56, 293, 319
   designando, 82
   deslocamentos UTC para fusos horários MySQL, 645, 669
diretório raiz Web, 434, 713, 803, 848, 853
display_errors, 10, 286, 296

ÍNDICE 871

E

e-commerce, 32, 157, 268, 279, 442, 489, 513, 525, 695, 761-842
elementos, 46, 90, 97, 126, 145, 148, 238, 380, 464, 740
e-mail, 47, 70, 149, 179, 212, 355
endereços IP, 559
entity-relationship diagram (ERD), 226, 763
entrada oculta MAX_FILE_SIZE, 438, 446, 789
ERD (entity-relationship diagram), 226, 763
erros no PHP, 296-299
erros SQL, 287, 288
excluindo cookies, 490-495
    excluindo dados, 201-204
    excluindo variáveis de sessão, 505-509
exemplo de e-commerce, 157

F

faturamento, 771, 834, 841, 842
firewalls, 847, 848
    fixação de sessão, 513
    formas normais, 230, 237
formulário INSERT (phpMyAdmin), 182
fóruns, 223
função ADDDATE(), 216
função ADDTIME(), 216
função AES_DECRYPT, 550, 552
função AES_ENCRYPT, 550, 552
função array(), 80, 145, 416, 473, 527, 823
função asort(), 93, 96
função CONCAT(), 206-209
função CONCAT_WS(), 209, 210, 791
função CONVERT_TZ(), 669, 676
função count(), 86, 256, 258, 395
função date(), 421, 426, 427
função DATE, 215
função DATETIME, 213
função define(), 37
função die(), 315
função echo(), 313
função error_reporting(), 300
função exit(), 315
função filesize(), 448, 453
função FORMAT(), 210, 212
função getdate(), 422
função getimagesize(), 447, 448, 453, 812
função header(), 497, 665, 698

função headers_sent(), 461
função htmlentities(), 536, 540
função htmlspecialchars(), 536, 540
    função include(), 106
função include_once(), 104
função ini_set(), 296, 298, 504
função is_array(), 86, 527
função is_numeric(), 73, 527, 784
função isset(), 61, 70, 134
função ksort(), 93, 96
função list(), 145, 748
função mail(), 412, 420, 516, 750
função MD5(), 726
função mktime(), 422
função MOD() (SQL), 213
função move_uploaded_file(), 438, 442, 446
função my_error_handler(), 305, 711, 713
função mysqli_affected_rows(), 363, 366, 377
função mysqli_connect(), 325, 327
função mysqli_fetch_array(), 343, 344,
função mysqli_free_result(), 658
função mysqli_num_rows(), 397
função mysqli_query(), 331, 337, 338
função mysqli_real_escape_string(), 540, 691, 727
função NOT REGEXP(), 209
função NOW(), 179, 181, 727
função number_format, 31, 532, 831
função ob_end_flush(), 698, 704
função ob_flush(), 704
função ob_get_contents(), 704
função ob_start(), 697, 698
    função preg_match(), 562, 568
função preg_match(), 562-592
função preg_replace(), 588, 591
função preg_split, 585
função print(), 313
função REGEXP(), 209
função require(), 106
função ROUND() (SQL), 210
função round(), 31
função rsort(), 93
função scandir(), 448
função session_regenerate_id(), 513
função session_start(), 698
função set_error_handler(), 304, 711
função setcookie(), 497, 698
função SHA1(), 179, 181, 242, 337, 473, 550, 650, 727, 746, 749

872 PHP 6 e MySQL 5 para Web Sites Dinâmicos

função sleep(), 559
função sort(), 93
função spam_scrubber, 519-525
função str_replace(), 518, 521, 589
função strip_tags(), 536, 691
função strlower(), 30
função strtoupper(), 30
função SUBDATE(), 216
função SUBTIME, 216
função TIME, 213
função TIMESTAMP, 213
função trigger_error(), 310, 711, 725
função trim(), 727
função ucfirst(), 30
função ucwords(), 30
função uniqid(), 726
função unlink(), 445
função wordwrap(), 412, 416
  funções AES_ENCRYPT e
    AES_DECRYPT, 550-553
  funções de data e hora, 213-217, 421-428
  funções Improved MySQL, 324, 772, 866
  funções numéricas no, 210-213
  funções PHP, 324, 343
  funções SHA1() e NOW(), 179
funções, JavaScript, 448, 450, 458
funções, MySQL, 204, 206, 219, 324
fusos horários, 421, 650

G

greediness, 585
guia SQL (janela phpMyAdmin), 168, 200

I

identificadores, 148, 762, 771
IDEs (Integrated Development
  Environments), 2
idiomas, 97, 149, 158, 637, 644, 649,
  653, 679
IDs de telas, 829
IDs de usuários, 391
Improved MySQL, 324, 330, 541,
  761, 865
incluindo com propriedade
  AUTO_INCREMENT, 157
indexadas, 74, 76, 80, 262, 645
índices FULLTEXT, 259, 262-269, 270
índices INDEX, 259

índices PRIMARY KEY, 529
índices UNIQUE, 259, 263
instalação, 5, 843-868
instalador WAMP para computadores
  Windows, 844
instalador XAMPP para Windows, 844-848
instalando em computadores Windows com
  XAMPP, 844-848
instrução ALTER, 261
Integrated Development Environments
  (IDEs), 2
Internet Explorer, 295, 476, 493

J

janela pop-up, 448-451
JavaScript, 117, 219, 411, 448-454, 535
junções externas, 248
junções internas, 248

L

LIKE e NOT LIKE, 190-192, 269, 839
limites, 580
links, 111, 118, 401, 405, 653
Liyanage, Marc, 849
login, 221, 318, 464-475, 513, 550, 665,
722, 737-745
logout, 464, 468, 490, 504, 695, 737-745
  loop for e while, 97-101
  loops for e while, 97-101

M

Magic Quotes, 59, 354
manipuladores de erros personalizados,
303-310
  manipulando formulário HTML com script,
    53-59
  manipulando uploads de arquivos no PHP,
    428-447
matriz $_FILES, 439
matriz $_SERVER, 75
matriz $_SESSION, 75, 499, 507
matrizes associativas, 74
matrizes indexadas, 74
matrizes multidimensionais, 87-92, 97
mecanismo de armazenamento InnoDB, 265,
  278, 279, 765, 771
mecanismo de armazenamento MyISAM,

ÍNDICE 873

265,
mecanismos de armazenamento, 265-268
menus suspensos, 82, 100
META, 658
metacaracteres, 568, 573, 576, 586
método get, 47, 57, 75, 368, 372, 405, 809
método post, 47, 57, 75, 118, 368, 417
modificadores de padrões, 586
modificadores, 586
  modo booleano, 273-276
Mozilla Firefox, 295, 462, 476
MySQL Query Browser, 159

N

navegadores Web, 125, 328, 481, 535
nome de usuário, 5, 160, 223, 326, 358, 420,
  485, 550, 772, 853
nomes de variáveis, 19, 24, 53
normalização, 154, 222, 227, 237
  NOT NULL, 156, 175, 239, 715
  NULL, 19, 61, 63, 140, 156, 190, 195,
  224, 486, 507, 715, 737

O

Opera, 295
operador de designação (=), 19
operador de designação de concatenação
  (.=), 31
operador de omissão de erro (@), 327, 330,
  363
  operador do modo booleano, 274

P

padrões, 45, 171, 210, 561, 568, 588
página de fórum, 667-672
página de linhas de discussões, 673-680
página de login, 464-467
página inicial, 716-719
paginando resultados de consultas, 390-404
páginas Web multilíngües, 399
parâmetros, 101, 134, 218, 286, 326,
  422, 485
Perl-compatible regular expressions (PCRE),
  561
phpMyAdmin, 161, 165-200, 239, 342, 402,
  765, 844
POSIX e PCRE, 561, 566, 585, 561
post.php, 682, 684-690
postando mensagens, 681-686

preg_match(), 562, 568, 581
Primeira Forma Normal (1FN), 227, 229
programação PHP, 861
propriedade AUTO_INCREMENT, 157

R

RAND() 210, 726, 749
read.php, 671-686
registros, 148, 153, 156, 177, 241, 332, 356,
  358, 380
  regras, 19, 74, 159, 171, 222, 227, 270,
  508, 528, 710

S

Safari, 295, 476
scripts PHP, 13, 53, 197, 247, 302, 865
scripts, 1, 5, 15, 22, 292, 470, 474, 650,
695, 705
segurança, 117, 349, 408, 430,
  434, 509, 515, 559, 767,
  SELECT, 182-219, 259, 272, 662
senhas, 189, 322, 343, 467, 553, 746, 854
servidores Web, 2
sessões, 463-513
sintaxe, 2
spam, 414, 516-527
SQL (Structured Query Language). 171, 221,
  316, 349, 540
SSL (Secure Sockets Layer), 489, 526, 768
superglobal $_COOKIE, 481

T

tabela users, 157, 176, 181, 232, 236, 256
tabelas, 148, 172, 261, 265
tags, 2, 13, 46, 419, 687
tags PHP, 2, 10, 27, 53, 114, 458, 665
telas, 761
Terceira Forma Normal, 235
testando cookies, 476
Timestamp, 151, 155, 213, 239, 247,
769, 837
  tipos de, 1, 150, 265, 286
transações, 221, 265, 267, 277-279, 489,
513, 761, 833
transliteração no PHP, 616
  TRUNCATE, 203, 366, 555

U

874 PHP 6 E MYSQL 5 PARA WEB SITES DINÂMICOS

Unicode, XVI, 642, 652, 866
Unix, XVI, 105, 150, 161, 840, 849
URLs, 6, 372
UTC (Coordinated Universal Time), 636, 669

V

valores, 19, 53, 70, 138, 141, 367
valores literais, 204, 207
valores NULL, 157, 195, 210, 229, 249, 258
variáveis superglobais, 75, 146
variável $_GET, 75
variável $_POST, 75, 91, 118, 137
variável $_POST['do'], 268
variável $_REQUEST, 53, 55
variável $_SERVER, 22

variável $_SESSION, 507
variável $image, 460
variável $name, 19, 80, 460, 815
variável $sort, 405

W

Web sites, 103, 107, 270, 286, 316, 368, 380, 428, 448, 463

X

XOR (operador and not), 61

PHP Com Ajax na Web 2.0

Autor: *Sergio Luiz Tonsig*
260 páginas
ISBN: 978-85-7393-638-4

PHP com AJAX na Web 2.0 é indicado para quem deseja criar programas para a Web 2.0, utilizando a linguagem de programação PHP em conjunto com AJAX.

A estrutura do livro foi especialmente planejada para facilitar o aprendizado progressivo, incluindo:

- Ambiente Cliente / Servidor e a Web
- Web 2.0
- Resgatando o HTML, de volta às origens
- Coisas que poucos utilizam e, talvez desconheçam, em HTML
- HTML e o JavaScript, uma interação perfeita
- Um destaque: formulários em HTML
- A linguagem de programação PHP
- PHP, HTML e JavaScript: como eles convivem
- Conexões assíncronas com o JavaScript
- Buscando dados em um servidor com Ajax
- Utilizando XML
- Diversos exemplos
- Estudo de caso com resolução comentada

À venda nas melhores livrarias.

EDITORA CIÊNCIA MODERNA

PHP Orientado a Objetos

Autor: *Carlos Sica*
216 páginas
ISBN: 85-7393-553-0

Neste livro são abordados os principais conceitos para o aprendizado de desenvolvimento de sistemas para web utilizando a linguagem de programação PHP.

Em um processo evolutivo é ensinada a estrutura geral da linguagem que mais cresce na Internet, até conceitos de alto nível como o da teoria da orientação a objetos, bem como da correta implementação na linguagem PHP. Outro ponto forte desta publicação é o capítulo sobre banco de dados, com exemplos de implementação em MySql.

É dedicado aos professores e acadêmicos de graduação e pós-graduação dos cursos da área de computação ou informática, bem como aos analistas de sistemas, programadores e técnicos em processamento de dados.

O autor procura expressar os conceitos de forma gradativa para permitir que até mesmo o público geral interessado em programação para web tire grande proveito, aprendendo técnicas de programação de alto nível.

São oferecidas ainda, de forma bem estruturada, a teoria e a prática, através de exemplos sobre a gravação e a manipulação de dados em arquivos, banco

---

À venda nas melhores livrarias.

XML e ASP.NET

Autor: *Kirk Allen Evans, Ashwin Kamanna e Joel Mueller*
752 páginas
ISBN: 85-7393-251-1

XML e ASP.NET é o livro que você precisa para dominar XML em .NET Framework. Inclui todas as tecnologias necessárias para programar aplicações da web .NET, inclindo XPath, XSLT, XML Schemas e Microsoft XML Parsers.

O livro também incorpora uma gama impressionante de tecnologias XML, desde consultas básicas usando XPath a técnica avançadas de serialização, explorando amplamente a implementação .NET de XML da Microsoft. Os numerosos exemplos de códigos claramente redigidos e realistas tornam este livro indispensável para todo desenvolvedor interessado em se concentrar numa visão detalhada e completa de XML e de como ela se encaixa na iniciativa .NET da Microsoft.

À venda nas melhores livrarias.

Impressão e acabamento
Gráfica da Editora Ciência Moderna Ltda.
Tel: (21) 2201-6662